JN360320

역주교감

패림

1-15

번역 경상대학교 남명학연구소 패림 번역팀

번역참여자 윤호진 ‖ 경상대학교 한문학과 교수
허권수 ‖ 경상대학교 한문학과 교수
박추현 ‖ 경상대학교 중문학과 교수
김홍영 ‖ 경상대학교 남명학연구소 전임연구원
박대현 ‖ 경상대학교 남명학연구소 전임연구원
송은정 ‖ 경상대학교 남명학연구소 전임연구원

역주교감 패림 13
철종기사 01-04

초판1쇄 발행 | 2009년 12월 31일

옮긴이 경상대학교 남명학연구소 패림 번역팀 펴낸이 홍기원

총괄 홍종화
디자인 정춘경・강계영
편집 오경희・조정화・오성현・신나래
관리 박정대・이승근

펴낸곳 민속원 출판등록 제18-1호
주소 서울 마포구 대흥동 337-25 전화 02) 804-3320, 805-3320, 806-3320(代) 팩스 02) 802-3346
이메일 minsok1@chollian.net 홈페이지 www.minsokwon.com

ISBN 978-89-5638-899-1 94910
ISBN 978-89-5638-762-8 94910(세트)

ⓒ 경상대학교 남명학연구소 패림 번역팀, 2009
ⓒ 민속원, 2009

※ 책 값은 뒤표지에 있습니다.
※ 잘못된 책은 바꾸어 드립니다.
※ 편자와의 협의하에 인지는 생략합니다.

이 책은 한국연구재단의 지원(기초학문육성사업; 국학분야 : 과제번호 2004-071-AS2024)으로 이루어졌음.

역주교감 패림 13

철종기사 01-04

경상대학교 남명학연구소 패림 번역팀

민속원

간행에 부쳐

『역주교감 패림』 1-15의 번역은 2004년 말부터 시작되어 만 5년을 지나 이제야 끝을 맺었다. 일에 착수하면서 꼬박 3년간 번역과 교열에 매달려 4만여 장에 가까운 원고를 만들어서 최종보고를 마쳤다. 최종보고서를 제출한 뒤에는 다시 간행여부에 대한 최종심사를 한동안 기다려야 했고, 최종심사결과 간행해도 좋다는 결과를 통지받았다.

이제 힘든 과정은 모두 끝이 났다는 생각도 잠시 사실상의 고된 일은 그때부터였다. 출간을 위해서는 원고를 교정하는 일이 필요했지만, 전임연구원들은 물론이고 연구보조원들, 그리고 공동연구원들 어느 누구에게도 도움을 청하기는 어려웠다. 일을 맡아할 사람이 없으니 결국 연구책임자가 할 수밖에 없었는데, 연구책임자 한 사람이 남겨진 일은 혼자 감당하기에는 만만치 않은 것이었다. 그래서 출판이 시작된 뒤로 또다시 2년의 세월이 흘렀다.

많은 양의 원고이기는 하지만 단순히 교정만 하는 것이었다면, 그리 힘이 들거나 시간이 많이 걸리지는 않았을 지도 모른다. 하지만, 원고를 교정을 하면서 한편으로는 다시 그것을 검토하고 수정하여 원고의 완성도를 높이는 일을 하였는데, 이는 번역과 교열을 하는 시간에 못지않게 많은 노력과 시간이 흘렀다. 이렇게 하여 완성된 책이 지금의 15책인데, 이는 『정종기사』 1-6책, 『순조기사』 1-4책, 『헌종기사』 1-2책, 『철종기사』 1-3책으로 구성되어 있다.

야사총서 가운데 가장 방대한 것으로는 일본 관동대지진 때에 일실되어 일부만이 전해지는 『광사』가 있지만, 『패림』은 현전하는 야사총서 가운데 가장 방대한 것이다. 방대한 야사총서의 번역은 일찍이 한국고전번역원에서 『대동야승』을 번역하면서 이루어진 바 있다. 『패림』에는 『대동야승』에 수록되지 않은 자료가 많이 있는데, 빠진 것 가운데 가장 내용이 많고 중요한 것이 바로 『정조기사』·『순조기사』·『헌종기사』·『철종기사』라고 할 수 있다.

이 네 왕조에 대한 기사는 『패림』 전체의 오분의 이 정도 차지하는 많은 분량이며, 역사적 자료로서 가치가 높은 것이라 할 수 있다. 『패림』의 나머지 부분은 사실 『대동야승』의 것과 중첩되는 것이 많다는 점을 고려하면, 『패림』 가운데에서도 앞부분에 수록된 조선후기 네 왕조에 대한 기사는 그 번역의 필요성이 매우 크다고 할 수 있다.

『역주교감 패림』 1-15는 바로 『패림』 가운데에서도 네 왕조의 기사 전체를 번역한 것이다. 탐구당에서 영인한 『패림』 1-10책 가운데 1-4책이 여기에 해당하는데, 이번 번역에서는 이 4책을 교감하여 역주한 것이다. 번역을 하면서 주석을 가능한 충실히 달아주려고 하였다. 다만 수없이 나오는 인물의 경우에는 모두 달아주지는 못하였다.

『패림』에 교열을 하고자 했던 본래의 의도는 여기에 수록된 많은 문헌들, 예컨대 독립된 저서로 세상에 전해지거나 또는 저자의 문집 혹은 다른 야사총서에 수록된 문헌들이 많으므로 이들을 대교하여 철저히 교열을 하고자 하였으나, 이번의 번역대상인 네 왕조의 기사는 교감의 필요성이 그리 높지 않아서 교감을 그리 자세히 하지는 못하였다. 다만, 원고를 번역하는데 있어 필요한 경우 『조선왕조실록』이나 『승정원일기』 등과 대교하여 문맥을 살피는 일은 게을리 하지 않았다.

『역주교감 패림』 1-15 가운데의 내용이 거의 신하들의 상소문과 임금 혹은 왕비의 전지가 주류를 이룬다. 한 왕조가 시작되면 임금의 등극을 축하하는 것에서부터 시작하여 그 왕조에서 일어났던 사건사고 등에 대해 논란을 벌인 것들이 대부분 수록되어 있다. 모두 임금과 신하간에 주고받은 것이다 보니, 당시 최고의 수준과 실력을 자랑하는 글들이다. 그리고 대부분의 경우에는 여러 가지 복잡한 정치정세나 사건의 본말을 설명하거나 논한 것이므로, 이를 번역하는 일이 녹녹치 않았다.

어떤 것은 『조선왕조실록』에 완전히 일치하지는 않으나 그 내용이 전하는 것이 있고, 가끔은 『승정원일기』나 『비변사등록』 등에도 전하는 것이 있다. 따라서 기존의 번역이 있는 경우에 이를 참고하여 번역하였다. 다만 원문이 똑같은 것을 번역하다보니 표현을 바꾸고자 해도 완전히 바꾸기는 어려운 경우는 기존 번역의 용어나 표현을 조금씩 사용한 경우도 있다. 기본의 번역을 참고할 경우, 기존의 번역에서 잘못된 것을 바로잡음은 물론 표현을 다듬는 등 보다 완벽한 번역이 되도록 노력하였다. 그러나 번역문 가운데에는 아직도 오역이나 표현이 거친 부분이 있을 것이라 생각된다. 이 점 독자 제현의 질정과 동시에 혜량을 구한다.

『패림』의 번역은 아직 미완성이다. 이번에 번역하지 못한 부분인 탐구당 영인본 『패림』 5-10책까지에 수록된 문헌에 대한 번역의 필요성은 췌언을 요하지 않는다. 『대동야승』과 중첩되어 이미 번역이 되어 있는 것도 세월이 오래되어 자세히 역주할 필요가 있고, 여기에서 빠진 것이 제법 되기 때문이다. 특히 이번에 번역이 되지 않고 남은 영인본 『패림』 5-10책에 수록된 문헌 가운데에는 이본이 많아 정밀한 대교가 필요한 것이 적지 않다. 그러나 연구책임자인 나의 역량이 부족하여 『역주교감 패림』 1-15 사업이 계속 사업으로 추진되지 못한 것에 아쉬움이 크지만, 언젠가는 나머지도 번역이 되어 온전한 번역본 패림이 나와야 할 것이다.

이 책을 번역하는데 온 힘을 기울인 김홍영, 박대현, 송은정 세 사람 전임연구원의 노고가 컸다. 아울러 공동연구원으로 애를 써주신 허권수, 박추현 교수님께도 감사드린다. 그리고 여기에 참여했던 박사과정 연구보조원, 석사과정 연구보조원 여러분이 수고를 아끼지 않았다. 특별히 간행과정에서 원고 교정에 참여해 주신 김익제 박사님과 원고 대교에 애쓴 경상대 한문학과 대학원생 여러분에게 고마운 뜻을 전한다.

전임연구원들이 번역에 전념할 수 있도록 막대한 사업비를 3년간 지원하한 한국연구재단의 도움이 없었다면 이 책은 번역되기 어려웠을 것이다. 이 자리를 빌려 한국연구재단의 관계자와 한국정부에 감사드린다. 그리고 어려운 여건 속에서도 『대동운부군옥』의 출판을 맡아준 것에 이어 한국연구재단에서 출판비를 보조해주기로 하기 이전에 흔쾌히 이 책의 출간을 맡아준 민속원의 홍기원 회장님과 홍종화 사장님께도 감사드린다. 아울러 방대한 책의 편집과 교정에 협조해준 민속원 편집부에게도 사의를 표하는 바이다.

2009년이 저물어가는 즈음에
남명학연구소 천왕실에서
윤호진 삼가 씀

역주교감 패림
13 철종기사
01-04

역주교감 패림
14 철종기사
05-08

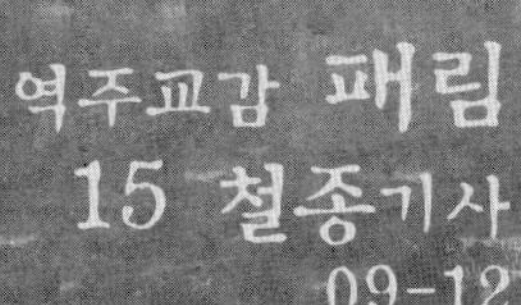

일러두기

1. 이 책은 영남대학교 도서관에 소장되어 있는 것을 탐구당에서 영인한 『패림』 1-10책 가운데 1-4책을 번역한 것이다.
2. 이번에 발간한 책은 총 15권이며, 1-6권은 정종기사, 7-10권은 순조기사, 11-12권은 헌종기사, 13-15권은 철종기사로 구성되어 있다.
3. 분책은 크게 각 왕조를 기준으로 하였고, 왕조 안에서는 권 단위로 적절한 분량을 나누었다.
4. 원문의 오류나 결락으로 뜻이 통하지 않을 경우 『조선왕조실록』·『승정원일기』·『비변사등록』 등에 수록된 글을 참고하여 교정하였다.
5. 『조선왕조실록』·『승정원일기』·『비변사등록』 등에도 수록된 글이 번역되어 있을 경우 이를 참고하여 번역하였다.
6. 이용자의 편의를 위하여 탐구당의 영인 원본을 번역문 뒤에 첨부하였다.
7. 주석은 권 단위로 달았는데, 인명이 많이 나오는 경우에는 비중 있는 인물에만 주석을 달았다.
8. 인물 주석은 많은 경우 한국학중앙연구원에서 제공하는 『한국인명사전』을 이용하였다.
9. 이 책에서 사용한 부호는 다음과 같다.
   〈 〉: 그림(화)명 · 도명 · 악곡명 · 지도 · 설화명 등에 사용
   『 』: 서적명 · 총서명 · 원전 · 단행본 · 신문명 등에 사용
   「 」: 글명 · 논문명 · 편명 · 조명 · 기사명 등에 사용
   [ ]: 번역문 뒤에 오는 원문을 표기할 때 사용
   " ": 직접인용이나 대화에서 사용
   ' ': 강조 또는 " " 안의 " "을 대체하는 경우에 사용

『稗林』의 構成과 그 價値*

尹浩鎭

* 이 글은 열상고전연구회에서 발행한 『열상고전연구』 22집에 수록되었던 것을 교정하여 해제를 대신하여 재수록 한 것이다.

1. 머리말

이 글은 『패림』이 역대의 야사총서 가운데 차지하는 비중과 자료적 가치를 다른 중요한 총서에 수록된 문헌의 내용과 비교하면서 밝혀 보려는 것이다.

『패림』은 분명 그것 이전의 야사총서, 즉 『대동야승大東野乘』, 『한고관외사寒皐觀外史』, 『대동패림大東稗林』의 심대한 영향 아래 이루진 것이 분명하다. 『패림』에 수록된 문헌들 가운데 상당히 많은 것들이 위의 총서에 수록되었던 것을 다시 수록하고 있다는 점에서 그렇다. 이러한 점은 야사총서를 연구한 글에서도 언급이 되기도 하였다.[1]

그런데, 이들 야사총서와 『패림』에 수록된 책을 비교하면, 뒤에 나온 『패림』이 앞서 나온 『대동야승』 등의 책에 수록된 것을 재수록하고, 나머지는 자신이 추가로 수집한 것을 수록하지 않았을까 생각할 수도 있으나, 실상을 이와 상당히 거리가 있음을 알 수 있다. 즉 『대동야승』에 수록된 많은 순수한 야사류의 저술이 『패림』을 비롯한 이후의 총서에서 누락된 것을 볼 수 있다.

이처럼 이전의 총서에 수록된 것이 후대에 빠진 것은 편자가 의도했건 하지 않았건 간에 상당히 중요한 문제라고 생각되며, 이것은 『패림』을 검토함에 있어서도 비중 있게 고려해야 할 것이라 판단된다. 그리고 이전의 것을 수록한 것일지라도 이전의 판본과 똑같은 경우를 제외하고는 이본의 비교 등에서 상당히 중요한 의미가 있을 것으로 생각된다.

따라서 본고에서는 『패림』을 포함하는 이들 사대 야사총서에 수록된 저술을 여러 가지 측면에서 검토하여 『패림』의 자료적 가치를 찾아보려 하였다.

1 _ 이 방면에 가장 많은 관심을 기울인 안대회 교수는 한국학중앙연구원에서 영인 출간된 한고관외사의 해제에서 일목요연하게 이 내용을 도표로 제시한 바 있다.

2. 4대 야사총서의 수록 문헌

4대 야사총서 각각에만 수록된 문헌 검토

4대 야사총서라 함은 현전하는 야사 가운데 중요한 위치에 있으면서, 양적으로 방대한 분량을 자랑하는 것들을 말한다. 역대 야사총서 가운데 중요한 총서를 들면, 수록문헌이 143종으로 가장 방대하였다고 하는 『광사廣史』는 지금 극히 일부만 전하는 형편이고, 『아주잡록鵝洲雜錄』·『연려실기술燃藜室記述』은 야사총집이라고 하기에는 문헌의 성격상에 문제가 있고, 『소대수언昭代粹言』에 비해 상대적으로 빈약한 감이 있다.

따라서 4대 총서로 꼽을 수 있는 것은 편자 미상의 『대동야승大東野乘』·김려金鑢의 『한고관외사寒皐觀外史』·심로숭沈魯崇의 『대동패림大東稗林』·편자 미상의 『패림稗林』의 네 종이다. 이들은 분량도 많을 뿐만 아니라, 야사가 전해지고 편집되는 과정에서 중요한 위치에 있는 것들로 『패림』의 구성과 가치를 살피는 데 있어 빼놓을 수 없는 것들이다. 따라서 여기에서는 『패림』을 논함에 앞서 논의의 대상을 이 4대 총서로 한정하고, 그 수록문헌과 각 총서간의 관계 등에 대해서 살펴보기로 한다.

『대동야승』은 59종 72권, 『한고관외사』는 61종 140권, 『대동패림』은 53종 125권, 『패림』은 96종 266권으로 되어 있으며, 이 가운데 각 총서 간에 중복되지 않은 것을 합하면, 총 155종에 이른다. 이것을 각 총서별로 살펴보면, 다른 총서에 실려 있지 않고 『대동야승』에만 실린 것이 28종, 『한고관외사』에만 실려 있는 것이 8종, 『대동패림』에만 실려 있는 것이 6종, 『패림』에만 실린 것이 29종이다. 『대동야승』에만 실려 있는 문헌을 소개하면 다음과 같다.

遣閑雜錄(沈守慶)	癸亥靖社錄(?)	光海朝日記(?)
光海初喪錄(?)	己卯錄別集(?)	己卯錄補遺(安璐)
己卯錄(金堉)	續集(?)	寄齋史草(朴東亮)
己丑錄(黃赫)	己丑錄續(?)	亂中雜錄(趙慶男)

黙齋日記(安邦俊)	師友名行錄(南孝溫)	象村雜錄(申欽)
松都記異(李德泂)	歷代要覽(?)	延平日記(申翊聖)
慵齋叢話(成俔)	乙巳傳聞錄(李中悅子)	逸史記聞(?)
長貧居士胡撰(尹耆獻)	再造藩邦志(申靈)	丁戊錄(黃有詹)
竹窓閑話(李德泂)	青白日記(青白堂)	海東野言(許篈)
海東雜錄(權鼈)	混定編錄(尹舜擧)	

『대동야승』이 가장 이른 시기의 것임에도 불구하고 후대의 야사총서에 실리지 않은 것이 가장 많다는 사실은 많은 것을 시사해 준다. 즉 『대동야승』이 후대의 야사를 편집하는 데에 큰 영향을 미치지 않았거나, 아니면 빠져 있는 것들이 모두 자신의 야사총서에 넣기에는 부적합한 문헌이었을 것이라는 가설을 생각해 볼 수 있다.

이 가운데에는 『견한잡록』·『용재총화』 등과 같은 시화가 포함된 잡록집도 있으며, 『사우명행록』이나 『해동잡록』과 같이 역사 인물에 대해 기록하거나 혹은 그 자료를 모아놓은 것 등 순수한 야사자료라 하기에는 무리가 있는 것도 있고, 『일사기문』과 같이 야사보다는 야담에 가까운 것도 있다고는 해도, 『계해정사록』·『기재사초寄齋史草』·『난중잡록亂中雜錄』·『을사전문록乙巳傳聞錄』·『재조번방지再造藩邦志』 등과 같이 온전히 야사의 성격을 갖는 저작이 후대의 야사총서에서 누락된 까닭은 이해가 어렵다.[2]

이 가운데 대다수의 저작이 야사의 자료로서 조금도 손색이 없는 것들임에도 누락된 것을 보면, 아마도 『대동야승』이 일반적으로 연구자들이 생각하고 있는 것과는 달리 『대동야승』이 후대의 야사총집에 그리 큰 영향을 미치지 못한 것이 아닌가 한다. 다른 이유에서가 아니라 『대동야승』의 존재가 널리 알려지지 못했기 때문으로 보인다. 그 증거로 후대 야사편집에 관련된 여러 사람들 가운데 『대동야승』에 관해서 언급한 예를 찾아보

2 _ 다만 이 가운데 『재조번방지』는 김려가 편집한 또 하나의 야사총서인 『창가루외사』에 수록되어 있음을 볼 수 있다. 이것처럼 『대동야승』에 실려 있는 것 가운데 『한고관외사』에 수록되지 않은 저술이 별도의 총서를 만들어 수록하려고 남겨두었다가 뜻을 이루지 못한 것인지는 알 수 없다.

기가 힘들다.

야사벽野史癖이 들어 구해 보지 않은 책이 없다고 할 정도로 많은 책을 수집하여 보았다는 심로숭沈魯崇의 경우도 『대동야승』을 보지 못한 듯하니, 이러한 저작이 계승되지 못하였다는 것은 조선 후기 야사 발전에 애석한 일이 아닐 수 없다. 『대동야승』 이후에 『패림』이 저작되기 전에 만들어져서 『패림』이 만들어질 때 참고한 것으로 되어 있는 김려의 『한고관외사』에도 다른 총서에 수록되지 않은 다음과 같은 저작이 있다.

東岡講義	東溪雜錄	笑醒己丑錄(존목)[3]
王人姓名記(존목)	留齋行年記	李氏西征錄(존목)
征倭雜志(존목)	河西言行述	

위의 저작이 『대동패림』과 『패림』에 수록되지 않은 까닭을 자세히 알 수는 없는 일이다. 하지만, 『한고관외사』에 실린 다른 저작에 비하여 위의 저작은 야사자료로서 그리 중요한 가치를 가지지 못한 것일 수도 있다. 왜냐하면 지나치게 한정적인 특정한 인물의 사생활을 기록한 것이기 때문이다. 『동강강의』·『왕인성명기』(존목) 등은 야사자료로서는 적합하지 않고, 『유재행년기』·『이씨서정록』(존목)·『하서언행술』 등은 지나치게 한 개인의 이력을 정리한 것이다.

『대동패림』의 편자인 심로숭은 『한고관외사』를 참고하였으면서도 『한고관외사』에 수록된 많은 문헌을 재수록하지 않았다. 그 대신 이긍익의 『연려실기술』에 실려 있는 역대 왕조기사를 편집하여 총서의 절반 정도를 할애하여 이것을 싣고 있다. 따라서 『대동패림』은 『대동야승』, 『한고관외사』 등에 비해 늦게 만들어진 것임에도 불구하고, 수록 문헌의 종류가 훨씬 적다. 『패림』에 수록되지 않고 『대동패림』에만 있는 저작은 모두 6종에 지나지 않는다.

3 _ 『대동야승』에 黃赫의 『기축록』이 수록되어 있는데, 이것이 그것인지 아니면, 다른 본인지는 확인하지 못했다.

桐巢漫錄 上中下, 梅溪叢序 詩話彙編 1-6,
列朝紀事(太祖-顯宗) 銀臺日記 上下 定辨錄(英宗朝-當宁朝)

위의 자료들 가운데 『시화휘편』 1-6은 시화집이란 측면에서 『패림』에서 누락된 것이 이해가 가고, 『열조기사』나 『정변록』은 또 다른 역사기록이 있어서 빠졌다고 쳐도, 어떤 이유에서 위의 여섯 종이 『패림』에 수록되지 않았는지는 알 수가 없다. 그럼에도 불구하고, 『동소만록』·『매계총서』·『은대일기』 등 3종의 야사는 매우 가치가 큰 것으로 생각된다.

이상의 내용을 통하여, 『대동야승』 이후 『패림』의 편찬에 가장 큰 영향을 미친 책은 『대동패림』이라는 것을 알 수 있다. 『패림』 이전의 야사총서 가운데 『대동야승』이 가장 이른 시기의 것이고, 또 많은 문헌을 수록한 것임에도 『패림』에 미친 영향은 그리 크지 않은 것으로 보인다.

『한고관외사』가 『패림』에 큰 영향을 미쳤다고 할 수 있지만, 가장 큰 영향을 미친 것은 『대동패림』으로 보인다. 우선 그 체제의 측면에서 보면, 『패림』에서는 『대동패림』이 열조기사라 해서 역대기년을 총서의 절반 정도 할애하여 수록하고 있는 것처럼 정조 이하 철종까지의 기사를 총서 전체의 40퍼센트 정도의 분량으로 수록하였다는 점, 그리고 수록문헌의 측면에서 볼 때에도 두 총서는 다른 어느 총서보다 『대동패림』에 수록된 나머지 문헌들을 몇 몇을 제외하고는 거의 재수록하고 있다는 점에서 두 총서는 다른 어느 총서보다 가까운 것으로 보인다.

『패림』에는 수록되지 않은 문헌 검토

『패림』은 분명 이전의 야사총서 『대동야승』까지는 몰라도 『한고관외사』와 『대동패림』의 영향을 많이 받았던 것은 틀림없는 사실이다. 따라서 『패림』에는 이전의 야사총서에 수록된 문헌이 많이 실려 있음을 확인하였으며, 특히 『한고관외사』에 수록된 것 61종 가운데 9종을 제외한 나머지 문헌, 『대동패림』의 경우에는 53종 가운데 6종을 제외한 나머지가 다시 수록되었음을 알 수 있다. 이들 문헌은 이본의 비교 연구 내지는 완본의 확정 등의 측면에서 매우 자료적 가치가 있는 것이라 할 수 있다.

이처럼 서로 중복되어 실려 있더라도 그 가치가 작지 않아 눈여겨보아야 하는 것과 마찬가지로, 다른 총서에는 실려 있는데 『패림』에 실려 있지 않은 문헌도 잘 살펴볼 필요가 있다. 이러한 것을 통하여 『패림』의 성격과 편찬의 경향 등을 엿볼 수 있기 때문이다. 다음 도표는 다른 총서에는 수록되어 있으나 『패림』에는 수록되지 않은 문헌을 정리한 것이다.

책이름	야승	한고	대패	작자
遣閑雜錄	○			沈守慶
癸未記事	○	○		?
癸亥靖社錄	○			?
光海朝日記	○			?
光海初喪錄	○			?
己卯錄別集	○			?
己卯錄補遺	○			安璐
己卯錄續集	○			?
寄齋史草	○			朴東亮
己丑錄	○			黃赫
己丑錄續	○			?
亂中雜錄	○			趙慶男
東岡講義		○		
東溪雜錄		○		
桐巢漫錄			○	
梅溪叢序			○	
默齋日記	○			安邦俊
丙辰丁巳錄	○	○	○	任輔臣
師友名行錄	○			南孝溫
象村雜錄	○			申欽
笑醒己丑錄(존목)		○		

책이름	야승	한고	대패	작자
延平日記	○			申翊聖
列朝紀事			○	
王人姓名記(존목)		○		
慵齋叢話	○			成俔
留齋行年記		○		
銀臺日記			○	
乙巳傳聞錄	○			李中悅子
凝川日錄	○			
李氏西征錄(존목)				
逸史記聞	○	○		?
紫海筆談	○			
長貧居士胡撰	○			尹耆獻
再造藩邦志 6권	○			申靈
丁戊錄	○			黃有詹
定辨錄			○	
征倭雜志(존목)		○		
竹窓閑話	○			李德泂
青白日記	○			青白堂
秋江冷話	○	○	○	南孝溫
稗官雜記	○	○	○	魚叔權
河西言行述		○		

책이름	야승	한고	대패	작자
續雜錄	○			趙慶男
時政非[4]	○	○		
松都記異	○			李德泂
詩話彙編			○	
歷代要覽	○			?

책이름	야승	한고	대패	작자
海東樂府	○			沈光世
海東野言	○			許篈
海東雜錄	○			權鼈
混定編錄	○			尹舜擧

위의 도표에서 확인할 수 있듯이, 다음은 다른 문헌에는 있는데, 『패림』에 없는 것은 모두 51종이다. 이 가운데 『대동야승』에는 수록되어 있으나 『패림』에 수록되어 있지 않은 것이 36종이고, 『한고관외사』에는 수록되어 있으나 『패림』에 수록되어 있지 않은 것이 13종이고, 『대동패림』에는 수록되어 있으나 『패림』에 수록되어 있지 않은 것이 9종이다. 이 결과를 놓고 보아도 『패림』은 『대동패림』과 친연성이 가장 높고 『대동야승』과 가장 엷다는 것을 알 수 있다.

『대동야승』에 수록한 것을 『한고관외사』에서 다시 수록하였으나, 『패림』에는 수록되지 않은 것으로 『계미기사』·『병진정사록』·『추강냉화』·『패관잡기』가 있고, 『대동야승』에 수록한 것을 『대동패림』에서 다시 수록하였으나, 『패림』에는 수록되지 않은 것은 하나도 없다.

이 가운데 특기할 것은 『병진정사록』·『패관잡기』·『추강냉화』·『임정사적』은 다른 세 총서에는 모두 편입되어 있는데도 불구하고 『패림』에서는 제외되어 있다는 것이다. 『병진정사록』과 『임정사적』은 뚜렷이 야사의 성격을 가진 책이고, 『패관잡기』와 『추강냉화』는 다소 야담적인 성격이 있다고는 해도 이 책이 갖는 비중으로 볼 때 이것을 제외한 것은 그 까닭을 알 수 없다.[5]

4 _ 『한과관외사』에는 『송강시정록』이라 되어 있다.

5 _ 김려는 『계축기사』에 대해 쓴 글[題癸丑紀事後]에서 야사를 저·술·록의 세 가지 종류로 나누고 있는데, 이러한 분류에 의해 이러한 책들이 혹 『한고관외사』에 수록되지 못하고, 다른 성격의 총서를 기다리다가 미완으로 끝난 것인지는 알 수 없다.

3. 『패림』의 구성 및 자료적 가치

『패림』의 구성 및 편찬시기

『패림』은 본래 조윤제 박사가 소장하던 것을 영남대에 기증하여 원본은 현재 영남대에 있다. 이 책이 일반에 널리 알려진 것은 1969년 탐구당에서 10책으로 영인한 뒤부터이다.

『패림』이 어느 시기에 누구에 의해 만들어졌는지 현재 자세히 알 수 없다. 다만 이 책에 수록된 문헌의 저작 연대를 참고하여 그 편찬시기를 대략적으로 추정해 볼 수 있을 뿐이다. 이 책은 이긍익의 『연려실기술』→심로숭의 『대동패림』의 영향으로 맨 앞에는 역대 왕조기사를 넣고 있다. 『대동패림』에서는 『연려실기술』의 내용을 정리해 넣었다고 하는데, 이 『패림』에는 『대동패림』 이후의 역대 왕조의 기사를 정리하여 넣었고, 『대동야승』·『한고관외사』·『대동패림』에 수록된 기타의 문헌을 96종 266권 수록하였다. 이 책에 수록된 내용을 탐구당 영인본을 대상으로 권별로 살펴보면 다음과 같다.

I책 : 1.正宗紀事 上

II책 : 正宗紀事 下

III책 : 2.純祖紀事

IV책 : 3.憲宗紀事, 4.哲宗紀事

V책 : 5.謏聞瑣錄(曺伸), 6.筆苑雜記(徐居正), 7.青坡劇談(李陸), 8.思齋摭言(金正國), 9.陰崖日記(李耔), 10.龍泉談寂記(金安老), 11.眉巖日記(柳希春), 12.石潭日記(李珥), 13.月汀漫錄(尹根壽), 14.梧陰雜說(尹斗壽), 15.玄洲懷恩錄(尹新之), 16.癸甲錄(禹景善), 17.癸甲日錄(禹性傳), 18.雲巖雜錄(柳成龍), 19.己丑獄案(?), 20.己丑紀事(安邦俊), 21.壬丁事蹟(安邦俊), 22.牛山問答(安邦俊), 23.松江行錄(金長生)

VI책 : 24.寄齋雜記(朴東亮), 25.名山秘藏(朴東亮), 26.菁川日記(姜연), 27.安家奴案(?), 28.晉興君日記(姜紳), 29.五山說林(車天輅), 30.畸翁漫錄(鄭弘溟), 31.鯸鯖瑣語(李濟臣), 32.淸江思齊錄(李濟臣), 33.鶴山樵談(許筠), 34.艮翁疣墨(李墍), 35.松窩雜說(李墍), 36.松溪漫錄(權

應仁), 37.柳川箚記(韓俊謙), 38.聞韶漫錄(尹國馨), 39.甲辰漫錄(尹國馨), 40.留齋日記(李廷馣), 41.遯齋日記(李瀞), 42.壬辰遺事(趙錡), 43.壽春雜記(李廷馨), 44.黃兎紀事(李廷馨), 45.東閣雜記(李廷馨), 46.李相國日記(李元翼)

VII책 : 47.童蒙筮告(?), 48.接倭歷年考(李孟休), 49.戊戌辨誣錄(李廷龜), 50.楓岩輯話(柳光翼), 51.掛一錄(?), 52.鶴林雜錄(?), 53.銀臺史綱(?), 54.效顰雜記(高尙顔), 55.山中獨言(申欽), 56.晴窓軟談(申欽), 57.北遷日錄(鄭忠信), 58.澤堂家錄(李植), 59.竹泉日記(李德泂), 60.東閣散錄(金君錫)

VIII책 : 61.荷潭破寂錄(金時讓), 62.關北紀聞(金時讓), 63.涪溪記聞(金時讓), 64.江都錄(?), 65.西郭雜錄(李文興), 66.愚得錄(鄭介淸), 67.陽坡年紀(鄭太和), 68.公私見聞錄(鄭載崙), 69.甲寅錄(?), 70.己巳錄(?), 71.宋門記述(金鎭玉), 72.幄對筵說(宋時烈), 73.忠逆辨(李敏輔), 74.構禍事蹟(宋疇錫), 75.黃江問答(韓弘祚), 76.谷雲雜錄(金壽增), 77.退憂漫筆(金壽興), 78.白野記聞(趙錫周), 79.羅金往復(羅良佐・金昌翕), 80.芝村問答(李喜朝), 81.晦隱瑣錄(?)

IX책 : 82.明村雜錄(羅良佐), 83.病後漫錄(崔奎瑞), 84.疏齋漫錄(李頤命), 85.燕行雜識(李頤命), 86.良役變通議(李頤命), 87.南遷日錄(宋相琦), 88.丹岩漫錄(閔鎭遠), 89.農叟遺稿抄(李聞政), 90.隨聞錄(李聞政), 91.三官記(李縡), 92.二旬錄(具樹勳), 93.我我錄(南紀濟), 94.梅翁聞錄(朴亮漢)

X책 : 95.辛壬紀年提要(具駿遠), 96.修書雜志(李宜哲)

위에서 볼 수 있는 바와 같이 『패림』의 편찬 체제가 앞의 열조기사는 『연려실기술』이나 『대동패림』 이후의 왕조기사를 새로 수록하였고, 그 뒤의 자료들은 대체로 작자의 연대순으로 되어 있다.

『패림』의 가장 뒤에 수록된 책은 『신임기년제요』와 『수서잡지』이다. 구준원은 생몰년을 자세히 알 수 없으나, 『신임기년제요』에는 1721년 신축년과 1722년 임인년에 왕위계승문제를 둘러싸고 노론과 소론사이에 벌어졌던 이야기를 수록하고 있다. 『수서잡지』의 저자 이의철李宜哲은 1703년에 태어나 1778년에 죽은 것을 확인할 수 있다. 특히 열조기사에서 철종(1849-1863)까지 수록되어있는 점으로 미루어본다면 적어도 1860년대 이후에 성립되었을 것으로 보인다. 이로 보아 패림은 19세기 후반 이후에 편찬되었을 것으로 보인다.

『패림』에만 수록된 문헌 검토

체제를 보면, 1책에서부터 4책까지는 열조기사, 즉 『정조기사』 상·하, 『순조기사』, 『헌종기사』, 『철종기사』까지 실려 있다. 5책의 『소문쇄록』으로부터 10책 끝에 수록된 『수서잡지』까지 『패림』에 실려있는 필기류는 그 종류가 91종으로 다른 어느 총서에 못지 않게 많다. 이들은 모두 내용과 형태에 관계없이 대체로 시대순서에 따라 배열되어 있다.[6]

『패림』의 가치는 우선 이것이 이전의 야사총서를 포괄하면서도 다른 곳에는 실리지 않은 저작이 29종이나 새로 들어가 있다는 데에 있다. 물론 『대동야승』의 28종이 포함되어 있지 않았다는 점에서는 매우 아쉬운 점은 있으나, 『대동야승』 이후의 『한고관외사』·『대동패림』 등에 수록된 것에 새로운 것을 더하였다.

江都錄(?)	己巳錄(?)	羅金往復(羅良佐·金昌翕)	農叟遺稿抄(李聞政)
丹岩漫錄(閔鎭遠)	童蒙筮告(?)	遯齋日記(李澮)	名山秘藏(朴東亮)
戊戌辨誣錄(李廷龜)	西郭雜錄(李文興)	松江行錄(金長生)	隨聞錄(李聞政)
修書雜志(李宜哲)	純祖紀事	辛壬紀年提要(具駿遠)	我我錄(南紀濟)
良役變通議(李頤命)	愚得錄(鄭介淸)	留齋日記(李廷馣)	壬辰遺事(趙錡)
接倭歷年考(李孟休)	正宗紀事 上下	芝村問答(李喜朝)	退憂漫筆(金壽興)
憲宗紀事	哲宗紀事	玄洲懷恩錄(尹新之)	晦隱瑣錄(?)

6_ 다만 열조기사를 이어 그 다음 첫머리에 나오는 책이 『소문쇄록』이고 두 번째가 『필원잡기』라는 것에 다소 의아한 점이 든다. 『필원잡기』를 지은 서거정(1420-1488)이 『소문쇄록』을 지은 조신(?-?)보다는 시기적으로 앞선 인물이다. 그럼에도 불구하고 순서가 바뀐 것은 무슨 까닭이 있는지 모르겠다.

총집류가 일반적으로 기존의 자료들을 한 곳에 모아놓은 것이란 점에서 의의가 있는데, 개중에는 후대에 인멸되어 전하지 않는 것도 있어 가치를 더욱 높이기도 한다. 이러한 점에서 보면, 『패림』의 가치는 다른 어느 총집보다도 오늘날에 있어서 더욱 빛나는 것이라 할 수 있다. 왜냐하면, 이 책의 영인본 『패림』 1-4책에 실린 『정종기사』 상·하를 비롯하여 『순조기사』·『헌종기사』·『철종기사』와 같은 자료들은 이곳에서만 유일하게 볼 수 있는 것이다.

이밖의 나머지 다른 총서에 실리지 않은 저작 가운데에도 소중한 문헌이 수록된 것이 많이 있다. 열조기사를 비롯하여 『수서잡지修書雜志』(이의철李宜哲)·『신임기년제요辛壬紀年提要』(구준원具駿遠) 등은 편자 당대의 자료들로 『대동야승』이나 『한고관외사』·『대동패림』에서 수록할 수 없는 것들이었지만, 『강도록江都錄』(?)·『기사록己巳錄』(?)·『나김왕복羅金往復』(나양좌羅良佐·김창흡金昌翕)·『명산비장名山秘藏』(박동량朴東亮)·『무술변무록戊戌辨誣錄』(이정구李廷龜)·『송강행록松江行錄』(김장생金長生)·『양역변통의良役變通議』(이이명李頤命)·『우득록愚得錄』(정개청鄭介淸)·『유재일기留齋日記』(이정암李廷馣)·『임진유사壬辰遺事』(조기趙錡)·『퇴우만필退憂漫筆』(김수흥金壽興)·『현주회은록玄洲懷恩錄』(윤신지尹新之) 등은 『대동야승』 등이 편찬되거나 혹은 『한고관외사』, 『대동패림』이 편찬되기 이전의 자료들로 그들 총서에서 누락된 것을 수록하였다는 점에서 가치가 크다고 할 수 있다.

『패림』에 재수록된 문헌 검토

『패림』의 가치는 이처럼 후대의 작가들이 남긴 야사자료보다도 오히려 훨씬 전대의 역사자료들 가운데 그간 누락되었던 자료들이 많이 들어가 있다는 데에서 찾을 수 있지만, 또 하나는 역대 야사총서에 수록이 된 것을 재수록한 경우에서도 찾을 수 있다. 왜냐하면, 이전의 총서에 수록된 것은 재수록한 경우라도 『패림』에 수록된 것이 훨씬 문헌적으로 자료적 가치가 크다는 데에 있다. 이를 자세히 살펴보기에 앞서 『패림』과 기타 총서에 수록된 책을 모두 비교하여 도표로 작성하면 다음과 같다.

제목	대동야승	한고관외사	대동패림	비고
艮翁疣墨(李塈)		○		
甲寅錄(?)	○		○	
甲辰漫錄(尹國馨)	○	○	○	
癸甲錄(禹景善)	○		○	
癸甲日錄(禹性傳)	○	○	○	
谷雲雜錄(金壽增)		○		
公私見聞錄(鄭載崙)		○		
關北紀聞(金時讓)		○	○	
掛一錄(?)			○	
構禍事蹟(宋疇錫)			○	
畸翁漫錄(鄭弘溟)	○	○		
寄齋雜記(朴東亮)	○	○	○	
己丑記事(安邦俊)		○	○	
己丑獄案(?)			○	
東閣散錄(金君錫)			○	
東閣雜記(李廷馨)	○	○	○	
梅翁聞錄(朴亮漢)		○		
明村雜錄(羅良佐)			○	
聞韶漫錄(尹國馨)	○	○	○	
眉巖日記(柳希春)	○		○	
白野記聞(趙錫周)		○		
病後漫錄(崔奎瑞)		○		
涪溪記聞(金時讓)	○	○	○	
北遷日錄(鄭忠信)		○	○	
思齋摭言(金正國)		○	○	
山中獨言(申欽)		○		
三官記(李緈)		○		
石潭日記(李珥)	○	○	○	
謏聞瑣錄(曺伸)	○	○	○	

제목	대동야승	한고관외사	대동패림	비고
疏齋漫錄(李頤命)		○		
松溪漫錄(權應仁)	○	○	○	
宋門記述(金鎭玉)			○	
松窩雜說(李墍)	○	○	○	
壽春雜記(李廷馨)		○		
幄對筵說(宋時烈)			○	
安家奴案(?)			○	
陽坡年紀(鄭太和)			○	
燕行雜識(李頤命)		○		
五山說林(車天輅)	○	○		
梧陰雜說(尹斗壽)	○			
龍泉談寂記(金安老)	○	○	○	
牛山問答(安邦俊)		○		
雲巖雜錄(柳成龍)	○	○	○	
月汀漫錄(尹根壽)	○	○		
柳川箚記(韓俊謙)	○	○	○	
銀臺史綱(?)			○	
陰崖日記(李耔)	○	○		
李相國日記(李元翼)	○		○	
二旬錄(具樹勳)			○	
壬丁事蹟(安邦俊)		○	○	
竹泉日記(李德泂)			○	
晉興君日記(姜紳)			○	
清江思齊錄(李濟臣)		○		
鯸鯖瑣語(李濟臣)	○			
晴窓軟談(申欽)		○		
菁川日記(姜연)			○	
靑坡劇談(李陸)	○	○		
忠逆辨(李敏輔)			○	

澤堂家錄(李植)			○	
楓岩輯話(柳光翼)			○	
筆苑雜記(徐居正)	○	○	○	
荷潭破寂錄(金時讓)	○	○	○	
鶴林雜錄(?)			○	
鶴山樵談(許筠)		○		
黃江問答(韓弘祚)			○	
黃兎記事(李廷馨)		○	○	
效顰雜記(高尙顔)		○		

위 표에서 볼 수 있는 바와 같이 다른 총서에 수록된 것으로 『패림』에 재수록된 것은 모두 96종이다. 이 가운데 『대동야승』과 중복되는 것이 26종이 있고, 『한고관외사』와 중복되는 것이 42종이 있고, 『대동패림』과 중복되는 것이 44종이 있다.

그리고 『대동야승』에만 수록된 것을 다시 수록한 것은 2종에 불과한 반면, 『한고관외사』에만 수록된 것을 다시 수록한 것이 15종이고, 『대동패림』에만 수록되어 있는 것을 다시 수록한 것이 19종이다.

이렇게 보면, 『패림』은 역시 다른 어느 문헌보다도 『대동패림』과 친연성이 가장 크다고 할 수 있다. 특히 『대동패림』에 수록된 문헌이 『대동야승』과 『한고관외사』에 수록된 문헌보다 종수가 훨씬 적다는 점을 감안하면, 그 중복율은 매우 높다는 것을 알 수 있다.

반면에 『패림』과 『대동야승』의 친연성이 가장 엷다고 할 수 있다. 『대동야승』에는 수록되어 있으면서 『한고관외사』와 『대동패림』에 수록되지 않은 것이 2종뿐이라는 것은, 『대동야승』이 『패림』의 편집에 전혀 고려가 되지 않았다고 할 수 있다.

『패림』을 편찬할 때에는 주로 『한고관외사』와 『대동패림』을 참고하였는데, 그 중에서도 『대동패림』의 것을 주로 참고로 하였음을 알 수 있다. 반면에 『대동야승』과 『한고관외사』, 그리고 『대동패림』에 모두 수록된 것을 다시 수록한 것은 14종이다.

甲辰日錄	癸甲日錄	寄齋雜記	東閣雜記
聞韶漫錄	涪溪記聞	石潭日記	謏聞瑣錄
松窩雜說	龍泉談寂記	柳川劄記	筆苑雜記
河潭破寂錄			

이들 문헌은 결국 4대 야사총서에 모두 편입된 책들이라 할 수 있다. 그만큼 이 책들이 야사총서에서 차지하는 비중이 큰 것이라 할 수도 있겠다. 이상에서 살필 수 있는 것처럼 『패림』은 다른 문헌에 수록된 것을 재수록 하였다는 점에서 자료적 가치가 떨어진다고 할 수도 있겠다.

그러나 『대동야승』에 실려있는 여러 저작은 대체로 산삭하거나 축약하여 싣고 있어 원전을 온전히 볼 수 없는 반면에 『패림』에 실려있는 여러 저작들은 대체로 원전을 고스란히 싣고 있는 점이 크게 다르다.

이 가운데 특히 『소문쇄록』 같은 경우는 대동야승에서는 1권으로 분량으로 25조항에 불과하지만, 『패림』에서는 3권 분량으로 무려 185조항이나 된다. 그 외 『청파극담靑坡劇談』 2권, 『용천담적기龍泉談寂記』 2권, 『석담일기石潭日記』 3권, 『계갑일록癸甲日錄』 3권(禹性傳), 『기재잡기寄齋雜記』 5권(朴東亮), 『문소만록聞韶漫錄』 2권, 『부계기문涪溪記聞』 2권 등 『대동야승』의 그것보다 양적으로 훨씬 많아졌다. 이 점은 원전을 산삭하지 않고 그대로 실은 것의 결과로 보인다.[7]

4. 맺음말

이처럼 아직 이해가 충분하지 않은 점이 있지만, 이제까지 『패림』에 대해 논의한 내용을 근거로 그것이 가지는 자료적 가치와 의의를 다음과 같이 간략히 정리할 수 있을 것이다.

○ 『패림』은 역대의 야사총서 가운데 현전하는 가장 방대하고, 자료의 충실도도 높은 야사총서이다.

○ 『패림』은 『대동야승』과 『대동패림』에 비교하여 양적으로 많고, 원전에 가까운 모습을 지니고 있다.

○ 특히 『패림』의 영인본 1-4에 수록된 『정종기사』 상하 · 『순조기사』 · 『헌종기사』 · 『철종기사』는 어

7 _ 宋熹準, 「『大東野乘』 · 『大東稗林』 · 『稗林』의 비교 고찰」, 『대동운부군옥』(번역팀 제3차 워크샵 발표원고, 2004.3.13).

느 문헌에도 수록된 적이 없는 매우 자료적 가치가 높은 것이다.

『패림』은 조선 후기에 집중으로 편찬되는 야사총서 가운데 가장 좋은 것인 동시에 야사총서를 집대성한 것이다. 여기에는 정치·역사·문학 등 여러 학문 분야에 걸친 내용이 포괄되어 있는 자료의 보고라 할 수 있다. 더구나 이 책에 실린 일부 내용은 다른 어느 곳에서도 볼 수 없는 귀중한 것이다.

참고문헌

자료

『稗林』 1-10, 탐구당 영인, 1969

국역 『대동야승』 1-17, 민족문화추진회, 1971

洪重寅, 『鵝洲雜錄』 건·곤, 농경출판사 영인, 1983

『패림』 1-9, 국학자료원 영인, 1983

『대동패림』 1-38, 국학자료원 영인, 1994

金鑢, 『寒皐觀外史』 1-4, 한국정신문화연구원, 2002

『고서해제』 4, 연세대학교 국학연구원 편, 평민사, 2005

저서 및 논문

末松保和, 「李朝의 野史叢書에 대하여」, 『青丘史草』, 1966

김두종, 「『대동야승』해제」, 민족문화추진회 번역본 수록, 1969

鄭亨愚, 「『稗林』과 『大東野乘』의 異同」, 『圖書館學』 제2집, 1971

金根洙, 「野史叢書의 總體的 研究」, 한국학연구소, 1976

金根洙, 「野史叢書의 個別的 研究」, 한국학연구소, 1978

姜周鎭, 「『鵝洲雜錄』解題」, 농경출산 영인본 『아주잡록』 수록, 1983

安大會, 「조선후기 野史叢書 編纂의 의미와 과정」, 『민족문화』 15집, 민족문화추진회, 1992

安大會, 「金鑢의 野史整理와 『寒皐觀外史』의 가치」, 한국정신문화연구원 영인 『한고관외사』 수록, 2002

宋熹準, 「『大東野乘』·『大東稗林』·『稗林』의 비교 고찰」, 『대동운부군옥』 번역팀 제3차 워크샵 발표원고, 2004

許敬震, 「『倉可樓外史』 解題」, 연세대학교 국학연구원 편, 『고서해제』 4, 평민사, 2005

許敬震, 「『稗林』 解題」, 연세대학교 국학연구원 편, 『고서해제』 12, 평민사, 2008

철종기사
哲宗紀事

01

헌묘憲廟 기유년(1849, 헌종 15)부터
-철종 등극 이후-
철묘哲廟 신해년(1851, 철종 2) 2월까지
2년 신해년(1850, 철종 16)

01

헌묘憲廟 기유년(1849, 헌종 15)부터
- 철종 등극 이후 -
철묘哲廟 신해년(1851, 철종 2) 2월까지

7월

○ 영부사 조인영趙寅永이 올린 상소의 대략은 다음과 같다.

지난번 어명御名에 대한 회의 때에 무릇 참여하여 듣는 자리에 있으면 신중히 하지 않음이 없어야 하는데, 신은 조반朝班의 윗자리를 차지하고 있으니 더욱 조심하고 삼갔어야 합니다. 그런데 자음字音이 간혹 저휘諱 자와 가까웠기 때문에 망단望單을 환입還入하여 개정改定하기까지 하였습니다. 만일 그 죄를 따진다면 신이 실로 그 죄를 책임져야 합니다.

* 『哲宗紀事』(전 탐구당 영인본 『패림』 4책에 실려 있다. 『철종기사』는 12권으로 되어 있는데, 헌종 즉위년인 기유년 7월부터 시작하여 철종 14년 계해년 11월까지의 일이 수록되어 있다.

이어서 총호사摠護使의 직임을 사직하였는데, 상이 다음과 같이 비답하였다.

어명을 개정한 것은 자성慈聖께서 뜻밖의 일을 염려하여 만전을 기하여 염려를 없애고자 한 생각이었으며, 연석延席에서 하교하신 바에 또 다시 정녕하게 개석開釋하신 만큼, 경에게 무슨 잘못이 있겠는가? 그런데 지금 이로써 인의引義하니 진실로 아주 지나치다. 노성老成한 경으로서 어떻게 이를 헤아리지 못하는가? 게다가 총호사의 직임은 장례 일을 맡는 자리인데, 경의 정리와 예로 보아 어떻게 사직하겠는가?

○ 집의 김기찬金基纘이 상소하여 진면陳勉하니, — 성효聖孝를 돈독히 하고, 성궁聖躬을 잘 보호하며, 성지聖志를 분발하고, 성학聖學을 면려하며, 현준賢俊을 초치招致하고, 언로言路를 열며, 절검節儉을 숭상하고, 기강紀綱을 세우며, 수령守令을 가려 쓰고, 과규科規를 엄히 세우라는 것이다. — 비답하기를 "열 가지 조목으로 진면하니 늘 돌보아주면서 나라를 근심하고 백성을 사랑하는 정성이 있다. 진실로 매우 가상하게 여기니, 응당 일일이 체념體念할 것이다." 하였다.

○ 김기찬金基纘을 승지에 발탁하여 임명하였다.

○ 전 정언正言 강한혁姜漢赫이 올린 상소의 대략은 다음과 같다.

돌아보건대, 지금 온 나라가 다 함께 분노하면서 함께 살고 싶어 하지 않는 자는 바로 조병현趙秉鉉입니다. 아! 저 조병현의 위복威福을 훔쳐 농간하고 재화를 탐하며 조정을 협박하고 군부君父를 안중에 두지 않은 등의 허다한 죄악에 대해서는 대간의 논평이 모두 남아 있고 단안斷案이 이미 이루어졌습니다. 대개 그는 타고난 성질이 간사하고 처신이 가벼워 망령된 언변은 상대를 제어할 만하고 사치한 습관은 오직 죽도록 권세를 탐할 줄만 알았습니다. 지방 고을을 맡아서는 오로지 백성들을 꼬이기를 일삼았고, 전시銓試를 잡아서는 단지 사욕을 이루는 데 힘썼을 뿐입니다. 추종하여 빌붙는 데에 교묘하고 몰래 엿보는 데 익숙하여 차츰차츰 지위가 높아지고 몸이 현달하게 되자 심술心術이 더욱 참혹해지고 수법이 더욱 교활해졌습니다. 청직淸職과 현직顯職을 아비와 아들이 함께 차지하고 동시에 큰 진영과 부유한 고을의 지방관이 되었습니다. 사인私人들이 다투어 두둑한 보상을 실어다주어 교외에 있는 집이 거리까지 연결되었고 뇌물이 대문에 넘쳤습니다. 자기와 다른 이들을 배척하고 남몰래 화란의 기틀을 만든 것은 거의 이임보李林甫의 검劒[1]과 같고, 이끗과 녹祿을 탐하고 스스로 나쁜 주문을 맹세한 것은 주보언主父偃의 오정식五鼎食[2]보다 심하니, 온 조정의 벼슬아치들이 뱀이나 살무사처럼 보고 온 세상 사람들이 귀신이나 불여우라고 손가락질하였습니다. 허다한 무리들이 끼리끼리 모여 있는데, 조병현에게 울타리가 된 것은 윤치영尹致英입니다.

윤치영은 사리에 어둡고 몰지각한 부류로서 홀로 잇구멍을 뚫음으로써 불쌍한 백성들을 피폐하고 쇠잔하게 하고서 도로 간교한 마음을 숨겼습니다. 처음에는 조병현의 권세와 지위를 부러워하여 손바닥의 노리개가 되는 것을 달게 받아들였고 끝내는 조병현의 하는 짓을 밟아 심복이 되어 달라는 부탁을 저버리지 못하였습니다. 권세를 불러들여 걸핏하면 양부兩部의 전주銓注에 간여하고 이끗을 차지하고 재화를 탐하여 팔방에서 보내오는 선물을 모두 긁어모았습니다. 2년 동안 다섯 번 승자陞資하였으니 순서를 밟지 않고 갑자기 벼슬이 높아졌고, 한 집안에 삼귀三貴가 나왔으니 현혁한 기세를 두려워할 만하였습니다. 그러나 간사하고 교활함은 노련한 무리들에게 미치지 못하고 헤아림은 숙수宿手에 미치지 못하여 일마다 하자가 생겨 도처에서 일을 그르치고 말았습니다. 그 간사한 정상이 마침내 선대왕先大王의 해와 달 같은 밝음에서 도망칠 수 없게 되자 혹은 엄히 찬축竄逐하기도 하고 혹은 가볍게 소척疏斥을 보이기도 하였으나 이 무리들은 전혀 두려움을 몰랐습니다. 조병현은 멀리 떨어진 교외에서 편히 쉬면서 그 요망한 자식에게 도성 안에 출몰하면서 궁중의 동정을 엿보게 하였고, 윤치영은 관각館閣에 올라서 상과 가까운 반열에서 조정을 능멸하며 공공연하게 불평을 늘어놓았습니다. 저들은 스스로 그 죄가 가득차고 악이 극도에 이르러서 나라 사람들에게 용납 받지 못하고 나라 법이 반드시 주벌해야 할 대상인 된다는 것을 알 것이니, 그들이 보이지 않은 곳에서 화기禍機를 준비하고 있지 않다는 것을 어떻게 알겠습니까? 도적이 풀숲에 숨어 있는 경계와 우리를 벗어난 호랑이와 같으니 참으로 작은 걱정이 아닙니다. 속히 조병현과 윤치영에게 절도絶島에 안치安置하는 형전刑典을 시행하소서.

1_ 이임보(李林甫)의 검(劒) : 이인보는 당(唐)나라 현종(玄宗) 때 이부 상서로 있으면서 천성이 교활하고 권모술수가 능하여 환관과 궁녀들과 결탁, 현종의 비위만 맞추고 정치를 방자하게 행하다가 마침내 안사安史의 반란을 빚어낸 간신이다. 이임보는 남과 말할 때에 친절하여 달콤하기가 꿀과 같으나 속으로 음흉하여 사람을 많이 죽이므로, '口有蜜 腹有劒'이란 말이 있었다.

2_ 주보언(主父偃)의 오정식(五鼎食) : 주보언은 한(漢) 무제 때에 한 번의 상서(上書)로 인하여 한 해에 네 번 승천하여 중대부中大夫가 되고 이어 국사를 전횡한 것이 많았다. 그러자 혹자가 전횡이 너무 심하다고 말하니, 주보언이 대답하기를 "장부가 살아서 오정식(五鼎食)을 하지 못할 바엔 차라리 오정에 삶아져 죽을 뿐이다." 하였는데, 주보언은 끝내 죄를 얻어 멸족을 당하고 말았다. 오정식(五鼎食)은 소·양·돼지·생선·사슴고기의 다섯 종류의 육식을 늘어놓고 먹는 것으로 고관대작의 호사한 생활을 비유한다. 『史記』 卷112

상이 비답하기를, "한 사람은 선왕先王께서 죄준 사람이고 한 사람은 선왕의 근밀近密한 신하인데, 한 장의 종이 위에 나열하였으니, 충후忠厚한 기풍이 부족하다." 하였다.

○ 장령 이정두李廷斗가 상소하여 조병현趙秉鉉 등을 성토하고, 또 아뢰었다.

아! 저 이응식李應植과 이능권李能權은 본래 추잡하다고 일컬어지던 무리로서 오로지 아첨하고 요망한 태도를 익혀 이끗만 쫓고 권세에만 붙었습니다. 원융元戎의 인수印綬와 총융總戎의 절부節符를 차례로 돌아가며 차지하면서 자기 직분 안의 일이 온 것처럼 보았으며, 중요한 벼슬과 좋은 직책을 일시에 독차지하면서 관례를 벗어나 외람되이 겸대하기까지 하였습니다. 혹은 그 아들을 풀어서 흉악하고 사나운 천한 서얼庶孼이 죄 없는 평민을 함부로 죽이게 하기도 하고, 장차 죽을 목숨이 혹은 그 아비를 등에 업고서 막중한 공화公貨를 도둑질하기도 하였습니다. 자못 명성과 위세를 벌여놓고 완연히 문호門戶를 이루어 외람되고 교활한 버릇이 점점 자라고 탐욕스럽고 더러운 마음이 만족할 줄을 몰라 부당하게 빼앗은 재물로 모두 자기 주머니를 살찌우고 이끗을 좋아하는 무리들과 한 패거리가 되었습니다. 마침내 간사하고 꾀가 많은 신관호申觀浩와 교활하고 외람된 김건金鍵의 무리들이 다투어 서로 사모하고 본받아 더욱 더 방종하였습니다. 큰 진영의 병사 자리를 몇 년 동안 두루 역임하여 어리석은 백성만 피해를 받았고, 융부戎符를 풋내기들에게 독차지하게 하고 음직蔭職이 젖비린내 나는 아이들에게 미쳤으니, 거리의 사람들이 곁눈질하고 식자들이 한심하게 여긴 지 오래되었습니다. 대개 이 무리들은 죄범이 지극히 무거워 실로 조병현 등보다 못하지 않은데 무사武士의 부류라는 이유로 깊이 꾸짖지 않고 관대히 용서해준다면 장차 어떻게 그 악을 징계하고 인심人心을 복종시키겠습니까?

신이 이에 대해 더욱 놀라고 분통한 것이 있습니다. 지난번에 심저沁邸[3]에서 봉영奉迎하는 즈음에 이응식이 은밀하게 파발을 띄워 비보飛報를 전하는 기마騎馬가 배위陪衛 행차보다 앞서 갔으니, 그의 속셈을 헤아릴 수가 없습니다. 이에 군정群情이 의아하고 괴이하게 여기 여론이 들끓고 있습니다. 이것이 더욱 그의 용서할 수 없는 죄안罪案입니다. 신은 이응식 · 이능권 · 김건 · 신관호에게 모두 절도絶島에 정배定配하는 형전刑典을 시행해야 한다고 생각합니다.

3_ 심저(沁邸) : 철종의 강화(江華) 사저(私邸).

상이 비답하기를, "만일 공분公憤이 있었다면 어째서 앞에서는 말하지 않다가 망극한 상중喪中에 이렇게 소란을 일으키는 것인가? 하단下端에 논한 일은 진짜 이러하다면 너무나 해괴하고 가증스럽다." 하였다.

○ 대왕대비전이 다음과 같이 전교하였다.

병사를 거느리는 직임의 중요함이 과연 어떠한가? 이름이 대간의 상소에 올랐다는 이유로 그 영교營校에게 대신 명소命召를 바치게 하고서 별 어려움 없이 도성을 나가는데, 어찌 이러한 사체事體가 있는가? 너무나 놀랍다. 훈련대장과 금위대장 —이응식李應植과 신관호申觀浩— 에게 우선 파직하는 형전을 시행하라.

○ 예조에서 종묘의 혼전魂殿과 휘정전徽定殿의 축식祝式에 대해 수의收議하여 회계回啓하였다. —영부사 조인영趙寅永은 "순종실純宗室은 황고皇考라 칭하고 전하는 효자孝子라 칭하는 데 대하여 삼가 명明나라 가정嘉靖 때의 예론禮論을 상고해 보니, '형兄 무종武宗, 고考 효종孝宗'이라 하였으니, 원용援用할 만하며, 익종실翼宗室은 황형皇兄이라 칭하고 전하는 효사孝嗣라 칭함은 바로 우리 영묘英廟께서 경종실景宗室에 대한 축식이니 우리나라에서 이미 행했던 예禮이니, 모두 다시 의논할 필요가 없겠습니다. 선유先儒들의 의논을 상고해 보니[4] 대부분 계통을 소중히 여겼고 서차序次에는 구애하지 않았습니다. 그러나 역대로 능히 아울러 행한 자는 없었으니 신이 감히 딱 잘라 말할 수 없습니다. 오직 당唐의 선종宣宗만은 경종敬宗, 문종文宗, 무종武宗의 실室에 대하여 본래 숙부로서 조카의 대통을 이었으므로 단지 '사황제嗣皇帝 신臣 모某 소고우昭告于'라 칭했을 뿐이니, 곧바로 모호廟號를 썼다는 것을 추측할 수 있습니다. 이미 신臣이라 칭하고 모某라 칭하면서 [감소고우敢昭告于]의 '감敢' 자를 쓰지 않은 것은 이런 이치가 없으니, 혹 사서史書에 궐문闕文이 있어서 그런 것인 듯합니다." 하고, 좨주祭酒 홍직필洪直弼은 "이 예는 국조國朝에 처음 있는 전장典章입니다. 명의名義는 지극히 중요하므로 끝내 입 다문 채 망령되이 어리석은 말을 진달할 수 없습니다. 숙부로서 조카를 이은 예를 책에서 두루 헤아려 보건대, 오직 주 효왕周孝王이 의왕懿王에 대해서와 당 선종唐宣宗이 무종武宗에 대해서와 우리 전하께서 대행대왕大行大王에 대해서뿐입니다. 선유先儒는, '효왕은 숙부이자 신하요, 의왕은 조카이자 임금이다.

4 _ 선유(先儒)들의 의논을 상고해 보니 : 이 부분은 앞뒤의 문맥이 통하지 않아 『철종실록』에 의거하여 보충하였다. 원문은 다음과 같다. "考諸先儒之論"

어버이를 친애하는 것이 높은 이를 높이는 데에 해롭지 않음은 군신의 분의分義가 본래 있기 때문이다. 종묘의 예禮는 사군嗣君이 선군先君에게 절하는 것이지 숙부가 조카에게 절하는 것이 아니다' 하였고, 선정先正 문원공文元公 신臣 김장생金長生도, '제왕가帝王家에서는 승통承統으로 비록 숙부가 조카를 잇고 형이 아우를 이었다 해도 모두 부자의 도리가 있는 것이다' 하였으니, 이는 영원히 바꿀 수 없는 정의正義입니다. 비록 부자의 도리가 있다고 하더라도 친속 관계의 칭호로 말하면 마땅히 형제나 숙질의 서차序次를 써야 하니, 전하께서 효정전孝定殿에는 황질皇侄이라 칭하고 휘정전徽定殿에는 황질비皇侄妃라 칭해야 할 듯합니다. 숙질의 명칭이 비록 고례古禮에 보이지 않으나, 숙질의 칭호에 대해서는 이미 정자程子와 주자朱子 두 부자夫子의 정론定論이 있습니다. 명나라 헌종 황제憲宗皇帝 때에 이르러 경태제景泰帝를 추복追復하는 시책諡冊에서 숙질이라 일컬었으니, 이는 준행해야 할 것이 됩니다. 또 『강목綱目』의 당唐 선종기宣宗紀를 살펴보면, 예원禮院에서 주달한 축문에 목종穆宗·경종·문종·무종 네 황제에게는 단지 '사황제 신 모'라고만 칭했으니, 이것도 오늘날의 원용하여 증거로 삼을 만합니다." 하였으며, 부사직副司直 송내희宋來熙는 "제왕이 입통入統하는 의의는 지극히 중하고 지극히 엄하여 비록 아우가 형을 잇고 숙부가 조카를 이었다 할지라도 다만 승통承統으로써 서차를 삼기 때문에 부자의 의리는 있어도 부자의 명칭은 없습니다. 무릇 윤속倫屬의 명칭에 대해서도 또한 문란해서는 안 되기 때문에, 영묘英廟께서 경묘景廟에게 황형皇兄이라 칭하고 효사孝嗣라 칭했으니, 반드시 이로써 법칙을 삼아 익종실의 축식을 응당 원용하여 근거로 삼아야 한다고 봅니다. 혼전이나 휘정전의 축식에 이르러서는 과연 예서禮書에 정확한 견해는 없고 단지 당나라 선종 때에 목종, 경종, 문종, 무종 4실室의 체제禘祭의 축문에 붙인 예원禮院의 주문奏文을 상고해 보면 단지 '사황제 신 모'라고만 칭했습니다. 선종은 목종에게는 아우이고, 경종·문종·무종에게는 숙부이지만 사황嗣皇이라 통칭했으니, 지금도 사왕嗣王이라고 통칭하는 것이 혹 원용할 만합니다. 그러나 우리 조정에서는 단지 '사嗣' 자 위에 '효孝' 자를 더하였을 뿐인데, 당초에 의정議定한 뜻이 자세하지 않다. 옛날에 문원공 신 김장생도 일찍이 이 예禮에 임하여 '마땅히 『통전通典』[5]에 따라야 할 것이다. 스스로 선군先君에게 사황 모嗣皇某라 칭하는 것도 마땅히 구별하여 호칭해야 할 듯하나, 선유先儒의 정론이 없으니 감히 새로 창설創說할 수 없다' 하였는데, 오늘의 경우와 별로 다름이 없으나 선정도 감히 창설하지 못했던 것을 신처럼 얕은 견해로써 더욱 어떻게 감히 경솔하게 논열論列하겠습니까?" 하였다. ― 대왕대비가 전교하기를 "황질皇侄과 황질비皇侄妃로 호칭하는 것은 유신儒臣의 의논대로 시행하고, '사왕 신嗣王臣'의 호칭은 대신의 의논대로 시행하라." 하였다.

5_『통전(通典)』: 당(唐)나라 두우(杜佑)가 찬술(撰述)한 중국 역대의 제도를 수록한 책.

○ 대사헌 이경재李景在가 상소하여 조병현趙秉鉉 등을 성토하고, 또 아뢰었다.

저 이응식李應植과 신관호申觀浩 무리는 모두 무관으로서 감히 조정의 권세를 쥐고서 전관銓官과 결탁하여 곤수閫帥와 수령을 좋고 싫은 데 따라서 쓰거나 버리며, 같은 패거리에 의지하여 정경正卿의 품계와 병권兵權을 욕심껏 등급을 뛰어넘어 올라갔으니, 이것은 바로 국조 이래로 듣지 못하고 보지 못했던 바입니다.

신관호는 부정한 경로로 의원醫員을 궁중에 들였으니, 이것만도 용서하지 못할 죄안을 범한 것인데 사실私室에서 약을 조제하였으니 어찌 역모를 품은 자에게 적용하는 형률을 면하겠습니까? 진실로 그 근원을 찾아보면 전적으로 이능권李能權과 김건金鍵이 가장 먼저 나쁜 전례가 되어 서로서로 추켜올려 점차 수단이 더욱 교활해지고 기염이 더욱 치성하기에 이르러서 안중에는 조정이 없고 힘은 위복威福을 멋대로 주물러 뇌물의 문을 크게 열어놓고 오로지 자기를 살찌우는 데 힘쓴 데에서 말미암습니다. 거꾸로 교활하여 남을 잘 속이는 지혜를 써서 그럴듯한 자취를 구성하여 위로는 성상의 총명을 가리고 아래로는 한 세상을 속였으니, 그 죄를 논한다면 어떤 벌을 주어야 하겠습니까?

이응식은 지난번 어가御駕를 봉영奉迎하던 날에 사사로이 파발擺撥을 보내서 배위陪衛에 앞서게 하였으니, 뜻을 헤아리기 어렵습니다. 어찌 단지 놀랍고 가증스러울 뿐이겠습니까? 속히 양사兩司에서 청한 바를 윤허함으로써 조정의 기강을 엄하게 하소서.

신은 이 일로 인하여 더욱 몹시 원통한 것이 있습니다. 작년에 서상교徐相敎가 김흥근金興根을 논할 때 한 말 중에 "궁위宮衛를 엿보고 현저하게 결탁한 자취가 있다." 하였으니, '궁위宮衛' 두 글자는 이미 더할 수 없이 엄한 자리를 범한 것인데, '결탁했다'고 한 것은 스스로 무함하여 핍박한 죄과를 범한 것입니다. 이것이 어찌 오늘날의 신하가 마음에 싹틔우고 입에 올릴 수 있는 것입니까? 이제 와서 돌이켜 생각해봐도 더욱 머리털이 곤두서고 간담이 서늘해집니다. 서상교처럼 아둔하고 몰지각한 자가 어찌 홀로 이것을 마련했겠습니까? 이를 주장한 자도 윤치영이요 지시하여 부린 자도 윤치영입니다. 여론이 떠들썩하여 같은 하늘 아래에서 살지 않겠다고 맹세하였으니, 이것은 바로 신하로서 타고난 본연의 양심입니다. 윤치영과 서상교를 나국拿鞫하여 실정을 캐내소서.

상이 비답하기를, "몇 사람의 일을 어째서 굳이 이처럼 과장한단 말인가? 아래 조항에서 논한 바가 그에게 어찌 책망하겠는가? 몰지각한 탓으로 돌리는 것이 좋겠다." 하였다.

○ 세초歲抄를 하였다. 국청 죄인鞫廳罪人 김필金鏎・이노규李魯奎・유태동柳泰東・성용묵成容默・나채규羅采奎・유안柳晏・이승규李承圭에게 모두 직첩職牒을 주었다.

○ 판부사 권돈인權敦仁이 올린 차자의 대략은 다음과 같다.

삼가 전 대사헌 이경재李景在의 상소를 보건대, 그가 논한 "부정한 경로로 의원醫員을 궁중에 들였다."고 한 한 구절은, 이 일은 과연 이유가 있는데 신은 실로 너무나 두렵고 떨림을 금치 못하겠습니다.

봄 사이에 우리 대행대왕大行大王께서 환후患候가 깊어져 즉시 건강을 회복하지 못하자 전라 감사 신 남병철南秉哲이 매번 신을 대할 때마다 번번이 함께 걱정하며 애를 태웠는데, 삼가 성상의 생각에 방외方外에 있는 한 명의 정통한 의원醫員을 만나보려고 생각하고 계시는데 찾아도 찾을 수가 없어서 한탄해 마지않고 있다는 말을 들었습니다. 이때 신의 집에 마침 시골 무변武弁으로서 군문軍門 일로 와서 묵고 있는 자가 있었는데, 자못 술예術藝가 있기에 신이 과연 말하였습니다. 남병철도 신에게 듣기 하였으나 이름이 내의원內醫院에 올라있지 않은 만큼 또한 제멋대로 나아갈 길이 없었습니다. 그 뒤 얼마 안 되어 대행대왕께서 당시에 금영禁營의 초관哨官으로 있던 자를 굽어 살피고 금위대장 신관호申觀浩에게 데리고 들어올 것을 명하여 그에게 진찰하고서 물러나게 하셨으니, 본사는 이러할 뿐입니다. 지금 "아무리 성상의 하교가 있었지만 어떻게 거행할 수 있었는가?" 한다면 진실로 혹 신관호에게 책임 지울 수 있지만, 만일 "부정한 경로로 의원을 궁중에 들였다." 한다면 의원은 바로 신의 집의 의원이요 말을 주고받았던 것도 또한 신과 남병철이니, 신관호가 어찌 간여했겠습니까?

신이 자수하지 않으면 대간의 상소에서 논한 용서하지 못할 죄안罪案을 신은 요행으로 면하겠으나, 도리어 부당한 신관호로 하여금 대신 벌을 받게 하는 것입니다. 이것은 신이 점점 두려워 몸 둘 곳이 없는 것일 뿐만 아니라, 조정의 더할 수 없이 엄한 형장刑章이 어찌 뒤바뀌지 않겠습니까? 너무나 황공하고 떨려 외람되이 짧은 차자를 진달하니, 빨리 신을 사죄死罪로 의논하소서.

상이 비답하기를, "본 일의 이면에 대해서는 지금 경의 말을 듣고서야 비로소 그렇게 된 이유를 알았다. 경은 애당초 관여한 바가 없는데 지금 이렇게 스스로 인책引責하니, 너무나 지나치다. 경은 안심하라." 하였다.

○ 전교하기를 "방금 대신大臣에게 비답을 내렸는데, 제대로 살피지 않은 잘못을 면하기 어렵다. 전 대사헌 이경재李景在를 파직罷職하라." 하였다.

○ 양사兩司가 연명聯名으로 자차箚子를 올리니, 윤허하지 않았다.

○ 정원이 아뢰기를 "피혐避嫌은 단문袒免의 친족을 넘을 수 없는 것이 본래 정식定式인데, 교리 윤철구尹哲求가 사사로운 의리가 있어서 무릅쓰기 어렵다고 하면서 올린 상소가 정원에 도착하였습니다. 추고推考하소서." 하였다.

윤허하고, 원소原疏는 도로 내주었다.

○ 좌상 김도희金道喜가 다음과 같이 아뢰었다.

상소에서 논열한 중에 이응식李應植의 일은 진실로 고금에 듣지 못했던 일대 변괴입니다. 하늘이 무너지고 땅이 갈라진 듯 선왕이 승하하신 처음을 당하여 상하 대소가 모두 땅을 치고 울부짖으며 한 없이 슬퍼서 다른 것을 생각할 겨를이 없었으나, 오직 우리 자성 전하께서 종묘사직의 대계大計를 위하여 눈물을 흘리며 하교하셨으니, 자성께서 가려서 전하에서 주신 것과 전하께서 자성의 뜻을 받든 것은 광명정대光明正大하여 천지에게 질정할 만합니다. 모든 신하의 반열에 있는 자가 누가 감히 이때에 이 거조에 대해서 사사롭고 삿되며 협잡하는 마음을 싹틔울 수 있겠습니까? 그런데 아! 저 이응식은 제멋대로 파발을 달려서 먼저 보고할 계책을 하였으니, 수고를 바치고자 한 것입니까, 공을 구한 것입니까? 위교渭橋에서 주발周勃이 잠깐의 시간을 청하자 오히려 송창宋昌의 꾸짖음을 받았으니,[6] 그의 소행에 어떤 벌을 주어야 하겠습니까? 전 훈련대장 이응식에게 엄히 처분을 가하소서.

대왕대비전이 전교하기를 "요사이 대론臺論이 준엄하게 일어나 놀랄 만한 일이 많이 있다. 나중에 참작해서 처분하겠다." 하였다.

○ 판부사 권돈인權敦仁이 차자箚子를 올리고 고향으로 갔다.

○ 대왕대비전이 전교하기를 "대계臺啓 중에 무릇 은언군恩彦君의 집안일에 속한 것에서 지워버릴 만한 것은 지워버리고 정계停啓할만한 것은 정계하라." 하였다.

○ 양사兩司에서 — 대사헌 이돈영李敦榮, 대사간 임백수任百秀, 집의 신좌모申佐模, 사간 목인배睦仁培, 장령 이정두李廷斗, 지평 조광렴趙光濂, 헌납 박준우朴浚愚, 정언 안희수安喜壽이다. — 다음과 같이 합신계合新啓하였다.

아! 애통합니다. 윤치영尹致英은 바로 일개 잔약한 소인일 뿐입니다. 품성이 본래 말을 교묘하게 하고 얼굴빛을 좋게 꾸미며 행동은 간사하고 교활하니, 함부로 날뛰고 방자함은 설령 함께 타고났다고 할지라도 위를 능멸하고 번잡하게 말하는 것은 또한 어디서 익힌 것입니까? 평생의 재주는 남을 속이고 재물을 탐욕스럽게 모으는 것에 불과하고 밤낮으로 궁리한 것은 모두 권세를 불러들이는 것이었습니다. 조병현趙秉鉉에게 울타리가 되어 기꺼이 화심禍心을 쌓아왔고, 조병현에게 뒷배가 되어 위복威福을 훔쳐서 농간하여 식견 있는 자들이 근심하고 탄식한 지 오래되었습니다. 서상교徐相敎의 상소를 주장한 일이 있기까지 한 데에 이르러 그가 하지 않은 바가 없음을 더욱 볼 수 있습니다. 이것을 차마 한다면 무슨 짓인들 차마 하지 못하겠습니까? 많은 사람들이 이구동성으로 지목하고 있으니, 바로 이 한 가지 일이 그의 죽고도 남은 죄가 있는 죄안이 됩니다.

아, 저 서상교의 몇 해 전의 상소 중에 "궁위宮衛를 엿보고[伺察] 현저하게 결탁한[締結] 형적이 있었다."는 한 구절은 말이 어쩌면 그리 심하게 난잡하고 패악합니까? 더할 수 없이 중하고 더할 수 없이

6 _ 위교(渭橋)에서 …… 받은 것 : 주발(周勃)은 여씨(呂氏)들을 주벌한 큰 공과 유씨(劉氏)를 안정시킨 두드러진 충성으로 400년의 한(漢)나라의 공업(功業)을 안정시킨 공이 있으나, 주발이 한나라 대왕(代王)을 맞이하던 날에 위교에서 "조용히 말씀드릴 것이 있습니다." 하자, 송창이 "공적으로 말할 것이면 공적으로 말해야 할 것이요, 사적으로 말할 것이라면 왕자(王者)는 사사로움을 받아들이지 않소이다." 하자, 주발이 꿇어앉아서 천자의 옥새를 올렸다. 『史記』 卷10 「孝文本紀」

엄한 곳에 대해 '사찰伺察' 두 글자를 오히려 감히 말하였으며, 더구나 또 '체결締結' 두 글자를 제멋대로 글에 썼으니, 이것이 어찌 오늘날에 신하된 자가 차마 할 수 있는 것입니까? 말이 성상을 무함하고 핍박하여 용서하지 못한 죄를 지었으니 지금에 와서 돌이켜 생각해도 뼈가 시리고 간담이 서늘해집니다. 온 나라의 백성들이 같은 하늘 아래에서 살지 않겠다고 맹세하였으니, 이것이 어찌 저같이 사리에 어둡고 철이 없는 자가 혼자서 만들 만한 것이겠습니까? 서상교에게 지시한 자는 윤치영尹致英이요 윤치영에게 사주 받은 자는 서상교이니, 서상교와 윤치영은 둘이면서 하나이고 하나이면서 둘입니다. 비록 진장眞贓이 다 드러나고 단안斷案이 갖추어졌다고 하더라도 이것은 필시 화란을 즐겁게 여기는 부류가 꼼꼼히 준비하고 마음을 달리 품고서 한 번 시험하는 것으로도 부족해서 마침내 정상情狀을 곧장 드러낸 것이니, 따라서 그림자를 살펴봄으로써 형상을 알 수 있습니다.

이런 자에 대해 몰지각한 탓으로 돌리고 그대로 둔 채 불문에 부친다면 난역亂逆을 어떻게 징계하고, 법을 어떻게 펼 수 있겠습니까? 『춘추春秋』에서는 역모를 품은 자에 대한 주벌을 엄히 하였고, 한漢나라 법에서는 불경不敬에 대한 형률을 무겁게 하였습니다. 반드시 죄를 다스려야 하는 의리에 있어서 어찌 엄히 조사하는 일을 늦출 수 있겠습니까? 신 등은 윤치영과 서상교 등에 대해 모두 의금부에게 국청鞫廳을 설치하여 실정을 캐내어 속히 나라 법을 바로잡게 하기를 청합니다.

아, 애통합니다. 이응식李應植과 신관호申觀浩의 죄를 이루 다 주벌할 수 있겠습니까? 모두 거칠고 어리석으며 부끄러움이 없는 자들로서 오로지 탐욕스럽고 법에 어긋나는 버릇을 일삼아 조정이 안중에 없고 힘은 위복을 제멋대로 주물렀으니, 한 꿰미에 꿴 듯이 뭇 악이 모두 모여 있습니다.

이응식은 대장의 자리를 번갈아 차지하고 정경正卿의 품계에 등급을 뛰어넘어 올랐습니다. 이에 사나운 마음이 점차 더욱 심하게 폭위를 떨쳤는데, 추악한 부류가 모여서 성원聲援이 되어 방자한 세력과 천얼賤孼의 침범을 점점 불러들여 평민에게 잔악한 짓을 행하기기까지 하기에 이르렀는데, 이것은 오히려 자질구레한 일입니다. 사사로이 파발을 띄운 한 가지 일로 말하면, 봉영奉迎하는 행차가 얼마나 존엄한 것입니까? 날랜 기마騎馬를 배위陪衛보다 앞세운 것은 그 속셈을 헤아릴 수 없습니다. 위교渭橋에서 주발周勃이 잠깐 시간을 청하자 오히려 송창宋昌의 꾸짖음을 받았으니, 저 자의 소행을 논하면 어떤 벌을 주어야 하겠습니까?

신관호는 타고난 성품이 간사하고 꾀가 많은데 젊은 나이에 두루 중요한 직책을 거머쥐고 융부戎符를 빠르게 통괄하여 스스로 성세聲勢를 만들어 뇌물이 들어오는 문을 크게 열어놓아 더욱 더 탐욕스럽고 방종하였습니다. 젖비린내 나는 어린아이가 공기公器를 더럽히기에 이르고 시장의 높은 곳에 올라간 천부賤夫가 서로 장사 이익을 다투는 것과 같습니다. 허다하게 지은 범법犯法만해도 너무나 놀랍고 가증스러운데, 가장 심한 것은 사실私室에서 약을 조제한 것이니, 이것이 어찌 신하의 분수에서 감히 할 수 있는 것이겠습니까? 바로 이 한 가지 일에 단안斷案이 이루어졌습니다. 역모를 품은 자에 대한 형률이 저와 같은데 무엄하고 불경한 자에 대한 주벌을 저 자가 어떻게 피하겠습니까? 이렇듯 기강과 분수를 범한 무리들은 귀신과 사람이 다함께 분노하는 대상이요 나라 법이 반드시 성토해야 할 대상입니다. 사특함을 구별하는 의리에 있어서 어찌 반핵盤覈하는 일을 늦추겠습니까? 이응식과 신관호 등을 모두 의금부로 하여금 국청을 설치하여 실정을 캐내어 시원하게 전형典刑을 바로잡게 하소서.

아, 애통합니다. 조병현趙秉鉉의 죄를 이루 다 주벌할 수 있겠습니까? 잔인함 간사함과 교활함이 모두 한 몸에 모여 있으니 요사하고 사특하며 갈피를 잡을 수 없는 것은 바로 그의 장기長技입니다. 좋은 말솜씨로 아첨한 것은 이임보李林甫의 검劒으로 은밀히 스스로 심법心法을 완성하였으며, 사치하는 버릇은 주보언主父偃의 오정식五鼎食으로 항상 구업口業을 지었습니다. 좋은 벼슬을 거머쥐고서 제멋대로 위복威福을 행하고 상의 위임을 저버린 채 오로지 속이고 가리기만 하였습니다. 조정을 위협하고 견제하고 당대를 그르쳤으니, 이러한 죄범은 저자가 머리털을 다 뽑아도 속죄할 만한 것이 아닙니다. 그런데 신축년(1721, 경종 1)의 다른 의론에 이르러서는 이것이 얼마나 극악무도한 것입니까? 앞의 계사啓辭에서 반드시 이로써 뭇 악의 으뜸으로 삼은 것은 더욱 나라 법에서 반드시 주벌해야 할 바입니다. 오직 우리 대행대왕께서 그 정상을 분명하게 통촉하셨으나 가볍게 삼위三危로 찬배竄配하였고[7] 곧바로 다시 살려주는 은혜를 미루셨으니, 이것은 진실로 온전히 보전해 준 지극한 어짊과 성대한 덕입니다. 만일 조금이라도 조심하고 두려워하는 마음이 있었다면 진실로 응당 고개를 움츠리고 멀리 물러나 평생 자숙했어야 하는데, 올빼미 같은 소리를 끝내 고칠 줄을 몰랐고 물여우처럼 숨어서 사람을 공격하는 데 공모하였으며, 뒷일을 염려하고 거리낌이 전혀 없어 스스로 보통 사람처럼 처신하면서 예전 그대로 탐욕스러워 거대한 집을 근교近郊에 크게 일으켰습니다. 많은 사람들이 떠들썩하게 전하는 것은 공분公憤이 다함께 그렇게 여기는 바요, 법을 올리고 낮추는 것은 임금도 사사로이 하지 못하는 것입니다. 이러한데도 속히 천토天討를 행

7_ 삼위(三危)로 찬배(竄配)하였고 : 『서경(書經)』 순전(舜典)에 "삼묘를 삼위로 쫓아 보냈다[竄三苗于三危]." 하였고, 『순자(荀子)』 성상(成相)에 "요(堯) 상은 덕이 있어 무기를 사용하지 않았지만 삼묘가 복종했다." 하였다.

하지 않아 그로 하여금 하루를 살게 한다면 하루의 근심이 있을 것이고 이틀을 살게 한다면 이틀의 근심이 있을 것입니다. 그 자식은 도성에 출몰하면서 행동이 변화무쌍하니, 또 다시 어떤 모양의 화기禍機가 어느 곳에 숨어 있을지 알 수 없으니, 어찌 크게 두려워할 만하지 않겠습니까? 조병현에게 우선 먼저 절도絶島에 안치安置하는 형전을 시행하소서.

아, 이능권李能權과 김건金鍵은 바로 하찮은 일개 무부武夫일 뿐입니다. 모두 하찮은 부류로서 감히 간악하고 외람된 버릇을 만들어 내어 처음에는 탐욕스럽게 수단을 가리지 않고 이익을 얻으려고 하면서 한통속이 되고 마침내는 당원黨援을 늘어놓아 우익羽翼이 이미 이루어졌으니, 온갖 죄악이 한 꿰미에 꿴 것 같았습니다.

이능권은 요망한 태도가 외모에 드러나기까지 하여 화禍의 빌미가 마침내 나쁜 선례가 되어 여우의 아첨보다 교묘하였고, 일을 행하는 데 한결같이 교활하여 개 도둑보다 심하였습니다. 공화公貨를 별 어려움 없이 탐하여 차지하였고 갑자기 승진하는 것을 신분 내의 일로 간주하였고 지나치게 하인을 거느린 것이 대부분 관례를 벗어난 것이었습니다. 그가 직접 범한 것을 논하면 실로 수악首惡이 됩니다.

김건은 처음에는 요망한 이능권을 사모하여 그 심법心法을 본받았다가 끝내 흉악한 이응식과 나뉘져 각립角立하였습니다. 호위하는 반열에서 어리석고 외람된 태도는 종들도 주먹을 휘두르며 분통해 마지않고, 큰 진영의 곤수로서 탐학한 자취는 길거리의 사람들도 모두 귀를 가립니다.

대개 이 무리들의 기량技倆은 남을 붙좇아 마지않은 데에서 시작되었다가 끝내 거리낌 없이 날뛰었으니, 이것은 진실로 국조國朝 이래로 있지 않았던 변괴입니다. 조정의 위엄이 아래에서 더럽혀진 것이 어째서 이렇게 극도에 이른 것입니까? 어찌 천한 무관이라는 이유로 꾸짖을 것도 없는 죄과에 두어 장차 기강을 범하는 무리들로 하여금 법망을 빠져나가는 부류가 되게 하겠습니까? 나라 법은 끝내 굽힐 수 없고 여론은 오랫동안 막을 수 없습니다. 이능권과 김권 등에게 우선 먼저 절도에 정배하는 형전을 시행하소서.

상이 비답하기를, "합사合辭에서 논단論斷한 것이 이처럼 엄정嚴正하니 세신世臣의 의리를 온전히 보전하였다. 또한 어느 정도 헤아려야 할 것이 없지 않다." 하였다.

○ 양사의 합계合啓 중에 '종일진채사촉한鍾一振采事蜀漢' 아래 12자를 지워 없애고, '잠매潛

埋' 아래 8자를 지워 없애며, '우문광우사우문友文光友事友文' 아래 9자를 지워 없애고, '낙부樂赴' 아래 12자를 지워 없애며, '이종협사맹학술李鍾協事孟鶴述' 아래 61자를 지워 없애고, '지설之說' 아래 6자를 지워 없애며, '영희英熙' 아래 4자를 지워 없애고, '학술鶴述' 아래 12자를 지워 없애며, '홍직주洪稷周' 아래 5자를 지워 없애고, '정기원鄭基元' 아래 19자를 없앴다.

○ 대신 ― 판부사 정원용鄭元容, 좌상 김도희金道喜이다. ― 이 연명으로 차자를 올려 징토懲討하니 비답하기를, "여러 사람은 일은 과연 대론臺論과 같은지 모르겠으며, 경들의 성토도 또한 그만둘 수 없는 것인가? 윤허하지 않는다." 하였다.

○ 대왕대비전이 다음과 같이 전교하였다.

윤치영尹致英·서상교徐相敎·이응식李應植·신관호申觀浩 등의 일은 그 마음을 추적해 보고 물의物議를 참고해 보면 진실로 응당 윤허하여 『춘추春秋』에서는 역모를 품은 자에 대한 주벌을 엄히 해야 하나 애황哀遑한 중에 차마 일을 크게 벌이는 짓을 할 수 없었고 여러 날 반복해서 헤아려 보았으니, 특별히 한 가닥 목숨을 이어가도록 용서하여 모두 사형을 감하여 도배島配하라.

조병현趙秉鉉으로 말하면, 대행조大行朝께서 비록 이미 죄주었다가 용서하였으나 이 사람의 일은 내가 일찍이 마음에 유감스러워한 지 오래되었다. 내가 듣건대, 신하는 임금을 충성으로써 섬겨야 하니, 바른 도道로 임금을 섬기지 않는다면 신하의 큰 죄이니, 해당하는 법이 있는 것이다. 비록 그러하지만 세신世臣을 온전히 보전하는 의리에서 끝내 헤아릴 것이 없지 않으니, 우선 먼저 도치島置하라는 청을 따르겠다.

이능권李能權과 김건金鍵 무리는 그 동안의 허다한 죄범은 또한 모두 망측하니, 모두 윤허하겠다. 이 처분은 아주 정당停當하니, 이 이후로는 비록 날마다 열 번 계사를 올리더라도 따라 줄 리 만무하다. 삼사三司의 제신諸臣은 그리 알고 물러나라. ―윤치영은 신지도薪智島에, 서상교는 금갑도金甲島에, 이응식은 고금도古今島에, 신관호는 녹도鹿島에, 조병현은 지도智島에, 이능권은 위도蝟島에, 김건은 임자도荏子島에 도치하였다. ―

○ 대왕대비전이 다음과 같이 전교하였다.

삼사는 과연 여러 죄인이 죄는 무거운데 벌이 가볍다는 이유로 이렇게 쟁집爭執하는 것인가? 며칠 전에 처분한 뒤에 다시 이 하교가 있는 것은 비록 전도되고 가혹한 혐의가 있으나 군정群情을 어루만지는 의리에 있어서 또한 한결같이 굳게 거절해서는 안 된다. 조병현趙秉鉉은 위리圍籬하는 형전을 시행하고, 윤치영尹致英서상교徐相敎·이응식李應植·신관호申觀浩·이능권李能權·김건金鍵은 모두 안치安置하는 형전을 시행하라. 다시 번거롭게 청하지 말고 즉시 물러가라. 대청臺廳의 전계傳啓가 지금 이렇게 처분한 뒤에 다시 혹시라도 한결같이 서로 버티면서 번거롭고 시끄럽게 굴기를 그치지 않는다면 이것은 명에 반항하는 것이며 승부를 겨루는 것이니, 어찌 경들을 처치할 방도가 없겠는가? 모름지기 그리 알아야 할 것이다.

○ 대왕대비전이 전교하기를 "최인규崔仁奎의 세상에서 모르고 있는 허다한 죄범은 그 또한 스스로 알고 있을 것이다. 형조에 넘겨 엄히 세 차례 형신한 뒤에 원악도遠惡島에 종신토록 종을 삼도록 하라." — 신지도薪智島이다. — 하였다.

8월

○ 양사의 합사 중에, 조병현趙秉鉉의 일에서 '희噫' 자 아래의 '조趙' 자를 지워 없애고 '가속可贖' 아래에 '즉시국인개왈가살자卽是國人皆曰可殺者' 9자를 첨가해 넣었으며, '병현秉鉉' 아래의 '고선시이절도안치지전姑先施以絶島安置之典' 10자를 지워 없애고 '극령왕부설국득정쾌정전형亟令王府設鞫得情夬正典刑' 12자를 첨가해 넣었다.

○ 반유泮儒가 권당捲堂하고서 소회所懷를 말하였다.

조병현趙秉鉉의 불충不忠하고 부도不道하며 역적의 괴수인 것으로 말하면 바로 나라 사람들이 모두 죽여야 한다고 말하는 자입니다. 서상교徐相敎가 궁위宮闈를 무고하여 핍박하고, 윤치영尹致英이 흉악한 상소를 주장하고, 신관호申觀浩가 사실私室에서 약을 조제하고, 이응식李應植이 사사로이 비기飛騎를 띄우고, 이능권李能權과 김건金鍵이 가장 먼저 나쁜 선례가 되어 위복威福을 제멋대로 행한 것에 이르러서는 모두 신하의 더할 수 없는 죄요 지난 역사에 없었던 바입니다. 나라 법이 지극히 엄하니, 만 번 죽여도 오히려 가볍습니다. 이것이 어찌 한 순간이라도 천지간에 용서할 만한 것이겠습니까? 비록 대성인大聖人의 관대한 덕으로써 대번에 처형을 가하고자 하지 않아도 나라 법이 끝내 나약해지고 뭇 정이 점점 더욱 막히는 데에 이르러서는 어찌하시겠습니까. 이것이 삼사三司가 복합伏閤하고 대신大臣이 연명으로 상차하면서 그치지 않고 항론抗論하는 이유입니다. 아무리 신들이 어리석고 미욱해도 또한 이것은 억제할 수 없는 것입니다. 이에 즉시 서로 이끌고 대궐문에서 호소하여 말을 벨 수 있는 칼을 빌려[8] 통쾌하게 새매가 참새를 쫓듯 배척하는 의리를 펴고자 하는 것입니다. 세 번 차임한 재임齋任이 모두 지방에 있어서 여러 날을 서로 버티면서 우분憂憤을 아직 펴지 못하였습니다. ……

상이 다음과 같이 전교하였다.

성묘聖廟는 소중함이 어떠한가? 그런데 제생諸生이 소회가 있다고 하면서 갑자기 권당하니, 이것이 무슨 도리인가? 아주 놀랍다. 비록 눈앞의 사기事期 때문에 한 번 성토聲討하고자 한다면 재임을 기다려서 상소를 꾸미는 것은 오히려 혹 괜찮은데, 이렇게 하지 않고 지레 먼저 공관空館하고 나간 것은, 일이 뒤바뀌 전혀 실마리를 잡을 수 없는 것이 이보다 심할 수 없다. 죄인은 며칠 전에 자전의 하교로 이미 참작하여 처벌하였으며, 게다가 대각이 여전히 있으니 제생의 책임이 아니다. 어찌 굳이 시끄럽게 구는가? 이 뜻을 제생에게 효유曉諭한 뒤에 즉시 들어가도록 권하라.

○ 전라 감사 남병철南秉哲이 올린 상소의 대략은 다음과 같다.

신이 저보邸報를 통해 삼가 판부사 권돈인權敦仁의 소본疏本을 보니, 전 대사헌 이경재李景在가 상소하

8_ 말을 벨 수 있는 칼을 빌려 : 한(漢)나라 성제(漢成帝) 때 주운(朱雲)이 성제에게 "신에게 상방(尙方)의 말을 벨 수 있는 칼을 빌려주시면 영신(佞臣) 한 사람을 처단하여 그 나머지 소인들을 징계하겠습니다." 하였다. 『漢書』 卷67

여 신관호申觀浩가 부정한 경로로 의원醫員을 궁중에 들여보낸 한 가지 일을 논하고 스스로 인책하는 상소가 있기까지 한 것을 보았는데, 신은 이에 두려워 떨리고 원통하며 망극함을 금치 못하겠습니다. 대개 이 일의 원인과 대략은 대료大僚가 올린 차사 내용과 같지만 신이 자세히 진달하겠습니다.

이번 봄에 우리 대행대왕께서 옥체가 편치 않아 한 달이 넘도록 낫지 않자 성상께서 지방의 의원을 만나려고 생각하셨는데, 신이 이를 어전御前에서 듣고서 물러나와 대료를 만나서 언급하였습니다. 대료가 신에게 말하기를, "마침 한 명의 시골 의원이 있는데 바야흐로 금영의 장관 직임을 띠고 있다. 그의 술예術藝가 매우 정밀한 줄 깊이 알고 있으나 내의원內醫院에 소속되어 있지 않은 만큼 함부로 천거할 수 없소." 하였습니다. 신이 대료에게서 들은 바를 가지고 대행대왕에게 앙달하였는데, 이 일은 지난 2월 20일에서 그믐 사이에 있었습니다. 신은 현임見任 때문에 곧바로 3월 6일에 하직 인사를 하였으니, 그 뒤에 어떻게 처분했는지 신이 실로 미처 알지 못하였습니다. 그런데 지금 대료의 차자 내용을 통해 그 사이에 신관호가 데리고 들어간 일이 있었음을 비로소 들었습니다.

본 일은 이런 데에 불과한데 대료가 이 일을 가지고 인책하였는데, 신도 당시에 수작酬酌한 바가 있었습니다. 지금 어떻게 그 의원이 언제 궁위에 들어가고 어느 경로를 말미암았는지 모른다는 이유로 태연하게 아무 일이 없는 자처럼 하면서 스스로 인책할 방도를 생각하지 않을 수 있겠습니까?

상이 비답하기를, "본 일은 이미 정승의 차자에서 다 밝혀졌다. 의원을 추천한 것이 실로 나로 말미암은 것이 아니니, 대신이 인구引咎한 것만도 뜻밖인데 경이 스스로 논열論列하기까지 하니, 또한 매우 부당하다. 어찌 이러니저러니 하겠는가?" 하였다.

○ 대사간 황협黃梜이 상소하여 전계傳啓한 제대諸臺를 탄핵하니, 상이 비답하기를, "전계한 지 며칠인가? 그대가 갑자기 일부러 사단事端을 찾으니, 심술心術이 병든 것이 아니겠는가? 고질병을 앓고 있다고 하니, 현직見職은 체차遞差하겠다." 하였다.

○ 대왕대비전이 구전口傳으로 다음과 같이 하교하였다.

듣건대, 최인규崔仁奎에게 형을 시행할 때에 별도로 신칙을 하지 않고 단지 법을 시행하였다고 하니,

사체와 도리가 어찌 이럴 수 있는가? 당해 형조 당상을 — 참판 김공현金公鉉이다. — 엄하게 추고하고 고한栲限이 되기를 기다리지 말고 낱낱이 고찰考察하되, 각별히 거행하라. — 얼마 안 되어 죽었다는 계사啓辭가 있었다. —

○ 예조에서 산릉山陵의 능호陵號와 표석表石 일에 대해 수의收議하여 회계回啓하였다. — 판부사 정원용鄭元容이 아뢰기를, "능호는 옛 능호를 그대로 쓰고, 표석을 한 표석에 합설合設하는 것은 이미 열성조列聖朝에서 시행했던 전례典禮가 많고, 총호사의 차자 내용이 분명히 원거援據가 있는데, 하문하시니 어찌 다른 견해가 있겠습니까?" 하였다. — 상이 전교하기를, "대신의 의견대로 시행하라." 하였다.

○ 정원용鄭元容을 영상에 다시 제배除拜하였다.

○ 양사兩司 — 대사간 이현서李玄緖, 장령 김회명金會明, 헌납 남종삼南鍾三이다. — 에서 연명으로 다음과 같은 차자를 올렸다.

오늘날 대부大夫와 나라 사람들이 모두 죽어야 한다고 말하는 자는 조병현趙秉鉉이요, 난신적자亂臣賊子로 사람들이 모두 처벌할 수 있는 자도 조병현입니다. 세상의 죽여야 한다는 의논으로써 모든 사람이 죽일 수 있는 의리를 붙였으니, 이것이 어찌 그만두어야 하는데 그만두지 않은 것이겠습니까? 죄가 가득 차서 천지간에 용납할 수 없는 대상이요 법에 응당 처벌하여 귀신과 사람이 함께 분통하게 여기는 대상입니다. 성상의 하교에, "여론이 떠들썩하게 일어난 것을 알 만한다." 하셨으니, 전하께서 통촉하신 것입니다. 그런데 무엇 때문에 오랫동안 국청鞫廳을 설치하여 자세히 조사하자는 청을 거부하고 우선 도극島棘하는 형전刑典을 시행하여 장차 나라의 기강을 무너뜨리고 사람이 지켜야 할 떳떳한 도리를 무너뜨려 나라가 나라꼴을 이루지 못하고 사람이 사람답지 못한데도 돌볼 수 없게까지 하신 것입니까? 모두 여러 죄인에 대해 이미 청한 형률을 시행하소서.

이어 전계傳啓한 제대諸臺를 탄핵하였다. 상이 비답하기를, "그대들의 말이 망령되다. 전계한 일이 어찌 유독 대간臺諫뿐이겠는가? 그대들에게 모두 간삭刊削하는 형전을 시행하겠다."

하였다.

○ 좌상 김도희金道喜가 올린 차자의 대략은 다음과 같다.

법은 하늘의 뜻을 받들어서 성토를 행하는 데에서 나왔으니 임금이 사사로이 할 수 없고, 죄는 온 나라 사람들이 원수로 여기기에 이르렀으니 사람들이 모두 처벌해야 한다고 합니다. 아, 저 조병현趙秉鉉은 바로 일개 사악한 기운이 모여있는 자입니다. 지극히 요망하면서 참람하여 위복威福을 함부로 농락하고 가슴속의 생각을 멋대로 행하였는데, 평소부터 함부로 날뛰었고 만족이 없는 탐욕을 부렸습니다. 그가 국가에 흉악한 재앙을 끼친 허다한 죄악에 대해서는 그 동안 대간의 탄핵에서 단안斷案이 이루어졌습니다. 임금을 섬기는 데 바른 방법으로 하지 않는 것으로 말하면 바로 신하의 역절逆節이니, 역적을 다스리는 형률은 의금부에 바로 있습니다. 법문에 그대로 있다고 한 것은 자전의 하교에서 통촉하여 다 살피고 계신 것이요, 여론이 떠들썩하게 일어났다고 한 것은 성상의 비답에서 굽어 살피고 계신 바입니다. 신이 이 하교를 받들고서 삼척三尺의 법과 양관兩觀의 처벌[9]을 즉시 시행할 것이라고 생각했는데, 전계傳啓한 하교가 갑자기 내려지고 제대諸臺가 갑자기 고지古紙를 베껴 전한 채 물러갔으니, 나라 사람의 비방하는 말이 더욱 들끓고 여러 사람의 통분이 갑절 더 울분해 하고 있습니다.

신은 이로 말미암아 근심스럽고 한탄스러워 동료 정승과 더불어 어전御前에 나아가 의리를 밝히는 뜻을 힘써 개진하여 아직 다 조사하지 못한 죄를 바로잡아 마땅히 감처勘處해야 할 형률을 시행하자고 약속했습니다. 그런데 신이 막 조방朝房에 도착한 때에 영상을 거듭 복상卜相하라는 명이 있었으니, 신은 이에 감히 하위下位로서 홀로 등대登對를 청하지 못한 채 밖에서 지레 물러감을 면지 못하였습니다. 그러나 공적으로는 어진 이를 얻은 기쁨이 있고 사적으로는 힘을 들이지 않고 공功을 이룰 방도가 있으며, 지금부터는 징토하는 일 또한 믿고 의지하여 주선할 수 있겠습니다.

이어 병세를 진달하고 사직하였는데, 상이 다음과 같이 비답하였다.

9_ 양관(兩觀)의 처벌 : 양관은 본래 궁문(宮門) 앞의 양쪽에 있는 망루(望樓)를 가리키는 말이었는데, 공자(孔子)가 이곳에서 소정묘(少正卯)를 처형했기 때문에 사형을 집행하는 장소를 의미하게 되었다. 따라서 양관의 처벌이란 사형시키는 것을 말한다.

지금 경의 차자를 보고서 비로소 얼마 전에 청대請對한 일이 있었다는 것을 알았다. 지난번에 두 차례 연명으로 상차하여 이미 성토聲討하는 의리를 다한 만큼 또다시 장황하게 말하고자 하는 것은 너무 지나치지 않은가? 죄인의 일은 이제 이미 결말을 냈다. 경의 말이 비록 이렇게 엄정하나 내 뜻은 굳게 정해졌으니 다시 윤허하여 따를 리가 없다. '척퇴斥退' 두 글자에 이르러서는 진실로 전혀 뜻밖이다. 이것이 무슨 말이며, 이것이 무슨 일인가? 이제는 영상이 거듭 복상되었으니 더욱 경이 협조해야 할 때이다. 경은 헤아리고, 헤아리라.

○ 대왕대비전이 다음과 같이 전교하였다.

어제와 오늘 신칙하는 하교를 내린 것이 과연 어떠하였는가? 그런데 한결같이 잘못을 고집하고 끝내 전계傳啓하지 않았으니, 어찌 이러한 신하의 분수가 있단 말인가? 아주 한심하다. 이렇게 경솔한 사람은 대각의 직임으로 책임지울 수 없다. 모두 호서湖西 연해沿海에 투비投畀하는 형전을 시행하라. ―한승렬韓升烈은 해미현海美縣에, 이종호李鍾浩는 서산군瑞山郡에, 조완식趙完植은 서천군舒川郡에, 이병덕李秉德은 남포현藍浦縣에, 이문형李文馨은 보령현保寧縣에 투비하였다. ―

○ 대왕대비전이 전교하기를 "어제 투비한 제대諸臺는 모두 용서하고 풀어 주라." 하였다.

○ 대왕대비전이 다음과 같이 전교하였다.

단지 조정의 말을 두려워할 줄만 알고 군상君上이 존엄함은 알지 못하여 신칙하는 하교를 누차 내렸는데도 힘써 항거해 마지않은 것이 과연 몸과 명예를 보호하고 아끼는 것인가, 물의物議를 돌아봐서인가? 오늘 일이 설사 합당한 것이 있을지라도 임금과 신하의 분의分義는 진실로 본래 있는 법이다. 세도世道와 인심人心이 아무리 옛날만 못하다고 해도 만일 다시 이렇게 넘어간다면 나라가 나라꼴을 이루지 못하고 신하의 분수가 없어질 것이다. 전계傳啓 여부에 대해서는 다시 구차하게 자꾸 말하지 말라. 그대들은 모름지기 도리상에서 헤아리고서 실행하여 나가야 할 것이다. 제대諸臺를 계판啓版 앞에 불러다가 이 전교를 전파한 뒤에 대간의 거취를 정원에서 알아가지고 들이라.

○ 별강別講을 행하였다.

○ 정원이 아뢰기를, "지평 이종호李鍾浩가 전계傳啓에 참여하지 않고 나갔으니, 엄하게 추고推考하는 것이 어떻겠습니까?" 하니, 윤허하였다.

○ 대왕대비전이 전교하기를 "이렇게 미혹하여 변할 줄을 모르는 사람은 분의分義로써 책임지울 수 없다. 지평 이종호李鍾浩에게 간삭刊削하는 형전을 시행하라." 하였다.

○ 대왕대비전이 구전口傳으로 하교하기를 "전계대원군全溪大院君, 완양부대부인完陽府大夫人, 영원부대부인鈴原府大夫人의 묘소 근처에 백성들의 무덤이 많이 있는데, 비록 백보 안이라도 앉거나 설 때 모두 보이는 곳을 제외하고 파버리지 말라." 하였다.

○ 양사兩司에서 — 대사헌 이계조李啓朝, 대사간 유장환兪章煥, 집의 홍익섭洪翼燮, 사간 신좌모申佐模, 장령 이삼현李參鉉, 지평 이홍민李興敏·한응순韓應淳, 헌납 정석조鄭錫朝, 정언 조석여曺錫輿·김세호金世鎬이다. — 다음과 같이 연명으로 상차하였다.

신들이 듣건대, 요堯임금은 '용서하라'고 했으나 고요皐陶가 '죽이소서'라고 하였다고 합니다. 요임금은 살리기를 좋아하는 덕이 있으나 고요가 순순히 좇을 수 없는 것은 그 죄가 반드시 죽어야 했기 때문일 뿐입니다. 이제 이 조병현趙秉鉉의 죄가 전후의 대장臺章에 다 드러났는데, 온갖 요망함이 모두 한 몸에 모여 만 번 죽이더라도 오히려 남는 죄가 있어서 대나무를 다 없애도 쓰기 어렵고 머리카락을 다 뽑아서 헤아려도 세기 어렵습니다. 자전의 뜻이 아주 엄하여 아무리 우정禹鼎[10]이 간사함을 비춰본 것을 공경할지라도 나라 사람들의 비방이 들끓고 있는데도 여태 노관魯觀의 형벌[11]을 지체하고 있어서 여러

10 _ 우정(禹鼎) : 우(禹)가 구목(九牧)의 쇠를 거두어 만든 솥을 말한다. 그 솥 위에 만물을 그려 넣어 백성들로 하여금 선(善)과 악(惡)을 알게 하였으므로, 백성들이 도깨비나 물귀신 등을 만나지 않게 되었다고 한다. 『春秋左傳』 宣公 3年

11 _ 노관(魯觀)의 형벌 : 공자(孔子)가 노(魯) 나라에서 정치를 할 때 대부 소정묘(少正卯)가 정사를 어지럽혔다고 해서 양관(兩觀)에서 죽인 일을 말한다. 『孔子家語』 卷1 始誅

사람들의 통분이 갑절 격렬해졌으니, 나라 법이 어디에 있습니까?

며칠 전에 제대諸臺가 규례에 따라 전계傳啓한 것이 엄한 명이 거듭 내려졌기 때문이라지만 흉역은 반드시 성토해야 한다는 것을 생각하지 않았으니 전도되고 무너뜨린 것은 본래 말할 것도 없고, 잠시 용서한 것만도 형장刑章을 그르친 것인데 그럭저럭 세월을 보내면서 여태 목숨을 보전하고 있습니다. 고금 천하에 조병현 같은 역적에게 해당 형률을 시행하지 않고 좋은 땅에 안치安置하여 목숨을 이어나가도록 놔두고 만 경우가 어디에 있겠습니까? 아, 임금의 원수요 나라의 역적은 사람이면 누구나 처벌할 수 있으니, 용서하고 온전히 보전해 주고자 해도 그것이 나라의 기강을 무너뜨리고 여정輿情을 막는 데 어떻게 하시겠습니까? 속히 신들의 청을 윤허함으로써 나라의 형벌을 바로잡으소서.

상이 비답하기를, "경들의 말이 분분하니 언제 그치겠는가? 전계한 대간의 일은 굳이 구차하게 지껄일 것이 없다." 하였다.

○ 삼사三司가 구대求對하니, 윤허하지 않았다.

○ 함경 감사 박영원朴永元이 아뢰니, 대왕대비전이 다음과 같이 전교하였다.

수확의 계절을 맞이하여 안변安邊 등의 고을에 수재水災가 특히 혹심하여 민가民家에서 표호漂戶와 퇴호頹戶가 자그마치 400여 호에 가깝고 물에 빠져 죽은 사람이 자그마치 십수 인에 이르니, 듣기에 매우 놀랍고 참혹하다. 물에 빠져 죽은 사람을 후히 장사지내고 표호와 퇴호는 집을 지어주라고 도신이 비록 해읍該邑에 제칙提飭하였지만, 또한 묘당에서 말을 만들어 관문으로 신칙하고 물에 빠져 죽은 사람에게 만일 생전의 신포身布와 환포還布가 있으면 일체 탕감蕩減하고 퇴호는 특별히 마음을 써서 구휼하여 추워지기 전에 머물러 살 곳을 정하게 하라.

○ 대왕대비전이 다음과 같이 전교하였다.

조병현趙秉鉉의 일은 방금 대신이 어전御前에서 징토懲討한 것이 이처럼 엄중하고 군정群情이 답답해하고 있는 만큼 이제 그대로 둔 채 논하지 않아서는 안 된다. 다시 가극加棘하는 형전을 시행하라. 삼사三司의 제신諸臣이 그동안 논단論斷한 것으로 보건대, 서상교徐相敎·윤치영尹致英·신관호申觀浩·이응식李應植 등의 죄범은 따로 누가 무겁고 누가 가볍다고 할 수 없다. 이상 네 죄인에게 모두 위리圍籬하는 형전을 시행하라.

○ 좨주祭酒 홍직필洪直弼, 경연관 성근묵成近默·송내희宋來熙를 돈소敦召하였다.

○ 빈계賓啓하였다. 조병현趙秉鉉을 성토하였으나, 윤허하지 않았다.

○ 원의院議와 삼사三司가 구대求對하였으나, 모두 윤허하지 않았다.

○ 대왕대비전이 다음과 같이 전교하였다.

연전에 대행왕께서 이 죄인을 죄줄 때에 천지에 가득 찬 죄와 용서하기 어려운 죄안에 대해서는 내가 왕대비전과 더불어 일찍이 익히 듣고서 통탄해 한 적이 있었다. 선대왕의 온전히 보전해 주는 뜻으로 곧바로 용서하여 풀어주신 것은 실로 차라리 법대로 처리하지 않는 실수를 범하는 것이 낫다는 뜻에서 나왔는데, 또한 어찌 완전히 탕석蕩釋할 수 있었겠는가? 군정群情이 억울해 하고 공의가 들끓는 것이 오래될수록 더욱 심하니, 이제 세상이 완전히 변한 뒤에 어찌 다시 거론하고자 하겠는가? 대부大夫와 나라 사람들이 모두 '죽여야 한다'고 하고 또 살리는 방도로 사람을 죽이는 의리가 있으니 아무리 아녀자의 마음이라도 한갓 온유함만을 지켜서 끝내 공분公憤을 막는다면 이미 나라를 보전하고 세상을 다스리는 방도가 아니다. 게다가 그가 나라의 후한 은혜를 받은 것이 어떠하며, 보답한 것이 무슨 일이었는가? 지난 몇 년 이래로 임금과 가까운 반열에 출입하면서 밤낮으로 도모한 것이 위로는 군덕君德에 누를 끼친 것이 아니면 반드시 생령生靈을 해치는 것이었으니, 속습俗習이 투박해지고 민읍民邑이 곤궁해진 것은 누구 때문인가? 이로써 훗날에 무궁한 폐단을 열어서 장차 수습할 수 없는 지경에 이를 터이니, 그 죄범을 살펴보면 군사를 일으켜 난을 부르는 것보다 심하다. 어찌 늠연히 두려워하지 않겠는가? 진짜 불충不忠하고 무상無狀하다고 말할만하다. 죄가 우정禹鼎에서 달아날 수 없으니 양관兩觀의 처벌과 사시肆市하는 형률을 어찌 그에게 아끼겠는가? 단지 세록世祿의 후예요 임금과 가까운 반열에 있었던 자이기 때문에 차마 이를 가하지 못하고 특별히 감등減等하는 형전을 따른 것이다. 지도智島에 가극加棘한 죄인 조병현을 사사賜死하라.

○ 대왕대비전이 전교하기를, "서상교徐相敎·윤치영尹致英·이응식李應植·신관호申觀浩를 일체 천극栫棘하라." 하였다.

○ 서영순徐永淳·맹학술孟鶴述·이현문李玄文·정기원鄭基元·홍직주洪稷周·윤영식尹永植·이종협李鍾協·민달용閔達鏞을 방송放送하였다.

○ 김치정金致貞을 방송하였다.

○ 금부가 아뢰기를, "서영순徐永淳 등은 대계臺啓가 한창이고, 김치정金致貞은 죄범이 매우 무거워서 모두 거행할 수 없습니다." 하니, 윤허하였다.

○ 대왕대비전이 다음과 같이 전교하였다.

이 죄인은 오늘의 형세에서 방송하지 않을 수 없고 조정의 도리에 있어서 더욱 쟁집爭執해서는 안 되니, 다시 의심하지 말고 속히 거행하라. 민달용閔達鏞의 일로 말하면 6년 동안 섬에 찬배竄配한 만큼 그의 의심스러운 자취를 징계했다고 하겠다. 일체 거행하라.

○ 대왕대비전이 전교하기를 "김치정金致貞의 일은 잘못 써서 방질放秩에 섞여 들어간 것이니, 이것은 그대로 두도록 하라." 하였다.

9월

○ 사간 신좌모申佐模가 올린 상소의 대략은 다음과 같다.

신은 처음부터 구대求對했던 몸으로 수악首惡에 대한 처분을 만약 청한 대로 따라주지 않으시면 갑자기 전계傳啓할 수 없는 것이 분명합니다. 저의 구구한 미혹된 집착이 비록 만 번 주륙誅戮을 받더라도 감히 명을 받들 계획을 할 수 없는 자는 바로 서상교徐相敎와 윤치영尹致英입니다.

아, 저 서상교의 상소 중에 구절은 바로 심상운沈翔雲과 홍지해洪趾海조차 감히 말하지 않았던 것이니, 천지 만고에 없는 역절逆節입니다. 오직 우리 자성 전하께서 태임太姙과 태사太姒의 덕을 지니고 여요女堯 같은 성스러움[12]을 겸하여 한 나라의 어머니의 모범이 된 지 지금 50년이 되었습니다. 무릇 오늘날의 사람으로 하늘을 이고 땅을 밟고 있는 자가 누가 자애로 덮어주는 중의 물건이 아니겠습니까마는, 저 서상교와 윤치영이 감히 '궁위宮闈' 등의 제멋대로 말하여 스스로 무함하고 핍박한 죄과에 빠졌으니, 이것은 온 나라의 신하와 백성들이 마음을 썩이고 뼈 아파하면서 반드시 손으로 찢어죽이고 입으로 발라 죽이고자 하는 것입니다. 또 흉악한 상소는 결코 단시일 내에 이루어진 것이 아닙니다. 의도가 망측하고 구사한 말이 매우 사특하니, 반드시 감정을 숨기고 참람하게 모의하고 품고 있는 생각을 빈틈없이 준비한 것이 있으나 드러내지 않았을 뿐입니다. 이것은 또 온 나라의 신하와 백성들이 국문하여 죄상을 밝히기를 기약하고 청을 윤허 받지 못하면 그칠 수 없는 것입니다.

아, 우리 대행조大行朝에게 불충했던 죄인은 이미 복주伏誅되었습니다. 그런데 저 더할 수 없이 엄한 곳을 무함하고 핍박하여 우리 자성 전하의 죄인이 되는 자가 유독 우리 대행조의 죄인과 전하의 죄인이 아니란 말입니까? 자성 전하께서 비록 애통하고 경황이 없기 때문에 우선 결말을 맺기를 아끼고 계시나, 전하께서 어떻게 하루도 용서하며 온 조정의 제신諸臣이 어떻게 하루라도 임금의 원수요 나라의 역적을

12_ 여요(女堯) 같은 성스러움 : 송(宋)나라 영종(英宗)의 후비인 선인태후(宣仁太后)의 성스러움을 일컫는다. 선인태후는 어린 철종에게서 섭정을 하여 왕안석을 물리치고 사마광을 써서 치적을 올렸기 때문에, 세상에서 '여중요순(女中堯舜)'이라 일컬었다.

잇겠습니까?

무릇 서상교와 윤치영 같이 더할 수 없이 흉패凶悖한 자를 국문해야 하는데 국문하지 않아서 여태 현륙顯戮을 피하고 있는 것은 고금에 있지 않았던 일입니다. 아울러 이응식李應植 등이 이미 청했던 형률을 청합니다.

상이 비답하기를, "이미 연명 차자에 참여해 놓고 또 어찌 홀로 상소하는가? 즉시 전계傳啓하라." 하였다.

○ 양사의 합계合啓 중에, '병현사구업秉鉉事口業' 아래의 네 자를 지워버리고, '평생기량 무비장인이 해물주소췌마 불출기리이독화 남제숭현平生伎倆無非戕人而害物晝宵揣摩不出嗜利而黷貨濫躋崇顯' 스물여섯 자를 첨가해 넣으며, '부범負犯' 아래의 세 자를 지워버리고 '탁발擢髮' 아래의 열네 자를 지워버리고 '난수이難數而' 세 자를 첨가해 넣으며, '덕야德也' 아래의 여덟 자를 지워버리고, '재거도리在渠道理' 네 자를 첨가해 넣으며, '항인恒人' 아래의 팔십팔 자를 지워버리고 '窺探動靜妖子出沒城闉苟有一分人心焉敢乃爾最是東朝傳教中 事君不以其道人臣之極罪也象魏自在慈旨嚴於鈇鉞國言如沸聖批明於日月是所謂大夫國人皆曰可殺則殺之者也論其干係卽先王之罪人也三慈殿之罪人也宗社之罪人也抑亦殿下之罪人也何幸乾斷廓揮處分已下神人之憤得以少洩而慈教若曰除非上累君德必害及生靈俗習之渝薄民邑之困瘁是誰之故也以啓後無窮之弊將至於莫可收拾之境究其負犯有甚於稱兵召亂夫以罪浮稱兵之逆憝而不施肆市之顯戮職非大官而只賜其死者豈非失刑之大者乎王章以伸而未伸輿論似夬而未夬到今次第應行之律不可以誅及其身而止' 이백오십 자를 첨가해 넣으며, '청請' 자 아래의 여섯 자를 지워버리고 '사사賜死' 두 자를 첨가해 넣었다. 이종협李鍾協의 일을 정계하고, 부계府啓 중에 민달용閔達鏞의 일을 정계하였다.

○ 함경 감사 박영원朴永元이 아뢰기를, "무산 부사茂山府使 신재검申在儉이 함부로 좌거坐車를 타고 역마驛馬를 가파加把하여 파출罷黜하였는데, 그 죄상을 품처稟處하소서." 하였다.

○ 대왕대비전이 다음과 같이 전교하였다.

본 일의 경중은 우선 놔두고 처분은 많은 생각 끝에 나온 일이었다. 전계傳啓한 만큼 뒤에 이른 자는 결단코 규례를 따라 전계하는 것이 마땅할 뿐이다. 전에 없던 일을 야기해 놓고 또 어째서 차자를 진달하였는가? 한 번 시험해 보려는 계획을 부린 것이 아니면 반드시 조정을 어지럽히고자 한 것이다. 조금이라도 조심하고 두려워하는 마음이 있었다면 어찌 감히 이러했겠는가? 이렇게 협잡하는 부류는 대각臺閣으로 논해서는 안 된다. 일체 원지遠地에 정배定配하는 형전을 시행하라. — 임영수林永洙는 안동부安東府에, 조귀식趙龜植은 순안현順安縣에, 이정현李鼎顯은 칠곡부漆谷府에 정배하였다. —

○ 대왕대비전이 다음과 같이 전교하였다.

지난번에 잠상潛商의 일로 신칙 하교한 것이 있었는데, 어떻게 신칙했는지 모르겠으나 지금은 절사節使의 행차가 점점 가까워오고 있다. 다시 송도松都와 경유하는 연로沿路의 감영과 병영과 의주 부윤에게 엄히 관문을 보내 단호하게 금단禁斷하라고 분부하라. 이렇게 영신令申한 뒤에 제대로 거행하지 않는다면 책임을 져야 할 것이다. 이를 모두 잘 알게 하라.

○ 진강進講하였다.

○ 전라 감사 남병철이 아뢰기를, "장성 부사長城府使 이병례李秉禮는 체례體例에 아주 어둡고 말을 삼가지 않아서 파출罷黜하였습니다." 하였다.

○ 형조 판서 이경재李景在가 올린 상소의 대략은 다음과 같다.

신관호申觀浩가 대궐에 의원醫員을 들여서 약을 조제했다는 말이 많은 사람들이 왁자지껄 전하는 것이 자세할 뿐만이 아니니, 원통함과 울분이 격해서 논단論斷한 것이 있었습니다. 그런데 판부사 권돈인權敦仁의 차본箚本을 보자 비로소 본 일에 층절層節이 없지 않은 줄을 알았습니다. 이에 신은 마음 가득 황공하여 스스로 몸 둘 바를 모르겠습니다.

지난번에 대행조大行朝의 옥체가 편치 않던 날에 온 나라 사람들이 속이 타 황급하지 않은 이가 없었습니다. 진실로 창공倉公과 편작扁鵲의 기예에 정교함을 지닌 자라면 누가 나아가 기예를 바치려는 정성이 없겠습니까. 오직 이 의약醫藥하는 절차는 더할 수 없이 엄하고 중하여 의원이 누구이며, 언제 입진入診하며, 정한 것이 어떤 약인지 조야朝野의 신하와 백성들로 하여금 분명하게 알게 한 뒤에야 그 일이 광명光明하고 그 의리가 정대正大하여 한 세상이 유감이 없을 수 있습니다. 그런데 아, 저 신관호가 감히 제멋대로 이끌고 들어가 거리낌이 없이 멋대로 하기를 어찌하여 이렇게 극단까지 이른 것입니까?

신이 논한 바는 진실로 이끌고 들어간 데에 있는 것이지 천거한 논의에 있지 않습니다. 그의 의기醫技는 대료大僚의 차자 내용으로 보더라도 이름이 내의원에 있는 자가 아니라 제멋대로 천거할 길이 없었다고 한 만큼, 대료의 입장에서 또한 다시 어찌 관여했겠습니까? 단지 이끌고서 들어간 자는 죄가 없을 수 없을 뿐입니다. 국체國體로써 헤아려 봄에 구차함이 자못 심하며 뒤 폐단으로 논함에 관계된 것이 작지 않습니다. '찔러 넣지 않을 수 없었다' 한 구절은 어찌 대료가 이런 뜻밖의 인용이 있을 줄 예상했겠습니까?

○ 정원에서 다음과 같이 아뢰었다.

경릉景陵의 고안제告安祭 축문祝文 중에 어휘御諱를 잘못 썼으니, 놀라움과 송구함을 금치 못하겠습니다. 헌관獻官과 향실香室의 관원으로 말하면 축문을 대조할 때 조검照檢하지 않은 것은 진실로 매우 놀랍습니다. 모두 응당 엄중히 감처해야 할 대상입니다.

대왕대비전이 다음과 같이 전교하였다.

어휘를 써 넣는 것이 얼마나 조심하고 삼가야 하는 것인가? 그런데 전에 없는 이런 착오가 있은 것은 매우 놀랍다. 예방 승지 —김응균金應均이다.— 에게 견삭譴削하는 형전을 시행하라. 헌관 —홍우순洪祐順이다.— 으로 말하더라도 축문을 대조할 때 대조한 것이 무슨 일이었는가? 경책이 없을 수 없으니, 또한 견삭하는 형전을 시행하고, 향실 관원 —김용익金龍翼이다.— 은 나처拿處하라.

○ 영상 정원용鄭元容이 다음과 같이 아뢰었다.

축문祝文에 대압代押하는 것이 얼마나 조심하고 삼가야 합니까? 그런데 이런 뜻밖에 잘못 쓴 일이 있었으니, 매우 놀랍고 송구합니다. 죄가 어디에 해당하겠습니까? 처분은 비록 내렸으나 관계된 바가 매우 중하니, 견삭譴削하는 데 그쳐서는 안 됩니다. 해방 승지 — 김응균金應均이다. — 에게 정배定配를 더 시행하소서.

윤허하였다. — 임실현任實縣에 정배하였다. —

10월

○ 상이 다음과 같이 전교하였다.

대간臺諫이 낙점을 받은 뒤에 집의 원근과 실고實故의 유무를 막론하고 매번 지방에 있다는 이유로 현탈懸頉하면서 하유下諭하였는데도 또한 즉시 올라오지 않기에 이르니, 정원에서 신칙하라.

○ 다음과 같이 전교하였다.

이해의 이 달은 바로 현륭원顯隆園을 천봉遷奉하고서 구갑舊甲이 되는 해이다. 대행 대왕大行大王께서 추모하는 마음에서 봄 사이에 전성展省할 작정이셨는데, 옥체가 편치 못해 하지 못하셨다. 소자小子가 왕위를 이어받았으니 진실로 의당 그 뜻을 공경히 해야 했는데 예제禮制에 구애되어 또한 행할 수 없었으니 사심私心의 애통함을 표현하기 어렵다. 7일에 각신閣臣을 보내 봉심奉審하도록 하라.

○ 대왕대비전이 다음과 같이 전교하였다.

사속司屬이 세력을 빙자하여 토색討索하는 것은 돌[石]이 아니면 돈[錢]이라고 하니, 듣기에 매우 놀랍고 해괴하다. 뒤 폐단에 관계되므로 그대로 둘 수 없다. 서원書員 최세범崔世凡을 형조에 이송移送하여 엄히 형신하고서 원배遠配하라.

○ 판부사 권돈인權敦仁이 올린 상소의 대략은 다음과 같다.

신이 전에 올린 차자에서 의원을 들인 전말을 모두 폭로하였습니다. 죄가 있는데 요행히 면하는 것을 실형失刑이라고 합니다. 남을 대신해서 감죄勘罪를 받은 것은 신하가 다행으로 여기는 것이 아니니, 이것이 신이 자수하지 않을 수 없었던 이유입니다. 그런데 비지批旨를 받들자 "본 일의 이면에 대해서 지금 경의 말을 듣고서 비로소 그렇게 된 이유를 알았다. 경은 애당초 관여한 바가 없었다." 하고, 또 전라감사 남병철南秉哲의 상소에 대한 비답에, "의원을 추천한 것이 실로 나로 말미암은 것이 아닌 만큼 대신이 인구引咎한 것도 이미 뜻밖이다." 하셨습니다. 지금 자전의 하교에 또 "사람을 이끌고 들어온 일은 본래 그 사람이 있는데 경이 어찌 간여한 것이 있겠는가?" 하셨습니다.

아, 우리 전하와 우리 태모 전하太母殿下의 지극한 어짊과 큰 덕으로써 또 신을 구덩이 속에서 빼내 일이 없는 데에 두려고 하시니, 신이 진실로 감격하여 은혜를 받들기에 겨를이 없습니다. 그러나 의원이 들어간 것은 실로 천신賤臣의 천거하는 의논으로 말미암은 것이요 이끌고 들어간 일은 명을 받들어 거행한 것에 불과합니다. 신이 천거하는 의논을 하지 않았다면 저자가 어찌 이끌고 들어갔겠습니까? 이것은 그 죄가 신에게 있고 저자에게 있지 않은 것이 진실로 분명합니다. 지금 만일 "이끌고 들어간 자는 죄가 없을 수 없다." 하고서 천거하는 의논을 한 자를 참여시키지 않는다면, 이것은 주객이 서로 바뀌고 형정刑政이 도치된 것이라 하겠습니다. 언관의 말에 대해서는 비록 많은 변명을 하고 싶지 않지만 신이 어찌 밝은 하늘에 유감이 없을 수 있겠습니까?

대개 그 근본은 실로 세상에 혹 자세하지 않으나 당초의 성토한 말과 전속專屬하여 거행한 신하는 또한 괴이할 것이 없습니다. 이제 신이 자수하였으니 죄를 받아야 하는데, 예전 그대로 용서할 수 없는 죄안罪案은 신이 달게 여기고 있으나 논핵論劾이 이르지 않아서 결말을 낼 수 없습니다. 이것이 신이 감히 잠시라도 천지간에서 편안하지 못하는 이유입니다.

아, 죄를 두려워하고 재앙을 피하는 것은 사람들이 똑같이 마음입니다. 신이 진실로 정적情跡이 간여

된 것이 없고 사실이 그에게 말미암지 않았다면 신이 무슨 까닭으로 분수 밖의 죄를 부당하게 짊어지고 두려워서 피하는 의의를 생각하지 않겠습니까? 이것은 이치가 아닙니다. 만일 그렇지 않고 신이 신의 죄가 있는데 편안히 스스로 엄폐하고 남에게 화를 전가시킨다면 신이 아무리 지극히 어리석더라도 또한 이렇게 하지 않을 것입니다. 이것이 신이 가슴을 치고 뼈 아파하면서 곧바로 살고 싶지 않아 하는 것입니다. 신이 천거하는 의논을 할 때에는 옥체가 악화될 때라 마침 위에서 의원을 구한다는 뜻을 듣고서 혐의를 돌보지 않고 우러러 진퇴進退를 갖추는 것이 진실로 그날 위아래가 속 타고 절박한 일이었는데, 신이 어긋나고 경솔하여 망령된 생각을 숨기지 못했습니다. 이제 모든 일이 변한 뒤에 상소가 번갈아 일어나고 조정의 의논이 준엄하여 부정한 경로로 의원을 들인 것을 용서할 수 없어서 단안斷案을 이루기에 이르렀으니, 첫째도 신의 죄요 둘째도 신의 죄입니다. 죄가 신명神明을 꿰뚫고 아픔이 천지에 통하였으니, 신이 만 번 죽어도 스스로 속죄할 수 있겠습니까?

상이 다음과 같이 비답하였다.

참으로 경의 말과 같으니 누군들 애타게 의원을 천거할 마음이 있지 않았겠는가? 더구나 대행조께서 만나 보고자 한다는 하교까지 있지 않았는가? 형조 판서가 상소한 것은 속내를 자세히 알지 못한 것이니 떳떳한 경로로 천거한 것이 아니었다는 논의는 괴이하게 여길 것이 없는 듯하다. 경에게 무슨 잘못이 있었겠는가? 일전에 자전의 하교에서 시원스레 개석開釋하셨으니 거북한 경의 입장에서 이것을 가지고 번독하게 하여 나의 슬픈 마음을 더하지 말고, 즉일로 안심하고 집으로 돌아가 조석의 곡반哭班에 출입토록 하라.

11월

○ 영상 정원용鄭元容이 다음과 같이 아뢰었다.

이번 인행靷行 때에 협로夾路의 집 앞에 거화炬火가 대부분 타지 않았는데, 해부該部가 미리 신칙하지 않았기 때문이라고 합니다. 신칙하지 않은 공조 — 참판 조병준趙秉駿이다. — 와 한성부 당상 — 판윤 김정집金鼎集이다. — 및 경기 감사 — 김기만金箕晩이다. — 를 모두 추고推考하고, 공조 낭관은 나처拿處하소서.

대왕대비전이 전교하기를, “어찌 이런 기강이 있는가? 아뢴 대로 하라.” 하였다.

○ 대왕대비전이 다음과 같이 전교하였다.

며칠 전 빈사儐使의 행차에 대해 신칙하는 하교를 내렸으니 다시 굳이 자세히 말할 것이 없겠다. 그러나 이번 칙행勅行은 경신년(1800, 순조 즉위년)에 비하여 만 배나 되니 마음이 괴롭고 아파서 무너지는 듯하다. 이때에 빈사의 접대에 예를 다하지 못한다면 저들은 비록 아무 말 없어도 또한 안으로 반성하여 스스로 부끄러움이 없겠는가? 우리나라 사람들은 악착하여 항상 대국大國 사람들을 만날 때마다 감히 능멸하는 마음을 내곤 한다. 위로는 청나라 사신으로부터 가정家丁에 이르기까지 번번이 사람을 가지고 놀고 물건을 가지고 노는 태도를 지어서 길에서는 왁자하게 손가락질하고 가리키며 모화관慕華館에서는 밀치고 갑자기 뛰어드니 곁에 사람이 없는 것처럼 여기는 상황을 보지 않아도 상상할 수 있다. 어찌 이러한 도리가 있으며, 어찌 이러한 기강이 있겠는가?

또 공궤供饋와 은폐銀幣로 말하면, 해당 역참을 대충 지나가는 것을 위주로 하여 정성과 믿음을 무시하니, 내가 사람에게 어찌 부끄럽지 않으며, 어찌 민망하지 않을 수 있겠는가? 묘당에서 각별히 말을 만들어 경기와 송도 유수와 양서兩西의 도신에게 행회行會하라. 의주 부윤義州府尹은 여러 가지 거행할 일에 더욱 마음을 써서 강구講究하고서 대기하여 혹시라도 그때가 되어 소홀하여 우습게 되는 한탄이 없게 하라. 천리 먼 곳에서 영송迎送하더라도 자연히 보고되는 일이 있으니, 만에 하나라도 잘 조치하지 못하는 자는 단연코 엄히 처분해야 할 것이다. 모두 의당 잘 알아야 할 것이다.

○ 대왕대비전이 다음과 같이 전교하였다.

양제良娣[13]의 사판祠版에 내시內侍를 보내 치제致祭하고, 은언군恩彦君 내외의 사판의 신주를 제주題主하는 날에 승지를 보내 치제하고, 전계대원군全溪大院君 내외의 사판에 신주를 개제하는 날에 정경正卿을 보내 치제하되, 제문祭文은 내각內閣으로 하여금 지어 올리게 하라.

○ 대왕대비전이 전교하기를, "양주 목사楊州牧使 김만근金萬根은 전후의 산릉山陵의 역사에 바친 공로가 이미 많으니, 가자加資하라." 하였다.

○ 경연經筵을 행하였다.

○ 영상 정원용鄭元容이 다음과 같이 아뢰었다.

평양 감사 조두순趙斗淳이 병사 이정현李定鉉과 의주 부윤義州府尹 이유원李裕元의 보고를 낱낱이 듣고서 백마산성白馬山城에 진장鎭將을 두어 본부本府의 취재과取才窠로 삼기를 청하였습니다. 무기武技를 격려하고 권장하는 방도에서 일이 아뢴 대로 시행하는 것이 합당하겠습니다. 관인官印을 만들어서 내려 보내는 것은 장계에서 청한 대로 시행하소서.

윤허하였다.

○ 영상 정원용이 아뢰기를, "충훈부忠勳府 당상이 현재 없어서 사무가 적체되었다고 합니다. 세습인世襲人 중에 안동 부사安東府使 윤찬尹瓚과 첨지僉知 한용정韓容鼎에게 특별히 한 품계를 더하고 이어서 유사有司에 차임하소서." 하였다.

윤허하였다.

○ 정원에서 아뢰기를, "치제致祭의 제문祭文 중에 잘못 쓴 곳이 있었으니, ─ 전계대원군全溪大

13_ 양제(良娣) : 철종(哲宗)의 조부인 은언군(恩彦君) 이인(李裀)의 생모 임씨(林氏)의 작호이다. 숙빈(肅嬪)으로 추숭되었다.

院君의 제문에 응당 황백부皇伯父라고 써야 하는데 황숙부皇叔父로 잘못 썼다. — 일이 자못 소홀합니다. 제진관製進官 — 윤정현尹定鉉이다. — 을 추고推考하소서." 하였다.

윤허하였다.

○ 영상 정원용이 다음과 같이 아뢰었다

병조 판서가 스스로 논열論列한 상소를 통해서 비로소 치제致祭의 제문祭文 중에 잘못 쓴 곳이 있는 줄을 알았습니다. 공경하고 삼가야 하는 곳에서는 신중해야 함이 어떠합니까? 그런데도 이런 착오가 있었으니, 너무나 놀랍고 송구합니다. 본래 무망중에 저지른 잘못이지만 사체事體가 중한 바이니 경책이 없어서는 안 됩니다. 제진관製進官 윤정현尹定鉉은 견파譴罷하고, 봉납捧納한 승지 — 이원회李元會이다. — 가 살피지 못한 잘못도 또한 논책論責해야 하니, 일체 파직하는 것이 어떻겠습니까?

상이 말하기를, "며칠 전에 이미 문비問備하였다. 처음 있는 일이니 견파는 그만두고, 엄하게 추고推考하라. 승지도 추고하는 것이 좋겠다." 하였다.

○ 민영위閔泳緯를 부교리에, 박문현朴文鉉을 수찬에 특별히 제수하였다.

○ 조두순趙斗淳을 대제학에 제배하였다.

○ 영상 정원용鄭元容이 다음과 같이 아뢰었다

이 해 12월 11일은 바로 황조皇朝의 제독提督 이여송李如松이 태어난 달과 날입니다. 아, 옛날 정묘正廟께서 국가의 흥망성쇠에 대한 감회를 일으켜 은덕을 갚는 의리를 미루어 이날을 네 번째 주갑周甲으로 삼아 친히 제문祭文을 짓고 특별히 장신將臣을 보내 치유致侑하시고서 "처음에는 몸소 임하려고 하였으나 하지 못하였다. 어찌 한 번 제사를 지내고 말겠는가? 제독의 손자를 병곤兵閫에 자리를 만들어 단부單付하라."

고 하교하시기까지 하였습니다. 제독은 임진란에 군사를 거느리고 와서 구원하여 삼경三京(서울, 개성, 평양)을 수복하여 팔도를 온전히 보전하였으니, 그 공과 덕은 우리나라 사람이 영원히 잊지 못하는 것입니다. 성기星紀가 거듭 돌아와 개탄스러운 생각이 매우 간절하니, 이날 관원을 파견하여 사판祠版에 치제致祭하소서. 듣건대, 그 사손祀孫 가운데서 무과에 급제한 자가 있다고 하니, 해조에 분부하여 초사初仕에 조용調用하는 것이 좋을 듯합니다.

상이 말하기를, "아뢴 바가 매우 좋다. 장신將臣을 보내 치유하고, 사손은 초사에 조용하라." 하였다.

12월

○ 비국備局에서 다음과 같이 아뢰었다.

3지칙支勅하는 일에 대해 그 동안 신칙 하교한 것이 어떠하였습니까? 그런데 선정문宣政門 밖에 있는 칙사의 막차幕次와 포진鋪陳을 전혀 마련하고서 기다리지 않았으니, 너무나 놀랍습니다. 아무리 각각 해낭관이 즉시 등대等待하지 않았기 때문이라 해도 주관主管하는 자리에서 제대로 단속하지 못한 책임이 없어서는 안 됩니다. 영접도감 당상 —호조 판서 김학성金學性이다.— 에게 견파譴罷를 시행하소서.

상이 다음과 같이 전교하였다.

만일 충분히 조심하여 삼갔다면 어찌 애당초 마련하고서 기다리지 않는 지경에 이르렀겠는가? 그날은 비록 다행히 아무 일이 없이 지나갔으나 예로써 칙사를 접대하는 도리가 아주 아니다. 오늘에 이르러 돌이켜 생각하니 매우 겸연쩍고 부끄럽다. 견파하자는 청은 아뢴 대로 윤허한다.

○ 대왕대비전이 다음과 같이 전교하였다.

원찬 죄인遠竄罪人 조운경趙雲卿, 원배 죄인遠配罪人 유의정柳宜貞, 투비 죄인投界罪人 이제달李濟達·김창수金昌秀·임한수林翰洙, 정배 죄인定配罪人 임영수林永洙·조귀식趙龜植·이정현李鼎顯을 모두 방송放送하라.

○ 세초歲抄하였다. 간삭 죄인刊削罪人 김흥근金興根을 방송하고, 방축 죄인放逐罪人 이기연李紀淵·이학수李鶴秀, 국청 죄인鞫廳罪人 김정희金正喜·이목연李穆淵·김필金鏐·이노규李魯奎·유태동柳泰東·성용묵成容默·나채규羅采奎·유안柳晏·이승규李承圭를 모두 탕척蕩滌하고, 참봉 민달용閔達鏞, 수추 죄인囚推罪人 이현문李玄文에게 모두 직첩을 수급授給하였다.

○ 심리審理하였다.

○ 대왕대비전이 다음과 같이 전교하였다.

대전大殿께서 옛날 외방에서 간고艱苦하게 지내셨기에 일찍이 한 번도 태묘太廟에 전알展謁한 적이 없었으니, 신리神理와 인정人情이 모두 서운한 감이 있다. 옛날 우리 영종대왕英宗大王께서는 상중喪中에 있었지만 일 때문에 전배展拜했던 전례가 있었으니, 주상께서도 새로 보위寶位에 오른 만큼 지금 바로 전알하는 것이 진실로 정례情禮에 맞을 것이다. 연초年初에 장차 태묘에 전알을 행할 것이니, 해방該房은 그리 알라.

○ 전 장령 강계우姜繼遇가 소를 올리니, — 성학聖學을 면려하고, 기강紀綱을 진작하며, 간쟁諫諍을 받아들이고, 절용節用하고 애민愛民하며, 사치를 제거하고 검소하며, 아첨하는 자를 멀리하고 충직忠直한 이를 가까이 하며, 방백方伯과 수령을 간택하며, 수령이 직무를 제대로 수행하지 않는 데 대해 금칙禁飭하는 일이며, 장법贓法을 엄히 밝히고, 상벌賞罰을 분명하게 하는 등 모두 열 조목이다. — 비답하기를, "열 조목으로 진달한 것이 모두 급선무이니, 늘 잊지 않고 나라를 근심하는 정성을 이로써 알 수 있다. 매우 가상하다. 내가 가납嘉納하겠다." 하였다.

○ 강계우姜繼遇를 병조 참지에 특별히 발탁하였다.

○ 태묘太廟에 전알展謁하였다.

○ 전교하기를, "이제 이 해가 되었으니, 슬픈 마음이 어찌 끝이 있겠는가? 동녕위東寧尉를 보내 인릉仁陵(순조와 비인 순원 왕후의 능)에 봉심奉審하고 오도록 하라." 하였다.

○ 대왕대비전이 전교하기를 "14세에서 18세까지의 처자를 금혼禁婚하라." 하였다.

○ 다음과 같이 전교하였다.

연중筵中에서 대신이 기로사耆老社의 제신諸臣의 일에 대해 말하였는데, 이것은 바로 열성조列聖朝에서 노인을 우대하는 전례典禮이다. 조랑曹郎을 보내 안부를 묻고, 또한 옷감과 음식물을 하사하라. 지방에 있는 사람은 지방관에게 일체 거행하게 하라. 그 중에 지사知事 서준보徐俊輔는 정묘正廟를 섬겨 근밀近密에 출입하였는데 지금까지 건강하며 그의 진사 회방回榜이 또 올해에 있다고 하니, 매우 희귀한 일이다. 자식이나 사위, 동생이나 조카 중에서 상당직相當職에 자리를 만들어 조용調用하여 노인을 우대하는 뜻을 보이도록 하라.

○ 좌상 김도희金道喜가 올린 상소의 대략은 다음과 같다.

의논하는 자들이 혹은 원보元輔는 임금의 오른쪽에서 무위도식하면서 일이 적으니 구차하게 자리만 채우고 몇 시간을 그럭저럭 지낼 수 있다고 하기도 하는데, 이 말이 그럴 듯하나 사실은 그렇게 않습니다.[14] 협력하여 돕고 함께 마땅하게 해야 하는 정승의 직책은 신 또한 일찍이 직책이 전혀 없던 적이 없

14 _ 사실은 그렇지 않습니다 : 이 부분은 앞뒤의 문맥이 통하지 않아 『일성록』에 의거하여 보충하였다. 원문은 다음과 같다. "而實不然"

었습니다. 비유하면 집을 지탱시키는 데 하나는 기둥으로 하나는 대 자리로 하는 것과 같고, 비유하면 가거駕車가 한 마리는 천리마千里馬이고 한 마리는 둔마鈍馬인 것과 같습니다. 능력 없는 자를 그 사이에 끼게 한다면 능력 있는 사람의 공까지 함께 그르치지 않겠습니까? 지탱할 수도 없고 길을 갈 수도 없을 것임이 분명합니다.

또 만일 성상의 생각이 혹 맡기고 부린 지 오래되어서 차마 갑자기 내치지 못하겠으니 잠시 머무르라고 허락한 뒤에 서서히 도모하겠다는 데에서 나왔다면 전혀 그렇지 않습니다. 신을 머물려 둘 뿐 도우는 바가 없는 데서 그친다면 괜찮을 듯하나, 만일 관직을 버려두고 어진 이를 방해한다면 하루를 제거하지 않으면 하루의 피해를 더하는 것이니 일찍이 조처하는 것이 나은데, 또 무엇 때문에 서서히 하시겠습니까? 신이 이것 때문에 거취의 사이에서 스스로 결정한 것이 분명하고도 확고합니다.

상이 너그러운 비답을 내려 그의 뜻에 따라 체차해 주었다.

○ 대왕대비전이 다음과 같이 전교하였다.

듣건대, 판윤判尹 — 김흥근金興根이다. — 이 정세로써 핑계대고 올라오려고 하지 않는다고 한다. 이 중신이 연전에 무고를 당했다는 것은 온 세상이 다함께 알고 있는 것일 뿐만 아니라 대행조大行朝께서도 남김없이 통촉하고 계셨으니, 가볍게 견책하고 곧바로 용서했던 것은 이 때문이다. 그러니 오늘날의 분의分義와 도리에서는 본래 감격하여 힘을 다해 달려 나와야 한다. 어찌 이처럼 스스로 인책引責한 채 변동할 생각을 하지 않는 것인가? 심히 온당치 못하다. 다시 경기 감영으로 하여금 엄히 신칙하여 올라오게 하라.

○ 판윤 김흥근金興根이 올린 상소의 대략은 다음과 같다.

아, 돌아보건대 신이 불충하고 불초不肖하여 스스로 재앙을 불러들여 죄명이 더할 수 없이 무겁고 성토聲討가 더할 수 없이 엄하였는데, 그것은 공거公車에 있으므로 신이 말을 마치기를 기다릴 것도 없습니다. 그러나 오직 우리 대행대왕께서 곡진히 감싸주어 길러주고 처음부터 끝까지 생성生成해 주어 형벌을 오히려 가볍게 내려 영해嶺海에서 온전하게 해 주시고 세월이 얼마 안 되어 은택을 내려주셨습니다. 이에 형제와 부자가 두 손 모아 감축하고 떠받들면서 은혜에 보답하여 만분의 일이라도 보답하려고 도모하였는데 이제 대행대왕께서 붕어하셨으니 만사가 모두 끝입니다.

신은 자질이 꼼꼼하지 못하고 어두우며 얕고 짧으며 재주는 거칠고 멸렬한데 명예와 지위는 너무 높고 문호門戶는 차츰 나아감이 없이 위세가 대단하니 사람들의 노여움과 귀신의 시기를 받는 것은 이치상 뻔한 일이었습니다. 더구나 또 맹목적인 행동을 전혀 단속하지 않아서 마침내 참람하게 공격하는 의논의 본말이 모두 드러났습니다. 그런데 그 요점을 말하면 아첨하는 소인이요, 그 극처를 따지면 무엄하고 불경한 것이니, 모두 위로는 성상의 인재를 알아보는 밝은 지혜에 누가 되고 아래로는 집과 세상에 욕을 끼치기를 면치 못하였습니다. 아래 조항의 한 구절로 말하면 뼈가 떨리고 간담이 서늘하여 신하가 잠시도 무릎쓰고 있을 수 있는 것이 아니니, 신을 파멸시키더라도 털끝만큼도 신의 죄를 단죄하기에 부족합니다. 즉시 한 번 죽음으로써 벌떼처럼 일어나는 말에 사죄해야 마땅한데 나무와 돌처럼 완악하여 이렇게까지 지리하니, 이것이 또 신이 만 번 죽어도 속죄하기 어려운 죄입니다.

상이 비답하기를, "경이 무함 당한 것은 나도 들었다. 동조東朝에서 칙교飭教하여 또 누누이 말씀하셨는데, 이처럼 인책引責하는 것은 지나치지 않은가? 즉시 올라오라." 하였다.

○ 대왕대비전이 다음과 같이 전교하였다.

며칠 전에 돈독히 신칙하여 경의 정세를 남김없이 명백히 밝혀주었다. 이른바 언관의 말을 지금에 와서 생각하면 전혀 사리가 분명하지 않아서 나 또한 일소一笑에 붙였으니, 경의 입장에서 이처럼 깊이 인책引責할 것이 더욱 아니다. 다시 머뭇거리지 말고 즉시 올라오라.

○ 판윤 김흥근金興根이 올린 상소의 대략은 다음과 같다.

신이 다시 보통 사람의 대열에 낄 수 없다는 것은 아녀자와 어린아이, 종들도 함께 양찰諒察을 받은 바입니다. 평생 참회하면서 머나먼 변경에서 숨어 살면서 세월을 보내는 것이 이생을 마치는 방법으로 삼을 따름입니다.

무릇 벼슬살이는 두려운 길입니다. 배가 기울고 노가 부러지면 잠잠하던 물결도 사나운 파도가 되고, 마차가 치달리고 말이 달아나면 평지도 구불구불하고 험한 길이 됩니다. 고금 이래로 이런 위험을 겪고 이런 험난함을 무릅쓰는 일이 전후로 서로 이어지되 그치게 할 수 없었던 것이 얼마나 많습니까? 그런데 신이 어리석고 몽매하여 더욱 그 사이에서 분명한 깨달음이 없이 세 조정의 하늘처럼 감싸주는 은혜를 입고 선조의 여러 대에 걸친 음덕을 입었습니다. 차례로 중요한 직책을 거머쥐고 화직華職과 현직顯職이 높고 높았으니, 스스로 작은 그릇에 큰 것을 담고 둔한 걸음에 갑자기 멀리 가는 것을 면치 못하였습니다. 마침내 파도를 범하고 험준함을 침범하여 배와 마차가 힘을 쓸 길이 없게 되었으니, 엎어지고 빠지는 것은 모두 자초한 것입니다. 한 가닥 위태로운 목숨을 지금까지 보전했던 것은 어찌 신이 자나 깨나 희망하던 것이겠습니까?

상이 다음과 같이 비답하였다.

자성慈聖의 칙교와 나의 비지批旨에서 남김없이 다 말하였으니, 다시 말할 만한 말이 없다. 다시 머뭇거리지 말고 즉시 속히 올라오라. — 대왕대비전이 전교하기를, "비답과 하유로써 이미 남김없이 다 말하였는데, 깊이 인책하는 일을 또 여기에 꺼내 번독하게 하니, 더욱 어찌 아주 지나친 것이 아니겠는가? 경이 만일 진짜 인책할 만한 단서가 있다면 내가 또한 어찌 강요하려고 하겠는가? 반드시 나의 뜻을 헤아려서 즉시 올라와 사은숙배하라." 하였다. —

○ 대왕대비전이 전교하기를, "내 뜻을 이미 다 말하였는데 한결같이 태연하게 처신하고 끝내 변동하지 않으니, 어찌 이런 분의와 도리가 있는가? 숭품崇品이라는 이유로 곡진히 용서하는 바가 있을 수 없다. 판윤 김흥근을 의금부에 내려 추고推考하라." 하였다. 판윤 김흥근이 패초牌招를 받드니, 상이 전교하기를, "계판啓版 앞에 불러다가 문계問啓하여 들이라." 하였다.

○ 대왕대비전이 다음과 같이 전교하였다.

판윤의 일은 진실로 몹시 의아스럽고 괴이쩍다. 무고를 명백하게 밝혀준 것이 어떠하였으며, 개유開諭

한 것이 어떠하였는가? 이미 수문脩門에 들어왔으면서 또 명을 받들지 않으니, 분의와 도리가 어찌 이럴 수 있는가? 사체에 있어서 그대로 둘 수 없다. 기연圻沿에 투비投畀하는 형전을 시행하라. — 인천부仁川府에 투비하였다. —

○ 대왕대비전이 전교하기를, "신칙을 이미 시행하였으니, 전 판윤 김홍근金興根을 용서하여 방송放送하라." 하였다.

○ 영상 정원용鄭元容이 재차 상소하여 사직하니, 상이 다음과 같이 비답하였다.

아무런 이유 없이 거취去就하는 의리로써 하루 걸러 번독하게 하는 것은 반드시 까닭이 있을 것이다. 내가 부덕해서 조정을 바로잡지 못한 탓이니, 어떻게 신린臣隣을 탓하겠는가? 생각이 여기에 미치니 저도 모르게 얼굴이 붉어질 따름이다. 비록 그러하나 경은 홀로 영의정이 되었으니, 돌아보건대, 미뤄서 양보할 곳이 없다. 그런데 어찌하여 미처 하지 못할 것처럼 이처럼 황급한 것인가? 재차 상소할 뿐만 아니라 비록 수십 번 올려도 결코 뜻에 따라 체차해 줄 리 없으니, 경은 헤아리라.

○ 영상 정원용鄭元容이 도성 밖으로 나갔다. — 상이 전교하기를, "영상의 일은 이것이 무슨 까닭인가? 일이 없는 가운데 일부러 사단事端을 찾고 있으니, 매우 지나치고 아주 유감스럽다. 과연 방금 내린 비답 가운데 '유여由予' 아래의 스물여섯 자로써 마음에 거북하게 여긴다면 지금 바야흐로 명소命召를 환수하였으니, 즉시 다시 '당일로 집으로 돌아가라' 하고, 이를 사관史官을 보내 전유傳諭하도록 하라." 하였다. ○ 부주附奏한 뒤에 집으로 돌아갔다. —

○ 대왕대비전이 전교하기를, "판윤이 전후의 처분을 생각하지 않고 다시 정세와 병으로써 말을 하고 끝내 변동하지 않는 것은 이것은 무슨 도리인가? 만일 그의 처의處義와 같다면 장차 종신토록 자숙할 작정인가? 정원에서 올라오고 번거롭게 수응酬應하지 말라고 엄히 신칙하도록 하라." 하였다.

○ 판윤 김홍근金興根이 올린 상소의 대략은 다음과 같다.

돌아보건대, 신이 소명召命을 여러 번 어기면서 미혹하여 변통할 줄을 모른 것은 진실로 입신立身에 한 번 실패하여 이치상 거듭 온전할 수 없기 때문입니다. 속이기 어려운 것은 공의公議이고 씻기 어려운 것은 쌓인 죄입니다. 왕명을 어긴 죄는 오히려 혹 천지가 포용해 주기를 바랄 수 있으나, 감히 흠이 많아서 버려진 몸으로서 먼 후대의 비난을 돌아보지 않을 수 없습니다.

의례적인 비답을 내렸다.

2월

○ 상이 다음과 같이 전교하였다.

상중喪中에 선대의 능침을 전알展謁하는 것이 비록 상례常禮는 아니지만 금년은 바로 우리 순묘純廟께서 탄강誕降하신 해이니, 나 소자의 추원追遠하는 감회를 어떻게 형용하여 비유하겠는가? 마땅히 인릉仁陵에 나아가 정례情禮를 펴야 할 것이다.

○ 교리 고성진高性鎭이 상소하여 주자朱子의 사조 봉사四條封事를 진달하였다. — 강학講學과 수신修身과 기강紀綱을 진작시키고 재용財用을 절약하는 것이다. —

○ 전 정언 박문홍朴文鉷이 상소하여 진면陳勉하였다. — 성학聖學을 부지런히 하고, 언로言路를 열며, 백성들의 고통을 살피고, 과거의 폐단을 개혁하며, 기강을 진작하고, 벼슬길을 넓히라는 것이다. — 또 다음과 같이 말하였다.

지난번에 강계우姜繼遇가 열 가지 조목으로 상소하여 폐단을 말하였는데 폐단을 바로잡은 것에 자못 좋은 곳이 많았습니다. 전하께서 가납嘉納하겠다는 비답을 내리셨으니 반드시 묘당에서 조목조목 남겨두거나 빼게 하여 속히 시행하는 것이 좋겠습니다. 이렇게 하지 않고 한갓 작급爵級으로 포상한다면 신은 이 뒤부터 세상 물정에 어둡고 민첩하지 못한 선비들이 반드시 일을 염려하여 진언進言하지 않고 장차 한 장章의 형식적인 글로써 봉록을 구하는 계제를 간주할까봐 염려스럽습니다.

또 말하기를, "북관北關에서 향안鄕案을 억지로 기록하고 능관陵官을 함부로 제수하여 고가古家의 자제들이 많이 이로 인해 설 곳이 없습니다."[15] 하였다. 또 다음과 같이 상소하였다.

어진 하늘이 재주 있는 이를 낼 때에는 본래 귀천과 원근의 차이가 없습니다. 그런데 우리 조정에서 사람을 쓸 때에는 오로지 문벌門閥과 지역을 숭상하여 서북 지역에는 명환名宦을 허락하지 않고 서얼庶孽에게는 청망淸望을 허통許通하지 않고 있으니, 이것은 역대에는 있지 않았던 법입니다. 근래에는 사람을 쓰는 것이 갈수록 더욱 심하게 좁아지고 있기 때문에 인재가 나오지 않고 나라의 형세가 날로 떨어지니, 관직을 설치하고 나누더라도 무슨 도움이 있겠습니까?

또 서북과 제주濟州에 도과道科를 설행하는 일에 대해 말하였는데, 비답하기를, "그대의 말이 좋다." 하였다.

○ 대왕대비전이 다음과 같이 전교하였다.

과장科場에서 시끄럽게 다투는 폐단이 이날보다 심한 적은 없었다. 그러나 처벌하고자 한다면 어찌 그 방법이 없겠는가? 시관試官이 된 자가 정식程式을 엄하게 하고 공령功令을 살펴서 뇌물 청탁이 포로包老[16]에 이르지 않는 것처럼 할 수 있다면 선비들의 추향이 저절로 다스려질 것이다. 금년 증광시增廣試는 원년元年의 경과慶科이므로 가만히 생각건대, 사방에서 고무되어 그 기대가 반드시 예사롭지 않을 것이다.

15_ 설 곳이 없습니다 : 이 부분은 앞뒤의 문맥이 통하지 않아 『공거문회(公車文會)』에 의거하여 "撫"을 "無地可立"으로 바로잡았다.

16_ 포로(包老) : 송(宋)나라 때의 강직한 관리인 포증(包拯)을 말한다. 귀척(貴戚)과 환관들이 모두 그를 꺼렸으며 어린아이와 부녀자들까지 그의 이름을 알고 포대제(包待制)라 불렀는데, 당시 서울인 개봉부의 사람들은 그를 '관절(關節)이 통하지 않는 염라 포로(閻羅包老)'라고 하였다. 이른바 포청천(包靑天)은 그의 별명이다.

무릇 취사取士하는 데 어느 때인들 문학文學을 초선抄選하여 훗날 꼭 써야할 때에 쓰고자 하지 않았겠는가? 더구나 이것이 즉위한 처음에 실행하는 대비大比인 데야 더 말할 것이 있겠는가? 시관은 경외京外를 막론하고 공평함을 가지고 널리 펴서 기필코 물의物議와 불만의 탄식이 없게 해야 한다. 내가 응당 다른 길로 탐문探聞하여 제대로 명을 펴나가지 않은 자가 있으면 단연코 위제률違制律로 시행할 것이다. 이를 다 잘 알도록 하라.

○ 비국에서 다음과 같이 아뢰었다.

신이 공무에서 물러나오는 길에 먼 곳의 향민鄕民이 길가의 한곳에 모여 있는 것을 보았습니다. 그 곡절을 물으니, "보성寶城에 살고 있는 사람들로 전곡錢穀을 늑징勒徵당하고 형옥刑獄에 부당하게 걸려든 일로 인하여 생활이 어려워 흩어져 사방으로 가고 있다." 하였습니다. 이에 놀람과 탄식을 금치 못하여 남쪽의 뜬소문을 추문追聞하니, 모두들 해 군수가 환곡還穀이 수만 석을 포흠한 장부가 있다고 하면서 여리閭里를 두루 다니면서 집을 수색하고 재산을 빼앗았는데, 조금이라도 그 뜻을 거스르면 수탈이 뒤따라 이르러 원망하여 떠들고 어쩔 줄 몰라 황급한 것이 불속에서 타고 물에 빠진 것과 같으니, 노인은 부축하고 어린이는 이끌고서 이리저리 피하여 다니고 있어 정경이 몹시 비참하며, 그밖에 놀라운 거조와 패악한 버릇은 헤아릴 수 없다고 하였습니다. 본 일이 실제 정황보다 지나쳤는지의 여부는 비록 알 수 없으나 상리常理로써 논하면, 이 백성에게 절실히 고통스러운 일이 없게 했다면 어찌 집을 버리고 흩어질 리가 있겠습니까? 농사철에 백성의 일은 하루도 늦춰서는 안 됩니다. 본군本郡의 사실을 해 도신에게 상세히 조사하여 치계馳啓하게 하여 품처稟處하는 것이 어떻겠습니까?

대왕대비전이 다음과 같이 전교하였다.

만일 그 백성의 호소와 같다면 이것은 가렴주구하는 부류보다 심한 것이다. 백성들이 어떻게 살 수 있겠는가? 듣건대, 너무나 놀랍고 한탄스러워 자목字牧에 그대로 둘 수 없다. 그러나 한편의 말만 그대로 믿을 수는 없으니, 도신에게 상세히 조사하여 치계하게 하여 엄히 처리해야겠다.

○ 건원릉健元陵, 원릉元陵 등의 산릉山陵에 전알展謁하였다.

○ 대왕대비전이 다음과 같이 전교하였다.

우리나라 사행使行이 간솔하여 공궤供饋를 줄인 일에 대해서는 며칠 전에 연석에서 이미 대신이 아뢴 데 대한 비답에서 유시하였는데, 서로西路의 사세를 상상건대, 매우 창망하여 어찌해야 할지 모르겠다. 이러한 때에 사신으로서 명령을 받든 자도 또한 민읍民邑에 생각이 미쳐 먼저 빈사儐使 일행 중에 거느리는 인원부터 간편함을 위주로 하여 비록 지공支供하는 등의 절차라도 충분히 단속하고 신칙해야 할 것이다. 그렇다면 주참主站과 병참竝站의 수령이 매사를 또한 따라서 생략하지 않을 수 없으니, 사행은 이러한 뜻으로 도신에게 관문關文을 보내고, 도신은 열읍列邑을 단속하여 형식과 쓸데없는 비용을 일체 생략하고 줄여서 동행冬行까지 일례一例로 준행하라고 묘당에서 행회行會하여 엄히 신칙하는 것이 좋겠다.

○ 비국에서 다음과 같이 아뢰었다.

지난번 과거를 치룬 뒤에 보고하는 대로 논감論勘하겠다는 뜻으로 거조擧條를 내어 아뢰었습니다. 이제 듣건대, 일소一所와 이소二所가 어수선하고 해이하여 전혀 검속檢束하지 않아 시규試規가 엄함을 잃고 듣는 사람들이 모두 놀랐습니다. 일소는 의제疑題가 과식科式을 어겼고, 이소는 다음날 간혹 시권試券을 바치기도 하였다고 합니다. 이번에 특별 하교를 내리고 연석에서 신칙한 것이 얼마나 엄정하였습니까? 그러나 마침내 마음을 다해 봉행奉行하지 못했으니, 어찌 직분을 제대로 수행하지 못한 책임을 면할 수 있겠습니까? 지난 일이라는 이유로 그대로 두어서는 안 됩니다. 일소와 이소의 시관을 모두 간삭刊削하소서. 이소의 참시관參試官과 부시관副試官은 과체科體를 무너뜨리고도 전혀 염려하고 거리낌이 없어서 물론物論이 더욱 불만스러워 하고 있습니다. 이러한데도 엄히 논감하지 않는다면 조정의 명령이 어떻게 시행될 수 있겠습니까? 모두 정배定配를 시행하소서.

대왕대비전이 다음과 같이 전교하였다.

만일 조금이라도 꺼리는 마음이 있었다면 어찌 이처럼 조정의 신칙을 마음에 두지 않고 사욕私慾을 채울 수 있었겠는가? 이것이 어찌 임금의 기강이며, 신하의 분수라고 말할 수 있겠는가? 실로 한심해서 차라리 아무 말하고 싶지 않다. 이러한데도 그대로 둔다면 과거를 설치하여 인재를 취하는 본뜻이 아니다. 세 시관에게 모두 정배하는 형전을 시행하고, 이소는 파방罷榜하게 하라. 일소로 말하더라도 의제疑題가 과식科式을 어겼을 뿐만 아니라 다시 여지없이 어수선하고 해이하였다고 하니, 또한 간삭刊削하는 형전을 시행하여 팔방의 다사多士들의 마음을 위로하도록 하라. — 일소의 김영작金永爵·홍우건洪祐健·이교인李敎寅과 이소의 조두순趙斗淳은 중화부中和府에, 윤행모尹行謨는 예천군醴泉郡에, 목인배睦仁培는 옥구현沃溝縣에 정배하였다. —

○ 대윤차大輪次를 설행하였다.

3월

○ 돈령도정 한석지韓錫祉가 상소하여 진면陳勉하니, 너그러운 비답을 내렸다.

○ 민영훈閔永勳을 형조 참판에 특별히 발탁하였다.

○ 성균관 유생들이 권당捲堂하고서 다음과 같이 소회所懷를 아뢰었다.

대개 성묘聖廟는 천하 사람들이 높이는 곳이요, 선비는 한 나라의 원기元氣입니다. 그러므로 나라가 있은 이래로 성묘를 높이고 유도儒道를 숭상하지 않은 적이 없는 것은 고금의 공통된 의리입니다. 몇 해 전부터 기강이 쓸어버린 듯이 없어져 금예禁隷와 포졸들이 별 어려움 없이 성묘의 신문神門 앞에 난입하나 사기士氣가 꺾여 금단하지 못하고 있으니, 너무나 한심합니다. 이번 과장科場으로 말하면, 금란禁亂하는 즈음에 포교와 포졸이 손에 붉은 노끈을 가지고서 제멋대로 다니면서 성묘 신문 앞에서 협박하니, 다사들이 놀라고 두려워 허둥지둥하면서 바삐 달아나는 바람에 거의 파장罷場되는 지경에 이르렀으니, 이것이 무슨 변괴입니까? 이것은 성인을 업신여긴 것이요, 선비를 천대한 것입니다.

다음과 같이 전교하였다.

만일 분란한 폐단을 금하고자 한다면 어찌 대책이 없음을 걱정하겠는가? 당당한 과장에서 이런 보기에 놀라운 짓을 하였으니, 누가 그렇게 시킨 것인가? 제생諸生이 권당한 것은 진실로 이유가 있다. 그러나 현관賢關은 소중함이 어떠한가? 갑자기 일제히 비운 것은 듣기에 너무나 놀랍고 두렵다. 이 일은 마땅히 엄히 조사하여 처분할 것이니 즉시 도로 들어가라는 뜻으로 효유曉諭하라.

○ 의금부에서 다음과 같이 아뢰었다.

격쟁 죄인擊錚罪人 윤자복尹滋福은 그 조부 윤가기尹可基를 위해 신리伸理하였습니다. 일이 오래 되어 갑자기 의논하기는 어려우나 그동안의 회계回啓에 염두에 두어야 할 내용이 없지 않으니, 그가 억울함을 호소하는 것은 아마 근거할 단서가 있는 듯합니다. 대신大臣에게 하문하여 처리하는 것이 어떻겠습니까?

"아뢴 대로 하라." 하였다.

○ 포도청이 사실을 조사하여 초기草記하니, 다음과 같이 전교하였다.

매번 한 번 과장科場을 설치할 때마다 번번이 뭇 의심과 대중의 노여움을 초래하였고 심지어는 재생齋生이 권당捲堂하는 일에 이르렀으니, 적절하게 검속하였다면 어찌 이럴 리가 있었겠는가? 시관 — 조석우曺錫雨·신석우申錫愚·강노姜渚·이승수李升洙 — 을 모두 엄하게 추고하라. 비록 비랑備郞으로 말하더라도 금잡禁雜하는 방도가 한두 가지가 아닌데, 굳이 교졸배로 하여금 다사多士의 가운데를 왔다 갔다 하면서 협박하여 보고 듣는 자들을 놀라게 하였으니, 너무나 온당치 못하다. 비랑은 나감拿勘하고, 교졸도 해청該廳에서 엄히 곤棍을 쳐 태거汰去하는 게 좋겠다.

○ 인릉仁陵에 전알展謁하였다.

○ 다음과 같이 전교하였다.

선왕先王의 능침陵寢에 와서 전알하니, 감회가 더욱 간절하다. 올해는 이 고을에 뜻을 보여주는 일이 없을 수 없다. 교하군交河郡의 사민士民 남녀 가운데 61살인 사람에게 해도該道에서 쌀과 고기를 적당히 제급題給하게 하고, 교하交河·파주坡州·고양高陽 세 고을의 성향곡城餉穀의 모미耗米는 임인년(1842, 헌종 8)의 예대로 제감除減해 주도록 하라.

○ 영원 부대부인鈴原府大夫人의 묘소를 지나다 나아갔다.

○ 대왕대비전이 다음과 같이 전교하였다.

판윤 — 이기연李紀淵이다. — 이 정세情勢를 가지고 말하는 것은 혹 괴이하게 여길 것이 없다. 지금은 사면赦免되어 돌아왔으니 수서收敍한 것은 실로 예전의 악은 생각하지 않는 의리에서 나왔다. 어찌 굳이 이처럼 처의處義하고 변동할 방도를 생각하지 않는 것인가? 지난 일은 임금과 신하 사이에서는 진실로 다시 개의해서는 안 된다. 경은 즉시 올라와 사은숙배謝恩肅拜하여 옛날에 위임한 뜻을 저버리지 말라.

○ 부호군 김지태金持泰가 상소하였는데, 성학聖學에 힘쓰라는 것이었다. 또 청북淸北이 흉년 들고 주전鑄錢을 설행하여 백성들을 모으는 일에 대해 말하였는데, 비답하기를, "성학에 힘쓰라는 일은 진실로 좋으나 주전을 설행하는 일은 너무나 외람되다." 하였다.

○ 정원이 아뢰기를, "판윤 이기연李紀淵이 지방에 있으면서 산송山訟으로 격쟁擊錚한 데 대한 회계回啓를 거행할 수 없습니다." 하였다. 상이 다음과 같이 전교하였다.

올라오라고 엄히 신칙하여 그로 하여금 회계하게 하라. — 대왕대비전이 전교하기를, "며칠 전에 칙유飭諭하여 환하게 속마음을 열어 보이면서 이미 옛날부터 말하고 싶었던 것을 다 말하였고, 한편으로는 경이 나오는 길로 삼았다. 그런데 한결같이 정세로써 말을 하면서 태연하게 교외에 있고 나와서 응하려는 뜻이 없는 것은, 이것이 무슨 도리인가? 지금 격쟁한 데 대한 회계가 여러 날이 되도록 시일을 끌고 있으니, 너무나 민망하다. 다시 머뭇거리지 말고 오늘 바로 올라와 숙배하도록 하라고 다시 엄히 신칙하라." 하였다. 대왕대비전이 또 전교하기를, "날마다 한 번씩 칙교를 하였는데도 번번이 정세로써 말하니, 만일 이와 같다면 정세가 그칠 때가 없을 것이다. 이것이 무슨 도리인가? 판윤 이기연을 의금부에 내려 추고推考하라." 하였다. 판윤 이기연이 패초牌招를 받드니, 전교하기를, "계판啓板 앞에 불러다가 문계問啓하고서 들이라." —

○ 대왕대비전이 다음과 같이 전교하였다.

판윤의 일은 진실로 무슨 이유인지 모르겠으니, 실로 이해할 수 없다. 그 동안 몇 번 칙유飭諭하여 속내를 남김없이 다 털어놓았으니, 석연히 동의하여 예전처럼 태연히 달려 나와 받들기에 겨를이 없어야 한다. 그런데 지금 이렇게 패초를 받든 거조도 이미 뜻밖인데다가 심지어 문계問啓하기에 이르렀는데도 또한 명에 응하지 않았다. 어찌 이러한 사체가 있겠는가? 정세는 정세이고 분의分義는 분의이다. 너무나 유감스럽고 너무나 온당치 못하다. 이런 정당하지 않은 버릇은 끝내 곡진히 용서해서는 안 된다. 한성판윤漢城判尹 이기연李紀淵을 황해 병사黃海兵使로 보외補外하라.

○ 영상 정원용鄭元容이 다음과 같이 아뢰었다.

부총관 민석閔晳이 운보검雲寶劒 차비差備로서 교轎를 타고 위반衛班 사이를 함부로 다녀 본 사람들이 모두 놀라고 한탄스러워하였습니다. 조정의 기강이 아무리 땅을 쓴 듯 없어졌다고 해도 무신武臣이 방자하여 거리낌이 없음이 어찌하여 이러한 지경에 이르렀습니까? 우선 견삭譴削하소서.

윤허하였다.

○ 대왕대비전이 다음과 같이 전교하였다.

이 중신重臣의 오늘의 거조는 한심하다고 할 만하다. 신하의 분수는 실로 이래서는 안 된다. 보외補外해도 또한 명에 응하지 않았으니, 이는 겨루는 것이다. 사체가 달려 있으니 그대로 두어서는 안 된다. 즉시 그 지역에 정배하라.

○ 비국에서 다음과 같이 아뢰었다.

방금 의금부에서 조율照律한 것을 보니, 해서海西의 수령이 탐도貪饕에 관계되어 저와 같이 논열論列하였으나 일례一例로 감등減等하여 정배定配를 면한 것은, 암행어사가 논핵論劾하여 탐리貪吏를 징계하는 도리가 어디에 있는 것인가? 판의금부사 — 이가우李嘉愚이다. — 를 엄하게 추고推考하고 다시 조감照勘하소서.

윤허하였다.

○ 대왕대비전이 다음과 같이 전교하였다.

암행어사의 계사 중에 수령의 일은, 가령 사실과 어긋난 것이 있더라도 그가 나열한 것이 저처럼 자세하니, 해부該府의 의언議讞은 진실로 그 형률을 따져서 합당한 것을 아뢰었어야 한다. 어떻게 사의私意로써 그 사이에서 올리거나 낮출 수가 있겠는가? 판의금부사의 일은 너무나 한심하다. 문비問備하고 말아서는 안 되니 간삭刊削하는 형전을 시행하라.

4월

○ 대왕대비전이 다음과 같이 전교하였다.

신칙을 시행하였으니 이기연李紀淵을 정배定配하는 것은 용서하라. 황해 병사黃海兵使는 보외補外하는 예例로 시행하되, 그로 하여금 하직인사를 하지 말고 즉시 교귀交龜하게 하라.

○ 경상좌도 암행어사慶尙左道暗行御史 김세호金世鎬가 다음과 같이 서계書啓하였다.

감사 김대근金大根은 무신년(1848, 헌종 14) 가을에 환곡의 가작미加作米가 5만 5천여 석이고, 태太 7천 700여 석이고, 조租 4만 6천 300여 석이니, 이를 합친 절미折米가 7만 7천 600여 석 내야 되는데, 그 안에서 8천여 석의 상정미詳定米를 제하고, 실제 가작미加作米 6만 9천 200여 석을 시가市價대로 작전作錢한 도합 23만 500여 냥과 기유년(1849, 헌종 15) 여름에 맥가작麰加作 3만 2천여 석 내에 1만 4천여 석에서 상정한 것을 제하고 실제 가작미 1만 7천 800여 석을 또한 시가대로 작전한 도합 2만 2천여 냥과 잡비에서 이자를 취한 것이 1만 5천 500여 냥이나 됩니다. 기유년 봄에 부민富民을 뽑아내 죄목罪目을 얽어 만들어 계속해서 붙잡아 형신刑訊하여 가두기를 무상하게 하였습니다. 좌도左道의 유만익劉萬益 등 53인에게 명분 없는 돈을 강제로 거둔 것이 3만 8천 냥이 되고, 밀양密陽의 아전의 사징查徵한 돈이 4천여 냥이 되니, 합계 4만 2천여 냥이 됩니다. 이밖에 막비幕裨, 책객冊客, 이교吏校의 무리가 안에서 토색討索한 것에서 좌도의 전錢이 1만 4천여 냥이 됩니다. 저 남상순南象淳과 이일수李一遂 무리는 오직 횡재橫財를 탐욕스럽게 얻을 줄만 알고 비방하는 말이 돌아가는 곳이 있는 것을 돌보지 않았습니다. 좌영左營과 우영右營이 사사로이 오로지 속이고 가리기만을 일삼았으니, 진실로 너무나 놀랍고 가증스럽습니다. 우도右道에서 거둔 것은 이미 우도 암행어사가 논열한 것이 있으니, 전성全省이 떠들썩하여 뭇 원망이 오래되었으나 그치지 않고 있습니다. 중요한 땅이니 실로 유감스럽습니다.

○ 비국에서 다음과 같이 아뢰었다.

전 통제사統制使 김건金鍵은 암행어사가 나열한 것이 모두 장오贓汚에 관계되는데 전에 지중한 죄범으로[17] 국청鞫廳을 설치하자는 대계臺啓가 한창 진행 중에 있으니, 규례를 따라 계복啓覆할 수 없습니다. 전

17 _ 전에 지중한 죄범으로 : 이 부분은 앞뒤의 문맥이 통하지 않아 『일성록』에 의거하여 "安寘之罪名至重"을 "前以至重之罪犯"으로 바로잡았다.

전 통제사 서상오徐相五와 전 감사 김대근金大根은, 재신宰臣과 장신將臣은 비록 체모가 중하지만 나열이 모두 낭자하니, 나처拿處하는 것이 어떻겠습니까?

윤허하였다.

○ 김좌근金左根을 총융사에 특별히 제수하였다.

○ 금부에서 다음과 같이 아뢰었다.

김대근金大根과 서상오徐相五는 암행허사가 서계에서 나열한 것이 이처럼 낭자하니, 그가 발명發明한 것을 가지고 참작하여 용서하기는 어렵습니다. 이로써 조율照律하니, 유삼천리流三千里 정배定配하는 데 해당합니다.

그대로 윤허하였다. — 김대근은 장연현長淵縣에, 서상오는 이천부伊川府에 정배하였다. —

○ 집의 이휘규李彙圭가 상소하여 여덟 조목을 진달하였는데, — 임금의 마음을 바로잡고, 성학聖學을 돈독히 하며, 하늘의 사랑을 받들고, 공도公道를 넓히며, 간쟁諫諍을 받아들이고, 절검節儉을 숭상하며, 선비들의 추향을 바로잡고, 백성들의 고통을 돌보라는 것이었다. — 비답하기를, "그대의 말은 치안책治安策에 비할 만하다. 마땅히 띠[紳]에 써서 아침저녁으로 경책해야겠다." 하였다.

○ 전교하기를, "은언군恩彦君의 방房은 본래 세입歲入이 없어서 수용需用할 모든 것을 계획할 수 없다고 하니, 탁지부로 하여금 면세免稅 500결結을 영원히 정례定例로 삼아서 올해부터 실어 보내게 하라고 분부하라." 하였다.

○ 영상 정원용鄭元容이 다음과 같이 아뢰었다.

신칙 하교한 것이 얼마나 정중하였습니까? 그런데 과거를 치룬 뒤에 전하는 말을 들으니, 크게 예상과 어긋났습니다. 그 중에 호남 우도湖南右道 및 관동關東은 더욱 듣기에 놀라운 일이 많아서 양도兩道의 사론士論이 모두 분통해 하였으니 결단코 지난 일이라는 이유로 그대로 두어서는 안 됩니다. 장시掌試한 호남 도사湖南都事 신좌모申佐模, 관동 도사 서대순徐大淳에게 모두 정배定配를 시행하소서. 호서의 시사試事는 또 공평하지 않은 것이 많습니다. 겸하여 시제試題가 격식에서 어긋났으니, 경시관京試官 한경원韓敬源과 도사 이용좌李容佐에게 모두 간삭刊削을 시행하는 것이 어떻겠습니까?

대왕대비전이 전교하기를, "전하는 말이 이처럼 시끄러우니 공정하게 하지 못한 것을 알 만하니, 한심할 뿐만이 아니다. 대신이 아뢴 바대로 시행하라." 하였다. — 신좌모는 무안현務安縣에, 서대순은 송화현松禾縣에 정배하였다. —

○ 대왕대비전이 구전口傳으로 전교하기를, "대전大殿의 외조부모의 증직贈職을 법전法典대로 거행하라." 하였다.

○ 전교하기를, "금년은 영빈暎嬪(사도세자思悼世子의 생모 이씨)이 세 번째 맞는 회갑이다. 지금과 옛날을 추억하니, 슬픔과 사모하는 마음을 어찌 감당하겠는가? 육상궁毓祥宮에 나아가 전배展拜해야 한다." 하였다.

○ 경기 감사 김기만金箕晩이 올린 상소에서 대략 말하기를, "영릉英陵과 영릉寧陵의 고유제告由祭 제관祭官을 채워 차임해야 하는데, 통지하지 못하여 이런 착오가 있었으니, 해당 감죄를 받겠습니다." 하였는데 비답하기를, "상소를 보고 잘 알았다." 하였다.

○ 정원에서 다음과 같이 아뢰었다.

방금 보토 당상補土堂上의 장계狀啓를 보니, 고유제告由祭 때 영릉英陵의 찬자贊者와 알자謁者, 영릉寧陵의 헌관獻官과 찬자와 알자를 모두 미리 차임하였으나 와서 대령하지 않았습니다. 영릉 헌관은 찬자를 겸행하고 이하는 두 능관이 서로 행했다고 하고, 경기 감영에서는 애당초 채워 차임하지 않았다고 합니다. 비록 영릉英陵 헌관으로 말하더라도 영릉寧陵 헌관의 일을 겸행한 것이 아무리 급박해서라지만 이미 도백道伯의 통지도 없었는데 지레 앞서 대신 행했으니, 또한 제대로 살피지 못한 잘못을 면하기 어렵습니다. 모두 추고하소서.

다음과 같이 전교하였다.

사전祀典에 이런 전에 없던 일이 있었으니, 단지 과실이라고 말해서는 안 되며, 또한 생각 없이 저지른 과실로 돌려서도 안 된다. 예禮에 흠을 초래한 것이 막심하니, 저도 모르게 아주 놀랍다. 도백은 — 김기만金箕晩은 중화부中和府에 정배하였다. — 정배하는 형전을 시행하고, 헌관 — 이규헌李奎憲이다. — 은 견파譴罷하는 형전을 시행하라.

○ 대왕대비전이 다음과 같이 전교하였다.

동당 회시東堂會試가 하루 남았는데 국가의 안위와 인심의 향배가 이 한 가지 일에 달려 있다. 시관試官이 된 자가 만일 조금이라도 왕명을 제대로 펴나가려는 마음이 있었다면 굳이 여러 번 칙교하기를 기다렸을 리가 없다. 일이 지난 뒤에 공功과 죄 사이에서 응당 처분할 방도가 있을 것이다. 정원에서 일일이 칙유飭諭하라.

○ 홍기섭洪耆燮을 형조 판서로 특별히 발탁하였다.

5월

○ 비국에서 다음과 같이 아뢰었다.

적보謫補와 부임赴任은 사체가 자별하고, 중임인 곤수閫帥는 대신 행해서는 안 되는데, 지난번에 여러 번 신칙한 뒤에 어떻게 다시 정세로써 말을 할 수 있습니까? 분의와 도리는 이러해서는 안 됩니다. 황해 병사 이기연李紀淵을 엄하게 추고하는 것이 어떻겠습니까?

윤허하고 전교하기를, "엄히 신칙하여 일을 보되 다시는 대신 행할 수 없게 해야겠다." 하였다.

○ 지돈녕知敦寧 이휘정李輝正이 상소하여 치사致仕하기를 청하였는데, 허락하였다.

○ 대왕대비전이 전교하기를, "대전의 사친私親의 묘도 문자墓道文字를 찬술撰述하지 않을 수 없다. 대원군의 신도비문神道碑文은 대제학 — 조두순趙斗淳이다. — 이 지어 올리고, 은언군恩彦君의 신도비문은 전전 대제학 — 조인승趙寅承이다. — 이 지어 올리라." 하였다.

○ 승지 이인고李寅皐가 올린 상소의 대략은 다음과 같다.

아, 예로부터 신하에서 불행히 화에 걸려 죽은 자가 어찌 이루 다 셀 수 있겠습니까만, 선신先臣(이수연李壽淵)처럼 지극히 원통하고 너무나 비통한 사람은 없었으니, 오히려 차마 말할 수 있겠습니까? 가만히 삼가 생각건대, 신의 아비가 순종대왕의 지극한 어짊과 후한 덕을 만나서 처음 벼슬할 때부터 숭현崇顯에 오를 때까지 한결같이 집안의 부자간으로 보았습니다. 보살펴주고 비호해주고 구제해주고 허물을 털어 없애주어 곡진하게 길러주지 않은 데가 없어서 30년을 하루같이 일월과 우로의 혜택을 내리셨습니다. 신의 아비가 감격하여 무릇 마음과 힘을 다 쏟아 임금의 덕을 높이고 성인의 조화를 빛내는 것에 목숨 걸고 나아가 임금을 도와서 보답하는 길로 삼았습니다. 일찍이 스스로 신이 조금이라도 몸과 집을 위한 계책을 생각한다면 결국에는 스스로 마음을 속이고 임금을 속이고 천하를 속이는 결과를 면치 못할 것이므로, 마음을 속이지 않는 것으로 임금을 섬기는 근본을 삼고 일신을 도모하지 않는 것으로 나라에 보답하는 요도要道를 삼겠다고 맹세하였습니다. 이에 나를 알아주고 나를 죄주는 것은 귀신에게 질정해보고, 나라와 공공만을 마음속에 담아두고 성패成敗와 이둔利鈍은 일체 명수命數에 맡겼습니다. 정유년(1837, 헌종 3) 겨울에 우리 자성 전하께서 언문 하교로 정승에 발탁하여 두시고 대행조大行朝께서 특별 하유를 내리시기를, "동조東朝가 특별히 선발한 것은 실로 우리 순묘純廟의 지우知遇와 위임하신 유의遺意로 말미암은 것이다." 하셨습니다. 이것은 진실로 천고에 드문 한 번의 지우로써 지난 역사를 살펴보아도 실로 필적할 만한 것이 적습니다.

신하의 분수와 도리에 있어서 오직 마땅히 선부先父의 마음으로 마음을 삼아서 스스로 잠시도 지체하지 않고 달려 나가는 정성을 바쳤어야 합니다. 다만 신의 사사로운 슬픔이 가슴에 있고 대방大防이 앞에 있어서 감히 감정을 누른 채 나갈 계획을 하지 못하는 것은 신의 아비의 평생의 본말은 하늘이 굽어 살펴보고 계시지만 뜻과 일이 드러나지 않았고 몸과 이름이 치욕을 당하여 북쪽 끝과 남쪽 끝에 형제가 나눠져 찬배竄配되어 마침내 이역異域에서 죽어서도 눈을 감지 못하는 객귀客鬼가 되었기 때문입니다. 지금 비록 그늘진 곳에 빛이 돌아오고 꺼진 재가 다시 타서 이로부터 문호門戶가 조금 완비되고 작질爵秩이 예전처럼 된다고 해도 유독 신의 아비가 살아 있지 않고 알지 못하니 말하려고 하면 피눈물이 먼저 솟구치고 글로 쓰려고 하면 썩은 속이 마디마디 끊어집니다. 하늘이시여, 하늘이시여! 이 어떤 사람입니까? 사람의 자식이 되어 이런 지극한 한을 품은 채 일신이 온전한 것을 다행으로 여기고 지극히 중요한 사유四維를 버리고서 영화를 탐하고 총애를 생각하여 의기양양하게 함부로 나간다면 신명神明이 반드시 죄줄 뿐만이 아니니, 장차 어떻게 죽어서 저승에서 선부先父를 대하겠습니까? 방황하고 머뭇거리는 것이 은혜를 입기 전보다 도리어 더 심합니다. ……

비답하기를, "선경先卿의 일은 조정의 처분이니, 저승과 이승 간에 의당 유감이 없어야 한다. 그대는 즉시 올라와 숙배肅拜하라." 하였다.

○ 비국에서 다음과 같이 아뢰었다.

방금 전라도 관찰사의 사계査啓를 보니, 보성寶城의 환곡還穀의 포흠이 7만여 석이 되기에 이르렀고 백성들을 곤궁하게 하는 단서도 또한 한두 가지가 아니라고 합니다. 불쌍한 저 보성의 백성들이 무슨 죄며 무슨 죄입니까? 그동안 포흠을 엄폐하였고 처음 포흠한 수령을 일체 나감拿勘하소서. 해 군수 고제환高濟煥은 하루도 자목字牧의 반열에 두어서는 안 되니, 먼저 파출罷黜하고 나감拿勘하는 것이 어떻겠습니까?

윤허하였다.

○ 진강進講하였는데, 판부사 김도희金道喜가 입시入侍하였다. — 상이 이르기를, "내가 친히 써서 병풍에 붙이려고 한 것이 있다." 하고, 이어서 꺼내어 보여주었는데, 어제 십조御製十條였다. 그 글은 다음과 같다. "부모에게 순종한 이는 상등인上等人이요, 어른의 말에 공경하고 사랑하는 이는 상등인이며, 형제간에 화목한 이는 상등인이요, 임금을 섬김에 충성을 다한 이는 상등인이요, 남녀간에 분별이 있는 이는 상등인이요, 말이 충신忠信하고 행동이 착실하고 공손한 이는 상등인이며, 잘못을 뉘우칠 줄 아는 이는 상등인이요, 뉘우쳐 고칠 줄 아는 이는 상등인이며, 처자만을 아끼지 않고 재물과 이끗을 탐하지 않은 이는 상등인이요, 주색에 빠지지 않은 이는 상등인이다. 이상 10조 중 한 가지 일이라도 행하지 못함이 있으면 하우인下愚人이다." 김도희가 두 손으로 받쳐 들고 읽고서 아뢰기를, "어제 십조가 모두 다 옛사람의 좌우명과 부합됩니다. 성상의 생각이 이에 미치니, 진실로 경사스럽고 다행스러움을 금치 못하겠습니다." 하니, 상이 이르기를, "쓰는 것이 어려운 것이 아니라 행하기가 어렵다." 하자, 김도희가 아뢰기를, "이제 성상의 하교를 받드니, 진짜 성인의 말씀입니다. 알기가 어려운 것이 아니라 행하기가 어렵다는 의리를 상께서 체념하신 만큼 반드시 실천하고야 말 것이니, 성상의 마음을 더욱더 흠앙欽仰합니다. 삼가 더욱더 힘쓰시기 바랍니다." 하였다. —

○ 전교하기를, "고 설서 — 권정침權正忱이다. — 의 일은 조정에서 잊을 수 없는 바인데, 지금 그 손자가 과거에 급제하였다. 신급제新及第 권영하權泳夏를 정언에 제수하라." 하였다.

○ 전교하기를, "이 충민李忠愍 — 고 좌상 이건명李健命이다. — 의 사손祀孫이 지금 과거에 급제하였으니, 어찌 뜻을 보여주는 조처가 없을 수 있겠는가? 신급제 이용직李容直을 부교리에 제수하라." 하였다.

○ 대왕대비전이 다음과 같이 전교하였다.

갑진년(1844, 헌종 10)의 옥사獄事에서 만일 당사자가 직접 죄를 지은 자취가 있다면 아무리 햇수가 오래된 뒤이지만 누가 감히 거론하겠는가? 만일 혹 그렇지 않고 단지 흉도凶徒와 역류逆類가 기화奇貨로 삼는 자료로 간주한 데에서 나왔을 뿐이라면 오늘날 친척과 정의를 두텁게 하는 의리에 있어서 어찌 헤아려서 잘 생각함이 없겠는가? 그러나 이것은 대단이 신중히 살펴야 할 일이다. 시임 대신時任大臣과 원임 대신原任大臣, 금부의 제당諸堂은 빈청賓廳에 와서 모여 그 당시의 문안文案을 상세히 고열攷閱하고서 의견을 갖추어 이치를 따져서 들이라.

○ 빈청에서 다음과 같이 아뢰었다.

갑진년 옥안獄案을 살펴보니, 실로 직접 범한 자취가 없으나 단지 역적의 공초에서 여러 번 나왔기 때문에 사체가 중대하여 서로 이끌고서 청대請對하지 않을 수 없었습니다. 지금 만일 원래 직접 범한 자취가 있었다고 말한다면 잘못입니다. 신들의 어리석은 견해는 이와 같을 따름입니다.

대왕대비전이 말하기를, "본 일이 이와 같고 여러 대신들의 의견도 또 이와 같으니, 신설伸雪하는 한 가지는 다시 의논할 것이 없겠다. 의논한 대로 시행하라." 하였다.

○ 정원이 아뢰기를, "황해 병사 이기연李紀淵이 정세가 있다는 이유로 장계狀啓를 우후虞候로 하여금 대신 행하게 하였습니다. 줄곧 사무를 보지 않았으니, 추고推考하는 것이 어떻겠습니까?" 하였는데, 다음과 같이 전교하였다.

그 직임에 있으면서 사무를 보지 않았으니 이것만도 부당한 짓인데, 계본啓本을 대신 행하게까지 하였다. 연달아 신칙申飭한 뒤인데 사체와 도리가 어찌 이럴 수 있는가? 황해 병사 이기연에게 파직하는 형전을 시행하라.

○ 전라 감사 남병철南秉哲이, "장흥長興 등 고을에 민가가 떠내려가고 무너졌으며 사람이 물에 빠져 죽었다." 아뢰니, 대왕대비전이 다음과 같이 전교하였다.

방금 전라 감사의 계본啓本을 보니, 여섯 고을의 수재水災가 너무나 놀랍고 걱정스럽다. 더구나 물에 빠지고 무너진 것이 이처럼 많으니 더 말할 나위가 있겠는가? 앞으로 농사일이 어떠할지는 우선 놔두고 눈앞의 경색景色이 몹시 비참할 것은 차마 상상할 수도 없다. 부안 현감扶安縣監 — 김원식金元植이다. — 을 위유어사慰諭御史로 특별히 정해 재해를 입은 것이 가장 혹심한 고을로 달려가서 백성들을 모아놓고서 조정에서 별반으로 진념하고 있음을 보여 주어 혹시라도 갑자기 흩어지지 말고 안심하고 안주하라고 일일이 효유曉諭하게 하라. 물에 빠져 죽은 사람과 표호漂戶와 퇴호頹戶의 신포身布와 환포還布는 모두 탕감蕩減해 주고, 물에서 건져낸 뒤에 장례비용과 집을 지을 때에 들어가는 물력은 본도에서 알맞게 헤아려 넉넉한 수량을 조급助給한 뒤에 등문登聞하여 회감會減하는 바탕으로 삼도록 하라. 지난달 20일 전의 일은 비록 두루 살피느라 조금 시일을 허비했다고 말하지만, 일이 재환災患의 보고에 관계되는데 지금 비로소 등문登聞하였으니, 매우 소홀한 것이다. 본도의 도신에게 월봉越俸 1등의 형전을 시행하라는 일을 모두 삼현령三懸鈴으로 행회行會하라.

○ 영상 정원용鄭元容이 다음과 같이 아뢰었다.

경상우도 암행어사 조석여曺錫輿의 별단別單으로 인하여, 한산도 별장閑山島別將을 혁파革罷하는 것이 편리한지의 여부를 통제사에게 계문啓聞하게 하였습니다. 그 계본을 가져다 보건대, 백성들이 수없이 폐단을 받고 있어서 방수防守하는 데 무익하니 응당 변통할 방도가 있어야 한다고 하였습니다.

대왕대비전이 다음과 같이 답하였다.

애당초 어째서 무익한 일을 하였는가? 모든 일은 진실로 경장更張하는 것을 어렵게 생각한다. 더구나 관방關防에 있어서도 무익하고, 섬 백성들에 있어서도 해로운 일인 데 더 말할 것이 있겠는가? 이미 백성들의 폐단이 있다고 하였으니, 행하지 않을 수 없는 일이다. 혁파한 뒤에 옛 규례대로 방수하는 것이 좋겠다.

6월

상이 전교하기를, "이해에 이 달을 만났으니, 나 소자의 무궁하고 더할 수 없는 애통함이 다시 어떠하겠는가? 18일에는 응당 진전眞殿에 나아가 작헌례酌獻禮를 행해야 한다." 하였다.

○ 세초歲抄하였다. 이현문李玄을 서용敍用하고, 유의정柳宜貞에게 직첩職牒을 주었다.

○ 효정전孝定殿에서 연제練祭를 친행親行하였다.

○ 대왕대비전이 전교하기를, "내가 이 재신宰臣의 일에 대해서 법을 굽히지 않을 수 없는 것은 그에게 병든 부모가 있기 때문이다. 장연부長淵府에 정배定配한 죄인 김대근金大根을 방송放送하라." 하였다.

○ 대왕대비전이 다음과 같이 전교하였다.

연제練祭를 지내는 날에 두 도위都尉 —동녕위東寧尉 김현근金賢根, 남녕위南寧尉 윤의선尹宜善이다.— 의 일을 구전口傳으로 하교하였는데, 똑같이 정세를 핑계대고 그대로 들어오지 않고 있으니, 인정과 예의와 도리가 본래 이와 같아야 하는가? 그때는 비통하고 산란하여 다시 신칙할 겨를이 없었다. 내가 한 마디 고할 것이 있다. 가령 10년 동안 처의處義할 단서가 있으면 앞으로 10년 동안 나를 보지 않을 것인가? 인정과 예의 상 이런 이치는 전혀 없다. 지나간 일은 허물하지 않겠다. 18일은 진전眞殿의 작헌례酌獻禮를 거행하며 순묘純廟의 탄신 회갑이다. 옛일을 어루만지고 지금을 슬퍼하니 감회가 끝없다. 도위의 정리와 처지는 외정外廷의 사람들과 다른 만큼 사단事端이 있더라도 그 뜻대로 행해서는 안 된다. 정원에서 엄히 신칙하여 반열에 참석하게 해야겠다.

○ 대왕대비전이 다음과 같이 전교하였다.

연일 큰 비가 내려 강과 하천이 범람하여 빈궁한 집에 먹을거리가 자주 비어 한탄하고 있을 것을 보지 않아도 상상할 수 있으며, 표호漂戶와 퇴호頹戶의 근심도 또한 필시 많을 것이다. 선전관과 각부各部의 관원을 보내 성안과 연강沿江 위아래를 두루 다니면서 일일이 적간摘奸하고 오게 한 뒤에 호조와 선혜청에서 쌀과 돈을 알맞게 헤아려 제급題給하게 하라.

○ 상이 전교하기를, "순종조純宗朝를 섬겼던 문신, 시종侍從, 무신, 선전관 및 문관, 음관蔭官, 무사武士, 서인庶人 중 61세인 사람을 한성부로 하여금 초계抄啓하여 들이게 하라." 하였다. — 가자加資하고 음식물과 상賞을 하사하기를 차등 있게 하였다. —

○ 대왕대비전이 다음과 같이 전교하였다.

조선漕船으로 수송하는 것은 민국民國의 큰 계책인데 취재臭載했다는 보고에 수가 11척에 이르니, 앞으로 경용經用이 반드시 궁색할 것이다. 어찌 크게 근심할 만하지 않겠는가? 만경창파는 본래 인력으로 건널 수 있는 것이 아니나 만일 기후를 잘 점치고 정박을 잘하여 제자리를 얻었다면 어찌 치패致敗하는 근심이 있었겠는가? 영호차원領護差員의 소임이 무슨 일인가? 평상시에 단속하지 못하였으니, 실로 경책이 없어서는 안 된다. 순영巡營에서 엄히 곤棍을 쳐서 징려懲勵하게 하라. 한결같이 기해년(1839, 헌종 5)의 전례대로 쌀과 콩을 갈고리로 건져내어 백성들의 원대로 발매發賣하여 돈으로 올려 보내 민간에 분급分給하되 절대 거론하지 말라. 감색監色과 격군格軍이 물에 빠진 고을이 많으니, 너무나 애처롭고 불쌍하다. 그 사이에 날이 조금 오래되었으므로 시신을 과연 일일이 건져냈을 것이니, 건져내는 대로 공곡公穀으로 장사지낼 물자를 분급分給하라. 각각 짊어지고서 원적관原籍官에게 돌려보낸 뒤에 계문啓聞하라는 뜻으로 묘당에서 성화같이 해도 도신에게 통지하도록 하라.

7월

○ 첨서添書하여 이노병李魯秉을 이조 판서로 삼았다.

○ 기청제祈晴祭를 행하였다.

○ 대왕대비전이 다음과 같이 전교하였다.

좌윤 —이학수李鶴秀이다.— 을 제배除拜한 지가 지금 몇 달이 지났건마는 아직까지 변동이 없는데, 사송詞訟하는 자리를 그 위속委屬에게 일임해서는 안 된다. 정원이 신칙하여 그로 하여금 올라와 숙배肅拜하게 하라.

○ 이승헌李承憲을 방송放送하였다.

○ 원의院議가 명을 거둘 것을 청하니, 비답하기를, "본 일은 상소 구절을 잘 살펴보지 못했기 때문에 불과하다. 이번에 이 석방이 어찌 생각 없이 그러했겠는가? 진실로 굳이 쟁집爭執할 것 없이 즉시 반포하라." 하였다.

○ 양사兩司의 합계合啓에서, 이승헌李承憲의 일을 정계停啓하였다.

○ 수원 유수 김난순金蘭淳이 아뢰기를, "민가가 물에 떠내려가고 무너졌습니다." 하니, 대왕대비전이 다음과 같이 전교하였다.

오랫동안 계속해서 비가 내리고 있는 중에 해조海潮의 범람까지 더하여 온 경내境內의 전토田土가 무너지고 터지고 가옥이 떠내려가고 무너졌는데 숫자가 적지 않다. 그 비참함을 어찌 이루 다 말할 수 있겠는가? 앞으로 농사일이 어떠할지는 우선 예측할 수 없으나, 지금 많은 백성들이 살 곳을 잃고 호소하는 형상이 더욱 불쌍하다. 원래의 휼전恤典 이외에 공곡公穀을 마음 써서 제급題給하고 즉시 집을 짓고 안주하라는 뜻으로 묘당에서 말을 만들어 행회行會하도록 하라.

○ 비궁閟宮에서 다음과 같이 서계書啓하였다.

제폐祭幣를 궐봉闕封한 태상시 관원과 축문祝文을 잘못 쓴 향실 관원을 모두 나감拿勘하소서. 헌관獻官으로 말하더라도 제물祭物의 봉상捧上과 축문을 대조할 때에 제대로 살피지 못한 죄를 면할 수 없습니다. 제감祭監과 감찰監察 및 궁사령宮司令도 또한 잘 살피지 못한 잘못이 있으니, 모두 나처拿處하소서. 수복守僕과 원역員役은 법사法司에 넘겨 과치科治하는 것이 어떻겠습니까? 신은 태상시 제거提擧와 더불어 일에 앞서 단속하고 신칙하지 못하였으니, 나라 법으로 논할 때 응당 큰 벌을 받아야 하므로 황공하여 대죄待罪합니다.

상이 전교하기를, "헌관은 이미 처분하였다. 본 일이 비록 너무나 놀랍고 송구하나 경에게 별로 잘못이 없으니, 경은 안심하고 대죄하지 말라." 하였다.

○ 상이 다음과 같이 전교하였다.

나라의 큰일은 제사인데, 이런 전에 없던 일이 있었으니, 놀랍고 송구함이 마땅히 다시 어떠하겠는가? 각각 해당 거행 관원을 나문拿問하여 엄히 감죄하고, 원역員役과 수복守僕 등은 엄하게 과치科治하고, 헌관 — 조석우曺錫雨이다. — 은 간삭刊削하는 형전을 시행하라.

○ 대왕대비전이 다음과 같이 전교하였다.

좌윤이 정세를 가지고 말하는 것은 혹 괴이하게 여길 것이 없으나, 정세라고 한 것은 화를 당했을 때의 정세인 듯하다. 사면되어 돌아왔으니 바로 소석昭晰한 것이다. 게다가 선왕께서 시임時任 정승과 원임原任 정승의 차자에 대해 비답했던 것이 바로 이 일이었다. 내 생각은 거의 다 헤아렸을 것이다. 지금 모든 일이 완전히 변한 뒤에 나로 하여금 다시 이 일을 말하게 하는 것은 한갓 슬픔과 비통함만 증가시킬 뿐이다. 이것이 어찌 분의分義와 도리이겠는가? 정원에서 다시 엄히 신칙하여 올라와 숙배肅拜하게 하라. — 대왕대비전이 전교하기를, "그 동안의 칙유飭諭에서 내 속마음을 다 말하였으니 받드는 것은 도리상 당연하다. 그런데 줄곧 정세로써 말을 하고 단지 머뭇거리기기만 하고 있다. 사체事體가 심하게 손상되었으니, 아주 온당하지 않다. 한성 좌윤 이학수李鶴秀를 의금부에 내려 추고推考하도록 하라." 하였다. —

○ 의주 부윤 심승택沈承澤이 아뢰기를, "진향 부사進香副使 홍희석洪羲錫이 변성邊城에 이르러 졸서卒逝하였습니다." 하였다.

○ 대왕대비전이 다음과 같이 전교하였다.

돌아오던 부사副使의 상사喪事는 너무나 놀랍고 비참하다. 사신으로 갔다가 이런 뜻밖의 일이 있으니, 나라 일에 죽었다고 해도 지나친 말이 되지 않는다. 부사의 아들은 일찍이 음직蔭職을 지냈다고 하니, 사손嗣孫 중에 만일 나이가 많은 자가 있으면 즉시 조용調用하고, 장례 물자 등을 넉넉히 조급助給하라. 그 사이 날이 오래되지 않았으니, 객지의 모든 도구를 기일에 맞춰 조급措給하라. 바야흐로 어느 곳에 도착했는지 모르는데 의주부에서 계속해서 탐지하여 필요한 물자를 성화같이 마련해 보내도록 하고, 압록강을 건넌 뒤에 연로沿路에서 호송하는 모든 것을 세 도의 도신이 각별히 단속하고 신칙하여 털끝만큼도 소홀한 폐단이 없게 하라고 분부하라.

○ 김병기金炳冀를 내각 직제학에 임명하였다.

○ 지중추부사 김흥근金興根이 상소하여 실록實錄의 겸함兼啣을 사임하니, 비답하기를, "선왕의 일이 오직 실록에 있을 뿐이니 경이 노고를 바치려는 마음이 의당 다른 사람의 두 배가 될 것이다. 잘 조섭하여 매일 사진仕進하도록 하라." 하였다.

○ 대왕대비전이 전교하기를, "실록을 지으라는 명을 내린 지 자그마치 1년이나 되었는데, 당상堂上 가운데 지금까지 한 번도 사진仕進하지 않은 자가 있으니, 어찌 이러한 사체가 있는가? 정원에서 엄히 신칙하여 날마다 사진하여 속히 초절抄節하게 해야 한다." 하였다.

○ 대왕대비전이 다음과 같이 전교하였다.

문계問啓한 것은 사체를 중하게 여긴 것이요, 그만둔 것은 돈면敦勉하기 위해서였다. 조정의 처분이 지극하고 극진하였거늘 한결같이 태만하게 거절하여 이기려고 힘쓰는 것처럼 하니, 나라의 기강과 신하의 분수가 어찌 이럴 리가 있는가? 좌윤 이학수李鶴秀를 기연圻沿에 투비投畀하는 형전을 시행하라. — 안산군安山郡에 투비하였다. —

○ 대왕대비전이 다음과 같이 전교하였다.

잠삼潛蔘의 일에 대해 그 동안 신칙한 것이 여러 번이었다. 그런데 중외中外의 거행이 과연 능히 마음을 다해 명을 제대로 펴나가 국가의 기강으로 하여금 조금이라도 부지할 수 있게 하였는가? 송도松都는 삼蔘을 만드는 땅이니, 원 수량 외에 더 만든 것이 있는지 없는지에 대해 모를 리가 없다. 그리고 의주부는 요회처要會處니, 원포元包 이외에 금령을 어긴 수량을 어찌 속는 근심이 있겠는가? 대개 금령을 시행하지 않으면 나라가 나라꼴을 이루지 못하게 된다. 이 일에 이르러서는 하나라도 혹 해이해지면 한 나라의 수치가 될 뿐만이 아니다. 이끗이 달려 있는 바이니 간사함과 거짓이 백출百出하더라도 별반으로 환하게 살피고 철저히 힘과 마음을 다하고자 한다면 쉽게 드러나는 효과가 있을 것이다. 묘당에서 이 전교를 가지고 말을 만들어 송도와 의주 양부兩府에 행회行會하라. 비록 연로沿路로써 말하더라도 샛길과 외진 길에서 몰래 국경을 넘는 폐단을 세 도 도신과 곤수閫帥에게 각각 그 지방에서부터 각별히 기찰하여 잡는 대로 일체 속공屬公하고 금법을 범한 자는 정식대로 해당 형률을 시행하라고 일체 분부하라.

○ 경기 감사 홍우철洪祐喆이, 죄인 이학수李鶴秀를 도배到配하였다고 아뢰니, 상이 "용서하고 풀어주라."고 전교하였다.

○ 대왕대비전이 다음과 같이 전교하였다.

그 동안 남김없이 개석開釋한 것은 첫째도 옛날을 생각한 것이고, 둘째도 옛날을 생각한 것이다. 좌윤 이학수李鶴秀를 도총관에 제수하니 엄히 신칙하여 올라와 숙배肅拜하게 하라. — 대왕대비전이 전교하기를, "며칠 전에 칙교한 뒤라 논할 만한 정세가 없는데도 지금 여러 날이 되도록 아직 변동이 없으니, 너무나 온당치 못하다. 도총관 이학수를 경기 감영으로 하여금 다시 엄히 신칙하게 하여 올라오기를 기다려 패초牌招하여 숙배하게 하라." 하였다. ○ 대왕대비전이 전교하기를, "이미 다 소석昭晰했는데도 또다시 이렇게 버티는 것은 매우 부당하다. 이어서 전의 패초로 다시 재촉하여 그로 하여금 숙배하게 하라." 하였다. —

8월

○ 부죄신負罪臣 이학수李鶴秀가 올린 상소의 대략은 다음과 같다.

아, 신의 죄는 신이 스스로 알고 있습니다. 재앙이 거듭되었는데도 일찍 죽지 않아서 뜻밖에 화를 불러들여 계부에게 화가 미쳤으니, 원통함을 오히려 차마 말하겠습니까? 신의 계부季父는 양조兩朝에서 은혜를 받아 지위가 삼정승에 버금갔습니다. 나이가 은퇴할 때가 되자 세상과 서로 잊고 지냈는데 갑자기 화란의 기미가 들판에 타오르는 불길보다 급하여 천고에 원흉元兇이란 이름을 입고서 허옇게 센 머리로 섬에서 원한을 품은 채 죽었습니다.

단지 신이 재주가 없고 그릇이 작은데 영광과 총애를 탐내고 연연하여 청요직淸要職을 거머쥠으로 말미암아 소인이 군자의 지위에 있는 허물을 범하고 놀란 듯이 조심하라는 훈계에 어두워서 당대의 지목을 받고 식견 있는 자들이 가만히 탄식하는 대상이 되었습니다. 무릇 인도人道의 재앙이 신의 몸에 속해야 하는데, 마침내 물러가서 거의 죽어가는 계부로 하여금 해를 먼저 받게 하였으니, 첫째도 신의 죄요 둘째도 신의 죄입니다. 신은 처음에는 임금 앞에서 가슴속을 갈라서 죄가 없음을 드러내지 못하였고, 또 습기가 많아 독기毒氣가 서린 섬에서 흩어진 뼈를 거두어 정성을 다 바치지 못해 이렇게까지 윤리가 끊어지게 하였습니다. 신명神明의 주벌은 이치상 반드시 이를 바이나, 방축放逐하는 가벼운 감죄勘罪는 죄를 가릴 수 없습니다. 이에 신축년(1841, 헌종 7) 봄에 삼가 엄히 견책하라는 명을 받들자 대론臺論이 선후로 번갈아 일어나서 신을 성토聲討한 것이 어떠한 죄명입니까? 더할 수 없이 엄하고도 중대한 데 관계되니, 이것이 어찌 남의 신하가 되어 차마 들을 수 있는 바이며, 또한 어떻게 하루라도 천지 사이에 스스로 설 수 있겠습니까?

신은 진실로 그 단서를 예측할 수 없으나, 평소의 언행이 만일 남들에게 믿음을 받았다면 이 말이 어찌하여 이르렀겠습니까? 게다가 신의 망부亡父는 처신과 처세의 방도에 스스로 본말이 있었음은 굳이 다시 진달할 것이 없습니다. 그러나 오직 바른 도를 굳게 믿어서 고립되어 친구가 없었고, 치우치게 정조正祖와 순조純祖 양 성조聖朝에게 지우知遇를 입은 것은 또한 온 조정이 헤아린 바가 되어 이러쿵저러쿵하는 논의가 일찍이 미치지 못한 바입니다. 그런데 갑자기 신을 논하는 말에, "대대로 흉론凶論을 지켰다."는 말이 있으니, 사람들이 하는 말이 어째서 이에 이르렀습니까? 이것은 또한 신 때문에 아무 근거 없이 모함하여 죽어서 뼈가 된 계부까지 끌어들였으니, 이것이 더욱 신이 원통하고 통탄스러워 마치 살고 싶지 않은 것 같은 것입니다. 나라와 가정에 대하여 단지 빨리 형장刑章에 복주伏誅되어 사람들의 말에 사죄하고 사사로운 마음을 편안하게 해야 할 따름입니다.

또 생각건대, 신이 내침을 당한 것이 일찍이 대행조大行朝께서 태어나신 해에 있었고 또 이렇게 사면되어 돌아와 곧바로 세상을 떠나신 날을 만났으니, 이생에 이 세상에서 마침내 성상의 밝은 빛을 한 번도 뵙지 못하였습니다. 이것은 신이 세상을 마칠 때까지 가슴에 맺힌 지극한 원한이니 죽어도 눈을 감을 수 없습니다.

비답하기를, "그 동안 자전의 하교가 경에게 의당 유감이 없을 것이다. 지금 이 정경正卿의 품계는 경을 위해 오래 마련해 둔 자리이니, 다시 머뭇거리지 말고 즉시 숙배肅拜하라." 하였다.

○ 대왕대비전이 전교하기를, "나는 다시 하유下諭할 말이 없고 경은 다시 인책引責할 의리가 없으니, 즉시 들어와 숙배肅拜하여 나로 하여금 수응酬應하게 하지 말라." 하였다.

○ 대왕대비전이 전교하기를, "상약嘗藥하는 직임은 한가한 직사職事와는 다르니, 제조 이기연李紀淵은 오는 일차日次에 규례대로 사진仕進하라고 정원에서 신칙하도록 하라." 하였다.

○ 강원 감사 이겸재李謙在가 다음과 같이 계문啓聞하였다.

신이 감영에 처음 부임했을 때에 대소 백성들 가운데 와서 호소하는 자들이 다 말하기를, "이 감영은 수십 년 이래로 연달아 도신이 세 번 상사喪事를 만났거나 그렇지 않으면 혹은 부모의 상喪을 당하기도 하고 혹은 참척慘慽을 당하기도 하였습니다. 늘 한 번 이곳을 거칠 때마다 번번이 민폐民弊를 끼치곤 하니 지금 점차 쇠퇴하게 된 것은 필시 이것에서 말미암지 않은 것이 없습니다." 하면서 모두 감영을 춘천春川으로 옮길 것을 청하였습니다. 가만히 삼가 생각건대, 그 말이 불가한 것은 없는 듯하나 허다한 물력物力을 어떻게 마련하겠습니까?[18] 모두 엄한 말로 물리쳐 쫓았지만 오히려도 그칠 줄을 모르고 호소하기도 하고 말하기도 하였는데, 그 뜻이 간절하고 지극했습니다. 여론은 어기기 어려운 점이 있는데, 물력을 가져다가 쓰는 것으로 말하면 단지 주전鑄錢을 설치하는 한 가지 일이 있을 뿐이니, 주전할 만한 방도를 계획하게 하소서. 이에 감히 어리석음을 무릅쓰고 계문하니, 묘당에게 품처稟處하게 하소서.

○ 사죄신死罪臣 이기연李紀淵이 올린 상소의 대략은 다음과 같다.

신이 당한 것은 바로 유사 이래로 들어보지도 못하고 있지도 않은 더할 수 없는 형전과 중한 죄안입니다. 이 때문에 신이 스스로 일만 번 죽어 마땅하고 한 번도 요행으로 살아남이 없어야 한다고 여겼습니다. 그런데 처음에는 동조 전하께서 특별히 온전히 보전해 주는 거룩한 뜻을 미루어 곡진하게 마음을 써 주어 실낱같은 목숨을 마칠 수 있도록 허락해 주셨습니다. 대행대왕께서 말씀하시기를, "자전의 하교를 받드니 은택을 크게 내려 그로 하여금 살아서 돌아오게 하셨다. 천리나 떨어진 섬이 멀지 않고 가깝고 10년의 세월이 오래된 것이 아니라 빠르다." 하셨습니다. 이것은 또 유사 이래로 있지 않았던 지극한 어짊과 큰 덕입니다.

아, 신이 벼슬한 초기부터 형제가 발걸음을 나란히 하여 현관 요직顯官要職에 이르렀는데 마치 그림자가 형체를 따르는 듯 하였습니다. 그러나 신은 본래 배우지도 못하였고 재주도 없으며 세상 물정에 어두워 내외직을 두루 역임하였으나 단지 가득 차면 넘친다는 경계를 범하였을 뿐이고, 오랫동안 중요하고 일이 많은 직책을 차지하였으나 남들의 시기와 질투를 받는 부끄러움을 돌보지 않아서 마침내 사람들이 꺼림과 귀신이 시기가 천지에 그물이 꽉 찬 것과 같으니, 이것은 본래 신이 스스로 취한 것입니다. 신의

18_ 가만히 …… 마련하겠습니까 : 이 부분은 앞뒤의 문맥이 통하지 않아서 『일성록』에 의거하여 보충하였다. 원문은 다음과 같다. "竊伏念其言似無不可 而許多物力 何以措辦"

형으로 말하면 벼슬에 올라 몸가짐과 행동을 삼가서 순경順境이나 역경逆境에서 절개를 변치 않았고, 일처리가 공평하고 정직하여 좋아하고 싫어함이 치우지지 않았습니다. 의정議政의 자리에서 물러난 뒤에는 두문불출한 채 요양하여 사람들과 다툼이 없었으나, 신의 앙화殃禍로 말미암아 신의 형에게 누를 끼쳐 한 사람은 남쪽으로 한 사람은 북쪽으로 귀양 가고 한 사람은 살고 한 사람은 죽었으니, 이러한 정리情理와 이러한 광경은 고금 천하에 오직 신 한 사람뿐입니다. 신의 형이 죽은 것이 신 때문입니다. 무릇 다른 사람이라면 법률상 당연히 목숨으로 갚아야 하는데, 더구나 동기간으로서 차마 홀로 구차하게 살겠습니까? 설령 성은聖恩이 마침내 억울함을 펴주어 죽은 사람한테까지 은택이 미쳤을지라도 장차 훗날 황천에서 대면했을 때 부끄러워 면목이 없을 것입니다. 신이 이 때문에 가슴이 철렁 내려앉고 간장肝腸이 끊어지고 자나 깨나 잊지 못하여 결단코 죽을 때까지 스스로를 버림으로써 조금이나마 지난날을 속죄할 계획입니다. 하늘의 해가 굽어 비춰보고 귀신이 삼엄하게 늘어서 있으니 어찌 감히 속이며, 누가 속겠습니까?

지난번에 묘소에서 반곡返哭할 때에 이미 글로 드러내어 잘라 말하였습니다. 혹시 어기고서 다시 염두에 두지 않는다면 이는 개돼지만도 못한 것이니, 어떻게 천지간에 용납하겠습니까? 신이 형편없지만 어찌 차마 이런 짓을 하겠습니까? 말이 여기에 이르니 한갓 답답함만 더할 뿐입니다.

다음과 같이 비답하였다.

경에게 약원의 직임을 제수한 것은 그 뜻이 어찌 부질없는 것이겠는가? 이것은 나와야하고 물러가서는 안 되는 것이니, 자성慈聖께서 경을 생각하는 것이 여기에 있기 때문이다. 내 말이 없더라도 자성의 지극하신 뜻을 우러러 인식하여 의상을 거꾸로 입고 허둥지둥 달려 나와야 한다. 지금은 지난일이 명백하게 밝혀진 뒤인데도 사의私義로써 처신하니, 마치 밀가루 없이 수제비를 빚는 것과 같다. 부디 다시 머뭇거리지 말고 일차日次의 문후하는 반열에 규례대로 달려와 보호하는 정성을 다하도록 하라.

○ 대왕대비전이 구전으로 하교하기를, "귀용탕歸茸湯을 내일부터 드실 것이니 지어 들이라. 탕제는 도로 내려서 제조가 올라오기를 기다려 감전監煎하여 들이라." 하였다.

○ 사죄신死罪臣 이기연李紀淵이 올린 상소의 대략은 다음과 같다.

무릇 인정과 천리는 분명히 서로 먼 듯하나 인정이 말미암아 나오는 바는 바로 천리가 스스로 그러한 바입니다. 그러므로 혹 인정을 거스르는 것이 바로 천리를 거역하는 것입니다. 사람이 천지 사이에 스스로 서서 부모를 뒤로 하고 임금을 버리지 않을 수 있는 것은 오로지 정리情理 두 글자 밖에서 벗어나지 않습니다. 이제 신이 저승에서 일어나 나올 방도가 없으니, 남은 생애가 얼마이겠습니까? 결단코 정리情理가 다시 완전하게 될 날이 없습니다. 이 때문에 사는 것을 죽은 것처럼 보고 죽음으로써 살기를 맹세하여 기꺼이 뭇 초목들과 함께 썩을 작정을 하고서 가만히 인자함으로 아래를 불쌍히 여기시기를 바랐으나 정성이 성상에게 통하지 않아서 비지批旨가 도리어 더욱 정성스러웠습니다. 삼가 동조 전하께서 내리신 전교를 받들어서 다른 것은 돌아보지 않고 바삐 달려 나와 정성을 바치기에 겨를이 없어야 마땅합니다. 다만 삼가 생각건대, 신이 새로 몸이 쪼개지는 슬픔을 만나고 오랫동안 부정不淨한 기운에 물들었으니, 설령 세속의 구속인 듯하지만 실로 공격公格에 관계됩니다. 혹시라도 염치를 무릅쓰고 맑고 엄한 곳에서 벼슬하기를 구하고 뒤섞여서 신중한 일에 발을 들여놓는다면 숨기고 속인 죄가 무엇이 이보다 크겠습니까?

다음과 같이 비답하였다.

경에게 탕제湯劑를 감전監煎하게 하였는데 경 때문에 오늘도 탕제를 들지 못했으니, 경의 마음이 편안한가? 가령 지극한 원통이 마음에 있을지라도 공사公事를 앞세우고 사의私義를 뒤로 한다면 그 누가 불가하다 하겠는가? 경은 깊이 생각해 보라. — 대왕대비전이 구전口傳으로 하교하기를, "내일도 제조가 또 감전하지 않는다고 하는데, 이것이 어떠한 사체인가? 어느 날이 되든지 제조가 감전하여 들인 뒤라야 비로소 약을 들 것이다. 이 뜻을 제조에게 전하라." 하였다. —

○ 영상 정원용鄭元容이 다음과 같이 아뢰었다.

강원 감사가 장계를 올려 감영을 옮기고 주전鑄錢을 설치할 것을 청하였습니다. 감영을 옮기는 일은 관방關防의 형승形勝과 민호民戶의 거취居聚와 군현郡縣의 도리道里에 관계된 것이 아니니, 갑자기 의논하는 것은 타당하지 않습니다. 주전을 설치하는 일은 민조民曹를 설치하고 공화公貨를 마련하여 넉넉함을 열고 널리 포고할 제도가 아니니, 또한 갑자기 의논하는 것은 타당하지 않습니다. 감영을 합쳐 옮기자는 의논과 백성들이 주전을 설치하자는 호소는 옳지 않다고 말하는 것은 아닙니다. 다만 옮기는 것으로 말하면 사정私情이 끼어들어서는 안 되고, 주전으로 말하면 백성들이 관여해서는 안 됩니다. 장계를 갖추어 치문馳聞한 것은 신중히 생각하지 못한 것이니, 원 장계는 그대로 두되 가볍게 장계한 잘못은 서로 바로잡지 않아서는 안 됩니다. 해 도신 —이겸재李謙在이다. — 에게 월봉越俸을 시행하는 것이 어떻겠습니까?

대왕대비전이 다음과 같이 답하였다.

주전을 설치하자는 청은 오로지 감영을 옮기는 데에서 말미암은 것인데, 감영을 옮기는 것이 얼마나 큰일인가? 그런데 장계 내용이 엉성하여 사체에 흠이 있으니, 대신이 아뢴 바가 진실로 옳다. 청한 바대로 월봉하도록 하라.

○ 판윤 이학수李鶴秀가 올린 상소의 대략은 다음과 같다.

아, 신의 정실情實은 이전의 상소에서 다 말하였으니 지금 굳이 자세히 말하지는 않겠습니다. 대개 신이 충성과 효성 양쪽 다 결여되어 죄가 지극히 무거우니 아무리 천지가 넓고 크며 일월이 밝고 환해도 하찮은 한 몸이 용납될 곳이 없는 것 같습니다. 인도人道가 이에 이르니, 어떻게 감히 태연하게 머리를 들고 스스로 아무 일이 없는 대열에 나란히 설 수 있겠습니까? 오직 이렇게 다시 살려준 은혜와 명령은 저버려서는 안 되며, 엄한 분의分義는 어겨서는 안 됩니다. 스스로 새롭게 되는 길을 포복匍匐하고 조금이나마 보답하는 정성을 바치고 난 뒤에 물러나 구렁텅이에 뒹굴어야 거의 죽어도 여한이 없게 될 것이니, 이로써 도움을 받으면 혹 공의公議에 양해 받을 수 있으나 마음과 일이 어긋나서 나아가고 물러가는 데 의거할 바를 잃어서 부끄러움을 가슴에 품고 부끄러움을 참느라 얼굴이 붉어지고 등에 땀이 납니다. 만일 일시적으로 잠시 응한다는 이유로 걸릴 것 없는 넓은 길로 간주하고 절차에 따라 달려와 받들기를 본래 가지고 있었던 것처럼 한다면 어찌 이것이 본뜻에서 감히 나올 수 있는 것이겠습니까?

상이 의례적인 비답을 내렸다.

○ 산릉山陵에 전알展謁하고 휘경원徽慶園에 전배展拜하였다.

○ 전교하기를, "원소園所에 전배하니 감회가 더욱 새롭다. 부호군 박제헌朴齊憲에게 특별히 한 자급資級을 더하라." 하였다.

○ 정원이 아뢰기를, "격쟁 죄인擊錚罪人은 응당 공초를 받아야 하는데, 형조 판서 이목연李穆淵이 지방에 있어서 거행할 수 없습니다." 하니, 대왕대비전이 다음과 같이 전교하였다.

이 중신의 일은 단지 사람을 논한 것에 불과할 뿐이다. 선왕이 처음에는 그 의도를 의심하였으나 마침내 아무 의도가 없음을 통촉하셨기 때문에 가볍게 찬배竄配하였다가 곧바로 즉시 용서하셨던 것이다. 형조 판서에 서용하는 명은 또한 경계하는 뜻임을 보여준 것이다. 정원에서 명에 응하라고 신칙하고 그로 하여금 회계回啓하게 하라.

○ 반유泮儒가 권당捲堂하고서 소회所懷를 아뢰었다.

방금 반수班首와 재생齋生 2인이 반장泮長 — 이시우李時愚이다. — 의 노여움을 사서 정거停擧하는 벌을 받기에 이르렀습니다. 대체로 이 일은 애당초 하례下隷가 관계된 일에 불과하니, 일개 자질구레한 물건이요 변변하지 못한 일일 뿐입니다. 신들이 진실로 다 말하고 싶지만 번거롭고 외람한 일이라 감히 자세히 말하지 못하겠습니다. 다만 당초의 일은 동재東齋와 서재西齋의 유생들이 함께 회의하여 한 가지도 다른 생각이 없었는데, 끝에 벌을 받게 되자 유독 반수와 두 제생뿐이고 신들은 함께 벌을 받지 않았으니, 사체로 헤아려 볼 때 진실로 매우 사리에 어긋납니다. 게다가 벌명罰名이 세 유생에게 그쳤을지라도 수치를 끼친 것은 실로 한 재齋에 관계됩니다. 염우廉隅가 달려 있는 바인데 어찌 혼자 면했다고 스스로 다행으로 여길 수 있겠습니까?

다음과 같이 전교하였다.

이 일의 속내가 어떠한지는 모르겠으나 그대들이 잘못한 바가 도리어 염우보다 많다. 사리로써 미루어볼 때 스승과 재생 사이에 노여워할 만한 일이 있다면 꾸짖는 것이 옳은가, 꾸짖지 않는 것이 옳은가? 이 때문에 공재空齋한 일을 팔방 사람들에게 듣게 해서는 안 된다. 그대들은 생각해 보고 즉시 들어와 학업을 닦도록 하라.

9월

○ 대왕대비전이 다음과 같이 전교하였다.

예로부터 형조 판서처럼 화를 당한 자가 모두 몇 사람이지만 이로써 자숙한 자가 있었다는 말은 듣지 못하였다. 조정에서 그 본심에 다른 잘못이 없는 줄을 환하게 아셨으니 진실로 인책引責할만한 정세가 없는데, 정세를 핑계되었다는 한 것은 진실로 또한 뜻밖의 일이다. 지금 이 격쟁한 데 대한 회계回啓가 여러 날을 끌고 있으니 너무나 민망하다. 정원에서 다시 엄히 신칙하여 올라와서 속히 거행하게 하라.

○ 대왕대비전이 전교하기를, "억지로 없는 정세를 찾아서 연달아 명을 어기니, 어찌 이러한 분의分義가 있는가? 형조 판서 이목연李穆淵을 의금부에 내려 추고推考하라." 하였다.

○ 김병기金炳冀를 예조 참판에 특별히 발탁하였다.

○ 형조 판서 이목연李穆淵이 패초를 받드니, 대왕대비전이 전교하기를, "여러 번 칙교飭教를 내렸는데 한결같이 힘써 항거하니, 사체와 도리가 어찌 이럴 수 있는가? 간삭刊削하는 형전을 시행하라." 하였다.

○ 개성 유수 이시원李是遠이 올린 상소의 대략은 다음과 같다.

삼정蔘政 한 가지 일로 탑전榻前에서 친히 특별 하교를 받들었으며, 우리 대왕대비전하께서 간절하고 지성스러운 하교를 수렴 청정하시면서 여러 번 내리셨습니다. "잠삼潛蔘의 일로 그 동안 신칙한 것이 여러 번이었는데 중외中外에서 과연 능히 진심으로 명을 펴나가 국가의 기강이 조금이라도 지탱할 수 있게 하였는가? 송도松都는 삼을 만드는 땅이니, 원래 수량 외에 더 만든 것이 있는지 없는지를 의당 모를 리가 없다." 하신 것으로 말하면, 글자마다 친절히 타이르고 구절마다 뼈를 찌르니, 신하가 된 자가 어찌 감히 마음을 다해 받들어 행하여 농간을 부리는 구멍을 막고 무너진 기강을 진작시킬 방법을 생각하지 않겠습니까? 다만 전혀 방략方略이 없고 단지 간사함을 막으려고 하시니, 허다한 삼포蔘圃가 원래 수량 외에 더 만든 것이 있는지 없는지는 실로 짐작해서 알 수 없고 끝에 붕괴될 형세는 금지할 길이 없습니다. 이 때문에 망령되게 여러 삼포에 신칙하여 단지 2만 근 가량만 남겨 두고 모두 백삼白蔘을 만든다면 근본을 맑게 할 요도要道가 될 듯했기 때문에 이러한 뜻으로 각포各圃에 영令을 전하였습니다. 그런데 뜻밖에 각포의 여러 사람들이 바람에 풀이 눕듯이 귀일하여 잠상潛商을 금하는 일을 담당擔當하여 스스로 서로 규찰하고 각별히 완전하고 좋은 품질을 골라서 원포元包 2만 근의 수량을 남겨 두고 나머지는 차례대로 백삼을 만들었는데, 배포排鋪가 자못 치밀하여 간사한 폐단이 저절로 없어졌습니다. 그러므로 대략 칭찬하여 장려하는 뜻을 보여 그들로 하여금 마음을 합쳐 잠상을 금하게 하지 않을 수 없었습니다. 비록 감히 필경에는 어떠할지 단정 지어 말씀드리지 못하겠으나 눈앞에는 몰래 만드는 폐단이 없을 듯합니다.

대개 인심은 물과 같아서 아래로 내려가는 것입니다. 실로 삼을 심는 사람들이 상역배商譯輩의 조종에 오랫동안 시달림으로 말미암아 삼의 가격이 날로 싸지고 혈가穴價가 날로 비싸져 본말이 전도되고 허실虛實을 무역하여 송도 삼에서 이익을 보는 자는 상역이요, 생산되는 본 땅에서는 집집마다 탕진蕩盡하고 사람마다 원한을 품고 있습니다. 이번에 백삼을 만들어 잠상을 금하자는 의논이 모의하지 않았으나 똑같았던 것은 바로 이 때문입니다.

그 사이에 능행陵幸을 지영祇迎하느라 감영을 5, 6일 동안 떠났다가 돌아와 보니, 상역배가 삼 값의 고저高低를 애당초 상의하지 않았다는 이유로[19] 공공연히 의심하여 처음에는 시끄럽게 떠들다가 끝내 경중京中으로 포包를 옮기겠다는 말을 만들었습니다. 지금 그것이 사실 역원譯院에서 관문關文을 보내고 묘당에서 통지한 것이 아니요, 저들이 이끗을 농간하는 사사로운 계획에 불과합니다. 이로 인해 함부로 옮

19 _ 애당초 상의하지 않았다는 이유로 : 이 부분은 앞뒤의 문맥이 통하지 않아 『일성록』에 의거하여 보충하였다. 원문은 다음과 같다. "初不相議"

직이는 것은 실로 일을 무게 있게 다루는 대체大體가 아니나 한 부府의 인심이 들끓고 술렁거려 진실로 진정시킬 수 없습니다. 삼 절목이 이미 늦어져 막중한 공포公包가 때를 놓칠 염려가 없지 않으며, 간신히 거듭 밝힌 삼금蔘禁이 장차 중도에서 와해될 것입니다. 신처럼 천하고 어리석은 자는 제압할 만한 위엄과 명망이 없고 또 넉넉히 운용運用할 만한 지려智慮가 부족하여 상역배의 비루하고 잗단 말로써 주어문자奏御文字에 장황하게 늘어놓기에 이르렀습니다. 성상의 하교 중에 '단단히 잡아서 단속하라[操束]'는 두 글자를 다시 거행할 수 없습니다. 자전의 하교 중에 "송도松都는 삼을 만드는 땅이다." 하였는데, 또한 저들이 옮기는 대로 놔둔다면 이것은 이른바 임금의 명을 풀숲에 버려둔다는 것입니다. 신이 이러하니, 그 죄가 죽어 마땅합니다. 신이 바야흐로 감죄를 기다리기에 겨를이 없으나 오히려 말을 많이 하면서 그칠 줄 모르는 것은 바로 옛사람이 남은 목숨을 아끼지 않고 폐하를 위해 이해利害를 분명하게 말한다는 뜻입니다.

다음과 같이 비답하였다.

영令이 행해져 금지되었으면 그만이지 일마다 어찌 보고할 수 있겠는가? 지금 상역배 때문에 체직遞職을 청하기까지 하니, 도리어 일을 무게 있게 다루는 도리가 아니다. 모름지기 잘 조처하여 말을 되풀이함이 없도록 하라.

○ 태백성太白星이 낮에 나타났다. — 운감雲監이 4일 미시未時에 사지巳地에서 나타났다고 아뢰었다. 10월 15일에야 그쳤다. —

○ 영중추부사 조인영趙寅永이 올린 상소의 대략은 다음과 같다.

방금 삼가 개성 유수 이시원李是遠의 상소를 보니, 송구스럽고 얼굴이 붉어져 몸 둘 곳을 모르겠습니다. 신은 본래 재주가 없으면서 외람되이 역원의 직임을 차지한 지 또 이제 10년이 되었습니다. 무릇 역속譯屬이 간사한 짓을 하고 죄를 짓고 법을 어기고 금법을 범하는 폐단이 한두 가지가 아닌데 외람되어 진달할 수 없으나, 사실은 모두 신의 죄입니다. 만일 신에게 단단히 단속하는 데 방도가 있고 점검하고 신칙하는 데 제도가 있어서 한 원院의 관생官生으로 하여금 두려워서 그칠 바가 있게 했다면 어찌 이에 이르렀겠습니까? 송도 유수의 상소는 진실로 옳습니다. 신은 절하고 받기에 겨를이 없어야 하는데, 어떻게 변명할 수 있겠습니까? 비록 그렇지만 신이 허옇게 센 머리와 거의 죽어가는 나이로써 갑자기 이런 뜻밖에 핍박하는 말을 만났으니, 속담에 이른바 '겨를 핥다가 나중에는 쌀까지 먹고 머리를 삶자 귀가 익는다'는 것은 바로 신의 오늘을 말하는 것입니다. 신이 이미 상소하였으니 감히 사실대로 진달하지 않을 수 없습니다.

삼정蔘政은 바로 두 나라가 교역이 관계되는 바요 한 나라의 재화가 전적으로 의지하는 바입니다. 만일 여러 번 변하면 폐단이 장차 어떠하겠습니까? 이것이 옛사람이 이른바 감옥과 시장을 어지럽힘이 없었던 뜻입니다. 신이 듣건대, 올해에 송도 감영에서 한 곳에 도집都執을 창설하여 포삼包蔘은 사사로이 몰래 파는 것을 금하고 값을 강제로 정하였는데 평년에 비해 5배에서 7배 정도의 높은 가격에 이르렀다고 합니다. 비록 그것이 믿을 만한지를 모르겠으나 진실로 이러하다면 바로 각리榷利입니다. 나라의 금법이 있는데 백성들이 금법을 범하게 해서는 안 됩니다. 게다가 물건의 고하는 물건의 정리이니, 위에 있는 자가 조종할 수 있는 것이 아닙니다. 이로 말미암아 매매하는 길이 끊겨서 삼을 쪄서 만들 가망이 없어서 공포公包가 낭패될 지경이라 역원에게 일제히 호소함으로 인하여 경중京中으로 포包를 옮기게까지 하였으니, 이것은 또한 그 전례가 하나가 아닙니다. 그 시작은 정묘正廟 정사년(1797, 정조 21)부터 시작하여 경오년(1810, 순조 10)에 이르러 경중의 포를 혁파하고 비로소 송도의 포를 설치하였고, 갑신년(1824, 순조 24)에 이르러 또 경중으로 옮겼다가 얼마 안 되어 도로 송도에 설치하였습니다. 이것이 삼포蔘包의 내력입니다. '단단히 잡아서 단속하라[操束]'는 두 글자를 다시 거행할 수 없습니다.

신이 고례古例를 원용하여 허락한 것이 혹 신의 허물입니까? 신은 자질구레한 일을 가지고 성상께 범할 수는 없으나 신이 직책을 제대로 수행하지 못한 잘못이 여기에서 판명되었습니다. 저 사람의 상소 중에 '단단히 잡아서 단속하라[操束]'는 두 글자를 거행할 수 없으며, 임금의 명을 풀숲에 버려두었다'고 한 것은 모두 경중의 포에 대해 설치를 허락한 데에서 나왔으니, 진실로 그 근본을 따진다면 신의 죄가 더욱 크니 부끄럽고 두려워 감죄를 기다립니다. ……

비답하기를, "포를 옮긴 일은 본래 전례가 있는데, 송도 유수가 이로써 추상推上한 것은 진실로 뜻밖이다. 경에게는 조금도 관계된 바가 없으니, 경은 안심하라." 하였다.

○ 전교하기를, "이 문성李文成 — 고 찬성 이이李珥이다. — 의 사판祠版이 그 사손祀孫의 임소를 향할 것이라고 하니, 도성에 들어오는 날 승지를 보내 치제致祭하라." 하였다.

○ 영상 정원용鄭元容이 올린 차자의 대략은 다음과 같다.

신은 개성 유수 이시원李是遠이 상소한 일에 대해서 진실로 개탄합니다. 홍삼紅蔘을 몰래 만드는 데 대한 금법을 만일 살피고 신칙하였다면 어찌 영令이 행해져 금지되지 않을까봐 걱정하여 갑자기 전에 없는 일을 만들어 시행하여 모두 한 곳에 모아놓기를 각리榷利하는 것처럼 하였겠습니까? 경외京外가 의혹스러워하는 것은 진실로 당연한 형세로서, 그가 이를 전혀 생각하지 않은 것이 애석합니다. 어찌 아주 잘못한 것이 아니겠습니까?

포包를 옮기는 한 가지 일로 말하면 본래 전례가 있어서 역원에서 통지하였으니 본래 봉행하기에 겨를이 없어야 마땅합니다. 만일 가부可否의 견해가 있으면 본원에 논보論報해도 안 될 것이 없는데, 어찌 이로써 서둘러 상소를 갖추어 번독하게 해 드릴 수 있겠습니까? 게다가 구사한 구절에 살피지 못한 것이 많이 있으니, 또 어찌 아주 놀랍고 한탄할 것이 아니겠습니까? 공포公包를 만들어 갖추어두는 것이 이로 인하여 기일을 어긴 것은, 일을 그르친 책임을 어찌 면하겠습니까? 해 유수에게 견파譴罷하는 형전을 시행하소서. 포를 옮기는 일은 지금 조령朝令을 환수하였으니, 진실로 명을 번복한 것입니다. 그러나 듣건대, 송도와 경중에서 도집都執하는 장소를 혁파하였고 또 그 값을 평균하였다고 하니, 지금 이를 이설移設하는 것은 다른 폐단 때문이 아니라 바로 각리榷利가 금령에 관계되기 때문인데, 지금은 평년의 예와 같습니다. 포채圃採를 왕래할 때에 반드시 여러 날을 낭비하게 되고, 쪄서 만들고 건제乾製하는 법을 신설新設하는 것은 반드시 익숙한 곳만 못하니, 전례대로 속히 기일에 맞춰서 마련하게 하여 역행曆行 때 가지고 갈 관포官包가 두 나라가 교역하는 기일에 맞추게 하는 것이 사의事宜에 맞을 듯합니다. 속히 재량하여 처리하소서.

다음과 같이 비답하였다.

이것이 비록 송도 유수의 고심에서 나왔으나 잠상潛商을 금한 것은 단지 고르게 할 수 없는 물정物情을 궁구하지 않은 것뿐이다. 물가의 고하를 어찌 억지로 정하게 할 수 있겠는가? 잘못이 없지 않으니, 견파譴罷하자는 청은 아뢴 대로 시행하라. 포包의 일로 말하면 두 나라가 교역하는 데 기일에 맞추지 못한 염려가 있을 듯하니, 역원에 좋은 쪽으로 상의하여 편리한 방법으로 하도록 하라.

○ 대왕대비전이 다음과 같이 전교하였다.

견파譴罷는 중요한 사체인데 이때에 체역遞易하는 것은 영송迎送하는 폐단일 될 뿐만이 아니니, 송도 유수의 서용敍用은 특별히 잉임仍任시키라. 대체로 삼 값의 고저가 어찌 애당초 미루어 생각할 일이었겠는가? 서울과 시골이 서로 버티는 것은 날짜만 낭비할 뿐이다. 경중의 포는 그대로 두고 전례대로 송도 감영으로써 하며 금삼禁蔘 절목은 본래 전에 신칙한 것이 있으니, 염두에 두고 거행하게 하라.

○ 영부사 조인영趙寅永이 올린 차자의 대략은 다음과 같다.

신은 바로 불초하기 이를 데 없는 필부일 따름입니다.[20] 더우나 이제 정력이 고갈되어 몸을 움직일 길이 없어서 단지 침상 사이에 있는 채 식지 않은 시체입니다. 비록 그렇지만 또한 다소 겸관兼管하고 있는 바가 있어서 조처가 없을 수 없으나 정신과 의식이 나가서 일마다 어그러뜨리다 이번에 경포京包를 옮겨 설치하는 데에 이르렀으니, 신의 착오와 망령이 또한 너무 심합니다. 한 마디로 말하면 죽을 때가 되어 노망이 들었다고 말하겠습니다. 만일 신이 맡은 임무가 없었다면 어찌하여 이런 망령된 짓이 있었겠습니까? 속히 신이 겸대하고 있는 주원廚院, 어영청, 역원譯院, 군감軍監의 직임을 체차하소서.

다음과 같이 비답하였다.

이 차자 내용을 보니, 아주 지나치며 아주 뜻밖이다. 포를 옮기는 것이 어찌 불가하다고 하겠는가?

20_ 신은 바로 …… 뿐입니다 : 이 부분은 앞뒤의 문맥이 통하지 않아 『일성록』에 의거하여 보충하였다. 원문은 다음과 같다. "臣卽是百無肖千不似之匹夫耳"

특별히 송도 백성들의 심정을 생각하여 이전대로 두려는 것이다. 그런데 경이 이렇게 인책引責하니, 이것이 무슨 일인가? 경은 헤아리고, 헤아리라.

○ 개성 유수 이시원李是遠이 올린 상소의 대략은 다음과 같다.

지금 신의 잘못은 비록 신이 스스로 취한 것이지만 그러나 신의 본심은 조정의 신칙을 받들어 삼을 몰래 만드는 것을 금하고 물정物情을 고르게 하여 혼란을 진정시키려는 것뿐이요 결단코 다른 마음이 없으니 신명神明에게 질정할 수 있습니다. 그런데 요사이 경외京外의 유언비어를 들으니, 혹은 신이 송도 백성들을 위해 각리榷利할 계획을 하였다고 의심하기도 합니다. 신이 스스로 그 성심誠心이 믿음을 받지 못한 것을 한스럽게 여기나 또한 해명할 만한 곳이 없습니다. 단지 삼포蔘包에서 삼 만드는 일을 끝내기를 기다려서 공사간에 모두 편리하고 주객이 모두 조화된 것을 보게 되면 지난번의 유언비어를 한 자가 비로소 의심을 풀 수 있고 신의 본뜻은 말하지 않아도 저절로 드러날 것입니다. 그러므로 포민圃民과 약속하여 포삼包蔘을 봉해 두고 마음을 합쳐 잠상을 금하게 하였습니다.

그런데 방금 도착한 염조染造 절목에 갑자기 역관 구관소句管所의 문적文蹟이 있었는데, 삼 값의 고저高低 일로 포를 옮긴다는 말이 있어 포소包所에 베껴 전하고 한 부府에 유행하기까지 하였습니다. 동요하던 민심民心이 갑절 격분하여 말로 해유解諭할 수 없었습니다. 그러므로 단지 백성의 고통에 관계되는 모든 것은 위에 보고해야 하는 의리가 없지 않아서 믿는 마음에서 곧바로 말하되, 상역배商譯輩가 애당초 값을 논하지도 않고 먼저 스스로 의심하여 저지한 상황을 대략 말하였는데, 실로 그것이 도상都相을 조금이라도 핍박하게 될 줄은 깨닫지 못하였습니다. 이것은 모두 신이 고루하고 둔하여 사리에 어두운 탓입니다. 만일 상소하여 호소한 것이 번쇄하고 조처가 경솔하다는 이유로 신을 꾸짖고 신을 죄주었다면 신이 장차 절하고 받아들이기에 겨를이 없을 것이니, 무슨 말로 밝힐 수 있겠습니까? 삼가 도상이 스스로 인책한 소본疏本을 보건대, 놀랍고 두려워 혀를 깨물면서 허물을 자책하였습니다. 신이 털끝만큼이라도 자구字句 사이에서 문제될 것에 생각이 미쳐서 신이 이것을 만들었다면 그 심보가 음험하고 위태로워 하늘이 반드시 죽일 것입니다.

신의 상소가 나온 뒤에 역원에서 포를 옮기는 데 대한 관문關文이 비로소 도착하였기 때문에, 신이 바로 통지하여 봉행하겠다는 뜻으로 본원에 갖추어 보고하였습니다. 이것으로 보면 신이 상소한 말은 단지 일이 구관句管에 속한 것으로 인식한 것이지 다른 협잡은 없었음을 바로 판별할 수 있습니다. 그러나 신의 망령된 짓으로 말미암아 대료大僚의 인의引義가 있게 되었으니, 이 한 가지 일만으로도 그 죄가 사형에 해당합니다. 마음에 스스로 두려워 다시 무슨 말을 하겠습니까? 관직의 거취는 이제 논할 만한 것이 없습니다. 삼가 해당 감죄勘罪를 받기를 바랍니다.

비답하기를, "이미 지난 일을 어째서 따지겠는가? 경은 사직하지 말고 포사包事를 각별히 신칙하여 역행曆行 때에 맞추고, 잠상潛商 절목도 또한 모름지기 엄히 금하도록 하라." 하였다.

○ 영상 정원용鄭元容이 다음과 같이 아뢰었다.

경상 감사 서기순徐箕淳이, "좌수사左水使 이형하李亨夏가 교유서敎諭書를 봉안奉安한 뒤에 갑주甲胄로써 전도傳導하지 않고 천릭天翼을 바꿔 입은 채 버젓이 일산을 펼쳐서 법의法意를 어기고, 명을 맞이하려고 출입할 때에 좌우에서 부축하여 체통을 손상시켰으니, 거조가 해괴망측합니다." 하면서 품처稟處할 것을 계청啓請하였습니다. 결코 내버려 둔 채 논하지 않아서 체통을 손상시키도록 놔두어서는 안 됩니다. 먼저 파출한 뒤에 나문拿問하소서.

허락하였다.

○ 의금부에서 윤가기尹可基의 일에 대해 수의收議하였다. — 영상 정원용鄭元容은 아뢰기를, "오래된 죄안罪案을 신리伸理하는 것은 매우 어렵게 여기고 신중히 해야 할 일이나 호소 내용이 근거가 없지 않으며 공의公議도 억울하다고 하고 있습니다." 하였다. — 대신의 의논대로 시행하라고 판부하였다.

○ 대왕대비전이 다음과 같이 전교하였다.

지난번에 특별히 잉임하였던 것은 실로 민정民情을 위해서였는데, 송도 유수가 일을 보지 않는 것이 무슨 짓인가? 제향祭享 계본啓本을 경기 감사가 대신 행한 것은 더욱 온당치 못하다. 엄하게 추고推考하고, 묘당에서 각별히 신칙하여 즉시 일어나 사무를 보게 해야 할 것이다.

○ 의금부에서 다음과 같이 아뢰었다.

보령保寧 유학幼學 김절근金哲根이 격쟁擊錚한 것은 그 아비 김양순金陽淳을 위해 억울함을 호소한 것입니다. 본 일은 처음부터 끝까지 철저히 조사하였으나 아직 진장眞贓을 잡지 못하였으니, 이처럼 억울함을 호소한 것은 아마 괴이하게 여길 것이 없는 듯합니다. 지금 대계臺啓가 한창 진행 중에 있고 옥사의 체모가 지극히 중하니, 원정原情은 시행하지 않는 것이 어떻겠습니까?

상이 다음과 같이 하교하였다.

김양순은, 죄가 의심스러울 경우에는 가볍게 처벌하는 것은 왕도정치에서 큰 것이다. 본래 애매한 일로 단지 역적 허성許晟이 일을 꾸며 무함한 것에 불과한데 마침내 자백하지 않고 죽은 것이니, 이것은 진실로 죄가 의심스러운 경우이다. 그때 대계臺啓는 아무리 옥사의 체모가 중하기 때문이라지만 여태 신설伸雪하지 않은 것은 옥사를 신중히 하는 원칙에 위배된다. 즉시 속히 정계停啓하게 하라.

10월

○ 양사兩司의 합계合啓 중에, 김양순金陽淳의 일을 정계停啓하였다.

○ 비국에서 다음과 같이 아뢰었다.

경기 감사 홍우철洪祐喆의 장계에, 판윤 권대긍權大肯이 소분掃墳하는 길에 영리營吏를 독촉하여 역속驛屬과 필마匹馬를 어려움 없이 탔는데, 일이 처음 있는 사례라 뒤 폐단에 관계될까 염려스럽다고 하였습니다. 경재卿宰가 사적인 행차에 어찌 어려움 없이 역마를 탈 리가 있었겠습니까? 이 중신은 필시 현재 사신의 직함을 띠고 있기 때문에 사례事例를 착각하여 그렇게 한 것인 듯하니, 곧바로 함부로 역마를 탄 데 대한 형률로 단죄해서는 안 됩니다. 그러나 그가 제대로 살피지 못한 잘못에 대해 어찌 경책이 없을 수 있겠습니까? 견파譴罷하는 것이 어떻겠습니까?

전교하기를, "함부로 역마를 탄 것은 본래 법을 어긴 것이지만, 이 사람은 바로 곧 떠날 때가 된 사신이니 핑계될 만한 말이 있는 듯하다. 특별히 묻지 말라." 하였다.

○ 대호군 권대긍權大肯이 올린 상소의 대략은 다음과 같다.

며칠 전에 성소省掃하러 가면서 전례 없는 예例로써 외람되이 역마를 타서 경기 감사의 논계論啓에 오르기까지 하였습니다. 법의 뜻이 지극히 엄하고 적발하여 고발한 것이 실로 합당하므로 사저私邸에서 머리를 조아리면서 공손히 중한 형률을 기다렸습니다. 그런데 성상의 은혜가 하늘처럼 커서 비국에서 견파譴罷를 청한 계사에 특별히 묻지 말라는 명을 내리셨으니, 신은 진실로 부끄럽고 두려워 곧장 땅을 뚫고 들어가고 싶습니다.

아, 나라가 나라꼴을 이루는 것은 오직 법 때문입니다. 율령律令이 금하는 것은 금석金石처럼 바꿀 수 없는 것입니다. 아무리 하찮은 관원이라도 금령을 범하면 용서하지 않는데, 더구나 대부大夫의 뒤를 따르는 자야 말할 것이 있겠습니까? 행동이 뒤바뀌고 정신이 혼미하고 망령되어 법을 굽혀 폐단을 일으킨 자를 법률로써 다스리면 어떤 벌을 주어야 합당하겠습니까? 역마를 탄 데 대한 과조科條는 본래 도신의 계사와 같습니다. 온 세상이 준행하는 것을 신이 유독 알지 못했습니다.

길 떠나기 며칠 전에 영리營吏를 불러다 물으니, 상사上使가 타는 바는 으레 영화역迎華驛에서 나눠준다고 하였으니, 신은 양근楊根으로 가려다가 먼 역원에 폐단을 끼칠 것을 염려하여 평구平邱로 고쳐 정하게 하였는데, 아전이 유례流例가 그러하기 때문에 바꾸기 어렵다고 하여 신이 마침내 그대로 두고 다시 말하지 않고 그가 하는 대로 맡겨둔 채 알지 못하였는데, 아전을 독촉했다고 하는 것은 이를 가리켜 말한 것인 듯합니다. 일찍이 아전이 전례가 없다고 거절했다면 신도 무슨 말로 독촉했겠습니까? 게다가 외역外驛에서 말을 지급할 때에는 으레 문적文蹟과 관유關由를 필요로 하는데, 저에게는 관수官守가 있는 만큼 법에 의거하여 허락하지 않았다면 신이 아무리 여러 모로 독촉했어도 어떻게 말[馬]을 얻었겠습니까? 통렬히 스스로 지난날의 허물을 나무라지만 그 까닭을 알지 못하겠습니다. 혹시 주수자主守者가 전례를 처음 만든 것을 언뜻 듣고서 이미 법을 벗어난 해괴한 짓을 하는 줄을 알았으나 필시 우선 먹이를 주어서 신을 견책 받게 한 것은 아닙니까? 이것은 또 그렇지 않습니다.

지난 갑진년(1844, 헌종 10) 가을에 신이 일찍이 부사副使가 되었는데, 그때의 소분掃墳 때도 문득 감히 역마를 탔는데, 유사有司가 신에게 관대하여 신이 요행이 처벌을 피하여 신이 오늘날 지난날의 잘못을 깨닫지 못하고 재차 이전의 잘못을 저지르게 한 것입니다.

비답하기를, "어찌 작은 잘못 때문에 공사公私를 보지 않겠는가. 경은 안심하고 길 떠날 채비를 차리라." 하였다.

○ 전교하기를, "영중추부사 조인영趙寅永과 판중추부사 권돈인權敦仁을 다시 상직相職에 제수하라." 하였다. — 영상은 조인영이고, 좌상은 정원용鄭元容이며, 우상은 권돈인이다. —

○ 수守 판부사 권대긍權大肯이 재차 상소하니 비답하기를, "며칠 전에 이미 실상實狀을 말하였고 이번 행차는 그만 둘 수 없으니, 스스로 헤아려서 하라." 하였다.

○ 김좌근金左根을 금위대장禁衛大將에 특별히 제수하였다.

○ 다음과 같이 전교하였다.

배표拜表할 날짜가 하루 남았을 뿐인데 상사上使 — 권대긍權大肯이다. — 이 추함樞啣에 지금까지 숙배肅拜하지 않고 있으니, 아주 온당치 않다. 엄히 신칙하여 패초하되 만일 패초를 어기거든 호망呼望하지 말라.

○ 수 판부사 권대긍權大肯이 패초를 받드니 전교하기를, "사대事大하는 일에 어찌 감히 사정私情을 말하면서 대궐 밖에서 패초를 받든단 말인가? 계판啓板 앞에 불러다가 문계問啓하여

들이라." 하였다.

11월

○ 대왕대비전이 다음과 같이 전교하였다.

종친 이찬李禶[21]을 죄주는 일에 대해 이제 자그마치 70여 년이나 오래되었으나 진실로 감히 쉽게 거론할 수 없다. 정묘조正廟朝에 그 당시의 처분이 매우 급박하여 어찌할 수 없는 데에서 나온 성심聖心으로 미루어 본다면 오늘날 어찌 우러러 체득하지 않겠는가. 그러나 지극히 중요한 일이니, 시임 대신時任大臣과 원임 대신原任大臣이 전후의 문안文案을 자세히 살펴서 의견을 갖추어 이치를 따져서 보고하라.

○ 대왕대비전이 다음과 같이 전교하였다.

신유년의 일[22]에 대해 주문奏文을 올려 변무辨誣하는 일은 오늘날의 사체와 도리에 있어서 어찌 지체할 수 있겠는가? 올해가 된 이후로 연달아 사신이 왕래하여 번거롭게 영송迎送하느라 아직 겨를이 없었다. 지금 사신이 주청奏請할 때가 되어 널리 하문하여 처리하지 않을 수 없다. 시임 대신時任大臣과 원임 대신原任大臣에게 사관史官을 보내 수의收議하여 들이도록 하라.

○ 서기순徐箕淳을 대제학에 임명하였다.

21 _ 종친 이찬(李禶) : 사도 세자(思悼世子)의 제5남 은전군(恩全君)을 말한다.

22 _ 신유년의 일 : 은언군(恩彦君) 이인(李裀)이 순조(純祖) 원년(1801) 천주교(天主敎) 박해 때 신자로 몰려 배소(配所)에서 죽은 일을 말한다.

12월

○ 상이 다음과 같이 전교하였다.

지난번에 도둑이 일어나는 근심 때문에 연석에서 신칙한 바가 있는데, 포도대장이 된 자가 과연 엄히 기찰을 했다면 어찌 끝내 도둑이 없어지지 않을 리가 있겠는가? 이처럼 신칙한 뒤에도 전과 같이 도둑이 일어나는 근심이 있다면 포도대장은 별도로 엄히 조처할 방도가 있을 것이다. 이러한 뜻으로 분부하라.

○ 영상 조인영趙寅永[23]이 졸서卒逝하였다는 단자單子로 인하여 다음과 같이 전교하였다.

마음이 곧고 성실한 용모와 신중하고 빈틈없는 규모規模로 일에 임해서는 삼가고 두려워하였으며 집에 있어서는 검소하고 절약하였으며 나라 일을 걱정하느라 집안일을 잊은 것이 시종일관 간절하였으니, 내가 보고 들은 바로는 이러한 대신이 있다는 말을 듣지 못하였다. 더구나 문학이 풍부하고 표현이 유창함과 재능과 지략이 숙달되었으니, 이런 사람을 지금 구한들 어디서 얻어 오겠는가? 근래에 건강이 걱정되지 않은 것은 아니었지만, 또한 갑자기 이렇게 될 줄은 헤아리지 못했다. 과덕한 나는 의지하여 공을 이룰 길이 없어졌으니 백성과 나라 일을 생각하면 실로 망연할 따름이다. 졸卒한 영의정의 집에 동원부기東園副器 1부部를 실어 보내고, 성복일成服日에 승지를 보내 치제致祭할 것이며, 녹봉은 3년 동안만 그대로 지급하라. 예장禮葬 등의 일은 해조該曹로 하여금 규례를 살펴서 거행하게 하라.

23_ 조인영(趙寅永) : 1782-1850. 본관은 풍양(豊壤). 자는 희경(羲卿), 호는 운석(雲石). 이조 판서 이진관(李鎭寬)의 아들이며, 국구(國舅) 조만영(趙萬永)의 동생이다. 1822년 함경도암행어사로 복명 후 대사헌에 특진하였으며, 1826년 경상도관찰사를 역임한 뒤 이조참의, 대사성, 세손좌유선(世孫左諭善), 제학, 예조참판 등의 요직을 두루 거쳤다. 1830년 세자(뒤에 익종(翼宗)으로 추존)가 죽자 세손부(世孫傅), 우부빈객으로서 나이 어린 세손의 보호에 힘썼으며, 1834년 세손이 헌종으로 즉위하자 바로 이조판서에 기용되고, 이어 대제학, 호조·형조의 판서를 두루 역임하면서 훈련대장 등 군사권을 장악한 형 만영과 함께 풍양 조씨 세도의 기반을 구축하였다. 1839년 천주교에 대한 대대적인 탄압[己亥邪獄]을 주도하고, 그해 우의정에 올라 『척사윤음(斥邪綸音)』을 찬진(撰進)하였으며, 1841년(헌종 7) 영의정이 되어 안동 김씨를 압도하고 풍양 조씨의 세도를 확립하였으나 1846년 형이 죽자 실세(失勢)하여 벼슬에서 물러났다. 1849년 철종 즉위 후 민심수습의 일환으로 다시 영의정에 임명되었으나 곧 죽었다. 시문과 소차(疏箚)를 모은 『운석유고』 20권이 전하고 있다. 시호는 문충(文忠)이다.

○ 대왕대비전이 다음과 같이 전교하였다.

옛날 우리 순종대왕께서 헌종憲宗을 보도輔導하는 임무를 이 대신에게 맡겼으니, 신하를 알아보는 명철함은 처지가 자별하기 때문에 그러한 것만은 아니었다. 수십 년 이래로 대궐을 출입하면서 다스리고 왕실에 근로한 것이 어떠하였으며, 종묘사직이 위급할 때에 앉아서 진무鎭撫하여 유지시킨 것이 또 어떠하였는가? 깊이 의지하고 신뢰하며 간절하게 사모하여 우러러보았던 것이 이제 끝이로구나. 생각이 공사公私에 미치니 마음을 진정시킬 수 없다. 죽음을 애도하는 데 관계되는 모든 것은 성상의 하교가 극진하였는데, 사시賜諡하는 은전을 지체시킬 수 없다. 시장諡狀을 기다리지 말고 졸卒한 영상의 성복成服 전에 홍문관에서 의시議諡하여 들이라.

○ 조인영趙寅永에게 문충文忠이라는 시호를 내렸다. — 처음에는 문헌文獻으로 뒤에 특교特教로 인하여 문충으로 고쳤다. —

○ 상이 다음과 같이 전교하였다.

며칠 전에 도둑을 없애는 일로 여러 번 엄히 하교하였는데 외간外間에서 들려오는 바는 오히려 소요가 있었다고 한다. 철저히 규찰하였다면 어찌 이럴 리가 있겠는가? 좌포장과 우포장 — 이경순李景純과 심낙신沈樂臣이다. — 의 일은 아주 한심하다. 일체 파직罷職하는 형전을 시행하라.

○ 비국에서 다음과 같이 아뢰었다.

삼가 건릉健陵의 옛 지문誌文을 살펴보건대, “왕이 늘 탄식하기를, ‘이찬李禶이 죽은 것은 홍국영洪國榮 때문이었으니, 홍국영이 버려진 것은 이를 보복한 것이다. 내가 뒷날 후궁 중에서 아들을 낳는 자가 있으면 반드시 이찬을 위해 양자를 세워 주리라’ 하였다.” 하였습니다. 대개 정유 옥사[24]는 오로지 홍국영이 화근禍根을 만든 데에서 나왔는데, 정종대왕正宗大王이 마침내 죄받은 종실의 원통한 죽음을 통촉하셨으니, 그날의 성교聖教는 신원伸寃이나 다름없습니다. 신들이 다시 무슨 의견이 있어 갖추어 진달하겠습니까?

전교하기를, “여러 대신들의 의견이 이러하니, 복작復爵을 즉시 거행하라.” 하였다.

○ 비국에서 다음과 같이 아뢰었다.

우포장이 도둑을 없애는 일로 바야흐로 여러 포교捕校들을 추열推閱하는 즈음에 부호군 신태운申泰運의 집에 노비가 취해 대나무를 빗겨 들고서 구경한다고 핑계 대고 추열하는 뜰에 난입하였습니다. 포교 무리가 몰아서 나가게 하니 취한 채 행악行惡을 부렸는데, 갑자기 무뢰배 수십 명이 그 상전의 영令을 빙자하여, 포교를 잡다가 포장의 집에서 충돌하였다고 하였는데, 당장의 광경이 너무나 놀랍고 두려웠습니다. 마침내 세 교졸의 머리를 휘어잡아 결박하고서 신가申家의 대문에 몰아 둔 채 무수히 마구 때려 거의 죽을 지경에 이르렀다고 하였습니다. 그러므로 신가의 노비와 우변 군관을 추조秋曹로 하여금 사실을 조사하게 하니, 공초한 바와 별로 다른 말이 없었습니다.

요즘 기강이 아무리 땅을 쓴 듯 없어져서 이웃한 양반의 노비 무리가 무뢰배들을 모아서 벌떼처럼 에워싸고 멧돼지처럼 돌격하여 그 흉포함을 제멋대로 부려 부신符信을 찬 교졸들을 결박하고서 이처럼 무엄히 낭자하게 구타하였습니다. 이미 조사한 노비 무리는 추조에 넘겨서 엄히 형신刑訊하고서 원배遠配하였습니다. 비록 신태운으로 말하더라도, 당초에 포장과 의견을 주고받았으니 그가 본 일에 간섭했음을 알 수 있는데, 끝내 교졸의 머리를 휘어잡고서 결박한 채 구타한 일이 그 집 대문에서 있었는데도 그들이 하는 대로 맡겨두었습니다. 그렇다면 직접 스스로 지휘했다고 할 수는 없더라도 어찌 감히 집에 있으면서 알지 못했다고 하겠습니까? 신태운은 애당초 단속하지 않았으니, 죄가 없을 수 없습니다. 나감拿勘하소서.

다음과 같이 전교하였다.

단지 힘센 종만 알았을 뿐이고 나라의 기강을 몰랐으니, 탄식할 만하다. 해부로 하여금 나문拿問하여 엄히 감죄勘罪하고, 그 놈은 추조에 넘겨 엄히 세 차례 형신한 뒤에 절도絶島에 정배定配하라.

24_ 정유 옥사(丁酉獄事) : 정조 원년(1777)에 일어난 역모 사건을 말한다. 홍상범(洪相範) 등이 은전군(恩全君) 이찬(李禶)을 추대하려고 한 사건으로 거사 전에 발각되어 홍씨 일가가 거의 처형되었다.

○ 사학 유학四學儒學 이풍연李豐淵 등과 학유學儒 황신흠黃信欽 등과 관학 유생 이민李敏 등이 상소하여 문열공文烈公 조헌趙憲, 문정공文正公 김상헌金尙憲, 문경공文敬公 김집金集을 성무聖廡에 승배陞配할 것을 청하니, 너그러운 비답을 내리고 허락하지 않았다.

01

2년 신해년
(1850, 철종 16)

1월

○ 대왕대비전이 국모國母로 임어臨御한 지 50년이 되어 칭경稱慶하고 진하陳賀하였다.

○ 홍직필洪直弼을 대사헌으로 특별히 발탁하였다.

○ 상이 다음과 같이 전교하였다.

지난번에 우상이 아뢴 바로 인하여 좨주祭酒 홍직필洪直弼이 회근回巹이 가까워왔다고 들었는데, 매우 희귀한 일이다. 조정에서 예우하는 도리와 또 종전에 시행한 전례에 따라서 옷감과 음식을 넉넉히 실어 보내라고 호조에 분부하고, 사관史官을 보내 안부를 묻고서 오게 하라.

○ 세초歲抄하였다. 이진양李晉陽을 서용敍用하였다.

○ 진주문陳奏文은 다음과 같다.

삼가 아룁니다. 감히 신의 본생조本生祖(은언군恩彦君)께서 신유년(1801, 순조 원년)에 입은 망극한 무함[1]을 가지고 피눈물을 흘리며 진문陳聞하니 굽어 살피시기 바랍니다. 신의 고조이신 장순왕莊順王(영조英祖) 휘諱[2]에게 두 아들이 있었는데, 장자는 바로 신의 증조이신 각민왕恪愍王(진종眞宗) 휘[3]요, 차자는 바로 신의 본생증조이신 고 세자故世子(사도세자思悼世子) 휘[4]입니다. 각민왕은 일찍이 옹왕雍王 을사년(1725, 영조 1)에 세종 헌황제世宗憲皇帝의 은칙恩勅을 받들어 세자로 책봉되었으나 불행히 일찍 죽었습니다. 임자년(1732, 영조 8)에 신의 본생증조께서 건륭乾隆 병진년(1736, 영조 13)에 고종 순황제高宗純皇帝의 은칙을 받든 데에 이어서 또 세자로 책봉되었으며, 영의정 홍봉한洪鳳漢의 딸에게 장가들어 세자빈世子嬪을 삼고 아들을 낳으니, 바로 신의 조부이신 공선왕恭宣王(정조正祖) 휘입니다. 공선왕의 이복동생에 또 세 사람이 있는데, 장자가 바로 신의 본생조인 은언군恩彦君 휘[5]이요, 차자가 은신군恩信君 휘[6]이며, 셋째가 은전군恩全君 이찬李禶입니다. 신의 본생증조가 또 불행히 일찍 죽자 공선왕이 또 순황제純皇帝의 은칙을 받들어 세자로 책봉되었습니다. 장순왕께서 종통宗統의 중대함을 생각하여 공선왕을 각민왕의 후사로 삼으셨습니다. 공선왕이 습봉襲封한 초기에 또 순황제께서 굽어 살펴 아랫사람을 보살펴주시는 은혜를 곡진히 드리워주심을 입어서 특별히 추봉追封되는 은전을 입었으니, 이것은 장순왕이 아랫사람으로서 종파宗派와 지파支派의 대략을 이었기 때문입니다.

신의 본생증조는 인자하고 효성스러우며 총명하여 좋은 명성이 일찍이 드러나 일찍 봉전封典을 받아서 세자가 되셨습니다. 장순왕이 특별히 국정國政을 대신 섭행攝行하게 한 것이 모두 10여 년이니, 오묘五廟

1 _ 신유년의 망극한 무함 : 은언군(恩彦君) 이인(李䄄)이 순조(純祖) 원년(1801) 천주교(天主敎) 박해 때 신자로 몰려 배소(配所)에서 죽은 일을 말한다.

2 _ 휘(諱) : 이금(李昑)

3 _ 휘 : 이행(李縡)

4 _ 휘 : 이선(李愃)

5 _ 휘 : 이인(李䄄)

6 _ 휘 : 이진(李禛)

의 팽석祊祏이 의탁할 곳이 있고 우리나라 사람들이 같은 마음으로 사랑하고 떠받들었습니다. 세자빈의 아버지 홍봉한은 폐부肺腑 같은 친척으로서 장순왕께서 돌봐주고 중용重用하는 바가 되었습니다. 그때 척신戚臣에 김귀주金龜柱가 있었는데 사나운 기운이 모여 있는 바로서 천부적으로 흉악하고 간특하여 속으로는 세자의 영명英明함을 꺼리고 겉으로는 홍봉한이 정권을 잡고 있는 것을 질투하였습니다. 그가 마음을 가지고 생각을 짜내어 밤낮으로 계획하고 준비한 것은 오직 세자를 위태롭게 하는 것을 급하게 여겼을 뿐입니다. 역도逆徒를 불러 모으고 앞장서서 흉언凶言을 만들어 기어이 뒷날 국가를 소유한 사람이 장순왕의 골육骨肉에게 있지 않게 하고자 하였습니다. 처음에는 권세와 이끗으로 앞 다투어 빼앗으려는 마음에서 시작하여 끝내 우익羽翼을 잘라 버리려는 계획을 세워서 반드시 홍봉한을 죽이려고 하였습니다. 다행히 장순왕이 자애로 덮어주고 은혜로 근로하심이 시종 간단이 없으심에 힘입을 수 있었습니다. 임오년(1762, 영조 38)에 이르러 신의 본생증조가 일찍 세상을 떠나시자 공선왕이 그 아들을 세손世孫으로 책봉하여 300년의 통서統緖가 반석盤石에서 편안하게 됨에 김귀주 무리가 옮길 수 있는 바가 아니게 되자 도리어 겉으로는 보호한다는 명분을 가탁하고 속으로는 제멋대로 불궤不軌한 도모를 하였습니다. 신축년에 김귀주와 그 숙부 김한기金漢耆가 신의 본생증조의 동복누이인 화완옹주和緩翁主의 아들인 정후겸鄭厚謙과 더불어 표리로 단결하여 홍봉한이 세손에게 이롭지 않다는 것으로 장차 은언군 형제를 추대하고자 하여 터무니없이 참람하게 무고하고 온갖 방법으로 협박하여 진짜 종묘사직이 위망危亡의 기미가 눈앞에 닥치고 은언군 형제가 온전히 보존되지 못할 뻔했습니다. 공선왕께서는 효성과 우애를 타고나 눈물을 흘리면서 힘껏 보호하여 목전의 화를 늦출 수 있었습니다. 은언군 형제는 마침내 적소謫所에 이르러 먼 땅으로 옮겨가 은신군 휘가 마침내 요절하였는데, 장순왕이 그 무고를 분명하게 통촉하시고는 즉시 용서하여 돌아오게 하셨습니다.

아, 저 김귀주와 정후겸 무리는 그 지위로 말하면 임금 곁에 있는 간신이요, 그 형세로 말하면 이러지도 저러지도 못하는 처지입니다. 그들이 세자를 원수처럼 본 것은 단시일 내에 이루어진 것이 아니니, 그들이 어찌 털끝만큼이라도 세손을 위하는 마음이 가졌겠습니까. 단지 보호를 가탁하여 먼저 은언군 형제를 해치고 다음에는 홍봉한을 죽여 임금의 형세를 더욱 고립시켜 차츰차츰 국본國本을 동요시킬 계획을 한 것입니다. 저들이 평소에 계획하고 준비한 것이 성대하여 고려하거나 두려워하는 바가 없었습니다. 하늘에 계신 영령英靈과 종묘사직의 복과 장순왕의 밝음으로 공선왕의 효성과 우애가 간단이 없음을 남김없이 비춰보셨으니, 김귀주와 정후겸 무리가 있더라도 끝내 감히 그 흉계를 부리지 못하였습니다.

병신년(1776, 정조 즉위년) 공선왕이 습봉襲封한 초기에 김귀주의 죄악을 밝게 선포하여 해도海島로 귀양 보내셨는데, 신묘년(1771, 영조 47)의 일로써 하나의 큰 죄를 삼으셨습니다. 김귀주는 찬출竄黜되었지만 그 흉론凶論을 전습傳襲한 자가 그 무리를 퍼뜨렸으니, 김종수金鍾秀가 바로 그 무리입니다. 추천하여 그의 장수로 삼았는데, 흉측하고 거짓되며 음흉하고 남을 해치려는 자 중에 더욱 심한 자입니다. 그때 또 홍국영洪國榮이 있었는데, 타고난 요사스러운 놈으로서 행회倖會를 인연夤緣하여 나라의 권력을 훔쳐 농락하니 김종수가 몸을 바꿔서 결탁하여 한 덩어리를 이루어 홍국영을 부추겨 위복威福을 제멋대로 행하였습니다. 신묘년에 그 뜻을 드러내지 못했던 것을 정유년(1777, 정조 1)에 이르러 흉악한 기세에 다시 기운을 불어넣고 화란의 기미를 은밀히 펼쳤습니다. 또 은전군을 추대推戴하려고 한다는 무옥誣獄을 터무니없이 꾸며 만들어 마침내 은전군 이찬李禶을 핍박하여 죽였는데, 이것은 바로 김종수가 은밀히 사주한 바요 홍국영은 칼을 잡은 자가 되었을 뿐입니다. 공선왕이 이찬의 죽음으로 종신토록 비통하고 한스럽게 여겨 "내가 뒷날 후궁 중에서 아들을 낳는 자가 있으면 응당 이찬을 위하여 양자를 세워 주리라." 하셨는데, 뜻을 품은 채 이루지 못하였습니다. 저 김귀주와 김종수의 당黨이 이미 은신군을 죽이고 또 은전군을 살해했으니, 또한 마음에 만족하고 뜻에 통쾌할 만하데, 오히려 그 으르렁거리고 잔뜩 노리고 있던 마음에 만족하지 못한 듯이 하여 반드시 마음에 기껍게 여기고자 한 것이 또 신의 본생조 한 몸에 있었습니다. 형체가 없고 실마리를 잡을 수 없는 죄안을 가지고 한 사람이 선창함에 백 사람이 호응하는 의논을 만들어서 반드시 공선왕으로 하여금 한 명의 동생도 천지간에 용납할 수 없게 하고자 하였습니다. 그러나 공선왕의 시종 온전히 보호한 지극한 정성과 비통함이 신명神明을 감격시킬 만하여 끝내 공선왕이 세상에 살아 있는 날에는 흉도凶徒도 감히 손을 쓰지 못하였습니다.

경신년(1800, 순조 즉위년)에 공선왕이 훙서薨逝하자 신의 아버지 선각왕宣恪王께서 어린 나이에 왕위를 계승하셨습니다. 영의정 심환지沈煥之는 본래 김귀주의 사인私人으로서 겸하여 김종수의 혈당血黨이 되어 어렵고 위태로운 때를 맞이하여 위복의 권한을 훔쳐 국가에 변란이 있는 것을 다행으로 여겨 이때를 이용할 만하다고 생각하였습니다. 다음해인 신유년에 이르러 신의 본생조가 먼저 그 독봉毒鋒을 받았습니다. 아, 심합니다. 그때 저희 나라가 불행하여 사당邪黨의 옥사가 있었으니 이른바 야소교耶穌教인데, 바로 천지간에 지극히 흉참하여 특히 천리天理를 무시하고 인륜을 어지럽히는 것이었습니다. 성토함에 진실로 할 말이 있는데 심환지 무리가 도리어 이를 핑계대고 자기와 다른 사람들을 함정에 밀어 넣고 한쪽을 일망타진하는 자료로 삼았습니다. 뭇 불령한 무리들과 결탁하여 공공연하게 모해謀害하고 제멋대로 퍼뜨려서 신의 본생조도 사교邪敎에 물들었다고 하면서 감히 전혀 근사하지 않은 지목을 전혀 근사하지 않은 자리에 입히기까지 하였습니다.

아, 공선왕의 무덤의 흙이 채 마르기 전에 국세國勢가 위태로워지자 저 심환지가 선왕을 무능하다고 하면서 배반하고, 사군嗣君을 어리다고 하여 업신여겼습니다. 뱃속에 가득 찬 것이 단지 김귀주와 김종수 두 흉역이 은언군을 해치려는 일념을 이으려는 것뿐이라, 공선왕이 지극한 정성으로 온전히 보호하신 한 동기간을 마침내 해쳤으니, 천하에 어찌 이런 일이 있습니까? 더욱 마음 아프고 뼈에 사무친 것은 신의 본생조는 바로 일개 근심과 두려움 속에서 죽음을 기다리던 사람이었습니다. 세상과 끊어서 일찍이 밖의 사람과 관통關通한 적이 없었으므로 눈과 귀는 사서邪書에 미치지 못하고 성기聲氣는 사도邪徒와 접하지 않았습니다. 심환지 무리가 또한 어찌 이를 몰랐겠습니까만, 단지 이 사안이 아니면 그 무고를 심하게 할 수 없고, 이 무고가 아니면 또한 그 화를 불러들일 수 없기 때문에 이에 노수路粹[7]가 공자를 무함한 형상을 얽어내었고 초楚나라 영왕英王이 부처를 섬긴 사안을 억지로 만들었습니다. 홍봉한의 아들 홍낙임洪樂任도 이 옥사에 몰아들여 뒤섞여 그 죽임을 당함을 면치 못하였습니다. 40년 동안 축적해 온 화심禍心과 배포排布해 온 살기殺機가 이때에 이르러 남김없이 드러났습니다. 처음에는 김귀주에게 뿌리를 내려 끝내 심환지에게 일단락되었습니다. 이른바 사교邪敎의 지목은 단지 한때 구실이 된 것에 불과할 뿐입니다. 공의公議가 아직까지 없어지지 않아서 온 나라가 이 때문에 슬픔을 품고 있습니다. 저 무리가 급히 한 세상에 재갈을 물려서 저희 나라의 사람이 감히 그 뒤를 의논하지 못하게 하고자 하고, 또 반드시 천청天聽에 알리고 천하에 드러내어 단서丹書와 철안鐵案을 내부內府의 장서藏書에 올리기에 이르고자 하였으니, 이 죄를 씻을 날이 없고, 이 죄안을 벗어날 곳이 없습니다. 마침내 무주誣奏하는 일이 있기에 이르렀으니, 하늘의 해를 현혹시킬 수 있다고 생각하고, 윤기倫紀를 없앨 수 있다고 생각하며, 천하 후세를 속일 수 있다고 생각한 것입니까?

저희 나라는 본래 예의를 중시하고 정직과 성실을 숭상한 것으로 이전의 역사에서 일컬어졌으며, 우리 성조聖朝에 이르러서는 내복內服과 똑같이 보고 성화盛化를 치우치게 입었습니다. 전후로 장려하고 표창하심에 일찍이 법을 벗어난 것으로 처리한 적이 없었습니다. 그런데 불행하게도 신유년의 한 통의 주문奏文이 흉도凶徒가 하늘을 속이고 사람을 무고하는 바탕이 되어 우리나라 수천 리가 스스로 금수가 되

7 _ 노수(路粹) : 후한(後漢) 때 사람.

는 데에 빠지게 하였으니, 혈기를 지닌 모든 이들이 누가 가슴이 무너지고 이를 갈면서 한 번 명예를 회복할 것을 생각하지 않겠습니까? 선각왕에 이르러 나이가 젊으니 나라 일을 밝게 익혀 공선왕의 뜻과 사업을 깊이 추구追究하여 흉도가 흉악한 속셈을 제멋대로 행하고 흉역凶逆을 간범干犯한 자들을 차례대로 주벌하였습니다. 김귀주와 김종수와 심환지 무리는 전에 죽었으나 모두 추율追律을 시행하여 국시國是가 비로소 정해졌습니다. 신의 본생부와 본생 형제들은 모두 수십 년 동안 유폐幽閉되고 폐출廢黜된 몸으로서 모두 하루아침에 건져주신 은혜를 입어 궁벽한 섬에서 나와서 도성에서 편안히 살게 되었고, 자손은 시집가고 장가들어 비로소 사람이 될 수 있으니, 모두 자애로운 생각으로 보호해 주셨기 때문입니다. 신의 사가私家 일문一門이 오늘까지 보존되어 있는 것은 모두 선각왕께서 선왕의 뜻을 뒤쫓아 천명闡明하여 곡진한 뜻으로 온전히 보존해 주신 은택입니다.

더구나 신이 외람되게 하찮은 사람으로서 우리 성조聖朝에 작은 것을 돌봐주고 단절된 가문을 이어주는 은혜를 입어서 외람되게 번복藩服을 계승하여 한 나라의 임금이 되었으나, 신의 본생조의 무안誣案이 그대로라 아직 눈을 감지 못한 원통함이 되고 있으니 머리를 들어 슬피 호소하여 천일天日이 비춰보시기를 바랄 것을 생각하지 않는다면 어떻게 감히 하루라도 임금의 지위를 편안히 여겨 위로 성조께서 편안하게 어루만져 주신 은혜에 부응하고 아래로 억조 백성이 바람을 위로하겠습니까? 삼가 생각건대, 저희 나라가 선세先世로부터 무릇 선조의 무함에 속한 것은 모두 등철登徹하여 바로 드러내 우러러 소설昭雪해 주는 은전을 구한 것이 또한 한두 번이 아니었습니다. 일찍이 도광道光 신사년(1821, 순조 21)에 신의 고조인 장순왕莊順王께서 책봉冊封 때의 일이 황조皇朝의 『문헌통고文獻通考』에 편입編入된 강희康熙 임인년(1662, 현종 3)의 본국의 주문奏文에 장순왕을 무함한 것이 있었기 때문에 선각왕이 크게 놀라고 통분하여 피눈물을 흘리며 간청하면서 전후의 사실을 자세히 진달하였습니다. 다행이 우리 선황제先皇帝께서 천지같이 어질고 일월같이 밝아서 곡진히 체찰하여 용서하여 즉시 변정辨正하고 내부로 하여금 즉시 이미 간행해서 반포한 비적秘籍을 특별히 개간改刊하게 하라고 명하시기까지 하였습니다. 이에 제왕의 사장詞章이 밝게 게시되어 저승과 이승이 유감이 없었습니다. 선각왕께서는 황은皇恩이 상례常例에서 벗어나 선조의 무함을 통쾌하게 신설伸雪한 것을 선조의 영령에게 고하였으니, 대소 신료가 지금까지 큰 은혜를 감사히 여겨 높이 떠받들고 있습니다. 다만 저희 나라가 그 동안 주어奏御한 글도 또한 내부에서 편집編輯하는 대열에 갖추어져 있으니, 천하의 문자를 통일한 중대함이 중외中外로써 차이가 있어서는 안 됩니다. 그러나 주문을 본국에서 편집하여 내부에 두었다면 일의 허실과 주문의 진위가 전적으로 저희 나라에 관계될 것입니다. 예건대, 임인년의 주문은 더할 수 없는 흉무凶誣이나 저희 나라가 일찍 변무하지 못하였습니다. 앞의 일로 말하면 단지 경외敬畏로써 마음을 삼고 독설瀆褻로써 두려움을 삼았을 뿐이요, 뒤의 일로 말하면 어찌 책을 편집하기 전에 일찍 분변하여 책을 편집한 뒤에 번거롭게 개간하지 않는 것과 같겠습니까?[8] 독설한 것이 더욱 크지 않겠습니까? 신이 더욱 이를 두려워하여 감히 이를 오로지 아룁니다. 지금 만일 단지 신유년의 무고에 근거하여 말을 한다면 전후의 군흉群凶이 올빼미가 되고 경獍이 되고 귀신이 되고 불여우가 된 것이 내력이 있습니다. 세상의 변고가 무궁하여 상정常情과 상리常理로 추측할 만한 것이 아니어서 털어놓을 수 없습니다. 비록 헌경軒鏡[9]이 높이 달리고 우정禹鼎이 형상을 드리우며 성조聖朝의 위령威靈이 만리를 밝게 굽어보더라도 또한 무엇을 말미암아 남김없이 다 통촉하시겠습니까? 이것은 신의 본생조가 비록 신유년에 죽었으나 화기禍機는 이미 신유년 이전에 조짐을 보였음을 알 수 있습니다. 신의 본생조 한 몸으로 고 세자를 위해 죽고 공선왕을 위해 죽었습니다. 이러한데도 명백하게 말하지 않는다면 비록 변무하였더라도 변무하지 않은 것과 같으니, 돌아가신 혼백의 사감私憾이 무궁할 것입니다. 전傳에 이른바 '분변하지 않을지언정 분변할진대 분명하지 않는 것을 두지 않는다'는 것은 바로 신의 오늘을 위해 준비된 말입니다. 이에 감히 엄외嚴畏함을 피하지 않고 독설을 헤아리지 않고 삼가 전후의 사실을 가지고 재심과 건성虔誠으로 속마음을 털어놓아 다 전달드렸습니다. 감히 바라건대, 조정에서 즉히 신유년의 주문 중의 구절을 속히 간삭刊削하여 부당한 무고의 잘못을 바로잡고, 가경嘉慶 이래의 『문헌통고』의 조선편朝鮮編 중에 이미 책으로 만들어 진 것과 같은 것은 또한 간삭하시어 이승과 저승의 원통함을 씻어주소서. 신은 애통함과 절박함을 금치 못하여 지극히 간절히 빕니다. 감히 신의 본생조가 신유년에 입은 망극한 무함을 가지고 피눈물을 뿌리며 진문陳聞합니다. — 대제학大提學 서기순徐箕淳이 지어 올렸다. —

○ 대왕대비전이 전교하기를, "헌종대왕憲宗大王의 어진御眞을 진전眞殿에 계속해서 봉안奉安하려고 한다. 증건增建하는 역사를 병오년(1846, 헌종 12)의 예에 의거하여 호조로 하여금 날짜를

8 _ 독설(瀆褻)로써 …… 같겠습니까 : 이 부분은 앞뒤의 문맥이 통하지 않아 『일성록』에 의거하여 보충하였다. 원문은 다음과 같다. "瀆褻爲懼而已 由後言之 曷若早辨於未編書之前 不煩刊改於已編書之後 其爲"

9 _ 헌경(軒鏡) : 헌원경(軒轅鏡)을 말하니, 황제 헌원씨(皇帝軒轅氏)가 서왕모(西王母)와 만나 큰 거울 12개를 만들어 달마다 바꾸어 사용했는데 이것이 거울을 만든 시초이다. 『비사유편(稗史類編)』에 보인다.

가려 거행하게 하라." 하였다.

○ 상호군 서기순徐箕淳이 고향으로 돌아갔다.

○ 형조 판서 이목연李穆淵이 올린 상소의 대략은 다음과 같다.

신은 재앙을 스스로 이미 지었고 화禍를 불러들인 것으로 말미암아 만 번 죽어 마땅하고 한 번도 요행히 살 수 없습니다. 이것은 스스로 헤아림이 한결같이 이러할 뿐만 아니라, 길가에서 방관하고 있는 신을 알거나 모르는 이들이 모두 반드시 죽여서 살지 못할 것으로 인식하고 있습니다. 그러나 마침내 형틀을 채우고 머리를 덮어씌운 속에서 한 가닥 잔명殘命을 얻은 것은 바로 우리 대행대왕의 천지 같은 큰 덕이요, 좋은 땅에 가볍게 찬배竄配하고서 며칠 안 되어 사면한 것은 또 대행대왕의 바다 같은 큰 은혜였습니다. 예로부터 신하로서 이런 은덕을 임금에게 치우치게 얻은 자가 혹 신의 한 몸 같은 경우에 비할 자가 없습니다. 지금 와서 다시 생각해봐도 저도 모르게 혼백이 놀라고 두려워하는데, 오히려 어찌 차마 말을 많이 하고 글로 쓰겠습니까? 지금 모든 일이 변한 뒤에 고신孤臣이 밤낮으로 눈물을 흘리고 슬피 울면서 호소하고 축원하는 것은 단지 속히 붕어하신 임금을 따라서 죽어 황천에서 봉사하기를 바랄 따름이나, 목석木石처럼 사리에 어둡고 완고하여 느긋하게 세월을 보낸 채 궁벽한 시골에 숨어서 땅을 굽어보고 하늘을 우러러보면서 마음을 썩이고 있을 뿐입니다.

그런데 작년 가을에 옛 신하를 잊지 않고 기용해 주신 성대한 권우眷佑로 말하면, 이것이 어찌 신이 꿈에라도 생각했던 것이겠습니까? 돌아보건대, 구사일생으로 겨우 살아난 몸이며 칠순의 병들고 잔약한 몸으로써 무엇을 말미암아 우리 전하께서 첫 정사하는 기회에 이를 얻은 것입니까? 또 더구나 동조 전하께서 열 줄의 칙유飭諭를 거듭 정중하게 내려 "선왕께서 사실이 아님을 환히 비춰보시었다." 하고, 또 "조정에서 본마음을 환히 다 알았다." 하기까지 하셨으니, 신이 스스로를 위해 말하더라도 실로 여기에 더할 것이 없습니다. 신이 비록 오늘 당장 죽더라도 웃음을 머금고 땅에 들어가 눈을 감아도 유감이 없겠습니다.

2월

○ 상이 전교하기를, "이조 판서 김흥근金興根, 병조 판서 박영원朴永元을 좌상과 우상에 임명하라." 하였다.

○ 병조 판서 서기순徐箕淳이 올린 상소의 대략은 다음과 같다.

신은 한 가지도 잘하는 것이 없는 물건으로서 외람되이 사명詞命의 직임을 맡아서 일 년 넘게 헛되이 차지하고 있을 뿐이지 일한 것이 없습니다. 문원文苑의 제형提衡은 긴중함이 어떠합니까? 그런데 신이 자리만 차지하고 있음으로 말미암아 관직을 버리게 되었으니, 큰 죄를 짊어진 것처럼 마음 가득 스스로 자책하고 있습니다. 속히 정성을 쌓아 간절함을 진달하여 돌보아 주신 은택을 마무리 해 주기를 우러러 바랐어야 하나, 여러 달 동안 병들어 있다 보니 기식氣息이 겨우 붙어 있어 문장을 구상하려고 또한 스스로 책려策勵하기 어려웠습니다.

또 삼가 병조 판서의 제지除旨와 명소命召를 받들건대 전수傳授에 급하여 천패天牌가 거듭 내려져, 신이 명을 듣고서 두려워 몸둘 바를 몰랐습니다. 삼가 생각건대, 어려서 배워서 커서 행하는 것은 고금의 통의通義요, 책을 엿보고 문장을 짓는 것은 서생書生의 일입니다. 신 또한 오히려 어려서 배워서 커서 행할 날이 되자 걸맞지 않는 실상을 피하지 못하여 마침내 직무를 감당하지 못한 죄를 지어 물의物議가 허여하지 않고 사방에서 비웃어 추졸함이 다 드러나고 본말이 모두 드러났습니다. 이것은 성상께서 통촉하고 온 조정이 모두 헤아린 바입니다. 더구나 이 군려軍旅의 일은 신이 어려서 배운 일도 아닌데, 오히려 어찌 갑자기 커서 행하는 의리에 의논이 미칠 수 있겠습니까? ……

의례적인 비답을 내렸다.

○ 상이 다음과 같이 전교하였다.

이연종李淵鍾이 도둑질한 정적情跡은 그가 자백했으니, 일률一律을 시행해야 마땅하나 특별히 한 가닥 용서하여 추조에 이송移送하여 엄히 세 차례 형신刑訊하고서 종신토록 절도絶島에 노비로 삼으라. 비록 김춘성金春成으로 말하더라도, 제기祭器의 소중함을 몰랐을 리가 없는데 싼값을 탐내어 수단을 가리지 않고 이익을 얻으려는 마음을 행하였으니, 그가 한 짓을 따져보면 아주 통탄스럽고 악랄하다. 또한 추조에 이송하여 엄히 한 차례 형신하고서 원지遠地에 정배定配하라. 그밖에 여러 놈들은 모두 추조에 이송하여 경중을 나누어 조율照律하여 엄히 다스리도록 하라.

○ 상이 다음과 같이 전교하였다.

근래에 기강이 해이해지고 궁금宮禁이 엄하지 않아서 심지어는 환속한 여승女僧이 몰래 궁중에 출입하기까지 하였으니, 놀랍고 한탄스럽다고 말할 수만은 없다. 평상시에 신칙하지 않은 승전색承傳色과 중관中官은 엄하게 추고推考하고, 장무 중관掌務中官은 모두 태거汰去하고, 제대로 거행하지 않은 조라치照羅赤는 정배定配하고, 늙은 여승과 여승을 불러들인 궁인 족속들은 모두 엄히 형신하고서 원배遠配하도록 하라.

○ 포도청에서 다음과 같이 아뢰었다.

기교譏校 등이 도적을 잡기 위해서 독도纛島로 가서 가설 군관加設軍官 유해룡劉海龍과 함께 안동眼同하여 한 놈을 잡아서 압송하여 효경교孝經橋 유면막流丐幕에 도착해 바야흐로 조사하려고 하는 즈음에 무려 독도에 사는 수백 명의 백성들이 혹은 칼을 쥐기도 하고 혹은 몽둥이를 가지고서 유면막까지 쫓아와 한편으로는 헐어버리고 한편으로는 마구 때려 묶어놓은 도적을 이에 놓쳐버렸습니다. 유해룡은 그 자리에서 죽고 그밖에 4명의 군관은 바야흐로 사경死境에 있습니다. 일이 변괴에 관계되니 몹시 놀랍습니다. 신의 청에서 조사가 나오기를 기다려 다시 계문啓聞하겠습니다.

상이 전교하기를, "어찌 이런 변괴가 있는가? 이것은 난민亂民이다. 수범首犯과 종범從犯의 여러 놈들을 엄히 철저히 조사하여 보고하라." 하였다.

○ 상이 다음과 같이 전교하였다.

병조 판서 — 서기순徐箕淳이다. — 가 재차 상소한 것만도 타당하지 않은데, 지금 또 봉패奉牌하였으니 진실로 그 말을 살펴봐도 타당함을 찾을 수 없다. 그가 칭정稱情하고 칭병稱病한 것에서 칭병은 혹 괜찮지만 칭정稱情은 무슨 도리인가? 이유 없는 예사 일로 헛되이 세월을 보내면서 버티고 있으니, 어찌 이런 도리가 있는가? 아주 온당하지 않다. 파직罷職하는 형전을 시행하라.

○ 포도청의 사계査啓에 대해 다음과 같이 판부하였다.

설령 저 무리들의 공초와 같을지라도 잡힌 도적에게 만일 원통하여 호소할 만한 일이 있었다면 해청該廳에 호소해도 혹 되었을 터인데 한 동洞의 백성들을 불러 모아 백주 대낮에 큰 거리에서 칼과 몽둥이를 손에 들고 기교譏校로 하여금 그 자리에게 죽게까지 한 것은 사람을 죽인 것으로 말할 수만은 없다. 그 자취는 강도이고, 그 실제는 옥에 갇힌 죄수를 폭력으로 빼앗아 낸 것이다. 어찌 이러한 기강이 있으며, 이러한 광경이 있겠는가? 생각이 여기에 미치니 나도 모르게 마음이 섬뜩해진다. 이러한 법을 어지럽히는 백성들은 예사로운 상명償命으로 논해서는 안 된다. 수창首唱과 수범首犯을 군문軍門에 넘겨 효수梟首하여 백성을 경계시키라. 홍가洪哥로 말하더라도 주장하고 지휘하였으니 실로 화란의 계제階除가 되는데 사람을 죽인 데에 뒤섞여 들어갔다. 그는 관여한 자취가 없으므로 특별히 한 가닥 목숨을 이어가도록 용서하여 추조에 이송移送하여 엄히 세 차례 형신한 뒤에 절도絶島에 충군充軍하도록 하라. 그밖에 악당과 한패가 된 부류들은 모두 추조로 하여금 경중을 나누어 엄히 감죄勘罪한 뒤에 초기草記하여 보고하도록 하라.

○ 어영청이 죄인 한종호韓宗浩와 고완철高完喆이 효수梟首하였다.

○ 김병국金炳國을 대교로 임명하였다.

○ 사죄신死罪臣 이기연李紀淵이 올린 상소의 대략은 다음과 같다.

신은 천지간에 일개 욕된 죄인입니다. 아홉 번 죽어도 눈을 감기 어려운 통한을 품고 천고에 은혜를 저버린 부끄러움을 더하였으니, 곤궁하여 돌아갈 곳이 없는 듯이 조심스럽습니다. 이런 즈음에 삼가 경상도 관찰사에 제수하는 전지를 받드니 두렵고 떨려 저도 모르게 넋이 나갔습니다.

아, 신이 밝은 시절과 결별했을 때에 스스로 버려진 것을 달가워했던 것이 어찌 신이 즐겁게 한 것이겠습니까? 진실로 사람의 도리는 바로 윤리 신의倫理信義 네 글자에 불과한데 만일 혹 이를 파괴하면 바로 금수라고 생각했기 때문입니다. 그러므로 일찍이 신의 형의 영전靈前에서 맹세하고 군부君父의 앞에서 질정하였으니, 말을 꾸며 일부러 명예를 구한다면 이는 하늘을 속이는 것입니다. 속으로는 벼슬에 나가려는 마음을 품고 있으면서 겉으로는 영원히 갈 것 같은 태도를 보인다면 이것은 마음을 속이는 것입니다. 여기에서 한 가지라도 있어도 그 죄가 어떠하겠습니까? 지금 총명寵命이 내려졌는데 연연해하는 마음을 내어 한때의 지나간 말에 부치고 어려움 없이 삼켜버리고 만다면 진짜 벼슬을 잃을까 걱정하는 비부鄙夫이니, 그밖에 것을 어떻게 논할 수 있겠습니까? 조정의 입장에서 말한다면 신이 아무리 보잘것없더라도 또한 삼대의 조정에서 예로 부리던 말석에서 벼슬하였으니, 만일 오로지 독촉하기만 하여 마침내 그 뜻을 빼앗기에 이른다면 진실로 신을 대우함이 또한 너무 각박합니다.

상이 다음과 같이 비답하였다.

제수할 때마다 번번이 인의引義하는 것도 이미 터무니없는데, 또 피혐해서는 안 되는 일을 가지고 억지로 말하고자 하니, 더욱 맞지 않다. 영남이 여러 해 전부터 극도로 피폐해져 백성의 일이 마침내 수습할 수 없는 지경에 이르렀으니, 진실로 노련하고 청렴하며 공정한 자가 아니면 어루만져 보호할 대책을 강구할 수 없다. 경은 사임하지 말고 가서 공경히 임무를 수행하도록 하라.

○ 규장각에서 아뢰기를, "직제학 남병철南秉哲이 신칙 하교하였는데도 연달아 받들지 않으니, 추고推考하소서." 하니, 상이 다음과 같이 전교하였다.

아패牙牌는 감히 어길 수 없는 것이 본래 규장각의 규례인데, 누차 신칙해도 끝내 변동하지 않으니, 요컨대 무단히 이럴 리는 없다. 그러나 사체로써 헤아려 보건대 그대로 두어서는 안 된다. 직제학 남병철은 본직本職을 체차하고 양근 군수楊根郡守로 보외補外하고, 전관前官은 체차하여 경직京職에 부직付職하라.

○ 상이 다음과 같이 전교하였다.

영백嶺伯의 일은 진실로 그 뜻을 이해할 수가 없다. 지난 일은 억울함을 밝혀 주어 다시 남김이 없다고 할 만하다. 그런데 매번 관직을 사양하고 받는 즈음에 번번이 버티고 있으니 수응酬應하기가 번거로울 뿐만 아니라, 분의分義와 도리에 있어서 도리어 외람되고 몹시 온당하지 않다. 관찰사의 직임은 보외補外로 시행하고 오늘 바로 사조辭朝하게 하라.

○ 상이 전교하기를, "전후로 신칙申飭하는 하교가 간절하고 지극할 뿐만이 아닌데 한결같이 힘껏 항거하니, 이것이 무슨 도리인가? 경상 감사慶尙監司 이기연李紀淵을 즉시 그 지역에 정배定配하라." 하였다.

○ 상이 전교하기를, "견책한 사람 이기연李紀淵은 용서하여 전직前職에 잉임仍任하고 보외補外로 시행하라." 하였다.

철종기사
哲宗紀事

02

철묘哲廟 신해년(1851, 철종 1)
3월부터 10월까지

02

철묘哲廟 신해년
(1851, 철종 1)

3월

○ 영상 권돈인權敦仁이 다음과 같이 아뢰었다.

유생들이 본사本司에 일제히 호소하기를, "이문소李文沼는 문학에 종사하고 자기분수에 만족하는 사람인데 며칠 전에 포교배가 그 집에 갑자기 뛰어 들어가 어명御命을 일컬으면서 몰아서 붙잡아 끌고 가 포도청에 잡아 가두었습니다. 그런데 포도대장이 그가 죄가 없는 줄을 알고서 풀어주고, 포교 중에 우두머리가 된 자를 잘못 잡은 죄로 추조에 이송했습니다." 하였습니다.

아무리 평민이라도 잘못 잡은 데 대한 해당 형률이 매우 엄한데, 더구나 반족班族이야 말할 것이 있겠습니까? 또 더구나 해교該校가 묵은 원한을 가지고서 흉독凶毒을 풀고자 하여 감히 어명을 거짓 핑계되고서 별 어려움 없이 유사儒士의 집에서 행악을 부렸으니 더 말할 것이 있겠습니까? 조금이라도 나라의 기강을 마음에 두었다면 이 무리들이 이렇게까지 무엄하게 분수를 범하고 절도를 능멸하였겠습니까? 작당

作黨한 여러 포교들을 조사해 내게 하였으니, 모두 추조에 이송移送하고 이것저것 철저히 조사하여 형률에 의거하여 엄히 처리하라는 뜻으로 해조에 신칙하소서.

허락하였다.

○ 상이 전교하기를, "신칙을 이미 시행하였으니, 양근 군수楊根郡守 남병철南秉哲은 보외補外하여 용서하라." 하였다.

○ 병조가 아뢰기를, "이유 없이 순작巡綽을 빠뜨린 좌포장 유상필柳相弼을 나처拿處하소서." 하니, 상이 다음과 같이 전교하였다.

순작은 야금夜禁을 경계하는 것인데, 이유 없이 순작을 빠뜨렸으니 본래 나감拿勘하는 것이 마땅하나 우선 이것은 그만두라. 엄하게 추고하고 엄히 신칙하여 다시 순작을 빠뜨리는 일이 없게 하라.

○ 형조가, "포교 곽수민郭守敏은 본률本律을 시행하는 것이 마땅하나 정적情跡이 용서할 만한 것이 있으니 상께서 재결하소서." 하고 아뢰니, 다음과 같이 판부하였다.

과거부터 품어온 유감 때문에 이런 변괴가 있기까지 하였으니, 잘못 잡은 것만으로 논할 수는 없다. 또 그가 거짓으로 가탁한 말이 만일 발사跋辭와 같다면 혹 용서할 만하나 그의 은혜를 받고서 도리어 해치려고 한 것은 진짜 승냥이나 이리와 같은 성품이다. 죽여도 아까운 것이 없으나 사람의 목숨은 지극히 중하니 삼가지 않을 수 없다. 『대명률통편大明律通編』에 실려 있는 일률一律과 차율次律을 시행해야 하는지 시행해서는 안 되는지를 여러 대신에게 상의하되, 여러 죄수와 함께 경중을 나누어 논단論斷해서 들이도록 하라.

○ 형조에서 곽수민郭守敏의 율명律名을 상의하여 회계回啓하니, — 영부사 정원용鄭元容, 판부사 박회수朴晦壽는 헌의獻議하지 않았다. 영상 권돈인權敦仁은 아뢰기를, "이 죄수의 죄범은 전적으로 양반 이문소李文沼를 죄를

얽어서 핍박해 기어이 유감을 풀려고 한 데에서 말미암은 것인데, 혹 당장에서 항거할 것을 염려하여 감히 막중한 데를 빙자하였으니, 죄범은 비록 용서할 수 없는 데에 관계되나 실상은 다시 다른 마음은 없었습니다. 따라서 형조의 계사啓辭에서 정상을 참작하자는 논의는 진실로 타당합니다. 지금 만약 조지詔旨를 거짓으로 전한 것에 조의照擬한다면 의의意義하는 초기에 맞지 않습니다. 일률一律이 얼마나 지중합니까? 그런데 형률에 없는 죄로써 비슷한 법조문을 끌어와 대벽大辟에 억지로 맞췄으니, 사람 목숨을 중요하게 여기는 방도가 아닌 듯합니다. 다만 이미 그 은혜를 받고서 도리어 해치려고 하였으니 죽여도 아까울 것이 없음을 진실로 성상의 하교와 같습니다. 일률은 비록 억지로 갖다 붙일 수 없으나 죄범을 가볍게만 처벌해서는 안 됩니다. 사형을 감하는 형률을 시행하는 것이 심리를 철저히 하는 의리에 부합될 듯합니다." 하고, 좌상 김흥근金興根은 아뢰기를, "대체로 옥사를 논단하는 데에는 정적情跡 두 글자에서 벗어나지 않으나, 지금 이 곽수민의 죄범은 누차 사안査案을 보건대 한 가지도 용서할 만한 것은 없고 백 가지 용서하기 어려운 것이 있습니다. 그가 도둑이 아닌 줄 알면서 턱 없이 죄를 얽어 핍박하였으니, 이미 뜻밖에 만나서 잘못 잡은 것에 비할 것이 아닙니다. 게다가 거짓 가탁했음은 그가 이미 자복한 만큼 황률皇律의 '조지詔旨를 사칭詐稱한 자는 목을 벤다'는 글로 헤아려 보면 형률을 올리거나 낮춰서는 안 되니, 다시 의논할 것이 없는 듯합니다. 다만 해조의 사발査跋을 보건대, '행적과 실상을 조사하니 응당 용서할 만한 것이 있다'고 하면서 『대명률통편大明律通編』 추단조推斷條를 인용하기까지 하였습니다. 대개 그 원정原情이 오로지 사람을 붙잡으려는 간사한 계책으로 말미암은 것에 불과하다고 하였으나, 이것은 그렇지 않은 것이 있습니다. 만일 응당 잡아야 할 사람이 있다면 어찌 잡을 수 있는 방도가 없음을 걱정하겠습니까? 그런데 막중한 말을 위탁僞托하여 스스로 용서할 수 없는 죄과를 범하였습니다. 더구나 붙잡힌 사람이 또 죄 없는 선비이니, 은혜를 저버리고 유감을 풀은 데 대해서는 논할 겨를이 없는 듯합니다. 의언議讞은 비록 살피고 삼가는 데에서 나왔으나 원거援據가 맞지 않은 듯합니다." 하였다. 우상 박영원朴永元은 김흥근의 의논과 같았다. — 다음과 같이 판부하였다.

이 죄수의 죄범은 본래 죽이고 용서하지 말아야 하나 본률本律이 없으니 특별히 한 가닥 목숨을 이어가도록 용서하여 살리기를 좋아하는 뜻을 보이도록 하라. 그 정절情節을 살펴보면 규례를 따라서 잘못 잡은 것으로 논해서 안 되니, 곽수민은 두 차례 엄히 형신하고서 사형을 감하여 원악도遠惡島에 노비로 삼되, 사전赦典에 넣지 말도록 하라. 그 밖에 여러 교졸은 본조로 하여금 경중을 나누어 엄히 감처勘處하게 하라.

○ 정원에서 아뢰기를, "경상도 관찰사 이기연李紀淵이 정세가 있다고 하면서 장계를 남을

시켜 대신 올렸으니 추고하소서." 하니, 다음과 같이 전교하였다.

장계를 남을 시켜 대신 올리고 공무公務를 행하지 않았으니, 이것이 무슨 짓인가? 원 장계는 도로 내려 보내 그에게 수정修正해서 올려 보내게 하라. 이 뒤에 만일 다시 남은 시켜 대신 올리는 폐단이 있으면 가도사假都事가 결단코 엄히 처벌하는 것이 마땅하다. 규례를 따라 공무를 보라고 분부하라.

○ 인릉仁陵에 전알展謁하고, 은언군恩彦君, 전계대원군全溪大院君, 완양부대부인完陽府大夫人, 영원부대부인鈴原府大夫人의 묘소에 전배展拜하였다.

○ 영상 권돈인權敦仁이 올린 상소의 대략은 다음과 같다.

지난번에 신이 도살屠殺을 금하는 일로 연석에서 아뢴 것이 있었으며 법례法隷의 폐단에 대해서도 또한 누누이 갖추어 진달하였습니다. 또 잡기雜技를 금하는 것으로 양 법사法司에 감결甘結로 신칙하였습니다. 그 사이에 좌상과 우상이 미처 나와 숙배肅拜하지 않음으로 인하여 전옥서의 수도안囚徒案을 날짜를 나누어 규례대로 와서 신에게 보여주었는데, 신이 도기屠技를 끝내 잡아 바치지 못했다는 이유로 양 법사의 이례吏隷를 과연 가두어 다스린 일이 있었습니다. 이것은 신이 일찍이 법례가 부화뇌동하여 뇌물을 먹고 관령官令을 두려워하지 않는 것을 몹시 미워하였는데 마침 조리曹吏가 와서 수도안을 보여줌으로 인하여 한 번 그 버릇을 대략 징계하고자 한 것에 불과합니다. 그런데 여러 당상이 이를 가지고 거북하게 여겨서 모두 다 정사呈辭하였다고 들었습니다. 대체로 도기를 잡는 것은 바로 금리禁吏와 금례禁隷가 거행하되 그 버릇을 통탄하고 그 죄를 다스려야 합니다. 여러 당상도 모두 그것을 하였는데, 어찌 유독 신이 징치懲治한 바에 대해하여 여러 당상이 끌어다 거북해 하는 것입니까?

요사이 온갖 것이 해이해지고 조정의 기강이 땅을 쓴 듯 없어져 묘당에서 한 명이 아전을 장杖을 치고 한 명의 하인을 다스려도 떠들썩하게 서로 고하고 서로 인책引責하여 자못 진짜 정의情義가 있는 것처럼 합니다. 신이 연석에서 아뢰고 거듭 금하였는데도 엄하게 금하지 않았으니, 신이 애당초 해당該堂을 논파論罷하지 않은 것은 본래 또한 나약한 잘못이 있습니다. 그런데 도리어 죄로써 죄를 준 자를 가지고 부당하게 의체義諦를 지어 반드시 거취去就하고자 하는 것은, 신은 실로 그 뜻을 모르겠습니다. 풍기風氣가 날로 변하고 조정이 높지 않아서 묘당에서 예사롭게 논책論責하고 규례를 따라 경추警推하는 데 대해 모두 유감이 있고 심지어는 싫어하고 노여워하기까지 합니다. 이제 하속下屬이 징치된 데에 대해서도 또한 다시 이렇게 떠맡아 일부러 소란을 피울 단서를 찾고 있습니다. 신은 말할 것도 없으나, 유독 조정의 사체를 생각하지 않고 조정을 위하여 애석하게 여기는 것이 마땅하지 않겠습니까? 신은 형조와 한성부 양사兩司에서 정고呈告한 전 당상 — 형조 판서 서영순徐英淳, 참판 심의면沈宜冕, 참의 서원순徐元淳, 판윤 윤치겸尹致謙, 우윤 유장환兪章煥이다. — 을 모두 파직하는 형전을 시행하는 것이 마땅하다고 생각합니다.

이어서 삼가 생각건대, 신은 둔하고 치밀하지 못하고 사리에 어두우며 성품 또한 고집이 세고 꽉 막혀 일마다 탈이 생겨 죄를 쌓고 일을 그르쳤으니 다른 사람이 진실로 심하게 중하게 여겨주지 않습니다. 이번 일에 이르러서는 처치가 잘못되어 양아兩衙의 다섯 명의 당상이 동시에 모두 인입引入하여 거조가 장황하여 상께서 통찰하여 모두 체개遞改하기에 이르렀습니다. 신이 이미 구료具僚를 제압하여 조정의 체모를 무너뜨리지 않지도 못하고, 또 말없이 따라서 스스로 지켜 다른 사람들과 거스름이 없지도 못하고 한갓 한사閒事를 만들어 내어 성상께서 번거롭게 수응酬應하시게 하였습니다. 이러한데 어떻게 백관百官의 우두머리를 차지하고 백관百官을 감독하고 규찰하는 직임을 다스리겠습니까? 스스로 돌아보건대 부끄러워 드러낼 만한 면목이 없습니다. 속히 신의 의정의 직함을 체차하소서.

상이 다음과 같이 비답하였다.

일찍이 정고한 데에 연유가 있는 줄 알았다. 어찌 혹 체차하여 원하는 것을 맞추어주겠는가? 지금 감죄勘罪를 청한 것은 진실로 사체에 맞으나 인책하여 경의 거취去就를 삼은 것은 도리어 지나치다. 양 법사의 전 당상은 모두 견파譴罷를 시행하겠다. 경은 안심하고 구료를 면려시키라.

4월

○ 병조가, 이유 없이 순작巡綽을 빠뜨린 좌포장 허계許棨를 파직하라고 아뢰니, 다음과 같

이 전교하였다.

며칠 전에 봉패奉牌한 것만도 전에 없던 일이었는데 이제 순작을 빠뜨렸으니 더욱 꺼리는 바가 없구나. 너무나 놀랍다. 이런 버릇을 점점 자라게 해서는 안 되니, 먼저 간삭刊削하는 형전을 시행하라.

○ 김좌근金左根을 훈련대장에 특별히 제수하였다.

○ 경기도 유생 이병일李炳一 등, 충청도 유생 황호선黃浩善 등, 평안도 유생 이순룡李舜龍 등, 경상도 유생 정환충鄭煥忠 등, 팔로 유생八路儒生 서혁보徐革輔 등, 관학 유생館學儒生 홍우섭洪友燮 등이 상소하여 문렬공文烈公 조헌趙憲, 문정공文正公 김상헌金尙憲, 문경공文敬公 김집金集을 성무聖廡에 제향躋享할 것을 청하니, 너그러운 비답을 내려 허락하지 않았다.

○ 포도청이, 독도纛島의 난민亂民을 다시 조사하여 회계回啓한 데 대해 다음과 같이 판부하였다.

이상길李尙吉의 죄범은 이미 사형에 처한 한종호韓宗浩보다 더하니, 일체 형률을 시행하되 다시 의논할 것이 없다. 한 옥사에서 두 범인이 없는 것은 바로 옥사를 신중히 하는 의리이니, 특별히 한 가닥 목숨을 이어가도록 용서하여 세 차례 엄히 형신하고서 절도絶島에 사형을 감하여 노비로 삼으라. 차가車哥는 통부通符를 강제로 빼앗았으니 위협에 못 이겨 따른 자 중에 가장 흉악한 자이다. 두 차례 엄히 형신하고서 도배島配하고 물간사전勿揀赦前하라. 그밖에 두 놈은 모두 엄히 형신하고서 정배定配하라.

○ 영상 권돈인權敦仁이 다음과 같이 아뢰었다.

방금 예조의 계목啓目을 보니, 경외 유생京外儒生 최제경崔濟京 등이 상언上言하기를, "연전에 상소한 것이 품처稟處를 입지 못하여 이를 다시 호소하게 되었습니다." 하였습니다.

대저 일개 서선徐選1이 자그마치 4백 년이나 한 나라의 절반을 막아버렸습니다. 그러나 우리 열성조列

聖朝의 불쌍하게 여겨 도와주고 슬퍼하신 하교와 선배 명석先輩名碩들의 지극히 공정한 논의가 있었음에도 불구하고 오히려 자그마치 4백 년이 된 것을 통렬히 혁파하지 못하고 있으니, 이는 서류庶類들의 불행일 뿐만이 아닙니다. 신은 삼가 나라 일을 위하여 유감스럽습니다.

대저 왕도 정치와 나라를 다스리는 데에는 인륜을 도타이하는 것을 급선무로 삼는데, 부자간은 인륜의 시작입니다. 만약 아비로서 그 자식을 자식으로 여기지 못하고 자식으로서 그 아비를 아비로 여기지 않는다면 그것이 인륜을 손상시키고 이치에 어긋난 는 것이 어떻겠습니까? 지금은 차라리 남의 자식을 취해 아들이라고 하니, 이것이 아비가 되어 그 자식을 자식으로 여기는 것이라 하겠습니까? 살아서는 호칭으로써 그 아비에게 가할 수 없고 죽어서는 제사로써 그 아비를 받들 수 없다면, 이것이 자식이 되어 그 아비를 아비로 여기는 것이라 하겠습니까?

『대전통편大典通編』은 바로 금석金石처럼 바꿀 수 없는 법인데 "첩의 자식이 있는 자에게는 양자를 들여 후사를 세우는 것을 허락하지 않는다." 하였으니, 우리 성조聖朝의 인륜을 돈독히 하고 풍속을 바로잡는 교화가 지극하다고 하겠습니다. 그러나 핏줄의 중함을 돌보지 않고 국법에서 벗어나는 것을 달갑게 여깁니다. 저도 사람인데 또한 어찌 아비를 아비로 여기고 자식을 자식으로 여기는 은혜와 의리가 없겠습니까? 우선 문호門戶를 염려한 계책이 마침내 잘못을 덮어두는 고질이 되어 인륜으로 하여금 벼슬보다 가벼운 것이 되게 하고 법전으로 하여금 속습俗習에 막히게 하였습니다. 어찌 4백 년 동안 청명淸明한 나라에서 죄 없이 사람을 금고禁錮시켜 앉아서 인륜이 날로 상실되고 법이 날로 무너지게 함이 있겠습니까?

계미년(1823, 순조 23)의 절목이 넓지 않은 것이 아니어서 그 규모가 억울함을 풀어 주기 위해 애를 썼으나 제한을 설정하여 전처럼 벼슬길을 막아버리고 말았으니, 돌아보건대, 어찌 소통疏通의 실효가 있으며, 폐단의 근원을 개혁함이 있겠습니까? 대저 벼슬길이 막힌 자는 누적되어 고질이 되고, 허통許通을 의논한 자는 규례를 답습한 채 결단하지 못하고 있습니다. 신이 지금 조용한 말로 또한 어찌 감히 하루아침의 효과를 바라겠습니까? 다만 생각건대, 우리 조정에서 사람을 등용하는 데 오로지 문벌을 숭상하여 사대부가 나오고 물러가는 데 모두 높고 낮은 저울이 있습니다. 서류庶類라는 이름이 붙으면 애당초

1 _ 서선(徐選) : 조선 초기의 문신. 1415년 우부대언(右副代言)이 되어 동료들과 서얼의 차별대우를 진언하였다. 마음가짐이 굳세고 자신이 맡은 관직에 부지런하고 정성스러웠다. 우의정에 추증되었고, 시호는 공도(恭度)이다.

그 본바탕이 화벌華閥인지 냉족冷族인지를 묻지 않고 뒤섞어서 이른바 교서관校書館으로 돌려버리고 분별하는 바가 없습니다. 어찌 문벌이란 저울이 사대부에게 있고 서류에게 있어서는 안 됩니까? 게다가 명현名賢과 고가古家의 후예와 서울의 사대부의 후예가 명색은 비록 서류이지만 서울에서 멀리 떨어진 시골의 비천한 자에 비교하면 함께 한 줄에 서는 것을 부끄러워하는 것이 마땅합니다. 그런데 저 시골구석의 미천한 자는 조정에서 선발하여 승문원이나 성균관에 들어간 경우가 많아 한번 서류라는 이름이 붙으면 도리어 그 밑으로 들어가니 이것이 어찌 서류만 한을 품을 뿐이겠습니까? 또한 조정의 형평에 맞게 처리하는 정사가 이처럼 치우쳐서는 안 될 듯합니다.

문관文官의 분관分館과 무관武官의 시천始薦은, 계미년의 절목이 고치지 않고 이전대로 둔 것이라도 여기에 계급階級과 품질品秩을 더하여 또한 옛 법전에서 변통한 것이 많으니, 굳이 첫 정사하는 때에 유독 인색할 것이 없습니다. 만일 그 가문과 문벌에 따라서 문관이면 승문원과 성균관에, 무신이면 선전관에 천거하여 쓰되 우선 먼저 허통하면 또한 억울함을 풀어 주고 화기和氣를 불러들이는 정사라고 할 만합니다. 그리고 양자를 들여 후사를 세우는 법에 이르러서는, 윤리에 크게 관계되며 나라 법에서 금령으로 만들어 예조에 엄히 신칙하여 첩의 자식이 있는 자는 일체 예사禮斜를 성급成給하지 말도록 하여 옛 제도를 거듭 밝히는 바탕으로 삼았습니다. 밝은 조정에서 관원을 임명하는 데에는 대부분 선고先故를 기록하고 사대부를 등용할 때에는 매번 문음門蔭을 빌립니다. 그 적통을 계승하였는데 유독 어찌 선조의 음덕蔭德을 빌릴 수 없겠습니까? 만일 음가蔭家의 적통을 이은 자가 있으면 본벌本閥과 똑같이 보아 거두어 쓰되 혹시라도 제한을 두는 규정에 구애하지 않는다면, 인륜이 바루어지기를 기약하지 않아도 저절로 바루어지고 법령이 준행하기를 기약하지 않아도 저절로 준행될 것입니다.

또 응당 변통해야 할 것이 한 가지가 있습니다. 묘궁廟宮과 동서 능침陵寢의 제관祭官은 으레 서류로 차임해 보내지 않습니다. 대체로 나라에서 높이는 바는 사직만한 것이 없는데, 사직은 뒤섞어 차견하는 데 구애됨이 없고 먼 고을의 능침에 수령을 제관으로 차견하되 서류인 수령은 대부분 헌관獻官이 됩니다. 능침에 어찌 멀고 가까운 구별이 있으며, 사직이 묘궁廟宮의 중요함만 못합니까? 뒤섞여 있는 줄 알지만 바로잡을 수 없는 것입니다. 신의 생각에는, 묘궁에서부터 각 능침의 제관에 이르기까지 구애받지 말고 차견하는 것이 또한 소통하는 한 가지 단서가 되는 데 해롭지 않을 것입니다. 무릇 이 여러 조목은 모두 변통하는 데에 관계되니, 연석에 나온 대신大臣과 제재諸宰에게 하문하시는 것이 어떻겠습니까? ―좌상 김흥근金興根, 우상 박영원朴永元, 병조 판서 이가우李嘉愚, 대호군 이경재李景在, 지중추부사 강시영姜時永, 지돈령부사 이계조李啓朝, 도승지 홍종영洪鍾英, 호군 백은진白殷鎭, 동지중추부사 이경순李景純은 별도로 다른 의견이 없었다. —

상이 말하기를, "이미 열성조의 수교受教가 있었으나 아래에서 제대로 펴나가지 못하였으며, 대신이 아뢴 바가 또 이러하니, 모든 벼슬에 각별히 거두어 써서 억울하다는 탄식이 없게 하라." 하였다.

○ 대사헌 홍직필洪直弼과 경연관 성근묵成近默을 돈소敦召하였다.

○ 영남 유생 이시형李是珩 등이 상소하여, 문목공文穆公 정구鄭逑를 성무聖廡에 종향從享할 것을 청하니, 너그러운 비답을 내려 허락하지 않았다.

○ 영상 권돈인權敦仁이 다음과 같이 아뢰었다.

며칠 전에 포도대장이 봉패奉牌하고서 순작巡綽을 빠뜨린 일로 간삭刊削하라는 명을 내리기까지 하였습니다. 설령 진짜 처의處義할 것이 있었더라도 어찌 감히 '정세情勢' 두 글자로 등문登聞한단 말입니까? 패초를 어긴 것도 오히려 감히 할 수 없는데 감히 전에 없는 봉패를 처음으로 하고 제멋대로 거취去就에 대해 자중自重하는 것처럼 하였으며, 칙교飭教하여 패초를 받고서 또 갑자기 이유 없이 순작을 빠뜨린 것은 기율에 관계되니, 구구절절 놀랍고 한탄스럽습니다. 무신의 풍습이 차츰 고려하거나 거리낌이 전혀 없어진 것이 이렇게까지 극도에 이르니, 어찌 크게 한심스럽지 않겠습니까? 허계許棨를 찬배竄配하소서.

윤허하였다. — 장흥부長興府에 찬배하였다. —

○ 영남 유생 정상근鄭象瑾 등이 상소하여, 문강공文康公 장현광張顯光을 성무聖廡에 종향從享할 것을 청하니, 너그러운 비답을 내려 허락하지 않았다.

○ 금부가, 이택수李澤遂[2]의 일을 격쟁擊錚한 원정原情으로 인하여 수의收議하여 회계回啓하

니, — 영상 권돈인權敦仁은, "정유년(1777, 정조 1)의 옥사는 전적으로 흉적凶賊이 죄를 참혹하게 얽어낸 데에서 나왔습니다. 경술년(1790, 정조 14) 이후에 누차 그 두 동생에 대해 처분이 있었으니 자손들이 여러 해 동안 원통함을 호소하는 것은 근거가 없는 것이 되지는 않습니다. 더구나 지금은 원안原案이 이미 소석된 만큼 당초의 죄명은 자연히 날조한 것으로 귀결되니, 응당 신리伸理하는 조처가 있어야 합니다." 하였다. 판부사 김도희金道喜와 좌상 김흥근金興根, 우상 박영원朴永元의 의견도 같았다. — "의논한 대로 시행하라."고 전교하였다.

○ 금부에서 다음과 같이 아뢰었다.

전라 감영의 호비戶裨 양달식梁僤植은 삼가 판부判付한 대로 엄히 형신刑訊하면서 철저히 문초하였으나 끝내 자백하지 않았으니, 너무나 통탄스럽고 악랄합니다. 형을 가하여 실정을 캐내소서.

아뢴 대로 윤허하였다.

○ 금부에서 다음과 같이 아뢰었다.

양달식梁僤植은 가작加作과 궁결宮結의 정전情錢이 적지 않고 칙수전勅需錢과 실록지實錄紙는 모두 가렴加斂하였으며, 무장茂長의 이전미移轉米와 군산群山의 정세미正稅米도 범법犯法한 것이 많으며, 사승寺僧에게 공첩空帖을 주고 진고賑庫에 가하加下한 것이 모두 불법입니다. 전헌典憲이 더할 수 없이 엄한데 어떻게 용서할 수 있겠습니까? 유삼천리流三千里로 정배定配하소서.

○ 금부에서 아뢰기를, "이택수李澤遂는 이미 신리伸理하였는데 그 동생 이양수李養遂 등의 죄명이 아직 도죄안都罪案 중에 있으니, 일체 지워버리소서." 하니, 윤허하였다.

2_ 이택수(李澤遂) : 사직(司直) 이언형(李彦衡)의 아들이며, 홍봉한(洪鳳漢)의 생질이다. 1776년(정조 즉위년) 홍인한(洪麟漢)의 당여로 몰려 사헌부로부터 삭출되고 탄핵 당하였으며, 1777년 홍계능(洪啓能)과 홍지해(洪趾海)·홍찬해(洪纘海)·홍술해(洪述海) 삼형제 및 홍상길(洪相吉) 형제 일파가 일으킨 존현각 적변(尊賢閣賊變)에 연루되어 역모 동참으로 결안(結案)되었으나 그 어머니가 자궁(慈宮)의 지친(至親)이라 정조의 배려로 단지 지정불고죄(知情不告罪)의 죄목만 적용되었다. 적변의 주모자의 하나인 홍찬해와는 매서(妹壻) 사이이다.

○ 집의 채원묵蔡元默이 올린 상소의 대략은 다음과 같다.

지난번에 암행어사를 분견分遣할 때에 탐묵貪墨을 징계하고 백성들의 고통을 살피도록 한 것은 오로지 우리 전하께서 백성들을 측은히 여겨 괴로움을 안쓰럽게 여기는 성념聖念에서 나왔으니, 저 어사에게 맡기고 책임지운 것이 돌아보건대 어떠하였습니까? 그런데 기내畿內로 말하면 죄인을 추격하여 잡는 것이 열군列郡에 서로 이어지고 백성들의 재물을 강제로 빼앗는 것이 평민에게 두루 미쳤습니다. 조금 넉넉하게 뇌물을 바치는 자는 그 자리에서 석방하고, 너무 가난해서 잘못 의심 받은 자는 하늘을 부르며 땅에 나뒹굴고 있습니다. 화리貨利의 경중에 따라 화복禍福이 당장에 결정되고 수령의 장부藏否에 따라서 친소親疎가 따르니, 도로가 떠들썩하고 경색景色이 처참합니다. 마침내 복명復命한 뒤에 찾아와 뇌물을 도로 찾는 자가 있기까지 하였다는 것은 귀가 있는 자들은 모두 들었으며 입이 있는 자치고 전하지 않는 자가 없습니다. 그밖에 자질구레한 비방에서 추악한 것은, 호남 우도로 말하면 염찰의 잘잘못은 막론하고 복명하기 전에 교외에서 지극히 가까운 곳에 숨어서 과거의 의논을 염탐하고 이미 닦아놓은 계사를 첨삭하되 감싸주거나 무함하는 사이에 사랑과 미움을 따르고 논단하고 구별하는 즈음에 허위와 실제가 뒤섞어 놓았습니다. 가리키는 뜻이 오로지 사감을 푸는 데에 있고 일을 처리함이 스스로 명령을 어긴 것으로 귀결됩니다. 각읍各邑의 추열안推閱案은 전후가 서로 어긋나고 보이지 않는 곳에서 공모한 모의가 정태情態를 가릴 수 없으니, 백 가지 그르친 것만 있고 한 가지도 제대로 펴나간 것이 없습니다.

아, 전하께서 탐묵貪墨을 징계하고 백성들의 고통을 살피게 한 정사가 장차 이 무리를 위해 이를 핑계로 자기를 이롭게 하는 바탕으로 삼으라는 것이었겠습니까? 이러한데도 엄히 처분을 가하지 않는다면 은혜를 저버리고 나라를 저버리는 부류가 더욱 징계되고 두려워할 바가 없을 것입니다. 유안柳晏과 조운경趙雲卿에게 모두 병예屛裔를 시행하소서.

비답하기를, "풍문風聞은 진실로 그대로 믿기 어렵지만 만일 그 일을 제대로 처리했다면 사람들의 말이 어찌 이에 이르렀겠는가? 두 암행어사에게 모두 간삭刊削하는 형전을 시행하라." 하였다.

5월

○ 대사헌 이노병李魯秉이 올린 상소는 다음과 같다.

신은 보잘것없는 사람으로서 작년 7월에 외람되이 이조의 중비中批를 입었으나 분수를 헤아리고 힘을 헤아려 봄에 받들 길이 없어서 재차 상소하여 체차되려고 하였으나 끝내 윤허하지 않으시어 그대로 공무를 행하였습니다. 12월이 되자 도목정사都目政事를 행하였는데 온갖 병폐가 나와 전선銓選이 불공정하다는 탄식이 있고 비방이 사방에서 이르러 조정에 기뻐하지 않은 사람이 많았는데, 신이 자초한 것이 아님이 없으니 다시 누구를 원망하겠습니까?

작년 추등秋等과 동등冬等에 이조의 포폄褒貶에 가인의假引儀 권중본權中本은 중고中考를 맞았습니다. 홍여관鴻臚官은 달리 고찰할 만한 공적이 없고 일삼는 것은 오직 창唱뿐인데 거중居中을 면하지 못하였으니, 그가 직무를 감당하지 못했다는 것을 알 만합니다. 그때 영상 — 권돈인權敦仁이다. — 이 정리政吏를 불러다가 곡진히 보호한다는 뜻을 보여 점하點下하지 말게 하였으니, 이미 대료大僚의 말이 있어서 받들기에 겨를이 없었습니다. 다만 생각건대, 승강陞降은 법의 뜻이 지극히 중하여 청탁 때문에 낮추거나 올리는 것은 자못 임금의 명을 펴나가는 뜻이 아니기 때문에 신이 내려서 권중본을 하고下考에 두고 윤춘영尹春永을 그 대임으로 차임하였다가 다시 과체瓜遞를 빠뜨렸기 때문에 신이 알고 있던 정시준鄭時浚으로 수의首擬하여 낙점을 받았습니다. 만일 선발이 공의公議가 아니라는 이유로 죄를 신에게 돌린다면 신도 감히 스스로 해명하지 못하겠으나, 아래에 있어 마땅한 사람을 낙점한 것으로 말하면 신의 죄가 아닙니다. 대료가 이 때문에 노여움을 품고서 신이 체직된 뒤에 전조銓曹에 분부하여 정시준을 억지로 체차하고 다시 권중본을 제수하였습니다. 견서甄敍된 자는 진실로 다행이지만 낙사落仕된 자는 또한 무슨 죄입니까? 진실로 죄가 있을 것 같으면 대료가 일개 말관末官을 태거汰去함에 무슨 불가함이 있겠습니까? 그런데 그가 사심私心을 이루기 위하여 죄 없는 사람을 협박해 내쫓고 폄하貶下된 지 채 수 개월이 안 된 사람을 도로 제수했으니, 어찌 이렇게 심하게 거리낌 없습니까? 형적形跡이 크게 드러나 뚜렷이 신에게 유감을 풀려는 뜻이 있었습니다. 신이 그때의 정관政官으로서 어찌 마음이 부끄럽지 않을 수 있겠습니까? 만일 전권銓權을 잡은 신하가 정면政面을 득실得失을 돌아보지 않고 사체의 당부當否를 생각하지 않은 채 오직 대료의 말을 따른다면 또한 도목정사를 공정하게 하는 방도가 아닙니다.

뜻밖에 전 장전長銓 — 이헌구李憲球이다. — 이 노성老成한 사람으로서 누차 이 직임을 맡았으면서 이런 격례에서 벗어난 정사가 있었으니, 자기 뜻은 아니지만 남의 관작을 주고 빼앗기를 이렇게 어려움 없이 하였으니, 어찌 헤아림에 결함이 있지 않겠습니까? 신이 당초에 만일 고집을 부린 일이 없었다면 일이 어찌 이에 이르렀겠습니까? 첫째도 신의 죄요 둘째도 신의 죄입니다. 신이 소원하고 한미한 몸으로서 외람되이 분수에 넘치는 직책을 받아서 마침내 전도되고 낭패되어 조정에 수치를 끼침이 이렇게 극도에 이르렀으니, 신이 무슨 낯으로 무리를 따르고 대오를 좇아서 다시 풍헌風憲의 우두머리에 끼어 아무 일 없는 사람과 스스로 같이 하겠습니까? 녹이나 타먹고 총애를 굳히는 것은 신이 원치 않는 것이 아니지만, 남에게 손가락질과 비웃음을 받아 또한 매우 부끄러워서 상소하여 자책하지 않을 수 없었습니다.

비답하기를, "상소를 보고 모두 알았다." 하였다.

○ 대왕대비전이 전교하기를, "50년 동안 억울했던 일이 신리伸理되어 이제 유감이 없게 되었으니, 모두 주상의 성의의 소치이다. 은언군恩彦君 내외의 사판祠版에 정경正卿을 보내어 치제致祭하게 하라." 하였다.

○ 영상 권돈인權敦仁이 도성을 나갔다.

○ 상이 다음과 같이 전교하였다.

관사官司의 잠계箴戒가 아닌데 대신大臣을 헐뜯고 배척하는 것은 조정의 체모에 관계가 있을 뿐만 아니다. 더구나 이것이 어찌 추상推上할 일이겠는가? 전 대사헌 이노병李魯秉에게 투비投畀하는 형전刑典을 시행하라. — 영유현永柔縣에 투비하였다. —

○ 형조에서 다음과 같이 아뢰었다.

죄인 서금록徐今祿의 결안結案은 다음과 같습니다. 흉악한 짓을 한 절차는, 그가 수동水瘽에 걸리자 어린아이의 손가락 피가 신약神藥이 된다는 말을 듣고서 일찍이 한 번 시험해 보려는 마음이 있었습니다. 약간 술을 마시고 무교武橋 근처에 이르러 길가에서 노는 어린아이를 보자 흉심凶心이 갑자기 발동하여 어린아이를 품속에 안았다가 잡히기에 이르렀습니다. 포도청의 조사와 형조의 조사에서 정상情狀이 드러났는데, 계획을 세워 어린아이를 죽이려고 한 죄에 대해 확실히 지만遲晩하였으니, 공초가 부대시참不待時斬에 관계됩니다. 죄인을 법대로 조율照律하여 의정부에 보고하고서 자세히 조사하여 시행하는 것이 어떻겠습니까?

아뢴 대로 윤허하였다.

○ 호조 참판 노광두盧光斗가 상소하여 진면陳勉하니 답하기를, "본직은 이미 체차하였다. 아뢴 말이 실로 충애忠愛에서 나왔으니, 매우 가상하다. 내하 표리內下表裏 1단端을 사급賜給하라." 하였다.

○ 빈청賓廳에서, 대왕대비전에 가상加上할 존호尊號는 정렬正烈, 왕대비전에 가상할 존호는 선경宣敬, 효현왕후孝顯王后에게 진상할 휘호徽號는 경혜敬惠, 정순대비전靖順大妃殿에 가상할 존호는 명헌明憲이라고 하였다.

○ 대왕대비전이 다음과 같이 전교하였다.

외도外道는 빗물이 자못 땅을 적셨다고 들었는데, 도성과 근기近畿는 심한 가뭄이 들었다. 이제 하지夏至가 지났는데 금년은 절서節序가 평년에 비해 비록 조금 늦다고 하나 너무나 목마르게 안타까워 먹고 자는 것이 달갑지 않다. 기우제祈雨祭를 날을 받지 말고 설행하라고 해조에 알리도록 하라.

○ 영상 권돈인權敦仁이 올린 상소의 대략은 다음과 같다.

신은 죄가 깊으나 은혜가 더욱 높고 결점이 많으나 감싸줌이 더욱 높았습니다. 외람되이 이 관직을 맡아서 여러 해가 되었으나 아직까지 크게 일을 그르치고 극히 실패한 데에 이르지 않은 것은 모두 성상의 조화造化 덕일 뿐입니다. 총록寵祿이 있을 때마다 마음이 항상 놀란 것 같고 재앙이 옴에 이치상 반드시 요행이 없습니다.

전 헌장憲長의 상소가 나옴에 본실本實은 하나의 하찮은 일을 거론한 데 불과합니다. 가령 신이 진짜 이런 일이 있었다 할지라도 신의 죄를 구단句斷함이 아주 적으니 신에게 있어서는 진실로 큰 다행입니다. 그러나 사리辭理가 엄하고 사나워서 바로 남을 탄핵하는 급서急書와 비슷하여 장황하게 나열하느라 스스로 돌볼 겨를이 없었습니다. '사사로움을 이루었다' 하고 '거리낌이 없었다' 하였으니 공사公事를 등지고 나라를 저버린 일개 소인입니다. 명색이 대관大官으로서 공사를 등지고 나라를 저버린 소인에게 조정에서 응당 무슨 벌을 주어야 하겠습니까? 전하께서 설사 자중自重하지 못한 것으로써 신을 책면責勉할지라도, 그의 관직은 대관臺官이고 그 말은 대언臺言이고 그 논한 바는 바로 또 신하가 피할 수 없는 것입니다. 신이 자중으로 처신했다면 그로부터 비웃음과 꾸짖음을 받았겠습니까? 진짜 소인처럼 거리낌이 없었다면 장차 공의公議에 어떠하겠습니까? 전하께서는 또 신이 본 일을 상소하여 논열하지 않았다고 꾸짖었습니다. 그가 추상推上한 것이 옳지 않은 만큼 신이 상소하여 논열한다면 유독 잘못을 본받는 것이 아니겠습니까? 신이 말할 만한 허물이 없고 들추어낼 만한 허물이 없다면 사람들의 말이 어찌 이에 이르렀겠습니까? 신이 아무리 비루해도 남과 더불어 시비를 말하는 것은 또한 차마 하지 못하는 것입니다.

다음과 같이 비답하였다.

남을 꾸짖기를 자기를 용서하는 것처럼 한다면 천하에 용서할 수 없는 일이 없다. 더구나 전 도헌의 상소는 실로 노망老妄이 든 탓이니, 경의 너그러운 아량으로 진실로 의당 한 마디 말로 유감을 풀었어야 한다. 그런데 반복해서 깊이 인책引責하여 중요한 나라의 체통을 생각하지 않고 교외에서 은둔하니 좋은 계책이 전혀 아니다. 가만히 경을 위하여 애석하게 여긴다. 경은 다시는 굳이 고집하지 말고 마음을 돌려서 집에서 돌아와 조정 일을 다스리도록 하기 바란다.

○ 예조 — 판서 윤정현尹定鉉이다. — 에서 다음과 같이 아뢰었다.

효정전孝定殿의 담사禫事 뒤에 부묘祔廟하는 예禮를 행하면 으레 여러 번 조천祧遷하는 일이 있어야 합니다. 오묘五廟의 제도로 통서統緖를 계승하는 차례를 소급하여 올라가면 진종 대왕眞宗大王의 신위神位는 영녕전永寧殿에 조천하는 것이 마땅할 듯한데, 조부祧祔는 사체가 지극히 엄중하여 본조에서 감히 함부로 논할 수 없습니다. 시임 대신時任大臣과 원임 대신原任大臣 및 지방에 있는 유현儒賢에게 문의問議해서 정탈定奪하여 거행하소서.

윤허하였다.

6월

○ 빈청賓廳에서 헌종憲宗의 묘정廟庭에 배향配享할 신하로 영의정 이상황李相璜과 조인영趙寅永을 초계抄啓하였다.

○ 예조에서 조천祧遷하는 전례典禮에 대해 수의收議하여 회계回啓하니, — 영부사 정원용鄭元容은 아뢰기를, "오묘五廟에서는 사친四親과 시조始祖를 제사하고 이소二昭와 이목二穆 이상은 조천하여 높입니다. 제왕가帝王家는 통서統序가 대수代數가 되므로 진종眞宗에서 헌종憲宗까지가 5세가 되는데, 지금 성상은 바로 헌종憲宗의 사왕嗣王이니 헌종을 부묘祔廟하는 날에 진종을 5세世로써 조천하는 것은 또한 상례常禮입니다. 만약 친서親序로써 말한다면 월제月祭의 친속親屬으로서 협장夾藏의 제도를 행하는 것은 정리상 온당하지 못한 바가 있으나, 반드시 원용援用할 만한 선유先儒의 정론定論이 있고 근거할 만한 전대前代에서 행한 전례典禮가 있은 연후에야 비로소 의논해 행할 수가 있습니다." 하였고, 영상 권돈인權敦仁은 아뢰기를, "종묘는 계서繼序로써 소목昭穆을 삼고 조주祧主를 번갈아 옮기는 것은 오직 묘廟의 숫자를 보는 것이 예의 바름입니다. 지금 우리 성상께서는 헌종의 통서를 이어서 부자간의 도道가 있으니 만약 진종眞宗을 조천하지 않는다면 진실로 오묘의 제도에 어긋남이 있으니, 불가할 듯합니다. 그러나 고조高祖와 증조曾祖는 번갈아 조천하는 데 있지 않은 것도 예의 바름입니다. 진묘眞廟는 성상에게 황증조皇曾祖가 되니, 지금 만약 번갈아 조천한다면 이는 친등親等이 다하지 않았는데 조천한 것이니 또한 불가합니다. 이것은 더할 수 없이 중한 변례變禮인데 고금에 근거

할 만한 확증確證이 없으니 상변常變에 처해서는 정례情禮를 다하는 데 힘써야 하니, 신처럼 어리석고 사리에 어두운 자가 함께 의논할 수 있는 것이 아닙니다. 다만 주자朱子의 『조묘의장祧廟議狀』을 살펴보건대, '형제를 각각 1세로 하여 천자天子는 칠묘七廟로 하는 것이 예의 정법正法이다' 하였고, 조천을 논하는 데 이르러서는 '송나라 태조太祖와 태종太宗을 일세一世를 나누어 이세二世로 하여 태묘太廟에 제사하는 것은 겨우 8세에 미쳐서 크게 어긋나니, 청컨대 속히 개정改正하소서' 한 것은 무엇입니까? 주묘周廟의 제도制度는 징험할 수 없고 시왕時王의 전례典禮는 또한 중요하니 세대世代 수를 만약 나누거나 만약 합쳐서 묘제廟制가 혹은 칠이 되기도 하고, 혹은 구가 되기도 하는 것은 또한 시의時宜가 있어서 굳이 옛일에 얽매일 것이 없기 때문이 아니겠습니까? 그러므로 장횡거張橫渠도 말하기를, '고조高祖에서부터 아버지까지는 모두 제사하지 않을 수 없는데, 만약 각각 형제 몇 사람이 있어서 대립代立했을 경우 묘廟의 수로써 확정하여 문득 제사 지내지 않는 바가 있어서는 안 된다' 하였습니다. 지금 묘제廟制를 돌아보면 비록 형제가 계서繼序한 것에 의의擬議해서는 부당할 듯하나, 묘의 수가 한도에 찬 데에 구애되지 않는 것은 또한 근거로 끌어 댈 만합니다. 더구나 삼가 우리나라의 전례典禮를 상고해 보면, 세종世宗 3년(1421)에 비로소 영녕전永寧殿을 세우고서 목조穆祖를 조천하였는데, 태묘太廟가 익조翼祖로부터 아래로 육실六室이 되었으니 묘의 수에 구애받지 않은 첫 번째 예입니다. 선조宣祖 2년(1569)에 비로소 인종仁宗을 문소전文昭殿에 부제祔祭할 때에 간원諫院이 '당초의 유훈遺訓이 오실에 이르지 말라고 하였으니, 인종을 입부入祔하면 예종睿宗은 마땅히 조천해야 한다' 하였습니다. 의논한 자들이 모두 말하기를, '인종을 조祖로 삼고 명종明宗을 고考로 삼는다면 이름과 실상이 크게 어긋날 뿐만 아니라 예종은 당저當宁에게 고조高祖의 친親이 되는데 체천遞遷하여 내보내는 것은 온당하지 않다' 하여 마침내 차례로 올려 부祔하고 예종은 조천하지 않아서 태조로부터 아래로 육실이 되었으니 묘의 수에 구애받지 않은 두 번째 예입니다. 현종顯宗 2년(1661)에 효종孝宗을 부묘할 때에 인종仁宗과 명종明宗을 아울러 조천하였는데 효묘孝廟가 재위在位할 때에 인종 이하의 묘의 수가 오실에 찼으나 인종을 조천하지 않았다가 현종 초에 이르러서 비로소 명종과 함께 아울러 조천하였으니, 또한 묘의 수에 구애되지 않은 세 번째 예입니다. 이것은 모두 친등親等이 아직 다하지 않았으면 감히 갑자기 조천을 의논할 수 없고, 일찍이 계서繼序를 각각 소昭와 목穆으로 하여 묘의 수가 마침 오실에 찼으나 구애하지 않은 것입니다. 오늘날의 예는 비록 형제로써 계서한 것으로 의의해서는 안 되지만 형제를 각각 일세一世로 한 데 대해 주자가 이미 예의 정법正法이라고 하였으니, 정법으로써 기준을 삼아서 계서繼序가 오세가 되는 것은 마찬가지입니다. 열성조列聖朝 이래로 또한 어찌 정법을 버리고 육실에 대해 혐의하지 않고자 하였겠습니까? 대개 그렇게 하지 않으면 존귀한 사친四親을 묘향廟享할 수 없는 것이 있으므로, 대성인大聖人의 불쌍히 여기고 인애仁愛하는 마음에서 상常과 변變, 경經과 권權의 중도를 헤아린 것이니, 또한 천하 후세에 할 말이 있습니다. 어리석은 신은 고상古常을 지켜 혹 천리天理와 인정人情의 바름에 혐의가 있기보다는 차라리 우리 열성列聖께서 묘의 수에 구애하지 않으신 것을 우러러 잇는 것이 낫다고 생각합니다. 그렇게 하면 지극히 정밀하고 지극히 은미한 의리가 또한 장횡거와 주자 두 현인이 묘의 수를 정하지 않았던 본뜻을 잃지 않을 것입니다." 하였습니다. 판부사判府使 김도희金道喜는 아뢰기를, "진종 대왕眞宗大王은 전하에게 증조曾祖의 친이 되니, 친등親等이 다하지 않았는데 조천을 의논하는 것은 정리상 실로 온당하지 않습니다. 다만 제왕가는 승통承統을 중하게 여기기 때문에 주자가 주묘도周廟圖를 진달하면서 주 효왕周孝王은 숙부로써 조카를 이었으나 강왕康王은 효왕의 증조로서 응당 조천해야 할 차서에 있다고 하였습니다. 선정 신先正臣 송시열宋時烈도 말하기를, '비록 형이 동생을 잇고 숙부가 조카를 계승하더라도 오히려 부자로 여겨 각각 소목이 된다' 하였습니다. 지금 우리 전하께서는 헌종憲宗의 통서를 계승하였으니, 오묘의 제도로써 거슬러 올라가 논하면 진종실眞宗室은 세수世數 밖에 있는 것이 마땅합니다. 주자의 의논과 선정의 논의가 오늘날 끌어댈 증거가 될 듯한데, 종묘의 예는 지극히 엄하고 또 공경해야 하며 조천하는 예禮는 더욱 신중히 해야 하는 데 어찌 감히 질정하여 대답하겠습니까?" 하였습니다. 판부사判府事 박회수朴晦壽는 아뢰기를, "왕자王者의 제도는 종통宗統을 중하게 여기며 종묘의 예는 소목昭穆이 더할 수 없이 엄한데 오묘의 제도는 고금의 통의通義입니다. 지금 우리 성상께서 헌종의 통서를 계승하여 사왕嗣王이 되었는데, 헌종부터 위로 정종正宗까지 사묘四廟의 숫자가 이미 갖춰졌고 진종은 이소 이목二昭二穆 밖에 있으니, 마땅히 조천하는 것이 예입니다. 만약 친서親序로써 말하면 진종은 전하에게 황증조皇曾祖가 되니 친등이 다하지 않았는데 조천하는 것은 예禮에서 어렵게 여기고 신중히 여기는 바이며 정리상 온당하지 않은 점이 있습니다. 그러므로 이렇게 하문하는 거조가 있기에 이르렀는데, 이는 왕조王朝의 막중한 큰 전례典禮로서 높은 이를 높이고 친한 이를 친애하는 도리는 서로 중요하게 여깁니다. 만약 정情과 예禮를 절충하고 시행했던 전례典禮를 원거한 것이 아니면 질사質俟하는 의리에 부합하지 못합니다." 하였습니다. 좌의정左議政 김흥근金興根은 아뢰기를, "제후諸侯의 오묘는 이소 이목과 태조의 묘를 합쳐서 다섯이니, 반드시 조천한 뒤에 부묘하는 것이 예의 바름이며 묘廟의 통서統序입니다. 오직 전하로부터 진종에게 소급하면 친등親等이 다하지 않아서 조천을 의논할 바가 있게 됩니다. 그러므로 예신禮臣이 제멋대로 결단하지 못하고 널리 하문하기를 청한 것입니다. 다만 생각건대, 역대歷代의 묘제廟制는 아우가 형을 잇고 숙부가 조카를 잇었더라도 반드시 형과 조카로써 각각 소와 목으로 삼아서 종묘 안의 세수世數를 갖추니, 이것이 이른바 묘통廟統입니다. 묘통은 문란시켜서는 안 되기 때문에 비록 친속親屬이 차례에 어긋나더라도 승통承統을 중히 여기는 것입니다. 이것을 가지고 오늘날에서 찾아보면 진종의 조천은 소목을 등진登進하지 않을 수 없는 데에서 말미암습니다. 혹 그렇지 않고 종묘 안에 이소 이목 이외의 위位가 있다면 어찌 진실로 아주 온당하지 않은 것이 아니겠습니까? 주 효왕周孝王은 숙부로써 조카를 이은 임금인데, 주자가 칠묘도를 의성擬成하면서 조祖·고考·형兄·질侄로써 사친四親을 삼고 후직后稷·문왕文王·무왕武王을 알울러 칠세七世의 수를 갖추고 효왕의 증조인 강왕康王은 체천하는 열列로 삼았습니다. 이것이 대현大賢께서 감파勘破한 정론定論으로 오늘날 근거로 삼을 만한 것입니다." 하였습니다. 우상 박영원朴永元은 아뢰기를, "왕은 통서를 계승하는 것을 중하게 여기기 때문에 사군嗣君이 선군先君에 대해서는 비록 부자의 친親이 아니더라도 부자의 도리가 있으며 종묘 소목의 제도도 또한 이로 인해 차서를 삼습니다. 주자朱子가 체협禘祫에 대한 의논을 주묘도에 덧붙여 진달하면서 효왕孝王은 숙부로써 조카를 계승하였으나 의왕懿王을 소昭로, 공왕共王을 목穆으로 삼았고, 성왕成王과 강왕康王은 바로 고조와 증조의 친으로 칠묘七廟가 되니 응당 조천하는 대수이며, 구묘九廟로써는 겨우 소목 안에 있었습니다. 또 『묘의도설廟議圖說』에서는 송宋나라 광종光宗이 신종神宗 · 철종哲宗 · 흠종欽宗 · 휘종徽宗 · 고종高宗 · 효종孝宗의 육실로써 친묘親廟를 삼았고, 영종英宗은 5세五世로서 조천하는 데에 해당하였습니다. 주周나라는 번갈아 조천한 일이 멀어서 고찰할 수 없으나 송나라는 희종僖宗과 선종宣宗 2조祖를 아울러 조천했기 때문에 영종英宗은 마침내 조천하지 않았습니다. 그러나 주자의 서書에 그에 대한 말이 매우 자세하여 예가禮家에서 정론定論으로 삼고 있습니다. 지금 우리 전하께서는 헌종에 대하여 의리는 계체繼體와 같고 예는 존칭尊稱을 엄게 여기니, 거슬러 올라가면 진종실은 세수世數 밖에 있습니다. 대저 이소 이목이 사친四親을 제사하는 데에 친등이 다하지 않았으나 조천하는 것은 변례變禮입니다. 오직 전중傳重으로 통서統序를 삼기 때문에 어버이를 친애하는 것으로써 높은 이를 높이는 것을 해치지 않는다고 한 것입니다. 오늘날의 예는 한결같이 주자의 의논을 따르는 것이 마땅합니다." 하였습니다. 좨주祭酒 홍직필洪直弼은 아뢰기를, "삼가 『주자대전朱子大全』을 상고하건대, 체협의禘祫議는 주세수도周世數圖 및 사시협도四時祫圖에 실려 있습니다. 효왕孝王 때에 의왕懿王은 좌소左昭에 있고 공왕共王은 우목右穆에 있었는데, 효왕은 바로 공왕의 아우로서 형제가 각각 소와 목이 되었고, 효왕은 바로 의왕의 숙부로서 세서世序가 부자나 다름없었습니다. 주자가 일찍이 송나라의 묘제廟制를 한탄하여 형제가 서로 계승하는 자를 함께 1세世로 한 것은 예禮가 잘못된 것이 아니니, 『조묘의장祧廟議狀』에서는 '태조太祖를 목穆으로 삼아서 주나라의 문왕文王에 견주고 태종太宗을 소昭로 삼아 주나라의 무왕武王에 견주었다' 하고, 또 말하기를, '철종哲宗은 목穆이 되고, 휘종徽宗은 소昭가 되며 흠종欽宗은 목이 되고 고종高宗은 소가 된다' 하였는데, 태조와 태종, 철종과 휘종, 흠종과 고종은 형제가 되지만 제사지냄에 각각 실室을 두었습니다. 선정 신 송시열이 일찍이 조묘소祧廟疏를 의논하면서 또한 말하기를, '제왕가는 통서를 계승하는 것을 중하게 여기기 때문에 비록 형이 아우를 잇고 숙부가 조카를 이었더라도 오히려 부자로 여기니, 바로 각각 소와 목이 된다. 『춘추春秋』로 말하더라도 노魯나라 민공閔公은 동생이요 희공僖公은 형인데 공자孔子가 쓰기를, 「희공을 제躋했다.」고 한 것에 역사逆祀를 비난한 것이다. 주자는 형제로써 각각 1세를 삼아 부자와 같게 할 것을 청하였다. 지금 우리 인묘仁廟와 명묘明廟는 친등은 비록 형제이지만 의리義理는 부자이니 앞으로 영녕전永寧殿에 천봉遷奉할 때에는 오히려 그 소목을 둘로 함으로써 과거에 온당하지 못했던 일을 바로잡아야 한다' 하였고, 선정 신 이재李縡도 주자와 장횡거 등 제현齊賢이 이른바 '형이 아우를 계승한 경우는 또한 소목의

열을 옮기는 것이 정도이다' 하였습니다. 공자와 주자의 가르침으로 헤아려 보고 선정의 논의를 참고해 보면, 우리 전하께서는 진종 대왕을 마땅히 5세世의 숫자에 맞추어 조천하는 의논을 행하는 것이 예의 뜻에 부합될 듯합니다. 이것은 이른바 천리天理를 잡고서 인륜人倫을 바로잡고 회통會通을 관찰하여 전례典禮를 행한다는 것입니다." 하였습니다. 부사직副司直 성근묵成近黙은 아뢰기를, "매번 하문하실 때마다 한결같이 '감히 질정하여 대답하지 못하겠다[不敢質對]'는 네 글자로 답하였을 뿐입니다. 이번의 이 종묘의 변례變禮는 일이 처음이고 예禮가 특별하니, 조천해서는 안 되는 데 조천하고 넘어서는 안 되는데 넘는 것은 모두 실례失禮가 됩니다. 신처럼 배우지 못하고 학식이 없는 자가 어찌 감히 그 사이에 한 마디 말을 하겠습니까?" 하였습니다. — 상이 전교하기를, "이것은 더할 수 없이 중대한 전례典禮이므로 한두 논의가 다르지 않을 수 없다. 2품 이상 및 시임 유신時任儒臣에게 다시 수의收議하여 들이라." 하였다.

○ 예조에서 조천祧遷하는 전례典禮에 대해 다시 의논하여 회계回啓하니, — 영돈령 홍재룡洪在龍은 아뢰기를, "대신大臣과 산림山林의 의논가 고금의 의논을 참작하여 통한 것이 많이 있는데 우매한 신이 어찌 감히 다른 의견을 새로 만들어 내겠습니까?" 하고, 판돈령 서희순徐憙淳은 아뢰기를, "진종대왕은 전하에 대하여 친등親等은 비록 다하지 않았으나 통서統序는 의당 조천祧遷해야 합니다. 제왕帝王의 묘제廟制는 사대부士大夫와 차이가 있으니, 통서로써 중함을 삼는 것이 마땅할 듯합니다." 하고, 지사 이약우李若愚·김난순金蘭淳, 공조 판서 김좌근金左根, 상호군 이헌구李憲球, 광주 유수廣州留守 김학성金學性, 대호군 조학년趙鶴年, 판윤 홍재철洪在喆, 대호군 김정집金鼎集·이경재李景在·안광직安光直·홍학연洪學淵·이돈영李敦榮·김기만金箕晩, 지중추부사 강시영姜時永, 수원 유수水原留守 조병준趙秉駿, 우참찬 김수근金洙根, 대호군 권대긍權大肯·서영순徐英淳·윤치겸尹致謙·이규방李圭訪, 호군 정홍경鄭鴻慶, 도승지 홍종영洪鍾英, 호군 서염순徐念淳·이근우李根友, 대사헌 오취선吳取善, 호군 정최조鄭㝡朝·김위金鍏·박장복朴長復, 형조 참판 한진정韓鎭庭, 호군 민치구閔致久·이시재李時在·조형복趙亨復·윤치정尹致定·조석우曺錫雨, 좌승지 서헌순徐憲淳, 호군 홍우순洪祐順·강제姜濟·이정재李鼎在, 전 부제학 서재순徐載淳, 호군 한정교韓正敎, 강화 유수 황호민黃浩民, 호군 정덕화鄭德和, 개성 유수開城留守 이시원李是遠, 호군 이효순李孝淳·이경재李經在·남성교南性敎, 호조 참판 심의면沈宜冕, 호군 이명적李明迪, 영풍군鈴豐君 윤찬尹憤, 호군 민영훈閔永勳, 대사간 유장환兪章煥, 호군 이공익李公翼·김시연金始淵, 동지중추부사 이우李玗·김재전金在田, 호군 임영수林永洙·김신근金愼根·김덕희金德喜·박재헌朴齊憲·김병기金炳冀, 공조 참판 성원묵成原黙, 호군 신석우申錫愚, 좌윤 윤희검尹羲儉, 동지중추부사 이경순李景純, 호군 백은진白殷鎭·심낙신沈樂臣·이재학李在鶴, 응교 김익진金翊鎭, 부응교 윤행모尹行謨, 교리 강노姜㳣·이휘규李彙圭, 부교리 이용직李容直·이승익李承益, 수찬 정건조鄭健朝·이승보李承輔,

부수찬 조석여曺錫輿, 정자 김병국金炳國은 의논이 같았습니다. 지중추부사 서원보徐元輔, 지훈련부사 임성고任聖皐, 호군 이희두李羲斗, 병조 참판 정성일鄭誠一, 청인군淸仁君 한용정韓容鼎, 호군 신대응申大膺·성호겸成好謙, 동지중추부사 심일영沈日永·오일선吳一善·이정현李定鉉, 훈련도사 이희경李熙絅, 호군 조존중趙存中·임태영任泰瑛·이충운李忠運·이응서李膺緖·박시회朴蓍會·정일영鄭日永·정태동鄭泰東·민석閔晳·이희장李熙章은 헌의獻議하지 않았습니다. 이조 판서 이가우李嘉愚는 아뢰기를, "제왕의 제도는 통서를 계승하는 것으로 중하게 여기고 종묘의 예는 소목昭穆으로 차서를 삼습니다. 사친四親의 묘수廟數 이상은 번갈아 조천하는 것이 고금의 통의通義입니다. 우리 전하는 헌종憲宗의 통서를 계승하였으니 실로 부자의 도리가 있습니다. 헌종으로부터 위로 정종正宗에 이르기까지 사친의 묘수廟數가 이미 찼습니다. 진종眞宗은 전하에게 5세가 되니 5세에 조천하는 것은 예의 바름입니다. 형과 아우, 숙부와 조카는 각각 소昭와 목穆이 되는데, 더구나 주자朱子가 이미 정해놓은 의논이 있음에야 더 말할 것이 있겠습니까? 만일 친속親屬으로 말하다면 진종은 전하에게 황증조皇曾祖가 되니, 친등이 다하지 않았는데 갑자기 협장夾藏을 의논하는 것은 정리상 온당하지 않은 것이 있습니다. 그리고 예가禮家의 정론定論을 살펴보고 전대前代에서 행한 전례典禮를 참고하건대 정확히 근거할 만한 문장이 있지 않아서 감히 질정하여 대답하지 못하겠습니다." 하고, 대호군 김경선金景善은 아뢰기를, "친등이 다하지 않았는데 조천을 의논하는 것은 정리상 온당하지 않은 것이 있습니다. 그리고 왕조王朝의 전례는 일반 사람과는 아주 다릅니다. 종묘의 소목은 한결같이 계서繼序와 세차世次를 준행하고 번갈아 조천하는 데에는 각각 정수定數가 있으니, 헌종대왕을 부묘祔廟하는 날에 진종실眞宗室을 번갈아 옮기는 것은 바른 예입니다. 어찌 다시 의논하겠습니까? 이제 정리상 온당하지 않은 것 때문에 예가 혹 인연할 만한 것처럼 의심하는 것은 또한 신중히 하는 뜻에서 나온 것입니다. 그러나 묘서廟序와 세수世數와 예제禮制는 더할 수 없이 엄하여 때에 따라서 추이推移할 수 없는 것이 있습니다. 선유先儒의 정론定論이 모두 정확할 뿐만 아니라 우리 조정의 전례도 또한 모두 다 꼭 들어맞지 않으니, 이제 예에 없는 예에 대하여 장차 어느 것을 원거援據하여 경법經法과 권도權道를 비교하여 헤아리고 고금을 참작하여 좋고 사리에 맞는 도리를 얻어서 정와 예가 둘 다 다하여 유감이 없게 하겠습니까?" 하고, 호군 한익상韓益相은 아뢰기를, "종묘의 예는 조천祧遷하는 것이 마땅한데 조천하지 않으면 예가 아니며, 조천해서는 안 되는데 조천하는 것도 또한 예가 아닙니다. 오직 우리 진종대왕은 묘차廟次로써 말하면 조천하는 것이 마땅하며, 친서親序로써 말하면 조천하는 것이 마땅하지 않습니다. 그러나 천조遷祧하는 예는 지극히 중대하므로 감히 억측하여 대답할 수 없습니다." 하고, 호군 조석형曺錫亨은 아뢰기를, "오묘五廟의 통서는 친등이 다하면 조천하는 것이 예의 떳떳함입니다. 이제 이 진묘眞廟를 승조陞祧하는 절차는 모두 종통宗統으로써 중함을 삼으며 막대한 변례變禮에 관계되는데, 전대前代에서 행한 전례에는 원용할 만한 확실한 증거가 없는 듯합니다." 하고, 부수찬 박규수朴珪壽는 아뢰기를, "지금 이 종묘의 조천하는 의논은 실로 우리 헌종대왕을 부묘祔廟하기 위해서 나온 것입니다. 우리 황상께서는 헌종의 통서를 계승한 만큼 헌종을 제부躋祔하는 날을 맞이해서 헌종부터 위로 5세를 거슬러 올라가기 때문에 진종대왕을 조천하는 것이 마땅합니다. 삼가 정종대왕께서 즉위한 처음에 하교하신 것을 살펴 보건대, '종통宗統도 큰 것이고 계서繼序도 중요하다. 비록 손자로서 조부를 계승하고 아우로서 형을 계승하였더라도 조부와 형은 응당 예위禰位[3]가 되어야 한다' 하셨습니다. 삼가 성의聖意를 자세히 살펴보건대, 통서를 계승한 것을 중요하게 여기고 윤서倫序에 구애되지 않으신 것입니다. 이제 우리 성상께서 이 예에 처하심에 또한 윤서에 구애되지 않고 통서를 계승하는 것을 중요하게 여긴다면 어찌 문조文祖를 가까이 계승하는 방도가 아니겠습니까? 종묘의 소목은 4대로써 한정합니다. 선군先君을 아래에 승부陞祔하면 4대 이상은 조천하지 않을 수 없습니다. 비록 윤서와 통서를 계승한 것이 혹 들쑥날쑥하더라도 일찍이 선군으로 칭하지 않은 적은 없었습니다. 진실로 더할 수 없이 중한 것은 전세傳世의 대통大統이고, 더할 수 없이 엄한 것은 한계가 있는 묘제廟制입니다. 그러므로 조천하는 즈음을 맞이해 윤서는 친등이 혹 다하지 않았으나 종묘의 통서는 세대 수가 이미 다하였으니, 이에 의리는 펴지 않을 수 없는 것이 있고 정리는 굽히지 않을 수 없는 것이 있습니다. 조천이 아니면 선군은 예묘禰廟에 들어갈 수 없고 예묘가 아니면 선군을 받들 수 없기 때문입니다. 무릇 이 의리는 이미 선유先儒가 단정斷定해 놓은 의논이 있습니다. 묘조廟祧의 변례變禮는 예로부터 서로 옳고 그름을 따졌으나 결말이 나지 않아서 의논이 분분했는데, 동소공목同昭共穆은 실수室數에 구애되지 않는다는 설에 근거한 것에 불과합니다. 그러나 이것은 경전經傳의 명문明文이 없고 단지 하순賀循[4]이 자기 의견을 고집하고 공영달孔穎達이 좌씨左氏의 글을 곡해曲解한 것에서 나왔을 뿐입니다. 설사 그 말과 같을지라도 형제로서 이어서 즉위한 선군先君이 소昭를 같이하는 것에 비겨 예묘禰廟에 봉안한다면 오히려 소목의 사묘四廟 안에 있을 수 있습니다. 선군은 본래 이미 부자가 전세傳世하여 스스로 일대一代를 이루되 시군時君이 혹은 형으로서 계승하기도 하고 혹은 숙부로서 계승하기도 하였으니, 이 말로써 견주다면 비록 소를 같이 하더라도 시군의 세대에 행할 만한 것이 없습니다. 아무리 주主를 용납하고자 하더라도 대수가 반드시 소목 밖으로 돌아갈 것이니, 바로 묘수가 이미 차서 원래 봉안할 만한 땅이 없고 위차位次가 아래에서 증가하여 승부陞祔하는 예를 벗어나기 때문입니다. 정과 예가 모두 잘못되어 진퇴進退에 근거가 없습니다. 앞의 설을 말미암자니 오히려 정론正論에 배척당한 것을 보았고, 뒤의 설을 말미암자니 더욱 꽉 막혀 통하지 않은 것을 보았으니, 바로 이것이 오늘날 원용할 수 없는 것입니다. 만일 역대에 이미 행한 전례와 본조의 고사故事를 논한다면 한漢나라와 진晉나라의 묘제는 고도古道에 부합하지 않으니 모두 논할 것도 없고, 당唐나라 선종宣宗과 명明나라 가정嘉靖 초기에 구

3 _ 예위(禰位) : 아버지의 사당과 같은 지위.

4 _ 하순(賀循) : 자는 언선(彦先). 경례(經禮)에 저명한 학자.

묘九廟에 제사한 신주를 관찰하면 선군을 예禰하지 않은 것이 없습니다. 우리 세종 3년(1421)에 정종定宗을 부묘祔廟하면서 목조穆祖를 조천祧遷하였을 때에는 태종太宗이 바야흐로 상왕上王의 지위에 있어서 종묘의 예는 상왕께서 주관하였으니, 이것이 태종이 예묘禰廟로써 정종을 섬긴 것입니다. 선조宣祖께서 인종仁宗을 문소전文昭殿에 부묘함에 인종은 선군의 형제가 되기 때문에 비록 의논하는 자의 말을 따라서 동소同昭의 제도를 행하였으나, 선정 신 이황李滉이 오히려 정론을 견지하고 예종睿宗의 한 위位를 옮기고자 하였으니, 예종은 선조에게 고조가 되니, 이것은 원묘原廟의 제도가 종묘의 중함만 못하기 때문에 당시의 대유大儒의 말이 저와 같은 것입니다. 선유先儒가 어찌 고조의 친등이 다하지 않았다는 것을 생각하지 않았겠습니까? 묘조廟祧에서는 진실로 통서를 계승하는 것을 중하게 여긴다는 것을 알 수 있습니다. 현종조顯宗朝에 효종孝宗을 태묘太廟에 부묘하면서 인종仁宗을 비로소 명종明宗과 더불어 함께 조천하였습니다. 그런데 당시에 선정 신 송시열宋時烈이 상소하여 진달하기를, '인조를 부묘할 때에 먼저 인종을 조천하는 것이 마땅하며 오늘 또 명종을 조천한다면 예의 바름을 얻는 것이 된다' 하였습니다. 이로 말미암아 논하면, 인종을 미처 먼저 조천하지 못한 것은 대개 그때에 미처 겨를 하지 못한 것이니 자못 예제禮制의 당연함이 아닙니다. 또한 혹 그렇지 않다면 가만히 생각건대, 오히려 동소同昭의 설을 근거로 하여 이미 시행한 전례를 고칠 수 없다면 소목이 어떠한지를 논하지 않는 것은 아니나 문득 부묘만 있고 조천은 없는 것입니다. 삼가 생각건대, 전하께서 헌종대왕에 대해 승통承統의 중함이 실로 계체繼體와 같고, 묘정廟庭에 배향配饗하는 예가 존예尊禰보다 엄한 것이 없습니다. 더구나 다시 정묘正廟의 성교聖敎가 해와 별처럼 밝고 선정先正의 정론定論이 역사책에 분명하게 실려 있음에야 더 말할 것이 있겠습니까? 오늘 조천하고 부묘하는 절차는 마땅히 스스로 정례定禮가 있는 듯하니, 뭇 의논을 널리 수집하여 지극히 합당하게 되기를 힘쓰소서." 하였습니다.

— 상이 다음과 같이 전교하였다.

여러 의논에서 보건대 한두 가지 다른 의논이 없지 않으나 이것은 각각 그 소견을 진달할 것일 뿐이다. 어찌 반드시 구차하게 같게 하겠는가? 친등이 다하기 않았는데 갑자기 조천을 의논하는 것은 천리와 인정에서 크게 온당하지 않다. 그러나 제왕가帝王家는 통서統序를 중하게 여기는 것이 고금의 공통된 의리이다. 헌종께서는 15년 동안 군림君臨하면서 정조正祖·순조純祖·익종翼宗의 적통으로 이어져온 대통을 계승하셨다. 그런데 이제 만일 이소 이목二昭二穆 이외의 자리에 받들어 부묘한다면 천리나 인정에 더욱 어떠하겠는가? 그렇다면 진묘眞廟의 조천은 스스로 그렇게 하지 않을 수 없는 예禮이다. 예조로 하여금 조천하는 의절儀節을 날을 가려 거행하게 하라.

○ 성균관 유생儒生이 권당捲堂하고서 다음과 같이 소회所懷를 말하였다.

이번에 조천祧遷하는 예는 스스로 정법正法이 있으나 전하께서 오히려 반드시 공경하고 반드시 삼가려는 뜻에서 널리 하문하는 일이 있기에 이르렀으니, 진실로 흠앙하고 찬송讚頌을 금치 못하겠습니다. 다만 신들은 영상 — 권돈인權敦仁이다. — 의 헌의獻議에 대해서만은 놀라움과 의혹된 것이 있습니다. 그가 말하기를, "고금을 걸쳐서 근거할 만한 확증確證이 없다." 하였습니다. 삼가 주자朱子가 지은 주칠묘도周七廟圖를 살펴보니, 의왕懿王은 효왕孝王의 조카로서 예위禰位에 있고, 강왕康王은 효왕孝王의 증조曾祖로서 응당 조천祧遷해야 하는 묘廟가 되니, 이것이 바로 오늘날의 확증인데, 곧 "근거할 만한 것이 없다." 말한 것은 무엇 때문입니까? 주자의 소첩자小貼子에 "이조二祖를 아울러 조천하고 일세一世를 나누어 둘로 만들어 지금의 구묘九廟에 미치지 못하고 옛날의 칠묘七廟를 이루지 못한 것은 더욱 어긋난 것이다." 하고, 먼저 행하고서 개정改正하자는 청이 있기까지 하였습니다. 대개 『조묘의장祧廟議狀』의 정법正法을 행할 수 없어서 우선 본조本朝의 구제舊制에 의거하고자 하고 오히려 다른 때에 개정하기를 기약했기 때문에 '먼저 행하자[先行]'는 두 자 아래가 절실함을 얻은 것입니다.

이제 그것을 인용하면서 본뜻을 따지지 않고 거두절미하고 끌어당겨 합치고 억측으로 정하기를 "합하거나 나누거나 혹은 구묘九廟가 되고 혹은 칠묘七廟가 되는 것도 또한 시의時宜를 따를 것이지 굳이 옛날에 집착할 것이 없다." 하였는데, 가만히 첩자貼子를 자세히 살펴보면 어찌 일찍이 굳이 옛날에 집착할 것이 없다는 뜻이 있었습니까? 또 장횡거張橫渠의 말을 인용하면서 "고조高祖부터 아버지에 이르기까지 모두 제사지내지 않을 수 없으며, 만약 형제 몇 사람이 있어서 대립代立한다면 묘의 숫자로써 확정해서는 안 된다. ……" 하였습니다. 이미 "고조부터 아버지에 이르기까지"라고 하였으니 실室의 숫자는 구애되지 않으나 세수世數는 증가시킬 수 없다는 것을 알 수 있습니다. 이제 이를 인용하면서 마치 세수에 구애되지 않는 것처럼 하였으니, 이것이 어찌 장횡거의 본뜻이겠습니까? 우리나라 세종 3년(1421)에 태종太宗은 상왕上王의 지위에 있었는데, "익조翼祖 이하로 6실이 된다." 하였습니다. 지금 의논한 것은 더할 수 없이 중한 예이고 인용한 것은 더할 수 없이 엄한 곳인데 애당초 검토하지 않아서 이런 잘못이 있으니, 어찌 매우 놀랍고 송구한 일이 아니겠습니까? 문소전文昭殿의 제도는 종묘의 예禮에 원용할 만한 것이 아니며, 예종睿宗을 조천하지 않은 것은 인종仁宗과 명종明宗을 하나로 합쳐서 5세世 6실室로 한 것임을 알 수 있습니다.

우리나라에서 또한 시왕時王의 제도로써 형제를 하나로 합친 예를 행한 것은 바로 주자의 소첩자의 뜻이니, 어찌 일찍이 세수에 구애되지 않았겠습니까? 지금 그가 인용하여 말을 한 것은 또한 무슨 뜻입니까? 만약 그 말과 같이 헌종을 부묘祔廟하면서 진종을 조천하지 않는다면 익종翼宗과 헌종憲宗은 장차 소목 안에 있지 않을 것인데, 그것이 옳겠습니까? 아, 우리 익종과 헌종은 바로 세적世嫡의 임금이며 전하에게 대통大統을 전하였는데, 그가 소목으로써 향사享祀하고자 하지 않은 것은 또한 무슨 뜻입니까? 그 일은 양종兩宗의 예이며, 그 예는 종묘의 중대사입니다. 만약 한 마디 말로 변정卞正하지 않는다면 어떻게 천리天理를 밝히고 인기人紀를 바로잡아서 영원히 천하 후세에 할 말이 있을 수 있겠습니까? 삼가 바라건대, 속히 원의原議를 물리쳐 팔방에 유포되어 인심을 미혹시켜 어지럽히게 하지 마소서.

상이 다음과 같이 전교하였다.

예禮는 일정한 논의가 있는데 어찌 모여서 송사訟事한다고 말할 수 있겠는가? 이제 이 황증조皇曾祖의 조천祧遷은 보통 사람의 마음으로 갑자기 보면 이것이 어찌 상정常情에서 감히 할 수 있는 것이겠는가? 다만 통서統序가 지극히 중하고 진종대왕의 세수世數가 이미 오묘五廟 밖에 찼기 때문에 부득이 등진登進하여 조천하는 일이 있게 된 것이다. 그렇다면 그 황증조를 조천해 받드는 것이 누가 더 없이 큰 변례變禮라고 하지 않겠는가? 영상의 소견은 단지 정례情禮를 참작하는 뜻에서 나왔다. 어찌 다른 것이 있겠는가? 이제 한 마디 말이 맞지 않는다는 이유로 이처럼 배척한다면 고금에 예설禮說을 논한 사람이 모두 옳지 못한 죄과로 귀결되지 않겠는가? 더구나 일전에 수의收議하여 이미 정한 뒤에 또 이것을 쟁론爭論하는 것은 크게 심술心術에 관계된다. 성묘聖廟의 사체를 생각하지 않고 갑자기 권당하니 천만 유감이다. 즉시 속히 도로 들어가라는 뜻으로 면유面諭하라.

○ 영상 권돈인權敦仁이 서명胥命하였다.

○ 장령掌令 박봉흠朴鳳欽이 올린 상소의 대략은 다음과 같다.

신은 바로 일개 시골의 소원한 신분으로서 외람되이 선조先祖의 특별한 은혜를 입어서 그 동안 여러 벼슬을 거쳐서 외람되이 대각臺閣의 반열에 끼었으니 분수가 충족되었고 영예가 극에 달하였습니다. 큰 은혜에 감격하여 보답하려고 생각하는 것이 또한 본연의 양심일 뿐입니다.

아, 국상을 막 마쳤으니 만사가 다 끝났습니다. 하늘을 멀거니 바라다보면서 단지 스스로 원통해 할 뿐입니다. 그런데 뜻밖에 일종의 사론邪論이 갑자기 종묘의 예를 수의收議할 때에 나와서 반드시 우리나라의 예를 어지럽히고 우리 백성의 뜻을 미혹시키려 하니, 이것을 차마 할 수 있단 말입니까, 이것을 차마 할 수 있단 말입니까?

아, 저 영상 권돈인權敦仁은 유독 양종兩宗의 신하가 아닙니까? 삼가 수의한 데에 대한 비지批旨를 읽으니, "적통으로 이어져 서로 전했다."는 말 아래의 한 구절 말에 이르러서는 신의 간담이 찢어지려고 하고 울음소리와 눈물이 뒤섞여 솟구쳐 슬픔과 원통함이 극에 달하여 살고 싶지 않은 것 같았습니다. 이번의 이 순의詢議한 일은 바로 그 일을 중히 여기고 그 예禮를 공경하는 성의聖意에서 나왔으니, 누가 대경대법大經大法과 정례正禮와 정론正論으로써 우리 전하께서 신중히 하려는 생각에 부응하지 않겠습니까? 그런데 그는 유독 무슨 마음으로 바꿀 수 없는 정법正法을 근거가 없다고 하고 선현先賢의 말을 인용하면서는 그 본뜻을 그르치고 국조國朝의 전례典禮를 이끌어 논하면서는 고거考據를 잘못하여 감히 우리 익종翼宗과 헌종憲宗을 소목昭穆 밖으로 받들고자 하였으니, 만고 천하에 어찌 소목이 아니면서 종묘에 제향된 임금이 있겠습니까? 성명聖明께서 위에 계시어 바른 의론이 크게 갇습니다. 그의 말이 비록 행해지지는 않았으나 그 사람을 돌아보면 대관大官이요, 그 말을 돌아보면 나라의 예禮입니다. 그 말을 가지고 그 마음을 따져보면 단지 크게 불경한 것으로 말할 수는 없습니다. 공의公議가 일제히 분노하고 여론이 점점 답답해하고 있는데, 다행히 사론士論이 먼저 일어나 비로소 논박해 바로잡는 거조가 있었으나 끝내 엄명嚴命에 몰려 서둘러 마감하였습니다. 저 영상이 시시한 일과 똑같이 보고서 규례를 따라서 서명胥命하고 태연히 부주附奏를 올렸으니, 고금 천하에 어찌 이러한 도리가 있겠습니까? 신은 충분忠憤에 격발하여 편안히 있지 못하고 망령되게 어리석은 말을 진달하였습니다. 속히 처분을 내림으로써 난의 싹을 징계하고 인심에 사죄하도록 하소서.

비답하기를, "상소를 보고 모든 것을 알았다." 하였다.

○ 상이 전교하기를, "박봉흠朴鳳欽의 상소는 바로 불령不逞한 자의 투궤投匭이니, 대신臺臣

의 말이라는 이유로 곡진히 용서하는 바가 있어서는 안 된다. 우선 간삭刊削하는 형전을 시행하라." 하였다.

○ 영상 권돈인權敦仁이 도성을 나갔다.

○ 장령掌令 유태동柳泰東이 올린 상소의 대략은 다음과 같다.

방금 삼가 조의祧議에 대해 내린 비지批旨를 보건대, "제왕가는 통서統序를 중하게 여기는 것이 고금의 통의通義이다. 헌종께서는 15년 동안 군림君臨하고 정조正祖·순조純祖·익종翼宗의 적통으로 이어져온 대통을 계승하셨다. 그런데 이제 만일 이소 이목二昭二穆 이외의 자리에 받들어 부묘祔廟한다면 천리나 인정에 더욱 응당 어떻겠는가?" 하교하셨으니, 신이 여기에서 성학聖學이 고명하고 분석分析이 정미하여 이처럼 엄정하고 명쾌한 것인 줄 알았습니다. 신은 두 번, 세 번 받들어 읽으면서 스스로 흠앙과 찬송을 금치 못하였습니다. "여러 의논을 살펴보니 비록 한두 가지 다른 말이 있기는 하나, 이것은 각각 소견을 진달할 것일 뿐이다. 어찌 굳이 구차히 같게 하겠는가?" 한 것과 같은 것은 신이 여러 의논을 취해 보니 그 중에 이의異議를 세운 사람은 바로 영상뿐이었습니다.

대체로 더할 수 없이 엄한 것이 나라의 예인데 묘제廟制는 더욱 엄중합니다. 어찌 한 마디로 분명하게 분별하여 한결같이 바른 데로 돌아가게 하지 않을 수 있겠습니까? 무릇 천자는 칠묘七廟요 제후는 오묘五廟이지만 그것이 바른 예가 되는 것은 같습니다. 예로부터 지금까지 감히 혹시라도 어기지 못하였는데, 영상이 헌의獻議함에 감히 "혹은 합하기도 하고 혹은 나누기도 하며 혹은 구묘九廟이고 혹은 칠묘七廟이다." 한 말은 공공公共의 정론正論에 대하여 이론異論을 세운 것입니다. 신은 지금 괴이하고 의혹하여 그 이유를 헤아릴 수 없습니다. 제신諸臣의 헌의 중에 인용한 주자朱子의 의성주묘도擬成周廟圖는 실로 오늘날의 원거援據가 됩니다. 그러나 영상은 유독 이것을 취해 증거를 삼지 않고 소첩자小貼子 중에 먼저 행하고 개정改定하자는 청을 취하여 확실한 증거처럼 하였습니다. 대개 송宋나라의 묘제는 이미 칠묘의 정례正禮를 행하지 않은 만큼 이조二祖가 일세一世를 나누어 이세二世로 만들고 제사가 팔세에 이른 것은 바로 위례違禮 중에 더욱 심한 것입니다. '먼저 행하자[先行]'는 두 글자를 보면 주자의 은미한 뜻을 알 수 있습니다.

또 우리나라의 전례典禮 중에 "세종 3년에 목조穆祖를 조천祧遷하였는데 태묘가 익조翼祖 이하로 6실室이 된다." 한 구절이 있습니다. 삼가 우리 세종 3년을 상고해 보면 태종太宗이 상왕上王의 지위에 있었으니 "익조翼祖 이하로 6실이 된다." 한 것이 어찌 진실로 전혀 이치에 맞지 않는 것이 아니겠습니까? 문소전文昭殿의 제도는 또 묘례廟禮에서 원용할 만한 것이 아니며, 예종睿宗을 조천하지 않은 것은 인종仁宗과 명종明宗을 하나로 합쳐서 5세世 6실室을 만들었음을 알 수 있습니다. 지금 인용하여 말한 것이 유독 무슨 의도입니까?

아, 이 대료大僚는 예절 있는 가문에서 태어났으니 모든 예절을 평소에 강구한 것이 반드시 다른 사람보다 나을 것인데 지금 옳은 듯한 말로 상하를 현혹시키고자 하였습니다. 그가 선조先朝에서 받은 은혜가 어떠하며, 선조에게 받은 지우가 어떠했습니까? 그런데 이제 소목昭穆 이외의 위位에 향사할 것을 의의擬議하였으니, 이런 일을 차마 한다면 무슨 일인들 차마 하지 못하겠습니까? 처음 벼슬한 초기부터 얕은 재예才藝로 이리저리 왔다 갔다 하면서 천만 번 변신하였습니다. 평소의 기량技倆이 결탁한 천한 무리들에게서 벗어나지 못한 채 기화奇貨로 삼아 소개하고 연줄을 삼아 못하는 짓이 없었으니, 사람들에게 경멸당하고 욕을 받은 지 또한 오래되었습니다. 이제 여생餘生이 얼마 남지 않았는데 욕심을 부려 오히려 벼슬을 내놓고 물러날 계책을 생각하지 않고 있습니다.

요사이의 일을 가지고 말하더라도 전 대사헌 — 이노병李魯秉이다. — 의 상소는 일을 가지고 일을 논한 것 같은데 즉시 하나의 탄핵彈劾을 부주附奏하였으니, 또한 "사욕을 채워 나라를 등졌으며 거리낌이 없는 소인小人이다." 하겠습니다. 그런데 잠깐 나갔다가 곧바로 들어왔으니 염방廉防이 전혀 없습니다. 상상上相으로서 전도顚倒되고 창피昌披함이 이렇게 극에 이르렀으니 어떻게 감히 군료群僚를 감독하여 거느리겠습니까? 영의정 권돈인에게 속히 병출屛黜하는 형전을 시행하여 국시國是를 정하고 세도世道를 맑게 하소서.

비답하기를, "그대의 말이 또한 충분忠憤에서 나왔는가? 본 일 이외에 평생을 두루 거론하였으니 또 무슨 까닭인가? 아주 놀랍고 한탄스럽다. 그대 역시 간삭刊削하는 형전을 시행하겠다." 하였다.

○ 양사兩司에서 — 대사헌 오취선吳取善, 대사간 유장환兪章煥, 집의 홍희종洪羲宗, 지평 홍종서洪鍾序·김석희金錫熙, 정언 정환익鄭煥翼·김영수金永秀이다. — 올린 연명 차자의 대략은 다음과 같다.

『춘추春秋』의 필법筆法과 주자朱子의 주칠묘도周七廟圖에 이미 성현의 정확한 논의가 있으니, 진실로 오늘날의 증거로 원용할 만한 것입니다. 아, 저 영상 권돈인權敦仁은 유독 무슨 마음으로 근거할 만한 것이 없다고 하면서 망령되이 부당한 의논을 일으켜 감히 우리 전례典禮를 괴란시키고 우리 인심을 의혹시키려고 한 것입니까? 불경不敬하고 역심을 품은 버릇이 어찌 이렇게 극도에 이른 것입니까? 오직 우리 헌종대왕은 세적世嫡의 통서統序로써 15년 동안 군사君師의 지위에 임하셨으니, 우리나라 사람치고 누가 화육化育하신 중의 물건이 아니겠습니까? 저 영상도 한결같이 치우치게 은우恩遇를 받은 자인데 감히 이소이목二昭二穆 외의 자리에 받들어 부묘祔廟하자고 하였으니, 이런 일을 차마 한다면 무슨 일을 차마 하지 못하겠습니까? 경례經禮로써 논하면 기꺼이 배치背馳하려고 하였고, 분의分義로써 헤아리면 스스로 성은을 저버린 죄를 초래하였습니다. 신하에게 이런 죄범이 있으면 스스로 처신할 방도를 생각하는 것이 마땅한데, 준엄하게 일어난 공의公議를 자질구레 일과 같이 보고 태연하게 대명待命하였으니, 아, 또한 거리낌이 없는 것이 심합니다.

사론士論이 먼저 일어나고 대간臺諫의 탄핵彈劾이 계속해서 나왔으니 대동大同의 공분公憤을 볼 수 있습니다. 그런데도 전하께서는 협잡挾雜한 것으로 꾸짖고 불령不逞한 것으로 죄주었습니다. 이처럼 꺾으시니, 신이 어리석어 죄를 무릅쓰고 말씀드리건대 천지 같이 크신 전하에게 유감이 없을 수 없습니다. 속히 처분을 내림으로써 화란의 싹을 끊으소서.

다음과 같이 비답하였다.

예론禮論이 각각 자기의 견해로 말미암는 것은 예로부터 모두 그러하였는데, 유독 이로써 이 대신을 성토하는 것은 실로 이해할 수 없는 일이다. 다시 번거롭게 하지 말아서 조정의 기상을 진정시키도록 하라.

○ 상이 다음과 같이 전교하였다.

이 일이 어떠한지를 막론하고 유론儒論과 대론臺論이 이처럼 준엄하게 나온 뒤에도 한갓 예우禮遇하는 데에 구애되어 줄곧 거취去就가 안정되기 결코 어려운 때에 다그치는 것은 도리어 정실한 방도가 아니다.

원보元輔의 직임은 우선 뜻에 따라 체차해 주겠다. 이를 사관史官을 보내 영의정에게 전유傳諭하도록 하라.

○ 양사에서 연명聯名으로 다음과 같이 아뢰었다.

목욕재계하고서 일제히 모여서 막 다시 상차上箚하려고 하는데 동료 관원의 비난하고 배척하는 말이 갑자기 뜻밖의 곳에서 나왔습니다. 징토懲討가 아무리 급해도 수치를 끼침이 가볍지 않습니다. 이러한 정적情跡으로 어찌 감히 태연하겠습니까? 체척遞斥을 명하소서.

비답하기를, "비난하고 배척한 요원이 누구인가? 비답을 내릴 수 없다. 다시 자세하게 계달啓達하라." 하였다.

○ 양사가 또 다음과 같이 아뢰었다.

차자를 지어서 올리려고 하는데 집의 홍희종洪羲宗이, 신들이 그럭저럭 세월을 보내면서 성토를 늦추고 있다고 하면서 기세를 세우고 목소리를 높였는데 말이 두려웠습니다. 제료諸僚를 침박侵駁하였으니 당장의 광경이 부끄러워 죽고 싶었습니다. 체척遞斥을 명하고, 이어 신들이 직무를 감당하지 못한 죄를 다스리소서.

다음과 같이 비답하였다.

대론臺論이라고 하지만 양사兩司에 주장한 장관長官이 있는데 이유 없이 침범하고 배척하여 제료에게 인피引避하게 하기에 이른 것이 과연 대각의 체통인가, 편하려는 계책인가? 집의 홍희종은 우선 먼저 견파譴罷하라. 비록 경으로 말하더라도 한 번 상차上箚하는 것은 혹 괴이할 것이 없으나 또 이렇게 와서 모인 것은 곧 무슨 일인가? 모두 체차遞差하도록 하라.

○ 사과司果 윤철구尹哲求가 다음과 같이 상소하였다.

신은 거칠고 서투르며 못나고 어리석은 일개 범부凡夫일 뿐입니다. 다행히 밝은 시대를 만나서 외람되이 삼사三司의 반열에 꼈으니, 은혜를 가슴에 품고 감사하면서 받들어 조금이라고 보답할 것을 생각하는 것은 바로 신이 가슴속에 새겨둔 것입니다. 그러나 재주는 한 가지에나 쓰기에 맞고 학문은 바탕이 없어서 항상 부끄러울 따름이었습니다. 지금 마침 눈앞의 일이 전례典禮에 관계되고 의리에 관계되니 어찌 목욕재계하고 의리를 밝혀 스스로 만분의 일이라도 보답하지 않을 수 있겠습니까?

아, 이번의 전 영상 권돈인權敦仁의 헌의獻議는 무엇을 위해 나온 것입니까? 왕가王家는 통서統序를 중히 여기는 것이 경법經法이고, 종묘는 소목昭穆을 번갈아 옮기는 것이 정례正禮입니다. 이것은 진실로 천지에 세워놔도 어긋나지 않고 먼 훗날을 기다려도 의혹하지 않는 것입니다. 그런데 그가 유독 무슨 마음으로 경법을 지키는 군의群議와 겨루고 지극히 바른 대례大禮를 망령되이 어긴 채 제멋대로 하문하신 데 대해서 진달하였단 말입니까? 실로 천리와 인정상 감히 나오지 못할 바입니다. 그의 말이 실행되게 한다면 오직 우리 익종翼宗과 헌종憲宗을 소목으로써 향사할 수 없으니, 만고 천하에 어찌 이런 일이 있겠습니까? 말이 여기에 미치니 마음이 썩고 뼈아파 살고자 하지 않는 것 같습니다. 이것은 이미 저 영상의 용서하기 어려운 큰 죄입니다.

아, 이 영상은 임금을 잊고 나라를 저버린 지 오래되었습니다. 재작년 헌종대왕께서 승하한 변고는 바로 국가가 위태로운 날이었습니다. 그는 대신으로서 오직 대왕대비에게 청대請對하여 속히 대책大策을 정했어야 하는데, 감히 시상時相에게 미루면서 말하기를, "원임原任의 일이 아니다."고 기세를 높여 정침正寢의 문밖에서 크게 말하였으니, 그 심보를 진실로 헤아리기 어렵습니다. 또 선대왕의 환후가 오랫동안 낫지 않았을 때에는 누가 근심하고 애타는 마음이 없었겠습니까만, 그는 약원藥院의 도상都相으로서 일차日次로 문후하는 반열에 여러 달 동안 참석하지 않았습니다. 직숙直宿하자는 청에 미쳐서도 오히려 입궐入闕하지 않았고 동료 정승 두세 명이 재촉하였으나 약을 복용한다고 핑계대고서 늦게 들어왔으니, 이것이 또한 신하의 분수입니까, 사람의 도리입니까?

신관호申觀浩 등 네 무관武官의 죄는 바로 용서할 수 없는데 수시로 체결하여 악惡을 함께하였으며, 그들을 성토할 때에는 "홀로 어찌 주벌하겠는가." 하는 의논을 주장하여 몰래 비호하는 계책을 행하였습니다. 또 신관호가 부정한 경로로 의원을 들인 것은 바로 그의 단안斷案이요, 이른바 의원은 권유환權儒煥으로 감히 자벽自辟하는 자리에 의망擬望하여 아침에 제수하고 저물녘에 옮겼습니다. 처음에는 끌어다 천거하고 끝내 차제差除하였으니, 그의 안중에 또한 국법國法이 있습니까, 없습니까? 내부內府에 소장품을 어찌 신하가 감히 멋대로 할 수 있는 바입니까? 그런데 액속掖屬과 결탁하여 마음대로 가져갔습니다. 곤수閫帥의 직임은 바로 국가가 믿고 신뢰하는 바인데 그 서제庶弟를 위해서 멋대로 핍박하여 체직시켰습니다. 벼슬아치를 능멸하고 사대부를 모욕하였으니 사나운 기세를 사람들이 모두 두려워 피했습니다. 천만 번 변신하면서 개인의 이익만 좇고 꾀하였으니 비루한 버릇에 대해 누군들 침 뱉고 욕하지 않겠습니까? 교외의 별장을 크게 세움에는 백성들의 무덤을 파헤쳐 평평하게 만들었고, 비류匪類와 사귐에는 스스로 흉당의 소굴을 만들었습니다. 이것은 모두 많은 사람들이 지목하고 많은 사람이 보았으며 많은 사람들이 떠들썩하게 전하고 온 나라 사람들이 함께 분개해 하는 것입니다. 그의 허다한 죄범은 비록 남산南山의 대나무를 다 쓰더라도 어찌 다 기록하겠습니까?

지금 이 대간의 상소와 성균관의 차자가 처음에는 사론士論으로 인하여 일어났으나 그 동안 죄악을 한 번도 분명하게 성토하지 않고 의례議禮 한 가지 일을 거론했을 뿐인데 징토懲討가 하찮은 잘못을 논계論啓하는 것처럼 하였습니다. 정원으로 말하더라도 아직까지 한 번의 의계議啓도 없고 규례대로 치처置處하고 청정請政한 것은 그의 기염을 두려워하여 그런 것입니까, 눈치를 보느라 그런 것입니까? 진실로 너무나 한심함을 금할 수 없습니까?

신은 거처가 교외에 있고 자취가 매우 소원하나 충분忠憤이 격발하여 분수를 벗어나는 혐의를 돌아보지 않고 이에 현도縣道를 통해 진달합니다. 전 영상 권돈인에게 속히 해당 형률을 시행하여 천리天理를 밝히고 기강을 바로잡아 난신적자로 하여금 두려움을 알게 하소서.

비답하기를, "만일 공분公憤이 있으면 이 일만 논할 것이지 어찌 이처럼 허다한 말을 넣어 급서急書처럼 하는가? 이런 일을 좋아하는 사람은 도리어 깊이 나무랄 것도 없다. 원소原疏를 도로 내주라." 하였다.

○ 상이 다음과 같이 전교하였다.

그 말이 비록 부당하나 이미 한 번 인책해 놓고 오늘 또 사진仕進하지 않았으니, 이것이 무슨 사체事體인가? 육방 승지 — 홍종영洪鍾英 · 서헌순徐憲淳 · 홍우건洪佑健 · 심돈영沈敦永 · 이인기李寅夔 · 김경현金敬鉉이다. — 를 모두 엄하게 추고推考하고 엄히 신칙하여 패초牌招하게 하라.

○ 삼사三司에서 — 대사헌 서좌보徐左輔, 대사간 이현서李玄緖, 집의 이승보李承輔, 장령 김회명金會明·조원영趙遠永, 지평 윤육尹堉·홍종운洪鍾雲, 교리 이휘규李彙圭·이정신李鼎信, 부교리 이흥민李興敏·서당보徐堂輔, 정언 민치상閔致庠·권응기權應夔, 수찬 유진한柳進翰·서익보徐翼輔, 부수찬 박규수朴珪壽·송겸수宋謙洙, 정자 김병국金炳國이다. — 다음과 같이 합신계合新啓하였다.

아, 슬픕니다. 권돈인의 죄를 이루 다 주벌誅罰할 수 있겠습니까? 오직 그의 천성이 지나치게 교활하고 마음가짐이 크게 거짓되어 평소의 기량伎倆은 오로지 권력을 탐하고 세도를 좋아하여 밤낮으로 경영한 것이 사정私情을 따르고 공사公事를 무시하며 오직 자기가 하고자 하는 대로 머리를 써서 요직을 장악하여 끝내 반드시 나라에 재앙을 끼치고 집에 화란을 끼치고서야 말았으니, 식자識者들이 근심하고 탄식한 지 오래되었습니다. 이번 일에 이르러서는 사론邪論을 창도倡道하여 나라의 예법을 미혹시켜 어지럽혔으니, 그가 임금을 잊고 나라를 저버린 죄는 더욱 도피할 수 없습니다.

아, 종묘의 예는 지극히 엄하면서도 중하여 만일 혹 망령되게 조치하고 함부로 의논하면 대불경大不敬의 주벌을 면치 못한다는 것이 실로 고금의 통의通誼입니다. 그런데도 공공연하게 사설邪說을 멋대로 말하고 어긋난 예를 날조했습니다. 주자朱子의 훈계를 인용하면서는 『조묘의장祧廟議狀』의 정론正論과 『묘의도설廟議圖說』의 확증確證을 버리고 단장취의斷章取義하여 자기 의견을 견강부회하면서 "또한 시의時宜가 있어 굳이 옛날 일에 집착할 것이 없다."는 등의 말로써 스스로 문답하고 왜곡하여 주해註解를 만들었으니, 그가 꾸며서 남을 속이고 망령된 잘못은 예부터 없었던 바입니다. 국조國朝의 전고典故를 원용하면서는 전혀 자세히 상고하지 않고 실室의 숫자를 억측으로 정하여 말이 더할 수 없이 존엄한 자리를 핍박하는 데 이르렀음에도 조금도 두려워하여 삼가는 마음이 없었으니, 그가 뒤바뀌고 정도正道를 어지럽힌 것이 이보다 더 심할 수 없습니다.

신들이 삼가 수의收議에 대해 내리신 비지批旨를 읽어 보건대, "헌종 대왕이 군림한 지 15년 동안" 이하의 46자는 글자마다 슬프고 구절마다 삼엄함이 천지에 미치고 해와 별처럼 밝으니 듣는 사람들이 누가 목이 메지 않겠습니까? 그런데 그가 마음에 싹트고 입에서 낸 말이 어찌 이리 일체가 서로 상반된 것입니까? 다행히 성상의 뜻이 먼저 정해지고 여러 사람의 의논이 크게 같아서 큰 전례典禮가 이어서 거행되어 일을 끝내도록 유감이 없을 수 있었습니다. 그러나 패악한 논의가 한번 나오자 거의 나라가 나라답지 못하고 사람이 사람답지 못하게 되기에 이르렀으니, 참으로 그 허물을 가리려면 어떤 벌을 주어야 합니까?

연전에 바르지 못한 방법으로 의원醫員을 들여서 지극히 중한 죄를 범한 것으로 말하면, 대간臺諫의 탄핵이 준엄하게 일어난 뒤에도 감히 공의公議에 항거하고자 하고 사인私人을 구해내는 데에 급하여 그 관하管下의 후한 자리에 불러 앉혀서 마치 노고에 보답하듯이 하였습니다. 신하의 분의分義가 있었다면 어찌 차마 이런 짓을 하였겠습니까? 또 직숙直宿하는 즈음이 되어서는 도상都相으로서 속이 타는 것이 의당 다른 사람의 갑절이 되어야 할 것인데 약을 복용한다고 일컬으면서 늦게서야 들어왔으니, 옆에서 보는 자가 누가 놀라고 탄식하지 않았겠습니까? 승하하신 날에는 청대請對하여 정책定策하는 일이 얼마나 엄하고 급합니까? 그런데 감히 시상時相에게 미루면서 "이는 원임原任의 일이 아니다." 하였으니, 그의 심보를 진실로 헤아리기 어렵습니다. 내부內府에 소장된 것은 애당초 외신外臣이 알 수 있는 것이 아닌데 액속掖屬과 결탁하여 마음대로 가져 가 듣는 자들이 모두 분개하고 있습니다. 어명御命을 거짓으로 전한 데 대해서는 스스로 일정한 형벌이 있는데 법을 어기면서 헌의獻議하여 사욕을 채운 흔적을 감추기 어렵습니다. 강가 백성을 잘못 붙잡은 것만도 화기和氣를 범하기에 충분한데 장교將校를 풀어서 수색하여 함부로 죽였다는 원망을 초래하기까지 하였습니다. 그도 또한 선조先朝께서 화육化育한 사람이니 그 은우恩遇가 어떠했으며, 돌보고 보호해 줌이 어떠하였습니까? 그런데도 앞서 의약醫藥하는 데에서 성은聖恩을 저버려 놓고 또 전례典禮를 어지럽히려고 하였습니다. 이는 그의 장차 어떻게 해 보려는 마음이 쌓여 곳곳에서 불쑥 나온 것으로 그 죄가 머리털을 뽑아도 속죄하기 어려운데 살을 점점이 저민들 어찌 아깝겠습니까?

그가 권세를 붙좇아 따른 형적으로 말하면 변화에 능하고, 거리낌 없이 멋대로 하는 버릇으로 말하면 한도가 없었습니다. 진실로 자기에게 이로운 일이라면 못하는 짓이 없었습니다. 네 명의 무관武官을 비호한 것은 실로 악인을 도운 데서 말미암은 것이요, 곤수閫帥를 억지로 체직시킨 것은 오직 개인의 이익을 꾀할 줄만 안 것입니다. 청탁은 크건 작건 빠뜨리지 않았고 청구는 중외中外에 두루 미쳤습니다. 이것은 다른 사람에게 있어서는 모두 극죄極罪이나 이 사람에게 있어서는 오히려 자질구레한 일이라 일일이 번거롭게 진달할 겨를이 없습니다. 남의 신하가 되어 임금을 저버린 죄를 짊어지고 대관大官으로서 나라를 잊은 죄안을 범하였으니, 일단 의원을 들인 데에서 잘못하였고 재차 예론禮論에서 잘못하였습니다. 무릇 오늘날 사람으로서 누가 그 살점을 먹고 살가죽을 베고자 하지 않겠습니까? 이러한데도 해당 형률로 쾌히 바로잡지 않으면 세도世道를 진정시킬 수 없고 여러 사람의 분노를 조금이라도 씻을 수가 없을 것입니다. 전 영의정 권돈인權敦仁에게 우선 삭탈관작하고서 문외출송門外黜送하는 형전을 시행하소서.

다음과 같이 비답하였다.

권돈인의 일은 단지 예론禮論으로 말하면 자기 의견을 우기고 망발한 것에 귀결시킨다면 혹 괜찮겠으나, 곧바로 불경不敬으로 단죄한다면 이것이 어찌 충후忠厚한 기풍이겠는가? 이밖에 나열한 것은, 진실로 이런 일이 있었다면 어찌 오늘날을 기다려서 말하였는가? 너무나 부당하다. 응당 속히 정지하고 번거롭게 하지 말라.

○ 삼사의 합계合啓에서 권돈인權敦仁의 일 중에, '위심爲甚' 아래에 '거역북면어양조자 이필욕봉부어소목이외지위 시가인야 숙부가인야渠亦北面於兩朝者而必欲奉祔於昭穆以外之位是可忍也孰不可忍也' 29자를 첨가해 넣었으며, '불인不人' 아래에 8자를 지워버리고 '구궐심장 만륙유경究厥心腸萬戮猶輕' 8자를 첨가해 넣었으며, '난엄難掩' 아래에 2자를 지워버리고 '곡비曲庇' 2자를 첨가해 넣었으며, '지원之怨' 아래에 164자를 지워버리고 '추부지적 공어환화 전자지습 망유기극 구리어기 무소불위 사무지영호 실유동악 곤수지륵체 유지제사 간촉불유어거세 구청편급어중외 망비인신지극죄 이재거유속박물세고 유불가일일번진자야 위인신이범유군지죄 이대관이간망국지주 전기고부어상약 금우괴란어의례 차기장심소축 수처틈발 삼척지단안이구일국지공분전비趨附之跡工於幻化專恣之習罔有紀極苟利於己無所不爲四武之營護實由同惡閫帥之勒遞惟知濟私干囑不遺於巨細求請遍及於中外罔非人臣之極罪而在渠猶屬薄物細故有不暇一一煩陳者也爲人臣而犯遺君之罪以大官而干忘國之誅前既辜負於嘗藥今又壞亂於議禮此其將心所蓄隨處闖發三尺之斷案已具一國之公憤轉沸' 137자를 첨가해 넣었다.

○ 좨주祭酒 홍직필洪直弼이 올린 상소의 대략은 다음과 같다.

신이 기유년(1849, 헌종 15) 6월에 전하께서 사위嗣位한 후에 효정전孝定殿과 휘정전徽定殿의 축식祝式의 속칭屬稱에 대해 하문하심을 외람되이 받았습니다. 신은 계서繼序하는 자리는 숙부가 조카를 잇고 형이 아우를 잇더라도 부자의 도道는 있으나 부자의 이름은 없기 때문에 속칭은 마땅히 형제나 숙질의 차서를 써야 할 듯하다고 여겨서 황질皇侄과 황질비皇侄妃의 칭호를 가하기를 청하였는데, 이것은 바로 황고皇考

나 황형皇兄을 칭하는 의례義例를 우러러 이어받은 것이라고 하여 마침내 의논대로 시행되게 되었습니다. 그러나 신이 감히 자신하지 못하고 다시 선정先正 문원공文元公 신臣 김장생金長生의 논의를 상고해 보니, "제왕 중에 숙부나 조祖가 조카나 손자를 이은 자가 매우 많으니, 마땅히 『통전通典』에 의거하여 '사황모嗣皇某'라고 자칭自稱해야 하는데, 선군先君에 대해서도 또한 마땅히 별도의 칭호가 있어야 하나 선유先儒의 정론定論이 없어서 감히 창설創說할 수가 없다." 하였는데, 예관禮官이 이른바 "부자의 의리는 있으나 부자의 이름은 없다."는 것이 바로 이것입니다. 또 조祖나 숙부의 존尊으로 조카나 손자의 항렬에 대해 아들이라고 일컫는 것은 이런 이치는 없는 듯합니다.

대개 사람과 귀신은 서로 의지함이 전적으로 속칭屬稱에 달려 있고 친親을 친애하고 존尊을 높이는 의리가 함께 행해져 어긋나지 않기 때문에, 문원공文元公이 말한바 또한 별도로 칭호가 있어야 한다는 것은 바로 이것 때문일 뿐입니다. 칭호를 가한다면 어떠해야 바름이 되는지 알지 못하겠으나, 신이 헌의獻議한 중에 "당 선종唐宣宗 때에 목종穆宗·경종敬宗·문종文宗·무종武宗 네 황제에게 다만 '사황제嗣皇帝 신 모臣某'라고만 일컬었으니, 이로써 오늘날 원용할 증거가 갖추어졌습니다." 했으나 역시 감히 질정質定한 말은 아닙니다.

삼가 선정 문정공文正公 송준길宋浚吉의 말을 상고하건대, "계서繼序의 의리는 지극히 엄하면서도 중하여 그 선군先君에 대해서 신하의 도리가 있어서 아무리 숙부와 조카, 형과 아우 사이라도 친속親屬으로 일컬을 수 없다." 하였으며, 문순공文純公 한원진韓元震도 말하기를, "종조從祖가 손자를 잇고 숙부가 조카를 잇거나 형이 아우를 잇는 경우에 손자, 조카, 아우의 비유卑幼한 칭호를 선군에게 가하고 스스로 종조, 숙부, 형의 존속尊屬 칭호로 자처하기는 더욱 몹시 난처하다." 하였습니다. 여러 설을 참고하여 살펴보면 스스로 정밀한 뜻이 있는데, 신이 헌의한 것이 지극히 망령되고 경솔하여 죄를 이루 다 주벌할 수 없습니다. 전례典禮는 사체가 더할 수 없이 엄중하고 지극히 존경스러운 것이라 감히 외람되게 다시 정하기를 간청할 수 없어서 입을 다문 채 주저하면서 공손히 논박하여 바로잡는 의논을 기다린 지 오래입니다.

선왕先王과 선후先后를 이제 장차 태묘太廟에 제부躋祔하게 되었는데, 지난번 헌의한 중에 대략 하찮은 저의 의견을 진달하였으나 조심하고 삼가야 할 일이어서 참람할까 두려워 말하면서도 자세히 말하지 못하였으니, 신의 죄가 더욱 큽니다. 그런데 뜻밖에 국정을 담당하는 지위에서 갑자기 이론異論이 있었으나 다행히 성상의 밝은 결단에 힘입어 묘의廟議가 바루어졌습니다. 삼가 예조의 초기草記에 대한 비지批旨를 읽으니 대성인大聖人께서 정도를 따르고 권도權道에 통달하여 천리天理를 밝히고 인기人紀를 바로잡은 뜻을 흠앙欽仰하고 찬송攢訟함을 금치 못하겠습니다. 다만 의논하는 자들이 익종翼宗과 헌종憲宗 양조兩朝를 소목昭穆의 세수世數 이외에 처하게 한 것은 그 예가 어디에 의거한 것인지 모르겠습니다. 그러나 성왕聖王이 덕행을 드러내 보인 옛 제도와 주자朱子가 정도를 지킨 본뜻에 대해서 위로는 성상께서 분명하게 살피고 계시고 아래로는 공의公議가 변파辨破하였으니 신이 장황하게 진달할 것이 없습니다. 그러나 승통承統과 계서繼序의 중함으로써 소목에 끼지 못한다면 사가私家에서 반부班祔하는 것과 다름이 거의 없습니다. 식자들은 "황질皇侄로 속칭屬稱하는 것은 혹 존尊을 높이는 의리가 부족하기 때문에 사설邪說이 함부로 행해지게 되었다." 하는데, 그 말이 일리가 있으니 신의 죄가 여기서 더욱 달아날 데가 없는 줄을 알겠습니다. 삼가 스스로 죄를 자백하던 의리에 붙여 두려움을 무릅쓰고 우러러 호소합니다. 조정에 있는 신하들에게 널리 물어 진선盡善한 데로 귀결되도록 힘쓰고, 이어서 신에게 해당하는 형률을 의논하도록 하소서.

다음과 같이 비답하였다.

이는 바로 막중하고 막대한 전례典禮인데 받들어 행한 지 이미 3년이 지났으니 이제 이를 바로잡는 것은 실로 송구하다. 그러나 경의 말이 이처럼 자세하니, 다시 마땅히 널리 의논하여 재결해야 하겠다. 당초 의논하여 정한 것에 대해 지나치게 스스로 인책引責하는 것으로 말하면 진실로 지나치고 지나치다. 예론禮論에 이론이 많은 것은 이 일뿐만이 아니니,[5] 그때처럼 창황蒼皇한 때에 설혹 미처 원증援證하지 못한 곳이 있더라도 어찌 경의 잘못이겠는가? 경은 안심하고 다시 이 일을 번거롭게 제기하지 말라.

○ 상이 전교하기를, "유현儒賢의 상소가 이러하며 전례典禮 중에서 가장 조심하고 삼가야 할 것이니, 시임 대신時任大臣 및 예조 당상에게 수의收議하여 들이도록 하라." 하였다.

5_이 일뿐만이 아니니 : 『일성록(日省錄)』에 의거하여 "不得不然此事"를 "非特此事"로 바로잡았다.

○ 대왕대비전에서 다음과 같이 전교하였다.

나는 부인이니 어찌 주공周公의 예禮를 알겠는가? 다만 상리常理로 미루어 보면 묘廟의 숫자가 이미 찼다는 논의는 예이理며, 친속親屬을 조천祧遷하지 못한다는 논의는 정情이다. 예는 정에 말미암고 정은 예에 말미암는 것은 물리物理가 스스로 그러한 것이다. 그렇다면 오늘날의 일은 정과 예 양쪽 다 행해져 잘못되지 않게 되어야 한다. 전 영상의 논의가 선군先君과 국가를 저버린 것이 무엇이 있어서 성토聲討하고 나열하기를 그처럼 망측하게 하여 곧바로 불경不敬하고 무장無將한 죄과로 돌리는가. 조정 위에 만일 공심公心과 충애忠愛를 지닌 한 사람이 있다면 박봉흠朴鳳欽·유태동柳泰東·윤철구尹哲求 같이 일을 좋아하여 함부로 시비하는 무리들을 나오지 못하게 했을 것이다. 생각이 이에 미치니 한심하고 개탄스러움을 금할 수 없다.

내가 한 마디 분명히 고誥할 말이 있다. 군신君臣 사이의 정의情誼는 고금이 같다. 선대왕을 섬기던 사람으로 말하면 그 사랑하여 떠받들고 연모하던 정의가 더욱 응당 어떠하였겠는가? 전 영상이 소목昭穆으로써 익종翼宗과 헌종憲宗 양조를 제향祭享하지 않고자 했다는 것은, 이것이 무슨 말인가? 어찌 차마 붓으로 썼단 말인가? 사람들이 과연 다 믿고 그 논의에 미혹되겠는가? 이러한데도 믿지 않는다면 말하는 자의 마음을 알 수 있다. 전 영상에게 어찌 이런 마음이 있었겠는가만, 만일 이런 마음이 있었다면 하늘이 미워하고 하늘이 미워할 것이다. 전 영상이 대동大同의 논의에 이론을 제기한 것은 의견이 국한된 것인데, 정해진 예禮에 무슨 손상이 있겠는가? 어찌 취하지 않는 의논에 대해 변론하겠는가? 비록 그러하지만 경들의 쟁론爭論에 이미 "더할 수 없이 엄하고 중한 의리다." 하고 "사체事體가 달려 있다." 하였기 때문에 여러 번 생각하면서 헤아려 보았다. 청한 형률을 애써 따르겠다. 이와 같이 처분한 뒤에 만일 혹 다시 괴격乖激한 논의를 내어 그칠 줄을 모르는 자가 있으면 태아검太阿劍이 앞에 있으니 내가 헛되이 지나가지 않을 것이다. 조정에 있는 신하들은 모두 모름지기 잘 알도록 하라.

○ 삼사三司가 합사合辭하여 재차 합계合啓하였으나, 모두 윤허하지 않았다.

○ 예조에서 다음과 같이 아뢰었다.

영녕전永寧殿의 축식祝式에는 속칭屬稱을 쓰지 않는 것이 전례典禮이므로 지금 이 진종실眞宗室을 조천

祧遷한 뒤에는 축식을 고치는 것이 마땅할 듯합니다. 그러므로 향실香室에 있는 의궤儀軌를 가져다가 살펴보니, 정유년(1837, 헌종 3)에 경종실景宗室을 조천한 뒤에 축식에 전례대로 속칭을 쓰지 않았는데, 한 번 기유년(1849, 헌종 15)에 시호를 청하는 고유제告由祭 때에 해당 실室의 축문 중에 속칭에 관한 일절一節에 대해 예조를 말미암지 않고서 제멋대로 쓰면서 지금까지 행해져 왔습니다. 전에 없었던 일이니 매우 놀랍고 송구합니다. 경종실의 축식은 전례대로 바로잡고 당시의 향실 관원은 나감拿勘하고 사지수복事知守僕은 형배刑配하소서.

상이 다음과 같이 전교하였다.

축식 일은 아주 놀랍고 송구하니, 전례대로 바로잡으라. 향실 관원을 해부該府로 하여금 나문拿問하여 엄히 감죄勘罪하게 하고, 사지수복은 해조로 하여금 엄히 형신刑訊하고서 원배遠配하게 하라.

7월

○ 사간 신좌모申佐模가 상소하여 권돈인權敦仁을 성토하고, 또 다음과 같이 상소하였다.

승냥이와 이리가 길을 막고 있어서 다른 것은 돌아볼 겨를이 없다고 하겠으나 일이 눈앞에 닥쳐서 입 다물고 있을 수 없었습니다. 6월과 12월의 도목정사都目政事는 바로 나라의 큰 정사입니다. 위에서 신칙하는 하교를 내린 것이 지성스러울 뿐만이 아니었는데 이번 도목都目의 정안政眼이 한번 나오자 모든 사람들이 분노하여 욕하고 있습니다. 전장銓長이 된 자가 만일 사심 없고 공정하게 하였다면 비방이 어찌하여 이르렀겠습니까?

아, 천관天官의 중임重任을 어찌 일찍이 이 사람이 감당할 만하다고 하였습니까? 조정에서 이 전장에 대해 죄를 씻어주고 용서해 주셨는데, 이리저리 전형銓衡하고 좌우로 권력을 거머쥐었습니다. 그는 진실로 성은에 감축感祝하여 보답하기를 도모했어야 하는데 어찌하여 편당을 짓고 사사로운 마음을 타고나 내외와 대소의 주의注擬를 오직 사심私心을 따르고 공의公議를 돌아보지 않았으니, 아, 심합니다. 어찌 이렇게 극도에 이른 것입니까? 일에 서툰 것으로 말하면 주의하는 즈음에 너무 심하게 가혹하게 따졌고, 혼류昏謬함으로 말하면 취사取舍하는 사이에 자잘한 것까지 비교하였습니다. 이름난 군郡과 부유한 읍邑은 모두 친척들에게 주었으며, 낮은 벼슬조차도 추한 비방을 초래하였습니다.

무릇 정주政注에서 가장 어렵게 여기고 신중히 해야 하는 것은 통청通淸과 초사初仕입니다. 한 번의 정사에서 숙부와 조카를 함께 거의擧擬하였으니 인재를 쓰는 길을 넓히는 일이 아닌데다, 박영보朴永輔를 반장泮長으로 통의通擬한 것으로 말하면 더욱 여론과 다릅니다. 우리나라는 충후忠厚함으로 나라를 세웠습니다. 모든 역적에 대해 비록 삼족三族과 구족九族을 수사收司하는 형률은 없지만, 그는 악역惡逆에서 겨우 응좌應坐를 면한 자일 뿐입니다. 이전에 수용收用한 것은 단지 성조聖朝에서 관대하여 끝까지 버리지 않는 큰 덕 때문이나, 그의 허물이 그대로 있고 이력도 매우 적은데 거리낌이 없이 급급히 추천하여 쉽게 너무나 맑고 극히 준엄한 선발에 거의擧擬하였습니다. 그가 조금이라도 법을 두려워하는 마음이 있었다면 어찌 감히 이러했겠습니까? 신이 이 사람을 영원히 벼슬을 막으려고 그러는 것이 아닙니다. 저 무리 중에 가문과 명망과 실제가 어찌 이 사람보다 나은 자가 없겠습니까만, 마치 기치를 세우는 자처럼 반드시 맨 먼저 거의하였으니, 또한 무슨 뜻입니까?

서전西銓으로 말하더라도, 이 중신重臣은 평소 청명淸名과 중망衆望을 저버린 것이 매우 많으며 전권銓權을 맡게 되어서는 전혀 볼 만한 것이 없습니다. 모든 주의注擬에서 오히려 사私 한 글자를 버리지 못하여 무관의 반열에서 원망과 비방이 매우 많았고 동료들 사이에서도 침 뱉고 비웃음이 갖추어 이르렀습니다. 책망責望이 중하기 때문에 개탄이 더욱 절실합니다. 신은 이조 판서 이가우李嘉愚에게 속히 간삭刊削하는 형전을 시행하고, 박영우의 반장의 의망은 바로 개정改正하고, 병조 판서 서기순徐箕淳도 경책이 없어서는 안 된다고 생각합니다.

상이 다음과 같이 비답하였다.

이조 판서의 일이 어찌 이에 이르겠는가? 병조 판서의 일은 일시적으로 무심했던 탓에 지나지 않은 듯한데, 한 종이에 함께 나열하였으니 너무나 공정하지 않다. 개정하자는 청으로 말하면, 그대의 말은 어찌 그리 각박한가? 너무나 충후忠厚함이 부족하니 매우 옳지 않다. 그대는 체차遞差하겠다.

○ 삼사에서 합사合辭하여 권돈인權敦仁을 중도부처中道付處하기를 청하니, 상이 다음과 같이 비답하였다.

경들이 이렇게 쟁집爭執하는 것이 군신君臣의 분의分義에서 나왔다면 자전慈殿의 전교가 내려진 뒤에 받들려고 생각하지 않는 것도 신하의 분의에서 어긋나는 것이 아니겠는가? 나라에서 대각臺閣을 대우하는 방도가 줄곧 억누르기만 해서는 안 되니, 문외출송門外黜送한 죄인 권돈인에게 향리鄕里로 방축放逐하는 형률을 더 시행하라. 이제 이렇게 처분하는 것은 죄가 며칠 전보다 더 있어서 그런 것이 아니라, 이렇게 하지 않으면 상하가 서로 버티느라 결말 날 기약이 없어서 한갓 사체를 손상시키기 때문이다. 모두 이런 뜻을 알아서 혹시라도 다시 시끄럽게 하여 마침내 조정에서 비상한 거조가 없도록 하라.

○ 옥당玉堂 — 응교 윤행모尹行謨, 부응교 조원영趙遠永, 교리 이승보李承輔, 부교리 송겸수宋謙洙, 수찬 서익보徐翼輔, 부수찬 이양신李亮信·박규수朴珪壽이다. — 에서 연명으로 다음과 같이 차자를 올렸다.

신들이 바야흐로 일제히 모여 다시 거듭 호소하여 우러러 윤허를 받고자 할 때에 삼가 전계傳啓를 봉입捧入하라는 명을 받들고서 서로 돌아보며 놀라 눈이 휘둥그레졌습니다. 아, 저 권돈인權敦仁은 그동안의 죄범이 지극히 무겁고 관계가 더할 수 없이 엄합니다. 이것은 신들의 말일 뿐만 아니라 바로 온 나라의 공의公議이기에 엄히 신칙하셨으나 받들 길이 없습니다. 속히 권돈인에게 응당 시행해야 하는 형률을 윤허하소서.

상이 다음과 같이 비답하였다.

자전의 하교를 믿지 않고 임금의 말을 따르지 않으면서 한갓 겨루기를 일삼아 다른 의견을 세우는 것처럼 하니, 이것도 또한 신하의 분의인가? 어찌 이런 도리가 있겠는가? 아주 해괴망측하다. 그대들에게 모두 원찬遠竄하는 형전을 시행하겠다. — 윤행모는 무장현茂長縣에, 조원영은 숙천부肅川府에, 이승보는 안주목安州牧에, 송겸수는 담양부潭陽府에, 서익보는 의흥현義興縣에, 이양신은 순천군順川郡에, 박규수는 강서현江西縣에 원찬하였다. —

○ 상이 전교하기를, "중신重臣을 견책한 지 이미 여러 달이 되었으니, 영유현永柔縣에 투비投畀한 죄인 이노병李魯秉을 방송放送하라." 하였다.

○ 삼사의 합계合啓 중에 '불입不入' 아래의 8자를 지워버리고 '개기포장음특 기천망인 배치사문 두륜패상 구궐심장 만과유경 논기부범 촌련하석蓋其包藏陰慝欺天罔人背馳師門斁倫敗常究厥心腸萬剮猶輕論其負犯寸臠何惜' 34자를 첨가해 넣고, '측도測度' 아래의 28자를 지워버리고 '체결비미지도 천취내부지장 주무폐지지종 감작흉와지주 기흉두역절 유비일조일석지고 이실시십수십목지소지도야締結卑微之徒擅取內府之藏綢繆廢枳之蹤甘作凶窩之主其凶肚逆節有非一朝一夕之故而實是十手十目之所指覩也' 49자를 첨가해 넣고, '시이施以' 아래의 8자를 지워버리고 '중도부처中途付處' 4자를 첨가해 넣었다.

○ 상이 전교하기를, "신칙申飭이 시행되었으니, 일곱 유신儒臣을 원찬遠竄하는 것은 아울러 분간分揀하라." 하였다.

○ 상이 다음과 같이 전교하였다.

앞에서는 합사合辭에 참여하고 뒤에서는 전계傳啓에 참여하여 이미 시행한 자가 있었는데, 이 두 유신 — 김유연金有淵과 이흥민李興敏이다. — 은 시종 강력히 항거하면서 드러나게 스스로 옳은 것처럼 하였으니 놀랍고 괴이하다. 아울러 파직하는 형전을 시행하라.

○ 예조에서 속칭屬稱에 대해 수의收議하여 회계回啓하니 — 좌의정 김흥근金興根은 아뢰기를, "효정전과 휘정전 축식祝式의 속칭을 예가禮家들이 논하였으나 십분 합당한 것이 없습니다. 이는 대개 친서親序의 존尊으로 임하면 온당하지 않은 뜻이 있게 되고, 통서統序의 중함으로 나아가면 걸맞지 않는 송구함이 있기 때문입니다. 선정 신先正臣 김장생金長生이 진晉나라와 당唐나라 시대의 예를 논하기를, '조祖와 숙叔은 바로 존항尊行의 호칭이요 손孫과 질姪은 바로 비하卑下의 호칭인데, 그 존칭尊稱을 자기에게 시행하고 비호卑號를 선제先帝에게 가할 수 있겠는가?' 하였으니, 이로써 미루어 보면 오늘날에 확실한 근거가 됩니다. 또 삼가 생각하건대, 종묘宗廟의 제도는 스스로 우리 국가의 예가 있는

데, 모든 위판位版에는 본래 고조高祖·증조曾祖·조祖·고考의 칭호가 없고 축식祝式에만 그 친서親序에 따라서 쓰고 있습니다. 전하께서는 헌종대왕에게 있어 비록 부자의 도道는 있지만 이미 부자란 이름은 없으니, 통서의 중함으로는 사왕신嗣王臣이라 하겠으나 친서로는 일컬어 말하기가 어려우니 단지 묘호廟號와 시호諡號만 거론하며, 효현왕후孝顯王后에게도 이와 같은 예로 하면 통서에 있어서도 문란하고 착오됨이 없고 친서에 있어서도 역시 거의 견제됨이 없습니다. 옛날 유현儒賢들은 대법大法에 대해 엄하면서도 너그럽고 여유가 있었으니, 지당한 데로 돌아가도록 힘쓴 것이 또한 여기에서 벗어나지 않을 듯합니다." 하였다. 우상 박영원朴永元, 예조 판서 이계조李啓朝, 참판 김만근金萬根, 참의 이원달李源達은 의견이 같았다. — 상이 전교하기를, "유현儒賢 및 대신大臣·예당禮堂의 의논이 이처럼 같으니, 삼가 의논한 대로 거행하라." 하였다.

○ 부교리 신석희申錫禧가 상소하여 권돈인權敦仁의 여러 죄를 성토하고, 또 다음과 같이 상소하였다.

신하가 이런 큰 죄를 짊어지고서 감히 편안히 집에 있으니, 이것이 어찌 나라에 상형常刑이 있는 것이겠습니까? 삼사三司의 청은 스스로 격례格例를 따라서 갑자기 시행해야 할 형률을 청하지 못한 것입니다. 전하께서 잘못 용서하여 줄곧 윤허를 아끼고 전계傳啓를 봉입捧入하라는 명을 합계하는 즈음에 갑자기 내려 재촉하고 몰아치시며, 쟁집爭執한 일곱 유신儒臣을 여지없이 꺾으시고 급작스럽게 엄히 견책하셨습니다. 이에 합사合辭할 사람이 없어서 전계傳啓를 갑자기 거뒀습니다. 이러한 기상氣像과 거조는 실로 성명聖明한 조정에 바란 바가 아닙니다.

의례적인 비답을 내렸다.

○ 상이 다음과 같이 전교하였다.

삼사의 합계를 옥당이 갖춰지지 않았기 때문에 우선 정계停啓한 것만도 말이 되지 않는데, 더구나 상번上番과 하번下番이 모두 비었음에야 더 말할 나위가 있겠는가? 너무나 온당하지 않다. 엄히 신칙하고 패초牌招하되 패초를 어기거든 호망呼望하지 말라.

○ 부교리 신석희申錫禧가 봉패奉牌하니, 상이 다음과 같이 전교하였다.

이른바 사사로운 의리란 무슨 일인가? 다시 그의 지난날의 상소를 보니, "합사할 사람이 없어서 갑자기 전계傳啓를 거뒀다." 한 구절은 무한히 불평의 뜻을 띠고 있다. 내가 무슨 말을 하겠는가? 봉패하려거든 봉패하고 합사하려거든 합사하라.

○ 상이 다음과 같이 전교하였다.

크고 작은 성토聲討가 본래 양사兩司의 주장이며, 더구나 이미 처분하였다. 요사이 유신이 중간에서 야료를 부리니 정당하지 않은 일이다. 부교리 신석희申錫禧에게 견파譴罷하는 형전을 시행하라.

○ 지평 강장환姜長煥이 상소하여 권돈인權敦仁을 성토하고, 또 다음과 같이 상소하였다.

신은 이 죄인에 대해서 또 가슴이 무너지고 몹시 원통한 것이 있습니다. 선정先正 문원공文元公 김장생金長生은 바로 근세의 대유大儒요 우리나라의 예학禮學의 조종祖宗입니다. 『상례비요喪禮備要』 한 책은 실로 『주자가례朱子家禮』에 근본하니 순수하고 정밀하고 적합하여 거의 남김없이 다하였습니다. 그런데 그가 감히 패론悖論을 힘껏 비호하면서 제멋대로 헐뜯고 문자에 올려 서로 흠잡는 의논을 하고, 심지어 『상례비요』는 본래 문원공의 책이 아니라고 말하기까지 하였습니다. 따라서 우리 선비의 갓을 쓰고 선비의 의복을 입은 자가 누가 팔짓을 하며 격분하여 선정을 위해 한 번 분변하려고 생각하지 않겠습니까? 그러나 기세에 눌려 감히 걸고넘어지지 못하여 장차 예경禮經이 어두워지고 사도師道가 끊어지게 되었습니다.

그는 예절 있는 가문에서 태어나 기꺼이 스스로 연원淵源을 이은 적전嫡傳의 소자출所自出을 끊어버렸습니다. 그렇다면 그가 조상을 저버리고 임금을 버린 마음은 평소 계획했던 바이며 일관되게 내려 온 것으로 스승의 훈계를 배치背馳하고 나라의 예를 괴란하기에 이르렀으니, 실로 국가의 흉역凶逆이요 사문師門의 난적亂賊입니다. 신이 며칠 전 합계合啓에 첨가해 넣은 구절 중에 이른바 "사문에 배치되고 인륜을 무너뜨렸다." 한 것은 그 단서를 약간 들춘 것이나 지금은 다 말하였습니다.

또 방축放逐하라는 명이 내려진 뒤에 만일 신하로서의 분의가 있었다면 빨리 향리로 돌아가 문을 닫고 두려워해야 하는데, 이렇게 하지는 않고 아주 가까운 교외에 있는 땅에 큰 집을 사서 태연하게 베개를 높이 하고 편히 누워 있으면서 그 아들로 하여금 도성을 출몰하면서 버림받은 불령不逞한 무리들과 은밀히 결탁하여 궁궐의 동정을 엿보았으니, 종적이 음험합니다. 예를 의논하는 여러 신하들에게 공공연히 욕하고 으르렁대며 윽박지르는 등 못하는 짓이 없었습니다. 고금 천하에 어찌 이런 일이 있겠습니까? 신이 지나치게 염려하고 있는 것은 어떤 모양의 화기禍機가 어둠 속에 숨어 있을지 알지 못한다는 것입니다. 이러한데도 쾌히 해당 형률로 바로잡지 않는다면 어떻게 난의 싹을 끊고 여론의 분노를 씻겠습니까? 속히 전의 청을 윤허하소서.

비답하기를, "상소를 살펴보고 모두 잘 알았다." 하였다.

○ 상이 다음과 같이 전교하였다.

이미 전계傳啓하고서 또 다시 다른 말을 집어내 이렇게 나열한 것은 무슨 뜻인가? 이러한데도 경책하지 않는다면 어떻게 협잡하는 무리를 징계하겠는가? 지평 강장환姜長煥에게 찬배竄配하는 형전을 시행하라. —금산군金山郡에 찬배하였다.—

○ 상이 다음과 같이 전교하였다.

삼사의 일은 참으로 전도顚倒되고 기준이 없으니 그 시종을 이해할 수가 없다. 동조東朝의 처분이 충분히 짐작해 헤아리고 십분 공정하거늘 전계傳啓한 지 며칠 안 되어 또 이렇게 쟁변爭辯해 마지않으니, 이는 무슨 모양이며, 또 무슨 의의義意인가? 삼사는 귀인貴人이어서 하는 일이 마음에 들지 않더라도 내가 어찌 감히 책면責勉을 가하겠는가? 그러나 나의 도리에 있어서는 감히 자전의 뜻을 승순承順하여 받들지 않을 수 없다. 삼사의 신하들은 모름지기 이러한 뜻을 알아서 억양抑揚하고 진퇴하는 사이에서 재량裁量하여 하라.

○ 대왕대비전이 다음과 같이 전교하였다.

은전군恩全君과 풍계군豐溪君은 숙부와 조카 사이이다. 은전군이 사자嗣子가 없으니 풍계군으로 계후繼後하는 것이 윤리에 부합한다. 풍계군의 신주神主를 은전군에게 입계入繼하고, 풍계군의 아들은 종친들이 을해년(1815, 순조 15)의 전례에 의거하여 각파의 문장門長이 모여서 각별이 택정擇定하게 하라.

○ 교리校理 김회명金會明이 올린 상소의 대략은 다음과 같다.

요사이에 징토懲討한 것은 바로 한 나라의 대동大同한 논의를 거론한 것일 뿐입니다. 그 죄를 돌아보면 국가를 등지고 군부君父를 버린 것이며 나라의 예를 어지럽히고 사문師門을 배반한 것으로 고금에 없었던 바이고 천지 사이에 용납하기 어렵습니다. 감히 알지 못하겠으나, 전하께서는 그가 선조先朝의 대신이어서 차마 갑자기 주벌할 수 없다고 생각하시는 것입니까? 그는 선조의 난신亂臣입니다. 그가 선정先正의 후손이어서 용서할만하다고 생각하는 것입니까? 그는 선정의 패손悖孫입니다. 무슨 이유로 한결같이 윤허를 아끼는 것입니까? 속히 앞서의 청을 윤허하여 방축放逐한 죄인 권돈인權敦仁에게 해당 형률을 더 시행하고, 찬축竄逐한 여러 신하들을 특별히 안서安徐하라고 명하여 국법을 바로잡고 공의公議를 펴도록 하소서.

아, 나라의 기강이 비록 점점 무너지고 세상의 변고가 거듭 생길지라도 어찌 김정희金正喜처럼 지극히 흉악하면서 요망한 자가 있겠습니까? 그의 아비인 추탈 죄인追奪罪人 김노경金魯敬은 관계가 어떠하며, 죄범이 어떠합니까? 그런데 그들은 오히려 수사收司의 형률을 면하였으니, 크게 형벌이 잘못 적용된 것입니다. 그러나 우리 선대왕께서 살리기를 좋아하는 덕으로써 특별히 돌아오게 하여 살아서 대궐에 들어왔으니, 은덕이 산과 바다처럼 크고 넓고 하늘처럼 끝이 없습니다. 그가 조금이라도 사람의 마음을 지니고 조금이라도 신하의 절개가 있었다면 진실로 귀향하여 선영을 지키면서 영원히 자숙하기로 맹세하는 것이 마땅합니다. 그러나 오히려 다시 방자하게 날뛰면서 전혀 두려워하거나 거리낌이 없었습니다. 형제 3인이 강교江郊에 살면서 돌아가면서 출몰하며 옛 곳을 잊기 어려워 기꺼이 식객食客의 반열에 있고 잡류雜流와 은밀히 결탁하여 거정居停의 주인과 같이 보았습니다. 묘당廟堂의 사무에 모두 간여하였고 조정의 기밀機密을 온갖 수단으로 엿보았습니다. 부정한 길을 뚫고서 보이지 않는 곳에서 공모하여 권돈인이 앞장서서 김노경을 복관復官시켜야 한다는 말을 거리낌 없이 공공연히 크게 말하였습니다. 그들이 아무리 혈당血黨과 사우死友로서 소인과 소인이 벗이 되었다고 하지만 국법이 안중에 없는 것이 어찌 이렇게 극단에 이른 것입니까?

김정희는 바로 일개 간사한 소인으로 천성이 간사하고 독살스러우며 마음 씀이 삐뚤어져서 평소에 하는 것이 모두 남의 집과 나라에 화를 끼치는 일이었으니, 사람 축에 들지 못한 지가 또한 오래되었습니다. 권돈인을 부추겨 역적이란 이름에서 벗어날 것을 도모한 것도 이미 하나의 큰 변괴입니다. 비록 이번 일로 말하더라도 조천祧遷 예는 더할 수 없이 중하고 엄한 것인데 감히 관섭하였습니다. 형은 권돈인의 좌주座主가 되고 동생은 사령使令이 되어 도처에서 유세遊說하여 헌의獻議하는 데에 동참하기를 꾀하였습니다. 계획은 비록 맞지 않았으나 말은 널리 퍼졌으니, 그 마음가짐과 계책이 이처럼 흉악하고 참혹합니다. 어둡고 깊은 밤에 왕래하고 그윽하고 어둠침침한 데에서 눈을 부릅뜬 것은 묘례廟禮를 어지럽히고 패론悖論을 힘껏 비호한 것이었으니, 그가 먹는 마음은 길거리의 사람들도 아는 바입니다. 화심禍心이 감추어져 화란의 기미가 숨어 있는데 조성되고 시행된 것은 진실로 단시일 내의 일이 아니며, 더 큰 문제가 일어날 수 있는 조짐이 이미 드러났으니 수습할 수 없는 화禍가 장차 치성할 것입니다. 생각이 여기에 미치니 어찌 두렵고 기막히지 않겠습니까? 신이 마음속 근심이 더욱 깊어지고 충분忠憤이 스스로 격하여 우러러 숭엄崇嚴한 성상을 번거롭게 하였습니다. 김정희에게 전례대로 섬으로 귀양 보내는 형전을 시행하소서. 그 동생 김명희金命喜와 김상희金相喜에게는 모두 산배散配를 시행하여 난의 싹을 끊고 역적의 자손을 두렵게 하소서.

상이 비답하기를, "징토懲討한 일은 그 동안에 비답하여 유시한 것이 있다. 아래 조항의 일은 이 사람이 이런 소리를 듣는 것이 어찌 뜻밖이 아니겠는가? 그대의 말은 너무 사실보다 지나치다." 하였다.

○ 빈대賓對하였는데, 대왕대비전이 다음과 같이 말하였다.

내가 송도松都의 홍삼紅蔘 일에 관해 한 번 말하려고 하였다. 지금은 가을이 되었는데 포삼包蔘 일이 어떻게 되었는지는 모르겠다. 2,3년 이래로 점점 듣건대, 근수斤數가 오히려 줄어들면 송도 백성들이 지탱할 방도가 없게 되고, 근수가 너무 많으면 역원譯院과 장사치들이 또한 필연코 낭패될 것이라고 한다. 분수分數를 절충하여 근수를 정급定給하였으나 다시 생각해 보니, 이것은 근수의 많고 적음에 있지 않고 오직 잠삼潛蔘을 잘 금한 뒤에야 비로소 실제 효과가 있을 것이다. 이것에 대해서는 나중에 칙교飭敎가 있을 것이다. 근수와 여러 가지 거행할 절차에 대해 나가서 충분히 의논하여 영원히 효과가 있도록 하라.

좌상 김흥근金興根이 다음과 같이 대답하였다.

그것이 폐단이 된 것이 몇 년 되었다고 들었는데, 지금 자전의 하교를 받드니 과연 지극히 합당합니다. 송도 백성들은 다른 직업이 없고 단지 포삼뿐이니, 의당 융통성을 보여야 합니다. 그러나 만일 한절限節이 없으면 역원의 일이 전혀 말이 되지 않을 것이니 아직 어떻게 하는 것이 좋은지 모르겠습니다. 나가서 상의해서 초기草記하고 연석에서 여쭙는 사이에 자세히 아뢰겠습니다. 그러나 폐단을 막는 방도는 오로지 금잠禁潛하는 데 달려 있습니다. 포삼의 정수定數가 적더라도 잠포潛包가 많이 들어가면 실리失利할 염려가 있을 뿐만 아니라 또 저 사람들로 하여금 알게 한다면 나라의 기강이 달려 있는 바이라 보고 듣는 이를 놀라게 할 것입니다.

○ 삼사三司에서 권돈인權敦仁을 성토하니, 상이 "물러나 문자로 계달啓達하라." 하였다. 대사헌 이규방李圭訪이 아뢰기를, "등연登筵하게 되면 반드시 직접 말할 것입니다. 어째서 속히 처분을 내리지 않고 '물번勿煩' 두 자로써 전계傳啓하는 것처럼 하비下批하시는 것입니까?" 하였다. 대왕대비전이 다음과 같이 말하였다.

이 죄인이 의례議禮를 그르친 것은 단지 미처 예를 자세히 검토하지 않아서 망발할 것일 뿐이다. 어찌 그 사이에 다른 뜻이 있겠는가? 비록 그렇지만 내가 대신臺臣을 대우하는 뜻에서 이미 죄주었으니, 우선 다시는 말하지 말라.

이규방이 아뢰기를, "더할 수 없이 중하고 엄한 일에 대해서 어찌 '망발妄發' 두 자로써 이 죄인을 잘못 용서할 수 있겠습니까?" 하였다. 상이 말하기를, "대저 수의收議한 본뜻은 반드시 각각 소견을 아뢰어 절충하려는 것이었다. 만일 이 일이 애당초 의논할 만한 이견이 없었다면 어찌 굳이 수의하였겠는가?" 하였다.

대사간 정덕화鄭德和가 다음과 같이 아뢰었다.

그는 익종翼宗과 헌종憲宗 양조兩朝에서 받은 융성한 후대가 과연 어떠하였습니까? 그런데 이제 조금도 추보追報하려는 마음이 없고 도리어 익종과 헌종 양조를 오묘五廟의 밖에 두려고 하니, 이것이 어찌 신하가 차마 할 수 있는 것이겠습니까?

상이 말하기를, "이것은 갑자기 처분할 만한 것이 아니다. 나가면 응당 처분이 있을 것이다." 하였다. 대왕대비전이 말하기를, "내부內府에서 수장輸藏한 것은 과연 어떤 물건이며, 액속掖屬과 결탁했다니 어떤 액속인가? 반드시 그 사람의 성명이 있다고 하였는데, 누구인가?" 하였다. 이규방이 다음과 같이 아뢰었다.

대각이 탄핵하는 법은 대부분 풍문風聞으로 말미암습니다. 내부의 수장 일에 이르러서는 삼사의 제신諸臣이 그 동안 차자와 상소에서[6] 모두 논급論及했기 때문에 신들도 이를 가지고 아뢴 것입니다. 비록 혹 결탁한 자가 누구인지 분명하게 알더라도 본래 위에서 대신의 반열에 질문한 적은 없었습니다. 신이 비록 어리석지만 그 직책을 돌아보면 대각臺閣입니다. 대각을 대우하는 도리에 있어서 이렇게 하문하는 것은 부당한 듯합니다.

대왕대비전이 말하기를, "나처럼 무식한 일개 아녀자가 어찌 대각의 체모를 알겠는가?" 하였다.

○ 대왕대비전에서 다음과 같이 전교하였다.

며칠 전에 처분이 있었는데 어찌 다시 이 일에 대해 옳으니 그르니 할 수 있겠는가? 대각臺閣의 소란

6_내부의 …… 상소에서 : 이 부분은 앞뒤의 문맥이 통하지 않아 『일성록』에 의거하여 보충하였다. 원문은 다음과 같다. "至於內府輸藏之事則三司諸臣之前後箚疏"

이 그칠 기약이 없으니 한갓 형편이 날로 어긋날 뿐이다. 또 죄를 입은 자로 말하더라도 이렇게 하지 않으면 그의 마음을 편안하게 할 수 없을 것이니, 방축放逐한 죄인 권돈인權敦仁에게 중도부처中道付處의 형전을 더 시행하라. 지금 이 처분은 단지 대각臺閣을 대우하고 세신世臣을 보호하는 뜻에서 나왔을 뿐이다. 만약 다시 서로 버티면 이는 신하로서 그 임금의 말을 믿지 않는 것이니, 어떻다고 하겠는가? — 낭천현狼川縣에 부처하였다. —

○ 상이 전교하기를, "풍계군豐溪君의 양자인 세보世輔를 호晧로 개명改名하고, 오늘 정사에서 경평도정慶平都正에 직부直付하라." 하였다.

○ 대사성 홍원섭洪遠燮이 합삼정순合三呈旬[7]하여 가유加由하였다.

○ 양사가 연명 차자를 올려, 권돈인權敦仁을 원찬遠竄하고, 김정희金正喜를 도치島置하며, 그 동생 김명희金命喜와 김상희金相喜를 산배散配할 것을 청하니, 상이 다음과 같이 비답하였다.

권돈인의 일은 두 차례 자전의 하교가 있었으니 나의 도리는 순순히 따르는 것뿐이다. 대각臺閣으로 말하면 혹 별도의 도리가 있어서 나와 구차히 함께 할 수 없는 것인가? 이것을 내가 알지 못하겠다. 김정희의 일은 처음에 발설한 말만도 참혹한데, 어째서 계속하는가?

○ 평안 감사 홍종응洪鍾應이, 개천价川 등 고을의 민가가 수재를 당해 집이 떠내려가고 무너지며 사람들이 죽은 일로 아뢴 데 대해, 다음과 같이 전교하였다.

지금 이 네 고을의 집이 떠내려가고 무너졌다는 장계狀啓는 참으로 너무나 놀랍고 참혹하다. 그 동안 비가 내린 기세가 어떠했는가? 다른 고을 재난 형세의 옅고 깊음은 비록 아직 자세하지 않으나 우선 등문登

7_ 합삼정순(合三呈旬) : 합삼은 한꺼번에 세 통의 사직장을 바치는 것을 말하고, 정순은 각 관아의 낭관이 사직하고자 할 때 열흘마다 한 번씩 세 차례 연거푸 정사(呈辭)하는 것을 말한다.

閒해 온 곳부터 곡진히 돌보아 주는 마음을 보이지 않을 수 없다. 성천 부사成川府使 조연흥趙然興을 위유사慰諭使로 차하差下하여 재난을 입은 여러 고을로 달려가 철저하게 자세히 살핀 뒤에 대소 인민人民을 모아놓고서, 부디 근심하고 두려운 나머지 향리鄕里를 떠나지 말라는 뜻으로 효유曉諭하게 하라. 원래의 휼전恤典과 영읍營邑에서 돌보아 도와주는 이외에 을사년(1845, 헌종 11)의 전례를 참조하여 표호漂戶와 퇴호頹戶에 대해 분등 장계分等狀啓를 마련하여 경사京司의 상납전上納錢 중에서 획급劃給하여 속히 집을 지어 들어가 살게 하고, 죽은 사람을 이미 건져냈으면 묻어주는 절차를 특별히 마음 써서 도와줄 것이며, 엄호와 토호를 막론하고 올해 신포身布와 환포還布를 모두 탕감蕩減하는 일을 묘당廟堂에서 삼현령三懸鈴으로 알리도록 하라.

○ 양사에서 연명 차자를 올리니, 다음과 같이 비답하였다.

내가 반드시 자전慈殿의 뜻을 따르려고 하는 것은 도리가 아니겠는가? 임금이 설령 지나친 일이 있더라도 만일 혹 크게 도리에 어긋나지 않는다면 오직 마땅히 힘써 따라야 하는데, 더구나 자전의 하교를 따르려고 하는 것이 바로 의리에 어긋난 지나친 일이란 말인가? 징토懲討가 설령 충분忠憤이라고 핑계댄다면 충忠과 효孝가 장차 두 가지가 되겠는가? 너무나 해괴하고 망령되어 차라리 아무 말도 하고 싶지 않다. 각자 멋대로 하라.

○ 삼사의 합계에서, '권권돈인사지주權敦仁事之主' 아래에 '김정희지지간차요 이결위사당 청기종용 즉노경지부범하여 이사발복관지설 성언무휘 제기음모 즉방례지신중하여 이암수헌의지동유설시자 차피소위비미지도 즉액속오규일 여조희룡부자야 일위돈인지조아 일위정희지복심 출입심엄 사찰자하사 왕래혼야 주무자하계金正喜之至奸且妖而結爲死黨聽其慫慂則魯敬之負犯何如而肆發復官之說盛言無諱濟其陰謀則邦禮之愼重何如而暗售獻議之同遊說是藉且彼所謂卑微之徒卽掖屬吳圭一與趙熙龍父子也一爲敦仁之爪牙一爲正喜之腹心出入深嚴伺察者何事往來昏夜綢繆者何計' 112자를 첨가해 넣고, '청請' 자 아래 2자를 지워버리고 '중도부처中途付處' 4자를 첨가해 넣고, '시이施以' 아래 4자를 지워버리고 '찬배遠竄' 2자를 첨가해 넣었다.

○ 양사에서 — 대사헌 조형복趙亨復, 대사간 박래만朴來萬, 집의 채원묵蔡元默, 장령 홍인수洪仁秀이다. — 다음

과 같이 합신계合新啓하였다.

아, 통탄스럽습니다. 나라의 기강이 아무리 점점 무너지고 세상의 변고가 아무리 거듭 생긴다고 하지만 어찌 김정희金正喜처럼 지극히 흉악하면서도 요망한 자가 있겠습니까? 그는 천성이 간사하고 독살스러우며 마음가짐이 삐뚤어졌으며 약간의 재예才藝를 가지고 한결같이 정도正道를 등지고 상도常道를 어지럽히고 억측을 잘하였는데, 나라를 흉하게 하고 집에 화를 끼치는 데서 벗어나지 않았습니다. 대대로 악을 행하여 그 아버지에 그 아들이요, 은밀히 나쁜 무리들과 결탁하여 귀신같고 물여우 같았으니 사람 축에 들지 못한 지도 오래되었습니다. 그의 아비인 추탈 죄인追奪罪人 김노경金魯敬은 관계된 바가 어떠하며, 죄범이 어떠합니까? 그런데 그 무리들이 수사收司에서 벗어나고 그 자신이 섬에 귀양되는 데 그친 것은 이미 형벌을 잘못 적용한 것입니다. 연전에 용서받고서 돌아온 것은 선대왕先大王의 살리기를 좋아한 성념聖念에서 나왔을 뿐이니, 그가 조금이라도 사람의 마음이 있고 조금이라도 신하로서의 절개가 있다면 진실로 고향으로 돌아가 선영을 지키며 움츠린 채 자숙하며 성은을 떠받들면서 여생을 보내는 것이 마땅합니다. 그러나 오히려 다시 방종하여 거리낌이 없었고 제멋대로 날뛰었습니다.

세 형제가 강교江郊에 살면서 도성 안을 출몰하여 묘당廟堂의 사무에 간여하지 않음이 없고 조정의 기밀을 갖은 수단으로 염탐하며 부정한 길을 뚫어 액속掖屬과 결탁하였으니, 정적情跡이 비밀스러워 못하는 짓이 없었습니다. 이에 평생의 사우死友인 권돈인權敦仁과 합쳐 하나가 되어 붕비朋比를 굳게 맺어 어두운 곳에서 꾀어 그의 아비를 신복伸復할 수 있다고 하여 역명逆名을 벗어나려고 도모하고 온 세상을 압박할 수 있다고 하여 국법國法을 농락하였습니다. 심지어 권돈인은 김노경을 거리낌 없이 공공연히 추켜 말하였으니, 이것만도 일대 변괴입니다. 이번 일로 말하더라도, 조천祧遷하는 예는 더할 수 없이 중한데 감히 참섭하여 형은 와주窩主가 되고 아우는 사령使令이 되어 도처에서 유세遊說하여 헌의獻議에 함께 참여하려고 하였습니다. 중론衆論이 바른 데로 귀결되었기 때문에 계책이 끝내 이루어지지는 않았으나, 말이 전파되어 열 손가락이 모두 지적하는 것을 가릴 수 없게 되었습니다.

아, 그가 경영經營하고 설시設施한 것은 패악한 논의를 힘껏 옹호하여 반드시 나라의 예禮를 무너뜨리고 사람의 귀를 현혹시키려고 한 것이니, 그 마음에 간직하고 있는 것은 길거리의 사람들도 압니다. 이러한데도 병통을 분명하게 보여주어 화란의 싹을 통렬히 꺾어버리지 않는다면 또 어떤 모양의 놀라운 기틀이 어느 곳에 숨어 있을지 모릅니다. 생각이 여기에 미치니, 어찌 놀랍고 한심하지 않겠습니까? 또 그가 이른바 결탁했다고 하는 액속은 바로 오규일吳圭一과 조희룡趙熙龍 부자父子가 그들입니다. 하나는 권돈인의 조아爪牙가 되고 하나는 김정희의 심복이 되어 심엄深嚴한 대궐을 출입하면서 엿본 것이 무슨 일이며, 어두운 밤에 긴밀하게 준비한 것이 무슨 계획입니까? 빚어낼 근심이 거의 도적을 풀숲에 잠복시키게 하는 것과 같아 반드시 화禍가 크게 번질 것이니, 어찌 서캐 같이 미천한 부류라고 하여 싹이 미미할 때에 막아서 자라나는 것을 끊어 버리는 방도를 소홀히 하겠습니까? 김정희는 빨리 절도絶島에 안치安置는 형전을 시행하고, 그 아우 김명희金命喜와 김상희金相喜는 모두 산배散配하는 형전을 시행하며, 오규일과 조희룡 부자도 해조로 하여금 엄히 형신刑訊하여 실정을 알아내어 쾌히 해당 형률을 시행하게 하소서.

상이 다음과 같이 비답하였다.

김정희 형제의 일을 이처럼 논단論斷하는 것은 자못 지나친 것이니, 모두 윤허하지 않겠다. 끝의 세 놈의 일은 저처럼 비천한 무리에게 어찌 이처럼 장황하게 할 것이 있겠는가? 번거롭게 하지 말라.

○ 영남 유생 정광근鄭光根 등이 상소하여, 충정공忠定公 권벌權橃을 성무聖廡에 제향躋享할 것을 청하니, 너그러운 비답을 내려 허락하지 않았다.

○ 평안 감사 홍종응洪鍾應이, 강동江東 등 고을의 민가民家가 떠내려가거나 무너지고 인명이 수재를 당해 죽었다고 아뢰니, 다음과 같이 전교하였다.

네 고을의 수재水災가 또 저처럼 혹심하니, 더욱 놀랍고 참혹하다. 모든 건져내고 구휼하는 등에 관계된 절차를 한결같이 앞서 네 고을에 판하判下한 전례에 의거하여 철저히 거행하라고 위유사慰諭使에게 화급히 알리도록 하라.

○ 양사의 합계에 대해 다음과 같이 비답하였다.

김정희金正喜의 일은 심히 애석하다마는 그가 스스로 처신을 조심했다면 어찌 찾아낼 만한 형적形跡이 있었겠는가. 평소에 잘못을 고치지 않는 습성을 미루어 알 수 있다. 북청부北青府에 원찬遠竄하고, 김명희金命喜와 김상희金相喜는 향리鄕里로 방축放逐하라. 오규일吳圭一과 조희룡趙熙龍 두 놈은 두 집안의 조아爪牙와 복심腹心이 되었다는 말을 내가 많이 들었다. 모두 한 차례 엄히 형신刑訊하고서 절도絶島에 정배定配하라. 조희룡의 아들에 이르러서는 굳이 거론할 것이 없다. — 오규일은 고금도古今島에, 조희룡은 임자도荏子島에 정배하였다. —

○ 평안 감사 홍종응洪鍾應이, 정주定州 등 고을의 민가가 떠내려가고 무너졌으며 인명이 수재를 당해 죽었다고 아뢰니, 다음과 같이 전교하였다.

열흘 사이에 세 번이나 수재에 대한 장계를 보니, 불쌍한 우리 백성들이 어찌 이런 일을 당하는가? 잊혀지지 않고 생각이 나고 눈에 선하다. 위유사慰諭使의 행차가 지금 어느 곳에 도착했는지 알 수 없으나 건져내고 안착하게 할 방도를 일체로 거행하라고 분부하라.

○ 양사의 합계 중에, '김정희사중심재金正喜事中心哉' 아래의 10자를 지워버리고 '이약부범형지어원찬 제지어방축 즉호종지습 부지부전이이야 지약以若負犯兄止於遠竄弟止於放逐則怙縱之習不止不悛而已也至若' 28자를 첨가해 넣으며, '부자父子' 아래의 3자를 지워버리고, '지之' 자를 첨가해 넣으며, '돈인敦仁' 아래의 5자를 지워버리고, '정희正喜' 아래의 '지之' 자를 지워버리고 '조아爪牙' 2자를 첨가해 넣으며, '복심腹心' 아래에 '즉역신감지소실촉야即亦宸鑑之所悉燭也' 9자를 첨가해 넣으며, '도재道哉' 아래에 '오조량한 정절미구 형배거시 극섭태경 희룡지자 죄무이동吳趙兩漢情節未究刑配遽施極涉太輕熙龍之子罪無異同' 24자를 첨가해 넣으며, '청請' 자 아래에 '북청부원찬죄인北青府遠竄罪人' 7자를 첨가해 넣으며, '안치安置' 아래의 2자를 지워버리고 '방축죄인김放逐罪人金' 5자를 첨가해 넣으며, '명희命喜' 아래에 '김金' 자를 첨가해 넣으며, '규일圭一' 아래의 '여與' 자를 지워버리고, '희룡熙龍' 아래의 8자를 지워버리고 '갱가更加' 2자를 첨가해 넣으며, '엄형嚴刑' 아래에 '기어期於' 2자를 첨가해 넣으며, '득정得情' 아래의 5자를 지워버리고 '희룡지자 역령해조엄형득정 병시당률언熙龍之子亦令該曹嚴刑得情幷施當律焉' 17자를 첨가해 넣었다.

○ 대왕대비전이 전교하기를, "한량閑良 염종수廉宗秀를 증 영상 염상성廉相星의 사자嗣子로 정하라." 하였다.

○ 상이 전교하기를, "한량 염종수를 별군직別軍職에 차하差下하라." 하였다.

○ 경상 감사 이기연李紀淵이 다음과 같이 아뢰었다.

방금 함창 현감咸昌縣監 서긍순徐兢淳의 첩정牒呈에, "6월 14일에 폭우로 재악산宰岳山 한 줄기가 무너졌다." 하였습니다. 달려가서 골짜기를 돌며 자세히 살펴보니, 모두 산과 산이요 또 돌이 많았는데 한밤중에 비가 한 차례 갑자기 급하게 쏟아져서 깎아지른 바위가 굴러 떨어지고 성난 파도가 세차게 부딪쳐 몇 개의 가구家口가 자취도 없이 모두 없어졌습니다. 한 방 안에서도 간혹 요행히 면한 경우도 있으나 남녀 노약자로 일시에 모두 죽은 자가 자그마치 44명이나 되고 떠내려가고 무너진 민가民家가 27호나 되었습니다.

상이 다음과 같이 전교하였다.

이 경상 감사의 장본狀本을 보건대, 함창은 갑자기 한 번 내린 비에 인명이 압사壓死하고 민호民戶가 떠내려가고 무너진 숫자가 매우 많다고 하니, 듣기에 매우 불쌍하고 참담하다. 찾지 못한 시신이 여태 자그마치 절반이 된다고 하니, 기어이 파내어 찾도록 하라고 우선 신칙하라. 어찌 별도로 위휼慰恤하는 거조가 없을 수 있겠는가? 집이 무너져 내린 민호民戶에 특별히 휼전恤典을 시행하고, 신구新舊의 환자還上를 정퇴停退하여 즉시 안주하게 하라. 압사하거나 익사한 자들의 신포身布와 환자를 아울러 탕감하라는 뜻으로 도백道伯에게 신칙하고 형지形止를 장문狀聞하라고 묘당에서 말을 만들어 분부하라.

8월

○ 진종실眞宗室을 영녕전永寧殿에 조천祧遷하고, 헌종대왕憲宗大王과 효현왕후孝顯王后를 종묘宗廟에 부묘祔廟하였다.

○ 상이 다음과 같이 전교하였다.

관서關西의 수재水災 때문에 한창 놀라서 근심하고 있는 중에 지금 비가 이처럼 홍수가 지니 농사를 생각하면 실로 걱정스럽다. 사문四門의 영제禜祭를 중신重臣을 보내어 날짜를 가리지 말고 경건敬虔하게 설행하도록 하라.

○ 황해 감사 홍기섭洪耆燮이, 금천金川 등 고을의 민가가 떠내려가고 무너졌으며 인명이 빠져죽었다고 한 데 대해, 다음과 같이 전교하였다.

해서海西의 수재가 관서關西에 비해 그다지 다름이 없으니, 어찌 놀랍고 걱정스럽지 않겠는가? 여러 해 전부터 양서兩西 지방이 공억供億에 지쳐서 민력民力이 곤궁해져 거의 여지가 없었는데, 또 이렇게 1천여 호가 떠내려가고 무너지는 걱정이 있으니, 불쌍한 우리 백성들이 어떻게 살아가겠는가? 관서에만 휼전을 시행할 것이 아니라 근기近畿의 연동沿峒의 존휼存恤에도 더욱 특별히 마음을 써야 한다. 곡산 부사谷山府使 ―홍순목洪淳穆이다.― 를 위유사慰諭使로 차하差下하여 재해를 입은 각 고을로 달려가 대소 민인民人들을 모아놓고서 기필코 안주安住하게 하여 혹시라도 흩어지지 말도록 하라고 각각 효유曉諭하게 하라. 영읍營邑에서 도와주는 것 외에 경사京司에 상납하는 돈 가운데서도 떠내려가고 무너진 민호를 대호大戶·중호中戶·소호小戶로 분배分配하여 적당히 분급分給하도록 하고, 집을 지어 안주하기를 기다린 뒤에 형편을 치계馳啓하라고 묘당에서 삼현령三懸鈴으로 알리도록 하라.

○ 평안 감사平安監司 홍종응洪鍾應이, 정주定州 등 고을의 민가가 완전히 무너졌다고 아뢴 데 대해, 상이 전교하기를, "또 경기 감사의 장계를 보니, 정주 등 고을의 수재가 갈수록 더욱 놀랍고 참혹하다. 위유사가 가서 모든 무휼撫恤을 일체 거행하라고 묘당에서 화급히 알리도록 하라." 하였다.

○ 황해 감사 홍기섭洪耆燮이, 봉산鳳山 등 고을의 민가가 완전히 무너졌다고 아뢴 데 대해, 다음과 같이 전교하였다.

지금 황해 감사의 장계를 보건대, 봉산 등 고을이 또 지난달 16일과 18일 비에 떠내려가고 무너진 집이 거의 천여 호나 되니 매우 놀랍고 참혹하다. 위유사는 일체로 현지에 가서 위휼慰恤과 안주하는 방도에 관계된 모든 것을 전례대로 거행하라고 알리도록 하라.

○ 경상 감사 이기연李紀淵이, 죄인 강장환姜長煥을 도배到配하였다고 하니 전교하기를, "방송放送하라." 하였다.

○ 평안 감사 홍종응洪鍾應이, 박천군博川郡의 민가가 완전히 무너졌다고 아뢴 데 대해, 상이 다음과 같이 전교하였다.

박천은 재해를 한 번 입고 재차 입어서 완전히 무너진 민가民家가 또 이처럼 많으니 더욱 놀랍고 참혹하다. 전례대로 돌보아 도와주고 안주시키는 방도에 대해 각별히 신칙하여 한 명의 백성이라도 방황하지 않게 하라는 뜻을 일체로 도신道臣 및 위유사慰諭使에게 분부하라.

○ 상이 전교하기를, "은전군恩全君의 사판祠板에 신주神主를 고쳐 쓰는 날 내시內侍를 보내 치제致祭하도록 하되, 풍계군豐溪君의 사판에도 일체 치제하도록 하라." 하였다.

○ 함경 감사 서유훈徐有薰이, 함흥부咸興府의 민가가 떠내려가고 무너졌으며 인명이 빠져 죽었다고 아뢴 데 대해, 다음과 같이 전교하였다.

북관北關이 거듭 수재와 한재를 겪은 끝에 또 이런 홍수의 재앙이 있어서 시장에서 집으로 돌아가던 백성들이 불어난 물에 빠졌는데 이미 숫자를 계산할 수 없다고 하였으니, 어째서 이런 참혹하고 불쌍한 일이 있는가? 그 동안 몇 명이나 건져 냈는지 모르겠으나 이것은 깊고 넓은 바다가 아니니 어찌 끝내 구해내지 못할 리가 있겠는가? 각별히 감독하고 신칙하여 기어이 전부 건져 내되 묻어주는 절차는 되도록 후하게 도와 준 뒤에 계문啓聞하도록 하라. 생전의 요역徭役을 회감會減하여 일체 탕감蕩減하라. 표호漂戶와 퇴호頹戶의 집을 짓는 방도는 이미 관서關西에서 시행한 전례가 있으니, 대호大戶·중호中戶·소호小戶로 분배分配하여 기어이 추워지기 전에 들어가 살도록 한 뒤에 일체 회감하라.

대체로 조정에서 처지를 이해하여 가엾게 여기는 정사는 전적으로 도신과 수신이 왕명을 어떻게 펴나가는가에 달려 있다. 예사롭게 여기지 말고 삼가고 유념해서 거행하여 먼 곳의 재해를 만나 백성들로 하여금 자기들만 나라의 은택을 받지 못했다고 탄식하는 데에 이르는 일이 없게 하라고 묘당에서 말을 만들어 알리도록 하라.

○ 개성 유수 이시원李是遠이, 민가가 떠내려가고 무너졌으며 인명이 빠져죽었다고 아뢴 데 대해, 다음과 같이 전교하였다.

한 경내에 표호漂戶와 퇴호頹戶, 빠져 죽거나 깔려 죽은 백성들이 한결같이 어찌 이리 참혹한가? 그 부모와 처자식이 서로 끌어안고 울부짖으며 구하는 듯이 방황하는 광경을 차마 상상하지 못하겠다. 원래의 휼전恤典은 전례를 따르는 일에 관계되며, 죽은 자의 생전의 신역身役과 환포還布를 모두 탕감蕩減하고, 연해沿海의 여러 곳에 특별히 관문으로 신칙하여 건져 낸 시신을 후하게 묻어주게 하고, 경사京司에 상납上納하는 돈 중에서 이보다 앞서서 재해를 입은 곳의 예를 원용援用하여 전례에 의거하여 분등分等하여 분급分給하여 조정에서 위휼慰恤하는 뜻을 보여주도록 하라.

○ 대왕대비전大王大妃殿, 왕대비전王大妃殿, 대비전大妃殿에 존호尊號를 가상加上하고 진하陳賀를 행하였다.

○ 황해 감사 홍기섭洪耆燮이, 연안延安 등 고을의 민가가 떠내려가고 무너졌으며 인명이 빠져죽었다고 아뢴 데 대해, 다음과 같이 전교하였다.

막 장마를 겪은 데다 해일海溢이 또 덮치는 형국에 이르렀으니 아무리 하북河北의 관건關楗[8]이 있어도 막을 수 없을 것이다. 우리 백성들의 탄식하는 소리와 걱정하는 기색은 보지 않아도 본 듯하고 듣지 않아도 듣는 듯하니, 어찌 놀랍지 않으며, 어찌 슬프지 않겠는가? 어찌 이 살 곳을 잃은 무리들로 하여금 길거리에서 방황하며 그 거처를 불안하게 하겠는가? 위유사慰諭使는 여러 곳을 두루 다니면서 원래의 휼전 이외에 경사京司에 상납上納할 돈 중에 천포泉布를 이미 시행한 예에 의거하여 일제히 나누어 주어 한 명의 백성도 누락되었다는 한탄이 없게 하라. 시신도 감독하고 신칙하여 일일이 건져 내어 후하게 묻어 주도록 하며, 생전의 신역身役, 환곡還穀, 군포軍布는 모두 탕감蕩減하도록 하는 일을 묘당에서 말을 만들어 행회行會하도록 하라.

○ 대왕대비전이 다음과 같이 전교하였다.

군복軍服은 본래 먼 길을 갈 때에 가볍고 편리하게 하는 뜻을 취한 것이다. 당일에 환궁還宮하는데 어찌 굳이 이렇게 하겠는가? 지금부터는 먼 길에 행행行幸하는 것을 제외하고는 융복戎服으로 정하는 것이 마땅하다. 해방該房은 그리 알라.

○ 물고 죄인物故罪人 김정원金鼎元에게 직첩職牒을 수급授給하였다.

○ 참봉 민달용閔達庸을 서용敍用하고, 지평 육태석陸台錫에게 직첩職牒을 수급하였다.

○ 수원 유수水原留守 조병준趙秉駿이 다음과 같이 장계狀啓하였다.

궐리사闕里祠의 영정影幀이 해가 오래되어 바래고 해졌습니다. 강릉江陵과 제천堤川에 봉안된 원본原本을 장차 본사本祠에 봉안해야 하는데 사체가 신중하니, 묘당에게 품처稟處하게 하소서.

8_하북(河北)의 관건(關楗) : 하북성(河北省)은 황하(黃河) 북쪽에 위치해 있는데 그 서쪽에 태항산(太行山)과 항산(恒山)의 두 산맥이 가로질러 있는 것을 말한다.

상이 다음과 같이 전교하였다.

이 부府의 이 땅에 공부자孔夫子의 영정을 건 것은 바로 우리 정종대왕正宗大王께서 천성千聖을 접하시고 백왕百王의 으뜸으로 삼으신 정의精義와 대체大諦이다. 이밖에 조정의 명령을 무시하고 사사로이 스스로 봉안하는 것은 거만하고 무례한 짓이다. 이제 이 초본이 오래되어 낡았다고 하는데 거듭 모사模寫할 수는 없을 듯하니, 관동關東과 호서湖西에 봉안된 것을 이봉移奉하는 것이 사체로 헤아려 볼 때 진실로 타당할 듯하다. 각각 그 고을 수령이 격식을 살펴 각각 그 경계境界에 배진陪進하고, 궐리사에 이봉하는 날에 유수가 달려가 봉심奉審하며, 구본舊本은 궤櫃에 보관하는 것이 편리한지의 여부를 자세히 살펴서 거행한 뒤에 계문啓聞하도록 하라.

이 일로 인해 생각건대, 요사이 열읍列邑에서 서원書院을 법외法外로 사사로이 세우니, 의당 한 번 신명申明해야 한다. 선현先賢의 영정을 무단히 모사해 내거나, 무단히 사우祠宇를 세우는 것이 덕德을 사모하는 일이라고는 하지만 법 밖의 일을 하는 것은 덕을 사모하는 것이 아니다. 더구나 향리鄕里에서 엿보면서 소란을 일으키는 폐단이 마침 속습俗習이 날로 변하는 근심이 되기에 충분함에야 더 말할 것이 있겠는가? 이번에 제칙提飭한 뒤에 만일 혹시라도 보고되는 것이 있으면 주장主張한 사자士子 이외에 살피지 못한 도신道臣과 수령도 또한 응당 엄히 처리하겠다. 이 전교를 가지고 일일이 효유曉諭하라.

○ 비국備局에서 포삼包蔘을 변통하고 금잠禁潛을 신칙申飭하는 일에 대해 아뢰니, 대왕대비전이 다음과 같이 전교하였다.

근수斤數를 가정加定하고 포삼包蔘을 양감量減하였으니, 송도松都와 의주義州의 백성들을 위하는 것이 그지없이 곡진하다. 지금 금잠 한 조항에 대해 더욱 거듭 엄중히 타일러야 하나, 이것은 유사有司의 직분이다. 이제 이를 해마다 빠짐없이 제칙提飭하여 임금에게 아래로 유사의 일을 행하게 하니, 그 효과를 보지 못할 뿐만 아니라 작년과 금년에는 도리어 더 심하기까지 하였다. 송도와 의주 양부兩府의 관장官長이 된 자는 알면서 그런 것인가, 모르고서 그런 것인가? 이렇게 하찮은 일을 지금은 하지 않을 수 없다. 나라의 대정大政은 다른 것이 없다. 금하면 기강이 설 것이고 금하지 않으면 기강이 서지 않을 것이다. 기강이 서느냐 서지 않느냐가 또한 어찌 국가에 관계된 일이 아니겠는가? 이제 이 원포原包를 가정한 것은 반드시 금잠하려고 하는 뜻에서 나왔으나, 또 작년과 올해처럼 텅 빈다면 송도와 의주에서 거행하는 지위에 있는 자는 장차 나라 일을 자기 몸처럼 생각하는 사람인가, 나라 일을 자기 몸처럼 생각하지 않는 사람인가? 내가 다 말하기를 원치 않으나, 다른 곳에서 몰래 만들어 북로北路에 몰래 들어오는 것에 이르러서는 송도와 의주 두 곳에서 전적으로 책임질 수 없다. 각각 그 도신과 수신帥臣에게 별도로 과조科條를 세워 일체 수색해 잡아서 일체 관아의 뜰에서 좌절挫折하고서 교졸校卒에게 내주게 하라. 국법을 어긴 놈은 또한 일체 범월犯越한 형률로 시행하라고 묘당에서 말을 만들어 양서兩西와 관북關北의 도신과 수신에게 알리도록 하라. 폐일언하고 금삼禁蔘을 금하느냐, 금하지 못하느냐 하는 것은 전적으로 송도와 의주에 달려 있고, 국가의 기강이 서느냐 서지 않느냐 하는 것은 또한 전적으로 송도와 의주 두 곳에 달려 있다. 이러한 뜻을 일체 알리라.

윤8월

○ 대왕대비전이 다음과 같이 전교하였다.

도사 김문근金汶根의 딸, 사과司果 정성수鄭性秀의 딸, 봉사奉事 신석창申錫昌의 딸, 현감 정기대鄭基大의 딸, 유학幼學 조계승曺啓承의 딸을 재간택再揀擇에 들이고, 그밖에 처자들은 모두 허혼許婚하라.

○ 한성부에서 다음과 같이 아뢰었다.

이번에 간택揀擇한 처자의 거안擧案을 입계入啓하였습니다. 뒤에 들으니 홍병오洪秉五는 시골의 미천한 부류로서 방자하게 단자單子를 올렸다고 한다. 외람되고 무엄함이 이보다 심할 수 없습니다. 원래의 단자에서 빼버리고 홍병오는 형조로 하여금 법에 비추어 엄히 다스리소서.

전교하기를, "몰지각한 탓이니, 형조에 이송移送하여 엄히 처리하라." 하였다.

○ 정언 홍호길洪祜吉이 올린 상소의 대략은 다음과 같다.

신의 집이 정묘正廟의 성시盛時를 만나서 은총을 치우치게 입어 더할 수 없이 몸이 귀하게 되고 이름을 떨치다가 불행하게도 가까이에서 나온 변고가 있어서 문호門戶가 마침내 파괴되기에 이르렀습니다. 신의 증조曾祖(홍낙빈洪樂彬)는 평소 그 조카의 소행을 미워하였기 때문에 언의言議와 취미臭味를 애당초 상관하지 않았는데, 이는 당시 세상 사람들이 모두 아는 것입니다. 경자년(1780, 정조 4)에 대신臺臣 홍주익洪柱翼이 신의 증조가 경상도 관찰사 때의 일을 논열論列하면서 "큰 지방의 자리를 차지하여 제멋대로 사욕을 채웠는데, 남창南倉의 수많은 돈은 어느 곳으로 실어 갔습니까?" 하는 말이 있었고, 또 "각기 문호門戶를 세운 만큼 가정의 안에서도 번번이 원수 같았고 숙부와 조카 사이에서 날마다 싸웠습니다." 하였습니다.[9]

아, 신의 증조가 진실로 조금이라도 그 조카의 평소의 일을 간섭했다면 온 가문이 멸문滅門되는 즈음에 어찌 한 마디 개괄적인 언급이 없이 도리어 원수 같았고 싸웠다는 말로써 소리 높여 배척함이 이에 이르렀겠습니까? 또 그 조카를 덮은 죄안은 바로 만고에 없는 것이었으나 신의 증조가 연좌連坐된 죄안은 공전公錢을 범용犯用한 한 가지에 불과했습니다. 정종대왕께서도 오히려 범한 죄에 대해서는 바로 공전을 나이挪移하여 분할分割하는 데에서 말미암았다고 하교하셨고, 가문의 일에 이르러서는 문호門戶가 반목하여 색목色目이 먼저 정해졌다는 하교가 있었으니,[10] 성감聖鑑이 매우 밝아 아무리 은미한 것이라도 비춰보지 않으심이 없었습니다. 이것이 신의 가문이 죽을 상황에서 살아난 일대 관건이었습니다. 그런데 계미년(1823, 순조 23)에 대신 황경언黃儆彦이 상소에서 신의 집안일을 논하면서 "역적 홍국영洪國榮이 역적 홍국영이 된 것은 모두 홍낙빈이 조종하고 사주했기 때문이었습니다."[11] 하였습니다. 아, 이것은 어찌 당시 성상께서 하교하신 뜻과 일체 상반된 것입니까? 남을 함정에 밀어 넣어 해치려는 데에 급하여 스스로 무망誣罔의 죄과에 이르는 줄을 깨닫지 못하였으니, 이것은 본래 많이 분변할 것이 없습니다.

다만 삼가 생각건대, 신의 증조가 북쪽 변방에 유배되어 불행하게 돌아가 생전에 온전하게 풀어주는 은혜를 입지 못해 저승에서 흘린 피를 아직 씻지 못하고 의금부의 죄안罪案이 아직까지 남아 있습니다.

9 _『정조실록(正祖實錄)』 10권 4년(1780) 7월 3일 기사에 보인다.

10 _『정조실록』 10권 4년 7월 30일 기사에 보인다.

11 _『순조실록(純祖實錄)』 26권 23년(1823) 2월 25일 기사에 보인다.

신이 매번 이것을 생각할 때마다 심장과 간이 찢어지는 듯해 단지 죽고 싶을 뿐입니다. 삼가 바라건대, 신의 증조가 범한 죄안을 유사有司의 신하로 하여금 정묘조正廟朝의 처분을 자세히 살펴서 품처稟處하게 하소서. 만일 털끝만큼이라도 무망한 것이 있으면 처형을 받겠습니다.

비답하기를, "상소의 내용을 묘당에게 품처하게 하라." 하였다.

○ 대왕대비전이 전교하기를, "도사 김문근金汶根의 딸, 사과司果 정성수鄭性秀의 딸, 현감 정기대鄭基大의 딸을 삼간택三揀擇에 들이고, 그밖에 처자들은 허혼許婚하라." 하였다.

○ 김문근金汶根을 승지에 특별히 발탁하였다.

○ 통사統使 이응서李膺緖가, 구산 첨사龜山僉使 이의숙李義叔은 탐욕이 많고 포학하게 정사를 하여 교졸校卒들이 원망을 쌓아서 파출罷黜하였다고 아뢰니, 상이 다음과 같이 전교하였다.

진장鎭將이 진속鎭屬을 돌보지 않고 단지 자기 욕망을 실현했을 뿐이니, 너무나 통탄스럽고 놀랍다. 올라오기를 기다려서 나문拿問하여 엄히 감죄勘罪하라. 이교吏校와 군졸들의 당일의 거조도 하나의 변괴이니, 수창자首倡者는 엄히 형신刑訊하고서 원배遠配하고, 나머지는 경중을 나누어 과치科治하라고 분부하라.

○ 경릉景陵과 건원릉健元陵에 배알拜謁하였다.

○ 석실서원石室書院과 도봉서원道峰書院에 사유賜侑하였다.

○ 비국에서 다음과 같이 아뢰었다.

홍우길洪祐吉의 본생本生의 증조曾祖가 당초에 귀양 간 것은 장범贓犯 때문이었을 뿐이고, 끝에 천극栫棘된 것은 제방隄防을 거듭 엄중히 한 것일 뿐이었습니다. 무릇 악역惡逆을 범한 홍국영洪國榮과 정법正法

에 처한 홍복영洪福榮과는 친숙親叔과 친질親姪이 되는 만큼 그때에 연좌連坐된 바가 가볍지 않고 중하였음을 미루어 알 수 있습니다. 다만 전후의 대장臺章과 정묘正廟의 판부判付에서 문호門戶에 있어서는 분별하고 공화公貨에 있어서는 나열하였습니다. 이제 그의 손자가 장범을 억울하다고 하면서 역안逆案으로 수사收司된 것이 아니라고 말한 것은 혹 괴이하게 여길 것이 없습니다. 다만 생각건대, 율명律名이 엄중했고 세월도 오래되었으니, 지금은 우선 그냥 두는 것이 사의事宜에 합당할 듯합니다. 삼가 성상께서 재결하소서.

상이 다음과 같이 전교하였다.

이 일은 장범에 연좌된 것일 뿐이라 당시에도 할 말이 있었다. 이제 70여 년이 되었는데 그 이름이 아직도 도류안徒流案에 남아 있으니, 그 손자가 된 자가 이처럼 억울하다고 하는 것은 사실 또한 괴이하게 여길 것이 없다. 홍낙빈洪樂彬의 일은 즉시 지워버려 그 억울한 마음을 펴도록 하라.

○ 대왕대비전이 구전口傳으로 빈청賓廳에 하교하기를, "대혼大婚을 전 승지 김문근金汶根의 집으로 정하려고 하는데, 경들의 의논은 어떠한가?" 하였다. 빈청에서 아뢰기를, "삼가 자전의 하교를 받들건대, 진실로 신과 사람의 바람에 합치하니, 종묘사직과 신민臣民의 무궁한 복입니다. 신들은 기뻐하며 하례드림을 금치 못하겠습니다." 하였다.

○ 대왕대비전이 하교하기를, "사과 정성수鄭性秀의 딸, 현감 정기대鄭基大의 딸은 모두 허혼許婚하라." 하였다.

○ 상이 다음과 같이 전교하였다.

주량舟梁의 예禮가 이미 정해졌다. 4세의 충정忠貞한 공렬을 어찌 이루 다 추념追念할 수 있겠는가? 임인년(1722, 경종 2)에 절의節義를 세운 여러 집안에게 모두 특별히 절혜節惠의 은전恩典을 내렸는데, 하물며 이 집안이겠는가? 증 찬성 김제겸金濟謙은 시장諡狀을 기다리지 말고 시호를 의논하고, 증 이조 참의 김성행

金省行에게는 찬성贊成을 더 추증하되 일체 시장을 기다리지 말고 시호를 의논하라.

○ 김문근金汶根을 영은 부원군永恩府院君으로 봉작封爵하였다.

○ 비국에서 다음과 같이 아뢰었다.

평안 감사平安監司 홍종응洪鍾應이 상소하여 도내에 흉년이 들어서 민정民情이 황급한 상황을 진달하고, 이어 본도本道의 곡식 1만 석과 다른 도의 곡식 3만 석, 경사京司에 상납上納할 돈 11만 4천 냥을 즉시 획하劃下하여 진휼賑恤할 밑천으로 삼게 할 것을 청하였는데, 비지批旨에 품처稟處하라는 명이 있었습니다. 지금은 경외京外의 전곡錢穀이 텅 비어 실로 준획準劃하기 어려우며, 경사의 돈은 사체를 헤아려볼 때 또한 완급緩急과 긴헐緊歇의 구별이 없지 않으니 각종 상납 중에 호조와 균역청의 돈에서 3만 냥을 한정해서 특별히 획하하고, 본도의 곡식을 가져다 쓰게 허락하소서. 곡식을 옮기는 것은, 만일 이때에 맞춰서 준비하지 않으면 반드시 군색하게 될 것입니다. 모양某樣의 곡식 중에서 영남의 절미折米 1만 석, 호남의 절미 1만 석, 호서의 절미 1만 석을 분배해서 획급하여 각각 해도該道에게 속히 짐을 꾸리고 차원差員을 정하여 영운領運하게 하고, 연로沿路의 호송은 조운漕運하는 예에 의거해서 하되 선가船價와 잡비는 가까운 전례에 의거하여 공곡公穀을 회감會減하여 기한에 맞추어 수용需用하도록 하소서.

윤허하였다.

○ 유학幼學 이형보李亨溥가 상언上言하여, 안빈安嬪[12]의 사우祠宇가 훼손되고 분산墳山이 무너졌으니 특별히 재결하여 조처하라고 하니, 상이 다음과 같이 전교하였다.

이 후궁의 공로功勞는 예사 후궁과 비교해서는 안 된다. 또 열성조列聖朝에서 이미 시행한 전례가 있으

12_ 안빈(安嬪) : 효묘조(孝廟朝)의 후궁 이씨(李氏)로 효종을 심양(瀋陽)에까지 배종(陪從)하여 충성(忠誠)을 다 바쳤으므로 숙종(肅宗) 12년(1686) 5월 27일에 안빈(安嬪)으로 삼았다.

니, 호조로 하여금 돈 300냥을 봉사손奉祀孫에게 내주어 사우를 수리하고 산소山所를 개축改築하게 하라고 분부하라.

○ 구전으로 전교하기를, "돈 5천 냥, 미米 100석, 무명과 베 각각 10동同씩을 본방本房으로 실어 옮기라." 하였다.

9월

○ 전라도와 충청도 유생儒生 박춘흠朴春欽 등이 올린 상소의 대략은 다음과 같다.

심술心術이 바르지 못한 자는 학술學術도 따라서 바르지 못하고, 학술이 바르지 못한 자는 말이 반드시 궤이詭異하고 행동이 번번이 치우쳐서 그 해害가 끝내 성현聖賢이 만들어 놓은 책을 헐뜯고 방가邦家의 이전彝典을 무너뜨리는 데에 이르는데, 자신이 직접 이를 범한 자도 있고 또한 후세에 독을 퍼뜨린 자도 있어서 고금에 걸쳐 이루 다 셀 수 없습니다. 그런데 근래의 일로 보건대 송능상宋能相과 권돈인權敦仁이 이런 자입니다. 신들이 상하의 원류源流를 자세히 진달하겠습니다.

무릇 공자孔子와 맹자孟子 이후로 가신 성인聖人을 잇고 오는 후학後學을 이어주며 도덕道德이 있고 사업事業이 있는 대현인大賢人으로는 정자程子와 주자朱子 같은 분이 없는데, 정자의 책 『역전易傳』은 더할 수 없이 훌륭합니다. 그러므로 주자가 일찍이 그 후서後序[13]를 쓰기를, "역易은 세 분 성인을 거치면서 제작制作이 같지 않으나 시세時勢를 따라서 가르침을 세움으로써 세 분 성인을 계승하여 법은 같지 않으나 도道가 같은 것을 구해 보면 오직 이천伊川의 책뿐이다." 하였고, 또 "『역전』은 의리가 정밀하고 글자 수가 충분하여 한 터럭도 흠결欠缺이 없다." 하였으며, 윤화정尹和靖(화정은 윤돈尹焞의 호임)이 "평생토록 지녔던

13 _ 그 후서(後序) : 원 제목은 「서이천선생역전판본후(書伊川先生易傳板本後)」이다.

마음이 오직 『역전』에 있었으니, 선생의 학문을 구하고자 하는 자는 이 책을 보는 것으로 충분하라.” 하였습니다. 이미 주자와 화정和靖의 말이 있는데, 후생後生 말학末學이 누가 감히 평가를 고치겠습니까?

그런데 저 송능상宋能相이 문득 비난하고 헐뜯으면서, “정자의 『역전』은 농조籠鳥[14]를 면치 못한다.” 했는데, 농조는 덮어서 취했다는 뜻입니다. 정자가 어찌 일찍이 역易의 뜻을 발명發明한 것이 없이 덮어서 취하였겠습니까? 아, 이것이 무슨 말입니까? 『소학小學』과 『근사록近思錄』은 자양紫陽(주자)이 지은 책으로, 『소학』은 배우는 자로 하여금 먼저 그 지조와 행실을 바르게 하게 하고, 『근사록』은 배우는 자로 하여금 먼저 그 문로우익門路羽翼 네 글자를 알게 하여 서로 돕게 한 것입니다. 그 요점이 이와 같은데, 저 송능상은 두 책에 불만을 품고서 말하기를, “주자가 중년中年에 미정未定한 책이다.” 하고 혹은 “허형許衡[15]이 존봉尊奉한 책에 불과하다.” 배척하기도 하고, 혹은 “이는 모두 어수선하고 잡된 것을 실은 책이다.” 헐뜯기도 하고, 또 “두 책을 잘못 읽으면 그 효과가 전혀 없다.” 하였습니다. 주자는 후학들을 개도하여 은혜롭게 하여 진덕進德 두 자를 알게 하였으니, 이것은 송능상이 주자의 도학道學을 비난하고 배척한 것입니다. 또 송능상은 주원양周元陽[16]의 빈자지설嬪字之說을 두둔하면서 주자의 망실亡室의 제주題主에 대한 정론定論을 배척하기를, “주자는 70살에 요절하여 미처 예서禮書를 수정修整하지 못하였다.” 하였는데, 어찌 70살에 죽은 것을 요절이라고 칭하는 자가 있겠습니까? 그 말이 매우 폐려합니다.

문정공文正公 송시열宋時烈은 역적 윤휴尹鑴가 주자를 모욕한 죄를 논하기를, “사람이 진실로 성현을 능멸한다면 하지 못할 짓이 무엇이 있겠는가?” 하였는데, 저 송능상은 문정공의 손자로서 정자와 주자의 책을 이처럼 어려움 없이 헐뜯고 배척하였으니, 그가 능멸한 바가 과연 어떠합니까? 그렇다면 비단 정자와 주자의 죄인일 뿐만 아니라 바로 문정공의 죄인인 것입니다. 송능상이 감히 정자와 주자에 대해 헐뜯고 얕잡아 봄이 이러하니, 우리나라에 유현儒賢에 있어서는 헐뜯음이 더욱 스스로 쉬울 것입니다. 일찍이 성무聖廡에 배식配食된 여러 현인을 논하기를, “열 한 분이나 성무에 철향醊享하니 어찌 이리 많은가? 왕자王者가 일어나 사전祀典을 바로잡는다면 율곡栗谷(이이李珥)과 우암尤庵(송시열宋時烈) 외에는 모두 빼고 더

14 _ 농조(籠罩) : 새장이나 그물에 넣은 것과 같이 어떤 학설이나 주장 등이 넓지 못함을 이르는 말이다.

15 _ 허형(許衡) : 원(元) 나라 때의 학자로 세조(世祖) 때에 집현대학사 겸 국자좨주(集賢大學士兼國子祭酒)가 되고 중서 좌승(中書左丞)까지 올랐다. 경전(經傳) · 자사(子史) · 예악(禮樂) · 명물(名物) · 성력(星曆) · 병형(兵刑) · 식화(食貨) · 수리(水利)에 널리 통했고, 특히 주자학(朱子學)을 신봉하여 유인(劉因)과 함께 원대(元代)의 이대가(二大家)로 일컬어졌다. 이와 같은 공로로 동중서(董仲舒)와 허형을 공자묘에 종사하였다.

16 _ 주원양(周元陽) : 당(唐) 나라 때 사람이다.

하는 것이 있을 것이다.” 하였습니다. 대개 종사從祀하는 전례典禮는 사체가 자별하여 열성조列聖朝에서 유현을 숭장崇奬하여 무식廡食에 제향躋享하기를 명하여 그 존모尊慕하는 정성을 다하였으니, 이것은 실로 탁월한 역대의 성덕盛德입니다. 그런데 송능상이 조금도 흠모하는 마음이 없이 감히 출척黜斥하는 논의를 하였으니, 진실로 이른바 거리끼는 마음이 없는 자입니다. 문원공文元公 김장생金長生으로 말하면 바로 문성공文成公 이이李珥의 제자요 문정공文正公 송시열의 스승입니다. 이이에게 정자와 주자의 학문을 받아서 송시열에게 전하였으니, 바로 우리 동방의 사문斯文의 적통嫡統으로서 예학禮學에 더욱 정통하였습니다. 그가 찬집纂集한 『상례비요喪禮備要』는 바로 그가 상중喪中에 있을 때 신의경申義慶이 지은 초본草本을 취하여 여러 번 산증刪增하고 수개修改해 마지않은 것입니다. 규모는 한결같이 『가례家禮』를 따랐고 절목節目은 『의례儀禮』를 참고하여 빠진 곳을 보충하고 생략된 곳을 자세히 하고 참작하고 변통하여 진실로 정문情文에 부합하였습니다. 문정공의 신유년(1681, 숙종 7) 봉사封事에, “김장생이 지은 『상례비요』 등의 책은 매우 세밀하게 분석하여 물을 담아도 새지 않을 정도이므로 국가의 전장典章과 사가私家의 경례經禮와 변례變禮에 모두 절충折衷하는 바가 있되, 한결같이 정자와 주자의 학설을 주장하였기에 비록 다른 길로 추향하는 집안이라도 준용遵用하지 않는 이가 없었으니, 그 공로가 많다고 말할 만합니다. 대저 정중鄭衆 등 여러 유학자가 『주례周禮』의 글을 주석註釋한 것으로서 오히려 성무의 종향從享에 참여하였는데, 더구나 문원공은 동방의 예가禮家를 대성大成한 데이겠습니까?”[17] 하였습니다. 그 뒤에 문순공文純公 권상하權尙夏가 문원공을 종향하는 일을 헌의獻議하면서 또한 문정공의 말을 인용하여 아뢰기를, “신의 스승의 소견은 덕德을 알기에 충분하여 뜻을 굽혀서 좋아하는 자에게 아첨하는 데에 이르지 않았다.” 하였습니다. 지금 두 선정의 말로써 보면 존신尊信하고 경복敬服함이 백세百世를 기다려도 의혹이 없을 일이라고 하겠습니다.

그런데 오직 저 송능상은 그 예서禮書를 헐뜯고 배척하였는데 가리키는 뜻이 흉악하고 표현이 패악합니다. 그 허다한 조론條論은 낱낱이 듣기도 어려운데, “혼잡하고 모호하다.” 하고, “말이 되지 않는다.” 하고, “진퇴進退하는 데에 있어 전거할 것이 없으니 도리어 패리悖理가 된다.” 하고, “비루하고 설만하여 쓸 수 없다.” 하고, “심하게 어그러지지 않았는가?” 하고, “심히 패륜悖倫이요 무식無識한 짓이다.” 하고, “혹자或者의 말은 예의 뜻을 전혀 몰라 크게 어그러졌는데 사계沙溪가 매양 취한 것은 또한 이상하다.”

17 _ 『숙종실록(肅宗實錄)』 12권 7년(1681) 12월 14일 기사에 보인다.

하였습니다. 사계沙溪는 문원공의 호입니다. 강복降服한다는 조항을 논함에는 "신씨申氏(신의경申義慶)가 가씨賈氏[18]의 예설禮說을 위조僞造한 것으로 학문이 거칠고 심술이 바르지 않아서 반드시 한결같이 이에 이르렀다. 또 『의례문해疑禮問解』를 살펴보건대, 사계가 정씨鄭氏의 설을 인용하고 그 아래에 스스로 주석하여 이 책과 함께 가씨의 소疏를 가탁假托하면서 한 글자도 다른 것이 없으니 매우 이상하다." 하고, 또 "『상례비요』에 정씨의 설을 인용하고 상복조喪服條 아래에 또다시 이전에 스스로 주석한 말을 인용하면서 위에 「가씨왈賈氏曰」 세 자를 첨가하였으니 어리둥절하고 의심스러워 변별辨別할 수 없게 만들었다." 하였습니다. 또 "신씨의 성姓을 고쳐 은밀히 가탁하였으니 너무나 오활한 짓이라 할 만한데, 사계가 한만하게 보고서 산삭하지 않아 백세 후에 의심을 하게 하였으니, 작은 일이 아니다." 하였습니다. 무릇 이런 미친 듯이 꾸짖고 떠들어대는 말이 모두 지두紙頭에 사사로이 기록한 데에서 나오기도 하고, 혹은 스스의 정목正目에서 나오기도 하고, 혹은 사람들과 왕복하며 문난問難한 글에서 나오기도 하였는데, 모두 그의 문집文集에 실려 있습니다. 그의 무례하고 패려함이 문정공이 말한 바와 한결같이 이다지 상반되는 것입니까?

송능상이 죽은 뒤에 그의 아들 송환장宋煥章이 유고遺稿를 간행하여 반포하자, 이에 물정物情이 크게 놀라고 사론士論이 들끓어 사학四學의 유생儒生들이 서로 이끌어 봉장封章하여 송능상이 현인을 모욕하고 정인正人을 더럽힌 죄를 바로잡을 것을 청하였습니다. 이에 순조純祖의 비지批旨에 "주자는 과거의 성현을 계승하고 후학後學을 개도開導한 대현大賢이요, 김문원金文元은 우리 동방의 적통嫡統을 접한 유현儒賢이요 또 선정 송시열의 스승이니, 선정이 존경하고 우러러 본 바는 바로 문원공과 주자를 계술繼述한 것이다. 유자儒者로서 두 현인을 비난하고 모욕한 것은 사문의 변괴이며 집안으로서도 두 현인을 위배한 것은 선정의 패손悖孫이니, 일명逸名을 간삭刊削하고 문집의 판본板本을 부수는 것을 누가 불가하다고 하겠는가? 다만 이 일은 또한 지극히 어렵게 여기고 신중히 해야 하는 데에 관계되며, 또 그 문집을 내가 아직 보지 못했으니 선뜻 윤허하여 따를 수 없다. 그대들의 말을 믿지 못해서가 아니라 나라의 형정刑政은 진실로 의당 이렇게 해야 한다. 상소의 내용은 묘당廟堂에게 품처稟處하게 하라." 하였는데, 묘당에서 회계回啓하기를, "'선배를 존경하고 두려워하며 의리를 강명講明한다[尊畏先輩 講明義理]'는 여덟 자는 선현

18_ 당가씨(賈氏) : 당(唐)나라 사람. 이름은 공언(公彥). 『의례주소(儀禮註疏)』는 『의례』에 정현(鄭玄)이 주를 내고, 가공언(賈公彥)이 소를 붙인 것이다.

의 말인데, 반드시 강명하는 중에 오히려 선배를 존경하는 뜻을 간직한 뒤에야 경敬과 예禮가 둘 다 다하고 의리가 더욱 강명될 수 있습니다. 그런데 송능상은 정례定禮를 비난하여 배척하고 선현을 헐뜯었으니, 극도로 황당하고 분별이 없습니다. 유소儒疏에서 논한 바가 엄하면서도 자세하니 간행된 책의 판본을 부서 버리는 것은 본래 조금도 늦출 수 없습니다. 초선抄選하는 직책으로 말하면 유자를 대우하는 것입니다. 현인을 모욕하고 예를 무너뜨림이 이러한데 오히려 유자라고 말할 수 있겠습니까? 인심人心을 착하게 하고 세교世教를 다스리는 방도에 있어서 특별히 일명逸名을 간삭刊削하라는 청을 허락하는 것이 진실로 여론에 부합될 것입니다. 성상께서 재결하시는 것이 어떻겠습니까?" 하니, 전교하기를, "이는 큰 형정刑政이기 때문에 품처하라고 명한 것이다. 이제 초기草記를 보건대 더욱 공의公議의 당연함을 알겠다. 모두 아뢴 대로 시행하라." 하였으니, 왕의 말씀이 훌륭합니다. 그 말이 해와 별처럼 빛나 사림士林이 지금까지 배송拜誦하면서 사설邪說이 영원히 그치고 사도師道가 다시 밝아지기를 바라고 있습니다.

아, 저 부처付處한 죄인 권돈인은 평소 송능상宋能相을 사숙私淑했다고 일컬으면서 스스로 당로當路하여 뜻을 얻었다고 생각하였습니다. 그런데 갑자기 갑진년(1844, 헌종 10) 1월의 빈대賓對 때에 연석에서 아뢰기를, "무릇 의례가議禮家는 문호門戶가 매우 많아서 어떻게 보든지 사람들의 견해가 가지런하지 않기 때문에 이러니저러니 하는 논설이 서로 나와서 비록 힐난詰難하다가 의견이 분분하여 결론이 나지 않기에 이르러도 따르느냐 위배하느냐는 각자 길이 다르니, 이 때문에 선현에게 죄를 얻은 자는 없었습니다. 이것은 가부可否를 고집하는 것이 단지 제도와 절문節文 사이에 있기 때문입니다. 지금 이 송능상의 『상례비요』에 대한 차기箚記는 또한 예론禮論을 자세히 살펴서 전거로 삼고 자기의 의심을 참작해서 변석辨釋한 데에 불과합니다. 대개 차기는 송능상이 20세가 되기 전에 나온 만큼 말로 표현하는 즈음에 설혹 경솔하여 자세히 살피지 못한 잘못이 있더라도 이는 바로 주자가 이른바 '부조父祖의 나이를 헤아린다'는 것인데, 갑자기 선현을 모욕하고 헐뜯은 죄목을 가하였으니 진실로 이미 지나친 일입니다. 더구나 『상례비요』 한 책은 비록 선정 신 김장생의 감정鑑正을 거쳤더라도 그 책은 신의경申義慶이 편집한 것으로 선정이 추록追錄하여 식별識別한 것임을 서문序文과 후서後敍를 상고하여 알 수 있으니, 당초에 유소에서 성토聲討한 것은 끝내 너무 심하게 꼬투리를 잡은 것입니다. 심지어는 '사사로이 연원淵源을 끊고 몰래 이심異心을 품었다' 하였으나 그 또한 말에 사리가 성립되지 않습니다. 선정 신 김장생은 바로 선정 신 송시열의 스승이요, 송능상은 바로 선정 송시열의 후손입니다. 후손으로서 그 조상이 항상 종사한 바에 대해 불만족하여 도리어 사사로이 연원淵源을 끊었다고 한 것이 어찌 천리와 인정에 근사한 바이겠습니까? 마침내 주자를 비난하고 폄하하고 선조를 무패誣悖한 것으로 귀결되었으니, 더욱 주워 모으기를 이렇게까지 심하게 할 수 있단 말입니까? 그 일이 선현과 관계되고 말이 다사多士에게서 나와서 조정의 처치가 처음에는 과연 이러했으나, 유자의 일명逸名을 간삭刊削한 것은 바로 그가 죽은 뒤의 극형極刑입니다. 그런데 말꼬투리를 잡은 일로써 소급해 죄주어 36년 동안 신설伸雪을 받지 못하였으니, 그 손자가 해마다 밝히려는 것은 정리情理가 바로 그런 것일 뿐만 아니라, 죄를 사실에 부합되게 확실하게 다스리는 것은 진실로 성조聖朝의 아름다운 정사입니다. 그러나 일이 사문斯文에 관계되어 감히 멋대로 단정하여 곧바로 청하지 못하니, 시임 대신時任大臣과 원임 대신元任大臣에게 하문하여 처치하는 것이 어떻겠습니까?"[19] 하니, 드디어 수의收議하라는 명을 내리고 마침내 송능상의 일적逸籍을 회복시켰습니다.

권돈인이 연석에서 아뢴 말뜻을 보건대 구구절절 정당하지 않으니, 이것은 무엇 때문입니까? '횡橫으로 보든지 종縱으로 보든지 사람들의 견해가 가지런하지 않아 검다느니 희다느니 하는 논설이 서로 나오는데, 횡은 누구 편에 속하며 종은 누구 편에 속하며, 검은 곳은 어디를 가리키며 흰 곳은 어디를 가리키는 것입니까? 힐난하다가 의견이 분분하여 결론이 나지 않기에 이르러서도 따르느냐 위반하느냐는 각자 길이 다른 것입니다' 하였는데, 과연 문원공과 송능상의 의견이 분분하여 결론이 나지 않았습니까, 그렇지 않은 것입니까? 그런데 곧바로 송능상과 문원공이 스스로 길이 다를 뿐이라고 하였습니다. "이 때문에 선현에게 죄를 얻은 자는 없었습니다. 이는 가부를 고집하는 것이 단지 제도와 절문 사이이기 때문입니다." 하였는데, 예로부터 선현을 헐뜯고 욕한 자는 유독 예서 한 부部로써 제도와 절문을 삼기에 부족하기 때문입니다. 관대히 용서하는 바가 있으면 주공周公의 경문經文과 자하子夏의 전문傳文과 문공文公의 『가례』에 대해 말이 혹 비방이라도 모두 죄줄 수 없단 말입니까? "예서禮書를 자세히 살펴서 전거로 삼고 자기의 의심을 참작하여 변석辨釋하였다." 하였으니, 이것은 문원공의 책을 그릇된 것으로 여기고 송능상이 자세히 살펴서 전거로 삼고 참작하여 변석한 것을 바른 것으로 여긴 것입니까? "차기는 송능상의 20세 이전에 나왔다." 하였는데, 이는 더욱 송능상을 곡진히 비호하느라 거짓으로 연조年條를 들어 그 악을 덮어 주려고 하여 마침내 임금을 속이고 세상을 속인 것입니다. 차기에는 원래 증명할 만한 연조가 없으며, 송능상이 저술하여 간행한 것이 4책인데, 헐뜯고 욕한 말이 각편에 흩어져 있어서 이루 다 헤아릴 수 없습니다. 지두에 사사로이 기록한 것만 그러할 뿐만 아니니, 이것이 모두 20세 이전의 문자라고

19 _『헌종실록(憲宗實錄)』 11권 헌종 10년(1844) 1월 25일 기사에 보인다.

하겠습니까? "더구나 『상례비요』는 비록 선정 신의 감정鑑正을 거치기는 했으나 그 책은 신의경이 편집한 것이다." 하였는데, 『상례비요』는 문원공이 지은 것임을 부엌의 여종이나 김매는 아녀자도 모두 전송傳誦하고 있으니, 권돈인이 어찌 혹 모르고서 이 말을 하였겠습니까?

권돈인의 한결같은 정성이 일찍이 송능상을 위해 한 번 죽고 문원공에게 원한을 풀고자 한 지 오래되었습니다. 이제 송능상을 신리伸理함에 『상례비요』를 문원공의 책이라고 하였으니, 송능상의 죄를 끝내 피할 데가 없습니다. 그러므로 간사한 잔꾀를 꾸며내어 『상례비요』의 편집을 실로 다른 사람에게 옮기고 『상례비요』를 영향력이 없는 책이라고 생각한 뒤에야 송능상을 구하고 한 세상의 공의公議를 억제할 수 있습니다. 또 그가 딴 마음을 축적하여 망령되게 문원공의 도덕의 실제가 단지 예학 한 가지 일에 있을 뿐이라고 하고 마침내 『상례비요』의 편집을 다른 사람에게 붙이고 아울러 이것과 함께 멸렬滅裂하니, 율곡과 우암의 적통이 따라서 제멋대로 옮겨지고 끊겼으니, 아, 그의 마음 자취를 분명하게 알 수 있습니다. 문원공을 승무陞廡할 때에 이희정李喜鼎의 흉소凶疏에, "평생 배운 것이 『상례비요』 한 권에 불과한데, 이것은 또한 신의경이 편집한 것이고 김장생은 산정刪正할 것일 뿐입니다." 하였는데, 권돈인의 이 말이 한결같이 어찌 역적 이희정과 글자마다 부합하여 전습傳襲한 것과 같은 것입니까? 말단에 "마침내 주자를 비난하고 폄하한 데로 귀결되었으니, 어떻게 주워 모으기를 이렇게까지 심하게 할 수 있단 말입니까?" 하였으니, 애통합니다. 이것이 더구나 무슨 말입니까? 주자를 비난하고 폄하하는 말은 그의 이른바 『운평집雲坪集』에 실려 있는 것이 비단 두세 곳만이 아닙니다.

유소儒疏에서 맨 먼저 주자를 폄하한 죄를 성토하였고, 순묘純廟의 비지批旨에 먼저 주자를 높이는 의론을 거론하였으니, 오늘 "주워 모으기를 심하게 했다." 한 것은 송능상의 처지를 위해서는 진실로 좋으나, 유독 성현을 무함하고 모욕한 죄과에 함께 돌아가는 것을 생각하지 않고 또한 대성인이 사문을 위하여 매우 엄하게 처분한 것을 두려워하지 않은 것입니까? 죄가 이에 이르니 더욱 다시 주벌할 것이 없습니다. 신들은 유생의 반열에 끼어 있어서 진실로 북을 울리면서 성토하고 글로 주벌하기에 겨를이 없어야 마땅하나, 기염을 두려워하여 감히 도전할 수가 없어 아픔을 참고 원통함을 품은 채 방황하고 몸이 위축되었습니다.

이제 조천祧遷하는 예를 수의收議함에 아, 저 권돈인이 힘껏 정론正論에 겨루고 별도로 자기 견해를 세워서 제멋대로 헌의하였으니, 고금 천하에 어찌 이런 일이 있겠습니까? 제후는 오묘五廟인 것은 영원히 변치 않는 법이요 사왕嗣王이 선군先君을 예묘禰廟에 넣으면서 선군의 고조를 조천하지 않을 수 없는 것이 또한 영원히 변치 않는 제도입니다. 오직 우리 헌종대왕은 성신聖神의 세적世嫡의 통서統序로 임금으로서 스승을 겸하시면서 한 나라에 임한 것이 모두 15년입니다. 이제 현복玄服으로 장차 부묘祔廟하는 예를 널리 행할 때를 맞이하였습니다. 우리 동방의 생명을 가진 무리가 모두 잊지 못하는 생각이 간절하니 누가 그 예를 다하고 그 공경을 다하고자 하지 않겠습니까? 그런데 유독 저 권돈인은 잘못된 말을 만들어 우리 선왕을 저버리고서 정론正論을 갈라놓아 우리 국법을 어지럽혀 감히 익종과 헌종 양묘兩廟를 이소이목二昭二穆 이외의 위位로 받들고자 하였으니, 이런 일을 차마 한다면 무슨 일인들 차마 하지 못하겠습니까? 옛날 제왕이 종묘를 세운 이래로 임금이 되어 소목의 차례에 제향躋享할 수 없는 경우는 없었으며, 또한 신하가 되어 묘통廟統 밖에 선군을 봉부奉祔한 경우는 없었습니다. 이제 권돈인의 말과 같이 한다면 익묘翼廟의 계서繼序의 중함을 권돈인이 폄하한 것이요, 헌묘憲廟의 존엄한 천위踐位를 권돈인이 틀어지게 한 것입니다. 생각이 여기에 미치니 마음이 썩고 뼈가 아프니, 맹세코 권돈인과 같은 하늘 아래에서 함께 살지 않겠습니다. 참으로 이는 천지를 꿰뚫고 만고萬古에 이르러도 없었던 난신 적자亂臣賊子입니다.

아, 권돈인은 헌의에서 『묘의도설廟議圖說』의 확증確證을 버리고 『조묘의장祧廟議狀』의 정론正論을 버린 채 소첩자小貼子의 한 단락을 집어내어 굳이 옛 것에 얽매일 것이 없다는 등의 말로써 견강부회하여 스스로 자해自解를 지어내어 반드시 주 부자朱夫子의 본뜻을 가리려고 하였습니다. 무릇 유가儒家에서는 장구章句를 고치고 바꾸며 자의字義를 지우고 고치는 것도 오히려 죄가 있다고 하는데, 더구나 스승의 교훈을 위조하고 나라의 예를 망령되이 논하는 자는 어떤 벌을 주어야 하겠습니까? 또 묘수廟數에 구애받을 필요가 없다는 설로 더 없이 존엄한 자리에 증거를 그릇되게 끌어대 스스로 무함하고 업신여긴 데로 돌아갔으니, 그의 마음보가 진실로 헤아리기가 어려우며, 무장無將하고 불경不敬함이 이보다 심할 수 없습니다. 훌륭한 집안의 사람으로서 전해 내려온 시례詩禮의 가르침을 배반하고 이런 천지간에 용납되기 어려운 죄를 자초했으니, 이것이 어찌 단시일 내의 일이겠습니까? 이것은 모두 심술心術이 바르지 못한 탓입니다. 이경양李景讓은 선군을 폄박貶薄하고 곽도霍韜[20]는 묘의廟議를 괴란乖亂하였으니 예나 지금이나 똑같으며, 권돈인의 전후 부범負犯도 두 가지 이치가 아닙니다. 오늘날 나라의 예를 그르친 근본은 옛날 현인을 모욕한 데에 있고, 옛날 선현을 모욕한 조짐이 오늘날 예를 그르친 데서 드러났으니, 처음부터 끝까지 한통속입니다. 그 정신을 전해준 자는 송능상이요 법을 옹호한 자는 권돈인입니다. 지난번에 신이 이른

20_ 곽도(霍韜) : 중국 남해(南海) 사람, 자는 위선(渭先), 호는 올애(兀厓), 또는 위애(渭厓)이며, 시호는 문민(文敏)이다. 『明史』 列傳

바 "자신이 직접 범한 자도 있고 또한 후세에 독을 퍼뜨린 자도 있다."는 것이 아니겠습니까? 폐일언하고 사문의 난적亂賊이요 나라의 흉역凶逆입니다. 두 죄인은 모두 용서할 수 없는 죄를 지었으니, 부처付處하는 것으로 가볍게 처분하고 말아서는 안 됨이 분명합니다. 부처한 죄인 권돈인에게 속히 해당하는 형률을 시행하고, 송능상의 일명逸名을 회복한 관직도 또한 도로 삭직시킴으로써 세도世道를 안정시키고 사문을 부식시킨다면 천만 매우 다행이겠습니다.

상이 다음과 같이 비답하였다.

송능상의 일은 그가 소루하고 망령되다는 이유로 죄주었다가 시사時事에 어둡다는 이유로 사유赦宥되었으니, 이는 두 조정에서 처분한 훌륭한 뜻이었는데 지금 어찌 회복한 은일을 다시 삭탈하겠는가? 권돈인의 일에 이르러서는, 예론禮論은 각각 소견이 있기 때문에 소견이 분분하여 결론이 나지 않는다고 하는 것이다. 더구나 이미 죄를 주었고 대관大官에게 부처付處는 가벼운 형률이 아니다. 너희들은 전후의 부당한 단락을 주워 모아 이처럼 말을 만드니, 아주 충서忠恕의 도道가 아니다.

○ 상이 다음과 같이 전교하였다.

올해는 우리 정묘正廟의 어진御眞을 그린 지 구갑舊甲이 되는 해이다. 지난 일을 추억하니, 슬프고 추모하는 사정私情을 금치 못하겠다. 22일의 탄신誕辰 다례茶禮는 자내自內의 예例로 친행親行하겠다. 백관百官은 들어와 참석하라.

○ 중궁전을 책봉冊封하였다.

○ 상이 다음과 같이 전교하였다.

몇 달 전 가증加贈하고 시호를 내린 은전은 오히려 늦었다고 하겠다. 이제 주량舟梁의 예禮가 이루어졌으니, 더욱 그 충성스럽고 절개가 굳으며 쌓은 덕德에 대한 보답임을 증험할 수 있다. 문충공文忠公 김수항金壽恒 이하 4대의 사판祠版에 승지를 보내 치제致祭하라.

○ 대왕대비전이 전교하기를, "약원의 매번 일차日次마다의 문안 계사問安啓辭 중에 중궁전의 문후問候는 규례대로 하라." 하였다.

10월

○ 관학 유생館學儒生 신희조申羲朝 등이 올린 상소의 대략은 다음과 같다.

진실로 혹 스스로 사문師門을 끊고서 패설悖說을 앞장서서 만들고 억지로 자기의 견해를 세워서 망령되게 조정의 대법大法을 논하였다면 거리낌이 없는 소인입니다. 이러한 부류를 유림儒林의 대열에 있게 한다면 이단異端의 해가 장차 하늘까지 차서 넘칠 것이요, 정승의 지위에 둔다면 고집스럽고 끈질긴 폐단이 반드시 나라를 그르치기에 이를 것입니다. 따라서 성인聖人이 북을 울리면서 한 성토와 역적에게 시행하는 주벌을 면할 수 있는 자가 거의 없을 것입니다.

아, 송능상이 사문을 배치背馳한 것은 바로 권돈인의 선봉이 된 것이고, 권돈인이 망령되게 예전禮典을 의논한 것은 송능상의 법을 전한 것입니다. 미쳐서 어리석음이 저러한데 일직逸職이 그대로고 해괴하고 요망함이 이러한데 가볍게 견책하고 말았으니, 사문斯文의 변고와 세도世道의 근심이 진실로 어디에 이를지 모르겠습니다. 속히 송능상의 일직을 삭직하고 이어서 권돈인에게 해당하는 형률을 시행하소서.

다음과 같이 비답하였다.

가령 너희들의 말과 같다면 일직에서 삭직하는 논의가 허다한 세월 동안 조용히 들리지 않다가 이제 갑자기 이러하니, 거의 억지로 남의 결점을 들추어내는 것과 같다. 묘당廟堂의 논의에 이론異論을 세우는 것은 단지 사람마다 견해가 같지 않기 때문일 뿐인데, 또한 무슨 문제가 되겠는가? 게다가 이미 처분한 것이 실로 가벼운 형전刑典이 아니다. 너희들은 다시 의심하지 말고 물러가 학업을 닦으라.

○ 상이 전교하기를, "신칙을 시행하였으니, 장흥부長興府에 찬배竄配한 죄인 허계許棨를 석방하라." 하였다.

○ 상이 전교하기를, "헌종대왕의 실록實錄을 지금 봉안奉安하였으니, 세초洗草하고 선온宣醞하는 등의 절차를 무오년(1786, 정조 10)의 예대로 거행하라." 하였다.

○ 대사헌 오취선吳取善과 정언 홍종우洪鍾宇가 상소하여, 송능상宋能相의 일직逸職을 삭직하고 권돈인權敦仁과 김정희金正喜에게 형률을 더할 것을 청하니, 윤허하지 않았다.

○ 대신 — 영부사 정원용鄭元容, 판부사 김도희金道喜·박회수朴晦壽, 좌의정 김흥근金興根, 우의정 박영원朴永元이다. — 이 금오 당상을 거느리고서 청대請對하였다. — 대왕대비전이 전교하기를, "대신이 청대한 것은 바로 포도청의 일인가?" 하니, 정원용이 아뢰기를, "해서海西의 문화文化와 은율殷栗 사이에 난민亂民 무리들이 도당徒黨을 불러 모아 난리를 일으켜 현혹시키므로 포도청에서 이미 많이 잡아 조사하였습니다. 이 문안文案을 신도 보았는데, 그 정절情節이 아주 흉악하고 언사言辭가 지극히 패악하여 실로 분개함을 금치 못하겠습니다." 하였다. 김흥근이 국청鞫廳을 설치하여 엄히 조사할 것을 청하니, 대왕대비전이 허락하였다. 또 하교하기를, "이것은 모두 어떤 놈들인가?" 하니, 김흥근이 아뢰기를, "문화는 바로 유가柳哥의 성관姓貫으로 문화에 사는 유가들입니다." 하자, 대왕대비전이 전교하기를, "반명班名이 있는가?" 하니, 김흥근이 아뢰기를, "해서에 반명을 약간 칭하는 자가 또한 있습니다. 이명섭李明燮은 중도에 죽고 그의 동생은 잡혔습니다." 하자, 대왕대비전이 전교하기를, "그의 동생도 또한 어리석다고 한다." 하니, 김흥근이 아뢰기를, "과연 어리석고 무식한 놈이라고 합니다." 하자, 대왕대비전이 전교하기를, "유흥렴柳興廉은 아직까지 간 곳을 모르는가?" 하니, 김흥근이 아뢰기를, "간 곳을 모르기 때문에 포도청에서 아직까지 잡지 못하였습니다." 하자, 대왕대비전이 전교하기를, "만일 도망쳐서 섬 안으로 들어갔다면 잡기가 어찌 어렵지 않겠는가?" 하니, 김흥근이 아뢰기를, "또한 이런 염려가 있습니다." 하였다. 상이 이르기를, "잡은 다른 놈에게 물으면 간 곳을 알 수 있을 것이다." 하니, 김흥근이 아뢰기를, "다른 놈들이 끝내 사실대로 말하지 않았습니다. 그의 아비는 비록 잡혔으나 그는 한결같이 도피하고 있으니, 인도人道가 아주 없어졌습니다." 하자, 상이 이르기를, "그가 그 아비의 소중함을 알았다면 어찌 이처럼 흉패한

일을 하였겠는가?" 하고, 또 하교하기를, "일본 놈이 있다고 들었는데, 그러한가?" 하니, 김홍근이 아뢰기를, "그 중에 혹 잡술雜術을 가지고 요망한 말로 인심人心을 부추겨 현혹시키는 자가 있기도 하나 왜놈에 대한 말은 아직 들어 알지 못합니다." 하였다. 또 아뢰기를, "죄인을 잡으려고 포교를 보내는 것이 얼마나 엄하고 급합니까? 그런데 듣건대, 포졸배가 이르는 곳마다 폐단을 일으키고 오로지 시기만 끌고 있어서 체포할 수 있는데도 오히려 빠져나간 자가 있고 체포했으나 중도에 지레 죽은 자도 있습니다. 만일 별도로 나누어 떠나보내고 염탐할 때에 단단히 단속하였다면 어찌 이런 일이 있었겠습니까? 포도대장 임태영任泰瑛과 오일선吳一善을 파직하는 것이 어떻겠습니까?" 하니, 대왕대비전이 전교하기를, "두 포도대장의 일은 매우 놀랍다. 비록 파직보다 더한 벌을 주어도 안 될 것이 없으나 아직까지 속속들이 조사하지 못한 자가 많으니, 우선 죄명을 지닌 채 공무를 행하도록 하라. 그리고 양서兩西가 바야흐로 흉년을 만나 항상 근심하고 있는 바인데 이런 때에 교졸校卒들이 도처에서 폐단을 일으키고 있으니, 더욱 너무나 놀랍다. 다시 별도로 엄히 신칙하라." 하였다. —

○ 대왕대비전이 전교하기를, "풍차風遮의 모양이 아무래도 문제가 없지 않다. 이엄耳掩의 옛 제도는 따로 장복章服을 변개한 혐의가 없으니, 지금부터 이엄은 응당 복구復舊해야 한다. 해방該房을 그리 알라." 하였다.

○ 양사兩司에서 — 대사간 박내만朴來萬, 사간 이승보李承輔, 장령 박문현·임수룡任秀龍, 정언 권응기權應夔이다. — 연명으로 차자를 올려, 송능상宋能相의 일직逸職을 삭직하고 권돈인權敦仁과 김정희金正喜에게 형률을 더할 것을 청하니, 허락하지 않았다.

○ 추국 죄인推鞫罪人 김응도金應道와 유희균柳喜均을 원정原情하고, 채희재蔡喜載·기덕우奇德祐·최치각崔致珏을 엄히 신문하였다.

○ 양사에서 — 대사헌 오취선吳取善, 대사간 박내만朴來萬, 집의 윤자덕尹滋德, 사간 이승보李承輔, 장령 박문현朴文鉉·임수룡任秀龍, 정언 홍종서洪鍾序이다. — 다음과 같이 합계合啓하였다.

아, 송능상宋能相의 죄를 이루 다 주벌할 수 있겠습니까? 사납고 막된 성품과 방종放縱한 습성으로 본래 학문의 공이 없는데 함부로 유일遺逸의 이름을 훔쳤습니다. 은연중 예禮를 안다고 자처하여 제멋대로 두서없는 패설悖說을 말하여 정자程子의 『역전易傳』을 농조籠鳥라고 하고, 『소학小學』과 『근사록近思錄』을 호란胡亂이라고 일컬었습니다. 우리 동방에서 성무聖廡에 철향醊享한 유현儒賢을 편벽되게 헐뜯고 폄하였으며, 심지어는 『상례비요喪禮備要』 한 책을 어려움 없이 헐뜯고 배척하기를 "혼잡하고 모호하다." 하고, "진퇴進退시킴에 있어 전거가 없다." 하고, "비루하고 설만하다." 하고, "전혀 예를 알지 못한다." 하였습니다. 그 지의旨意가 음흉하고 간휼하며 표현이 이치에 어긋나고 거만하니, 이는 참으로 사문斯文에 없던 변괴입니다.

옛날 순묘조純廟朝에서 사론士論이 준엄하게 일어나자 그때 처분을 크게 정하여 해와 별처럼 밝게 빛나고 부월斧鉞처럼 엄하였습니다. 그런데 아, 저 권돈인이 평소 송능상을 사숙私淑했다고 일컬으면서 감히 신리伸理할 계책을 꾸며 일직逸職을 회복하자고 청하기까지 하였으니, 그가 한 말이 구구절절 어긋나서 횡설수설하고 의거함이 무상無狀하여 의견이 분분하고 결론이 나지 않아 길이 다르고 패망함이 더욱 심합니다. 이에 『상례비요』는 선정先正의 책이 아니라고 하여 방법을 강구하여 구원하고, 차기箚記는 젊었을 때의 일이라고 하여 스스로 해명하였으니, 사람이 양심이 없음이 어찌 이렇게까지 극단에 이를 수 있습니까? 또한 교묘하게 하려다가 도리어 졸렬하게 되었습니다. 이에 심술心術이 패란悖亂하고 부정함이 한 꿰미로 꿴 듯하여 기꺼이 스스로 사문師門을 배반하고 선현을 모독한 죄과로 돌아갔습니다. 옛날의 송능상이 권돈인에게 정신을 전해주고, 지금의 권돈인이 송능상에게 법을 옹호하여 거의 나라의 예를 그르칠 뻔하였습니다. 진실로 그 연유를 살펴보면 실로 단시일 내의 일이 아닙니다. 송능상의 죄범이 이와 같고 관계됨이 저와 같아서 한 세상의 여론의 분노가 물 끓듯이 하고, 다사多士의 성토가 점점 격렬해지고 있습니다. 이런데도 그 병통을 분명히 보여주지 않는다면 어떻게 사문斯文을 보호하고 세교世敎를 안정시키겠습니까? 송능상의 일명逸名을 속히 간삭刊削하는 형전을 시행하소서.

○ 삼사의 합계에서, '권돈인사중불인權敦仁事中不人' 아래의 34자를 지워버리고 '의矣' 자를 첨가해 넣으며, '피재彼哉' 아래의 '차이송능상복일사언지 기소위설자 위현혹 곡비구해 내왈횡수흑백 취송수도 우왈 비요비선정지서 차기재미성덕시 수이무선정 이기일세 차여능상일이이 이이일야 패론지전습 간힐지축적 어시호 익저배사모현 두륜패상 호지차극 구궐심장 만과유경 논기부범 촌련하석且以宋能相復逸事言之其所爲說恣爲眩惑曲費救解乃曰橫竪黑白聚訟殊途又

曰備要非先正之書箚記在未成德時逐以誣先正而欺一世此與能相一而二二而一也悖論之傳襲奸黠之蓄積於是乎益著背師侮賢斁倫敗常胡至此極究厥心腸萬剮猶輕論其負犯寸斶何惜' 111자를 첨가해 넣었다.

○ 추국推鞫 죄인 채희재蔡喜載・기덕우奇德祐 — 각각 신장訊杖 9대를 쳤다. — ・최치각崔致珏 — 신장 7대를 쳤다. — ・유희균柳喜均 — 신장 9대를 쳤다. — ・김응도金應道 — 신장 7대를 쳤다. — 를 형문刑問하였다.

○ 삼사에서 합계하고 재차 계사를 올려 권돈인權敦仁에게 형률을 더할 것을 청하니, 윤허하지 않았다.

○ 상이 다음과 같이 전교하였다.

요사이 삼사의 의논은 앞의 말을 거듭 밝힌 것에 불과하다. 그 심적心跡이 어떠하고, 의견이 어떠한지를 막론하고 어느 모로 보나 총괄하여 말하면 신중하지 못한 죄가 있다. 한결같이 서로 버티는 것은 사림士林을 대우하고 대각臺閣을 대우하는 도리가 아니니, 낭천현狼川縣에 부처付處한 죄인 권돈인權敦仁에게 순흥부順興府로 원찬遠竄하는 형전을 더 시행하라. 이번의 이 처분은 십분 짐작하고 헤아린 데에서 나온 것이다. 만일 다시 소란을 피우면 이는 왕의 말을 믿지 않은 것이니, 어찌 처치할 방도가 없겠는가? 모두 자세히 알아야 할 것이다.

○ 삼사에서 합사合辭하여 권돈인權敦仁을 극변極邊으로 원찬遠竄하기를 청하니, 윤허하지 않았다.

○ 첨서添書하여 이승헌李承憲을 헌납으로 삼았다.

○ 옥당에서 연명聯名으로 상차上箚하여 권돈인權敦仁에게 형률을 더할 것을 청하니 비답하기를, "그대들의 말은 도리어 임금의 잘못을 바로잡는 방도가 아니다. 이 사람이 반드시 살

해를 당해야 마음에 시원하겠는가? 다시는 번독스럽게 하지 말라." 하였다.

○ 양사의 합계 중에 김하金河의 두 딸의 일과 오규일吳圭一과 조희룡趙熙龍의 일을 정계停啓하였다.

○ 포도청의 계목啓目에서, 죄인 김재욱金載旭과 중 충국忠國을 취초取招한 데 대해 다음과 같이 판부判付하였다.

중 충국과 아전 김재욱이 부당하게 걸려든 것임을 정녕코 의심 없이 알 수 있으니, 별도로 다시 문초할 단서가 없다. 모두 방송放送하라. 해 수신帥臣 —황해 병사 남석규南錫圭이다.— 로 말하면 얼마나 염탐해서 붙잡았는가? 더할 수 없이 소홀하다. 엄하게 추고推考하라.

○ 상이 다음과 같이 전교하였다.

과제科第가 유자儒者의 큰 욕망이기는 하나 새롭게 시작하는 초두에 도리가 아닌 일을 경솔하게 행하면서 어떻게 임금을 섬기겠는가? 일전의 정시庭試의 방안榜眼 가운데 김金과 조趙 두 사람은 모두 세상에서 화벌華閥 세족世族이라고 일컫는데, 부형父兄이 명명命名한 뜻을 생각하지 않고 무단히 항렬行列을 고쳐서 하나는 홍량虹樑이라고 하고, 하나는 청희青熙라고 하여 선발되기까지 했으니, 내가 몹시 놀라 어리둥절하여 며칠이 지나도 그 까닭을 모르겠다. 사람의 부끄러움이 없고 무례함이 한결같이 이에 이르니 더욱 통탄스럽다. 이러한 사람을 어찌 맑은 조정에 끼게 할 수 있겠는가? 모두 삭과削科하여 망패妄悖한 죄를 알게 함으로써 뒷사람을 경계하도록 하라.

○ 금부에서 유염신柳廉臣과 정치상丁穉常을 형구刑具를 채워 잡아와 가두었다고 아뢰었다.

○ 추국 죄인推鞫罪人 채희재蔡喜載·기덕우奇德祐·최치각崔致珏·김응도金應道·유희균柳喜均, 고변인告變人 고성욱高成旭을 면질面質하였다.

○ 상이 다음과 같이 전교하였다.

며칠 전에 부자夫子의 묘궁廟宮을 첨알瞻謁한 것은 바로 헌종憲宗 무술년(1838, 헌종 4)에 이미 행한 예이니, 뜻을 보이는 일이 없어서는 안 된다. 반장泮長 이하에게 계해년(1803, 순조 3)의 예에 의해 시상施賞하라.

○ 금부에서 정득현鄭得顯을 잡아와 가두었다고 아뢰었다.

○ 상이 다음과 같이 전교하였다.

국청鞫廳을 설치한 지 근 20일이 되었고 또 포청捕廳의 공초供招가 있은 만큼 국정鞫庭의 조사가 어찌 이렇게 지연될 리가 있겠는가? 사체로 헤아려 볼 때 소홀하다. 사형에 처할 자를 제외하고 포청의 전후 문안文案을 여러 대신 및 여러 금부 당상이 함께 입회하여 다시 자세히 점검하고서 의견을 갖추고 이치를 따져서 보고하여 조속히 완결을 지어 중외로 하여금 갈수록 더욱 잘못 전해 소란을 일으키는 소문이 없게 하라.

○ 정언 강련姜鍊이 올린 상소의 대략은 다음과 같다.

아, 선비가 이 세상에 태어났으면 글을 읽어 과거에 급제하여 몸을 세우고 임금을 섬겨야 하는 것이며, 조정에서 과거를 설치하여 선비를 뽑는 것은 또한 어진 이와 능력 있는 이를 널리 모아 치도治道를 돕기 위한 것입니다. 무릇 어찌 된 일인지 요즘에는 과거의 폐단이 점점 고질이 되어 선비들의 추향이 낮아지고 있는데, 이번 과시科試에 이르러서는 보고 들은 이들이 차츰 더욱 해괴하여 이름과 자字를 바꿔 시권試券을 올려 입격入格한 자가 있기도 하고 거주지를 거짓으로 기록하여 서울을 시골로 한 자도 있습니다. 옛사람이 이른바 "임금을 섬기려고 먼저 그 임금을 속인다."는 말과 불행하게도 가깝습니다. 어찌 매우 부끄러움이 없으며 크게 세도世道를 해치는 것이 아니겠습니까? 가만히 지극한 근심과 탄식을 금치 못하겠습니다. 이 이후로 다시 이를 본받아서 무릅쓰고 범하는 자가 있으면 사관四館에게 낱낱이 적발하여 일체 법을 범하고 간악한 짓을 한 데 대한 형률을 시행하게 하는 것이 또한 선비의 추향을 바로잡는 방도에 도움이 없지 않을 것입니다.

상이 다음과 같이 비답하였다.

그대가 신진新進으로서 못할 말을 말하였으니, 진실로 가상하다. 과시의 폐단이 못하는 짓이 없는 지경에 이르렀으니, 옆에서 보기에 부끄럽다. 지금 이후로 만에 하나 일부러 명적名籍을 범하는 자가 있으면 응당 일체 법으로 종사할 것이라는 내용으로 정식을 만들어 시행하라.

○ 경연관 홍직필洪直弼과 성근묵成近默에게 별유別諭하였다.

○ 상이 전교하기를, "증 영의정 — 염성화廉星華이다. — 의 신주神主에 내일 글자를 쓰겠다. 나의 본생이니 사사로운 정을 생각할 때 매우 슬프다. 내시를 보내 치제致祭하여 나의 구구한 생각을 펴도록 하라." 하였다.

○ 금부에서 이명혁李明赫을 형구刑具를 채워 잡아 가두었다고 아뢰었다.

○ 금부에서 채희재蔡喜載를 다음과 같이 결안結案하였다.

그는 올빼미와 경獍과 같은 심보로 귀신과 물여우 같은 정상이 있습니다. 와언訛言을 일으켜 어지럽히려고 생각하는 것을 보통 일로 인식하고 정상적인 기율을 범하는 것을 다반사로 보았습니다. 스스로 와주窩主가 되어서는 유흥렴柳興廉과 기덕우奇德祐가 심복이 되었고, 흉도凶徒와 결탁하여서는 모사謀士와 장재將材가 지목함이 있기까지 하였는데 이명섭李明燮은 바로 그의 기화奇貨입니다. 초도椒島를 방문하여서는 제멋대로 향응響應한다는 말을 발설하고, 상중喪中을 만나서는 감히 양암諒闇에 비유하였으니, 이것만도 너무나 흉패凶悖합니다. 닥쳐올 운수를 미리 헤아리고서 기록한 문서는 스스로 죽어 마땅한 죄를 자백하였고, 귀신에게 제사한 문장에서는 군사를 일으킨 자취를 감출 수 없습니다. 김응도金應道와 주고받은 두 글자의 흉언凶言은 아주 옛날에도 있지 않았던 극역劇逆의 단안斷案입니다. 군사를 거느리고 기회를 엿보아 은밀히 성을 지키던 진장鎭將과 결탁하였고 행상行喪을 가탁하여 병기를 만들 철물鐵物을 옮기려도 계획하였으며 머지않아 군사를 일으키려다가 누차 기일을 물렸습니다. 주군州郡을 위협할 것을 꾀하여 서울을 침범한다는 말이 있기까지 하였고, 섬에서 허세를 부린 것은 전적으로 대중을 의혹시키려는 계획에서 나왔습니다. 포도청의 초사招辭에 죄상이 이미 다 드러났고, 국정鞫庭에서 대질對質하니 정적情跡이 꼭 맞을 뿐만이 아니었습니다. 스스로 죄범을 돌아보건대, 만 번 죽여도 오히려 가볍고 천 번 살을 발라내도 아까울 것이 없습니다. 천지 만고에 없었던 모반 대역 부도한 사실을 틀림없이 지만하였으므로 부대시不待時로 능지처사淩遲處死하는 데 해당합니다.

○ 추국 죄인 이명혁李明赫을 원정原情하였다.

○ 사옹원司饔院의 초기草記로 인하여 다음과 같이 전교하였다.

정비情費의 폐단이 물선物膳을 감추는 지경에 이르렀으니, 너무나 해괴하고 통탄스러워 차라리 아무 말도 하고 싶지 않다. 해당 이예吏隷는 형조에 넘겨서 법에 비추어 엄히 다스리라. 만일 철저히 실상을 조사한 것이 아니면 누가 그 간상奸狀을 알겠는가? 경은 대죄待罪하지 말라. 낭관郎官을 나문拿問하는 것도 안서安徐하고, 도신을 추고하는 것과 봉진관封進官을 파직하는 것도 모두 분간分揀하라. 지자持者는 즉시 물선을 내려 보내라. 애당초 봉진하지 않은 것이 아니면 동조東朝의 하교를 받들었으니, 다시 봉진하지 말도록 함으로써 민읍民邑의 폐단을 덜어주어 그대로 두도록 하는 것이 옳겠다.

철종기사
哲宗紀事

03

철묘哲廟 신해년(1851, 철종 1)
11월부터
임자년(1852, 철종 3)
계축년(1853, 철종 4)
12월까지

03

철묘哲廟 신해년
(1851, 철종 1)

11월

○ 비궁의 동향冬享을 친행親行하였다.

○ 금부에서 유기균柳基均를 형구刑具를 채워서 잡아와 가두었다고 아뢰었다.

○ 금부에서 올린 기덕우奇德佑의 결안結案은 다음과 같다.

그는 자취가 본래 서캐나 이같이 미천하며 천성이 흉악하니 재앙을 즐기고 난리를 부르는 마음을 평소에 마음에 간직해 두었고 분수를 범하고 윗사람을 능멸하기를 다반사처럼 보았습니다. 병장기를 만들고서 때를 기다리려고 하면서는 스스로 전횡도田横島와 금병도錦屛島를 찾아간다고 일컬었으며, 채찍을 잡고 앞장서서는 한漢나라의 소열제昭烈帝와 진晉나라의 원제元帝에 비유하기까지 하였습니다. 이명섭李明

變를 추대하여 주괴主魁로 삼고서 감히 "말이 바르고 이치가 순하다." 하고, 또 "이 생원李生員이 장차 대업大業을 이을 것이니 반드시 먼저 사류士類에게 왕림枉臨할 것이다." 하였습니다. 이것만도 만고에 없던 흉역凶逆인데, 유희균柳喜均과 채희재蔡喜載와 김응도金應道 세 역적과 서로 은밀히 결탁하여 문안해 여러 고을을 차례로 공격할 작정이었으니, 오직 부신을 빼앗고 성城을 점거할 계획이었고, 힘을 합쳐 서울을 침범할 모의가 있기까지 하였습니다. 김응도를 앞날을 안다고 칭찬하면서 모사謀士로 추대하였고, 최치각崔致珏을 성城을 빌리는 것으로써 유인하여 기계器械를 옮기려고 도모하였습니다. 오랑캐를 막는다는 말에 가탁하여 몰래 임금을 해칠 꾀를 품었습니다. 또 더구나 오의서吳義西의 흉악한 편지를 그의 집에서 적발하여 찾아냈는데, "한 덩어리 진흙 같은 작은 성이라 이겨도 무공武功을 세웠다 할 수 없다." 하고, "훈국訓局의 용군勇軍은 더불어 맞서기가 어렵다." 하였습니다. 또 시세時勢의 이동과 인심人心의 향배向背로 반복하여 힐론詰論하였으니, 또한 미리 계획하고 생각을 은근히 품고 있은 지 오래되었음을 알 수 있습니다. 그가 음흉하고 간휼하며 참람하고 사특하여 차마 이런 짓을 한 사실은 여러 공초가 이미 포도청의 사계査啓와 부합하며 한 마디도 국청鞫廳의 질문과 차이가 없습니다. 반역의 형상이 이미 갖추어지고 반역한 정절이 밝게 드러났는데, 바로 역사가 있은 이래로 없었던 극악하고 중대한 역적으로 천 번 죽이고 만 번 처단해도 달아나기 어렵습니다. 모반 대역 부도한 사실을 틀림없이 지만遲晩하였으므로 부대시不待時로 능지처사凌遲處死하는 데에 해당합니다.

○ 금부에서 올린 김응도金應道의 결안結案은 다음과 같다.

그는 앞날을 미리 헤아리는 잡술雜術을 가탁하여 인심을 부추겨 현혹시키고 반역을 꾀하는 흉악한 꾀를 선창先唱하고 추악한 부류와 연결하였습니다. 초도椒島에 들어가서 이명섭李明燮을 만나서 말한 더할 수 없이 흉패한 허다한 말은 바로 천 번 죽이고 만 번 처단해야 할 단안斷案입니다. 선물로 주고 온 시구詩句는 지의旨意가 음흉하고 간사한데 어떤 사람이 와서 찾을 것이라고 하였습니다. 채희재蔡喜載가 뒤를 밟아 좇아가서는 훗날 반드시 증거가 있을 것이라고 하고, 이명섭이 비결秘訣로 간주하였습니다. 역적 채희재가 은殷나라 고종高宗의 양암諒闇에 대한 말을 발설함에는 감히 대꾸하기를, "계승할 임금을 어찌 이에 비유할 수 있겠는가." 하였습니다. 흉당凶黨이 모사謀士가 될 것을 부탁하자 거짓 사양하는 체하기를, "기덕우의 재주가 모사가 되기에 무방하다." 하였습니다. 채희재와 문답한 두 글자의 흉언凶言은 더욱 저도 모르게 모골이 송연해집니다. 다반사라는 흉한 말을 친한 이든 소원한 이든 가리지 않고 사람을 만나기만 하면 번번이 말하였다는 것은 열 명의 죄수의 증언이 한 마디처럼 똑같습니다. "이명섭이 모주謀主가 되고 내가 모사가 되어 지금 군사를 일으킬 참이다." 일컬었으며, 또 "내가 따로 계책을 세웠는데 천만 명의 군사라도 바람에 풀이 쓰러지듯이 쓰러뜨릴 수 있다." 하였습니다. "오래지 않아 요순堯舜의 일을 만날 것인데 내가 사부師傅가 될 것이다."라는 말은 초도의 흉언과 한 꿰미로 꿴 듯하니, 만고에 없었던 극악한 역적입니다. 모반 대역 부도한 사실을 틀림없이 지만遲晩하였으므로 부대시不待時로 능지처사凌遲處死하는 데에 해당합니다.

○ 금부가, 조사열趙士悅·우경유禹敬猷·원선元僐·김성렬金聖烈·이현도李顯道를 형구刑具를 갖추고서 잡아와 가두었다고 아뢰었다.

○ 국청鞫廳에서 다음과 같이 아뢰었다.

문안文案을 자세히 살펴보고 충분히 상의해 보니, 조사열趙士悅·우경유禹敬猷·원선元僐·김성렬金聖烈·이현도李顯道 이 다섯 죄수는 정절과 죄범이 긴중하여 가볍게 지레 논단論斷할 수 없습니다. 이낙첨李樂瞻은 술수術數에 깊이 빠져 유기균柳基均이 큰일을 경영한다는 말을 듣고 말을 주고받았으며, 기동인奇東仁·유녹균柳祿均·권원회權元晦는 흉도凶徒의 집을 왕래하면서 패란悖亂한 말을 참여하여 들었습니다. 호응한 데 대해서는 비록 각각 복종하지 않았으나 정상은 대부분 여러 공초에서 나왔습니다. 이상 네 명의 죄수를 모두 형조에 이송하여 엄히 형신한 뒤에 사형을 감하고 도배島配하는 형전을 시행하소서. 윤행건尹行健·이동직李東稷·박두서朴斗瑞·채용재蔡庸載는 혹은 패악한 말을 얻어 듣기도 하고 혹은 산에 들어가 술수를 배우기도 하였으며, 김석정金錫正·정문신鄭文臣·신응원申應元·김백삼金百三·조명화趙明和·송정원宋廷元·조화서趙和瑞·송후지宋厚之·이양원李良元은 김응도와 서로 친합니다. 비록 화응和應한 자취는 없지만 몹시 패악한 말을 듣기까지 하였으니, 이상 13명의 죄수도 형조로 하여금 엄히 형신하고 정배하소서. 이이배李頤培·김재억金載檍·장일백張日白·김호현金浩賢·조운지趙雲之·임종려林宗呂·조자상趙子詳·민희현閔希顯은 혹은 천역賤役으로 생계를 유지하기도 하고 혹은 연로하여 사리에 어둡고 어리석기도 합니다. 비록 여러 공초에서 나왔으나 모두 논할 만한 정적情跡이 없으니, 이상 8명의 죄수는 모두 방송放送하소서.

세상의 변고가 거듭 생겨나고 사람이 지켜야 할 떳떳한 도리가 무너지고 있는데 계획을 세워 난을 꾀하는 변란이 있기에 이르러 극에 달하였습니다. 신들이 연달아 국좌鞫坐에 참석하고 또 포도청의 죄안을 보니, 그들이 은근히 생각을 품었고 미리 계획하고 있던 지극히 흉악한 정절情節에 대해서 분개를 금치 못하겠습니다. 이제 이 여러 죄수 중에 계획할 때에 모임에 참석하고 참여하여 들은 여러 놈들을 동참한 데 대한 형률과 불고죄不告罪를 어떻게 높이거나 낮출 수 있겠습니까? 일이 모두 일률一律을 청해야 마땅하나, 삼가 사형시킨 자를 제외하고 이치를 따져서 보고하라는 하교를 받들었습니다. 삼가 생각건대, 성상의 하교는 단지 위협에 의해 따르게 된 자는 다스리지 않는다는 뜻과 다함께 살리려는 덕에서 나왔습니다. 그러므로 신들이 덕의德意를 받들어 차라리 법을 제대로 집행하지 못하는 잘못을 짓겠습니다. 죄범에 긴중緊重하여 철저히 신문해야 하는 자를 제외하고 여러 죄수들을 정적을 참작하여 감히 사형에서 감하는 형률을 청하고, 그밖에 죄수들은 경중을 따라서 분등分等하여 들였습니다.

이를 계기로 생각하건대, 어리석은 백성들이 흉당凶黨의 부추김을 받아서 흉악한 말에 속은 것이 이렇게 극도에 이르렀습니다. 수창首唱한 유흥렴柳興廉과 패서悖書를 쓴 오의서吳義西를 여태 참지 못한 것은 나라에 법이 있다고 말할 수 있겠습니까? 포도대장은 지체한 잘못을 면하기 어려우니, 모두 엄하게 추고하소서. 각도各道의 감영과 병영에 관문으로 신칙하여 각별히 기찰하여 기어이 잡도록 하소서. 이것은 기일을 정하기 어려우니 내보낸 포교를 모두 우선 철수하여 돌아오게 함으로써 촌리村里가 소란한 폐단을 덜어주소서. 향도군鄕道軍 십여 명이 바야흐로 황해 병영에 갇혀 있으며 또한 혹 잡혔으나 미쳐 잡아 올리지 못한 자도 있다고 들었습니다. 그들의 공초를 보니, 말할 만한 단서가 별로 없는데 오래 가둬두어 불쌍하니, 모두 즉시 방송하라는 뜻으로 분부하소서.

윤허하였다.

○ 금부에서 올린 최치각崔致珏의 죄안은 다음과 같다.

그는 본래 먼 지방에서 사는 천품賤品으로서 외람되이 성벽을 지키는 무거운 책임을 위임받아 나라에 보답을 도모해야 하는 의리를 생각하지 않고 평소에 난리를 생각하는 마음을 쌓아왔으며 난역亂逆의 소굴에 관계하여 귀가 흉패한 모의에 물들었습니다. 화란의 괴수인 유흥렴柳興廉을 영접하여 문사文士로 대우하고 흉와凶窩인 이명섭李明燮과 교통함을 기화奇貨로 인식하였습니다. 안으로 화란을 꼼꼼히 준비하는 마음을 가지고서 밖으로 꾸짖는 말을 하였으며 속으로는 흠모하려는 계책을 품고 겉으로는 염탐하는 일에 가탁하였으니, 천금의 돈을 꾼 일로 친밀함을 알 수 있습니다. 감영의 교리校吏와 동모同謀한 질문은 또한 무슨 뜻입니까? 채희재蔡喜載를 대하여 "마음으로 따르고 있다." 하고, 우경유禹敬猷를 조심시키기를, "부디 발설하지 말라." 하였습니다. 풍천豐川에서 서찰을 왕복한 것이 유기균柳基均의 공초에서 나왔고, 상여喪輿로 병기兵器를 옮기려고 했던 사실이 정득현鄭得顯의 공초에 있습니다. 혹은 "군대를 거느리고서 장수가 될 것이다." 하기도 하고, 혹은 "기회를 엿보아 군사를 일으킬 것이다." 하기도 하며, 혹은 "적을 잡아 거사할 것이다." 하기도 한 사실은 뭇 공초가 한마디로 똑같습니다. 간사하고 음흉하여 말을 꾸미는 데에 공교하고 사납고 표독스러워 장杖을 견디는 데에 익숙합니다. 포도청에 갖춰진 죄안을 거짓 자백이라고 하고, 유기균과 대질한 마당에서는 유감을 푼 것으로 돌렸습니다. 진장眞贓과 단안斷案을 이미 숨김없이 말하였고 흉언과 역모에 모두 참여하여 간섭하였으니, 그 죄범을 논하면 의당 상형常刑에 복죄되어야 합니다. 지정불고知情不告로 참斬하소서.

○ 다음과 같이 전교하였다.

국청鞫廳에 여러 죄인들은 모두 역옥逆獄에 관련되니 주모자와 추종자를 구분하지 않는 의리로써 헤아려 볼 때에 진실로 갑자기 용서하기를 의논하기는 어렵고, 포도청의 죄안과 국청의 공초가 부합하지 않은 것이 많다. 신문하고 추고하는 절차에 의당 경중이 없어야 하는데, 혹은 같기도 하고 혹은 다르기도 하니 실로 의심스럽다. 참작하여 처단하는 즈음에 충분히 절충하지 않을 수 없으나, 죄가 의심스러우면 오직 가볍게 하는 것이 또한 성왕聖王의 옥사를 신중히 하는 원칙이다. 조사열趙士悅·우경유禹敬猷·유기균柳基均·정치상丁穉常은 그 죄범이 긴중하지 않은 것이 아니나, 참여하여 간섭하였다고 해도 혹은 수종隨從한 부류에 불과하기도 하고 혹은 화응和應한 자취가 드러나지 않기도 하였는데 곧바로 일률一律로 처단하는 것은 실로 심리를 철저히 하는 정사에 흠이 된다. 모두 형조에 넘겨 엄히 형신하고서 사형을 감하여 정배定配하도록 하라. 유광신柳光臣·원선元僐·김성렬金聖烈·이현도李顯道·정득현鄭得顯은 죄가 없다고 말할 수는 없더라도 위의 네 명의 죄수에 비교할 때 또한 긴헐緊歇의 구별이 없지 않으니, 모두 형조로 하여금 엄히 형신하고서 원배遠配하게 하라. 이명혁李明赫으로 말하면 뭇 공초를 참조해 보건대 일개 어리석은 자일 뿐인데 이명섭李明燮의 아우라는 이유만으로 체포되기에 이르렀다. 자신이 범한 형적이 없을 뿐만 아니라 이명섭의 죄안罪案도 아직 확실하게 알 수 없는데, 더구나 그 아우라는 이유로 또한 어찌 갑자기 전헌典憲을 의논할 수 있겠는가? 특별히 방송放送하라. 유희균柳喜均은 흉모凶謀와 흉당凶黨이 모두 그의 집에 모였거늘 어찌 감히 집에 있으면서 몰랐다고 하겠는가. 누차 철저히 조사했으나 시종일관 복종하지 않고 있으니, 가볍게 처벌해야 할지 무겁게 처벌해야 할지 다시 헤아리지 않을 수 없다. 황해 병영으로 내려 보내 우선 엄히 가두고서 처분을 기다리도록 하라.

○ 대신이 연명으로 상차하여 내린 명을 취소하기를 청하니, 다음과 같이 비답하였다.

역모逆謀를 한 사실을 알고 있는 여러 죄수를 사형死刑에 처하였다면 그밖에 사람들은 우매하여 깨닫지 못하여 그릇되게 된 부류에 불과할 뿐이다. 더구나 포도청의 공초가 강요에 의한 거짓 자백임을 국청의 공초에서 이따금 탄로됨을 면치 못함에야 더 말할 나위가 있겠는가? 경들은 시험 삼아 생각해 보라. 이 백성들은 모두 나의 백성들인데, 백성들이 스스로 중죄重罪를 지었다면 하늘의 주벌이라 할지라도 국법에서 감히 용서할 수 없다. 죽이려면 그 숫자를 이루 다 헤아리지 못하고, 죄가 의심스러울 경우에는 가볍게 처벌한다는 법을 적용해도 형옥을 자세히 살피는 정사가 되는 데에 해롭지 않을 것이다. 이명혁李明赫의 일로 말하면 그의 형이 남의 기화奇貨가 된 것일 뿐이고, 더구나 조사하기 전에 먼저 죽었으니 본죄本罪의 유무를 어떻게 그의 동생에게 시행할 수 있겠는가? 이제 이 자를 특별히 방송放送하는 것은 법을 굽히는 것이 아니다. 단단히 충분히 저울질하여 한 것이라는 것을 중외의 정신廷臣들이 거의 헤아렸을 것이다. 그러나 경들의 말이 이와 같으니, 단천부端川府에 정배하는 형전을 시행하여 그로 하여금 한 가닥 목숨을 온전히 하여 조정에서 별도로 진념軫念하는 뜻이 있음을 알게 하는 것이 좋겠다. 경들은 헤아리라.

○ 금부 도사 조운식趙雲植이 죄인 채희재蔡喜載의 아들 채봉율蔡逢栗을 교형絞刑에 처하는 일로 문화文化로 나갔다.

○ 전교하기를, "한량閑良 박인태朴仁泰를 별군직別軍職에 차하差下하라." 하였다.

○ 형조가 죄인 곽동환郭東煥을 엄히 형신하고 다시 공초하여 아뢴 데 대해, 다음과 같이 판부判付하였다.

요술妖術에 대한 말이 매우 허무맹랑하지만 흉설凶說을 들었을 뿐이지 직접 범한 자취가 없다. 게다가 지난번의 여러 죄수에 대한 처분은 스스로 참작하여 헤아린 바가 있다. 다시 엄히 형신하고서 원악도遠惡島에 사형을 감하여 정배定配하라.

○ 대왕대비전이 다음과 같이 전교하였다.

무릇 고변인告變人에게 허실虛實을 조사하여 공로나 죄과를 시행하는 것은 바로 당연한 일이다. 이번 옥사는 온양醞釀한 바가 있으니, 즉시 타파하지 않으면 허실을 알 수 없을 것이다. 여러 역적의 초사招辭와 고변한 말에서 보면 실상이 있고 공로가 있는데, 어찌 뜻을 보여주는 거조가 없을 수 있겠는가? 고변인 고성욱高成旭을 오위장에 단부單付하여 들이고 상당직相當職에 자리가 나기를 기다려 차송差送하라. 정술익鄭述益도 두 차례 탐지하면서 왕래한 일이 있었으니, 이 또한 가상하다. 좋은 땅에 변장邊將에 일체 차송差送하라.

12월

○ 다음과 같이 전교하였다.

나라의 걱정은 백성의 굶주림보다 더 큰 것이 없다. 백성들이 먹을 것이 없어서 장차 굶어 죽은 시체가 구렁을 메우게 된다면 누구와 더불어 나라를 다스린단 말인가? 이 때문에 옛날 임금이 수재水災나 한재旱災, 흉년을 만나면 창고를 열고 곡식을 옮겨서 백성들로 하여금 굶주리는 자가 없게 한 것은 백성이 나라의 근본이 되기 때문이다. 하찮은 내가 적은 덕으로 외람되이 큰 기업基業을 이어받아 밤낮으로 걱정하고 두려워하는 것이 마치 못과 골짜기를 굽어보는 것 같고 일념으로 근심하고 있는 것이 백성을 구휼하는 일뿐이다. 여름과 가을의 홍수는 근래에 보기 드문 것으로서 양서兩西(평안도와 황해도)가 입은 재난은 정도의 구별은 있다고는 하나 흉년을 면할 수 없기는 마찬가지이다. 불쌍한 이 부황 든 백성들이 어떻게 살아갈 것인가? 그들이 우러러 먹여 주기를 바라는 자는 오직 나 한 사람뿐이다. 양호兩湖와 영남嶺南의 곡식은 실어서 보내게 하였으니 기일에 맞춰서 실어 보낼 듯하나, 특별히 내탕전內帑錢을 관서關西에 3천 민緡, 해서海西에 2천 민을 내려서 하찮은 물력이나마 백성들과 고락을 함께 나누고자 하는 의리를 보이라. 또한 우리 열성조列聖朝에서 이미 시행한 형전이니, 도백道伯은 직접 기민饑民 장부를 가지고 적당히 헤아려 설진設賑한 주군州郡에 나누어 보내고, 각 해당 수재守宰는 멀건 가깝건 빠뜨리지 말고 마음을 다해 기민을 뽑아서 우리 백성들의 거의 죽어가고 있는 목숨을 구하도록 하라. 수령 가운데 만일 내명을 제대로 펴나가지 못하는 자가 있으면 도신이 듣는 대로 계파啓罷하고서 위제違制한 데 대한 형률을 시행하도록 하라.

○ 좌상 김흥근金興根이 다음과 같이 아뢰었다.

여러 죄인을 기찰하라고 포도청에서 각도에 관문으로 신칙하였더니, 북병사北兵使와 울산 병사蔚山兵使가 모두 잡아 올린 바가 있었으나 한 명은 성명이 서로 비슷하였습니다. 이는 혹시라도 괴이하게 여길 것이 없더라도 한 명은 명자名字와 거주지가 애당초 서로 부합하지 않았습니다. 또 용모파기가 없었으니, 무엇을 말미암아 잡았는지 모르겠습니다. 단지 행동거지가 수상하다는 이유로 압송하여 경교京校에게 넘겼는데, 재차 신문하자 모두 단서가 없었습니다. 비록 모두 석방되었으나 거행을 헤아려 볼 때에 실로 매우 해괴망측합니다. 북병사 심일영沈日永은 엄하게 추고하고, 경상좌병사 이조연李肇淵은 파직하소서.

윤허하였다.

○ 좌상 김흥근金興根이 다음과 같이 아뢰었다.

이번 역옥逆獄은 다행히 다스렸으나 그 가운데에 아직 빠져나간 자가 많습니다. 포도청에서 각도의 병영에 행회行會하여 기찰하여 잡도록 한 자는 바로 이른바 유흥렴柳興廉입니다. 그런데 여태 종적이 간 곳을 알지 못하니, 어찌 이렇게 거행이 소홀한 경우가 있겠습니까?

대왕대비전이 이르기를, "유홍렴 형제가 아직 잡히지 않았으니, 혹 지레 먼저 두려워하고 겁을 내어 몰래 스스로 죽은지도 모르겠다. 그의 근맥根脈이 즉시 드러나지 않은 것은 진실로 너무나 괴이하고 의심스럽다." 하자, 김홍근이 아뢰기를, "이것은 계하啓下된 죄인인데, 어찌 끝내 잡지 못할 리가 있겠습니까?" 하였다.

○ 예조에서 다음과 같이 아뢰었다.

삼가 정묘正廟 무술년(1778, 정조 2)에 인빈仁嬪 김씨를 조천祧遷한 뒤에 제례祭禮를 살펴보건대, 저경궁儲慶宮[1]은 봄가을 중삭仲朔에 단헌單獻으로 거행하였고 순강원順康園[2]은 단지 한식제寒食祭를 설행하였을 뿐인데, 이밖에 달리 원용할 전례가 없습니다. 이제 이 연호궁延祜宮[3]과 수길원綏吉園[4]의 제례는 이대로 마련하는 것이 합당할 듯합니다. 성상께서 재결하시는 것이 어떻겠습니까?

전교하기를, "이대로 마련하라." 하였다.

○ 약방藥房의 침의청鍼醫廳이 실화失火하였다.

○ 김연근金淵根을 공조 참의로 특별히 발탁하였다.

1 _ 저경궁(儲慶宮) : 선조(宣祖)의 후궁이자 원종(元宗)의 사친(私親)인 인빈 김씨(仁嬪金氏)의 신판을 봉안한 궁.
2 _ 순강원(順康園) : 선조의 후궁이자 원종의 사친인 인빈 김씨의 원(園).
3 _ 연호궁(延祜宮) : 영조(英祖)의 후궁이자 진종(眞宗)의 사친인 정빈 이씨(靖嬪李氏)의 신판을 봉안한 궁.
4 _ 수길원(綏吉園) : 영조의 후궁이자 진종의 사친인 정빈 이씨의 원.

○ 조헌섭趙憲燮과 성재구成載球를 정언으로 특별히 발탁하였다.

○ 조병준趙秉駿을 병조 판서에 특별히 제수하였다.

○ 이승헌李承憲과 권영하權泳夏를 부수찬에 특별히 제수하였다.

○ 호조 판서 서희순徐憙淳이 올린 상소의 대략은 다음과 같다.

순화궁順和宮의 상궁尙宮 이하 42인의 일공日供을 임자년(1792, 정조 16) 1월부터 마련하여 들이라고 명하셨습니다. 삼가 호조의 등록謄錄을 살펴보건대, 이전에는 빈嬪을 봉작封爵할 때에 나인內人의 숫자를 정하였는데 단지 보모保母 1인과 수사水賜 2인이 있었을 뿐이며, 봉작한 뒤에 모두 특별 하교로 인하여 이속移屬하고 예전대로 공급供給하고 수액數額을 첨설添設하여 따로 마련한 예는 없었습니다.

비답하기를, "경의 말이 이와 같으니, 일공은 도로 중지하되 해 궁인 또한 급료가 없어서는 안 되니, 전錢 4천 냥을 해마다 수송輸送하여 분급分給하도록 하라." 하였다.

○ 대신大臣과 국구國舅가 입시入侍하였는데, 대왕대비전이 다음과 같이 전교하였다.

나 미망인이 기유년(1849, 헌종 15) 이후로 정리情理가 갑오년(1834, 순조 34)보다 더한 것은 중외中外의 신료들이 다 잘 아는 바이다. 다행히 천명天命의 돌보아 주시어 주상이 즉위하였는데, 여주女主가 정사를 돌본 것은 역사에 드문 일이다. 비록 송宋 나라의 선인후宣仁后가 여중요순女中堯舜으로 일컬어졌으나[5] 그 때는 불행했던 시기이다. 하물며 나 미망인은 덕망과 학식이 부족하여 옛날의 철후哲后에 비교할 수가

5_ 송(宋)나라의 …… 일컬어졌으나 : 선인후는 영종(英宗)의 후비(后妃)인 선인태후(宣仁太后) 고씨(高氏)를 말한다. 아들 신종(神宗)이 죽자 철종(哲宗)을 세우고 수렴청정을 하면서 많은 인재를 등용하여 원우(元祐)의 성세(盛世)를 이룩하였기 때문에 여중요순(女中堯舜)으로 일컬어졌다. 『宋史』 卷242

없으니, 국세國勢가 흐트러지고 민생이 곤궁한 것이 날로 더하여 온갖 근심이 있는 것은 사리와 형세 상 그럴 수밖에 없는 것이다.

주상은 나이가 한창이라 혈기가 왕성하고 지려智慮가 홍원弘遠하니 온갖 복의 기본이며 천지天地가 지존至尊과 짝하였다. 기무機務를 밝게 익히고 학문에 독실하니, 이는 송나라의 번성하던 때라 하겠다. 나 미망인이 갑작스럽고 슬픔으로 경황이 없던 중에도 다행히 부탁을 받아서 우리나라의 천만년 큰 명을 맞이하여 잇게 했으니, 장차 후세에게 할 말이 있겠다. 그러나 한때의 임시 조처로써 결코 억지로 세월을 보낼 수 없다.

오늘부터 수렴청정을 거두니 크고 작은 공사公事는 한결같이 주상이 총람하여 결단하는 것을 듣도록 하라. 더구나 근검勤儉으로써 세속을 이끌고 관엄寬嚴으로써 중인衆人을 다스리며 오직 하늘을 공경하고 조종祖宗을 본받아 백성을 보호하고 사랑하는 것, 이것이 우리 열조列祖의 가법家法이다. 주상은 힘쓰도록 하라.

조정의 신하들이 우리 주상을 착한 데로 인도하고 우리 주상을 바르게 보필하는 데에 이르러서는 죄가 있고 없음을 내가 아무리 늙었지만 듣지 못하고 살피지 못할 리가 있겠는가? 나의 본심은 비단 조정의 신하뿐만 아니라 미천한 사람이라 할지라도 오히려 죄에 걸려들까 두려워하는 것이다. 진실로 용서하기 어려운 죄에 이르면 성상이 나의 근심하는 마음을 본받아서 털끝만큼도 용서할 리가 결코 없을 것이다. 대소의 조정 신하들은 각기 두려워하는 마음으로 혹여 조금이라도 소홀함이 없도록 하라.

○ 다음과 같이 전교하였다.

방금 제주 목사濟州牧使의 장계狀啓를 보건대, 세 고을의 농사 형편이 흉년을 면치 못하였다. 구휼하는 의논으로 말하면 백성들의 형편을 생각할 때 너무나 걱정스럽다. 특별히 내탕전內帑錢 1천 냥兩을 내리고 호남의 별저미別儲米 중에 알맞게 헤아려서 획송劃送하라고 묘당에서 해 도신에게 분부하도록 하라.

03

임자년
(1852, 철종 2)

1월

○ 정원에서 다음과 같이 아뢰었다.

전라 도사 탁석행卓碩行과 경상 도사 전치곤全致坤이 모두 지방에 있는데 이조 서리가 와서 숙배 단자肅拜單子를 올리고 봉입捧入하기까지 하였으니, 진실로 너무나 놀랍고 통탄스럽습니다. 유사攸司에게 넘겨서 과치科治하게 하는 것이 어떻겠습니까?

전교하기를, "해당 서리는 형배刑配하라." 하였다.

○ 김수근金洙根을 이조 판서에 특별히 제수하였다.

○ 첨서添書하여 김병국金炳國을 승지로 삼았다.

○ 기곡 대제社稷祈穀大祭를 친행하였다.

○ 빈청賓廳에서, 대왕대비전에게 가상加上하는 존호尊號를 '선휘宣徽'로 하였다.

○ 수렴청정을 거둔 데 대해 진하陳賀하였다.

○ 김문근金汶根을 금위대장에 특별히 제수하였다.

○ 형조에서 다음과 같이 아뢰었다.

작년 6월에 네거리에서 소란을 일으킨 각례閣隷와 원례院隷 네 놈을 함께 모두 법에 비추어 도배島配하였습니다. 그 중에 세 놈은 석방되었는데, 각례 박완철朴完哲은 풀어 줄 부류와 풀어 주지 않을 부류에 대한 성책成册에서 빠졌습니다. 그러므로 일이 몹시 놀랍고 의혹스러워 철저히 엄히 조사해 보니, 박완철이 조리曹吏와 역리驛吏와 부화뇌동하여 배문配文을 숨겨둔 채 애당초 발송發送하지 않았습니다. 기강紀綱으로 볼 때 진실로 하나의 변괴입니다. 박완철은 엄히 형신한 뒤에 신지도薪智島에 이배移配하고, 간악한 짓을 한 조리와 역례는 모두 형배刑配하고, 해역該驛의 찰방은 나처拿處하소서.

윤허하고, 다음과 같이 전교하였다.

요사이 모든 것이 해이해져 이런 전에 없던 일이 있었으니, 너무나 놀랍다. 이런 법에 어긋난 짓을 한 놈을 예사로 처리해서는 안 된다. 각례 박한朴漢은 신지도에 충군充軍하고 물간사전勿揀赦前하며, 부화뇌동하여 간악한 짓을 한 조리와 역례는 모두 엄히 형신하고서 원배遠配하도록 하라. 해역의 찰방察訪(조상인曺祥麟)으로 말하더라도 제대로 단속하지 못한 죄가 없지 않으니, 파직한 뒤에 나문拿問하여 엄히 처리하도록 하라. 그 당시의 형조판서刑曹判書(김정집金鼎集)도 경책하지 않을 수 없으니, 월봉越俸하는 형전을 시행하도록 하라.

○ 조참朝參을 행하였다.

○ 고 정승 민정중閔鼎重의 사판祠版에 부조不祧하는 은전을 베풀었다. — 좌상 김흥근金興根이 아룀으로 인해서다. —

○ 전교하기를, "이때에 정석鼎席을 갖추지 않을 수 없으니, 지돈녕 이헌구李憲球를 정승에 임명하도록 하라. — 영상은 김흥근金興根이고, 좌상은 박영원朴永元이며, 우상은 이헌구이다. — " 하였다.

○ 다음과 같이 전교하였다.

돌아보건대 내가 부덕否德한 몸으로 감히 자훈慈訓을 받들어 친히 서무庶務를 총람하기는 하나 어떻게 백성들의 바람에 부응해야 할지 모르겠다. 하루에 만 가지 기무를 살피는 중에 의당 급선무로 삼아야 할 것은 만백성의 일이니, 팔도의 주현州縣과 사도四都의 관하에 백성들의 고통에 관계된 일은 번신藩臣과 수신守臣이 널리 자문하여 바로잡을 계책을 강구해서 보고하도록 하라.

○ 다음과 같이 전교하였다.

현인을 예우하고 유자儒者를 숭상하는 것은 바로 우리 조정의 가법家法이다. 더구나 나이가 많고 덕이 높은 데야 말할 것이 있겠는가? 좨주祭酒 홍직필洪直弼을 지돈녕에 제수하고, 사직 성근묵成近默을 형조참의에 제수하라.

○ 전교하기를, "대사간 한긍인韓兢人을 특별히 한 자급을 가자加資하도록 하라." 하였다.

○ 다음과 같이 전교하였다.

방금 경조京兆의 초기草記를 보니, 밤에 화재가 나는 재해가 있었다고 한다. 이어서 하문하니 별로 지적할 것이 없었는데, 어찌 난데없는 한밤중에 불이 났겠는가? 또 장적帳籍의 소중함은 다른 것과는 다르니, 그 놀라움을 말할 수 없다. 입직 낭관入直郎官은 나처拿處하고, 해장該掌 이례吏隸는 모두 형조에 이송移送하여 엄히 조사하고서 보고하도록 하라.

○ 이회상李晦祥에게 직첩職牒을 수급授給하였다.

○ 다음과 같이 전교하였다.

작년 김 문충공金文忠公(김상용金尙容)의 4세世의 사판祠版에 치유致侑하였을 때에 의당 뜻을 보이는 거조가 있어야 했는데, 시행하지 못하였다. 황주 목사黃州牧使 김영근金泳根을 동부승지同副承旨에 제수하도록 하라.

○ 영부사 정원용鄭元容이 상소하여 치사致仕하기를 청하니, 너그러운 비답을 내려 윤허하지 않았다.

○ 전교하기를, "자전의 하교를 받들어 4년 동안 해도海島에 유배시켰으니 그 죄를 징계할 만하였다. 윤치영尹致英·이응식李應植·신관호申觀浩·이능권李能權·김건金鍵을 모두 방송하도록 하라." 하였다.

2월

○ 원의院議, 옥당玉堂, 양사兩司가 연명聯名으로 상차上箚하였으나, 모두 허락하지 않았다.

○ 대신이 — 영부사 정원용鄭元容, 판부사 김도희金道喜·박회수朴晦壽, 좌상 박영원朴永元이다. — 연명으로 차자를 올려 빨리 내린 명을 중지하기를 청하니, 비답하기를, "이번의 이 처분은 자성慈聖의 살리기를 좋아하시는 덕에서 나왔으니 나 소자가 감히 받들어 따르지 않을 수 없으므로 경들이 노성老成한 말로써 이렇게 핍박해서는 안 된다." 하였다.

○ 김수근金洙根을 내각 제학에 임명하였다.

○ 다음과 같이 전교하였다.

어제 여러 죄인罪人을 모두 석방하라고 명한 것은 실로 살리기를 좋아하시는 자전의 덕을 우러러 본받은 것이다. 그런데 대신과 삼사三司에서 날마다 쟁집爭執하니 공의公議 또한 시종일관 어길 수 없다. 죄인 윤치영尹致英은 다시 방귀전리放歸田里하는 것으로 전지傳旨를 받들고, 그 밖의 네 명의 죄인은 모두 육지의 현縣에 양이量移하도록 하라. 이렇게 한 뒤에도 다시 혹 서로 버틴다면 이것은 이기기를 힘쓰는 것이니, 이에 해당되는 법령이 있다.

○ 양사가 합계合啓에서 윤치영尹致英의 일을 정지하였다.

○ 양사의 합계 중에, 서상교徐相教의 일 중에 '재哉' 자 아래에 '부성본자간힐 행이역심첨사 장인해물 간작능사 부세납미 즉거기량 이불과비미지일소소배이 연전일소 전편도시참각 하어막비흉휼 최기중賦性本自奸黠行已亦甚憸邪戕人害物看作能事附勢納媚卽渠伎倆而不過卑微之一宵小輩耳年前一疏全篇都是憯刻下語莫非凶譎最其中' 58자를 첨가해 넣고, '상교相教' 아래의 2자를 지워버리고, '무핍誣逼' 아래의 1자를 지워버리고, '주장主張' 아래의 5자를 지워버리고, '지야之也' 아래의 2자를 지워버리고, '이구已具' 아래의 21자를 지워버리고, '가이하可以下' 3자를 지워버리고, '지知' 자 아래의 1자를 지워버리고, '상교相教' 아래의 2자를 지워버리고, '청請' 자 아래의 10자를 지워버리고, '상교相教' 아래의 2자를 지워버리고 '극亟' 자를 첨가해 넣었다.

○ 금부에서 아뢰기를, "죄인 윤치영尹致英은 지금 정계停啓하고서 방귀전리放歸田里하였습니다. 이응식李應植 등은 대계臺啓가 한창 벌어지고 있으므로 거행할 수 없습니다." 하였다. 전교하기를, "알았다. 지금 문비問備하였으니, 즉시 거행하라." 하였다.

○ 다음과 같이 전교하였다.

여러 죄인의 일은 지금 결말을 냈는데 또 이렇게 거행할 수 없다고 하는 것은 비단 사체를 훼손하는 것일 뿐만 아니라, 또한 자전의 덕을 우러러 본받는 의리가 아니다. 금오 당상은 모두 엄하게 추고하는 형전을 시행하고서 거행 초기擧行草記는 즉시 봉입捧入하게 하라.

○ 금부 당상이 연명으로 상소하여 각자 맡은 일을 다 하니 비답하기를, "이것이 과연 바꾸지 못할 규례規例인가? 자못 그것이 타당한 줄을 깨닫지 못하겠다." 하였다.

○ 전교하기를, "별군직別軍職 염종수廉宗秀를 선전관에 의망擬望해 들이라." 하였다.

○ 영상 김흥근金興根이 다음과 같이 아뢰었다.

운감雲監의 관생官生 등이 관제官制를 변통하고 역첩曆帖을 증감增減하는 일을 은밀히 스스로 공모하여 서로 속이고 꼬여 초기草記를 위조하여 만들어 후원喉院에 함부로 올렸습니다. 비록 규정에서 벗어난다는 이유로 곧바로 퇴짜를 당했으나 전에 없었던 일이니 통탄을 금치 못하겠습니다. 무릇 관첩關牒을 위조한 자도 오히려 중률重律을 면하지 못하는데, 감히 본감本監의 제조提調가 알지 못하는 일을 더할 수 없이 엄한 곳에 알리려고 한 것은 진실로 하나의 변괴입니다. 모두 주범과 종범을 나누어 형배刑配하소서. 제조 — 조학년趙鶴年·김경선金景善이다. — 로 말하더라도 설사 몰랐다고 해도 만일 평소에 일마다 단속하고 신칙했다면 어찌 이런 일이 있었겠습니까? 이렇듯이 이치에 어그러지고 도리에 벗어나는 일이 도감 안에서 나왔는데도 멍하니 깨닫지 못하였으니, 모두 엄하게 추고하소서.

상이 다음과 같이 말하였다.

듣건대 매우 놀랍고 해괴하다. 근래에 기강이 아무리 땅을 쓴 듯이 없어졌다고 해도 어찌 이렇게 간악하고 외람된 버릇이 있는가? 이것을 헐후하게 감죄해서는 안 되니 각별히 엄히 형신하고서 배소配所로 보내도록 하라. 제조도 살피지 못한 잘못이 있으니, 아뢴 바대로 시행하라.

○ 대왕대비전에 존호尊號를 올리고 진하陳賀하였다.

○ 다음과 같이 전교하였다.

듣건대, 이 문성李文成 — 고 찬성 이이李珥이다. — 의 사판祠版이 다시 도성을 지난다고 하니, 동성균同成均은 유생儒生을 거느리고서 강가에 가서 맞이하도록 하라. 그의 사손祀孫이 육지로 올라온 뒤에 직명職名이 없다고 하니, 차서에 구애하지 말고 빈자리가 나기를 기다려서 부직付職하도록 함으로써 후세에 추모하는 뜻을 보여주도록 하라.

○ 금부의 조목照目은 다음과 같다.

부신符信은 관계된 바가 얼마나 중대합니까? 그런데 고양 군수高陽郡守 권용정權用正은 이를 잃어버렸으니 너무나 놀랍고 해괴합니다. 형률을 적용할 때에는 마땅히 살피고 삼가야 합니다. 삼가 정묘正廟 병진년(1796, 정조 20)에 홍산 현감鴻山縣監(김사석金思秳)이 병부兵符를 잃어버렸을 때를 살펴보니, 단지 "전패殿牌에 변이 생긴 고을의 수령은 감죄하지 않는다."는 규례에 의거하여 분간分揀하라는 하교가 있었는데, 이것은 일시적으로 하속下屬이 수령을 쫓아낼 계획 때문이었고 또한 정해 놓은 법식도 없습니다. 그 뒤 순묘純廟 임오년(1822, 순조 22)에도 천안 군수天安郡守(오치규吳致奎)가 병부를 잃어버린 일이 있었는데, 대신大臣에게 수의收議하여 본율本律을 시행하였습니다. 이것은 병부를 가진 신하가 이로 인하여 혹 간수를 소홀히 할 것이기 때문에 특별히 법대로 거행한 것입니다. 돌아보건대, 지금 고양에서 부신을 잃어버린 것은 천안에서 병부를 잃어버린 일과 다름이 없으니, 이로써 조율照律하소서.

윤허하였다. — 장杖 90도를 치고서 아산현牙山縣에 도배徒配하였다. —

○ 건릉健陵과 현릉원顯隆園을 배알拜謁하고 남묘南廟를 들렀다.

3월

○ 어영청에서 다음과 같이 아뢰었다.

난입 죄인攔入罪人 정의손鄭義孫이 위협을 가하여 곤장을 치며 문초하는데 웃기도 하고 울기도 하면서 이랬다저랬다 하여 광경이 한결같이 모두 본정신을 잃은 것이었으니, 달리 문초할 만한 단서가 없습니다.

다음과 같이 전교하였다.

이렇게 도리에 어긋나고 흉악한 놈은 심상하게 처벌해서는 안 되지만 이미 실성했다고 하니, 참작해서 용서해주어야 하겠다. 죄인 정의손은 형조에 넘겨서 엄히 형신한 뒤에 원배遠配하도록 하라.

○ 형조에서 현방懸房의 세 소임所任을 잡아와 사실을 조사한 데 대해 아뢰니, 다음과 같이 전교하였다.

저들에게 설사 원통한 일이 있더라도 별 어려움 없이 푸줏간을 걷어치운 것만도 너무나 무엄한데, 더구나 거의 어공御供을 빠뜨릴 지경에 이를 뻔하였다. 모두 기강이 해이해진 탓이니, 너무나 놀랍다. 이 세 놈은 엄히 형신한 뒤에 변지邊地에 정배定配하고 푸줏간은 열라고 신칙하라. 폐막弊瘼의 허실虛實로 말하면 어찌 등철登徹할만한 일인가? 반장泮長에게 잘 헤아려 조처하게 하라.

○ 전교하기를, "중관中官 신관호申觀浩는 용서할 수 없는 죄를 지었으니, 심상히 처단해서는 안 된다. 원지遠地에 정배定配하도록 하라. — 부안현扶安縣에 정배하였다. — " 하였다.

○ 김병주金炳冓를 교리에, 홍석종洪奭鍾을 수찬에 특별히 제수하였다.

○ 김연근金淵根을 승지에 특별히 제수하였다.

○ 평안 감사 홍종응洪鍾應이, 순천군順天郡의 민가民家가 실화失火한 일에 대해 아뢰니, 다음과 같이 전교하였다.

이 장계를 보건대 실화된 민가가 자그마치 70여 호나 되니, 듣기에 몹시 놀랍고 두렵다. 다행히 즉시 불을 꺼서 화상을 입고서 죽은 인명은 없었더라도 이렇게 진휼 정사로 한창 번잡하여 백성들이 부황 들지 않은 이가 없는 때에 또 이렇게 불이 나는 재앙이 있으니, 어찌 불쌍하지 않겠는가? 원휼전元恤典은 거행했지만 별휼전別恤典을 또한 제급題給하되, 원휼전과 별휼전 이외에 안주할 방도를 도신으로 하여금 전례를 참고하여 별도로 조처하게 하고, 이어서 즉시 별도로 갖추어 등문登聞하여 한 백성도 살 곳을 잃고 떠돌아다니는 폐단이 없게 하라고 묘당에서 말을 만들어 통지하도록 하라.

○ 목인배睦仁培를 승지에 특별히 임명하였다.

○ 함경 감사 윤정현尹定鉉이, 함흥부咸興府의 민가民家에 실화失火한 일에 대해 아뢰니, 다음과 같이 전교하였다.

지금 함경 감사의 장계狀啓를 보건대, 불탄 민가가 6백여 호戶에 이르고 백성의 목숨이 화상을 입고서 죽은 것도 3명이니, 너무나 놀랍고 참혹하여 실로 말하고 싶지 않다. 지금 춘궁기의 민정民情을 돌아보건대, 이런 뜻밖의 일이 없었더라도 그 황급함을 말하지 않아도 알만 한데, 몇 백 호가 일시에 화재를 당하여 허다한 백성들이 사방으로 바삐 뛰어다니게 되었으니, 그 광경을 생각하면 진실로 참혹하고 불쌍할 뿐만이 아니다. 영흥 부사永興府使 —박승휘朴承輝이다.— 를 위유사慰諭使로 차하差下하여 그에게 급히 달려가서 화재를 당한 형편을 일일이 두루 살펴서 집을 짓고 안주할 수 있는 모든 방책을 잘 헤아려 조처하게 하라. 대호大戶·중호中戶·소호小戶도 잘 헤아려서 하되, 먼저 경상납조京上納條를 가지고 속히 분급分給하여 며칠 안에 안도安堵시킨 뒤에 즉시 치계馳啓하게 하라. 비록 영읍營邑에서 다급함을 구제하는 일이 있더라도 스스로 별도로 진념軫念해 주는 것이 아니면 하소연할 데 없이 어려움에 시달리는 백성들이 어떻게 즉시 몸을 가릴 수 있겠는가? 제반 조처를 다시 특별히 신칙하라고 묘당에서 삼현령三懸鈴으로 도신에게 분부하도록 하라.

4월

○ 다음과 같이 전교하였다.

공화公貨를 써버리는 일에 대해 그 동안 신칙한 것이 과연 어떠하였는가? 그런데 지난번에 황해 감사의 장계를 보니, 이 군수의 탐학貪虐이 한결같이 이에 이를 줄은 예상치 못하였다. 부임한 지 불과 수개월 만에 범용犯用한 것이 이처럼 낭자한데, 사람들이 간혹 질병을 핑계대지만 이것이 어찌 병든 사람이 할 수 있는 일이겠는가? 이렇듯 법에 어긋난 부류를 심상한 죄수로 처벌할 수는 없다. 죄인 허엽을 사판仕版에서 삭거削去하고 무기한 금고禁錮하되 즉시 그 지역에 정배定配하라. — 수안군遂安郡이다. — 범용한 공화는 도신으로 하여금 일일이 징봉徵捧하여 해읍該邑에 출급出給한 뒤에 계문啓聞하게 하여 후대에 경계를 삼도록 하라. 뒷날 만일 공화를 범용하는 죄로 파직되는 수령이 있으면 또한 즉시 그 지역에 정배하게 하고, 영읍에서 철저히 징봉한 뒤에 계문啓聞하게 하는 것으로 영원히 정식定式을 삼으라.

○ 관서關西의 진사進士 이순룡李舜龍 등이 상소하여, 문열공文烈公 조헌趙憲, 문정공文正公 김상헌金尙憲, 문경공文敬公 김집金集을 문묘文廟에 종향從享하기를 청하였는데, 허락하지 않았다.

○ 다음과 같이 전교하였다.

방금 원접사와 기백畿伯의 장계狀啓를 보니, 여주驪州의 아전이 한밤중에 칙방勅房에 난입한 일은 진실로 놀라울 뿐만이 아니다. 요사이 기강紀綱이 아무리 해이해졌다고 해도 어찌 이처럼 무엄한 습속이 있겠는가? 칙행勅行은 소중함이 과연 어떠한가? 빈사와 도신이 진실로 마음을 다해 단속하고 신칙했다면 또 어찌 이런 전에 없던 일이 있었겠는가? 이것은 심상하게 처리할 수 없다. 원접사 — 조기영趙冀永이다. — 와 기백 — 이공익李公翼이다. — 은 먼저 파직하는 형전을 시행하고, 여주 겸임 파주 목사驪州兼任坡州牧使 — 유숙柳璹이다. — 와 내외 금란 차사원內外禁亂差使員인 가평 군수加平郡守 — 이용재李容在이다. — , 포천 현감抱川縣監 — 이규창李圭昌이다. — 과 호행장護行將인 영종 첨사永宗僉使 — 이봉주李鳳周이다. — 는 파직하고 말아서는 안 되니, 모두 나문拿問하여 처벌하라. 난입한 색리色吏는 기영畿營에서 붙잡아 와 엄히 형신刑訊하여 끝까지 조사하여 구초口招를 받아들이도록 하라.

○ 다음과 같이 전교하였다.

어제 칙사勅使를 접견할 때에 파직된 대소 관원과 난입한 놈이 참작하여 용서해 달라는 일을 누차 제기하였는데, 서로 공경하는 의리로 헤아려 볼 때 줄곧 버티기만 할 수는 없다. 원접사와 경기 감사는 모두 서용敍用하라. 전 파주 목사, 가평 군수, 포천 현감과 영종 첨사를 나감拿勘하는 것은 특별히 안서安徐하고, 난입한 놈은 형조에게압송해 와서 세 차례 엄히 형신한 뒤에 원악도遠惡島에 종신토록 정배定配하게 하라.

○ 우상 이헌구李憲球가 다음과 같이 아뢰었다.

칙방勅房에 난입한 죄인을 형배刑配하라고 처분하셨습니다. 칙사가 완전히 석방시켜 달라고 누차 청하였는데도 마침내 엄한 감처勘處를 받았으니, 그가 필시 어떠하다고 생각하겠습니까? 즉시 형조에게 감방勘放하게 하는 것이 좋을 듯합니다.

윤허하였다.

○ 함경 감사 윤정현尹定鉉이, 함흥부咸興府의 민가民家에 실화失火한 일에 대해 아뢰니, 다음과 같이 전교하였다.

이 장계狀啓를 보니 불탄 민가가 또 자그마치 2백여 호戶에 이른다. 지난번의 화재도 너무나 놀랍고 참혹하였는데 이런 춘궁기에 거듭 너무 혹심한 재앙을 만났으니 백성들이 어떻게 살아가겠는가? 화상을 입고서 죽은 목숨은 없었더라도 단지 불쌍하다고 말하고 말 수는 없다. 원래의 휼전恤典 이외에 시행한 전례에 의거하여 위유사慰諭使에게 대호大戶와 소호小戶를 잘 헤아리게 하되, 상납조上納條를 일체 분급分給하여 속히 집을 짓고 안주하여 한 명의 백성도 살 곳이 없는 폐단이 없도록 하라고 도신에게 분부하라고 묘당에서 행회行會하라.

○ 전교하기를, "판돈녕 김좌근金左根을 정승에 임명하라." 하였다.

○ 이승권李升權을 어영대장에 첨서添書하였다.

○ 평안 감사 홍종응洪鍾應이, 의주부義州府의 민가民家에 실화失火한 일에 대해 아뢰니, 다음과 같이 전교하였다.

요즘 제도諸道에 화재의 재앙이 없는 날이 없었으니, 최근 몇 년 이래로 없었던 일이다. 지금 평안 감사의 장계를 보건대, 실화된 민가가 자그마치 100여 호나 되고 또 화상을 입고서 죽은 목숨이 있다고 하니 놀랍고 참혹한 것 이외에 가만히 생각건대, 춘궁기라 백성들이 굶주리고 있는 때에 더구나 객사客使가 국경에 있어서 비록 이런 뜻밖에 일이 없더라도 백성들이 지탱하기 어려운데, 더구나 허다한 민가가 일시에 타서 없어진 경우야 더 말할 것이 있겠는가? 생각이 여기에 미치니 차라리 말하고 싶지 않다. 원휼전元恤典과 별휼전別恤典 이외에 안주하는 방도를 조금도 지체할 수 없으니, 도신으로 하여금 대호大戶·중호中戶·소호小戶를 잘 헤아려서 회부곡會付穀 중에 잘 헤아려 분급分給하고 이어 즉시 등문登聞하게 하여 한 백성도 살 곳을 잃고 방황하는 폐단이 없게 하라고 묘당에서 말을 만들어 행회行會하도록 하라.

5월

○ 금부에서 아뢰기를, "죄인 이응식李應植 등을 양이量移하라고 써서 내렸으나 대계臺啓가 한창이라 거행할 수 없습니다." 하니, 윤허하였다.

6월

○ 다음과 같이 전교하였다.

요사이 양서兩西 도신道臣의 장계狀啓를 보건대, 진휼하는 일은 마쳤고 보리와 밀이 차례로 풍년이 들어 유망流亡하던 백성이 서로 이끌고서 다시 모여들고 있다고 한다. 예전에 황급하던 상황이 진정鎭定되고 전에 쇠약하고 수척하던 자도 모두 소생되었으며, 날이 개고 비가 오는 것이 알맞아서 못자리의 염려가 없으며, 전야田野가 개간되어 황폐한 탄식이 없는가? 이것이 내가 마음속에 항상 걱정되어 잠자리가 편안치 못한 이유이다.

아, 백성을 돌보아 기르는 것이 어느 때인들 그렇지 않겠는가마는, 양도兩道와 같은 경우는 특히 심하다. 대개 양도는 재황災荒을 혹독하게 당하지 않은 곳이 없다. 그런데 다행히 사망에 이르지 않은 것은 첫째도 하늘의 인자함이요 둘째도 하늘의 인자함이며, 또한 방백方伯과 수령守令이 성심으로 돌보고 보호했기 때문이라고 하겠다. 다만 천신만고를 겪으면서 겨울과 봄 사이를 겨우 넘겼으니, 진휼을 마쳤다는 이유로 혹 무휼撫恤하는 책임을 소홀히 하지 말고 더욱더 부지런히 힘써서 백성들에게 그 일자리를 얻고 그 생업에 편안하게 함으로써 조정에서 백성들의 괴로움을 안쓰럽게 여기고 측은히 여기는 생각에 부응하도록 하라고 양도 도신에게 분부하도록 하라.

○ 형조에서 다음과 같이 아뢰었다.

죄인 김돌몽金乭夢·이상손李尙孫·이성록李性錄이 김순길金順吉을 찔러 죽이고서 전재錢財를 빼앗은 흉악한 짓을 한 정절情節을 모두 자복하였는데, 살변殺變이 있은 이래로 듣지 못했던 바입니다. 결안結案하여 공초供招를 받는 것이 어떻겠습니까?

다음과 같이 판부하였다.

요즘 인심이 아무리 옛날과 같지 않다 할지라도 어찌 이런 놀랄 만한 일이 있는가? 그들도 또한 사람이다. 조금이라도 떳떳한 본성이 있었다면 감히 이런 너무나 흉악하고 아주 패악한 짓을 행하였겠는가? 이것을 용서한다면 어찌 나라에 상법常法이 있다고 하겠는가? 갇혀 있는 세 놈은 모두 효수梟首하여 뭇사람을 깨우치도록 하라.

○ 기청제祈晴祭를 행하였다.

○ 다음과 같이 전교하였다.

각영各營의 중순中旬[1]이 비록 기예를 익히고 격려하고 권장하는 정사라고 하더라도 판부判付를 거치면 곧바로 국시國試이다. 국시라고 하였는데 몹시 남잡濫雜한 것이 어찌 이번과 같은 경우가 있었겠는가? 본래 군사들의 마음을 위로하여 기쁘게 하려고 하였으나 도리어 중외中外에 비웃음을 당하였다. 시행한 은전恩典은 비록 소각銷刻하는 혐의가 있더라도 또한 그대로 둘 수는 없다. 이른바 직부直赴와 가자加資는 각영의 군장軍將의 원액原額 중에서 입격入格한 자와 권무 군관勸武軍官을 제외하고, 교함校銜을 빌려서 띠고 응시한 자는 직부첩直赴帖과 가자첩加資帖을 모두 환수還收함으로써 과법科法과 국체國體의 엄중함을

1 _ 중순(中旬) : 각 군문(軍門)에서 군병(軍兵)에게 실시하던 무예 시험. 권무군관의 시취(試取) 따위가 있었다.

모두 알게 하라.

○ 전교하기를, "산림山林을 이제 초선抄選해야 하니, 사관史官을 나누어 보내 유현儒賢에게 하문하여 지적指的하여 아뢰게 하라." 하였다.

○ 충간공忠簡公 홍계적洪啓迪과 충정공忠貞公 김운택金雲澤에게 모두 부조不祧를 시행하였다. — 좌상 이헌구李憲球이 아뢰었기 때문이다. —

○ 좌상 이헌구李憲球가 다음과 같이 아뢰었다.

며칠 전에 병비兵批의 정사에서 상천常賤 출신 2인을 아울러 초사初仕의 수망首望에 의망擬望하였는데, 정격政格을 엄하게 하는 의리에 있어서 그대로 두기 어렵습니다. 원래의 망통望筒은 시행하지 말고, 당해 전관銓官 —병조 판서 조병준趙秉駿이다.— 은 추고推考하소서. 사도四道의 참군參軍은 옛날에는 음관蔭官의 초사 자리였고 중간에는 선천宣薦의 초부직初付職이었는데 중인中人이 겨우 한 차례 참여한 잘못된 규례가 있습니다. 이로 인해 이번의 거의擧擬가 있은 것이니, 사로仕路를 맑게 하는 방도에 있어서 뒤섞여 어수선해지도록 놔둬서는 안 됩니다. 지금 이후로는 영원히 정식定式을 삼고 다시는 검의檢擬하지 말라고 양전兩銓에 분부하는 것이 어떻겠습니까?

허락하였다.

○ 병조 판서 조병준趙秉駿을 소체疏遞하였다.

○ 좨주 홍직필洪直弼이 아뢴 내용의 대략은 다음과 같다.

다만 신은 입을 막고서 은퇴하여 한가하게 살아서 엿보거나 들은 바가 없으나 삼가 사우士友들의 여론을 듣건대, 지금 빙고氷庫의 별검別檢 김병준金炳駿, 전 도사 송달수宋達洙, 유학幼學 조병덕趙秉悳은 혹은 충현忠賢과 효우孝友와 독행篤行을 계승하기도 하고 혹은 선조의 훈계와 모범과 명성을 이어서 실천하기도 하고 혹은 학문에 충실하고 힘써 행하고 가문이 순정純正하기도 합니다. 이 세 사람은 모두 명문세족名門世族이요 법가法家의 현사賢士로 여론이 추중推重하고 있는 바요 사림士林이 본보기로 삼고 있는 바이며 또한 종유從遊하면서 묵묵히 알고 있는 자들입니다. 자기가 자신을 추천하는 의리를 준행하여 들에 버려진 현인이 없는 아름다움을 이루었습니다. 신은 가만히 성조聖朝를 위해 이들을 원합니다.

○ 비국에서 다음과 같이 아뢰었다.

이번 장맛비가 내린 뒤에 서부西部와 남부南部의 퇴호頹戶를 적간摘奸할 때에 선전관이 거느리고 간 조라치照羅赤가 부리部吏와 부화뇌동하여 서계書啓 중에 많은 숫자를 모록冒錄하여 입문入聞하였습니다. 이 때문에 즉시 경조京兆로 하여금 사실을 조사하게 하였더니 남김없이 드러났습니다. 몹시 놀랍고 통탄스러우니 형조로 이송移送하여 의율擬律하여 엄히 다스리고, 당해 선전관과 서부 관원은 나처拿處하소서.

윤허하였다.

○ 정부에서 아뢰기를, "유학幼學 조병덕趙秉悳은 근례近例에 구애되어 초수超授하기 어려우니, 우선 음직蔭職에 부직付職하라고 — 가감역假監役이다. — 전조銓曹에 분부하소서." 하니, 윤허하였다.

○ 이조와 정부가 함께 의논하여, 경연관에 김병준金炳駿과 송달수宋達洙를 초계抄啓하였다.

○ 어영청에서 아뢰기를, "신영新營에서 우연히 실화失火하여 모두 13칸 반이 불타고 쌓아 둔 기계와 잡물이 다 불속에 들어갔으니, 너무나 속으로 놀라 신이 달려가 즉시 불을 껐습니다." 하였다. 다음과 같이 전교하였다.

이러한 신영의 모양으로 수많은 기계가 전부 화재를 입었으니, 듣기에 몹시 놀랍고 걱정스럽다. 군물

軍物은 잠시도 소홀히 해서는 안 되니 즉시 마련하라. 처음에 불이 난 원인을 비록 즉시 깨닫지 못하였더라도 만일 일이 나기 전에 방비했다면 어찌 이 지경에 이르렀겠는가? 평상시에 검칙檢飭하지 못한 대장大將은 추고推考하고, 입직 장관은 나감拿勘하며, 해장고직該掌庫直은 본청에서 각별히 엄히 다스리도록 하라.

7월

○ 다음과 같이 전교하였다.

어제 해백海伯의 장계를 보건대, 당선唐船이 국경을 침범한 것이 이처럼 낭자하여 연해沿海의 각읍各邑이 해마다 빠짐없이 소요하니, 섬 백성들의 상선商船이 손해를 보는 것은 오히려 하찮은 일에 속한다. 환란을 막고 변방을 중시하는 방도에 있어서 점점 만연되도록 놔두어서는 안 되니, 조처할 방도를 묘당이 상의해 확정하여 보고하도록 하라.

○ 경연관 김병준金炳駿과 송달수宋達洙를 돈소敦召하였다.

○ 금부에서 다음과 같이 아뢰었다.

죄인 이태형李泰亨 등의 원정原情을 면질面質한 뒤에 각각 엄히 형신하면서 신문하니, 언문 서찰을 써서 보낸 도유화都兪和의 진장眞贓을 가릴 수 없으며 환관과 결탁한 구혁희具赫喜의 단안斷案이 다 드러났습니다. 이태형이 이끗을 좇아 통지하고 한진필韓鎭弼이 살인 계획을 주모主謀한 것은 모두 용서할 수 없는 죄를 범한 것인데, 오히려 다시 애매모호하게 말하면서 끝내 자복하지 않았으니 너무나 교활하고 악랄합니다.

이규신李圭信으로 말하면, 단지 구혁희와 한진필에게 황당한 말을 전하였을 뿐이고 이미 도유화와 이

태형 무리와 간섭한 것이 없습니다. 두 환관과 면질面質하니 모두 일면식도 없다고 한 만큼 면밀히 준비한 죄목으로 단죄해서는 안 됩니다. 구혁희 · 이규신 · 한진필 등은 이미 면질하였으니 모두 형조로 도로 보내고, 이태형 · 도유화 등은 고신拷訊 기한이 차거든 형을 가하여 실정을 캐내는 것이 어떻겠습니까?

다음과 같이 판부하였다.

본 일을 세밀히 따져보니 귀추歸趨가 염치가 땅을 쓴 듯 없어지고 벼슬을 얻고 잃는 데에 연연하며 이익을 보고서 의義를 생각하지 않은 탓이다. 이러한데 조정이 어떻게 기강을 높이고, 어떻게 세울 수 있겠는가? 환관배로 말하더라도 남아南衙와 북사北舍는 서로 통해 알아서는 안 된다는 금령禁令이 본래 있는데도, 거리낌 없이 예사로 왕래하면서 정망政望에 권점圈點할 계획이 있기까지 하여 전설傳說이 낭자하니, 너무나 통탄스럽고 한심함을 금치 못하겠다. 이런 무리를 엄히 징려懲勵하지 않으면 앞으로의 근심을 헤아릴 수 없을 것이다. 비안 현감比安縣監 조석주趙錫疇로 말하면, 부정한 방법을 통해 서로서로 수작酬酌하는 것은 사부士夫가 행할 일이 전혀 아니다. 먼저 태거汰去하고서 전려田廬로 쫓아 보내도록 하라. 이른바 세 명의 사인士人은 혹은 환관과 결탁하기도 하고 혹은 주장하여 계획을 꾸미기도 하여 정적情跡을 가릴 수 없다. 이태형과 도유화 등은 언문 서찰을 써서 보내고 이끗을 좇아 통지하여 모두 용서할 수 없는 죄를 지었으니, 별도로 다시 문초할 단서가 없다. 구혁희와 한진필은 변원邊遠에 충군充軍하고, 두 환관은 한 차례 엄히 형신하고서 절도絶島에 편배編配하고 물간사전勿揀赦前하라. 이규신은 대질하니 모두 일면식도 없다고 한 만큼 그가 간섭한 것이 없다는 것을 알 수 있다. 즉시 방송放送하라.

○ 부교리 김영수金永秀가 올린 상소의 대략은 다음과 같다.

진실로 지금 들은 것을 곰곰이 생각하면 모두 일에 앞선 근심으로 넘겨버릴 수 없습니다. 한잡배閑雜輩가 유음幽陰에 의탁하고 환관들이 안팎에서 면밀히 준비하면서 헤아린 것은 무엄한 일이요 문란하게 한 것은 지극히 공정한 정사였습니다. 일이 놀랍고 한탄스럽기가 이보다 심할 수 없습니다.

대체로 환관은 『주례周禮』에 나타나 있는데 단지 한 호戶의 수금守禁에 이바지 했을 뿐이며, 엄윤閹尹은 『예기禮記』 「월령月令」에 보이는데 단지 궁위宮闈의 청소를 했을 뿐입니다. 한漢나라와 당唐나라 이후로 차츰차츰 교만하고 횡포해졌으니, 금당金璫과 오른쪽의 초미貂尾는 옛 제도가 아니요 자줏빛 옷과 창을 늘어놓은 것은 점점 바라서는 안 될 것을 바란 것입니다. 『시경詩經』「항백편巷伯篇」[2]에 참소하는 자를 나무랐고, 사유史游[3]는 충성을 바쳤는데 백에서 하나도 없습니다. 민첩하고 영리하며 말재주가 있으며 몰래 엿보고 문후를 드리니, 차츰차츰 스며든 해악이 술을 마신 것과 같으며, 누적된 고질적인 질병이 도리어 가루약보다 심합니다. 이것은 과거의 자취에서 분명하게 드러난 것이므로 전하께서 반드시 통촉하고 익히 경계하고 계실 것입니다. 대개 이 일은 애당초 심엄深嚴하고 광명光明한 땅과 관계가 없습니다. 게다가 임금의 위엄이 빛나서 용단을 단호하게 내리시어 가려져 나타나지 않고 깊이 있어서 드러나지 않던 자취가 지금 남김없이 드러났으니, 조정의 존엄함이 해와 달이 본래 스스로 있는 것과 같아졌습니다. 팔방의 의혹과 식견 있는 자의 근심이 알려지기를 기약하지 않아도 저절로 알려진 것입니다.

다만 근심하고 경계해야 할 것이 진실로 있습니다. 전하께서 기거동작起居動作하는 사이와 명령하여 지휘하는 즈음에 부드러운 안색을 하는 자는 환첩宦妾이고 몰래 임금의 뜻을 영합하는 자도 환첩입니다. 기쁜 듯이 순순히 좇아 석호席怙처럼 거리낌이 없게 되고 쉽게 제어하듯이 유연하여 스스로 방종하여 제멋대로 하는 것은 성명聖明께서도 또한 헤아리지 못하고 계실 것입니다. 요즘에는 선성先聖께서 경계한 바를 따르지 않는데, "악한 말이나 엄한 빛을 짓지 않고서도 엄하게 한다."는 것은 『주역周易』의 훈계입니다. 국조國朝의 제도를 어기지 않은 뒤에야 바야흐로 성세聖世의 아름다운 일이 될 것입니다.

또 종신宗臣의 승후承候로 말하면 스스로 정례定例가 있습니다. 고故 남연군南延君 — 이구李球이다. — 께서는 순조純祖에게 지절至切한 의친懿親이 되지만 시절詩節의 경하慶賀를 제외하고는 오히려 무상으로 출입할 수 없었습니다. 이것은 구중궁궐이 너무나 깊고 한정된 구역이 몹시 엄하여 한 번이라도 혹 한계를 넘으면 뒤섞여 시끄럽게 되지 않기가 드물기 때문입니다. 그런데 요즘에는 한두 종신宗臣이 일차日次마다 번번이 기거起居를 일삼고 있으니, 또한 무엇에 근거해서 그러한 것입니까? 전에는 남연군께서 감히 하지 못하던 바이며, 뒤에는 흥인군興仁君과 흥선군興宣君께서 하지 못했던 것인데, 한두 종신은 어찌하여 이러합니까?

2_「항백편(巷伯篇)」: 『시경(詩經)』의 편명으로 항백은 옛날 환관인데 왕후의 명을 맡아보던 사람이다. 「항백편」은 임금에게 참소하는 사람을 경계하라는 시이다.

3_사유(史游): 한 원제(漢元帝) 때 내시로서 부지런히 충성을 바쳐서 도움이 많았다. 만물의 이름과 사람의 성(姓)·자(字) 등을 수록하여 만든 책인 『급취장(急就章)』 4권이 있다.

백성들이 극도의 곤경에 처한 지 오래되었는데 중외中外가 이익을 탐하여 작은 이익도 다하여 이제는 더 요구하고 더 침탈할 땅조차 없습니다. 그런데 각 궁가宮家에서 명분 없는 세稅를 새로 만들어 내 너무나 쇠잔한 백성들에게 강제로 징수하여 연강沿江의 위아래가 차츰차츰 배가 다니지 않는 폐단이 있게 되었습니다. 다행히 법의法意와 기강이 아직 완전히 실추되지는 않아 비로소 막 돌아왔으나 지금 이루어진 일 이외에 이런 듣기에 놀라운 일이 한두 가지가 아닙니다. 비리를 자행하여 국법이 시행되지 않는 바가 있으며, 잡배雜輩들이 이를 빙자하여 도성 백성들이 그 피해를 많이 받고 있고 각사各司의 사무를 간섭하지 않음이 없습니다. 궁속宮屬들이 권세를 믿고서 행패를 부려 도리어 퇴조頹助하게 하여 전문傳聞이 낭자하고 원근이 소요하니, 이것이 또한 어찌 작은 일이겠습니까? 삼가 바라건대, 성상께서는 조용히 맑게 살피소서.

환첩은 한결같이 우리 조종의 법으로 단속하여 제어하여 더러운 기운이 위로 하늘에 이르지 않게 하소서. 종친의 기거는 한결같이 남연군 · 흥인군 · 흥선군을 따르도록 하여 법을 어기지 말도록 하소서. 법을 어기고 제멋대로 하고 사사로이 점유하고 함부로 침범하는 버릇에 대해서는 별도로 엄한 하교를 내려서 가늘게 흐르는 근원을 막는다면 위로는 조정의 기강이 문란하지 않고 아래로는 드러나지 않는 곳까지 다 이를 것이니, 어찌 아름답지 않겠습니까?

다음과 같이 비답하였다.

두 환첩의 일은 비록 뜻밖의 일이지만 자신을 돌이켜보건대 부끄러움이 많다. 그대의 말이 가까운 종신과 궁첩에 미쳤는데 말이 매우 절실하여 지극히 가상하다. 내가 마땅히 힘쓰고 경계할 것을 약속하겠다. 가까운 종신은 나아감과 머무름에 상법常法을 두고, 궁첩의 간알干謁은 행하지 못하게 하여 모두 과오가 적게 할 것을 기약하겠다. 무릇 언책言責이 있는 자는 각각 생각을 다 진술하여 임금의 과실을 보필한다면 이것도 또한 도움이 되는 한마디 말이다.

○ 충청 감사 이근우李根友가 다음과 같이 아뢰었다.

영동현永同縣에 금과 은을 몰래 채굴하는 무리가 있다고 낭자하게 들려오고 있기 때문에 포교를 보내 잡아오게 하였습니다. 그런데 부안 현감扶安縣監 이용직李容直이 새로 부임하는 길에 마침 해당 현에 도착하여 "이들은 묘지기와 교졸배이다." 하면서 어려움 없이 곤棍으로 다스리고 죄를 범한 여러 놈들을 제멋대로 풀어주었습니다. 기강으로 헤아려 볼 때에 끝내 덮어두기 어렵습니다. 해 현감 이용직을 먼저 파출罷黜하고, 그 죄상을 품처稟處하소서.

○ 경상 감사慶尙監司 홍열모洪說謨가 다음과 같이 밀계密啓하였다.

영양현英陽縣 수비면首比面의 존위尊位가 고한 야장冶匠 이우상李友尙과 그의 아들 이윤경李允慶을 먼저 잡아와 취초取招하니, "정우룡鄭禹龍과 그의 아들 정자성鄭自性은 본래 남해南海 사람으로서 연전에 새로 본현本縣에 우거寓居하였고, 그의 아들 정자성은 본래 용력勇力이 있으며 스스로 환술幻術을 믿고서 검마산劍磨山 속에 모여서 도당徒黨을 불러 모으고 울릉도鬱陵島의 도적들과 이달 10일에 군사를 일으키기로 약속했다." 하였습니다. 밭을 가는 자는 걷어치우고 집을 짓는 자는 중지하여 소란이 막심합니다. 이윤경은 지금 잡혔고, 정자성은 아직 잡지 못하였습니다.

○ 좌상 이헌구李憲球가 다음과 같이 아뢰었다.

대정大政에서 이비吏批의 초사初仕 중에 — 영릉 참봉英陵參奉 이형보李亨輔, 경릉 참봉敬陵參奉 이단화李端和이다. — 첨서添書하여 낙점落點한 것이 두 과窠가 되기에 이르러 끝내 정목政目에 구애가 있음을 면치 못하였습니다. 처분이 상하를 돈독하게 하고 옛날을 생각하는 뜻에서 나왔더라도, 신이 개탄하는 것은 도리어 승전承傳하는 것이 나은 것만 못하다는 것입니다. 또 병비兵批에서는 대부분 말망末望과 부망副望으로 낙점 받았습니다. 하늘의 조화는 변별辨別이 없어야 마땅하나, 다만 변장邊將의 배의排擬는 다른 직책과는 달라서 반드시 근로勤勞의 구근久近으로 그 차서次序를 정합니다. 그러므로 하나라도 혹 흩어서 낙점落點하면 오랫동안 근로하여 수망首望에 들어간 자가 자못 승진하지 못한 채 아랫자리에 머물러 있어서 의당 저만 나라의 은택을 받지 못하였다는 탄식이 있을 것이다.

상이 다음과 같이 말하였다.

아뢴 바가 이처럼 정성스럽고 지극하니, 의당 허리띠에 쓰고 명심하겠다. 변장의 일로 말하면, 원래의 망통望筒 중에 단지 적사積仕한 지 가장 오래한 자로써 흩어서 낙점한 바가 있었는데, 어찌 다른 뜻이 있었겠는가? 그러나 명심하는 것이 마땅하다.

○ 경상 감사 홍열모洪說謨가 다음과 같이 밀계密啓하였다.

적도賊徒 김희준金希俊과 정우룡鄭禹龍은 영양英陽에서 잡혔고, 정우룡鄭禹龍의 아들 정자성鄭自性은 도망쳐서 청송靑松 용수동龍水洞에 있다고 하였기 때문에 나장羅將을 파견하였습니다. 긴요한 증거는 김희준만한 것이 없는데 이제 잡혔고, 적괴賊魁로 정자성을 지목하였는데 종적이 드러났습니다. 적정賊情은 심하게 염려할 것이 없으나 탐색하여 잡기를 조금도 늦춰서는 안 됩니다.

○ 경상 감사 홍열모洪說謨가 다음과 같이 밀계密啓하였다.

또 이정백李廷白을 진보眞寶 땅 칠성봉七星峰에서 잡았는데, 그의 공초供招에 "그는 풍수법風水法을 약간 이해하고 또 차력술借力術을 행하여 문서文書와 색지色紙를 소매 속에 숨겨 두었기 때문에 종적이 탄로되었습니다. 난리에 대한 말은 영양英陽의 최명선崔命先의 입에서 말미암았는데, 정자성의 집과 멀지 않아서 항상 왕래하였으나 의롭지 않은 일이 있는 듯했기 때문에 다시 왕래하지 않았습니다." 하였습니다. 본진本鎭인 영양의 이문移文 안에, "정우룡鄭禹龍의 아들 정도준鄭道俊은 용수동龍水洞에서 잡았으며, 정화준鄭化俊은 잡는 즈음에 울타리를 넘어서 도망쳤으나 정도준과 처첩은 잡았습니다. 적당賊黨의 요해처는 모두 정자성 부자와 형제에게 있다." 하였습니다. 영양에 갇혀 있는 18인과 진보에 갇혀 있는 2인과 또 정도준을 얻었으니, 모두 합친 죄수 21인을 모두 형구刑具를 채워 단단히 가두었습니다.

○ 집의 이승보李承輔가 올린 상소의 대략은 다음과 같다.

신은 며칠 전에 내린 조석주趙錫疇의 일의 처분에 대해 의아하게 여깁니다. 해조의 조사와 의금부의 의언議讞은 신이 아직 자세한 것을 얻지 못하였으나 외모로 상고함이 없고 또 간단한 말이니 그 허실虛實

을 무슨 근거가 있어서 갑자기 참작하여 처분하라는 하교가 있은 것입니까? 남아南衙와 북시北寺는 한계가 아주 엄하여 성기聲氣가 만일 혹 교통하면 그 죄가 어떤 벌을 주어야 합니까? 며칠 전의 판부判付에 "부정한 방법을 통하여 서로서로 수작酬酌하였다."는 말이 있었습니다. 그렇다면 참작하여 처분한 것이 어찌 전려田廬로 쫓아 보내는 데에 그치겠습니까? 만일 분명히 잡을 만한 증거가 없다면 가볍게 처벌하는 법을 적용하시겠습니까? 철저히 사실을 조사하는 방도에 있어서 감히 아주 타당하다고 말할 수 없습니다. 두 환관宦官의 서찰이 발각되었고 세 사람이 공모한 것도 드러났으니, 조석주趙錫疇가 결탁한 정상과 서로 통한 자취를 숨길 수 없다고 할 만합니다. 더 신문할 필요는 없으나, 다만 그가 맑은 조정의 사부士夫로서 벼슬을 하고 있었던 만큼 가볍게 처벌해야 할지 무겁게 처벌해야 할지 죄를 분명하게 바로잡지 않으면 종합하여 밝히는 정사가 전혀 아닙니다. 신은 쫓아낸 죄인 조석주를 특별히 의금부로 하여금 철저하게 엄히 조사하게 하여 두 환관 및 3인과 함께 면질面質하여 실정을 캐내어 마땅히 시행해야 할 형률을 시행해야 한다고 생각합니다.

다음과 같이 비답하였다.

원고原告와 피고被告로 하여금 서로 따져서 바로잡게 한다면 과연 모두 스스로 죄를 자백하게 할 수 있겠는가? 가볍게 처벌하거나 무겁게 처벌하는 것 사이에서 이미 처분하였는데, 다시 어찌 굳이 그 일을 확대시킬 것이 있겠는가?

○ 경상 좌병사 이용현李容鉉이 다음과 같이 밀계密啓하였다.

지난번에 잡은 김희준金希俊의 공초 내에, "정우룡鄭禹龍이 잡힌 뒤에 그 식솔들은 산속에 숨어서 피하였습니다. 정우룡의 처가 저에게 말하기를, '아이들이 용수동龍水洞에 있으니, 너가 이 기별을 있는 곳에 은밀히 전하라. 조총鳥銃 2자루를 가지고 가라. 8일에 검마산劒磨山으로 와서 모여 있자고 아이들에게 전하라' 하였습니다. 그러므로 길을 가는 도중에 잔항점棧項店에서 잡혔습니다." 하였습니다. 정자성鄭自性은 군기軍器를 주조鑄造하기 위해 야장冶匠을 짐을 꾸려서 울릉도鬱陵島로 보냈으며, 10일에 거사擧事할 병기는 섬 속에서 배 2척에 싣고 왔습니다.

○ 전 판서 홍직필洪直弼[4]의 졸서 단자卒逝單子로 인하여 다음과 같이 전교하였다.

방금 듣건대 장석丈席(학문과 덕망이 높은 사람)이 세상을 떠났다고 하니, 어찌 슬픔을 금하겠는가? 이 유현儒賢은 선조先朝에서 정초旌招한 사람으로서 과덕寡德한 나를 만나서 나이가 더욱 높고 덕이 더욱 높아져 내가 특별히 정경正卿으로 탁용擢用했던 것이다. 여러 차례 돈소敦召하여 한번 경석經席에 초치招致하여 전형典型을 보고자 하였더니, 이제는 끝났도다. 졸卒한 홍 좨주洪祭酒의 집에 조제助祭와 상장喪葬을 전례에 비추어 거행하고, 조묘군造墓軍과 담지군擔持軍도 제급題給하게 하라.

○ 정부와 이조가 함께 의논하여 초계抄啓하여, 경연관經筵官에 조병덕趙秉悳을 임명하였다.

○ 경상 감사 홍열모洪說謨가 다음과 같이 밀계密啓하였다.

정도준鄭道俊과 처첩을 잡아서 수갑을 채운 외에 또 양손을 쇠사슬로 묶고 두 어깨에 각각 한 갈래 노끈을 묶어서 끌고 왔습니다. 영양현英陽縣 감천리甘川里에 도착하여 당도준塘道俊이란 놈을 영송迎送하였는데, 그는 본래 용력이 있는 자입니다. 그가 갑자기 떨치고 일어나 몸을 날려 강 속으로 투신할 듯하더니 그대로 지레 죽었습니다. 시체는 강가에 있습니다. 정도준과 정화준鄭化俊은 바로 원괴元魁로서 정자성鄭自性의 동생입니다.

○ 경연관 송내희宋來熙・김병준金炳駿・송달수宋達洙・조병덕趙秉悳를 돈소敦召하였다.

○ 경상 감사 홍열모洪說謨가, 죄인 김윤오金允五을 취초取招한 일로 밀계密啓하니 판부判付

4 _ 홍직필(洪直弼) : 본관은 남양(南陽). 초명은 긍필(兢弼). 자는 백응(伯應)・백림(伯臨), 호는 매산(梅山). 홍이간(洪履簡)의 아들이다. 뛰어난 재질이 있어 7세 때 한자로 문장을 지었으며, 17세에는 이학(理學)에 밝아 성리학자 박윤원(朴胤源)으로부터 오도유탁(吾道有托)이라는 찬사를 받았다. 그의 학문은 궁리(窮理)를 근본으로 하고 육경(六經)은 물론 제자백가에 통달하였으며, 천지음양귀신(天地陰陽鬼神)의 묘와 역대흥망치란(歷代興亡治亂)의 자취와 산천풍토인물족계(山川風土人物族系)에 이르기까지 두루 통하였다. 성리학에서 정자(程子)의 심본설(心本說)을 극력 지지하고 한원진(韓元震)의 심선악설(心善惡說)을 반대하고, 또한 임성주(任聖周)의 "성선(性善)은 곧 기질(氣質)이다."고 한 데에도 반대하였으므로 주리파(主理派)의 한 사람이라고 할 수 있다. 개천의 경현사(景賢祠)에 배향되었으며, 저서로는 『매산집』 52권이 있다. 시호는 문경(文敬)이다.

하기를, "적도賊徒에 대한 일은 중외中外가 모두 알고 있으니 굳이 밀계할 것 없다. 이 뒤에는 곧바로 노문露聞하라." 하였다.

○ 전라 감사 정최조鄭最朝가 다음과 같이 아뢰었다.

이양선異樣船이 만경萬頃 의복동衣服洞 앞바다에서 동현 비양도飛洋島 남쪽 바다로 옮겨 정박해 있다가 당일에 돛을 달고 서쪽 바다를 향해 갔다고 합니다. 고군산 첨사古羣山僉使의 첩정牒呈 내에, "저 선박이 동도同島의 외양外洋 30리 석여石礖의 앞에서 돛을 내렸습니다." 하였습니다. 지금 저 배가 도로 정박하였으니 너무나 의아합니다. 고군산 첨사의 보고와 그 동안의 문정問情만으로 보면 저 사람들이 처음에 와서 정박한 것은 파괴된 선박을 점검하려는 일인 듯하였는데, 금방 다시 떠난 것은 제대로 대접하지 않은 데에 까닭이 있는 듯합니다. 3차례 문정기問情記에서 저 사람들이 써서 보여 준 중에, "해처該處의 관원이 명확하게 지적하지 않고 하찮게 여겼다."는 말이 있었으며, 또 "귀관이 한마디 말도 청함이 없이 해안에 올라가버려 뚜렷하게 물리쳐서 배를 떠나보내려는 뜻이 있었다." 하였으니, 진장鎭將이 문정할 때에 잘못 처리한 형상을 대개 미루어 알 수 있습니다. 일이 마치기를 기다렸다가 엄히 징계할 계획입니다. 저 사람들이 다시 정박하였으니 문정 때에 너그럽게 대접하여 먼 곳의 사람들을 위로하는 뜻을 보여주소서. 정미년(1847, 헌종 13) 가을에 파괴된 선박의 크고 작은 집물什物을 해진該鎭에 남겨 둔 것을 다시 숫자를 조사하고 적간摘奸하여 저 사람과의 문답에 대비하라고 지방관 등에게 엄히 신칙하도록 하소서.

다음과 같이 판부하였다.

이양선異樣船이 잠깐 떠났다가 다시 온 것이 비록 그 의도가 무엇인지 이해할 수 없지만 우리의 도리에 있어서는 먼 데 사람을 회유하는 뜻을 보여주지 않을 수 없다. 양식과 반찬 등의 일을 한결같이 정미년의 예에 의거하여 넉넉히 입급入給하고 그때 유치해둔 선척과 물건을 일일이 대조하여 그들의 말을 들어주라고 삼현령三懸鈴으로 해 도백에게 알리도록 하라.

○ 태백성太白星이 낮에 나타났다. —운감雲監에서 24일 사시巳時에 미지未地에서 나타났다가 9월 27일에야

그쳤다고 하였다. —

8월

○ 다음과 같이 전교하였다.

봉수는 군국軍國의 더할 수 없이 다급한 식신信息이다. 이 때문에 적이 3천 리 밖에 있어도 하루 저녁에 소식을 듣고서 방비가 있게 할 수 있다. 문경聞慶에서 연달아 3차례나 봉수를 올린 것이 설사 후봉後烽은 응하지 않고 연풍延豐에서 또 봉수를 올린 것으로 말미암은 것이라 하더라도 3차례는 단지 앞선 봉화가 비상非常한 것을 핑계 댈 뿐이니, 충주忠州에서 허실虛實을 논하지 않고 1파把만 올린 것은 변방의 정세로 살펴볼 때 아주 놀랍다. 철저히 단속하고 요망瞭望을 분명하게 했다면 어찌 분수分數를 착각할 리가 있었겠는가? 게다가 일거에 세 번이나 올린 봉수를 서로 미루고 있으니 철저히 조사하지 않을 수 없다. 충주, 연풍, 문경 세 현감을 나문拿問하라. 수신帥臣 —충청 병사 이용순李容純, 경상 병사 이형하李亨夏이다.— 으로 말하더라도 평상시에 검칙하지 못한 죄를 면하기 어려우나 영송迎送하는 데 따른 폐단을 염려하여 우선 죄를 띤 채 공무를 행하되 먼저 엄하게 추고하는 형전을 시행하라. 봉대烽臺의 감졸監卒은 각각 그 병영에서 모두 조사하여 법을 따라 과치科治하라고 분부하라.

○ 황해 감사 김위金鍏가, 봉산 군수鳳山郡守 김재전金在田이 멋대로 병부兵符를 보내고서 지레 관차官次를 떠나서 파출罷黜하였다고 아뢰었다.

○ 다음과 같이 전교하였다.

지난번에 망통望筒 일로 대신이 한 말은 공격公格에서 나왔기 때문에 내가 가납嘉納하였다. 이 집안사람들은 조정에서 잊을 수 없는 바이다. 화순 현감和順縣監의 대임을 다시 정주석鄭胄錫으로 의망해 들이라.

○ 다음과 같이 전교하였다.

조병현趙秉鉉[5]은 훌륭한 아비[조득영趙得永][6]의 아들로서 허다한 성죄聲罪가 한결같이 이에 이르단 말인가? 몇 해 전의 처분은 대정大廷의 의논을 따른 것이니 이제 어찌 다시 논하겠는가? 다만 생각건대, 그 아비는 태묘太廟에 배식配食되고 그 아들은 이름이 백간白簡에 있으니 또한 차마 할 수 없는 것이 있다. 사죄 죄인賜罪罪人 조병현의 죄명을 특별히 지워 그 아비가 왕실에 마음 쓴 공훈에 보답하도록 하라.

○ 다음과 같이 전교하였다.

이 죄인이 몇 해 전에 헌의獻議한 것은 대동大同의 의논에 이론을 세운 것이니 어찌 논박하여 바로잡는 일이 없을 수 있겠는가? 그러나 이제는 세월이 조금 오래되었으니 헤아려주지 않을 수 없다. 순흥부順興府에 안치安置한 죄인 권돈인權敦仁을 특별히 방송放送하라. 이는 세신世臣을 보존하는 것이요 대신大臣을 대우하는 것이다.

○ 다음과 같이 전교하였다.

김정희金正喜에 대해 그 동안 성죄聲罪한 것은 대부분 애매한 것이었기 때문에 처분이 편배編配에 그친 것이다. 지금 세월이 오래된 뒤에 죄가 의심스러우면 가볍게 처벌한다는 법을 시행하는 것이 마땅하다.

5_ 조병현(趙秉鉉) : 1791-1849. 본관은 풍양(豊壤). 자는 경길(景吉), 호는 성재(成齋)・우당(羽堂). 이조 판서 득영(得永)의 아들이다. 풍양 조씨 세도정치의 중심 인물이 되어 안동 김씨(安東金氏)와 권력다툼을 벌이는 데 앞장섰다. 안동 김씨를 배척하는 벽파(僻派)의 실권자로서 천주교를 탄압하여 기해박해의 중심인물이 되었다. 1844년 좌참찬에 올랐다가 과거부정사건에 연루되어 평안도관찰사로 좌천되었다. 1847년 광주부유수(廣州府留守)가 되어 안동 김씨파의 정언 윤행복(尹行福), 대사헌 이목연(李穆淵) 등의 탄핵상소를 받아 거제도에 위리안치(圍籬安置)되었다. 이듬해 유배에서 풀려나게 되었으나 1849년 6월 철종의 즉위로 대왕대비 김씨가 수렴청정하자 다시 전라남도 지도(智島)에 위리안치되었다가 그해 9월 사사되었다. 저서로 『성재집』이 있다.

6_ 조득영(趙得永) : 1762-1824. 본관은 풍양(豊壤). 자는 덕여(德汝), 호는 일곡(日谷). 서윤(庶尹) 진명(鎭明)의 아들이다. 1806년 형조참판으로 있을 때 김 대비의 세력인 우의정 김달순(金達淳)이 연석(筵席)에서 저지른 사건을 탄핵하여 처벌하게 함으로써 대과(大過)를 바로잡은 공이 있다 하여 이조 참판에 오르고, 다시 병조 판서에 특진되었다. 1812년 척신 박종경(朴宗慶)에 대한 비위사실을 낱낱이 지적하면서 정사를 어지럽히고 있다는 내용의 상소문을 올렸다가 진도 금갑도(金甲島)에 유배되었다. 6년 뒤에야 특명으로 향리에 옮겨졌다가 1819년 여러 대신과 삼사 관원들의 청원에 의하여 오랜 유배생활에서 풀려나왔다. 곧이어 형조 판서에 임명되었으나 어머니의 상을 당한 것을 계기로 하여 사임하고 관직을 떠났다. 순조의 묘정에 배향되었으며, 시호는 문충(文充)이다.

북청부北青府에 정배定配된 죄인 김정희를 방송하라.

○ 전교하기를, "이응식李應植 등 4인을 양이量移하는 것을 즉시 속히 거행하라고 의금부에 분부하라." 하였다.

○ 양사兩司와 옥당玉堂이 여덟 번 차자箚子를 올렸으나, 허락하지 않았다.

○ 명릉明陵, 익릉翼陵, 홍릉弘陵에 전알展謁하고, 대원군大院君의 묘소墓所에 들러 전배展拜하였다.

○ 다음과 같이 전교하였다.

방금 경상 감사의 사계査啓를 보니 전날 등문登聞한 것과 그다지 차이가 없다. 이른바 정우룡鄭禹龍의 흉패한 말은 여러 공초供招에서 누차 드러났으니 참으로 또한 한탄스럽다. 그밖에 여러 죄수의 공초는 이따금 횡설수설하고 모호하여 전혀 기준이 없다. 설혹 진짜 난을 꾸민 것이 여기에 그칠지라도 깊이 근심할 것이 없는데, 더구나 분명하게 난을 꾸민 것이 있다고 또한 기필할 것이 없는데 더 말할 것이 있겠는가? 도백이 헤아려서 조처하기에 충분하나 이미 거병擧兵했다고 말했고 게다가 등문登聞하였으니 조사하지 않을 수 없다. 안핵사按覈使를 가려 보내서 도백과 더불어 충분히 상의하고서 보고하라. 다만 생각건대, 이 일이 정말 묘맥苗脈이 있더라도 반드시 한두 흉패凶悖한 자가 말을 퍼뜨려서 대중을 현혹시킨 것에 불과한데, 어리석은 무리들이 혹 풍문을 듣고서 두려워하기도 하고 혹은 협박당하여 따르기도 한 것이다. 또 필시 전혀 두서를 알지 못하는 자가 죄에 부당하게 걸려드는 근심이 있기까지 할 것이니, 이러한 무리는 불쌍히 여겨야 하지 죄를 주어서는 안 된다. 철저히 조사하는 즈음에 혹 조금이라도 일이 번진다면 전혀 실상을 조사하는 정사가 아닐 뿐만 아니라, 또한 조정에서 무고한 자를 죽이지 않고 옥사를 신중하게 심리하는 의리에서 어긋난다. 안핵사와 도백은 모름지기 이 뜻을 잘 알아야 할 것이다.

○ 조연흥趙然興을 안핵사按覈使에 차하差下하였다가 곧바로 이시우李時愚로 고쳤다.

○ 전교하기를, “금성 현령金城縣令의 대임으로 평시서 주부 김병학金炳學을 제수하라.” 하였다.

○ 다음과 같이 전교하였다.

새 곡식이 장차 익으려고 하는데 쌀이 전처럼 귀하다고 하니, 무슨 일 때문인지 모르겠다. 작년 겨울에 방납防納하는 일에 대해 연석에서 신칙하였으나 조금도 실효實效가 없으니, 어찌 이러한 기강이 있겠는가? 아무아무 고을에서 방납한 폐단을 낱낱이 보고하되 만일 은닉하는 폐단이 있으면 좌포장과 우포장을 단연코 엄히 처벌할 것이다.

○ 다음과 같이 전교하였다.

형조 판서 —이기연李紀淵이다.— 를 제배除拜한 것은 바로 격쟁擊錚에 대한 회계回啓 때문인데 지금 며칠이 되었는데도 아직 변동이 없으니, 이것은 무엇 때문인가? 경기 감영으로 하여금 엄히 신칙하여 올라와서 속히 거행하게 하라.

○ 판부사 김도희金道喜가 상소하여 치사致仕를 청하니, 너그러운 비답을 내려 허락하지 않았다.

9월

○ 형조 판서 이기연李紀淵이 봉패奉牌하니, 다음과 같이 전교하였다.

형조 판서의 일은 내가 매우 의아하게 여긴다. 지난 일은 별로 추론追論할 단서가 없으나 관직을 제수할 때마다 번번이 인피引避하니, 그 속셈을 알 수 없다. 연전에 자전의 하교로 곡진히 죄를 씻어주어 아무 일 없는 사람이 되었는데 다시 무슨 머뭇거릴 의리가 있는가? 다시 지나치게 인피하지 말고 즉시 들어와 사은謝恩하라고 다시 신칙하도록 하라. 이어서 전패前牌로 재촉하라.

○ 다음과 같이 전교하였다.

내가 굳이 끌어내려고 하는 것은 바로 누차 자전의 하교를 받든 끝이다. 또 이 중신 형제가 맡은 일은 노성한 사람을 등용하려는 뜻에서 나왔으니, 이렇게 서로 버티는 것이 어찌 분의分義이겠는가? 다시 전패前牌로 재촉하라.

○ 삼사三司의 합계合啓에서 권돈인權敦仁의 일과 양사兩司의 합계에서 김정희金正喜의 일을 모두 정계停啓하였다.

○ 비국에서 다음과 같이 아뢰었다.

물에 빠진 사람을 구한 자에게 상賞을 줄 것을 청하여 계하啓下받은 자의 숫자가 자그마치 60여 인이나 됩니다. 지금 상을 청한 것은 또한 상을 주어 장려하는 상전賞典에 관계되는데 그 숫자가 이처럼 많으니 어찌 놀랍고 한탄스럽지 않겠습니까? 전에도 혹 이렇듯 남용한 때가 있었는지 모르겠습니다. 상을 삼가고 아끼지 않으면 격려하고 권장하는 정사에 흠이 될 뿐만 아니라 도리어 뒤섞이는 폐단이 있게 됩니다. 원래의 별단別單은 시행하지 말게 하고, 경조京兆 당상 —판윤 권대긍權大肯이다.— 은 추고推考하소서.

윤허하였다.

○ 일강日講을 행하였다.

○ 금부에서 다음과 같이 아뢰었다.

충주 목사忠州牧使 박제소朴齊韶는, 전봉前烽을 잘못 든 것이 설사 격례를 어긴 것일지라도 후응後應이 이어지지 않은 것도 직분을 제대로 행하지 못한 것입니다. 연풍 현감延豐縣監 유정동柳鼎東은, 연달아 봉수를 올려 함께 올린 것과 차이가 있으나 세 번 봉화를 올린 것은 이미 예봉例烽에 어긋납니다. 문경 현감聞慶縣監 심유택沈有澤은, 처음 세 번 봉화가 연달아 올랐기 때문에 후응을 착각했습니다. 모두 단지 조율照律만 하고 —각각 장杖 80은 수속收贖하고 고신告身 3등等을 추탈追奪하는 데 해당한다. — 사죄私罪로 시행하소서.

판부하기를, "영송迎送하는 폐단을 생각하지 않을 수 없으니, 모두 공죄公罪로 감방勘放하라." 하였다.

○ 충청 감사 이근우李根友가 다음과 같이 아뢰었다.

충주목忠州牧은 대동미大同米를 민간에게 거두지 못하고 아전배의 범포犯逋는 독촉하여 받아들였습니다. 포장하여 운반하는 일을 한때의 겸임兼任에게 전적으로 책임지우기 어렵습니다. 해 목사 박제소朴齊韶는 감처勘處를 기다리기 어려워 부득이 파출罷黜하였습니다.

다음과 같이 전교하였다.

해 목사는 부임한 지 얼마 되지 않았는데 곧바로 심리를 받고 있는 것은 도계道啓와 같으니, 그 동안의 사세事勢를 괴이하게 여길 것이 없는 듯하다. 비록 한 달 내이지만 철저히 징봉徵捧했다면 어찌 지금까지 체납될 리가 있었겠는가? 그에게 죄명을 지닌 채 공무를 행하게 하되 오늘 바로 내려가서 성화같이 포장하여 납입하게 하고, 일을 마친 뒤에 나감拿勘하도록 하라. 전 목사 —이창재李昌在이다. — 도 죄가 없을 수 없다. 우선 잡아다가 그 곡절을 문초한 뒤에 의율擬律하여 들이도록 하라.

○ 이조의 계목啓目은 다음과 같다.

이 영남 유생 홍만유洪晩裕 등의 상언上言 내의 사연을 보니, 고 유생儒生 이현일李玄逸의 직첩職牒을 환수還授하는 일이었습니다. 경종景宗 신축년(1721, 경종 1)부터 오늘날까지 문생門生이 소장을 올려 사실을 진술하여 폭로하고 세 자손이 격금擊金하여 억울함을 호소한 것이 몇 십 차례가 되는지 모르는데 지금까지 결말이 나지 않아서 여태 억울함을 품고 있으니, 마음에 원한을 품고 있다고 일컫는 것은 괴이하게 여길 것이 없을 듯합니다. 햇수가 이미 오래되었고 일이 어렵게 여기고 조심해야 하니 지금 우선 그대로 두는 것이 어떻겠습니까?

판부하기를, "비단 일이 오래되었을 뿐만 아니라 또 양조兩朝의 처분이 있었으니, 지금 이렇게 억울함을 호소하는 것은 괴이하게 여길 것이 없다. 이현일의 직첩을 우선 환수하게 하라." 하였다.

○ 비국에서 다음과 같이 아뢰었다.

며칠 전에 서부西部의 자내字內에 살인하는 변고가 있었는데 범수犯囚가 사실과 달라 전설傳說이 낭자하였습니다. 그러므로 검안檢案을 가져다가 보니, 6인이 공범한 것인데 죽은 자가 죽은 것이 당일 밤을 넘지 않은 만큼 실인實因이 남에게 살해당한 것임이 확실히 의심할 것이 없습니다. 더구나 이완근李完根이 지레 앞서 목을 매고 죽어서 현혹됨이 더욱 심하니, 의당 여러모로 살펴서 수범과 종범을 구별해야 되나 두 검관檢官이 곧바로 이완근을 정범正犯으로 단정한 것은 실로 무엇에 의거한 것인지 모르겠습니다. 6인이 범한 것도 경중輕重을 알지 못한 채 갑자기 백방白放하였으니, 크게 옥사의 체모를 어겼습니다. 한 옥사에 여섯 범인을 비록 뒤섞어서 해당 형률을 시행할 수 없다 하더라고 만일 화근의 발판을 따져보면 6인에서 말미암은 만큼 그 죄범을 논하면 의당 차이가 없어야 합니다. 형조로 하여금 모두 원지遠地에 정배定配하게 하소서. — 심의빈沈宜斌은 익산군益山郡에, 신태좌申泰佐는 태인현泰仁縣에, 이계신李啓信은 장수현長水縣에, 이계묵李啓默은 무주부茂朱府에, 김우근金芋根은 여산부礪山府에, 이계홍李啓鴻은 자인현慈仁縣에 정배하였다. — 검험檢驗의 체모가 얼마나 엄중합니까. 그런데 이처럼 두루뭉실하게 하였으니, 너무나 놀랍습니다. 두 검관 — 한성 주부 조병리趙秉履, 서부 도사 조재성趙在性이다. — 을 우선 태거汰去하고 나문拿問하고서 엄히 감처勘處하소서. 형조로써 말하더라도 단지 검장檢帳을 따라서 경솔하게 참작하여 처분한 것은 옥사를 신중히 살피는 것이 부족하니, 경책이 없어서는 안 됩니다. 당해 당상 — 판서 이돈영李敦榮이다. — 은 견삭譴削하는 것이 어떻겠습니까?

다음과 같이 전교하였다.

검험이 어떠했는지를 막론하고 실인이 진실성을 잃고 정범이 확정되지 않았다. 옥사의 체모가 얼마나 엄중한데 이처럼 모호한가? 이것도 기강에 관계된 것이니, 초기草記한 대로 시행하라.

○ 전라 감사 정최조鄭最朝가 아뢰기를, "옥과 현감玉果縣監 권응준權應駿은 가난에 지친 힘없는 백성들을 이처럼 낭자하게 침학侵虐하였으니, 우선 파출罷黜하고 그 죄상을 품처稟處하소서." 하였다.

○ 반유泮儒가 권당捲堂하고서 다음과 같이 소회所懷를 진달하였다.

아, 옛날 숙종肅宗 기사년(1689, 숙종 15)에 우리 인현왕후仁顯王后를 사제私第로 손위遜位한 것은 바로 온 나라의 신하와 백성들이 어쩔 줄 몰라 허둥지둥 뛰어다니고 통곡한 날이었습니다. 그런데 저 이현일李玄逸은 피눈물을 흘리며 상소하여 죽어도 후회하지 않기를 세 충신[7]처럼 하지 못했으니, 단지 응당 머리를 조아리고 하늘을 쳐다보면 마음을 재계齋戒하고 묵묵히 빌어서 일식日食과 월식月食이 바뀌기만을 기다렸어야 합니다. 그런데 도리어 한 통의 상소를 올렸는데 말뜻이 흉참하여 애당초 털끝만큼도 주저함이 없었던 것은 어째서입니까? 원래의 상소 한 통에 대해서는 신들이 진실로 일일이 나열할 겨를이 없으나, 그 중에 "부인의 훌륭한 규범을 따르지 않고 스스로 천명天命을 끊었다." 하고 "규금糾禁을 삼가라."[8] 한 등의 구절은 심장이 떨리고 간담이 서늘해지니, 신하가 차마 들을 수 있는 것이 아닙니다. 삼척동자라도 한 단락의 지각이 있었다면 오히려 감히 이러한 흉언凶言을 문자에 쓸 수 없는데, 일찍이 산림山林에서 독서하여 유신儒臣으로 명명된 자가 도리어 이런 짓을 한단 말입니까?

7_세 충신 : 오두인(吳斗寅)·박태보(朴泰輔)·이세화(李世華)를 말한다.

8_부인의 …… 삼가라 : 『숙종실록(肅宗實錄)』 21권 15년(1689) 9월 2일에 올렸다.

대개 이현일이 부여잡고서 발신發身한 것이 역적 민암閔黯 등 여러 흉적의 손에서 나왔으니, 평소의 모든 행동을 모두 함께 꼼꼼히 준비하고 서로 호응하여 완전히 같은 마음입니다. 경신년(1680, 숙종 6)의 역안逆案을 뒤집으려고 도모하고 조사기趙嗣基의 흉소凶疏를 힘껏 비호하여 명의名義를 간범干犯하고 윤상倫常을 없애는 데에 거리낌이 없었습니다.

아, 심합니다. 사람이 어찌 이렇게 극도로 양심이 없단 말입니까? 이러한 죄범을 지니고도 집에서 죽을 수 있었던 것만도 다행인데, 오히려 일명逸名에서 삭제하고 고신告身을 빼앗을 것으로 칭원稱冤하는 한 가지 단서로 삼을 수 있단 말입니까? 아, 저 잔당들은 하늘을 속일 수 있다고 하여 상소하고 격금擊金하여 은근히 진짜 원통함을 호소할 만한 것이 있는 것처럼 하였으니, 자못 영원히 용서하기 어려운 악은 덮을수록 더욱 더 드러남을 알지 못한 것입니다. 한 번 분소分疏할 때마다 이현일의 죄명이 모든 사람의 입에 올라서 전파되어 가릴 수 없을 것입니다. 또 더구나 이번에 명릉明陵에 행행行幸한 것은 바로 우리 성상이 인현왕후를 추모하여 감회가 일어난 날입니다. 이현일이 살아 있다면 어쩔 줄을 몰라 몸을 움츠리며 부끄러워서 머리를 숙이기에 겨를이 없었을 것입니다. 그런데 저 홍만유洪晩裕 무리가 감히 이현일의 일로써 제멋대로 어로御路 앞에서 시끄럽게 하였으니, 더욱 너무나 몹시 무엄합니다. 어찌 가슴 아프지 않겠습니까?

대체로 "훌륭한 점을 칭찬할 때에는 길게 하고 나쁜 점을 비평할 때는 짧게 한다[善善長惡惡短]." 하였으니, 옛날 성왕聖王이 인후仁厚함으로 세상을 다스리는 도리가 본래 이렇습니다. 윤리와 기강을 범하고 명의名義에 죄를 얻어놓고서 은유恩宥를 입었던 경우는 신들은 아직 들어보지 못했습니다. 국조의 고사古事를 가지고 말하더라도 적신賊臣 정인홍鄭仁弘 같은 이는 당초의 명망이 어찌 영남의 걸특傑特이 아니었겠습니까만, 그가 흉론凶論을 주장譸張하고 앞장서서 인륜을 무너뜨린 변고에 만들자 속히 나라 법에 복주伏誅하여 통쾌하게 사람들의 분노를 씻어주었는데, 지금까지 수백여 년 동안 정인홍을 위해 편들고 칭원稱冤하는 자는 없었습니다. 지금 이 이현일이 범한 바는 정인홍에 비해 현격히 다르지만 뜻이 아주 패악하고 표현이 윤서가 없는 것은 한통속이나 다름이 없습니다. 이것이 어찌 오래된 일이라는 이유로 말감末勘하는 죄과에 둘 수 있는 것이겠습니까? 이러한데도 엄히 제방隄防을 가하지 않는다면 명의가 땅을 쓴 듯 없어지고 정인홍과 민암의 잔당들이 뒤를 이어서 일어날 것입니다. 어찌 크게 두려워하지 않겠습니까?

전교하기를, "이 일은 성명成命이 있었고 두 성조聖朝의 처분을 준행한 것도 헤아린 바가 없지 않았다. 이제 이 사론士論은 실로 온당치 못하니, 즉시 들어가도록 권하라." 하였다.

○ 구전口傳으로 다음과 같이 전교하였다.

방납防納에 대한 일을 탐지해서 들이게 한 지가 지금 며칠인데 아직까지 소식이 없으니, 무슨 일 때문인지는 모르겠는데 사실을 꾸며낼 계획을 만들어 내고자 해서 그런 것인가? 포도대장의 일은 아직 이해하지 못하겠다. 그 곡절을 알아보고서 들이라.

○ 포도청에서 초기草記한 데 대해 다음과 같이 전교하였다.

이른바 방납防納은 과연 어떠한 금조禁條에 관계되는가? 열읍列邑에서 범포犯逋한 것이 이처럼 낭자하니, 나라의 기강을 생각하면 실로 말하고 싶지 않다. 이것은 석수石數의 많고 적음으로써 가감해서는 안 되니, 여덟 고을의 수령 ―파주 목사坡州牧師 이명석李明錫, 충주 목사忠州牧使 박제소朴齊韶, 교하 군수交河郡守 이순영李淳榮, 양근 군수楊根郡守 이구원李龜遠, 진천 현감鎭川縣監 민덕호閔德鎬, 춘천 부사春川府使 심응태沈膺泰, 해미 현감海美縣監 성영구成永龜, 지평 현감砥平縣監 이계홍李啓弘이다.― 과 군산 첨사羣山僉使를 우선 파출罷黜하고 나감拿勘하여 엄히 감처勘處하라. 각읍의 색리色吏와 강가에서 간사한 짓을 한 여러 놈을 모두 형조에 이송移送하여 법에 따라 감처하라. 이밖에 더욱더 형찰詗察을 하여 적발하는 대로 보고하라. 누차 제칙提飭한 뒤에서야 비로소 이 초기가 있었으니, 포도대장의 일은 ―심낙신沈樂臣과 윤희검尹羲儉이다.― 참으로 또한 놀랍다. 모두 엄하게 추고하라.

○ 다음과 같이 전교하였다.

각 능침陵寢의 나무를 간혹 베는 일이 있어서 적간摘奸하게 하였는데, 회보回報를 보니 그루 수의 많고 적음과 벤 흔적의 신구新舊가 비록 더러 같지 않더라도 범작犯斫은 과연 있었다. 능관陵官이 흐리멍덩하여 발각하지 못하였으니 몹시 놀랍다. 그 중에 그루 수가 가장 많은 명릉明陵 ―별검 맹도식孟道植, 참봉 최익봉崔翼鳳이다.―, 소현묘昭顯墓, 태릉泰陵 ―직장 신석창申錫昌, 참봉 여근섭呂根燮이다.―, 창릉昌陵 ―영令 박종진

朴宗鎭이다. — 관원은 모두 나처拿處하고, 그밖에 동도東道와 서도西道 17개 능원관陵園官은 우선 죄명罪名을 지닌 채 공무를 행하게 하라. 이렇게 엄히 신칙한 뒤에 다시 혹 발각되면 응당 갑절 더 엄한 형률을 적용할 것이다. 여러 곳의 정자각丁字閣 이하 파손되어 물이 새는 곳은 해조로 하여금 수개修改하게 하라고 분부하라. 정릉貞陵 외화소外火巢 근처에 어떤 백성의 무덤이 있다고 하니, 경조京兆로 하여금 장사 지낸 지 얼마나 되었는지 사실을 조사하여 들이라고 분부하라.

○ 병조에서 다음과 같이 아뢰었다.

경복궁景福宮의 땅을 파서 매매한다는 말이 들려왔기 때문에 영교營校를 파견하여 적간摘奸하게 하였더니, 판 땅의 길이와 넓이가 10여 칸 남짓이 된다고 하며 범작犯斫한 큰 소나무도 2그루나 되었습니다. 기강으로 헤아려 볼 때 몹시 놀랍습니다. 범작한 여러 놈은 지금 기찰하고 있으며, 해 장내掌內 입직 중관入直中官은 나감拿勘하고, 위장衛將은 신의 조에서 엄히 곤棍을 쳐서 징려懲勵하도록 하겠습니다.

윤허하고 전교하기를, "위장도 곤으로 징계하고 말아서는 안 된다. 유사攸司로 하여금 조율照律하여 엄히 감죄하라." 하였다.

○ 이조 판서 김수근金洙根이 올린 상소의 대략은 다음과 같다.

검서관檢書官의 시취試取에서 선발된 사람 중에 남정교南定敎는 바로 흉역凶逆 남응중南膺中의 종제從弟입니다. 그런데 감히 허물을 숨기고 스스로 평민과 똑같이 하여 함부로 과시課試의 과장에 응시하였으니, 전에 있지 않았던 큰 변괴입니다. 속히 유사有司로 하여금 의률擬律하여 감처하게 하소서.

다음과 같이 비답하였다.

그가 스스로 숨겼는데 누가 그 일가붙이를 알겠는가? 경은 그 재주를 시취했을 뿐인데 어찌 인책할 것이 있겠는가? 몹시 무엄하다. 먼저 그 천거를 삭제하고 그 직책을 태거汰去하도록 하라.

○ 안핵사按覈使 이시우李時愚의 장계에 대해 다음과 같이 전교하였다.

이 안핵사의 계본啓本을 보고서 더욱 다른 근저根柢가 없는 줄을 알았다. 정우룡鄭禹龍이 그의 괴수가 된 것은 그가 자복하였다. 이윤경李允慶과 신종익辛宗益은 시종 끼어들어 간섭하였으니, 터럭만큼도 용서할 만한 자취가 없다. 안핵사가 도신과 함께 크게 군민들을 모아놓고 모두 효수梟首하여 뭇 사람들을 깨우치도록 하라. 그밖에 여러 죄수는 묘당으로 하여금 경중을 나누어 참작하여 처벌하게 하라.

10월

○ 태실太室의 동향 대제冬享大祭를 행하였다.

○ 비국에서 다음과 같이 아뢰었다.

안핵사의 계본으로 인하여 생각건대, 정우룡鄭禹龍 부자가 범한 정절情節은 확실히 극악무도합니다. 그런데 정우룡을 효수하여 뭇 사람들을 깨우치는 데에 그치는 것은 단지 법을 제대로 집행하지 못한 잘못을 저지르는 것이 낫다고 생각하는 성념聖念에서 나왔을 뿐이나 상법常法에 구애됩니다. 그 지속支屬을 비록 거론하지 않고 이어서 백방白放하였으나 끝내 형벌을 시행함으로써 형벌이 없어지도록 하는 의리에 흠이 있습니다. 더구나 정원일鄭元一이 여태 잡히지 않았으니, 이 옥사도 결말이 났다고 할 수 없습니다. 정우룡과 정원일의 지속을 해도로 하여금 우선 도내 고을의 옥에 나누어 가두게 하라고 삼현령三懸鈴으로 통지하도록 하소서.

윤허하였다.

○ 다음과 같이 전교하였다.

근래에 반시泮試가 옛 규례를 따르지 않을 뿐만 아니라 방자하여 구애됨이 없어 난잡한 버릇이 갈수록 더 심해지고 있다. 심지어는 거자擧子가 애당초 과장科場에 들어가지 않고 집에 있으면서 시권試券을 바치기까지 하고, 마침내 방목榜目이 나오자 입참入參한 자가 많다고 하니, 이것도 국시國試인가? 어찌 이러한 사체가 있겠는가? 반장泮長을 신칙하여 명심하고서 고시考試하여 전처럼 뒤섞이게 해서는 안 된다. 바로 시장試場을 열어 기한 내에 마감磨勘하게 하라.

○ 우레가 있자 구언求言하였다.

○ 이학수李鶴秀를 병조 판서에 첨서添書하였다.

○ 김병기金炳冀를 평양 감사에 특별히 제수하였다.

○ 이병문李秉文과 이승보李承輔를 승지에 발탁하여 제배하였다.

○ 다음과 같이 전교하였다.

각도의 농사 형편을 비록 자세히 알 수는 없으나 요컨대 작년과 별 다름이 없을 터이니, 가엾은 우리 백성들이 무엇을 의지해서 살겠는가? 위무하고 보호할 방도는 전적으로 수령에게 달려 있는데, 수령이 적임자가 아니면 이것은 백성을 함정에 몰아넣는 것이다. 어진 사람이 위에 있으면 어찌 이런 일이 있겠는가? 또 수령의 능력 여부를 도백道伯이 된 자가 어찌 혹 알지 못하겠는가? 현재 추동秋冬 전최殿最가 멀지 않았는데, 또다시 형식으로 보아 적당히 마감한다면 이것은 나라를 저버리는 것이니, 묘당廟堂에서 팔도와 사도四都의 도신과 수신, 거류居留의 신하에게 각별히 신칙하도록 하라. 경사京司의 전최로 말하더라도 허다한 관원에서 전殿을 받은 사람이 없으니, 이것이 어찌 당초에 설시設始한 본뜻이겠는가? 능관陵官이 관장하는 바에 이르러서는 소중함이 지극히 엄한데, 이번에 적간摘奸한 뒤에 비록 몇 사람을 논감論勘하였으나, 다시 전의 버릇을 답습하지 않을지 어찌 알겠는가? 모두 일체 신칙하여 실효實效가 있도록 하라.

○ 다음과 같이 전교하였다.

군정軍政·전정田政·적정糴政의 삼정三政은 국가의 대전大典인데, 현재 삼정이 모두 병들어서 백성들이 곤궁하고 고달프다. 그 중에서도 적정은 가장 백성의 뼈에 사무치는 폐단이 되고 있다. 호곡戶穀은 서로 알맞지 않아서 백성이 그 폐해를 받고 있고 적렴조산糴斂糶散은 정도正道로 하지 않아서 백성이 그 해를 받고 있다. 심지어는 나누어 주지도 않은 곡식을 따라서 내라고 독촉하기까지 하니, 이는 백상白上이지 환상還上이 아니다. 불쌍한 우리 백성들이 장차 어떻게 살아가겠는가? 말이 여기에 미치니 먹고 자는 것도 달갑지 않다. 이에 속마음을 다 보여주었으니, 아, 너희 수령들은 각각 자세히 듣고서 만일 바로잡을 대책이 있으면 반드시 일일이 조목조목 진달하되, 도백道伯이 있는 감영에서 모두 모아서 세전歲前에 후원喉院에 올려 보내도록 하라. 만약 은혜에 보답하는 의리를 생각하지 않고 한갓 견탕蠲蕩하는 은혜를 청한다면, 어찌 함께 다스리는 어진 이천석二千石[9]이 되겠는가? 묘당廟堂에서 속히 팔도의 도신과 사도의 유수에게 알려서 기한 내에 거둬 모아서 올리고 분부하도록 하라.

○ 평안 감사 김병기金炳冀의 사직 상소에 대해 다음과 같이 비답하였다.

요즘 관서關西 한 성省이 위태롭다고 할 만하는데 만일 함께 다스리기를 구한다면 경이 아니면 되지 않는다. 지금 경을 평안도 관찰사에 특별히 제수한 것은 내가 사적으로 좋아해서이니, 경은 사양하지 말고 가서 공경히 임무를 수행하여 내가 서쪽을 돌아보는 근심이 없어지게 하라.

○ 성균관에서 다음과 같이 아뢰었다.

과장科場은 법의 뜻이 중요한 것이 과연 어떠합니까? 그런데 오늘 합제合製의 과장科場을 설치할 때에 무뢰배無賴輩가 장옥場屋에 함부로 들어와 기왓장과 돌을 마구 던진 것은 전에 없었던 일이니 너무나 온

9_ 어진 이천석(二千石) : 이천 석이란 녹봉의 등급을 말한 것으로 즉 지방 수령들을 가리킨 말이다. 『한서(漢書)』 순리전서(循吏傳序)에 의하면 선제(宣帝)가 항상 이르기를, "서민들이 제 고장에 안착하여 근심 걱정이 없이 살 수 있는 것은 정사가 공평하고 송사가 잘 다스려지기 때문인데, 이 일을 나와 함께하는 사람은 오직 어진 저 이천 석들이다."고 했다는 데서 온 말이다.

당치 않습니다. 임자년(1852, 철종 3) 연조年條의 승보 방목陞補榜目은 벌써 예조에 만들어 보냈으나 합제와 『사서四書』·『소학小學』을 통독通讀한 것은 부득이 파방罷榜하겠습니다.

윤허하였다.

○ 다음과 같이 전교하였다.

방금 반장泮長의 초기草記를 보건대, 국가의 기강이 비록 땅을 쓴 듯이 없어졌다고 해도 어찌 이렇게 무엄한 풍습이 있겠는가? 무뢰배無賴輩라고 하였으니 어찌 사류士類로 대우할 수 있겠는가? 소란을 피운 여러 사람을 형조로 하여금 기필코 잡아들여 해당 형률로써 시행하게 하고, 잘 단속하지 못한 반장 — 송지양宋持養이다. — 도 잘못이 있으니 간삭刊削하는 형전을 시행하도록 하라.

○ 전교하기를, "며칠 전에 반시泮試에서 폐단을 일으킨 사람을 잡아들이게 하였는데 아직 아무런 소식도 없으니, 형조의 거행이 너무나 놀랍다. 속히 잡아들이도록 하라." 하였다.

11월

○ 1일에 일식日食이 있었다.

○ 판윤 윤치수尹致秀가 올린 상소의 대략은 다음과 같다.

신은 전 반장泮長의 초기草記에 대해 괴이하고 의심스러운 것이 있습니다. 무릇 무뢰無賴라는 것은 세상에 의뢰하는 것이 없는 것이요, 함부로 들어갔다는 것은 들어가서는 안 되는 데 들어간 것입니다. 반시泮試의 선발에 합부合赴한 것은 의뢰하는 바가 없는 부류와 다르며, 반수泮水의 즐거움은 결코 들어가서는 안 되는 땅이 아닙니다. 지금은 과시課試를 이미 마쳐 장옥場屋이 모두 비어 성명이 당일에 드러나지 않았고 종적이 지나간 지경에서 뒤좇을 수는 없으니, 꼬치꼬치 따질 대상은 당장當場에서 거행한 이례吏隷에 불과합니다. 그러므로 신이 과연 철저히 캐물으니, 경황없는 즈음에 몸을 빼내고 변백辨白한 말에서 사정을 진술하였습니다. 사람들이 이름과 얼굴을 구분하지 못하고 여러 공초가 모두 근거가 없는데, 반시에 응시한 유생儒生을 제외하고 원해 함부로 들어온 무뢰배가 없다고 하였는데, 신이 알려고 하는 것은 함부로 들어온 무뢰배이지 반시에 응시한 유생이 아닙니다. 전교傳敎에, "이미 무뢰배라고 한 만큼 어찌 사류士類로써 대할 수 있겠는가?" 하는 말에 이르러서는, 사류와 무뢰배는 대우를 받는 것이 각각 다릅니다. 단지 반장泮長의 계사에서 무뢰배라고 한 것 때문에 성상의 하교에서 잡아들이라고 허락한 것입니다. 진실로 고협鼓篋과 경흔警昕하는 장소에서 돌을 던지고 기왓장을 흩어버리는 짓을 하였으니, 이름을 지적하여 감죄勘罪를 청하는 것은 단지 반장에게 있을 뿐이요, 형률을 상고하여 죄를 정하는 것은 의당 유사有司에게 맡겨야 합니다. 그렇다면 범범하게 무뢰배라고 일컫고 함부로 들어왔다고 한 것은 주어문자奏御文字가 어찌 이처럼 모호하단 말입니까?

다만 생각건대, 우리 조정은 유가의 교화를 숭상하여 사류를 우대하였습니다. 혹 사구司寇에게 넘겨야 할 패유悖儒가 있으면 먼저 본관本館으로 하여금 적발하여 이송移送하게 하였으니, 가르침을 관장하는 것과 법을 관장하는 것은 직임이 같지 않기 때문입니다. 이제 이 난장亂場을 친 일은 전에 없었던 변고인데, 그 죄범을 논하면 스승과 제자 간의 분의입니다. 간사함을 힐난하고 폭력을 금지하는 의리에 있어서 의당 백성을 모두 다스려서 떳떳한 성품을 돕는 책임을 다해야 합니다. 유생이 누군가로 말하면 본관에서 자세히 조사할 것이니, 속히 성균관에게 이름을 묻고서 이부移付하게 하소서. 신도 율문律文을 상고하여 감처勘處하소서.

비답하기를, "형조에서 능하지 못한 것을 반장泮長이 능히 할 수 있겠는가? 다시 규피規避하지 말고 즉시 엄히 조사하여 이름을 지적하여 초기草記하라." 하였다.

○ 『문원보불속편文苑黼黻續編』을 편성하였다.

○ 형조에서 아뢰기를, "유학幼學 정현념鄭顯念이 앞장서서 난장亂場하였다고 하니, 잡아다

감처勘處해야 마땅한 일이나 이름을 지적하라는 명을 받들었기 때문에 감히 아룁니다." 하였다. 전교하기를, "당당한 현관賢關에서 이런 몹쓸 짓을 하였으니, 스승과 제자의 의리가 없어졌다. 수창자首倡者가 잡혔으니 잡아다가 사문査問하고서 의율擬律하여 감처하도록 하라." 하였다.

○ 형조에서 다음과 같이 아뢰었다.

유학幼學 정현념鄭顯念을 잡아다가 사문査問하니, "합제合製로 과장科場을 설치한 처음에 먼저 동쪽 뜰에서 소란을 일으킨 일이 있었는데, 과장에 나오지 않은 유생이 많아서 과장에 들어오라고 권하는 여러 아전들이 그대로 있었습니다." 하였습니다. 그러므로 성균관 이예吏隷 등에게 다시 엄히 물으니, 유학 여규홍呂圭弘 · 오주묵吳胄默 · 김연구金演九 · 이용헌李用憲 등도 난장亂場에 참여했다고 합니다. 모두 잡아다가 사문하고서 모두 감처勘處하겠습니다.

전교하기를, "명색이 사자士子로서 이런 해괴하고 흉악한 짓을 하였으니, 너무나 수치스럽다. 사문한 뒤에 모두 경상도 연안에 충군充軍하라." 하였다

○ 형조에서 다음과 같이 아뢰었다.

정현념鄭顯念 등의 초사招辭를 각 사람의 초사로써 참고해 보니 당일의 광경을 상상할 수 있습니다. 정현념은 일찍 시권試券을 바치고 곧바로 나아서 자못 틀림없고 자명自明한 죄안이 없는데 수창자首倡者로 귀결시키는 것은 시종 의심할 만한 자취인 듯합니다. 그러나 이예吏隷의 공초에서 먼저 나온 것은 근거가 없지 않습니다. 오주묵吳胄默은 서리書吏가 등급을 쓴 것이 설령 많은 사람의 분노 때문이라도 당장當場에서 소란을 일으킨 것은 모두 잘못입니다. 위의 두 유생은 삼가 비지批旨에 의거하여 모두 경상도 연안에 충군充軍하겠습니다. —정현념은 장기현長鬐縣에, 오주묵은 함안군咸安郡에 충군하였다.— 여규홍呂圭弘은 합제를 보지 않고 설령 여러 사람을 따라서 나왔을지라도 늦게 응시했다고 하였으니 칭원稱寃하는 것이 마땅합니다. 김연구金演九는 시좌試座(대사성 송지양宋持養)에게 수학受學하였고 또 시좌에 인척姻戚(고모의 시

숙이다)이며 또 반시泮試의 선발이 스스로 근거가 없는 과거로 판명되었습니다. 이용헌李用憲은 참방參榜된 사람이니 반드시 난장할 리가 없습니다. 정황으로나 자취로나 모두 근거할 만한 것이 없습니다. 위의 세 유생은 죄범이 없으므로 용서해야 하니, 모두 방송放送하겠습니다. 비록 성균관의 이예로 말하더라도 난장된 초기에 막지 못하였고 또 사문査問하는 데에 사실대로 바로 말하려고 하지 않았으니, 아랫사람들의 풍습으로 헤아려 보건대 매우 통탄스럽고 놀랍습니다. 엄히 형신刑訊하여 징려懲勵하겠습니다.

윤허하였다.

○ 상호군 이기연李紀淵이 상소하여 치사致仕하기를 청하니, 허락하지 않았다.

○ 다음과 같이 전교하였다.

나 소자小子가 왕위를 물려받은 지 이제 3년이 되었는데, 현양顯揚하는 전례典禮를 지금까지 거행하지 못하고 있으니, 정리와 예의가 모두 서운한 것이 어찌 끝이 있겠는가? 금金으로 모형을 뜨고 옥玉에 아로새겨 하늘의 해와 같은 선대왕의 공화功化를 제대로 그려내는 것은 바로 우리나라에서 행했던 전례典禮이다. 이제 동지를 맞이하여 대신과 예조 당상을 소견召見하여 이 큰 전례典禮로써 하문하니, 여러 의논이 똑같았으므로 동조東朝께 앙품仰稟하여 유음兪音을 받았다. 순종 대왕의 추상존호도감追上尊號都監과 대왕대비전의 가상존호도감加上尊號都監을 합설合設하여 거행하도록 하라.

○ 빈청賓廳에서, 순종 대왕純宗大王에게 추상追上할 존호 망尊號望은 '계천 배극 융원 돈휴繼天配極隆元敦休'로, 대왕대비전께 가상加上할 존호 망은 '영덕英德'으로 하였다.

○ 좌상 이헌구李憲球가 다음과 같이 아뢰었다.

이번 반시泮試의 일은 진실로 하나의 변괴입니다. 선비의 갓을 쓰고 선비의 옷을 입은 자가 스승과 제자의 의리를 생각하지 않고 고시考試하는 과장에서 소란을 일으켜서 마침내 파방罷榜하는 일이 있기까지 하였으니, 분수를 범하고 기강을 무너뜨림이 어찌 이토록 극도에 이른단 말입니까? 오래될수록 더욱 놀랍고 한탄스러워 차라리 아무 말도 하지 않고 싶습니다. 소란을 일으킨 2인은 지금 감률勘律하였으니 굳이 다시 논하지 않겠습니다. 비록 전 반장泮長의 일로 말하더라도 출방出榜할 때에 서리書吏가 등급을 썼다는 말이 형조가 조사한 공초에서 나왔으니, 잘못이 있음을 자연히 미루어 알 수 있습니다. 게다가 난장亂場한 처음에 단단히 단속했다면 저 선비가 된 자가 어찌 감히 이런 짓을 했겠습니까? 도리어 거조擧措를 가볍게 한 것을 면치 못하였습니다. 승보시陞補試는 획수劃數를 계산하여 먼저 수계修啓하고 상제庠製는 통독通讀을 아울러 정파停罷한 것은 모두 전도된 것이니, 이는 간삭刊削하는 데에 그쳐서는 안 됩니다. 전 대사성 송지양宋持養은 찬배竄配하고, 원방목原榜目도 시행하지 말게 함으로써 한편으로는 거자擧子의 난패亂悖한 버릇을 징계하고 한편으로는 승보시와 상제가 다른 근심이 없도록 하는 것이 어떻겠습니까?

상이 말하기를, "승보시의 파방은 아뢴 대로 시행하라. 전 반장의 일은 실로 놀라우나 이미 간삭했으니 찬배는 우선 보류하도록 하라." 하였다.

12월

○ 헌납 김영기金永基가 올린 상소의 대략은 다음과 같다.

삼가 듣건대, 일전에 병조의 입직 당상이 군호軍號를 수계修啓할 때 '추숭追崇' 두 글자를 써서 들였다고 하는데, 이것이 과연 어떤 말인데 글에 써서 여러 사람에게 반포했단 말입니까? 군호는 법의 뜻이 어두운 밤에 군중軍中에서 서로 함께 불러서 식별하여 간사한 짓을 못하게 막는 것이니, 내성內省에서 써서 들일 때에 어찌 그 글자가 없음을 걱정하여 더할 수 없이 중하고 더할 수 없이 엄한 두 글자를 조금도 머뭇거리지 않고 거리낌 없이 붓으로 썼단 말입니까? 그 속셈이 진실로 헤아리기 어렵습니다. 이것은 먼 지방에 있던 사람이 혼자 마련할 만 것이 아닙니다. 반드시 사주한 곳이 있을 터이니, 의금부로 하여금 나국拿鞫하여 엄히 조사하여 기어이 실정을 캐내게 하여 난의 싹을 꺾도록 하소서.

비답하기를, "병조 당상의 일은 먼 지방에 있는 사람이 관례에 어두운 탓이니, 어찌 깊이 꾸짖을 것이 있겠는가? 청한 바가 지나치다. 방축放逐하는 형전을 시행하도록 하라." 하였다. — 병조 참지 문경애文慶愛이다. —

○ 양사兩司에서 — 대사헌 김기만金箕晩, 대사간 이제달李濟達, 사간 신좌모申佐模, 지평 임문수林文洙, 정언 이유석李裕奭·박의한朴儀漢 — 다음과 같이 합신계合新啓하였다.

아, 애통합니다. 문경애文慶愛의 죄를 이루 다 주벌할 수 있겠습니까? 본래 먼 지방에 살던 비천한 부류로서 천성이 원래 간특하고 행동이 또한 매우 간사합니다. 조정의 반열에 끼어 도성에 출몰하면서 외람되게 3품 반열에 올라 참지의 반열에 오르기까지 하였으니, 분수에 넘치고 영예가 극에 달하였습니다. 그런데 은혜를 모르는 흉악한 마음이 드러내려고 하지 않아도 저절로 드러나 이런 매우 헤아리기 어려운 짓을 하였습니다. 그 정적情跡을 살펴보면 만 번 죽여도 오히려 가볍습니다.

대개 이 군호軍號는 으레 내성內省에서 매일 써서 들이는 것이니 늘 쓰는 문자가 많지 않은 것이 아닌데, 갑자기 이런 더할 수 없이 엄하고도 중하여 감히 말할 수 없는 두 글자를 거리낌 없이 집어내어 순작巡綽에 반포하였습니다. 이것이 어찌 오늘날 북면北面한 신하가 마음에서 싹틔우고 글로 쓸 수 있는 것입니까? 결코 무심한 탓이 아니요 의도적인 것이 분명합니다. 불령不逞한 무리가 어두운 곳에서 사주하여 한번 시험해 보려는 계책을 부리려고 한 것이 없는지 어찌 알겠습니까. 생각하면 간담이 서늘해지고 말하면 머리털이 곤두섭니다. 이러한데도 철저히 끝까지 조사하여 근와根窩를 타파하지 않는다면 도적이 풀숲에 잠복해 있다는 경계와 얼음이 얼기 전에 먼저 서리가 내리는 조짐을 어찌 크게 두려워할 만하고 크게 두려워 할 만하지 않겠습니까? 만일 서캐와 이 같이 미천하다는 이유로 꾸짖을 것도 없다고 하여 가볍게 방축放逐을 시행하는 데 그친다면 『춘추春秋』의 "군친君親에게 반역하면 주살한다."는 것과 한漢나라의 법의 "불경不敬한 자에 대해서는 참형을 처한다." 한 것을 장차 시행할 곳이 없게 될 것입니다. 고금 천하에 어찌 이런 일이 있겠습니까. 방축 죄인 문경애를 나국拿鞫하여 실정을 캐내어 시원하게 전형典刑을 바로잡으소서.

○ 병조에서 다음과 같이 아뢰었다.

방금 한 놈이 궐내闕內에 함부로 뛰어들어 진선문進善門 전루고傳漏鼓를 친 일이 있어서 잡아와 엄히 신문하니, 그는 개성부開城府에 사는 손양묵孫養默이란 놈인데 억울함을 호소할 단서가 있어서 북을 쳤다고 하였습니다. 엄히 곤棍을 친 뒤에 형조로 이송移送하여 조율照律하여 엄히 다스리고, 당해 수문장守門將은 나처拿處하도록 하소서.

윤허하고 전교하기를, "형조로 이송하되 재일齋日에 구대하지 말고 공초를 받아서 들이라." 하였다.

○ 형조에서 다음과 같이 아뢰었다.

난입攔入한 사람 손양묵孫養默을 잡아와 엄히 신문하니, 원정原情을 써서 바쳤는데 종이 가득 떠들어대되 너무나 외람되고 난잡하였습니다. 개성 유수開城留守 김시연金始淵의 일을 낱낱이 들면서 "하경현河景顯과 김일록金一祿이 유수의 귀와 눈을 가려서 부유한 백성들의 재물을 강제로 빌리고 신방新榜 진사에게 돈 2만 냥을 협박하여 빼앗았습니다. 전 유수의 무치미貿置米 3천 석을 고가高價에 방매放賣하여 얻은 이조利條 1만 8천 냥이 모두 개인 주머니로 돌아갔는데, 분교관分教官을 거짓으로 꾸며서 폄하貶下하여 부유한 백성이 낭자하게 뇌물을 받은 것으로 의율擬律하였습니다. 칙수勅需를 문객門客에게 내주고, 춘삼春蔘과 사삼私蔘에 대해 사사로이 조세를 받은 돈 1만 3천 냥과 절행節行의 관삼官蔘에 대해 가세加稅한 돈 3만 냥과 전답이 있는 자의 중도지中賭地[10]에서 강제로 빼앗은 돈 1만 5천 냥, 채송債訟에서 뇌물을 받았다."는 등의 일이었으며, 하경현과 김일록이 강제로 뺏은 돈을 도로 징수하는 일을 청하기까지 하였습니다.

이것은 사건사四件事[11]가 아니니 너무나 외람됩니다. 일의 허실虛實은 우선 놔둔 채 논하지 말고, 백성

10_중도지(中賭地) : 명의상의 소작인이 자기가 지주에게서 맡은 토지를 다른 소작인에게 나누어 주는 일.

11_사건사(四件事) : 백성이 억울한 일을 당하여 나라에 직접 청원할 수 있는 네 가지 일을 말한다. 곧 자신이 억울하게 형벌을 당하게 된 경우, 부자간의 시비, 적처(嫡妻)와 첩(妾) 간의 시비, 양민과 천민 간의 시비를 일컫는다. 『속대전(續大典)』 형전(刑典) 소원조(訴冤條)에, "신문고(申聞鼓)를 칠 수 있는 경우는, 자신이 억울하게 형벌을 당하게 된 경우, 부자간의 시비, 적처와 첩 간의 시비, 양민과 천민 간의

들의 버릇이 이에 이르니 죄가 범릉犯凌에 관계됩니다. 삼가 『대전통편大典通編』을 살펴보건대, "품관品官과 이민吏民이 그 관찰사나 수령을 고발한 것은 모두 받아들이지 말고 장일백杖一百에 도삼년徒三年에 처한다." 하고, 『대명률大明律』 궁전문천입조宮殿門擅入條에, "장육십杖六十에 도일년徒一年에 처한다." 하였으니, 일이 응당 이에 의거하여 감처勘處해야 합니다.

다음과 같이 비답하였다.

종이 가득 떠들어 댄 것이 필시 유수를 내쫓으려고 모의한 계책이니, 터무니없는 일을 꾸며 모함한 것으로 애매하게 놔두어서는 안 된다. 하경현과 김일록 두 사람을 잡아와 사문查問한 뒤에 감처하라.

○ 김필金鏎을 좌윤左尹에 특별히 발탁하였다.

○ 좌상 이헌구李憲球가 다음과 같이 아뢰었다.

훈련대장 이경순李景純은, 영營의 저치儲置는 제멋대로 건몰乾沒하였고 자질구레한 비방은 입이 있는 자들이 왁자하게 퍼뜨렸습니다. 다만 예하預下 한 조항은 신이 지난번에 연석에서 대간의 상소로 인하여 품복稟覆하면서 일체 금방禁防하라는 뜻으로 아뢰어 행회行會하였습니다. 그런데 칙유飭諭한 먹물이 마르기도 전에 해영의 선주船主 10인에게 봉족奉足을 예하한다고 핑계대고 멋대로 내준 것이 자그마치 8천여 냥에 이르는데 태반이 귀속歸屬된 데가 없습니다. 해 장신將臣에게 간삭刊削하는 형전을 시행하고, 즉시 형조에게 예하조預下條를 도로 받아내게 하여 해영에 내주어 충완充完하게 하는 것이 어떻겠습니까?

상이 이르기를, "이 장신將臣의 일은 어찌 애석하지 않은가? 아뢴 바대로 시행하라." 하였다.

시비 등 사건사와 자손이 아비나 조부를 위한 경우, 처가 지아비를 위한 경우, 아우가 형을 위한 경우, 종이 주인을 위한 경우이고, 그 밖에 지극히 원통한 사정인 경우에는 예형(例刑)으로 공초를 받고, 이 밖에는 모두 엄형을 가하고 계달(啓達)한 내용은 시행하지 않는다." 고 되어 있다.

03

계축년
(1853, 철종 4)

1월

○ 태실太室에 춘향春享을 행하였다.

○ 순종 대왕純宗大王에게 존호尊號를 추상追上하고 대왕대비전에게 존호를 가상加上하고, 칭경稱慶하고 진하陳賀하였다.

○ 형조에서 다음과 같이 아뢰었다.

손양묵孫養默의 원정原情으로 인하여 하경현河景顯과 김일록金一祿 두 사람을 취초取招하였습니다. 하경현은 유수의 분부로 인해 강원·황해·경기 세 도에서 삼포蔘圃를 적간摘奸했을 뿐이고 이밖에 여러 조목에 대해서는 털끝만큼도 범한 바가 없을 뿐만 아니라 애당초 들어서 알지 못하니, 지금 이것은 부당하게 걸려든 것이다. 김증록金增祿은 본래 겸인傔人으로서 처음부터 끝까지 배종陪從하였습니다. 은혜를 받은 몸으로 설령 불측不測한 마음이 있어 숨기려는 계책을 꾸미고자 해도 유수의 정령政令이 본래 강명剛明하여 속이려고 해도 속이기 어렵다는 것은 뭇 사람들이 함께 알고 있는 바입니다. 유수의 귀와 눈을 가렸다는 말은 실로 확실하지 않습니다.

부유한 백성들의 재물을 강제로 빌렸다는 일은, 성명이 누구이며 수효가 얼마나 되는지를 애당초 지적하지 않고 이처럼 터무니없는 말을 만들어 내었으니, 강제로 빌린 당사자가 나타나기 전에는 대답할 수 없습니다.

진사進士를 협박하여 돈을 빼앗았다는 일은, 지난 4월에 우포청에서 본부本府의 경력經歷에게 비관秘關을 보내 진사 임성재林聖材를 본부의 장교가 안동眼同하여 잡아 올리는 일로 민가民家를 둘러싸고 낭자하게 폐단을 일으켰습니다. 경력이 올라와 상영上營에 고하니, 유수가 "이것은 경포청京捕廳에서 수색하여 붙잡아 올 일이 아니다." 하면서 민폐를 염려하여 경포교京捕校를 경내 밖으로 쫓아내고 임성재는 시골에 살면서 삼가지 않은 죄로 엄히 형신하고서 방송放送했을 뿐입니다. 2만 냥을 빼앗았다는 말은 천만 부당합니다. 우포청에서 보낸 비관을 이에 현납現納합니다.

전등前等의 유치미留置米를 발매發賣한 일은, 재작년 11월 전전등前前等 때에 과연 개시전開市錢・상진전常賑錢・별비전別備錢 3만 냥을 부중府中의 부민富民 50여 인에게 내주어 1석당 10냥씩으로 무치미貿置米 3천 석의 가격을 정하였습니다. 작년 2월 부임 초에 부민 등의 장내狀內에, "원래 저곡貯穀이 없어서 민정民情이 이처럼 어쩔 줄 몰라 급하니, 무치미를 발매하여 다시 입본立本하고 한편으로는 구급救急한다면 이 백성과 저 백성들이 고르게 혜택을 입을 것이다." 하면서 매일 와서 호소하였습니다. 이에 각청各廳과 규헌糾憲으로 하여금 논품論稟하게 하였더니 모두 '모두 편하다'고 하여 단지 매일 50석씩을 발매하게 하고 또 포청과 규찰로 하여금 난잡함을 금하게 하여 1승升 당 3전 6푼씩을 받았으니 시가市價인 5전에 비해 줄어든 것이 1전 4푼이 됩니다. 4월 그믐 사이에 수량 전부를 발매하였는데 3만 냥을 예전대로 부민富民들에게 내주어 그들로 하여금 입본하게 하였습니다. 그리고 나머지 숫자는 기민飢民 중에 우심尤甚과 지차之次 양등兩等으로 나누어 구급하게 하되, 50리 밖은 비장裨將과 이교吏校를 나누어 보내 그 분급分給을 검사하게 하고 30리 안은 감영의 뜰에서 직접 분급하였습니다. 또 남은 수효인 2천 700냥은 감영과 본부의 각고各庫 및 양 발소撥所를 수개修改하는 중에 영의 기치旗幟와 군물軍物의 수보修補에 각각 하기下記를 닦아 남겨 두어 수장교首將校가 뒷날 빙고憑考하도록 하였습니다. 당초에 맡겨 둔 부민이 그대로 있고 추후에 분급한 기민도 살아 있으니, 구처區處한 수효와 하기의 인적印蹟이 분명하여 근거할 만합니다. 미가米價가 12냥인지 16냥인지는 백성들을 소재지에서 모아 한 번 안찰하면 알 수 있습니다. 감히 터무니없이 날조한 말로 이렇게 없는 것을 있다고 한 짓을 했음은 말을 다 마치지 않아도 저절로 밝혀질 것입니다.

삼세蔘稅의 일은, 유수가 부임한 초에 다른 길로 염탐廉探하니 재작년 가을에 사삼私蔘을 몰래 만든 사실이 낭자하게 들려왔는데, 전이등前二等 때에 혹 적발되기도 하고 혹 아직 발각되지 않기도 하였습니다. 감영의 뜰에서 사실을 조사하니, 100근斤이라고 한 것이 혹은 10근이 되기도 하고 혹은 없기도 하였습니다. 이미 법을 범하여 장물贓物을 계산해서 돈으로 받아서 서원書院의 수개에 이용移用하고 각반各班의 하인에게 감영의 규례에 의거하여 행하行下하였습니다.

분교관分敎官의 일은, 전 분교관 최주하崔柱下가 그 동생 최벽하崔璧河와 그 사위 한가韓哥와 재작년 가을에 사삼 900여 근을 몰래 만들었습니다. 명색이 조관朝官으로서 간악한 짓에 동참하였습니다. 이 사람은 하민下民과 차이가 있으니, 포도청에 잡아 가두고 장전贓錢을 징납徵納해서는 안 되며, 6월 전최殿最에서 하下를 썼습니다. 새로 차임된 분교관 백명학白鳴鶴도 본부本府의 선비입니다. 어찌 뇌물을 받았을 리가 있겠습니까? 만일 한 푼 돈이라도 뇌물이 있다면 비록 장杖을 맞다 죽더라도 전혀 여한餘恨이 없습니다.

중도지中賭地의 일은, 이른바 중도지란 각도各道와 각읍各邑에 없는 것입니다. 지난 10월 사이에 농민 등의 민장民狀에, "경술년(1850, 철종 1)에 조령朝令으로 인하여 전전등前前等 때에 혁파하였습니다. 부중의 부민이 조령을 염두에 두지 않고 한결같이 재촉하여 징수하였습니다. 조령을 내린 뒤에 3년 동안 거둔 돈을 도로 징수하였습니다." 하였습니다. 유수가 부민을 잡아다가 그 곡절을 조사하니, 부민 등이 또 말하기를, "이 매매한 물건은 내년부터 중도지를 거두지 않겠다." 하였는데, 이미 준 값은 당연히 도로 받아내야 한다고 하면서 서로 다투고 힐난하여 규헌糾憲으로 하여금 조사하여 품하게 하였습니다. 이는 몇 백 년 동안 행했던 일이라 값을 징수할 곳이 없어서 단지 내년부터 조령에 의거하여 거두지 말도록 했을 뿐입니다. 애당초 한 백성도 추치推治한 일이 없는데, 이런 불량不良한 무리가 부민에게 토색討索하였으므로 네 문門에 방榜을 걸고 각면各面에 영令을 전하였습니다. 방을 걸고 영을 전한 초본草本을 아울러 현납現納합니다.

칙전勅錢을 출급出給한 일은, 본부에는 본래 칙전이 없습니다. 채안債案에 속하는 모든 것은 교체할 때에 으레 수정修正하니, 출급 여부를 자연히 통촉할 수 있습니다. 채송債訟에서 뇌물을 받은 일은, 모인某

人, 모송某訟을 애당초 지적하여 고한 것이 없으니 뇌물이 있었는지 없었는지는 실로 질정하여 대답하기 어렵습니다.

발사跋辭에, 하경현河景顯은 왕래한 아객衙客에 불과하고 김증록金增祿은 바로 따라다닌 겸인이라 감영의 일에 관계되는 모든 것을 참여하여 듣지 않았을 듯하니, 여러 조목의 공초供招는 한결같이 헛된 말입니다. 혹은 누구를 대질하여 조사하라고 청하기도 하고, 혹은 문부文簿를 조사하라고 청하기도 하였습니다. 그러나 성명이 드러나지 않았으니 대질하여 조사할 길이 없고, 서울과 시골이 다르니 조사할 곳이 없습니다. 다만 생각건대, 가라앉히기 어려운 것이 물정物情이요 잃기 쉬운 것이 인심人心입니다. 설혹 여러 모로 조치하더라도 찾을 만한 비슷한 점이 전혀 없습니다. 손양묵孫養默은 길에서 들은 말을 빙자하여 외람되게 호소하였을 뿐이니, 실로 처음 있는 변고로 무궁한 염려를 열어놓았습니다. 『서경書經』「우전虞典」의 호종怙終[1]의 역적과 주周나라 법의 난민亂民에 대한 형벌을 이런 죄인에게 시행하는 것이 마땅할 듯한데, 본률本律이 있으므로 감히 멋대로 의논할 수 없습니다. 『대전통편大典通編』에는 "품관品官과 이민吏民으로 그 관찰사나 수령을 고발하는 것은 모두 받아들이지 말고 장일백杖一百에 도삼년徒三年에 처한다." 하고, 『대명률大明律』에는 "궁전문宮殿門에 함부로 들어온 자는 장육십杖六十에 도일년徒一年에 처한다." 하였는데, 두 가지 죄를 모두 저질렀으니 엄하게 논감論勘하도록 하소서. 송양묵은 원정原情은 시행하지 말고 장杖 100을 치고서 평해군平海郡에 정배定配하고, 하경현과 김증록은 모두 방송放送하도록 하소서.

윤허하고, 다음과 같이 전교하였다.

이 재신宰臣은 누구 집안인가? 집안 대대로 청백淸白하였다는 것은 세상 사람들이 모두 알고 있는 바이니, 지금 이런 지목은 더할 수 없는 불행이다. 본 일이 있고 없음을 막론하고 그대로 둘 수 없다.[2] 전 개성 유수 김시연金始淵은 영원히 사적仕籍에서 삭제하고 무기한으로 금고禁錮하라. 하경현과 김증록 두

1 _ 호종(怙終) : "믿는 것이 있어 재범(再犯)하는 자는 사형에 처한다[怙終賊刑]."는 말에서 유래하였다. 호(怙)는 믿는 구석이 있는 것이고, 종(終)은 재범 또는 잘못을 고치지 않고 끝까지 하는 것을 가리킨다. 『書經』 舜典

2 _ 지금 …… 둘 수 없다 : 이 부분은 앞뒤의 문맥이 통하지 않아 『일성록』에 의거하여 "毋論本事之有無 不幸甚矣"을 "今此之目 不幸甚矣 毋論本事之有無 不可仍置"로 바로잡았다.

놈으로 말하면 방송할 수 없으니, 각각 형문刑問하고서 정배하라.

○ 좌상 이헌구李憲球가 다음과 같이 아뢰었다.

증 이조 참의 이의연李義淵[3]은 군흉群凶이 노리고 있던 초기에 한 통의 상소를 마련하여 봉황의 울음소리를 내어[4] 비록 몸이 참화慘禍를 입고 멸족滅族될 뻔하였지만 그 의지와 공로의 엄함은 먼 후대까지 할 말이 있습니다. 정묘조正廟朝에 이르러 누차 이증弛贈하는 은전恩典을 입었는데 성교聖敎에, "포의布衣의 선비로서 항소抗疏하되 글자마다 피가 맺혀 이륜彛倫이 이 때문에 떨어지지 않고 흉악한 역적이 이 때문에 간이 떨어진 것을 나는 이의연에게서 보았다." 하셨습니다. 오늘날 선대의 업을 계승하는 도리에 있어서 다시 더 숭장崇奬하는 것이 실로 선善을 드러내고 기풍을 수립하는 정사가 될 것입니다. 특별히 정경正卿에 추증追贈하고 사시賜諡의 은전을 겸해서 시행하소서.

윤허하였다.

○ 좌상 이헌구李憲球가 다음과 같이 아뢰었다.

지난번에 경상 감사慶尙監司가 상소한 일과 전 충청 감사忠淸監司가 상소를 이어서 또 등철登徹한 일이 있었습니다. 신이 두 상소를 가져다가 보니 회보回報하지 않아도 그 대강을 얻을 수 있었습니다. 영름營廩이라고 일컬었으면 '나머지다'라고 하고 '사적인 것이다'라고 한 것은 그 입명立名이 바르지 않음을 알 수 있습니다. 이 때문에 서로 변명하면서 노장露章을 추상推上하는 지경에 이르렀으니, 몹시 외설猥屑될 뿐만 아니라 충후忠厚한 기풍이 땅을 쓴 듯이 남아 있지 않습니다. 사체事體를 무너뜨리고 조정에 수치를

3_ 이의연(李義淵) : 본관은 전주(全州). 자는 방숙(方叔), 호는 유시재(有是齋). 집의 이제형(李齊衡)의 손자이다. 1724년 영조 즉위 후 동뢰(冬雷)의 변이 있자 구언(求言)이 있었는데, 포의(布衣)로서 이에 응하여 신임사화를 일으킨 소론 주동자의 축출을 주장하다가 유봉휘(柳鳳輝)·이광좌(李光佐)·이거원(李巨源)·이명언(李明彦) 등에 의하여 유배된 뒤 참형으로 옥사하였다.

4_ 봉황의 울음소리를 내어 : 듣기 어려운 소리라는 뜻이다. 『당서(唐書)』「이선감열전(李善感列傳)」에 "오랫동안 간쟁하는 사람이 없다가 선감이 한 번 간하자, 사람들은 '봉명조양'이라고 하였다."란 말에서 나왔다.

끼쳤으니, 이것이 어찌 하찮은 일이겠습니까? 항상 정해진 월봉月俸이라 하더라도 조금 혐의嫌疑할 단서가 있으니, 옛사람들은 문득 대부분 서로 양보하면서 장차 자신을 더럽힐 듯이 여겼으나 지금은 그렇지 않아서 도리어 이런 놀랍게 들리는 일이 있은 것입니다.

대개 그들의 본마음을 서로 격노激怒시켜서 그런 것이지만 그 처지를 돌아보면 재열宰列이고 그 관직은 방백입니다. 그런데 이런 하찮은 일로 어지럽게 교대로 평가하여 결국 서로 잘못됨을 면치 못하였습니다. 모든 것이 갖추어지기를 요구하는 의리에 있어서 단지 유감스럽다만 말해서는 안 됩니다. 전 충청감사 이근우李根友와 경상 감사慶尙監司 홍열모洪說謨에게 모두 견파譴罷를 시행하도록 하소서.

이른바 늠여廩餘란 물건에 대해 조정에서 그 시부是否를 결단한다면 마치 송정訟庭의 득실得失과 같은 점이 있는데 장차 어떻게 받겠습니까? 당사자의 입장에서는 필시 이럴 리 없는 줄을 알 것입니다. 또 조정에서 예대禮待하는 도리에서 또한 부정한 이름으로 억지로 좌우를 나누어 사체를 손상시켜는 안 됩니다. 양쪽에서 거둔 숫자는 모두 도로 거두어 한편으로는 향부餉簿에서 거짓으로 마감한 것을 채우고 한편으로는 향곡餉穀에 첨부添付하도록 하소서. 그런데 이것은 나쁜 관습이고 잘못된 규례이지만 이미 보고한 뒤이니 그대로 나두어서는 안 됩니다. 지금부터는 한결같이 옛 규례에 의거하여 영원히 바로잡고 새 방백이 내려가기를 기다려서 상세히 조처한 뒤에 등문登聞하라고 분부하는 것이 어떻겠습니까?

상이 이르기를, "양 도신의 일은, 조정에 이런 놀라운 일이 있을 줄은 생각지도 못했다. 더할 수 없이 수치를 끼쳤으니, 아뢴 바대로 시행하라." 하였다.

○ 상호군 이기연李紀淵이 상소하여 치사致仕하기를 청하니, 허락하였다.

○ 전교하기를, "부호군 송내희宋來熙를 좨주祭酒에 단부單付하여 들이라." 하였다.

○ 장령 나채규羅采奎가 올린 상소의 대략은 다음과 같다.

지난번에 송도松都 백성의 일에 대해 가만히 구구한 근심스럽고 한탄스러운 것이 있습니다. 삼가 『대전통편大典通編』 형전조刑典條에, "품관品官과 이민吏民으로 그 관찰사나 수령을 고발하는 것은 모두 받아들이지 말고 장일백杖一百에 도삼년徒三年에 처한다.” 한 것은 분의分義를 엄하게 하고 간위奸僞를 방지하기 위해서 그런 것입니다. 지금 이 송도 백성이 고발한 것은 바로 터무니없는 말을 만들어내어 수령을 쫓아내려고 모의한 못된 버릇에 불과한데 받아서 형조에서 속속들이 조사하였습니다. 그런데 성념聖念이 혹 송도 백성들이 진짜 원통할 만한 것이 있을까 염려하여 마침내 해 유수 김시연을 금고禁錮하라는 명이 있기까지 하였습니다. 다만 그가 허다하게 나열한 것을 샅샅이 조사한 만큼 죄가 있는지 죄가 없는지에 대해서는 신이 감히 다시 장황하게 말씀드리지 않겠습니다. 김증록金增祿과 하경현河景顯 두 놈에게 아직 진장眞贓을 잡지 못하였는데 지레 형배刑配를 시행한 것은 형평에 맞게 하는 의리에 흠이 있을 듯합니다.

신이 듣건대, 손양묵孫養默이 격고擊鼓한 것은 남에게 뇌물을 받고 사주를 듣고서 천청天聽을 속이기를 이처럼 기탄이 없게 한 것이라고 합니다. 이러한데도 엄히 처분을 가하지 않는다면 뒷날 이런 풍습이 뒤를 이어 일어나 팔도八道의 관수官守가 있는 자들이 대부분 간활한 백성에게 무함을 받을 것입니다. 이것이 어찌 작은 일이겠습니까? 속히 새 유수로 하여금 감영의 뜰에 잡아다 사주하여 허수아비 노릇을 하게 한 자가 누구인지 철저히 조사하여 법대로 엄히 감죄勘罪하소서.

비답하기를, “청한 바는 그대로 시행하라.” 하였다.

2월

○ 전 대사성 김병국金炳國을 이조 참의에 특별히 제수하였다.

○ 개성 유수 이원달李源達이 상소하여, “손양묵孫養默의 일에 대해 사실을 조사하라고 명하셨는데 임무를 교대하여 부임해 가는 사이라 내린 명을 무릅쓰기 어렵습니다.”고 진달하니, 비답하기를, “허락하지 않는다.” 하였다.

○ 다음과 같이 전교하였다.

송도 유수의 상소는 오히려 조정의 뜻을 이해하지 못한 것이 있다. 전 유수는 형조의 조사로 인하여 처분하였는데 무슨 다시 조사할 단서가 있어서 핍박이라고 하면서 하려고 하지 않는 것인가? 손양묵孫養默은 전 유수의 일과 상관없으나 방자하게 격고擊鼓하여 관장官長을 몰아내려고 계획하였으니 크게 풍속과 교화에 관계된다. 그가 혼자서 마련한 것이 아니라는 것이 불을 보듯 뻔하다. 조사하는 것은 풍속과 교화를 바로잡는 것일 뿐만 아니라 사체를 보존하는 것이다. 사주 받은 것을 조사하려는 것뿐인데 임무를 교대하여 부임해 가는 사이에 무슨 큰 문제가 되겠는가? 다시 굳이 사양하지 말고 즉시 거행하라고 정원에서 신칙하도록 하라.

○ 육도 유생六道儒生 김석규金錫奎 등이 상소하여, 고 징사徵士 문강공文康公 김창흡金昌翕, 증 판서 문경공文敬公 김원행金元行, 고 좨주祭酒 김이안金履安을 아울러 석실서원石室書院에 배향配享할 것을 청하였으나, 허락하지 않았다.

○ 수릉綏陵에 친히 제사지냈다.

○ 전교하기를, "궁인宮人 방씨方氏는 딸을 낳아서 이제 3살이 되었는데, 어제 유시酉時에 또 딸을 낳았다. 호산護産 등의 일을 규례대로 거행하도록 하라." 하였다.

○ 전교하기를, "궁인宮人 방씨方氏를 숙의淑儀로 봉작封爵하라." 하였다.

○ 전교하기를, "숙의淑儀의 공상供上을 규례대로 거행하도록 하라." 하였다.

○ 전교하기를, "이 집안에서 과거에 합격한 사람이 났으니 — 이재원李載元이다. — 매우 기특하고 기쁘다. 은신군恩信君[5]의 사판祠版에 승지를 보내 치제致祭하도록 하라." 하였다.

5_ 은신군(恩信君) : 정조의 이복동생인 이진(李禛).

○ 전교하기를. "방 숙의방方淑儀房에 면세免稅 500결을 임자년(1852, 철종 3) 조부터 획송劃送하도록 하라." 하였다.

3월

○ 조병기趙秉夔를 이조 참판에 첨서添書하였다.

○ 전지傳旨를 내려, 이응식李應植・신관호申觀浩・이능권李能權・김건金鍵을 모두 양이量移하라고 하였다.

○ 다음과 같이 전교하였다.

김홍량金虹樑과 조청희趙靑熙에 대한 연전의 처분은 사체事體를 보존한 것이요 선비들의 버릇을 경책한 것이었다. 이제 세월이 자못 오래되어 그 죄를 징계했을 만하고 또 누차 사전赦典이 있었으니, 널리 탕척蕩滌하는 은전恩典을 시행해야 한다. 모두 본명本名을 방말榜末에 붙이도록 하라. 이로 인해 생각건대, 민달용閔達鏞은 이 집안사람으로서 전후의 성죄聲罪가 어찌하여 이르렀는가? 그때에 찬축竄逐한 것은 살리기를 좋아하는 덕에서 나왔으며 또한 그가 스스로를 새롭게 하게 하기 위해서였다. 그러나 저와 같은 죄범으로써 마침내 가벼운 처분이 여기에 그친 것은 죄가 의심스러울 경우에는 가볍게 처벌한다는 의리가 없지 않으니, 애매하다고 해도 괜찮다. 무릇 애매한 일로써 허다한 세월을 사람과 귀신 사이에 둔 것도 또한 왕도정치에 있어서 차마 하지 못할 것인데, 더구나 용서를 받고 돌아온 자이겠는가? 그 죄명罪名을 특별히 지워버리고 일체 방말에 붙이도록 하라.

○ 금부에서 이응식李應植 등을 양이量移하는 것은 대계臺啓가 한창이라 거행할 수 없다고 아뢰니, 윤허하였다.

○ 전교하기를, "방축 죄인放逐罪人 조석주趙錫疇 · 김명희金命喜 · 김상희金相喜를 모두 분간分揀하라." 하였다.

○ 판부사 김도희金道喜가 상소하여 치사致仕할 것을 청하니, 허락하였다.

4월

○ 김병학金炳學을 부교리에, 이재원李載元을 부수찬에 특별히 제수하였다.

○ 김병기金炳冀를 호조 판서에 특별히 발탁하였다.

○ 김병주金炳澍를 직각에 임명하였다.

5월

○ 전교하기를, "요즘 향재鄕宰들이 아무 이유 없이 지방에 있으니, 이것이 무슨 도리인가? 정원으로 하여금 각별히 신칙하게 하여 모두 속히 올라오게 하라." 하였다.

○ 전교하기를, "며칠 전에 신칙한 것이 진실로 어떠했는가? 그런데 이조 참의 이근우李根友와 도승지 홍열모洪說謨가 줄곧 지방에 있으면서 버티는 것처럼 하니, 이것이 어찌 도리이겠는가? 모두 금추禁推하라." 하였다.

○ 다음과 같이 전교하였다.

백성들의 굶주림과 배부름은 전적으로 수령에게 달려 있고, 수령의 선악은 또 도신에게 달려 있다. 요사이 듣건대, 전 강원 감사 홍우순洪祐順는 치적治積이 출중하여 자비로운 정사가 자못 많다고 하니, 특별히 자헌資憲에 가자加資하라.

○ 전교하기를, "네 조정을 차례로 섬기면서 80살이 넘은 것은 매우 희귀한 일이니, 호군護軍 민치성閔致成에게 특별히 한 자급을 더하라." 하였다.

○ 삼도 유생三道儒生 심동기沈東箕 등이 상소하여, 충정공忠定公 권벌權橃을 승무陞廡할 것을 청하였으나, 허락하지 않았다.

6월

○ 비국에서 다음과 같이 아뢰었다.

함경 감사 조병준趙秉駿의 장계狀啓로 인하여, 갑산 전 부사甲山前府使 홍의선洪義宣이 농간을 부려 범용犯用한 돈 4천 700여 냥인데, 불법과 장오贓汚는 예사로운 것과 차이가 있다고 합니다. 해부該府에서 환포還逋한 일로 연전에 특별히 탕감蕩減한 것은 조정에서 각별히 회유懷柔하는 정사에서 나왔으나 몇 년 안 되어 여러 수령이 이처럼 낭자하게 직접 범하였으니, 이것이 어찌 국법이 안중에 있는 것이겠습니까? 나문拿問하여 엄히 감죄勘罪하고 범한 여러 조條는 형조로 하여금 일체 도로 징수하여 해도該道에 수송輸送하게 하소서.

윤허하였다.

○ 전교하기를, “지중추부사 조두순趙斗淳을 정승에 임명하라.” 하였다.

○ 사과司果 김진형金鎭衡이 올린 상소는 다음과 같다.

경찰京察은 나라의 대정大政으로 출척黜陟하고 용사用舍하는 사이에 치상治象의 성쇠盛衰가 달려 있습니다. 그러므로 전후의 칙교飭敎가 측달惻怛하고 정중하였으니 아무리 돼지나 물고기처럼 어리석어도 감동하였을 것입니다. 전관銓官이 된 자가 만일 조금이라도 고려하고 두려워하는 마음이 있다면 진실로 일념으로 정백精白하여 밝은 명령을 펴나갔어야 합니다.

그런데 아, 저 이조 판서 서기순徐箕淳은 유독 오늘날 북면北面한 신하가 아닙니까? 악한 자를 내치고 올바른 자들을 쓰며 전형銓衡을 공평하고 타당하게 하는 데 대해서는 오히려 말할 것도 없고, 단점을 비교하고 장점을 헤아리며 약간 형세를 보존하는 데 대해서는 방도가 없다고 걱정할 것이 없을 터입니다. 그런데 정지政紙가 한번 나오자 사람들이 깜짝 놀라서 연일 귀를 기울여 보았는데 세월이 지나갈수록 더욱 들끓고 있습니다. 소인小人이 기탄이 없음이 한결같이 이에 이른단 말입니까? 몇 해 전의 사직司直에 대한 논의는 그가 서전西銓에 있을 때인데 충후忠厚함이 지나쳐서 얕은 소견으로 말한 것입니다. 그는 교활한 성품을 지녀 전혀 삼갈 줄을 모르고 귀신과 물여우같이 기회를 노리면서 몰래 엿보고 있은 지 오래되어 이때를 이용할만한 하다고 한 것입니다. 속을 들여다보듯이 수법이 다 드러났으니, 그 정상과 그 태도가 진실로 통탄스럽습니다.

그는 본래 융통성이 없고 노회하고 간사합니다. 문벌에 의지하여 내외의 관직을 두루 역임하고 세상에서 일컫는 청관淸官과 미직美職을 모두 맡았으나 기록할 만한 조그만 장점과 능력이 한 가지도 없습니다. 단지 겉으로는 청빈하다는 지목을 구하고 속으로는 탐련貪戀한 마음을 행하여 이리저리 계산하다가 늙어버렸습니다. 쌓인 버릇이 점차 교활해져 뱃속을 가득 차 있는 것이 모두 겉만 그럴 듯하게 꾸미는 것이고 향기를 찾고 냄새를 좇아 사욕을 채우려는 마음을 드러냈습니다. 그 간교하고 흉악한 기술이 넉넉히 남을 속이고 하늘을 속일만 하니, 두려워하지 않을 수 있겠습니까. 송宋나라 신하인 소순蘇洵의 말에 “세상 사람들을 속여서 명예를 훔치는 사람은 비록 잘 다스리는 임금과 어진 이를 좋아하는 재상이라도 들어서 쓰면 이루 다 말할 수 없이 천하의 근심이 될 것이다.” 하였는데, 바로 이런 무리를 두고 말한 것입니다.

신은 본래 멀리 떨어진 영외嶺外에 있는 몸이고 또 현재 언관言官의 지위에 있는 것이 아니나 여론輿論이 떠들썩한데도 며칠 동안 조용한 채 오히려 전하를 위해 한 번 직언直言을 진달하는 자가 없으니, 가만히 거듭 조정을 위해서 애석하게 여깁니다. 『주역周易』에, "제후를 봉하고 경대부를 삼을 적에 소인을 쓰지 말라." 하였습니다. 신은 이조 판서 서기순에게 속히 병예屛裔하는 형전을 시행하여 간교한 자를 막게 함으로써 남의 신하가 되어 공적인 일을 저버리고 사적인 이익을 위하여 붕당을 짓는 자들의 경계가 되도록 하소서. 본분을 벗어나 망령되게 말한 죄에 이르러서는 신도 스스로 매우 분명하게 알고 있으므로 사저私邸에서 석고대죄하면서 공손히 처벌하시기를 기다리고 있습니다.

다음과 같이 비답하였다.

이 전장銓長이 사적인 이익을 위해 붕당을 지었다면 그대의 말은 유독 사적인 이익을 위해 붕당을 지은 것이 아닌가? 종이에 가득히 떠들어대어 같은 조정에서 벼슬하는 충후忠厚한 기풍이 전혀 없다. 그대에게 간삭刊削하는 형전을 시행하겠다.

○ 기우제祈雨祭를 행하였다.

7월

○ 수찬 남종순南鍾順이 올린 상소의 대략은 다음과 같다.

며칠 전에 김진형金鎭衡이 지위를 벗어나서 투서投書하였는데, 어찌 그리 심하게 광망狂妄한 것입니까? 전부銓部의 주거注擧가 과연 공의公議를 거스르고 정격政格을 위반한 것이었습니까? 관리들이 서로 규계規戒하는 도리는 본래 또한 아름다운 일인데, 어째서 지적하여 분명하게 논척論斥하여 탄핵을 받은 사람이 말문이 막혀 말할 수 없게 하지 않은 것입니까? 이제 두루뭉술하게 말을 하면서 시끄럽게 꾸짖어 마지않고 평소의 일을 일일이 거론하면서 소인으로 몰고 속셈을 역탐逆探하여 귀역鬼蜮으로 지목하였습니다. 이런 말씨는 같은 조정에서 벼슬하는 충후忠厚한 기풍에 흠이 될 뿐만 아니라 실로 오랫동안 쌓아온 버릇이 분노와 화에서 나온 듯하니, 그 심술에 지니고 있는 것을 공평하게 고찰하면 반드시 조정의 기상을 괴란시키고야 말 것입니다. 신은 언관이 전신銓臣에 대해서 무슨 참지 못할 사적인 유감과 묵은 분노가 있기에 이런 고영敲逞의 계책을 한 것인지 모르겠습니다. 노성老成의 지외와 정승의 품계는 조정에서 믿고 신뢰하며 존경하고 예우하는 대상인데 조금도 머뭇거리지 않고 헐뜯고 배척하며 능멸하였으니, 이것이 어찌 언사言事로 넘기고 사적인 원한을 갚는 버릇을 놔둘 수 있겠습니까. 미친 듯이 소리치는 말씨가 너무나 패려悖戾하고 정신 차릴 수 없이 농간을 부리는 수법手法이 더욱 통탄스럽고 놀랍습니다. 성상의 비답批答 중에 "유독 사적인 이익을 위하여 붕당을 지은 것이 아닌가."라는 하교는 실로 정상을 통촉한 것이지만, 간삭刊削하는 가벼운 경책은 그의 협잡하는 습속을 징계할 수 없습니다. 김진형金鎭衡에게 병예屛裔하는 형전을 시행하소서.

다음과 같이 비답하였다.

지위를 벗어나 다른 사람을 논하는 경우가 간혹 있었으나 김진형처럼 해괴하고 요망한 경우는 없었다. 그대의 말은 매우 의견이 있다. 싹이 미미할 때에 막아서 자라는 것을 끊어 버리는 의리에 있어서 간삭刊削하고 말아서는 안 된다. 해부該府로 하여금 즉시 찬배竄配하는 형전을 시행하게 하라. — 명천부明川府에 찬배하였다. —

○ 전교하기를, "김진형金鎭衡을 비록 처분하였으나 예禮를 갖추어 사람을 부리는 도리에 있어서 강박强迫해서는 안 된다. 이조 판서 서기순徐箕淳을 체차하도록 하라." 하였다.

○ 정덕화鄭德和 — 참판이다. — 가 판윤 한진정韓鎭庭과 참판 이명적李明迪에게 보낸 편지의 내용은 다음과 같다.

오인午人(남인南人)이 망한 지 3일째인데 지금까지 고요하니 망하고 또 망하였다. 제공諸公은 먹고 자는 것이 편안한가? 편안하다면 그대로 하라. 진실로 편안한 것은 필시 하나의 눈을 가리는 낯을 얻는 묘계妙計를 얻은 것이리라. 물을 섞으려고 꾀하다가 이웃에게 불을 옮긴 것이라고 하였습니다. 아, 서로 말하기를, “나는 무관無關하다.” 하고, “나는 잘못이 없다.” 하니, 자고 먹기를 옛날 그대로 하라. 그러나 귀신의 눈은 번개와 같으니 어떻게 귀신을 속이며, 사람의 거울은 물과 같으니 어떻게 사람을 속이겠는가? 제공이 초헌軺軒을 타고 문을 나서면 시정市井 사람들이 필시 손가락으로 가리키면서 “틈을 노리는 괴귀怪鬼다.” 하고, 옷깃을 여미고 사람을 대하면 공경公卿이 반드시 마음속으로 꾸짖기를, “그칠 줄 아는 패류悖類다.” 할 것이니, 무슨 면목으로 의기양양하게 문을 나서며, 무슨 말로 남을 대하여 많은 말을 하겠는가? 대체로 음사蔭仕한 초두初頭에 합삼合三은 누가 이것을 주장했으며, 각 마음의 추단抽單은 누가 이것을 지휘하였는가? 명사名士들을 불러서 맞이하여 계획한 일은 무슨 일이며, 논의한 상소에서 굳게 먹은 마음은 무슨 마음인가? 처음에는 한통속이 되었다가 끝내 남에 일 보듯 하는 것은 무엇 때문이며, 거장巨匠이 초草를 잡았다가 중지한 것은 무엇 때문인가? 멀리 있는 사람을 하여금 입을 다물게 하고서 가볍게 감처勘處한 것은 어째서이며, 전관銓官을 논하면서 그 진장眞贓을 따지지 않을 것은 어째서인가? 관직館職이 있으면서 굳이 전함前啣을 빌린 것은 어째서이며, 정심情深한 땅에 애당초 비밀 통신이 없었던 것은 어째서이며, 죄로 삭탈削奪할 때에 먼저 논척論斥하지 않은 것은 어째서인가? 마침내 그로 하여금 영남에서 발바닥에 물집이 잡히게 하고 머나먼 변방에 원찬遠竄한 것은 무슨 죄인가?

제공의 평소의 병근病根은 전적으로 모두 ‘나는 성인이다’ 한 데에 있다. 진짜 성인이라면 어찌 광언狂言을 가리고 널리 묻고 의논함으로써 매우 정당停當한 데에 이르지 않았는가? 죄인은 죽이지 않고 한 가닥 목숨을 이어가도록 한 것은 세상을 살아가는 일에 무슨 관계인가? 그 사람을 돌아보니 또한 오인 중에 한 사람일 뿐이다. 분노가 가슴속에 교차하여 피가 끓는 듯하니 외딴 산골에 몸을 움츠리고서 엎드려 있다. 오인이 죄 없이 망하는 것을 차마 보았으니, 이것이 어떤 사람인가? 가의賈誼가 눈물을 흘리고 통곡한 것은[6] 그렇게 하지 않을 수 없었던 것인데, 가생賈生의 눈물은 국가를 위하는 공심公心이요, 이놈의 눈물은 오랜 친구를 위한 사심私心이다. 눈물이기는 마찬가지인데 공사公私가 나누어지니, 이놈은 또한 당사黨私의 주벌을 면하기 어려울 뿐이다. 뒤처리를 잘하는 방도는 아무리 장량張良과 진평陳平이라도 대

6 _ 가의(賈誼)가 …… 것은 : 한(漢)나라 가의(賈誼)가 문제(文帝)에게 상소하여, “지금의 사세를 보면 통곡할 만한 것이 한 가지요, 눈물을 흘릴 것이 두 가지요, 긴 한숨 쉴 것이 여섯 가지입니다.” 하였다.

책이 없을 것이다. 스스로 취한 파도는 쉽게 비평을 격발시키고, 금궤金匱에 봉하려고 하니 적흑자翟黑子를 저버리게 될까 두렵다.[7]

제공의 생각은 또한 다시 어떠한가? 내 견해로는 처음에는 실패했더라도 또한 혹 마지막에 성공하는 이치가 있는 것이다. 제공은 다시 더 깊이 헤아려보라. 제공 중에 현재 실함實啣을 띠고 있는 사람은 향을 사르고 손을 씻고서 한 통의 상소를 정밀하게 지어서 한편으로는 괴귀怪鬼와 패류悖類라는 제목에서 벗어나고 한편으로는 먼 데 사람이 극변極邊으로 귀양 간 억울함을 구하여 공론에 부합되어야 할 것이다. 기어이 성상의 마음을 돌리면 오늘이 바로 오인이 다시 살아나는 해이기를 손을 모아 하늘에 축원하며 더없이 감격하고 다행으로 여길 것이다. 진실로 임금의 마음을 바로잡지 못하여 상천上天이 아득해진다면 명천明川이 오래지 않아서 문외門外로 떠날 것이다. 참섭參涉한 제공은 후하게 재물을 거두어 손을 잡고서 위로하고 전송하여 먼 데 사람으로 하여금 변방 밖에서 굶어 죽는 일이 없게 하라. 이 또한 하나의 외어外禦하는 방책이다. 객客을 보낸 뒤에 제공은 또한 문을 닫아걸고 자취를 끊고 고향에 돌아가 농사에 힘을 기울이라. 이것이 구구한 나의 바람이다.

○ 다음과 같이 전교하였다.

돌아보건대, 내가 부덕한 몸으로 외람되게 왕업을 이어받아서 밤낮으로 근심하고 두려워하느라 감히 편안하게 지낼 겨를이 없었는데, 이제 이 심한 가뭄은 어찌하여 그러한가? 기우제祈雨祭를 누차 거행하였지만 신령의 응험은 오히려 아득하니, 민정民情을 생각하면 마음을 가눌 수 없다. 재앙은 헛되이 생기지 않으니 반드시 그 이유가 있을 것이다. 민생이 곤궁해도 구제할 수 없고 법령이 막혀도 쇄신할 수 없고 재물과 곡식이 다 없어져도 절약하지 못하고 탐묵貪墨이 횡행해도 징계하여 다스리지 못하니, 첫째도 과

7 _ 적흑자(翟黑子)를 …… 두렵다 : 위(魏)나라 태무제(太武帝) 때에 요동공(遼東公) 적흑자가 포(布) 천 필을 뇌물로 받았는데, 그 사실이 발각되자 적흑자가 저작랑(著作郎) 고윤(高允)에게 꾀하여 말하기를, "주상께서 물으시면 사실대로 고해야겠는가, 숨겨야겠는가?" 하니, 고윤이 말하기를, "공은 유악(帷幄)의 총신(寵臣)으로서 죄가 있으면 사실대로 고할 경우 혹 용서를 받을 수도 있겠거니와, 거듭 주상을 속여서는 안 된다." 하였는데, 적흑자는 끝내 사실대로 고하지 않아서 죽고 말았다. 그 뒤에 고윤이 사초(史草)에 관한 일로 최호(崔浩)와 함께 잡혀 죽게 되자, 태자(太子)가 고윤을 살리고자 하여, 고윤에게 최호에게만 덮어씌우고 자신은 관여하지 않았다고 발뺌을 하도록 권하였으나, 고윤은 임금 앞에 불려가서 자기가 관여한 것을 사실대로 말하니, 임금이 신의 있고 정직한 사람이라 하여 죄를 용서해 주었는데, 고윤이 물러나와 다른 사람에게 말하기를, "내가 동궁(東宮)의 지시를 따르지 않은 것은 적흑자를 저버리게 될까 두려워해서였다."고 한 데서 온 말이다. 『小學』「善行」

매寡昧한 나의 죄요, 둘째도 과매한 나의 죄이다. 오늘부터 3일 간 정전正殿을 피하고 감선減膳하고 철악撤樂하여 감히 자책하는 의의를 붙이겠다. 대소 신료들은 모두 잘 알라.

○ 다음과 같이 전교하였다.

한기旱氣가 너무 심하여 기우제를 여러 번 거행하였으나 한 차례의 소나기도 아직 내리지 않고 있으니 농사를 생각하면 더욱 걱정으로 마음이 안정되지 않는다. 해방 승지는 부옥府獄에 달려가 경수輕囚를 석방하라.

○ 전교하기를, "이달 20일은 바로 영원부대부인鈴原府大夫人의 회갑이니, 나 소자의 서운하고 그리운 마음이 더욱 다시 새롭다. 이날에 작헌례酌獻禮를 친히 행하려 하니, 해방은 그리 알라." 하였다.

○ 혜성彗星이 나타났다. — 관상감이 아뢰기를, "18일 초에 서방에서 별이 나타났는데, 꼬리의 자취가 있었습니다." 하고, 또 아뢰기를, "24일에 그쳤습니다." 하였다. —

○ 구전口傳으로 다음과 같이 전교하였다.

내수사의 구류 죄인拘留罪人 박효정朴孝挺의 허다 죄범은 그가 반드시 스스로 알 것이다. 형조에 넘겨서 세 차례 엄히 형신刑訊한 뒤에 원악도遠惡島에 종신토록 정배定配하라. — 연안延安 남대지南大池에 작답作畓한 일이다. —

○ 사과 손영로孫永老가 다음과 같이 상소하였다.

지난번에 삼가 사과 김진형金鎭衡이 전 이조 판서 서기순徐箕淳의 상소에 대해 논한 것을 보건대, 그 말이 대부분 광망狂妄하였는데 당사黨私라고 비난하였으나 당사의 실재를 말하지 않았고 소인이라고 지목하였으나 소인의 자취를 밝히지 않고 두루뭉술하게 말하여 억지를 쓰는 것처럼 하였으니, 신은 진실로 놀라움과 의혹스러움을 금치 못하겠습니다. 계속해서 삼가 수찬 남종순南鍾順의 상소를 보건대, 그의 생각은 김진형의 지위에서 벗어난 망언을 논척論斥한 것이었으나, 그 어맥語脈을 자세히 보면 김진형이 분명하게 말하지 못한 것을 남종순이 그 줄거리를 타파한 것이었습니다. 그가 말한 '공의公議를 거스르고 정격政格을 위반하는 것'이라고 한 것은 비록 '과유果有' 두 글자로써 의문을 내세웠으나 실제로는 심중深中의 실상은 가릴 수 없으니, 온 세상에 왁자하게 퍼진 말입니다. 그러나 본래 피폐하고 쇠잔한 사람으로 유활柔滑한 버릇에 교묘하여 아무 일이 공의를 거스르고 아무 의심이 정격을 위반한다는 것을 말하지 않았습니다. "탄핵을 받은 사람으로 하여금 말문이 막혀 말할 수 없게 하였다."는 등의 말은 은근히 분명히 배척할 만한 것이 있지만 분명히 배척할 수 없는 것이 있다는 뜻을 띠면서 끝내 입속에서 중얼거리고 만 듯합니다. 신은 전하를 위하여 분명하게 진달하겠습니다.

저 서기순은 일개 잔인하고 행동이 경박하며 세상을 속이고 명예를 훔친 부류일 따름입니다. 큰일로 말하면 신이 쓰고 싶지 않으나, 그의 마음 씀과 행동으로 말하면 겉으로는 편안하고 담백한 듯하나 속으로는 실로 탐욕스러우며, 겉으로는 공평한 듯하나 속으로는 교간巧奸을 행하였습니다. 어찌 집안을 바로잡지 못하면서 그 임금을 능히 섬기며, 오로지 허명虛名을 일삼으면서 실용實用을 이룰 수 있는 자가 있겠습니까? 그가 차지한 관직으로 말하면, 두 번 남번南藩을 맡았는데 민간의 비방이 자심하였고, 한 번 병조 판서가 되어서는 대간의 탄핵이 곧바로 일어났습니다. 만일 조금이라도 염치가 있다면 진실로 응당 문을 닫아걸고 출입을 금한 채 감히 다시 벼슬하지 말았어야 합니다. 그러나 도리어 의기양양하고 방자하야 청관淸官과 요직要職을 이리저리 거머쥐었습니다. 얼핏 보면 사람들이 혹 속임수를 당한 듯하나 서서히 살펴보면 일이 모두 경우 없고 개인의 이익을 꾀하지 않은 것이 없을 따름입니다.

이번 도목정사都目政事로 말하면 속셈이 저절로 탄로 고 수각手脚이 다 드러났습니다. 후한 봉록이 있는 자리는 모두 인척에게 주고 부유한 고을은 다 사당私黨으로 돌린 것은 오히려 하찮은 일입니다. 도목정사를 하기 전에 칙교飭敎가 정중하여, '암행어사의 장계에서 논단論斷한 사람을 전최殿最한 것이 도리어 명성과 공적이 탁월한 사람보다 앞서니, 이것은 사私가 공公을 가린 것이다. 각별히 명을 펴나가 실제 효과가 있기를 기약하라' 하셨는데, 말뜻이 간절하고 참되며 정성스럽고 반복하셨을 뿐만이 아닙니다. 따라서 오늘날 전하의 신하가 된 자가 누가 감히 일념으로 두려워하고 조심하여 성의聖意를 우러러 보답할 것을 생각하지 않겠습니까. 그러나 그는 천성적으로 편벽되어 조금도 돌아보거나 거리낌이 없었습니다. 정목政目이 한번 나오자 모두 놀라고 한탄하였습니다. 광주 판관廣州判官 최영석崔永錫과 회양 부사淮陽府使 서승순徐承淳은 모두 폄파貶罷 당한 지 몇 년 안 되었고, 안주 목사安州牧使 정문승鄭文升은 공결公結을 훔쳐 먹은 일로 또한 암행어사에게 파직 당하였습니다. 그러나 혹은 승천陞遷하기도 하고 혹은 택차擇差하여 의망하기도 하였습니다. 명성과 공적이 탁월한 사람이 참으로 많은데 반드시 위에서 제칙提飭한 폄파 당하고 암행어사에게 파직 당한 사람으로 제멋대로 하였으니, 또한 무슨 심보입니까? 개성 경력開城經歷은 실함實銜을 거치지 않았고, 길주 방어사吉州防禦使는 아무런 이유 없이 유임시켰습니다. 초사初仕인 형제가 서署를 함께하고 대헌臺憲에 초토신草土臣을 망령되게 의망하였으니, 또한 무슨 정례政例입니까? 이것이 남종순이 이른바 공의를 거스르고 정격을 위반한 것입니다.

아, 그는 대대로 나라의 녹을 받아먹은 사람으로서 성명聖明께서 그 동안 은혜로 대접한 것이 얼마나 융숭하였습니까? 그런데 조금이라도 보답할 것을 생각하지 않고 이처럼 은혜를 저버렸으니, 이것은 직무를 그르쳤다고만 말할 수 없습니다. 나라 법으로 헤아려 볼 때에 공公을 저버리고 사私를 따른 죄를 어찌 면할 수 있겠습니까? 가만히 삼가 생각건대, 우리 전하께서 즉위한 이래로 일찍이 말로써 사람을 죄준 적이 없어서 거의 요순堯舜시대에 군신 사이에 격의 없이 대화를 나눈 성대함이 있었습니다. 그런데 저 김진형이 광망한 죄를 범하여 찬배竄配하는 명을 입기에 이르렀습니다. 진실로 당일의 처분이 단지 조정을 진정시키려는 지극한 뜻에서 나왔다는 것을 압니다. 그러나 의금부에서 조법照法함에 의도적으로 죄를 올려서 드러내놓고 사감私感을 푼 자취가 있으니, 수천 리 떨어진 멀고 먼 변방 땅에 내쫓은 것은 어째서입니까? 일개 김진형의 사생은 본래 돌볼 것도 없으나, 신은 가만히 뭇 아랫사람에서 소회所懷가 있어서 진달하려고 하는 자가 이로부터 이를 경계로 삼아 감히 다시 전하를 위해서 한 마디도 못할까봐 염려스럽습니다.

신은 본래 영외嶺外에 사는 소원한 몸으로 성조聖朝에서 특별히 우대하여 기용하시는 은혜를 지나치게 입어 구구한 어리석은 충심이 감격하여 마음속 깊이 새긴 채 항상 나라를 위해서 한 번 죽고자 하는 마음을 가져왔습니다. 오늘의 한재旱災가 조화롭지 못하고 형정刑政이 중도를 잃은 것을 보고서 어리석은 충분忠憤이 격동되어 입을 다물고 있을 수 없었습니다. 말이 입에서 나오자마자 처벌이 따라서 이를 줄을 알지만 만일 조금이라도 나라에 보탬이 있다면 또한 신은 기꺼이 받아들일 것입니다. 전 이조 판서 서기순에게 견척譴斥을 시행하소서.

다음과 같이 비답하였다.

지난번 김진형의 상소도 뜻밖이었는데 이제 그대가 또 이렇게 하니, 김진형은 앞잡이가 되고 너는 후전後殿이 되는가? 지극히 해괴하고 망측하다. 그대에게도 찬배竄配하는 형전을 시행하겠다. —상원군祥原郡에 찬배하였다. —

○ 비국에서 다음과 같이 아뢰었다.

문신 수령이 내직內職으로 옮기는 삭수朔數에 대해 논품論稟하라는 명이 있었습니다. 15삭과 20삭은 그 동안 변통하였으니 『대전통편大典通編』과 비교할 때 차이가 있습니다. 지금은 민읍民邑에서 영송迎送하는 폐단이 전 시대에 비해 더욱 염두에 두어야 하니, 당상이든 당하 수령이든 막론하고 모두 만 2년으로써 내직으로 옮기는 한도를 정하는 것이 좋을 듯합니다. 이로써 전조銓曹에 분부하소서.

윤허하였다.

○ 비국에서 다음과 같이 아뢰었다.

손영로孫永老의 상소에서 논한 여러 수령의 일이 모두 사실과 어긋납니다. 암행어사의 장계와 궁결宮結은 본래 이 수령이 훔쳐서 축낸 일을 가리킨 것이 아닙니다. 안주 목사安州牧使가 이 때문에 인의引義하여 중도에 상소를 올려 체차되었으니, 몹시 부당합니다. 안주 목사 정문승鄭文升을 특별히 잉임仍任하고 하비下批를 기다려 그곳에서 곧바로 부임赴任하게 하소서.

윤허하였다.

8월

○ 남종순南鍾順을 부응교에 첨서添書하였다.

○ 부응교 남종순南鍾順이 올린 상소의 대략은 다음과 같다.

며칠 전에 외람되게 한 통의 상소를 진달하여 김진형金鎭衡의 광망狂妄한 짓을 대략 논하였는데 뜻밖에 손영로孫永老의 상소가 점점 더 격렬해져 못하는 것 없이 신을 기롱하고 신을 능멸하였습니다. 신의 말이 옳지 않다고 생각했다면 드러내놓고 말하고 곧바로 지척指斥하는 것이 마땅합니다. 그런데 지금 그의 말은 탄핵한 것입니까, 기롱한 것입니까? 그가 가리킨 뜻이 무엇인지 깨닫지 못하겠습니다. 신은 감히 비교하면서 변론하여 도리어 스스로를 업신여긴 죄과로 돌아갈 수는 없습니다.

의례적인 비답을 내렸다.

○ 대신이 예조 당상을 이끌고서 입시入侍하였다. 다음과 같이 전교하였다.

나 소자小子가 왕업을 계승한 지 4년이 되도록 여태 미처 거행하지 못하였으니, 정리와 예의가 부족함은 말할 것도 없고, 더구나 오늘은 — 9일이다. — 더욱 서운하고 그리운 마음이 간절하다. 성덕의 아름다움을 천양闡揚하는 것은 우리나라에 예禮가 있다. 익종 대왕에게 존호尊號를 추상追上하고 왕대비전에 존호를 가상加上하며, 헌종 대왕에게 존호를 추상하고 효현 왕후孝顯王后에게 존호를 추상하며, 대비전에 존호를 가상하는 도감都監을 합설合設하여 거행하도록 하라.

○ 창릉昌陵에 배알拜謁하고, 은언군恩彦君과 대원군의 묘소, 영원부대부인鈴原府大夫人의 묘소에 들렀다.

○ 평안 감사 남병철南秉哲의 계본啓本에, "손영로孫永老가 배소配所에 도착하였습니다."고 하니 전교하기를, "신칙을 시행하였으니, 분간分揀하여 방송放送하라." 하였다.

○ 다음과 같이 전교하였다.

어제 신칙한 것이 과연 어떠하였는가? 그런데도 혹은 정리와 자취가 위축된다고 하기도 하고 혹은 정세情勢가 있다고 하면서 줄곧 지방에 있으니, 이것이 무슨 도리인가? 약원 제조 — 서기순徐箕淳, 홍열모洪說謨이다. — 를 아울러 다시 엄히 신칙해야 하겠다.

○ 전교하기를, "여러 번 신칙하였는데 어찌 이런 사체가 있는가? 약원 제조 서기순徐箕淳을 기연圻沿 — 부평富平이다. — 에 투비投畀하라." 하였다.

○ 경기 감사 서좌보徐左輔의 계본啓本에, "죄인 서기순徐箕淳이 배소配所에 도착하였다."고 하니, 전교하기를, "방송放送하라." 하였다.

○ 빈청賓廳에서, 익종 대왕翼宗大王에게 추상追上하는 존호尊號는 '성헌 영철 예성 연경聖憲英哲睿誠淵敬'으로, 왕대비전에 가상加上하는 존호는 '정인正仁'으로, 헌종 대왕憲宗大王에게 추상하는 존호는 '체건 계극 중정 광대體健繼極中正光大'로, 효현 왕후孝顯王后에게 추상하는 존호는 '단성端聖'으로, 대비전에 가상하는 존호는 '숙경淑敬'으로 하였다.

○ 비국에서 다음과 같이 아뢰었다.

행행幸行하여 배례拜禮할 때에 궐참闕參한 제사諸司의 낭관에 대해 의금부의 의언議讞이 있었습니다. 지체하고 태만한 죄를 살펴보건대 이처럼 해당 법조문을 아뢰는 것이 타당합니다. 다만 기강이 해이해진 지 오래되었고 반의班儀에 탈이 있는 것은 지금만 그런 것은 아니니, 일체 견태譴汰하는 것은 거듭 명령하는 뜻이 아닙니다. 그 직명을 잉임仍任시키고 우선 죄명罪名을 지닌 채 거행하게 하며 또 앞으로 하는 것을 관찰하여 법으로 종사하소서.

윤허하였다. — 이조 정랑 이규백李圭白 등 15인이다. —

○ 다음과 같이 전교하였다.

내가 심도沁都의 백성에게 어찌 특혜特惠를 베푸는 거조가 없겠는가? 각고各庫의 전곡錢穀의 구채舊債 중에 지적하여 징수할 데가 없는 것은 모두 탕감蕩減하고, 급대給代할 방법을 수신守臣에게 묘당廟堂과 상의하여 좋은 쪽으로 조처한 뒤에 즉시 장문狀聞하도록 하라.

○ 영상 김좌근金左根이 다음과 같이 아뢰었다.

무릇 죄가 있어서 귀양 가게 되면 도극島棘·도치島置·변원邊遠·중도中道를 막론하고 그 권속眷屬이 따라가는 것을 처음에 금법을 만들지 않은 것은 바로 조정에서 측은하게 여기고 불쌍히 여겨서 인정人情을 생각하여 돌보아 주는 정사인데, 연주산배緣株散配[8]하는 것도 또한 다름이 없습니다. 남편과 아내가 서로 의지하여 아들이 있고 딸이 있어서 점점 원주민이 되어갑니다. 그런데 무술년(1778, 정조 2)의 옥사獄事 이후로 마침내 금지하였으니, 이것은 바로 역적 홍국영洪國榮이 만들어놓은 화단禍端으로 어느덧 자그마치 70여 년이나 오래되었습니다. 무릇 소관小官이 고의적이거나 우발적으로 범한 것은 본래 용서 받고서 돌아오는 기간이 있으나 여러 번 국사鞫事를 거쳐서 특별히 한 가닥 목숨을 이어가도록 용서받은 자와 연좌緣坐되어 종이 된 자에 이르러서는 이생과 이 세상에 어찌 다시 돌아올 가망이 있겠습니까. 처자식과 혈육이 하늘을 부르고 땅을 치며 살아 있을 때에는 멀리 떨어져 있고 죽어서는 영원히 헤어집니다. 그 정경情境을 헤아려보면 우공于公의 통곡[9]과 제齊나라 여자의 원통함[10]과 같을 뿐만이 아닌데, 이런 일이 돌아보건대 참으로 많습니다. 지금 만일 한결같이 옛 규례에 의거하여 편리한 대로 거느리고 가게 하는 것을 영원히 새 규식으로 정한다면 국가가 화기和氣를 맞아들이는 것이 아마 이보다 큰 것이 없을 것입니다.

8_ 연주산배(緣株散配) : 범죄에 연좌한 자들을 사방으로 분산하여 정배하는 것을 말한다.

9_ 우공(于公)의 통곡 : 우공은 한(漢)나라 때 사람으로 우정국(于定國)의 아버지이다. 우공이 동해현(東海縣)의 옥리(獄吏)로 있었을 때 시어머니를 정성스럽게 섬겼으나 시누이의 모함으로 끝내는 처형당하고만 효부(孝婦)가 있었다. 우공이 이 효부의 억울함을 극구 논쟁했으나 태수(太守)에 의해 묵살 당하였는데 그 뒤 3년간 혹심한 가뭄이 들었다. 후임 태수가 와서 이 효부의 억울함을 풀어주자 큰 비가 내려 가뭄이 해소되었다고 한다. 『漢書』「于定國傳」

10_ 제(齊)나라 여자의 원통함 : 제나라의 어떤 과부가 자식도 없이 개가하지 않고 시어미를 정성껏 섬겼는데, 시누이가 어미의 재산을 탐낸 나머지 어미를 죽이고 과부의 짓이라고 무함하자, 과부가 원한에 맺혀 하늘에 부르짖으니, 경공(景公)의 누각에 벼락이 내려 꽂혔다는 고사. 『淮南子』

허락하였다.

○ 영상 김좌근金左根이 다음과 같이 아뢰었다.

서류庶類를 소통疏通하는 일에 대해 내린 명을 취소하고 시행하지 않은 지가 다시 자그마치 3년이나 되었습니다. 지금은 문과文科에 급제한 사람이 아주 드물어서 괴원槐院에 분관分館하는 것이 합당한지의 여부는 우선 논할 것도 없고 가장 적체된 자는 출신出身입니다. 그 가운데 문벌이 합당한 사람을 선천宣薦으로 허용許用하는 것은 바로 소통시키는 절차와 계급입니다. 그러나 잘못된 습속習俗이 고질이 되어 이치로써 피차간에 서로 물고 늘어지며 버티고 있는 것을 깨우치기가 어려우므로 결말이 날 기약이 없고, 한갓 허다한 출신으로 하여금 귀속될 바가 없게 하여 세월만 헛되이 보내고 있으니, 어찌 당초에 견별甄別한 조처가 도리어 오늘날 답답하다는 탄식을 이루게 될 줄 생각했겠습니까? 해청該廳에 엄히 신칙하여 먼저 벌열閥閱이 좋은 집안 몇몇 사람을 법대로 권천圈薦하도록 하소서.

대개 선천은 먼저 부천部薦을 거쳐서 승전陞轉하는 것이 바로 옛 규례입니다. 부천을 하지 않고서 곧바로 선천한 것은 최근 몇 년 사이에 있어 온 잘못된 규례입니다. 신의 생각에는 선천에 가장 먼저 참입參入된 자를 제외하고 그밖에 출신出身은 부장청部將廳에게 분부하여 우선 일체 천책薦册 중에 입록入錄하도록 해야 한다고 봅니다. 무릇 군교軍校와 한잡閑雜과 상천常賤 출신은 스스로 수천守薦[11]이 있으니, 부장천에 모록冒錄하여 섞어서 거론할 수 없는 것으로 영원히 정식을 삼아서 점차 승천하도록 하소서.

허락하였다.

○ 영상 김좌근金左根이 다음과 같이 아뢰었다.

운물雲物에 대해 쓰고 요기妖氣를 살펴서 아무리 작은 재이災異라도 반드시 공손히 살펴보고서 계문啓

11 _ 수천(守薦) : 새로이 무과에 급제한 사람 가운데서 수문장이 될 만한 사람을 천거하던 일. 신분이 낮은 사람이나 서족(庶族)으로 채웠다.

聞하는 것은 하늘을 공경히 따라서 수성修省하고 경구驚懼하는 근본을 돕는 것입니다. 신이 30년 전에는 오히려 천문의 재이가 저보邸報에 나온 것을 볼 수 있었는데, 지금은 우택雨澤의 분촌分寸과 제때가 아닌 번개와 우레 이외에는 비록 일월성신의 운행 도수가 괴기乖氣하여 모든 사람이 눈으로 분명하게 볼 수 있는 것이라도 반드시 시일을 지체해 지나고서야 겨우 아뢰고 마니, 이것은 전적으로 형식적인 글이 날로 번성하고 구기拘忌가 점점 번성한 탓입니다.

모든 재앙은 숨길 수 있는 일이 아니니, 숨겨서 사라지게 할 수 있다면 누가 재앙이라고 하겠습니까? 옛사람은 나라가 태평하여 아무 일이 없었을 때에도 오히려 사방의 재이를 날마다 그 임금에게 아뢴 것은 원대하게 근심하고 두려워하는 정성이 이러했던 것입니다. 더구나 두세 대사臺史 때문에 쇄쇄하고 분명하게 관측하던 것이 중단되어 응당 행해야 하는 직책을 없앤 것은 한심한 일로서 이보다 더 심한 것은 없습니다. 신의 생각에는 크고 작은 재이를 막론하고 하늘에 걸리고 땅에 드러난 모든 것은 그 관측하는 대로 일체 서계書啓하게 하여 감히 근래의 잘못을 답습하지 말라고 해감該監에 분부해야 한다고 봅니다.

허락하였다.

9월

○ 예조에서 다음과 같이 아뢰었다.

재계齋戒하는 규례는 한결같이 효종孝宗의 수교受敎에 따라서 정식을 삼은 데에 의거하여 시행하라고 명하셨습니다. 삼가 효종대왕 원년(1650)에 예관禮官의 복주覆奏로 인하여 기신제忌辰祭의 기일 하루 전과 제사지내는 날에는 개좌開坐하지 않고, 일식日食과 월식月食이 있을 때는 그 날만 개좌하지 않았으며, 이 밖에 산재散齋의 개좌는 구기拘忌로 삼지 말도록 하는 것으로 정식을 삼았습니다. 지금도 이대로 준행하되 기신제의 재계일와 정일正日의 각사各司의 개좌와 외관外官의 사조辭朝 문서의 출납은 대신이 아뢴 바대로 모두 구애받지 말고, 용악用樂과 형옥刑獄의 개좌는 전대로 정지하라고 경외京外에 분부하소서.

윤허하였다.

○ 호남 유생 이복수李馥秀 등이 예조에 올린 단자單子의 대략은 다음과 같다.

창절사彰節祠는 바로 장릉莊陵(단종端宗의 능) 선침仙寢과 아주 가까우니 한 몸인 임금과 신하를 같은 땅에서 제사지낸다고 할 수 있습니다. 성교聖敎가 전후로 돌보고 사림士林이 원근에서 우러러 사모하고 공경한 것이 어떠했습니까? 그런데 영월 부사寧越府使 성호겸成好謙은 어진 이를 모욕하고 선비를 업신여겨 교졸校卒을 많이 풀어서 깊은 밤에 고함을 지르기까지 하여 유생들을 놀라게 하고 서원의 유생을 때려서 기절시킨 것은 오히려 작은 사고입니다. 어제御製를 싼 사롱紗籠(비단 보자기)이 찢어지고 제현諸賢의 사판祠板이 탁자에 떨어지고 노합爐盒이 깨치고 이가 빠지며 기와가 떨어진 것은 이전에는 듣지 못했던 변괴입니다. 삼가 연품筵稟하여 안핵按覈하도록 하소서.

○ 함경 감사 조병준趙秉駿이, "명천부明川府에 찬배竄配한 죄인 김진형金鎭衡이 배소配所에 도착하였다." 아뢰니 전교하기를, "특별히 방송放送하라." 하였다.

○ 강원 감사 오취선吳取善이 아뢰기를, "영월 부사寧越府使 성호겸成好謙은 소란을 일으킨 관속官屬을 금지하지 못하였으니, 파출罷黜하소서." 하였다.

○ 비국에서 다음과 같이 아뢰었다.

영월寧越의 창절사彰節祠의 일은 진실로 또한 전에 없던 변괴입니다. 당초 사단이 비록 잘못이 유생에게 있다고 하더라도 사나운 이예吏隷와 난민亂民이 서원 안에 난입攔入하여 위판位版을 뒤엎고 노합爐盒을 깨뜨리기까지 하였으니, 당장의 광경이 다시 고려하거나 두려움이 없었음을 보지 않아도 알 수 있습니다. 그 연유를 찾는다면 전적으로 관령官令을 빙자한 데에서 나온 것입니다. 관령이 어찌 혹시라도 이러했겠습니까마는, 분노가 격해져 밀어서 돕고 중지시키지 못한 죄를 단지 논파論罷하고 말아서는 안 됩니다. 전 부사 성호겸成好謙을 나문拿問하여 감처勘處하소서. 도신으로 말하더라도 말단末端으로 논단論斷하여 미세한 관사官師의 잠규箴規와 같이 하였으니, 사체에 흠이 있습니다. 해 도신은 엄하게 문비問備하고, 난입하여 소란을 일으킨 수창자首倡者 몇 놈은 각별히 엄히 형신하고서 원악도遠惡島에 종신토록 종으로 삼고, 그밖에 여러 놈은 일체 형배刑配하라고 분부하는 것이 어떻겠습니까?

윤허하였다.

10월

○ 금부에서 다음과 같이 아뢰었다.

영월 부사寧越府使 성호겸成好謙은, 사나운 이예吏隷와 난민亂民이 관령官令을 빙자하여 서원 안에 난입攔入하여 별 어려움 없이 소란을 일으켰는데, 평소에 벼슬하면서 만일 일에 따라 금하였다면 당장의 광경이 어찌 이러했겠습니까? 사체로 헤아려볼 때 엄중한 처벌을 피하기 어렵습니다. 이로써 조율照律하소서.

아뢴 대로 윤허하였다. — 장杖 80은 수속收贖하고 고신告身 3등等을 추탈追奪하는 데 해당하였다. —

○ 종묘의 동향대제冬享大祭를 친행親行하고, 익종翼宗과 헌종憲宗 양묘兩廟에 책보册寶를 친히 올렸다.

○ 존호를 올리고 진하陳賀하였다.

○ 전교하기를, "대호군大護軍 홍기섭洪耆燮, 호군 조병기趙秉夔에게 특별히 한 자급을 가자加資하라." 하였다.

○ 다음과 같이 전교하였다.

조병현趙秉鉉의 일은 작년 가을에 분명하게 유시하였는데, 그는 훌륭한 아비(조득영趙得永)의 아들로서 이름이 백간白簡(탄핵彈劾하는 주장奏章)에 실려 있는데, 온전히 보전하는 의리로 헤아려 보건대 실로 차마 하지 못할 것이 있다. 게다가 지금 큰 사전赦典을 내린 끝이니 관대히 용서해 주는 은전을 시행하는 것이 마땅하다. 속히 정계停啓하게 하라.

○ 전지傳旨를 내려, 목태석睦台錫은 탕척蕩滌하고, 권돈인權敦仁과 김정희金正喜는 탕척하고서 서용敍用하였다.

○ 다음과 같이 전교하였다.

몇 해 전의 조병현의 일은 그 죄에 죄를 주었으니, 오늘의 처분은 바로 또한 세신世臣을 보호하는 의리이다. 이처럼 분명하게 하유한 뒤에 다시 서로 버틴다면 이것은 이기기를 힘쓰는 것이다. 삼사三司의 제신諸臣은 모두 다 잘 알라.

○ 양사의 합계合啓에서 조병현趙秉鉉의 여러 자식의 일은 정계停啓하였다.

○ 태백성太白星이 나타났다. — 16일 운감雲監에서 아뢰기를, "미시未時에 사지巳地에서 나타났다가 12월 29일까지 그치지 않았다." 하였다. —

○ 비국에서 다음과 같이 아뢰었다.

별사別使가 돌아옴에 행차 중에 주역廚役의 일로 서계書啓가 나오는 일이 있기까지 하였습니다. 극도로 치욕을 끼치고 모욕을 취하였습니다. 당해 세 사신에게 — 강시영姜時永·이겸재李謙在·조운경趙雲卿이다. — 모두 견파譴罷를 시행하소서.

윤허하였다.

○ 대신 — 영부사 정원용鄭元容, 판부사 박회수朴晦壽 · 김흥근金興根 · 박영원朴永元 · 이헌구李憲球, 영의정 김좌근金左根, 우의정 조두순趙斗淳이다. — 이 금오 당상을 거느리고서 청대請對하였다. 상이 이르기를, "포도청의 문안文案 중에 흉도凶徒가 모두 극히 패악하지만 그 중에 홍영근洪榮瑾은 명색이 반족班族이니 더욱 극히 놀랍고 가증스럽다." 하였다. 정원용鄭元容 등이 국문鞫問하여 실정을 캐낼 것을 청하니, 상이 이르기를, "하찮은 무뢰배無賴輩의 일에 대하여 어찌 일을 벌려 국청鞫廳을 열겠는가?" 하자, 김흥근이 아뢰기를, "김수정金守禎과 유흥렴柳興廉은 똑같이 재작년 해서海西의 흉도凶徒로서 모두 망명亡命하였는데, 김수정은 오늘 다행히 잡혔습니다. 엄히 조사하여 철저히 캔다면 유흥렴도 잡아서 법을 펼 수 있을 것입니다." 하니, 상이 이르기를, "응당 처분이 있을 것이다." 하였다.

○ 영상 정원용鄭元容이 올린 차자의 대략에 "시임時任이 있으면 원래 원임原任이 대신 담당한 일이 없습니다. 또 재작년에 위관委官으로 거행한 것도 잠시 동안 임시 편리한 방도에서 나온 것입니다." 하니, 비답하기를, "진실로 경의 말과 같다면 재작년의 일은 나에게 잘못이 있다. 또 이번 일은 재작년과는 경중이 있어서 그러한가? 경은 헤아려서 처신하라." 하였다.

○ 영부사 정원용鄭元容이 서명胥命하였다. — 전교하기를, "대신이 방금 내리 전지傳旨 때문에 거북하다고 하니, '오재여誤在予(나에게 잘못이 있다)' 세 글자는 환수還收하겠다." 하였다. —

○ 추국 죄인推鞫罪人 김수정金守禎 · 최봉주崔鳳周 · 홍영근洪榮瑾의 원정原情을 받았다.

○ 국청에서 아뢰기를, "대간臺諫이 늦게 와서 모여 개좌開坐가 지체되었으니, 대간 홍익섭洪翼燮과 지평 안희수安喜壽는 견파譴罷하소서." 하였다.

전교하기를, "명색이 국좌鞫坐인데 어찌 이러한 사체가 있겠는가? 견파譴罷만 하고 말아서는 안 되니, 간삭刊削하는 형전을 시행하라." 하였다.

○ 추국 죄인推鞫罪人 김수정金守禎·최봉주崔鳳周·홍영근洪榮瑾을 형추刑推하고, 고변인告變人 신석범申錫範을 대질對質하였다.

○ 비국에서 다음과 같이 아뢰었다.

동백東伯의 장계를 가져다가 보니, 잘못된 말을 만들어 선동하여 남의 재산을 속여 빼앗을 계획에서 나온 것은 아니나 점차 깊이 어그러지고 더욱 오랫동안 소란스러워지게 되었으니, 이것은 진실로 도적을 풀숲에 잠복해 있다는 경계요 벌판의 불처럼 번질 조짐입니다. 김시용金是鎔은 그의 괴수가 되므로 해당하는 법이 스스로 있으므로 다시 사실을 조사할 것이 없습니다. 본도에서 효수梟首하여 뭇 사람들을 깨우치게 하소서. 이인병李寅昺·김병규金秉珪·박계현朴啓賢·곽채기郭采紀는 혹은 시종 뒤따르기도 하고 혹은 도처에서 말을 전하기도 하였으니 모두 엄히 세 차례 형신刑訊하고서 원악도遠惡島에 사형을 감하여 정배定配하소서. 정대수丁大綏는 엄히 두 차례 형신한 뒤에 변원邊遠에 충군充軍하고, 그밖에 여러 놈은 엄히 한 차례 형신하고서 경중을 나누어 감배勘配하고 혹은 참작하여 방송하소서. 이른바 이원진李元眞과 어진해魚進海는 이미 김시용金是鎔의 전후의 공초供招에서 나왔으니 유념하여 기찰하소서. 당초에 발고한 원용구元用九는 이번 조사가 결말이 난 뒤에 격려하여 권장하는 정사가 없어서는 안 됩니다. 그가 원하는 바를 물어서 넉넉히 시상施賞하라고 분부하소서.

윤허하였다.

11월

○ 영상 김좌근金左根이 아룀으로 인하여 유배된 사람의 식솔이 따라 가는 일에 대해 수의

收議하였는데, — 영부사 정원용이 아뢰기를, "모든 죄에 대해 섬이든 육지든 막론하고 참작하여 유배하는 형전을 시행하였으면 조정에서는 죽지 않은 사람으로 대우하는 것이니, 그로 하여금 가족을 서로 모아 옷과 음식을 도움 받고 질병을 간호하게 하는 것은 본래 밝은 조정과 태평한 시대에 불쌍히 여기고 아랫사람의 형편을 보살피며 충후忠厚함으로 풍속을 인도하는 아름다운 덕과 지극한 뜻입니다. 또 더구나 유형流刑에 해당하는 죄를 범하여 안치安置된 사람의 가족이 서로 따라가는 것은 중국 법에서 항상 법으로 정해 놓은 것인데 더 말할 것이 있겠습니까? 근년에는 버려두고 금법禁法을 만든 것이 또한 무엇 때문에 이렇게 된 것인지 알지만, 이번의 영상의 주달은 생민生民을 위해서는 윤리와 기강을 돈독하게 하고 임금을 위해서는 인정仁政을 행하고 국가를 위해서는 화기和氣를 이끌어 줄 것입니다. 신이 이에 대해 오히려 어찌 다른 의논이 있겠습니까?" 하였다. — 전교하기를, "여러 의논이 이와 같으니 정식으로 삼으라." 하였다.

○ 비국에서 다음과 같이 아뢰었다.

전세田稅와 대동大同은 나라의 경상비용으로 봄에 실어 보내고 여름에 납부하는 과정이 매우 엄합니다. 그런데 최근 몇 년 이래로 법과 기강이 텅 비어 곡주관穀主官이 된 자가 다시 운반한다고 일컬으면서 가장 늦게 실어 보내 마침내 배가 물에 얼어붙어 공사公私가 소모되었습니다. 세초歲初에 신칙 하교한 것이 거듭 엄했을 뿐만 아닌데 줄곧 허송세월하며 끝내 움직일 생각을 하지 않고 있으니, 두려워하고 꺼림이 있었다면 어찌 이럴 수 있겠습니까? 일곱 고을의 수령 — 영암靈巖 민치린閔致麟, 나주羅州 남병선南秉善, 무안務安 정세창鄭世昌, 함평咸平 이종만李鍾晩, 해남海南 권최환權最煥, 청풍淸風 여중섭呂重燮, 강진康津 김상현金商玄이다. — 을 우선 파직한 뒤에 나문拿問하고, 도신 — 전라 감사 정최조鄭取朝, 충청 감사 심의면沈宜冕이다. — 은 제대로 동칙董飭하지 못한 잘못이 있으니, 월봉越俸 2등을 시행하소서. 사격沙格이 실어놓고서 체류하여 도처에서 정체停滯되었으니, 이것도 말하기 어려운 폐단입니다. 적재한 달과 날짜를 빙고憑考하고 정참程站의 원근을 계산하여 죄가 사격에게 있으면 엄히 형신하고서 원배遠配하도록 하소서.

윤허하였다.

○ 추국 죄인推鞫罪人 이명혁李明赫과 이규화李奎和를 형추刑推하였다.

○ 비국에서 다음과 같이 아뢰었다.

지난번 도하都下에서 도적이 발생한 일로 연석에서 아뢰어 특별 하교로 신칙한 것이 얼마나 아주 엄하였습니까? 그런데 요사이 듣건대, 조금 사라졌다가 도리어 다시 번성할 뿐만 아니라 이따금 듣기에 아주 패악스러운 것이 있다고 합니다. 조정에서 포도청을 설치한 법의法意가 어디에 있습니까? 양 포도대장 — 이희경李熙絅·이정현李定鉉이다. — 은 우선 파직하도록 하소서. 이런 뒤에도 줄곧 소요스럽다면 새로 차임한 포도대장은 응당 갑절 무거운 형률을 시행해야 합니다. 이런 뜻으로 분부하소서.

윤허하였다.

○ 다음과 같이 전교하였다.

영남嶺南의 진자賑資는 묘당廟堂에서 구처區處하였으나 내년 봄의 백성 일을 생각하면 먹고 자는 것이 편치 않다. 내탕內帑의 은자銀子 1천 냥兩, 단목丹木 2천 근斤, 백반白礬 3백 근을 특별히 내주어 진자賑資에 보충하도록 하라고 묘당에서 말을 만들어 내려 보내라.

○ 의금부에서 아뢴 김수정金守禎의 결안結案은 다음과 같다.

본래 서캐와 이 같은 천한 몸으로 평소 은혜를 모르는 흉악한 마음을 품어왔습니다. 유흥렴柳興廉 등 여러 역적과 빈틈없이 꼼꼼하게 준비하여 1년 동안 왕래하였고, 이명섭李明燮 형제에게 경도되어 천리 먼 길을 방문하였습니다. 맥락이 닿아 왕래하였으니 구월산九月山의 부류들과 궤탁詭托하여 익히 준비했으니 진실로 단시일 내의 일이 아닙니다. 해서海西의 역적이 복법伏法되어 죄망罪網에서 빠져나간 자취가 군색해졌습니다. 이에 비류匪類와 더불어 불궤不軌한 도모를 체결함이 점차 급해져 처음에는 섬의 흉얼凶孼을 기화奇貨로 보아 쓸만한지 쓸 수 없는지를 앞장서서 논하고 결국에는 변방의 귀양 간 자를 맹주盟主로 의의擬議하여 힘껏 도와서 유혹해 오고 짊어지고서 오는 것을 의리와 인심인 듯이 여기기에 이르렀습니다. 흉언凶言은 더욱 역적의 괴수요 화란의 우두머리가 된 단안斷案입니다. 별[星]로 지월至月의 응함을 변증變證하고 요망하고 허탄한 입을 제멋대로 놀렸으며 화공火攻으로 깊은 밤에 모임을 모의하고 몰래 뱃속에 품고 있는 교묘한 속임수를 포장하였습니다. 홍영근洪榮瑾 같은 역적과 혈당血黨을 맺고 최봉주崔鳳周 같은 흉역에게 지시를 받았습니다. 사람의 재주를 논하면서 천거하여 원수元帥란 호칭에 의망擬望하기까지 하였고 관작官爵을 분배分排하여 스스로 전지傳旨를 받드는 직함을 차지하였습니다. 천지를 가리킨 그 뜻은 와언訛言을 일으켜 선동한 것이요, 경향京鄕에 출몰한 그 계획은 당여黨與를 모아 난을 일으키려고 한 것입니다. 온갖 요망함이 모두 드러나고 온갖 악이 모두 모여 있으니, 귀신과 사람이 용납하지 못할 바이며 잠시도 용서하기 어려운 바입니다. 모반 대역 능지처사謀反大逆凌遲處死의 형률을 시행하소서.

○ 의금부에서 올린 홍영근洪榮瑾의 결안은 다음과 같다.

무관武官의 반열에서 발신發身하여 벼슬아치의 말단을 차지했는데 은혜에 보답할 뜻은 생각하지 않고 감히 흉패한 모의를 품었습니다. 천성적으로 사나운 기운을 타고나서 평소에 화란禍亂을 좋아하고 즐거워하는 마음을 쌓아왔고 날로 역절逆節을 도모하여 반드시 나라를 흉하게 하고 집안을 해치고자 하였습니다. 김수정金守禎은 바로 법망法網을 빠져나간 역적인데 20년 동안 사당私黨을 맺었고, 최봉주崔鳳周는 불궤不軌한 무리인데 서로 더불어 몇 개월 동안 같은 방을 썼습니다. 남산南山에서 재이災異의 응함을 논하고 네 글자의 흉언凶言을 멋대로 말하였고, 북쪽 귀양지를 기화奇貨의 거처로 보아 천리를 마다하지 않고 짊어지고 오겠다는 말을 선창先倡하였습니다. 쓸 만하니 아직 보전해야 한다는 말을 즐겨 듣고 걸을 수 있으니 맡길 만하다고 힘껏 권하였습니다. 화공火攻을 몰래 계획하여 두 놈과 더불어 서로 주고받았고, 해서의 역적의 졸렬한 재주를 개탄하면서 천 명의 사람을 능치 구할 수 없음을 애석하게 여겼습니다. 비류를 몰아넣어서는 올빼미가 울자 수리부엉이가 응하듯 하였고, 흉악한 모의를 주고받아서는 물여우가 쏘고 살무사가 물듯이 하였습니다. 힘을 빌린다는 말을 마음으로 믿고서 널리 모집하려고 계획하였고 원수元帥의 재주를 지적하여 논하여 한 번 보기를 원하였습니다. 그가 조성한 것은 바로 지극히 요망하고 매우 참람한 것이요, 계획한 것은 크게 간특한 것이 아님이 없습니다. 그 죄범을 쓴다면 대나무를 다 써도 다 쓰기 어렵고, 형률을 논하면 거리에 매달아도 오히려 가볍습니다. 교활하고 남을 잘 속여 말을 꾸미는 재주가 있고 사납고 독하여 장杖을 견디는 데에 익숙합니다. 진장眞贓과 단안斷案을 다 자복하지는 않았으나 흉악한 모의와 반역의 모의에 끼어들어 간섭하지 않은 것이 없습니다. 그 정절情節을 논하면 의당 상형常刑에 복주하여 지정불고知情不告로 참형斬刑에 처해야 합니다.

○ 국청 죄인鞫廳罪人 최봉주崔鳳周에 대해 의계議啓하니, 다음과 같이 판부하였다.

이 죄수는 지정불고죄知情不告罪를 자백하였다. 국청의 체모가 지극히 중한데 어떻게 참작하여 용서할 수 있겠는가? 그의 전후의 공초를 보건대, 그는 어리석은 부류로서 김수정金守禎과 홍영근洪榮瑾 무리에게 속고 미혹 당해서 이런 헤아릴 수 없는 죄과에 빠진 것이다. 김수정과 홍영근 두 역적의 허다한 정상과 범법犯法이 그로 말미암아 드러난 것이 없지 않다. 범죄 사실을 알고 있다고 하지만 한 가닥 목숨을 이어가도록 용서해야 할 것이니 절도絶島에 사형을 감하여 안치安置하라.

○ 국청 죄인鞫廳罪人 이명혁李明赫에 대해 의계議啓하니, 다음과 같이 판부하였다.

이 죄수가 나국拿鞫된 것은 바로 여러 역적의 공초에서 나왔기 때문일 뿐이다. 그에게 달리 직접 저지른 죄가 없고 한갓 여러 역적들이 부린 농간에 넘어간 것뿐이다. 여러 역적은 진실로 용서할 수 없으나 이 죄수는 차이가 없지 않으니, 연전에 처분한 대로 도로 배소配所로 보내라.

○ 국청 죄인鞫廳罪人 이규화李奎和에 대해 의계議啓하니, 다음과 같이 판부하였다.

이 죄수는 김수정金守禎의 심복이 되고 홍영근洪榮瑾의 권장과 칭찬을 받았으니 정절情節이 통탄할 만하지 않은 것은 아니나, 단서는 별로 다시 조사할 것이 없다. 특별히 한 가닥 목숨을 이어가도록 용서하여 원악도遠惡島에 종신토록 정배定配하되 물간사전勿揀赦前하라.

○ 대신이 연명으로 차자箚子하여 쟁집爭執하니, 다음과 같이 비답하였다.

이명혁李明赫은 그가 직접 범한 죄가 없는 줄을 알았기 때문에 이 처분이 있었고, 최봉주崔鳳周는 어리석고 지각이 없는 부류에 불과하며, 이규화李奎和는 별로 깊이 조사할 단서가 없으니, 모두 특별히 한 가닥 목숨을 이어가도록 용서하는 것이 살리기를 좋아하는 덕에 해롭지 않을 것이다. 그런데 경들의 말이 이와 같으니, 이명혁은 특별히 제주목濟州牧에 안치安置하는 형전을 시행하고, 최봉주와 이규화 두 놈은 판부判付한 대로 거행하도록 하라.

○ 양사兩司 — 대사헌 조충식趙忠植, 대사간 유장환兪章煥, 장령 홍종운洪鍾雲·방봉흠朴鳳欽, 정언 박인하朴璘夏이다. — 에서 다음과 같이 신계新啓하였다.

아, 이명혁李明赫·최봉주崔鳳周·이규화李奎和의 죄를 이루 다 주벌할 수 있겠습니까? 이번 국옥鞫獄은 천지를 꿰뚫고 만고에 이르러서도 없었던 일대 변괴인데, 그 난역의 뿌리는 이명혁입니다. 그는 본래 서캐나 이와 같은 부류로서 평소 은혜를 모르는 흉악한 마음을 쌓아왔습니다. 신해년(1851, 철종 1)의 여러 역적들을 기화奇貨로 보아 와굴窩窟을 만들었으니 단안斷案이 이루어졌고 흉악한 모의를 가릴 수 없습니다. 그러나 특별히 살리기를 좋아하는 큰 덕으로 인하여 한 가닥 목숨을 이어가도록 용서하고 법을 아직 펴지 않아서 오랫동안 여정輿情이 더욱 끓고 있습니다. 지금 또 역적의 공초에서 누차 나와 섬에 모여 서로 관상을 보았다는 말과 변방에 귀양 간 역적을 짊어지고 오려고 한 모의가 남김없이 모두 다 드러났습니다. 앞의 것으로 보면 채희재蔡喜載와 김응도金應道이 계획한 자취가 낭자하고, 뒤의 것으로 보면 김수정金守禎과 홍영근洪榮瑾이 꼼꼼하게 준비한 정적이 다 드러났습니다. 오직 그는 완악하고 잔인하며 흉악하고 사나워 끈질기게 버티면서 자복自服하지 않았으니, 더욱 엄하게 국핵鞫覈을 가하는 것이 마땅하며 갑자기 살려주자는 논의를 해서는 안 됩니다.

최봉주로 말하면, 흉악한 음모와 역적 행위에 동참하지 않은 것이 없으며 적도賊徒와 비류匪類와 거의 모두 마음과 뜻이 서로 통하고 친밀하였습니다. 김수정은 사우死友로 허여하고 홍영근을 복종하여 섬겨 혈당血黨이 되었으니, 그 정상과 범법을 살펴보면 두 역적과 하나이면서 둘이고 둘이면서 하나입니다. 정상을 알고 있다고 자백하였으니 어찌 나라 법에 용서가 있을 수 있겠습니까?

또 이 이규화는 역적 김수정과 배가 맞고 역적 홍영근과 맥락이 연결되어 화란禍亂을 즐겨 비밀리 불궤不軌를 도모하여 뭇 공초에서 누차 나왔습니다. 단서가 드러났으나 철저한 조사를 아직 끝내지 않았는데, 또한 어떻게 가벼운 쪽으로 배소配所로 보내겠습니까? 이런 여러 역적의 더할 수 없이 흉악하고 패악함은 한 꿰미로 꿴 듯하니 그 죄가 똑같습니다. 이들은 모두 남김없이 모조리 죽여 없애야 할 자들이나 원악元惡이 아직 상법常法에 복죄伏罪되지 않았고 두 역적이 오히려 해당 형률에서 달아났는데, 참작하여 처벌하겠다는 명이 갑자기 내려져 분하고 답답해하는 여론이 점점 깊어지고 있습니다. 말하니 간담이 서늘하고 생각하니 뼈가 시립니다. 이러한데도 몸소 범한 바가 없다고 하면서 용서하고 깊이 주벌할 것이 없다고 하면서 관대히 처벌하고 죄가 의심스러울 경우에는 가볍게 처벌한다는 법을 적용하여 해당 형률을 시행하지 않는다면 도적이 풀숲에 잠복해 있다는 경계와 들판의 불길처럼 번져가고야 말 조짐을 어찌 크게 두려하지 않겠으며, 크게 두려워하지 않겠습니까. 제주목濟州牧에 안치安置한 죄인 이명혁, 추자도楸子島에 안치한 죄인 최봉주, 흑산도黑山島에 정배定配한 죄인 이규화李奎和를 다시 국청鞫廳을 열어 실정을 캐내고서 시원하게 전형典刑을 바로잡으소서.

○ 양사兩司에서 다음과 같이 합신계合新啓하였다.

아, 애통합니다. 난신적자亂臣賊子가 예로부터 참으로 많았으나 어찌 홍영근洪榮瑾처럼 더할 수 없이 흉악하고 패악한 자가 있겠습니까? 본래 성품이 음흉한데다 평소에 은혜를 모르는 흉악한 마음으로 김수정金守禎과 친밀하여 사당死黨을 맺고 최봉주崔鳳周와 서로 접하여 더불어 같은 방을 쓰면서 꼼꼼하게 준비하고 모의하여 한 덩어리가 되었습니다. 남산南山에서 재이災異를 논하면서 참람하고 패악한 말을 제멋대로 말하였고, 북쪽에 귀양 간 역적을 기화奇貨로 보아 짊어지고 와야 한다는 말을 앞장서서 주창하였습니다. 준비한 것은 무사武士들을 불러 모으는 것이고, 설시設施한 것은 밤을 틈타 화공火攻하는 것이었습니다. 그가 교활하게 속이고 말을 꾸미며 미련하고 독하여 장杖을 견뎌 난역亂逆의 단서를 다 자복하지 않았으나 흉참한 정절에 모두 참여하였으니, 귀신과 사람이 함께 분개하고 천지 사이에 용납하기 어려운 바입니다. 만 번 주륙해도 오히려 가벼운데 법을 시행하여 그 자신만 주벌하고 말아서 너무 죄를 가볍게 준 잘못이 있어서는 안 됩니다. 모반대역부도 지정불고 죄인謀反大逆不道知情不告罪人 홍영근에게 속히 노륙孥戮하는 형전을 시행하소서.

○ 우상 조두순趙斗淳이 서명胥命하였다. — 양사의 합계 중에서 홍영근의 일 중에 '실지태경失之太輕' 네 글자 일 때문이다. —

12월

○ 판부사 이헌구李憲球가 상소하여 치사致仕하기를 청하니, 너그러운 비답을 내려 허락하지 않았다.

○ 우상 조두순趙斗淳이 올린 상소의 대략은 다음과 같다.

신은 많은 죄를 지었으나 지나치게 은혜롭게 보살펴주어 회유誨諭를 하루 저녁에 두 번이나 반포하셨는데, 그때는 경고更鼓가 점점 깊어지고 있는데 거듭 번독하게 해 드리는 것이 두려워서 감히 사저私邸에 물러나 엎드려 있지 않을 수 없었으나 날마다 가슴을 두드렸습니다. 천토天討가 신으로 말미암아 그 질서를 잃고 국법이 신으로 말미암아 그 기강을 잃어서 난역亂逆으로 하여금 두려움이 없게 하고 악인惡人으로 하여금 징계됨이 없게 할 것입니다. 그 죄를 돌아보면 형벌을 가하지 않으면 영해嶺海에 정배해야 합니다. 그런데 지금 일상생활이 평상시와 같고 엄벌이 작위爵位에 미치지 않은 것이 이와 같으니, 사리事理에 있어서 어찌 아무 말이 없고 말겠습니까? 그러나 성명聖明께서 신에 대하여 덮어주고 용서하여 반드시 큰 덕화와 교화 중에서 기르고자 하시니 신이 감정이 없거나 미련하지 않은데, 어찌 감히 이로써 다시 인책引責하면서 누차 번독하게 해 드리고 한결같이 번독하게 해 드리지 않겠습니까?

○ 영상 김좌근金左根이 다음과 같이 아뢰었다.

고 상신相臣 문경공文敬公 정호鄭澔[12]는 학문과 스승에게 받은 가르침이 바르며 의지와 출처가 엄하여

12_ 정호(鄭澔) : 1648-1736. 본관은 연일(延日). 자는 중순(仲淳), 호는 장암(丈巖). 정철(鄭澈)의 현손으로, 감찰 정경연(鄭慶演)의 아들이다. 송시열(宋時烈)의 문인으로 매우 촉망받았으며, 1675년(숙종 1) 송시열이 귀양가자 과거를 단념하고 성리학(性理學)에 힘썼다. 1689년 기사환국으로 인현왕후(仁顯王后)가 폐출되고 송시열이 사사(賜死)당하자, 그는 파직되고 문외출송(門外黜送) 당하였다가 경성에 유배되었다. 1713년 대사성에 재임용되어 송시열의 묘정배향을 건의하였고, 1715년 부제학으로서 유계(兪棨)의 유저(遺著)인 『가례원류』의 발문을 썼다. 그 내용에 소론인 윤증(尹拯)이 송시열을 배반하였다는 내용이 문제되어 파직되었고, 이듬해 노론이 승리함으로써 대사헌이 되었는

진실로 사대부士大夫의 모범이 되었습니다. 평생토록 종사한 것이 '임금을 섬기고 도道를 지킨다[忠君衛道]'는 네 글자에서 벗어나지 않았습니다. 그는 음양陰陽과 선악善惡의 분변에 대해서는 결단성 있고 단호하여 화복禍福에 빠져 지체하지 않습니다. 돌아보건대, 지금 세교世敎가 날로 떨어지고 정론正論이 날로 없어지고 있으니 선배들의 전형典型을 더욱 사모하여 우러르게 됩니다. 듣건대, 그의 사판祠版을 친진親盡하여 옮겨야 한다고 하니, 응당 부조不祧의 은전을 시행하여 백세百世의 명예를 세워야 합니다. 사손祀孫을 연한年限을 기다리지 말고 이름을 물어서 녹용錄用하는 것이 좋을 듯합니다.

허락하였다.

○ 영상 김좌근金左根이 다음과 같이 아뢰었다.

증 찬성 윤명렬尹命烈[13]이 신사년(1821, 순조 21)에 올린 한 통의 상소[14]는 천하 만세에 성무聖誣(임금이 당한 무함)를 분변하고 난역亂逆을 주벌한 것이었습니다. 이 글을 이전대로 유포하고 개간改刊하는 일이 있지 않으면 우리나라의 백성들이 장차 어떻게 인간의 영역에서 자립自立하겠습니까? 이러한 수립樹立에 대해서는 예증例贈하고 시호를 내린 경우가 아주 드물다는 이유로 구애가 되어서는 안 되니, 특별히 사시賜諡하는 은전을 시행하여 찬양해 기리는 뜻을 보여주는 것이 좋을 듯합니다.

허락하였다.

데, 이때 윤선거(尹宣擧)의 문집 『노서유고(魯西遺稿)』가 간행되자, 효종에게 불손한 내용으로 썼다 하여 훼판(毁板)하고 윤선거 부자의 관작도 추탈하게 하였다. 1721년(경종 1) 실록청총재관(實錄廳摠裁官)으로 『숙종실록』의 편찬에 참여하다가 신임사화로 노론 4대신과 함께 파직되어 강진으로 유배되었다. 1725년(영조 1) 노론의 재집권으로 풀려나와 우의정에 승진되어 신임사화로 죽은 노론 4대신의 신원(伸冤)을 누차 상소하였으며, 좌의정을 거쳐 영의정이 되었다. 1727년 정미환국으로 관직에서 물러났다. 저서로 『장암집』 26권이 전해지고, 편서로 『문의통고(文義通攷)』가 있다. 시호는 문경(文敬)이다.

13_ 윤명렬(尹命烈) : 1762-1832. 본관은 해평(海平). 자는 언국(彥國), 호는 석유. 윤기동(尹紀東)의 아들로 뒤에 윤면동(尹冕東)에게 입양되었다. 좌승지가 되어 왜어역관(倭語譯官) 등이 왜인과 비밀리에 모의하여 서계(書契)와 도서(圖書)를 위조한 사건이 일어났으므로, 동래부 안핵사가 되어 동래에 내려가서 사건의 진상을 밝혀 범인을 엄벌하였다. 평소에 욕심이 없고 마음이 깨끗하여 관료생활 40년에 내외의 요직을 거쳤지만 집안의 재산이 조금도 불어난 것이 없었고, 세속적인 권세와 이익, 그리고 번잡하고 화려한 것을 조금도 부러워하는 기색 없이 예사로 보아 넘겼다. 세상 사람들이 모두 그를 충후장덕(忠厚長德)으로 추장(推奬)하였다. 시호는 충헌(忠憲)이다.

14_ 증 찬성…… 상소 : 『순조실록』 23권 순조 21년(1821) 5월 8일에 올린 상소를 말한다.

○ 비국에서 다음과 같이 아뢰었다.

방금 선전관청의 천기薦記를 보건대, 서류庶類 출신出身이 한 사람도 월천越薦된 자가 없었습니다. 그 동안 연석에서 아뢰어 내린 명이 정중하고 곡진했을 뿐만이 아닌데 반드시 겨루려고 하고 봉행奉行하지 않은 것은 또한 무엄한 버릇이니 엄히 징계해야 합니다. 행수 선전관行首宣傳官 — 이봉주李鳳周를 상원군祥原郡에 찬배하였다. — 과 소임 선전관所任宣傳官 — 이좌희李佐熙는 덕원부德源府에 찬배하였다. — 에게 먼저 찬배竄配를 시행하고 그로 하여금 추권追圈하게 하소서.

윤허하였다.

○ 기설제祈雪祭를 행하였다.

○ 의금부에서 윤태연尹泰淵이 격쟁擊錚한 일에 대해 수의收議하여 회계回啓하니, — 영상 김좌근金左根이 아뢰기를, "윤태연의 죄명에서 『속명의록續明義錄』에 실려 있는 것은, 첫째는 정후겸鄭厚謙과 홍인한洪麟漢에 사귄 것이요, 둘째는 정후겸과 홍인한의 집에 출몰한 것일 뿐입니다. 만일 윤약연尹若淵의 상소 때문에 윤태연에 정후겸과 홍인한을 은밀히 비호한 것으로 결론짓는다면 그 동안의 국문鞫問이 의당 잡을 만한 단서가 있어야 하는데, 애당초 정확하게 드러나 보인 곳이 없습니다. 이것이 번번이 번거롭게 원통함을 밝히려고 하는 것입니다. 세월이 오래되었으나 형정刑政은 지극히 중하므로 제멋대로 결단할 수 없습니다." 하였다. — 전교하기를, "포착한 죄범罪犯이 없다고 하였으니, 이제 이렇게 원통함을 호소하는 것은 괴이하게 여길 것이 없을 듯하다. 특별히 신설伸雪하라." 하였다.

○ 김택선金宅善을 돈령도정에 특별히 발탁하였다.

○ 풀어 줄 부류와 풀어 주지 않을 부류에 대한 성책成冊에서, 서상교徐相敎・이응식李應植・신관호申觀浩・이능권李能權・김건金鍵을 모두 양이量移하였다.

○ 경상 감사 조석우曹錫雨가 다음과 같이 밀계密啓하였다.

이달 19일 봉화 현감奉化縣監 임백능任百能이 직접 올린 비보秘報 내에, "16일에 아전과 종 등이 한 통의 봉서封書를 주워 와서 바쳤기 때문에 열어 보니, 모두 차마 들을 수 없고 차마 말할 수 없는 흉언凶言과 패설悖說이었다." 하였습니다. 그러므로 그 흉서凶書를 가져다 보니, 부도不道한 흉언이 천지를 꿰뚫고 만고萬古에 이르러서도 없었던 아주 참람하고 패악한 것이었습니다. 이제 막 대장과 나장을 많이 보내어 기찰하도록 하였습니다.

○ 박제헌朴齊憲을 이조 참판에 특별히 제수하였다.

철종기사
哲宗紀事

04

철묘哲廟 갑인년(1854, 철종 5)

04

철묘哲廟 갑인년
(1854, 철종 5)

1월

○ 다음과 같이 전교하였다.

듣건대, 지사知事 서준보徐俊輔의 대과大科 회방回榜이 올해에 있다고 한다. 이 중신重臣은 정조正祖를 섬긴 신하로서 내가 왕위를 물려받자 연달아 대과와 소과의 회방을 보기에 이르렀으니, 실로 국조國朝에서 드물게 있는 일이요 사람으로서 최상의 상서이다. 일을 만나서 뜻을 보여주는 것은 반드시 이미 행한 전례가 있다. 더구나 일흔 살이 넘은 원로는 예우禮遇하던 사람인 데야 더 말할 나위가 있겠는가? 회방일에 궤장几杖과 2등 음악을 사급賜給하고 이어서 선온宣醞하도록 하라. 연수宴需는 호조로 하여금 전례에 비추어 실어 보내주게 하라. 임기가 만료되어 가는 초사初仕에 자리를 만들어서 자손 중에서 이름을 물어 의망擬望하여 들이도록 하라.

○ 전교하기를, "대호군 안광직安光直에게 이번 응자應資 때에 특별히 한 품계品階를 올려 제수하라." 하였다.

○ 김병국金炳國을 호조 참판에 특별히 발탁하였다.

○ 친림親臨하여 호궤犒饋하였다.

○ 다음과 같이 전교하였다.

나는 영남嶺南의 민사民事에 대해 실로 가엾고 불쌍함을 금치 못하겠다. 돌아보건대, 이제 봄의 혜택이 퍼져서 만물이 회생하려고 하는데 불쌍한 우리 백성은 필시 굶어죽어 구렁을 메우는 우려를 면하지 못하니, 이런 생각이 날 때마다 내가 아픈 듯하다. 현재 유유한 만사萬事는 다급함을 구휼하는 한 가지 길에 지나지 않을 뿐이다. 지난번에 대내大內에서 내린 진자賑資는 하찮은 것이었으나 방백方伯과 수령이 과연 성심으로 기민饑民을 뽑아서 철저히 강구講究하여 구제하는 효과가 있기를 기약할 수 있겠는가, 없겠는가? 첫 순행巡行 뒤에 조치한 모든 것을 즉시 장문狀聞하여 나의 남쪽을 돌아보는 근심을 조금이라도 펴게 하라고 해 도신에게 분부하라.

○ 양사兩司의 합계合啓에서, 이응식李應植 · 신관호申觀浩 · 이능권李能權 · 김건金鍵 · 문경애文慶愛의 일을 정계停啓하였다.

○ 광주 유수 서염순徐念淳이 아뢰기를, "판부사 권돈인權敦仁에게 옷감과 음식물을 실어 보내주니, '은전恩典은 비록 너무나 감축感祝하지만 정상이 황축하여 감히 공손히 받지 못하겠습니다' 하였습니다." 하였다.

전교하기를, "세수歲首에 노인을 우대한 것이니 굳이 이럴 것이 없다. 기어이 실어다 주고 다시 장문狀聞하지 말라." 하였다.

○ 금부에서 죄인 이응식李應植 — 전라도全羅道 임피현臨陂縣이다. — , 신관호申觀浩 — 무주부茂朱府이다. — , 이능권李能權 — 금산군錦山郡이다. — , 김건金鍵 — 임실현任實縣이다. — 을 모두 양이量移하겠다고 하니, 윤허하였다.

○ 전교하기를, "지사 서준보徐俊輔를 판부사 가설직加設職에 단부單付하라." 하였다.

○ 다음과 같이 전교하였다.

금년은 바로 우리 숙묘肅廟께서 등극하신 해이다. 성덕聖德과 신공神功에 대해 잊지 못하는 그리움이 더욱 간절하니, 명릉明陵과 익릉翼陵의 작헌례酌獻禮에 대신大臣과 영은부원군永恩府院君을 나누어 보내되 날짜를 가려서 섭행攝行하도록 하라.

○ 전교하기를, "이제 이 해를 만나니, 나 소자小子의 서운하고 그리운 마음이 더욱 간절하다. 선릉宣陵과 숭릉崇陵의 작헌례酌獻禮를 대신大臣을 보내 섭행攝行하도록 하라." 하였다.

○ 형조 판서 서기순徐箕淳이 봉패奉牌하니, 다음과 같이 전교하였다.

이 중신은 다시 무슨 정세가 있어서 그러는 것인가? 작년 가을에 인책引責했던 일에 불과할 뿐인데 제수할 때마다 번번이 인책하니, 꽉 막혔다고만 말할 수는 없다. 그러나 사체와 분의分義에 있어서 이래서는 안 되니, 진실로 유감스럽다. 형조 판서 서기순을 충청 수사忠淸水使에 보외補外하라.

○ 장령 박봉흠朴鳳欽이 상소하여 진면陳勉하니, 너그러운 비답을 내렸다.

○ 다음과 같이 전교하였다.

방금 장령 박봉흠朴鳳欽의 상소를 보고서 저도 모르게 떨렸다. 사치를 억제하고 절검을 숭상하는 것은 바로 당장의 급선무이다. 그가 말한 것이 너무나 지성스럽고 참되니, 이것은 포장褒奬하는 은전이 없어서는 안 된다. 대사간에 제수하라.

○ 고려의 문충공文忠公 정몽주鄭夢周와 우리나라의 여덟 선정先正 — 한훤당寒暄堂(김굉필金宏弼)·정암靜菴(조광조趙光祖)·회재晦齋(이언적李彦迪)·퇴계退溪(이황李滉)·율곡栗谷(이이李珥)·우암尤庵(송시열宋時烈)·동춘당同春堂(송준길宋浚吉)이다. — 에게 사유賜侑하였다.

○ 비국에서 다음과 같이 아뢰었다.

방금 좌포청에게 들으니, 두 인명人命을 때려죽인 일이 있었다고 합니다. 그들의 본래 행실을 따지면 두 사람이 장형杖刑을 당해 죽기까지 한 것은 본래 깊이 애석해 할 것이 없습니다. 그러나 역적의 실정에 관계된 것이 아니니, 일개 포도대장이 제멋대로 인명을 죽인 것은 뒤 폐단을 말하기 어려울 것입니다. 좌변포도대장 이경순李景純에게 우선 간삭刊削을 시행하소서.

윤허하였다.

2월

○ 다음과 같이 전교하였다.

방금 풀어 줄 부류와 풀어 주지 않을 부류에 대해 회계回啓한 것을 보건대, 별 어려움 없이 방송放送하기를 청한 것이 이처럼 많으니, 어찌 이러한 사체가 있겠는가? 이에 대해서 경책이 없을 수 없다. 형조판서 — 서영순徐英淳이다. — 에게 파직하는 형전을 시행하라.

○ 문묘文廟에 전배展拜하였다.

3월

○ 전교하기를, "이 사람은 고가古家이고 또 노쇠하니, 신급제新及第 이장오李章五를 승지에 제수하라." 하였다.

○ 전교하기를, "신급제新及第 김병지金炳地를 부교리에 제수하라." 하였다.

○ 전교하기를, "인평대군麟坪大君의 사판祠版에 승지를 보내 치제致祭하도록 하라." 하였다.

○ 전교하기를, "이 집안에서 과거에 합격한 사람이 드문 데가 그 나이가 또 70세가 넘으니 또 드문 일이다. 신급제新及第 이낙중李樂重을 병조 참의에 제수하라." 하였다.

○ 혜성彗星이 나타났다. —8일부터 28까지이다. —

○ 인릉仁陵과 장릉長陵에 배알拜謁하였다.

○ 봉조하奉朝賀 이기연李紀淵이 올린 상소의 대략은 다음과 같다.

신의 구촌 조카인 유학幼學 이인문李寅文이 연로하고 자식이 없는데다 후사後事를 부탁할 데가 없어서 신이 항상 서로 마주하며 근심하고 탄식하면서 입후立後할 것을 모의한 것이 진실로 여러 번이었습니다. 지금 신급제新及第 이돈우李墩佑를 착각하여 촌수를 계산해 보고서 가까운 친척이라고 여겨 졸지에 계후繼後로 정했습니다. 그리고 특별히 신을 일가 존속尊屬으로 삼아 신의 성명을 거론하면서 외람되게 예조에 장단狀單을 올려서 판비判批를 입기에 이르렀습니다. 가만히 생각건대, 끊긴 자손을 이어 주고 망한 집안을 다시 보존시켜 주시는 것은 바로 사람 집안의 큰일이요, 임금에게 고하고 명을 청하는 것은 바로 국가의 중전重典이니 충분히 자세히 살펴서 어렵게 여기고 신중히 했어야 합니다. 그런데 이인문은 한갓 신이 평소에 측은히 여기고 관심을 가지던 정을 믿고서 사체의 중함을 전혀 헤아리지 않은 채 스스로 이치에 어긋나고 도리에 벗어나며 해괴망측한 짓을 하였습니다. 신이 추후에 어떻게 된 사태인지 듣고서 차라리 죽어서 아무 것도 모르고자 하였습니다.

무릇 인륜을 밝히고 족류族類를 분변하는 것은 바로 성왕聖王이 하늘을 본받고 일가친척을 돈독히 하는 정사입니다. 저 이돈우는 그 파계派系를 거슬러 올라가면 비록 모국毛國과 담국聃國[1]과 같으나 항렬의 차서를 참고하면 노魯나라와 위衛나라[2]와 서로 대등합니다. 그렇다면 이인문을 취해 아들을 삼는 것은 애당초 의논할 만한 것이 아니니, 무지하여 망령되게 행동한 것이 이보다 심할 수 없습니다. 시원하게 내린 명을 취소하여 해조의 초기草記는 속히 시행하지 말게 하고, 계후 문적文蹟은 그대로 말소하소서.

비답하기를, "그 양가養家에서 편리한 대로 처리하도록 하라." 하였다.

○ 수원水原과 광주廣州의 유수留守는 배경陪京과 보장保障의 땅이므로 원임 대신原任大臣 중에서 위임委任하도록 하였는데, 영의정 김좌근金左根이 주청奏請한 것이다.

○ 영상 김좌근金左根이 다음과 같이 아뢰었다.

신은 봉조하 이기연李紀淵의 상소한 일에 대해 우러러 아뢸 것이 있습니다. 무릇 취하여 자기의 후사後嗣로 삼고 들어가 남의 후사가 되는 것이 얼마나 더없이 중하고 삼가야 할 일입니까? 그런데 이돈우李燉佑가 차서와 항렬을 염두에 두지 않고 망령되게 사대부의 가문에 스스로 의탁하고자 한 것은 그 계책이 요망하고 간특할 뿐만이 아니니, 자못 전고에 없던 변괴입니다. 성상의 비답에서 포용하신 것은 대성인大

1 _ 모국(毛國)과 담국(聃國) : 모두 주(周)나라 문왕(文王)의 아들을 봉한 나라 이름이다.

2 _ 노(魯)나라와 위(衛)나라 : 노나라는 주공의 봉국(封國)이고 위나라는 주공의 아우 강숙(康叔)의 봉국이다.

聖人께서 본인이 하는 대로 조처하게 놔두고 다스리지 않는 것으로 다스리는 성의盛意이지만 윤리와 기강이 썩고 듣는 사람들이 놀라고 의혹해 하는 것은 진실로 작은 근심이 아닙니다. 진실로 사리事理로써 말하면 의정議定할 때의 피차의 사람을 모두 엄중히 처벌해야 합니다. 그러나 듣건대, 이인문은 연로하여 사리를 분간하지 못하고 전혀 또렷함이 없다고 하니 모든 것이 갖추어지기를 요구할 수 없으나 이돈우는 그대로 두어서는 안 됩니다. 찬배竄配를 시행하여 한 나라 안에서 같이 있을 수 없다는 뜻을 보여주소서.

상이 "변고가 일어나지 않는 때가 없으니, 아뢴 바대로 찬배竄配하라." 하였다.

4월

○ 태실太室의 하향 대제夏享大祭를 친행親行하였다.

○ 경상 감사 조석우曺錫雨가 올린 상소의 대략은 다음과 같다.

신은 봉화奉化의 옥수獄囚를 구핵究覈하는 일에 송구한 것이 있어서 몸둘 바를 모르겠습니다. 천지를 꿰뚫고 만고에 이르도록 있지 않았던 흉변凶變이 신의 부내部內에서 발생하였으니, 속히 이 역적을 체포해 곧장 손으로 찢어죽이고 입으로 살점을 저미고 싶어 하는 것은 바로 여정輿情이 똑같이 그런 것입니다. 이런 즈음에 해읍該邑의 보고를 보니, 권치수權致守의 형적形跡은 진범인 오손五孫 무리의 공초와 같은 듯하여 확실한 증거일 뿐만이 아닙니다. 신은 놀랍고 분통하며 근심스럽고 한탄스러운 중에 가만히 생각건대, "단서가 이미 잡을 만한 것이 있으니 등문登聞을 자백할 때까지 기다려 지체할 수는 없다." 하여 마침내 봉계封啓하기에 이르렀습니다. 그가 압송되어 신의 감영에 도착하자 여러 번 신문하여 조사하고 백방으로 캐물으니, 권치수가 온갖 말로 발명發明하고 여러 증거를 한 마디로 굳게 거절하여 진위眞僞를 분변하지 못하여 결말이 날 길이 없었습니다. 또 감히 미결未決인 죄안罪案을 가지고 연달아 치계馳啓하고 이어서 시일을 오래 끌며 위에 보고한 일을 마침내 결말이 내지 못하였습니다. 당초에 등문했던 것이 경솔했고 지금 안사按査를 잘하지 못하였으니, 모두 신의 죄입니다.

비답하기를, "이것은 모두 바쁜 끝에 잘못된 것이다. 경에게 월봉越俸 3등等의 형전을 시행하겠다." 하였다.

○ 전교하기를, "회령會寧과 강계江界는 모두 관방關防의 중요한 지역이니, 지금부터는 묘당으로 하여금 천망薦望하게 하는 것으로 영원히 정식定式을 삼도록 하라." 하였다.

○ 비국에서 다음과 같이 아뢰었다.

흉서凶書는 귀신과 사람이 함께 분노하는 바요 잠시도 용서하기 어려운 바입니다. 고을의 공초에서 단서가 있는 듯한 것을 통탄해 하던 끝에 놀라움과 기쁨이 앞섰으니, 이것이 제멋대로 등문登聞한 일이 있게 된 까닭입니다. 그러나 마침내 진실성을 잃어서 국체國體와 옥정獄情 둘 다 타당한 것이 없게 되었습니다. 성상의 비답에 월봉越俸하도록 한 것이 비록 진휼하는 시기에 영송迎送에 따른 폐단을 응당 진휼해야 하는 성념聖念에서 나왔으나, 이것은 일시적인 잘못과는 전혀 다르므로 곡진히 용서해 주어서는 안 됩니다. 경상 감사 조석우를 견파譴罷하도록 하소서.

윤허하였다.

○ 다음과 같이 전교하였다.

경상 감사의 일은 견파譴罷하는 데에 어찌 돌아보고 애석해 할 것이 있겠는가마는, 지금은 한창 진휼 중에 있으므로 영송迎送에 따른 폐단을 염려하지 않을 수 없다. 특별히 잉임仍任하여 죄명罪名을 지닌 채 공무를 행하도록 하라.

○ 전교하기를, "서상교徐相敎의 일은 이미 자전의 하교를 받들었으니, 즉시 정계停啓하라."

하였다.

○ 양사兩司의 합계合啓에서, 서상교徐相敎의 일을 정계停啓하였다. — 함열현咸悅縣에 양이量移하였다. —

○ 다음과 같이 전교하였다.

내가 이서구李書九의 일에 대해 밝게 하유할 것이 있다. 기축년(1829, 순조 29)에 익종翼宗께서 내리신 처분은 진실로 의리義理를 밝히고 제방隄防을 엄히 하는 성의盛意에서 나왔으나, 20년 이래로 성토聲討가 그대로이니 어찌 조금이라도 돌아보고 아까워할 것이 있겠는가? 그러나 오래전부터 물든 좋지 못한 풍속이 모두 새로워졌고 성훈聖訓이 높이 드러났으며 또 자전의 하교를 받들었으니, 받들어 따르는 도리에 있어서 감히 준행하지 않을 수 없다. 속히 정계停啓하게 하라.

5월

○ 1일에 일식日食이 있었다.

○ 다음과 같이 전교하였다.

동조東朝께서 탄신誕辰한 달이 되었으니, 나 소자의 장수를 비는 축원이 해마다 더욱 간절하다. 경사를 빛내는 절차는 동조의 겸양하시는 마음을 우러러 본받아 비록 크게 벌이고자 하지 않으나, 이번 15일에 자내自內의 예例로 친히 표리表裏와 치사致詞와 전문箋文을 올릴 것이다. 의절儀節을 해조로 하여금 마련하여 들이게 하라. 또 생각건대, 복福을 거두어 여러 사람에게 펴는 것은 영묘조英廟朝의 성사盛事가 있으니, 마땅히 그날에 기로인耆老人의 문과文科와 무과武科를 친림親臨하여 시취試取하겠다. 또한 경조京兆로

하여금 66세 이상 된 사람부터 호적을 상고하여 단자單子를 거두게 하라. 방방放榜은 전례대로 당일에 거행하며, 처소處所는 춘당대春塘臺로 하도록 하라.

○ 다음과 같이 전교하였다.

이서구李書九의 일은 특별히 자성 전하의 감싸주는 성덕聖德에서 나왔으니, 그 받들어 따르는 도리에 있어서 여러 날 동안 서로 버티는 것은 아주 온당치 못하다. 새로 제수한 대간臺諫을 모두 즉시 패초牌招하되 만일 패초를 어기면 호망呼望하지 말라.

○ 삼사三司의 합계合啓에서, 이서구李書九의 일을 정계停啓하였다.

○ 기우제祈雨祭를 행하였다.

6월

○ 의금부에서 홍계능洪啓能과 홍이해洪履海의 일에 대해서 수의收議하니, — 영상 김좌근金左根은 아뢰기를, "정유년(1777, 정조 원년)의 옥안獄案 중에 소척疏滌한 자가 한두 사람이 아닙니다. 본 일은 결말이 났으니 연좌하는 바에 다름이 없을 듯합니다. 그 조카가 자복하지 않고 지레 죽었으니 더욱 억울함을 호소하는 것이 타당하나 형정刑政에 관계되어 멋대로 단정하기 어렵습니다." 하였다. 우상 조두순趙斗淳의 의견도 같았다. — 비답하기를, "대신의 의논대로 시행하라." 하였다.

○ 대사헌 강시영姜時永이 올린 상소의 대략은 다음과 같다.

삼가 듣건대, 요사이 관북關北과 연해沿海에 이양선異樣船이 와서 정박하는데 포촌浦村의 어리석은 백성들이 이따금 물건을 가지고 교역하는 일이 있다고 합니다. 풍전風傳을 그대로 믿을 수는 없으나 만일 이러하다면 그대로 둘 수 없습니다. 이양선이 처음 해구海口에 도착하면 응접하는 데에 모두 규례가 있습니다. 배 위에 집물什物을 수리하고 배 안에 양찬糧饌을 증여하는 데에는 모두 우러러 조정의 처분을 기다리고, 교역에 이르러서는 함부로 허락한 적이 없습니다. 이제 이 북쪽 백성들이 아래에서 교역하는 것은 진실로 관부官府에 즉시 보고하기 어렵고 오래된 뒤에야 전설傳說이 멀리 퍼지니, 뒷날의 염려가 될 것이 작지 않습니다. 설령 물건이 아주 적다고 할지라도 점차로 많게 될 줄을 어찌 알겠으며, 설령 그 배가 돌아갔을지라도 뒷날에 다시 올 줄 어찌 알겠습니까? 속히 유사有司에게 명하여 관북 연해의 여러 고을에 엄히 신칙하여 이양선이 와서 정박할 때에 다시 감히 몰래 서로 교역하는 폐단이 없게 한다면 거의 해방海防을 엄히 하는 데 다소 도움이 될 것입니다.

○ 다음과 같이 전교하였다.

연안延安의 남대지南大池를 쳐서 물이 흐르게 하는 일은 지난번에 묘당의 초기草記로 인하여 행회行會했을 것이라고 생각한다. 이 못이 백성들에게 이익을 입힌 것이 자그마치 천여 년이 되었다. 영조英祖의 하교 중에 "백성들을 괴롭히는 것이 아니라 실로 백성들을 위해서이다." 하신 말씀은 오늘날 마땅히 우러러 계승해야 할 것이다. 시행해야 하는 모든 것에 대해서는 본래 경인년(1830, 순조 30)의 전례가 있으니, 김매기가 끝나고 추수가 시작되기 전의 농한기를 이용해서 공사를 시작하는 것이 가장 편하고 좋겠다. 백성들을 동원할 때에 고용雇用한다고 하더라도 만에 하나 이를 핑계로 가렴 주구하여 소요를 일으키는 폐단이 있게 된다면, 이는 실로 백성들을 괴롭히는 것이다. 두려워하는 마음으로 거행하여 실효가 있기를 기약하라는 뜻으로 묘당에서 다시 말을 만들어 행회行會하도록 하라.

○ 다음과 같이 전교하였다.

박숙의朴淑儀(순조대왕의 후궁)의 상喪을 들으니 슬픔을 금할 수 없다. 영온 옹주永溫翁主를 추억하니 더욱 슬프다. 비호庇護와 상례喪禮에 필요한 물품을 호조로 하여금 알맞게 헤아려 실어 보내게 하라.

○ 예조에서 다음과 같이 아뢰었다.

지금 이 박 숙의朴淑儀의 상사喪事의 조제弔祭는 법례法例에 의거하여 거행하되 예장禮葬은 현재 아직 옛날 관곽棺槨을 복구하지 못하였습니다. 역군役軍은 해조로 하여금 제급題給하게 하는 것이 어떻겠습니까?

아뢴 대로 윤허하였다.

7월

○ 전교하기를, "궁인宮人 박씨朴氏가 오늘 — 10일이다. — 인시寅時에 아들을 낳았으니, 호산護産 등의 절차를 전례대로 거행하라." 하였다.

○ 전교하기를, "궁인 박씨를 귀인貴人으로 봉작封爵하라." 하였다.

○ 전교하기를, "귀인貴人의 공상供上을 전례대로 거행하라." 하였다.

○ 영제禜祭를 행하였다.

○ 전라 우도 암행어사 박인하朴麟夏가 다음과 같이 서계書啓하였다.

전 감사 정최조鄭最朝는 정사를 하면서 취렴聚斂만을 일삼아 온 성省의 이목을 놀라게 하고 재물을 생산하는 데에 계획이 전혀 없어서 뭇 백성들의 고혈膏血을 다 없앴습니다. 편비編裨는 하고 싶은 대로 하면서 권력을 휘둘러 권력이 자연히 아래로 옮겨졌고, 잡류雜類는 미봉彌縫하면서 서로 이끗을 다투어 일이 모두 형평성을 잃었습니다. 임자년(1852, 철종 3)과 계축년(1853, 철종 4) 두 해의 환모還耗를 추가로 절미折米한 것이 5만 석 남짓이 되는데 2냥씩 입본立本한 1만 4천여 냥을 해 감색監色에게 체급帖給하였으니, 도합 3만 7천여 냥의 잉여를 사사로이 사용하였습니다. 속전贖錢으로 받은 1만 4천여 냥 안에 으레 지급하는 응하應下 이외에 3천 600냥 남짓을 그대로 가져다가 썼습니다. 형률의 합당 여부와 죄의 경중을 묻지도 않은 채 한편으로는 조율照律하고 한편으로는 수속收贖하였습니다. 죄를 얽어내어 엄히 가둔 뒤 뇌물을 받고서 허속許贖한 자도 있고, 무고를 당한 자를 청탁을 받고서 조율한 자도 있습니다. 정배된 죄수가 거의 한 도에 두루 미쳐 속전贖錢이 네거리에 이어지고 사람들의 말이 아직 많아서 원성怨聲이 끊이지 않습니다. 곡성 현감谷城縣監이 지방에 살다가 돌아갈 때에는 포폄채褒貶債를 찾아서 가져가서 온 성이 왁자하였으며, 남고 진장南固鎭將이 곤棍을 맞고 정체呈遞될 때에는 뇌비賂費를 내주어 한 부府가 비웃고 손가락질하였습니다. 송사訟事의 판결은 부정한 길을 열어서 옳고 그름을 단지 궤납饋納의 다과에 따라 정하였으며, 차임差任은 정해 놓은 가격이 있어서 높낮음을 오직 요뢰聊賴의 후박厚薄만 보았습니다. 전후로 송사 뇌물로 받은 돈이 5만 3천여 냥이나 되고, 임채任債(부임하는 관원이 바치는 돈)로 받은 돈이 1만 3천 500여 냥이나 됩니다. 고시考試는 이끗을 그물질하는 마당이 되고, 안옥按獄은 부정한 수당으로 재물을 얻는 지름길이 되었습니다. 이밖에 비루하고 자질구레한 것은 감히 일일이 들추어낼 수 없습니다.

나주 목사羅州牧使 김기현金箕絢은 신실한 고가古家의 전형典型이며 넉넉한 순리循吏로 법으로 다스렸습니다. 청렴과 조심성으로 자신을 단속하여 백리百里에 은혜로운 비가 소리가 없이 내리고, 정성과 믿음으로 백성을 사랑하여 온 경내에 따스한 봄볕이 두루 났습니다. 부임한 지 오래되지 않았으나 고을의 사무에서 삼정三政이 모두 거행되었습니다. 깊이 사람들을 감동시켜 백성들이 10년 동안 유임시켜주기를 원하고 있습니다.

전전 목사 조연명趙然明은 신해년(1851, 철종 2)에 이전移轉한 환미還米의 대전代錢에서 순영巡營에 획급劃給해 온 것에서 군전軍錢에 나대挪貸한 것이 도합 9천여 냥인데, 4천 700여 냥 내에서 작환作還 차 민호民戶에게 분파分播하여 백성들에게 세미稅米를 이납移納하게 하였습니다. 돈 8냥과 방미防米 1석을 주고서 합쳐 받은 세미稅米가 590석 남짓인데 남은 돈 200여 냥이 귀속될 데가 없습니다. 환미還米는 1석 당 5전 7푼씩으로 마련하여 입본立本하고, 이전조移轉條 중에 잉여 1천 94냥 남짓을 그대로 요판料販하는 밑천으로 삼았습니다. 총외摠外의 첨환添還이 2천 400여 석이 되어 이익을 바란 흔적을 감출 수 없어서 스스로 개인의 이익을 꾀한 잘못을 저질렀습니다. 신해년 가을에 각영各營의 작전作錢과 읍고邑雇의 환작전還作錢 외에 두 해 동안 1석 당 3냥씩 환미還米를 가작加作한 것을 합친 것이 7천 석 남짓이니, 도합 돈 8천200여 냥 안에서 5천 500여 냥은 입본하고 2천 700여 냥은 그대로 사적인 용도에 썼습니다. 임자년(1852, 철종 3) 봄에 전주全州에서 이전한 환미還米의 대전代錢 1만 냥에서 획급해 온 것이 있었는데 직접 영하營下에 가서 진고賑庫에 독촉하여 거두어 들여 영저營邸에 쌓아둔 8천 880냥을 혹은 서울 집에 직접 보내기도 하고 혹은 가까운 고을의 잘 알고 가깝게 지내는 사람의 집에 이송하기도 하여 단지 1천 120냥을 본주本州에 운반해 와서 또한 나용挪用하는 데에 들여 헛된 글로써 환곡 장부에 과장하여 혹은 결환結還으로 분급分給하였다고 하기도 하고 혹은 공납公納으로 이록移錄하였다고 하기도 하고 혹은 유리由吏가 포흠한 것으로 돌리기도 하였습니다. 이른바 환곡 장부의 통계統計는 그 숫자가 또한 2냥에 불과한데 마련한 것은 1천 석의 대전代錢 3천 냥 중에 1천 냥을 먼저 착복하여 마침내 눈을 가리지 못하자 어벌쩡 추이推移하였는데, 오로지 자기를 살찌우는 방술에서 나왔습니다. 거짓을 꾸며 은밀히 백성들을 속이는 계획을 시행하고 문부文簿를 갈피를 잡을 수 없게 어지럽혀 삼정三政이 모두 뒤섞이고 경법經法을 무너뜨려 온갖 폐단이 모두 고칠 수 없게 되었습니다. 신해조의 궁결宮結의 수쇄收刷 1천 400결은 바로 빙자하여 가집加執[3]한 것입니다. 1결 당 18냥 5전씩을 수봉하여 도합 2만 5천 900냥이 되는데, 그 안에서 1만 7천여 양으로 원납元納을 채우고 그 나머지 8천여 냥은 개인 주머니로 돌아갔습니다. 임자년1852, 철종 3) 봄에 도세미島稅米 800여 섬 안에 1석 당 11냥씩을 절전折錢하여 7천 700여 냥을 원세元稅에 방납防納하고 이자를 취한 것이 1천 700여 냥이 되며 결역미結役米를 1석 당 10씩을 집전執錢하였는데, 시가와 비교하면 더 거둔 것이 190여 냥 남짓인데 비로소 쇄포刷逋하였습니다. 아전 자리를 절매折賣한 돈이 2천 900여 냥이나 됩니다. 비록 그러하나 바로잡아도 비방이 없을 수 없어서 은밀히 떳떳하지 못한 길을 통하고 크게 뇌물이 들어오는 문을 열어놓아 좋은 자리를 차임할 때에는 후한 값을 요구하고 어려운 임무를 체차할 때에는 탈채頉債를 받았습니다. 위로 이향吏鄕부터 아래로 면임面任과 사령使令 등속에 이르기까지 각각 임명하는 자리의 후박에 따라서 모두 많고 적은 뇌물이 있어서 그 동안 받은 것이 2만 2천 900여 냥이나 됩니다. 환곡還穀을 건몰乾沒하고 군전軍錢을 나이挪移한 것은 결부結賦에 빙자하여 모람冒濫하고 뇌물은 실로 토색討索을 말미암은 것입니다. 법과 기강을 무시하고 이익을 독차지하는 것이 이에 이를 줄은 생각하지 못하였습니다.

3_가집(加執) : 지방관이 상부의 명령으로 관의 양곡을 팔 때 정액 이상으로 팔아 중간 이익을 취하는 일이다.

전 병사 윤명검尹明儉은 늙어서 끝없는 욕심을 부리되 탐욕을 경계할 생각조차 하지 않고 취렴聚斂하는 데 전혀 생각이 없었습니다. 편비褊裨는 권력을 멋대로 부려 백성의 재물을 강제로 빼앗고 점차 방종해졌으며, 이교吏校는 이익을 취하였습니다. 신해년에 청하여 획급劃給한 군작미軍作米 대전代錢 900냥으로 성루城樓 공사를 경영하고 구폐전捄弊錢을 빼앗은 1천 냥 4리里, 결호수結戶首에게 사징查徵한 500냥, 군향미軍餉米을 창고에서 내 작전作錢하여 이자를 취한 150냥, 요호饒戶와 실호實戶에게 강제로 빌려준 돈 1천여 냥, 도합 3천 7백여 냥 내에서 성첩城堞의 보수와 문루門樓를 개건改建하는 데에 쓰고 남은 돈 2천 300여 냥을 개인 주머니에 넣고, 조곡糶穀을 받을 때에 이자를 취한 180냥이 그대로 사적 용도에 썼습니다. 창색倉色을 위협하고 궤자櫃子를 부수고 강제로 빼앗은 잡비조雜費條 24냥, 사적으로 연 군향미軍餉米 60석 반을 병색兵色에게 주고 고가高價로 집전執錢하여 절반은 관청으로 귀속시켜 창고 보수에 이용移用하였습니다. 과시科試는 전적으로 자기 이익만을 꾀하여 취사取舍하여 받은 돈이 1천 200여 냥이고, 옥수獄囚는 죄를 얽어내어 협박하여 받은 뇌물이 8천 600냥입니다. 양고兩庫의 감색監色을 자수 체차하면서 받은 징탈채徵頉債 950여 냥은 인정人情이 싫어하고 괴롭게 여기는 것을 말미암은 것입니다. 대변군관待變軍官을 억지로 차임하여 거둔 체가帖價가 300여 냥입니다. 이에 영하營下가 시끄러웠는데 물리지 않고 재물을 탐내고 점점 심하게 침해侵害하였습니다. 1천 줌의 차지差紙로 몇 백 장을 만들어 내 1장에 50냥씩으로 값을 정해 나누어 보내 팔았습니다. 사나운 교졸校卒과 차사差使가 주군州郡을 두루 돌아다니고 필마匹馬와 선척船隻이 섬과 육지에 출몰하여 약간이나마 곡식을 먹는 자들은 권역 안에 두었습니다. 조금이라도 뇌물을 주려고 하지 않는 자는 죄망罪網 속에 빠뜨려 계속해서 붙잡았습니다. 매질도 오히려 혹독한데 관아의 하례下隸는 범처럼 울부짖고 이리처럼 탐욕스러워 백성들은 물고기처럼 놀래고 새처럼 숨었습니다. 그 광경이 한결같이 혼란하고 어수선하여 마침내 가하加下하여 보충하였는데, 이것은 모두 수만 생령生靈들의 고혈입니다.

윤7월

○ 호조에서 다음과 같이 아뢰었다.

전세田稅는 바로 정공正供이니 사체가 더할 수 없이 중합니다. 상주尙州·안동安東·함양咸昌·비안比安의 전세전田稅錢이 기한이 지난 지 오래되었는데 전혀 갖추어 납부하지 않았습니다. 네 읍의 구령을 나감拿勘하소서.

윤허하였다.

○ 비국에서 다음과 같이 아뢰었다.

전 전라 감사 정최조鄭最朝의 공사供辭 중에 본도에서 조사하도록 할 것을 우러러 청하였습니다. 재신宰臣이 변방을 다스리는 것은 문망聞望이 자별한데 암행어사의 논계論啓를 입은 것이 이처럼 낭자하니, 철저히 분소分疏하려고 한 것이면 혹 괴이하게 여길 것이 없습니다. 다만 암행어사의 서계는 본도에서 조사할 것을 허락하지 말도록 한다는 정식定式이 더할 수 없이 엄합니다. 그런데 중간에 한 차례 무너뜨린 것이 어떤 사단으로 말미암은 것인지 모르겠습니다만, 이제 갑자기 막았던 길을 열어서 폐단이 생기게 할 수는 없습니다. 의금부에게 곧바로 의처議處하게 한 뒤에 조율照律하소서.

윤허하였다.

○ 전라 감사 정기세鄭基世가 다음과 같이 아뢰었다.

병사 이건서李健緖가 보고한 봉화奉化의 괘서掛書 죄인을 조사한 공초로 인하여, —병사兵使의 등보謄報 내에, 25일 감영의 교졸이 광주光州에 도착하여 수상한 사람 김승문金升文을 취초取招하니, "저는 본래 수원水原 사람으로서 가난해서 스스로의 힘으로 살 수가 없어서 이리저리 옮겨 다녔습니다. 전라도에 이르러 열읍列邑을 떠돌아다니다가 담양潭陽 사람 김석복金石卜·김수종金水宗, 동복同福 사람 박칠원朴七元과 서로 친해졌는데, 간혹 길에서 도둑질한 일이 없지 않았습니다. 작년 겨울에 김석복과 박칠원과 부딪쳤는데, 두 놈의 말에, '같은 달 15일 밤에 봉화에 괘서 사건이 있었다' 하고, 또 '봉화현의 김외비金外鼻가 창을 몰래 주조하였다' 하였습니다. 이어서 저와 함께 금년 3월에 영남嶺南에 함께 가기로 약속했습니다. 저는 이렇게 들었습니다." 하였습니다. 다시 추문推問하니, "괘서와 함께 가기로 했다는 말에서 두 놈의 말 안에, 만일 영남에 간다면 재물을 얻을 단서가 있을 것이라도 했기 때문에 과연 함께 가기로 약속했던 것입니다. 김외비는 그 말을 들었을 뿐 일찍이 한 번도 만난 적이 없습니다." 하였습니다. 박칠원의 공초 내에, "저는 각처에서 걸식乞食하여 거지들과 모두 서로 알고 지냈습니다. 그런데 작년 겨울에 최문억崔文億, 담양 사람 김수종金水宗·김석복金石卜 등과 옮겨 다니다 영남 봉화현 성도암成道菴 동네 어귀에 이르렀습니다. 김외비는 자가 성보成甫이고 나이가 올해 42세인데, 평소 최문억과 친했습니다. 12월 보름날 밤에 저희들이 김외비와 성도암에 함께 머물다가 닭이 울기 전에 김외비가 어디론지 나갔다가 다음 달 아침에 다시 왔습니다. 같은 날 초혼初昏에 김외비와 최문억이 함께 속삭이는 말을 들으니, '오늘 새벽에 읍내에서 괘서하였다' 하였습니다. 올 1월에 최문억이 저에게 이르기를, '그 당여黨與도 응당 영남으로 갈 것이다' 하였습니다. 그러나 병기를 주조한 것이 누구인지는 실로 모릅니다." 하였습니다. 김석복의 공초 내에, "저는 최문억·김수종·최문억과 이리저리 옮겨 다니다 봉화에 도착했다가 12월 23일에 귀환歸還하였으니, 그 동안 듣고 본 것이 한결같이 박칠원의 공초와 같습니다. 이번 1월에 김수종이 와서 저에게 말하기를, '3월에 함께 영남으로 가자' 하였기 때문에 과연 허락하였습니다. 병기를 주조한 일에 대해서는 자세히 알지 못하며, 괘서는 김외비의 소행이라고 합니다." 하였습니다. 김수종의 공초 내에, "가난하여 이리저리 떠돌며 걸식하였는데 작년 겨울에 김석복·박칠월·최문억이 이리저리 옮겨 다니다 봉화에 도착하였습니다. 김외비는 결의結誼하여 서로 친하게 지낸 자였습니다. 12월에 그들과 함께 성도암에 머물렀는데, 같은 달 15일 밤에 김외비가 저와 함게 고을로 가서 한 통의 봉서封書를 써서 품고 있다가 문루門樓에 걸었습니다. 저는 곁에서 참여하여 보다가 무슨 일인지 물었더니, 외비가 '너가 알 바가 아니다' 하였습니다. 김외비가 가지고 다니는 작은 상자 중에 몇 개의 칼과 창이 있었습니다. 이것은 모두 김외비가 주장한 것입니다." 하였습니다. 최문억의 공초 내에, "작년 겨울에 김석복·박칠원·김수종과 함께 봉화의 김외비가 있는 곳에 갔는데, 당시 김외비가 저에게 먹을 갈아서 글자를 쓰게 한 적이 있었는데 제가 무식한 탓에 무슨 모양의 문서인지를 알 수 없었습니다. 같은 달 15일 새벽에 김외비와 김수종 등이 과연 현縣의 문에 괘서하였습니다." 하였습니다. 김외비의 공초 내에, "저는 본래 안동安東에 살다가 봉화로 이거移居하였습니다. 본명은 장한張翰입니다. 명색은 토반土班이나 서자입니다. 그러므로 구실아치의 딸에게 장가들었습니다. 괘서하고 병기를 주조했다는 말은 천만 부당합니다. 단지 괘서 사건이 있어서 사람들이 놀랐다고 들었을 뿐입니다." 하였습니다. 김외비 등을 대질시키니, 김외비가 박칠원에게 묻기를, "나는 너를 모르는데, 너는 어떻게 정확히 알아서 이렇게 황당한 말을 하는가?" 하고, 김수종이 김외비에게 묻기를, "너와 우리들이 성도암에 함께 머물다가 너가 우리를 유혹해 함께 가서 괘서하지 않았는가?" 하고, 최문억이 김외비에게 묻기를, "성도암에서 묵을 때에 너가 쓸 것이 있다고 나에게 먹을 갈게 하지 않았는가?" 하니, 김외비가 한참 동안 자세히 보다가 머리를 숙이고 말하기를, "이들이 고발하니, 스스로 발명할 길에 없습니다. 그때 괘서한 것은 과연 저의 소행이 아닙니다. 본현本縣의 문촌文村에 사는 금성옥琴聖玉은 이름이 널리 알려져 있는 사가士家로서 세력이 약간 있어서 군아郡衙의 안을 출입하였는데, 관官에 견책을 받고서 항상 야속하게 여기고 있었습니다. 저의 처조카 정가鄭哥에게 받을 빚이 12냥인데, 저의 처조카가 죽은 뒤에는 금성옥이 매번 그 빚을 저에게 독촉하였습니다. 작년 겨울 12월 1일에 제가 시장을 구경하던 차에 금성옥의 문앞을 지났는데, 금성옥이 저에게 말하기를, "내가 너와 긴밀히 의논할 일이 있으니, 꼭 찾아오라." 하였습니다. 그러므로 같은 달 11일에 금성옥의 집을 찾아갔더니, 제게 방으로 들어오라고 청하여 한 통의 봉지封紙를 꺼내 그 겉면에 쓰라고 하면서 협지夾紙에 남몰래 지은 초고草稿를 내보이면서 말하기를, '이대로 쓰라' 하였습니다. 그러므로 그 협지를 보니, 바로 '영남감병영열읍개탁평동대원수이격문嶺南監兵營列邑開坼平東大元帥移檄文' 17자였기 때문에 그 괴상한 것을 보고서 쓰려고 하지 않으니, 금성옥의 말에, '내 말을 듣는다고 너에게 무슨 해가 있겠는가?' 하면서 누누이 쓰기를 청하였기 때문에 제가 마지 못해 썼습니다. 또 상자 속에서 각인刻印 하나를 꺼내어 그 괘서掛書에 세 번 찍고서 저에게 주면서 말하기를, '네가 이것을 가지고 가서 고을 문에 건다면 네 처조카의 빚 12냥을 내가 응당 탕감할 것이다' 하였습니다. 제가 그의 지시를 듣고서 과연 15일 밤에 김수종과 함께 문루에 가서 괘서하였습니다. 최문억이 말한 바 "먹을 갈던 때는 실로 이 글이 아닙니다. 이에 각인에게 추보推報하였습니다."고 하였습니다. 금성옥의 공초 내에, "순흥順興에 사는 진사 김두창金斗昌은 바로 저의 며느리의 재종조再從祖입니다. 본래 친절했는데 작년 12월에 봉화의 아전 윤이근尹以根이 서찰을 부쳐 보내 제게 와서 전하면서 겸하여 겉봉을 쓰지 않은 한 통의 봉서를 보냈습니다. 또 협지로 남몰래 지은 초고가 편지에 꽂혀 있었습니다. 또 아전 윤이근이 말한 겉봉은 김외비를 불러다가 쓰게 하는 것이 좋겠다고 하였기 때문에 과연 김외비로 하여금 겉봉을 쓰게 하기를 청하였습니다. 아전 윤이봉이 또 황밀黃蜜로 거짓 도장을 만들었기 때문에 제가 그 겉봉에 찍어서 즉시 김외비에게 주었는데, 봉내封內의 뜻은 과연 자세히 알지 못합니다. 김두창과 김이근을 잡아다가 사문查問하면 통촉할 수 있을 것입니다." 하였습니다. 윤이근의 공초 내에, "저는 퇴직한 아전으로 상업을 업으로 삼아 타향에 출몰하였으나 금성옥과 부딪친 때가 없는데 어찌 편지를 전한 일이 있었겠습니까? 아비가 살아 있을 때 남긴 16마지기를 금성옥에게 저당잡혔을 뿐인데, 아문 안을 출입하면서 세력을 믿고 정소呈訴하였으나 아직 갚지 못하였습니다. 이 때문에 미움을 품고서 터무니없는 말로 모략하여 흉역凶逆에 빠뜨린 것입니다. 더구나 또 김두창은 저와 전에 만난 적이 없고 지난번에 영남 감영에서 대질할 때에 비로소 그 용모를 보았습니다." 하였습니다. 김두창의 공초 내에, "금성옥과 족속族屬과 연사連査[4]의 일이 있었으나 서로의 거처가 약간 멀기 때문에 평생 동안 모르고 지냈다." 하였습니다. 금성옥과 김두창은 대질하니, 금성옥이 말하기를, "죽을 상황에서 살아나려고 한 계획이니, 과연 무소誣訴입니다." 하였다. — 전교하기를, "본도 감영에서 여러 죄수를 잡

4 _ 연사(連査) : 사돈의 친척으로 연줄이 되는 관계.

아다가 엄히 조사하여 보고하라." 하였다.

○ 비국에서 다음과 같이 아뢰었다.

나라에서 영令이 있으나 감히 범하는 것은 법을 시행하지 못하는 것입니다. 더구나 조정에서 금령禁令을 어긴다면 백성들이 어찌 그치겠습니까? 교轎를 타는 데 대해 현금懸禁한 지 얼마 안 되었습니다. 그런데 요즘 듣건대, 전 현감 송재윤宋在胤이 영을 내린 처음에 별 어려움 없이 타고 다녀 길 가는 사람까지 손가락질하였습니다. 무릇 절목節目 중에 늙고 병든 사람은 타는 것을 허락한다는 것은 바로 늙고 또 병든 사람을 말합니다. 수레의 덮개가 있고 없고를 어찌 일찍이 구별한 적이 있겠습니까? 조금이라도 고려하고 두려워하는 마음이 있었다면 어찌 이러했겠습니까? 나문拿問하여 정죄定罪하소서. 법사法司 당상으로 말하더라도 이처럼 전파된 말을 듣지 못했을 리가 없는데 태연히 내버려 둔 채 금지할 방도를 연구하지 않았으니, 모두 엄하게 추고하도록 하소서.

윤허하였다.

○ 병조에서 아뢰기를, "부총관 오현문吳顯文과 심창규沈昌奎가 사제私第에 누워 있으면서 지방에 있다고 일컫고 사은숙배謝恩肅拜하지 않았으니, 나처拿處하소서." 하였다.

윤허하였다.

○ 금부에서 다음과 같이 아뢰었다.

해남海南의 전 현감 권최환權最煥은 무조貿租와 진조賑租를 농간하고 궁결宮結과 조결漕結에서 이자를 취하였으며 관수官需를 고가高價에 부민富民에게 강제로 꾸어주었습니다. 가하加下는 아전으로 대신 납부하게 하고, 세납稅納은 백성들에게 가산을 탕진하게 하였습니다. 환대전還代錢 500여 냥을 사사로이 썼는데 공화公貨입니다. 수교受敎하여 정식으로 삼은 데 의거하여 즉시 그 지역에 정배定配하소서.

판부하기를, "엄히 한 차례 형신刑訊하고서 정배하라." 하였다.

○ 전라 감사全羅監司 정기세鄭基世가, 순천順天 등 고을의 민가民家가 물에 떠내려가고 무너졌으며 인명人命이 물에 빠져 죽은 일로 아뢰니, 다음과 같이 전교하였다.

세 고을의 수재水災가 저처럼 매우 혹심하여 표류하고 무너지며 물에 빠지고 눌려 죽은 숫자가 또 이처럼 많아서 몇 해 전 청북淸北에 홍수가 났을 때에 비하여 더욱 심하니, 내가 놀라고 근심되어 마음 둘 바를 모르겠다. 도내道內의 품계가 높은 문관 수령을 위유사慰諭使로 차하差下하여 이르는 곳마다 자세히 살피고 면면이 위유慰諭하게 하고, 원래의 휼전恤典 이외에 별휼전別恤典을 집집마다 분등分等하여 지급하게 하라. 매장埋葬하는 절차도 또한 알맞게 헤아려 지급하여 살 곳을 잃고 울부짖는 백성들을 위로하도록 하라. 재목을 빌려주고 일꾼을 보조하는 등의 일은 도신道臣과 상의하여 속히 집을 지어 들어가 살게 하라. 소용되는 휼전恤典은 호조戶曹와 선혜청宣惠廳의 아문에서 상납하는 것 중에서 회감會減하라고 분부하라. — 순천 부사順天府使 신석희申錫禧를 위유사로 차하하였다. —

8월

○ 비궁閟宮의 추향秋享을 친행親行하였다.

○ 비국에서 다음과 같이 아뢰었다.

감찰監察에게 금패禁牌를 내주는 것은 옛날에 그 법이 있었으니, 풍속風俗을 바로잡고 간특奸慝함을 규찰糾察하기 위한 것이었는데 법이 오래되자 폐단이 생겼습니다. 그 동안 금칙禁飭한 것이 거듭 엄하였을 뿐만 아니라 입직 인신印信만 남겨 두고 나머지는 모두 보관해 두기에 이르렀습니다. 그런데 요즘 듣건대, 2, 3원員이 금패를 내주어 민간이 여러 모로 침해받아 고통스러워하고 있는데 13원이 서로 흉내를 내고 있다고 하니, 여염과 시정이 그 피해를 받고 있음을 미루어서 알 수 있습니다. 영칙令飭을 염두에 두지 않고 대각臺閣에 수치를 끼쳤으니, 작은 일이 아닙니다. 먼저 전문傳聞을 가장 가리기 어려운 자인 감찰 초병덕楚秉悳과 이상진李相璡을 모두 나감拿勘하도록 하소서. 이 뒤에 사헌부의 일에 관계된 모든 것은 전례대로 가두고서 추문推問하는 일이라도 보고하지 않았으면 도헌都憲은 절대로 시행하지 말도록 하소서. 그 관원을 부추겨 매개가 되어 나쁜 구실을 만드는 것은 먹자[墨尺]과 소유所由 무리들이 기회를 타고 가렴주구하려는 계획입니다. 도헌으로 하여금 적발하여 엄히 다스리게 하여 장래를 권면하도록 하소서.

윤허하였다.

○ 비국에서 다음과 같이 아뢰었다.

경시관京試官과 도사都事는 하직 인사를 하기 전에 와서 시상時相을 보는 것이 옛 규례입니다. 그런데 경상 좌도 경시관慶尙左道京試官 이교인李敎寅이 지레 앞서 하직下直하고서 곧바로 떠났으니, 공격公格으로 볼 때 너무나 온당치 않습니다. 파직罷職하소서.

윤허하였다.

○ 비국에서 다음과 같이 아뢰었다.

삼가 의주 부윤이 범월인犯越人을 재차 조사한 데 대해 계하啓下한 장본狀本을 보건대, 그 공초가 처음 조사와 자못 차이가 없었습니다. 피아의 경계가 수십 보도 안 되는 가까운 거리이지만 한 번이라도 범월했다는 명목이 있으면 스스로 시행해야 할 형률이 있습니다. 더구나 머리를 바싹 깎고 복장을 바꿔 입고서 곧바로 연경燕京에 도착하였으니, 이것은 전에 없었던 변괴입니다. 범월 죄인 장보길張保吉을 삼수부三水府로 이송하여 효수梟首하여 뭇사람을 깨우치도록 하고, 이 사유事由를 괴원槐院에서 회답 자문回答咨文을 지어서 재자관齎咨官 편에 부치게 하여 도경都京에 전달되도록 하소서. 인차외仁遮外는 삼수 땅인데 죄인이 여기를 거쳐서 들어간 것이 여러 차례의 공초가 한결같으니, 당시에 제대로 신칙하지 않은 도신과 수신帥臣 및 지방관을 모두 현고現告를 받들어 의율依律하여 논감論勘하도록 하소서. 해진該鎭으로 말하더라도 이른바 방수防守란 것이 무슨 일입니까? 찬배竄配하소서.

윤허하였다. ─ 함경 감사 조병준趙秉駿, 남병사 정하응鄭夏應은 삭직削職하고, 삼수 임상준任商準은 정배定配하고, 인차외 만호 정수현鄭秀鉉은 정배하였다. ─

○ 숭릉崇陵과 경릉景陵에 전알展謁하였다.

○ 동관왕묘東關王廟에 들렀다.

○ 영원 부대부인鈴原府大夫人의 묘소墓所에 친제親祭하였다.

○ 열무閱武를 친행親行하였다.

○ 다음과 같이 전교하였다.

고 강화 유수江華留守 남이형南履炯의 청렴하고 결백한 자취와 재신宰臣 이시원李是遠에 대해 한 고을에서 칭찬하는 것은 내가 옛날 노고勞苦하던 때부터 일찍이 익히 들어왔던 바이니 가상히 여겨 장려하는 거조가 없을 수 없다. 남이형의 아들이나 손자 중에 이름을 물어서 임기가 다 되어가는 초사初仕에 개정開政하기를 기다렸다가 자리를 비워서 의망擬望해 들이고, 호군 이시원은 도총관都摠管에 제수하도록 하라.

9월

○ 비국에서 다음과 같이 아뢰었다.

전라 감영全羅監營에서 다시 조사한 장본狀本을 방금 계하啓下하셨습니다. 여러 공초가 번복翻覆되었으나 전에 비해 일관되며 옥정獄情이 혼란하여 많은 의심이 있을 뿐만 아닙니다. 곤수閫帥의 죄안으로 말하면 해 곤수閫帥의 기교機巧와 단련鍛鍊은 이럴 리가 없을 것이요, 감영의 조사로 말하면 각 사람이 원통함을 호소하는 것은 근거할 만한 증거가 없지 않습니다. 더할 수 없이 엄한 반핵盤覈이 갈수록 의혹할 만한 단서가 있습니다. 금성옥琴聖玉 등 일곱 놈을 포도청에서 철저히 신문하여 기어이 취복取服하게 하소서. 김두창金斗昌과 윤이근尹以根은 무고를 당한 사람이지만 이 일을 결말짓기 전에는 갑자기 참작하여 방송해서는 안 되니, 아울러 병영의 교리校吏와 함께 일체 끌고 와 대령하소서. 봉화奉化의 좌수座首·호장戶長·형리刑吏 등 3인은 자못 문초할 만한 단서가 없으니, 우선 방송하게 하소서.

윤허하였다.

○ 천둥이 치고 우박이 내렸다.

○ 조강朝講을 행하였다.

○ 대사헌 윤치수尹致秀가 다음과 같이 아뢰었다.

사직社稷 대제大祭 때에 천조관薦俎官 채원묵蔡元默이 술에 취하여 천천히 걸었으니, 거조가 해괴망측하여 감찰監察이 정과呈課5하는 일이 있었습니다. 대개 듣건대, 감찰과 채원묵은 뭇 사람들이 다 아는 묵은 혐의가 있었는데 수향受香할 때에 보복하겠다고 소리쳐 말하였고 제사 지낸 뒤에 마침내 선성先聲에 부합하였습니다. 정과할 책임을 주고서 정과의 잘못을 규핵糾覈하는 것은 비유하면 밭을 주고서 쟁기와 보습을 빼앗는 것과 같습니다. 묵은 원한을 보복하는 길을 연다면 실로 무궁한 폐단이 될 것입니다. 당일의 제감祭監과 서리書吏 및 거행 수복擧行守僕은 형조에 넘겨서 속히 사실을 조사하게 하고, 해 감찰 심귀조沈

5_ 정과(呈課) : 사헌부의 감찰(監察)이 금령(禁令)을 어긴 사람에 대해서나 관원의 불법(不法) 또는 조의(朝儀)에 어긋난 행위에 대해 대간(臺諫)에게 고하는 것이다. 그 내용을 대간이 왕에게 아뢰어 청죄(請罪)할 수 있게 하였다.

龜祖는 나감拿勘하도록 하소서.

윤허하였다. — 사실대로 고하지 않은 죄로 한산군韓山郡에 도삼년徒三年 정배定配하였다. —

○ 비국에서 다음과 같이 아뢰었다.

전라 감사 정기세鄭基世의 장계狀啓로 인하여, 김태선金台銑은 상진곡常賑穀의 서사書寫하는 역役에 부자가 이어서 전한 지 자그마치 50여 년이나 되었습니다. 주관主管하는 것은 비록 색리色吏가 있지만 문서에 기록하는 것은 전적으로 서사에게 달려 있는데, 각년各年의 색리가 여러 해 동안 포흠逋欠한 것을 한결같이 엄폐한 것만도 서사의 용서할 수 없는 죄입니다. 그런데 더구나 그 부자가 범한 것이 얼마나 되는지는 지금 조사할 길이 없다는 이유로 의심할 만한 진장眞贓이 없다고 한다면 자못 형평에 맞는 정사가 아닙니다. 12만 포包의 공곡公穀이 비록 전 수량이 이놈 부자의 손에 건몰乾沒되었다고 해도 지나친 말이 아닙니다. 일이 곧바로 일률一律을 시행하여 혹 뒷날을 징계할 것을 기약해야 마땅하나, 도계道啓에서 논열論列한 것은 진실로 추구追究할 곳이 없는 데서 나와서 그런 것입니다. 김태선은 특별히 죄가 의심스러울 경우에는 가볍게 처벌한다는 법을 적용하여 엄히 세 차례 형신하고서 원악도遠惡島에 종신토록 정배定配하고 물간사전勿揀赦前하소서.

윤허하였다.

○ 대사간 김필金鏴이 올린 상소의 대략은 다음과 같다.

요즘 과시科試가 옛날과 같지 않아 쉽게 나라의 체모를 무너뜨리고 사론士論이 울분으로 답답해지게 만듭니다. 그러므로 올 가을 대비大比는 성지聖志가 분려奮勵하여 그 폐단을 바로잡을 방법을 생각하여 일에 앞서서 신칙한 것이 눈서리보다 두렵고 부월鈇鉞보다 엄하였을 뿐만 아닙니다. 따라서 밝은 명을 받들어서 시책試責에 응한 자가 만일 조금이라도 떳떳한 성품을 타고났다면 진실로 백배 스스로 힘써 정성을 다해 왕명을 펴나가 위로는 중히 맡기신 뜻에 답하고 아래로는 선비들의 바람에 부응했어야 합니다.

그런데 탁호坼號[6]한 뒤에 외도外道의 전문傳聞은 놀라움과 탄식을 금치 못하겠습니다. 호서湖西는 본래 사부士夫의 고향이니 참방參榜된 사람이 많은 것은 괴이하게 여길 듯하나 좌도와 우도의 방안榜眼을 맞춰보면 분배分排한 자취를 가릴 수 없습니다. 경거인京居人이 향과鄕科를 외람되이 차지한 것은 주시관主試官이 사사로이 비호한 것이 아니면 남에게 속임을 당한 것이 분명합니다.

해서海西의 일에 이르러서는, 사습士習이 무엄하여 차라리 말하지 않고 싶습니다. 그러나 주시관이 여러 사람이 손가락질 하고 보는 중에서 의심과 비방을 받은 것은 실마리를 전혀 잡을 수 없다고 말할 수 없습니다. 크게 공정함을 널리 퍼뜨리고 오랫동안 배운 것을 발휘하여 국가를 위해 화기和氣를 이끌고 국맥國脈을 인도하는 것을 본래 이 무리에게 기대한 적은 없으나, 또한 어찌 일찍이 전혀 법을 두려워하지 않고 미혹하여 가르침을 따르지 않은 적이 있었겠습니까? 이러한데도 다 끝난 일로 결론짓고 마땅히 시행해야 할 형률을 시행하지 않는다면 장차 어떻게 후진後進을 징계하고 다사多士에게 사죄하겠습니까? 신은 호서경시관湖西京試官 — 김학초金學初이다. — 과 도사 — 기문현奇文鉉이다. — 및 해서 도사 — 신철구申徹求이다. — 에게 찬배竄配를 시행하여 사심私心을 따라 법을 업신여긴 버릇을 징계하는 것이 마땅하다고 생각합니다. 관동 주시관關東主試官 — 민형재閔馨在이다. — 으로 말하더라도 인사불성이 되도록 곤드레만드레 취하여 참시관參試官과 부시관副試官이 어지럽히는 대로 놔두었으니, 풍전風傳을 다 믿기는 어렵지만 직무를 그르친 죄는 똑같이 그 잘못이 있습니다. 또한 간삭刊削을 시행하여 훈계와 격려를 보여주소서. 참시관과 부시관이 감히 시사試事에 관여함이 없도록 하라는 데 대해 묘당에서 제칙提飭한 것이 어떠하였습니까? 호남 좌우와 관동의 일은 주시관에게 전적으로 책임지우기 어렵습니다. 전문으로 참고해 보건대 더욱더 놀랍고 한탄스럽습니다. 모두 현고現告를 받들어 나문拿問하여 엄히 감죄勘罪하는 것이 마땅하겠습니다.

다음과 같이 비답하였다.

이 무리들이 조금이라도 법을 두려워하는 마음이 있었다면 어찌 이 지경에 이르렀겠는가? 칙교 중에 '충불충忠不忠' 세 자의 뜻이 과연 어디로 돌아갔는가? 차라리 말하고 싶지 않다. 청한 바는 그대로 시행하라. 관동 도사도 또한 간삭하고 말아서는 안 되니, 찬배竄配하는 형전을 시행하라. 해서의 주시관이 대계臺

6 _ 탁호(坼號) : 과거에 급제한 사람의 명단을 뜯어 성명을 부르는 일.

啓에 오른 만큼 참시관과 부시관을 어찌 놔두고 논핵하지 않을 수 있겠느냐? 일체 나문拿問하여 엄히 감죄하도록 하라. — 김학초金學初는 정주목定州牧, 기문현奇文鉉은 웅천현熊川縣, 신철구는 광양현光陽縣, 민형재는 울산부蔚山府에 찬배하였다. 참시관과 부시관인 곡산 부사谷山府使 이유응李裕膺, 금교 찰방金郊察訪 백종규白宗逵, 석성 현감石城縣監 박단회朴端會, 은진 현감恩津縣監 서증보徐曾輔, 영동 현감永同縣監 정순조鄭順朝, 직산 현감稷山縣監 이원식李源植, 평창 군수平昌郡守 윤장선尹章善, 은계 찰방銀溪察訪 김기헌金騏獻은 장팔십杖八十에 고신告身 3등을 추탈追奪하였는데, 대신大臣의 아룀으로 인하여 분간分揀하여 본직에 돌려보냈다. —

○ 영상 김좌근金左根이 올린 차자箚子는 다음과 같다.

임자년(1852, 철종 3)에 반시泮試를 파방罷榜한 일은 그 본죄本罪를 따져보면 소란을 일으킨 유생에게 있습니다. 설령 반장泮長이 평품評品하고 고열考閱하는 즈음에 공정하지 못한 것이 있었을지라도 성균관과 스승과 유생간의 분의가 어떠합니까? 유생이 이런 놀랍고 흉악한 짓을 하였으니, 어찌 단지 성균관에 수치를 끼쳤다고 말하고 말 수 있겠습니까? 그때의 처분은 선비들의 추향을 엄히 하고 유생들의 버릇을 징계하려는 성의聖意에서 나왔습니다. 다만 생각건대, 과시科試를 파방하는 것은 아주 부득이한 사단이 있는 경우가 아니면 쉽게 의논한 때가 없었습니다. 그 기예를 헤아리고 그 사람을 취하는 것은 한漢나라와 당唐나라 이래로 나라의 큰 정사가 되었기 때문입니다. 이제 5, 6인이 소리치며 미친 듯이 날뛴 죄 때문에 애당초 간섭하지 않고 팔짱을 낀 채 물러나 있던 수백 인이 뒤섞여 정거停擧하는 벌을 받게 하였습니다. 이것이 단지 패악한 유생들의 기운을 키워 조금이라도 뜻대로 되지 않는 것이 있으면 문득 그 버릇을 행하기를 다반사처럼 보지 않을 줄 어찌 알겠습니까? 신의 생각에는, 임자조壬子條에 점수를 계산해서 이미 출방出榜한 자는 특별히 복방復榜하여 합제合製하게 하여, 그 해에 피선된 자 중에서 별도로 정선精選하여 사서四書와 『소학小學』을 통독通讀하여 응강應講하고서 모두 금년 반시泮試의 방목 끝에 붙임으로써 과시의 체모를 중하게 해야 한다고 봅니다.

다음과 같이 비답하였다.

연전의 처분은 난유亂儒를 징계한 것인데 모든 사람이 다 난유는 아니다. 경의 차자 중에 "한갓 패습悖

習만 자라게 한다." 한 것은 사리에 꼭 들어맞는다. 청한 바는 그대로 시행하도록 하겠다.

○ 비국에서 다음과 같이 아뢰었다.

황해 감사 김영근金泳根의 사계査啓로 인하여 감시監試에서 소란을 일으킨 난유亂儒 안재승安在升을 철저히 조사한 일입니다. 과시科試의 폐단이 아무리 날마다 불어나고 선비들의 버릇이 아무리 날마다 패악스러워지고 있다 하더라도 지금 이 해서海西의 일은 진실로 큰 변괴입니다. 설령 시관試官이 진짜 사심私心을 따르고 공정하지 않았다고 할지라도 선비가 된 자가 진실로 감히 이래서는 안 됩니다. 더구나 진장眞贓이 드러나지 않았는데 의심과 분노가 먼저 일어나 벌떼처럼 에워싸고 돼지처럼 돌진하여 빗질하듯 타파하여 손을 댄 형세가 연전의 북관北關의 난유의 일과 한 꿰미에 서로 연결되어 있습니다. 이 버릇을 계속해서 자라게 한다면 장차 무슨 변고가 있지 않겠습니까? 생각이 여기에 미치니 저도 모르게 떨리고 기막힙니다. 수창인首倡人 안재승은 엄히 형신하고서 충군充軍하고, 수종隨從한 여러 사람은 경중을 나누어 참작하여 처리하소서.

윤허하였다.

○ 포청에서 다음과 같이 아뢰었다.

죄인 김수종金水宗 등을 엄히 조사하여 취초取招하였는데, 며칠 전 다시 조사하는 데에 같은 말로 원통함을 부르짖기를 전과 다름없이 하였습니다. 당초에 여러 죄인이 붙잡힌 것은 괘서掛書 사건 때문이 아니었습니다. 추적하여 체포한 것은 최효복崔孝福이 김승문金升文이 구타한 데 대해서 유감을 품은 것으로 말미암아서 시작되었는데, 기찰군관에게 여러 놈들이 필시 괘서 사건을 알고 있을 것이라고 하였습니다. 독한 형벌을 주고 협박하여 공초를 받아서 병영에 바치기까지 하였는데, 철저히 조사하는 데 있어서 단련鍛鍊한 것을 괴이하게 여길 것이 없습니다. 호남湖南의 거지들이 경상 좌도와 멀리 떨어진 땅에서 모의에 참여하여 일을 알았다고 한다면 진실로 뜻밖이며, 더구나 흉서를 가서 걸 때에 봉화奉化 성도암成道菴에서 모였다고 한 것을 자연이 허상이 됩니다. 금성옥琴聖玉이 김두창金斗昌을 죄를 꾸며서 끌어들인 것은 전적으로 병영兵營의 교리校吏가 죽은 자를 가리켜 살았다고 하여 날조하여 옥사獄事를 성립시킨 데에서 말미암은 것이니, 그 소행을 따지면 대단히 통탄스럽고 놀랍습니다. 병영에서 여러 교리校吏가 날조하여 모함한 데에 속음으로써 김두창이 무고 당한 죄명에서 벗어난 뒤에 옥정獄情의 근본 원인이 근거할 데가 없게 되었습니다. 자못 실상이 없는 일과 같아서 단서를 조사할 길이 없자 번거롭게 다시 조사하는 명을 내리시게까지 하였습니다. 점점 더욱 황공하여 처분을 기다립니다.

다음과 같이 판부하였다.

연달아 포도청의 죄안罪案과 전라 감사全羅監司의 사계査啓를 보니 다른 것이 없었다. 이른바 전라 병영全羅兵營의 사사査事가 전혀 근거가 없고 모두 허황하였으니, 이것은 무슨 까닭인가? 여러 죄수의 공초를 그대로 믿을 수는 없다 하더라도 전라 병영의 교리가 바른대로 고하였으니 이것을 어떻게 믿지 못하겠는가? 그렇다면 해 수신帥臣은 과연 무슨 생각인가? 지금 흉역을 잡아서 전형典刑을 통쾌하게 바로잡는다면 진실로 다행이지만, 잡아서 바치지 못하더라도 그가 전적으로 관리하여 기찰한 것이 아닌데 무슨 죄를 두려워할 단서가 있겠는가? 여러 가지 교묘한 방법을 동원하여 기어이 거짓으로 자백하게 하여 수많은 무고한 사람으로 하여금 부당하게 극형極刑을 당하게 하였으니, 진실로 항심恒心이 있다면 어떻게 차마 이와 같겠는가? 평민이 도적을 잘못 잡아도 오히려 해당 형률이 있는데, 하물며 만고에 없는 악역惡逆으로 여러 사람에게 억지로 죄를 가한 것이야 더 말할 것이 있겠는가? 진실로 아무리 이해하려고 해도 납득이 되지 않으니, 너무나 놀랍고 한탄스러워 차라리 말하고 싶지 않다. 전라 병사全羅兵使 이건서李健緖는 절도絶島에 정배定配하고 물간사전勿揀赦前하여 남쪽 백성에게 사죄하고, 갇혀 있는 여러 놈들은 모두 방송放送하도록 하라.

이번의 흉서凶書는 실로 예로부터 없었던 변괴이다. 놀랍고 통탄스러우며 몹시 분하니 어찌 차마 다시 제기하겠는가? 이것은 진실로 습속習俗이 아주 못되어 국가가 안중에 없기 때문이지만, 실상은 내 허물이다. 내가 덕이 백성을 구제할 만하고 다스림이 풍속을 교화시킬 만했다면 아무리 은혜를 모르는 흉악한 무리라고 할지라도 또한 어찌 너무나 흉패한 말을 써서 방자하게 투서했겠는가? 생각이 여기에 미치니 이것을 오히려 다시 무슨 말을 하겠는가? 경외京外에서 죄인을 쫓아가 잡는 일은 모두 속히 그만두게 함으로써 내가 반성하고 부끄러워하며 탄식하고 있는 뜻을 보이도록 하라.

○ 승지 — 박내만朴來萬 · 임긍수林肯洙 · 이유겸李維謙 · 김세균金世均 · 이장오李章五이다. — 가 올린 연명 상소의 대략은 다음과 같다.

바야흐로 전라 병사全羅兵使 이건서李健緖의 부절符節을 빼앗으려고 선전관宣傳官을 발송發送하는 일로써 밀갑密匣을 계청啓請하려는 즈음에, 포도대장捕盜大將 이경순李景純이 특진관特進官으로서 입궐入闕하여 갑자기 원리院吏를 불러서 부절을 빼앗는 것이 교귀交龜 뒤에 있는 것은 절대로 불가하다며 많은 말을 하였습니다. 심지어 내 뜻을 승정원에 말하는 일이 있기까지 하였습니다. 사체로 헤아려 볼 때 너무나 해괴망측합니다. 신 등은 삼가 정묘조正廟朝의 수교受教와 승정원의 고사故事를 준행한 것인데, 이 포도대장이 무슨 관련이 있어서 방자하게 소란을 일으키는 것처럼 가부可否를 말한 것입니까? 이것이 무슨 거조입니까? 또 각사各司는 원리를 불러갈 수 없다는 것은 열성조列聖朝의 칙교飭教 중에 있는데, 그가 아무리 전례에 어둡다 해도 방자하고 거리낌 없음이 어찌 이처럼 심한 것입니까? 신들이 이 무신에게 여지없이 능멸을 당하였으니, 어떻게 직차職次에 태연하게 있겠습니까?

다음과 같이 비답하였다.

이 일이 어찌 무장武將과 관계되겠는가? 정조께서 전교傳教하신 정식定式이 있는데 사체事體를 몰라 소란을 일으키는 것처럼 원리를 불러갔으니, 너무나 긴요하지 않다. 해당 포도대장에게 파직罷職하는 형전을 시행하라. 그대들은 즉시 들어오라.

10월

○ 태실太室의 동향冬享을 친행親行하였다.

○ 윤정구尹正求와 윤자덕尹滋悳을 승지에 특별히 발탁하였다.

○ 조경묘肇慶廟와 경기전慶基殿을 중수重修하였다.

○ 증 좨주 이항李恒은 학문과 경전經典에 힘써 성명性命과 이기理氣의 근원을 명백히 밝혀 학문을 제창하고 후학들에게 길을 열어준 공을 호남 선비들이 우러러 칭송하고 있다는 이유로 정2품직을 가증加贈하였다. — 영부사 정원용鄭元容이 아뢰었기 때문이다. —

○ 영부사 정원용鄭元容이 아뢰기를, "전 도사 기정진奇正鎭은 가난을 꿋꿋하게 견디면서 글을 읽고 벼슬을 구하지 아니하였으니, 한 현縣에 차제差除하여 백성을 다스리는 정사에 시험하게 하소서." 하였다.

○ 영부사 정원용의 아룀으로 인하여 순천 영장順天營將을 혁파하였다. — 영상 김좌근金左根과 병조 판서 홍종응洪鍾應은 모두 혁파하는 것이 타당하다고 헌의獻議하였다. 좌상 조두순趙斗淳이 아뢰기를, "순천 진영은 한 영장營將을 거치면 문득 하나의 요호饒戶가 탕진되는데, 이것은 여러 진영에는 없는 폐단입니다. 지금 이를 변통하는 것은 진실로 마지못한 조치입니다. 다만 관방官方의 연혁은 조심하고 삼가야 할 바이며, 도둑을 단속하는 정사도 또 소홀할 염려가 없지 않습니다. 사람을 가려서 차견한다면 인재만 있으면 정사는 거행되는 법이라는 의리에 있어서 무슨 폐단인들 바로잡을 수 없겠습니까? 신 같이 좁은 견해는 깊이 헤아리지 않을 수 없습니다." 하였다. —

○ 김병국金炳國을 강화 유수에 첨서添書하였다.

○ 비국에서 다음과 같이 아뢰었다.

본사本司의 서리書吏에게 연접한 장방長房이 실화失火한 근본 원인을 지금 막 조사하여 캐냈습니다. 원역員役 이하는 경중에 따라서 참작해 처벌하고, 입직 낭관은 나감拿勘하겠습니다.

윤허하였다.

11월

○ 대신이 예조 당상을 거느리고 입시入侍하였는데, 다음과 같이 전교하였다.

내년 을묘년은 우리 경모궁景慕宮께서 탄생하신 지 두 번째 회갑이 되는 해이다. 정조 임금의 당시의 뜻과 사업을 우러러 본받고 나 소자小子의 무궁한 정리情理를 굽어 생각하건대 지금 만분의 일이나마 추모하는 것은 오직 덕의 아름다움을 천양闡揚하여 14년 동안 섭정攝政하신 성대한 일을 드러내고 을묘년(1795, 정조 19)에 이미 갖추었던 성전晟典을 크게 계승하는 데에 달려 있다. 여러 대신의 의논도 모두 같으니, 비궁閟宮에 존호尊號를 추상追上하는 의절儀節과 포고布告하는 절차를 예조에서 규식을 살펴서 거행하게 하라. 탄신일誕辰日에는 마땅히 작헌례酌獻禮를 행하고, 이어서 책인册印을 친히 올려야 한다. 제반 절차를 이에 의거하여 마련하도록 하라.

○ 다음과 같이 전교하였다.

환조 대왕桓祖大王께서 탄생하신 아홉 번째 회갑이 을묘년에 있다. 정조 을묘년(1795, 정조 19)에 추배한 성전晟典을 추념追念하건대, 사모하는 마음이 어찌 끝이 있겠는가? 새봄이 되거든 정릉定陵의 작헌례酌獻禮를 대신大臣을 보내 섭행攝行하도록 하라.

○ 지사知事 김수근金洙根[7]의 졸서 단자卒逝單子에 대해 전교하기를, "방금 이 중신重臣의 졸서 단자를 보니, 놀라움을 금치 못하겠다. 동원 부기東園副器 1부部를 보내 주도록 하라." 하였다.

7_김수근(金洙根) : 1798-1854. 본관은 안동. 자는 회부(晦夫), 호는 계산초로(溪山樵老). 아버지는 목사 김인순(金麟淳)이다. 당대 세도가의 출신으로서, 동생 김문근(金汶根)은 철종의 장인으로 영은부원군(永恩府院君)에 봉해졌고, 두 아들 김병학(金炳學)과 김병국(金炳國)은 모두 정승에 올랐다. 철종 묘정廟庭에 배향되고 거제의 반곡서원(盤谷書院)에 배향되었다. 『삼연선생연보(三淵先生年譜)』가 있다. 시호는 정문正文이다.

○ 빈청賓廳에서 추상追上할 존호를 의정議定하였는데, 장헌 세자莊獻世子는 '찬원 헌성 계상 현희贊元憲誠啓祥顯熙'로, 혜빈惠嬪은 '유정裕靖'으로 하였다.

○ 다음과 같이 전교하였다.

지난번에 죽은 중신에 대해 애도하는 뜻을 보였는데, 이 중신은 집안 대대로 엄한 지조를 지켜 왔고 나라와 공공을 위하는 마음으로 충후忠厚한 성품과 연달鍊達한 식견을 겸하여 깊이 의지하고 신뢰하였었다. 그런데 포부를 다 펴지 못했으니, 애석함을 금치 못하겠다. 고 판돈녕부사 김수근金洙根에게 시호를 내리는 은전恩典은 시장諡狀을 기다리지 말고 즉시 거행하며, 장례 물자를 해조로 하여금 넉넉하게 보내 주게 하라.

○ 진사進士 조종식趙鍾植이 다음과 같이 발론發論하였다.

요사이 전 영백嶺伯 조석우曺錫雨가 그 고조 조하망曺夏望[8]의 문집文集을 간행하였는데, 그 중 「제윤증문祭尹拯文」에 성조聖祖를 침범하여 핍박하고 선정先正을 무고하여 모욕하면서 그지없이 흉악한 혀를 놀렸습니다. 이것은 진실로 사문斯文과 세도世道의 일대 변괴입니다. 이러한 문자를 어려움 없이 새겨서 장차 오늘날에 보여주고 후대에 전하려고 한 것은 어찌 그리 심히 방자하고 거리낌이 없는 것입니까? 그가 추후에 산삭刪削하여 빼버렸으나 온 세상에 널리 퍼지고 사람들의 이목耳目에 전파되었으니, 이러한 데도 크게 성토聲討하여 속히 그 죄를 바로잡지 않는다면 미약한 소인이 점점 강해지는 조짐을 어찌 매우 두려워할 만하지 않겠습니까? 이에 불일내에 상소를 짓겠다는 뜻으로 양 반수班首를 정거停擧하고 응당 재의齋議하여 귀일歸一시켜야 합니다. — 조하망의 유봉酉峯 — 윤증尹拯이다. — 제문祭文은 다음과 같다. 학문이 없어진 지 오래되었습니다. 공자孔子가 죽고부터 변하여 양주楊朱와 묵적墨翟이 되었고 신불해申不害와 한비자韓非子가 되었으며 노자老子와 부처가 되었습니다. 이로 말미암아 천하에 일이 많아져 난망亂亡이 서로 따르고 계속해서 백성들의 화禍가 극에

8_ 조하망(曺夏望) : 1682-1747. 본관은 창녕(昌寧). 자는 아중(雅仲), 호는 서주(西州). 금구현령 조헌주(曺憲周)의 아들이다. 1741년 대사간, 다음해 강릉부사로 부임하여 경포대를 중수, 상량문을 지어 그 문장으로 격찬을 받았다. 『서주집(西州集)』이 있다.

달하였습니다. 그러나 저들이 말을 한 것은 각각 스스로 도道로 삼은 바를 말한 것이니, 우리가 변척하는 것도 또한 자연히 어렵지 않았습니다. 후대가 될수록 인정人情이 더욱 험해져 이단異端의 학문이 세상에서 뜻을 얻을 수 없다는 것을 알았습니다. 그러나 바야흐로 이익과 욕심이 아교와 옻칠의 동이[盆] 속에 빠진 것과 같아서 그 사사로움을 구제할 계책이 없었습니다. 이에 감히 그 이름을 뒤집어쓰고 나타나 주공周公의 옷을 입고서 장사꾼의 술수를 부리고 『시경詩經』과 『서경書經』의 말을 암송하면서 한 개인의 욕심을 꾸미고 목소리를 크게 하고 그 호칭을 과장하여 처음에는 한 세상을 놀래키고 동요시킬 만하였으나 유해流害가 끝내 남의 집안과 나라에 화를 끼치고서야 그쳤습니다. 비록 신불해나 한비자, 노자와 부처의 독毒도 또한 반드시 이렇게 맹렬하지는 않았습니다. 대개 일찍 변척하지 않음으로 말미암아 변척하기 어려운 것이 실로 양주나 묵적, 신불해나 한비자, 노자나 부처에 비할 것이 아님이 있습니다. 스스로 대인 선생大人先生이 아니면 누가 능히 미혹되지 않겠습니까. 그러나 하늘은 일찍이 인재를 낳아서 그 뒤를 지탱시켜 사도斯道로 하여금 없어지지 않게 하시니, 하늘이 사람을 사랑하심이 심하다고 할 만합니다. 주염계周濂溪와 장횡거張橫渠의 세상에 왕금릉王金陵(왕안석王安石)이 공공연하게 한원寒遠에서 기회를 틈타고 일어나 감히 문장으로 변박辯博하여 임금과 굳게 결탁하여 원로元老와 뭇 현인들을 앉아서 몰아내고, 주관周官의 이름을 빌리고 상앙商鞅의 술수를 행하여 마침내 오랑캐의 화를 열고 사문沙門이 법을 전하여 천하의 위복威福의 권한을 거의 반분半分하게 하였습니다. 그가 죽은 뒤에도 오히려 치성하여 자의字義가 행해져 대경大經이 폐지되고 사전祀典이 더럽혀져 공묘孔廟가 비루해졌습니다. 또 백 년 동안 분명하게 이를 변척할 수 있는 자가 있지 않았습니다. 이에 하늘이 측은하게 여겨 고정考亭(주자朱子)을 독생篤生하여 곧바로 용문龍門의 통서統緖를 접하여 천하로 하여금 휩쓸리듯이 정도正道로 돌아가게 하셨습니다. 후세의 군자들은 "고정이 왕씨를 변척한 공은 맹자孟子가 양자와 묵적을 물리친 공의 밑에 있지 않다." 여겼으니, 어찌 맞는 말이 아니겠습니까. 삼가 생각건대, 우리 선생이 일어난 것은 실로 우리나라의 사회斯會로서 그 사이비함을 변척하게 하여 위로는 파산坡山(성혼成渾)과 석담石潭(이이李珥)의 정적正嫡의 계파系派를 계승하였으니, 하늘이 위임한 것이 중차대하다고 하겠습니다. 게다가 고정 때는 왕안석이 이미 무너진 끝이었고 선생이 일어난 것은 고정에 비해 조금 먼저여서 실로 한창 성대하던 날이었으니, 선생 때가 어찌 더욱 어려운 것이 아니었겠습니까. 그러나 시행한 것이 어떠했습니까? 저들이 폭력으로써 대하면 나는 내 인仁으로써 대하며 저들이 속임수로써 대하면 나는 내 의義로써 대하니, 왕도王道와 패도霸道의 분변과 의義와 이利의 변척이 화락하고 편안하여 미워하지 않고 엄하였습니다. 이에 거의 우리 후세의 학자로 하여금 그대로 따라서 물리치되 분명한 말로 통렬히 징계하게 하여 『춘추春秋』의 대성인大聖人의 법으로 하여금 글로 장난치는 자에게 농간 당해 한 세상을 속이는 계책을 이루는 것을 면하게 하였습니다. 아, 선생은 일찍이 선생(김집金集)에게 학문을 전해 받아서 한 몸에 대의大義를 짊어지고 산림山林을 굳게 지키면서 은로殷輅와 주면周冕[9]을 제작하고 가감加減하였으나 끝내 능히 거행하지 못하였으니, 실로 이 세상과 이 백성이 복이 없습니다. 그러나 비록 이 한 가지에 나아가 논하더라도, 선생이 크게 사도斯道에 공이 있음이 어찌 고정 이후 한 사람이 아니겠습니까. 선생이 돌아가시자 여우와 살쾡이가 떼지어 짖고 이매魑魅가 낮에 나타나 스스로 때가 왔다고 하였습니다. 그러나 성인聖人께서 위에 계신 것이 마치 태양이 하늘 한복판에 있는 것과 같으니, 어찌 그 형체를 감추고 그 마음을 숨길 수 있겠습니까. 게다가 천년 동안 임금은 환퇴桓魋를 제사 지내지 않았으니, 저 남은 위력을 숨기고 비슷한 것을 들어서 시끄럽게 하고자 하는 자는 일찍이 후세가 두려워할 만한 것이 될 줄을 몰랐습니다. 참으로 아녀자나 어린아이가 봐도 그것이 딱함을 많이 봅니다. 진실로 어찌 선생을 위해 말하겠습니까. 아, 소자는 어리석어 늦게야 문하門下에 들어가 선생의 연원淵源이 원대하고 조예造詣가 탁월하며 성덕盛德과 대업大業이 걸출하여 높고 깊으며 뛰어나고 밝고 환한 것에 대해서는 비록 감히 참여하여 들은 바가 있지 못하나, 바라봄에 높고 높아 다만 태산泰山과 고산高山이 하늘에 이어져 나아감에 빛나고 빛나서 오직 태화 원기太和元氣가 사람을 감동시킴을 깨달았으니, 밭 갈고 청소하는 일을 하기를 원하나 될 수 없을 듯합니다. 다행히 선생께서 큰 덕으로 나를 경멸하여 배척하고 멀리하지 않으시고 이미 욕되게 몸소 나오시고 또 한 마디의 가르침으로 총애하셨습니다. 이에 소자가 일어나 공손히 받아 영원히 평생의 영광으로 삼았습니다. 더욱 이보다 큰 것은 있으니, 선조先祖(조한영曺漢英)의 말년의 절개를 생각하면 세상에서 숨기는 것이 되었습니다. 선조는 소매 속에 탄핵하는 글을 감춘 채 스스로 독견獨見을 믿었습니다. 10년 동안 동락東洛(심양瀋陽)에서 지냈고 뜻을 품은 채 돌아가셨습니다. 소자가 뒤에 밝히지 못한 채 감히 이로써 알현하니, 그때 선생께서 이미 사람들에게 주 부자朱夫子에 어떤 사람에게 답한 편지를 보여주었으나 이것을 쓰지 않은 지 오래되었습니다. 이미 소자가 두려워 감히 더럽히지 못하였으나 선생께서는 이로 인해 감동하여 분발한 바가 있어서 때에 척자隻字를 하사하여 영광스럽게 해 주었습니다. 참으로 일찍이 증남풍曾南豐(증공曾鞏)이 일컬은 바, "선조께서 운수가 막혀 죽었는데 선생께서 허여하셨다." 것입니다. 아, 이 뜻을 아홉 번 죽은들 감히 잊겠습니까. 비록 그러하였으나 소자가 무량無良하여 병이 깊고 매우 쇠약해지고 따라서 고질병이 들어 이미 돌아가신 날에 미치지 못하고 그럭저럭 지내다가 지금에 이르렀습니다. 궤연几筵이 이미 치워졌는데 총총걸음으로 문병門屛에 나가니 한 번 죽을 곳이 없습니다. 이에 감히 한 마리 닭과 짧은 말로 무덤에 제배祭拜합니다. 선생의 은혜와 덕을 저버린 죄가 비할 데가 없어 통곡과 울음만 솟구칩니다. 정성은 신명에게 질정할 만합니다. 만일 선생께서 죄주지 않으시려면 강림하여 흠향하소서. —

○ 관학 유생館學儒生 이우영李遇永 등이 다음과 같이 상소하였다.

9_ 은로(殷輅)와 주면(周冕) : 각 시대에 있었던 예의 장점만을 취하는 것을 말한다. 안연(顔淵)이 공자(孔子)에게 나라 다스리는 법을 묻자 "하(夏)나라 때의 역법(曆法)을 시행하고 은나라 때의 수레를 타고 주나라 때의 갓을 쓰고 음악은 소무(韶舞)를 연주해야 한다." 하였다. 『論語』「衛靈公」

아, 불행하게도 전 참판 조석우曺錫雨가 그 고조 조하망曺夏望의 저서인 『서주집西州集』을 간행하여 온 세상에 퍼뜨려 열성조列聖朝께서 수백 년 동안 북돋아온 의리가 하루아침에 다 없어졌으니, 천하에 어찌 이런 일이 있습니까? 선정 신先正臣 송시열宋時烈은 바로 우리 동방의 대현大賢입니다. 오늘날 유관儒冠을 쓰고 유복儒服을 입은 자가 높은 산과 가을 햇볕처럼 여기지 않음이 없으니, 신 등 말학末學이 어찌 그 만분의 일이라도 엿보겠습니까? 문강공文康公 김창흡金昌翕은 송시열이 수립한 바의 대강大綱을 "편벽되고 방탕함을 막아서 성왕聖王을 이어받았다." 하고, "절의節義를 숭상하여 동주東周를 높였다." 하고, "징토懲討를 엄하게 하여 윤리와 기강을 부식했다." 하고, "향원鄕愿을 미워하여 정경正經에 돌아가게 하였다." 하였습니다. 이것은 신들이 선배들에게 받은 것입니다. 송시열이 도道가 이루어지고 덕德이 세워진 것이 이와 같으니, 송시열과 상극인 자가 장차 어떻게 사설邪說과 이도異道로 돌아감을 면하겠습니까? 조하망이 제문祭文을 지어서 그 스승 윤증尹拯을 제사지내면서 은연중에 송시열을 양주楊朱와 묵적墨翟에게 비하고 신불해申不害와 한비자韓非子에게 비하고 노자老子와 부처에게 비하였습니다. 이것도 오히려 부족해서 끝에는 왕안석王安石이 임금과 굳게 결탁하여 앉아서 원로元老를 몰아낸 것에 비하였으니, 말에 조리가 없음이 어찌 이 지경에 이를 수 있단 말입니까?

아, 숙묘조肅廟朝 병신년에 내리신 대처분大處分[10]은 말이 엄정하고 뜻이 정당하여 천지에 세우고 귀신에게 질정할 만합니다. 계속해서 영묘조英廟朝에 문묘文廟에 종사從祀하는 전례典禮와 정묘조正廟朝에 『송자대전宋子大全』을 간행刊行한 일이 있었으니, 온갖 방법으로 현인賢人을 높이고 덕을 숭상하여 일종의 바른 사람을 모욕하는 무리들이 거의 잠시 쉴 만했는데, 이러한 문자를 갑자기 다시 세상에 간행하여 배포하니 소인이 거리낌이 없음이 한결같이 이에 이른단 말입니까. 송시열을 양주와 묵적, 신불해와 한비자, 노자와 부처에 비한 것은 소식蘇軾이 정자程子를 간인奸人이라고 하고 호굉胡紘이 주자를 위학僞學이라고 한 것과 다름없습니다. 정도를 해치고 상도를 어지럽힌 것이 이보다 심할 수 없습니다. '고결인주固結人主' 네 글자로 말하면 더욱 너무나 황송한 것입니다. 무릇 효종孝宗께서 송시열에 대해 융숭하게 제우際遇하고 정성스레 예우한 것이 고종高宗이 부열傅說에 대한 것과 소열제昭烈帝가 무후武侯에 대한 것에 못지 않으니, 일찍이 왕안석이 신종神宗과 굳게 결탁한 것과 조금이라도 비슷하다고 하겠습니까? 당론黨論에

10 _ 숙묘조(肅廟朝) 병신년에 내리신 대처분(大處分) : 숙종 42년(1716)에 이른바 송시열(宋時烈)과 윤증(尹拯)의 대립에서 송시열이 옳다고 판정한 숙종의 처분을 말한다.

급하여 말뜻에 침노하여 핍박하는 것이 있는 줄을 몰랐습니다. 꺼낸 말이 여기에 이르니 어찌 기막히지 않겠습니까? 이러한데도 그대로 둔다면 소인들이 뜻한 바를 이루고 의리가 꽉 막혀서 나라가 나라꼴을 이루지 못하고 사람이 사람답지 못할 것이니 두려워하지 않을 수 있겠습니까?

비록 그렇지만 조하망이 이 글을 지은 것은 병신년의 처분이 있기 전이라 국시國是가 아직 정해지지 않았으니 붕당朋黨의 사사로움에 가린 탓으로 돌리고 굳이 깊이 다스릴 것이 없는 죄과에 두는 것도 오히려 혹 괜찮습니다. 그러나 조석우가 이 글을 간행한 것은 병신년의 처분이 있은 뒤이라 국시가 정해졌습니다. 그는 어떤 사람이기에 공의公議와 힘껏 싸워 감히 세 성조聖朝께서 정성스럽게 배양한 의리를 어지럽힌단 말입니까? 계속해서 이렇게 한다면 또 어떤 모양의 화기禍機가 어디에 숨어 있을지 모르게 될 것이니, 그 조짐을 자라게 할 수 없는 것이 진실로 분명합니다. 속히 처분을 내리고, 이른바 조하망의 문집文集은 즉시 그 글을 불태우고 그 판본板本을 부수어 잠시라도 세상에 머물러 있을 수 없게 하소서. 조우석도 의당 그 방자하고 거리낌이 없는 죄를 분명하게 바로잡아 사설邪說이 막히고 정도正道가 밝아지게 해야 합니다.

다음과 같이 비답하였다.

이미 그의 글을 지워버렸으니, 이는 바로 훼판毁板한 것이다. 그러나 당초에 살피지 못한 잘못을 전부 용서하기 어려우며 그대들의 말도 이와 같으니, 호군 조석우에게 파직罷職하는 형전을 시행하도록 하라. 그대들은 물러가서 학업을 닦으라.

○ 방외 유생方外儒生 김낙현金洛鉉이 다음과 같이 통보通報하였다.

저희들이 조하망曺夏望의 흉패한 문자에 대한 일로 바야흐로 상소하여 성토聲討하고자 하는데 공공公共의 분노에 있어서 여러 군자들을 상상해 보니, 또한 용기 있게 달려 나가야 할 것이다. 그러므로 통보로써 반드시 이번 19일에 일제히 모여 상의하여 상소를 짓도록 하기로 한다. 재삼 부탁한다. 대체로 이 의논이 나왔으니 무릇 우리 당이 된 자가 누군들 그 사이에 이의異議가 있겠는가? 여러 군자들은 헤아려 후회가 없도록 하라. —유학幼學 이응신李膺信이 소청疏廳에 보낸 글에, "주 부자朱夫子가 일찍이 말씀하기를, '의리의 마음을 잠시라도 보존하지 않으면 인도人道가 없어진다' 하였습니다. 제가 우옹尤翁에 대해서 신명神明처럼 존경하고 부모처럼 사랑하는 것은 의리가 우옹에게 있기 때문입니다. 아, 저 조하망이 현인을 무고한 죄를 말하자니 입이 더러워지니 조심하고 싶지 않으나 이우영李遇永의 상소를 보니, 겉으로는 변무辨誣한다고 가탁하고 속으로는 조하망曺夏望을 보호하여 우옹을 병신년 전후로 일치하지 않은 사람으로 만들었습니다. 그렇다면 병신년 이전에는 우옹이 양주와 묵적, 신불해와 한비자, 왕안석으로 돌아가고 병신년 이후에는 우옹이 비로소 유현儒賢이라고 할 수 있다는 것입니까? 아, 숙종 병신년에 김보택金普澤의 상소로 인하여 하교하기를, '옛날의 하교는 의서擬書와 묘문墓文[11]을 보기 전에 있었고 오늘 내린 처분은 의서와 묘문을 이미 본 뒤에 있는 것이다. 내 마음에 한번 깨닫자 시비가 저절로 밝혀졌다' 하셨습니다. 또 경종景宗께서 대리청정代理聽政을 사양한 상소에 대한 비답에 '요즘의 일은 처분이 바르고 시비가 분명하여 백세토록 의혹되지 않을 것이다. 일이 사문斯文에 관계된 것인 만큼 중대하지 않겠는가. 나의 뜻을 너는 따라 혹시라도 흔들리지 말라' 하셨습니다. 이로 말미암아 보건대, '여심일오予心一悟'란 네 글자의 하교는 옛날의 처분이 십분 타당하다고 한 것이 아닙니다. 일식과 월식으로 해와 달이 서로 그 빛을 가리니, 해와 달이 다시 세상에 밝아지면 우옹은 일개 우옹일 뿐입니다. 어찌 병신년 전후에 더하고 덞이 있으며, 국시國是가 정해지지 않고 정해진 것을 가지고 말하겠습니까? 또 말하기를, '조하망이 이 글은 병신년 이전이니, 붕당朋黨의 사사로움 때문이라고 핑계대고 굳이 깊이 다스릴 것이 없는 죄과에 두어도 오히려 혹 괜찮다' 하였으니, 이것이 무슨 말이기에 더할 수 없이 흉참한 황욱黃昱·신경제申慶濟·조태구趙泰耉·최석항崔錫恒보다 심하단 말입니까? 살아서 이 상소를 보면서부터 심장이 떨리고 뼈가 시려 즉시 도끼를 가지고 대궐 문밖에 엎드려 우옹을 위해 한번 죽고자 합니다. 지금 첨군자僉君子들이 상소를 지은 일을 들으니, 백악산白岳山의 왕기王氣가 다하지 않았음을 볼 수 있으며, 우옹이 말한 '음란한 고을에서 소영韶韺[12]을 듣는다'는 것입니다. 삼가 상소 내용이 어떠한지 모르겠으나 조하망을 추탈追奪하자는 청은 결단코 그만 둘 수 없습니다. 이우영이 역적 윤휴尹鑴의 여론餘論을 답습하여 기꺼이 조하망의 응견鷹犬이 되었으니, 이처럼 정도를 해치는 무리는 잠시라도 성묘聖廟의 곁에 둘 수 없으며, 원찬遠竄하자는 청도 또한 그만 둘 수 없습니다. 첨군자는 한때의 좋은 생각을 가지지 말고 만일 청이 윤허 받지 못하면 비록 열 번 상소하더라도 괜찮을 것입니다. 어떠한지 모르겠습니다. 더욱 진중珍重하여 사문을 보호하소서." 하였다. ―

11 _ 의서(擬書)와 묘문(墓文) : 의서는 신유의서(辛酉擬書)라고도 하는 것으로, 윤증(尹拯)이 1681년(숙종 7)에 회천(懷川)의 송시열(宋時烈)에게 보내려 한 편지이다. 여기서 윤증은 송시열에 대해 '왕패병용 의리쌍행(王覇並用 義利雙行)'이라 비난하였다. 묘문은 송시열이 윤증의 부탁을 받고 그 부친 윤선거(尹宣擧)의 묘갈명을 지어 준 것인데, 윤증이 누차 송시열에게 개찬(改撰)을 부탁하였으나 끝내 들어주지 않아, 이른바 회니시비(懷尼是非)가 벌어지게 되었다. 『明齋年譜』

12 _ 소영(韶韺) : 소(韶)는 순(舜)임금의 음악이고, 영(韺)은 제곡(帝嚳)의 음악으로, 고음(古音)을 말한다.

○ 관학 유생 신재협申在協 등이 다음과 같이 상소하였다.

조하망曺夏望이 이 글을 지은 것은 전적으로 윤증尹拯을 위해서 칭술稱述한 것이니 무릇 좋아하는 이에게 아부하여 지나치게 칭찬한 말은 본래 꾸짖을 것이 없습니다. 그러나 선정 신先正臣 송시열宋時烈을 공격하고 배척하는 것으로 하나의 큰 칼자루를 삼아서 갖은 말을 다하여 여지없이 악랄하게 헐뜯었습니다. 지난번에 일종의 흉악한 무리가 터무니없는 말을 만들어 내어 온갖 말로 무함하고 욕하여 못하는 것이 없었으나 또한 이처럼 심한 것은 없었습니다.

아, 조하망이 과연 어떤 흉괴凶魁입니까? 대개 그 전편에서 빗댄 뜻이 위학僞學으로 지목하면서 농간을 부리고 이랬다저랬다 하면서 은근히 내비칠 뿐이고 말하지 않으니 신불해申不害와 한비자韓非子·양주楊朱와 묵적墨翟·노자老子와 부처보다 심한 자라도 하겠습니다. 이미 더할 수 없이 위험하고 헤아리기 어려운데 송조宋朝의 왕안석王安石을 끌어다 말하기에 이르러서는 장황하게 나열하였으니, 더욱 너무나 가슴 아픕니다. 그의 말에, "임금과 굳게 결탁해서 앉아서 원로元老와 뭇 현인들을 몰아내고, 주관周官의 이름을 빌려서 상앙商鞅의 술수를 행해 마침내 오랑캐의 화를 열었다." 하고, 그 아래에 곧바로 '동방지사회東方之斯會' 다섯 자로써 논단論斷하였습니다. 아, 애통합니다. 이것은 위학僞學으로 지목하고 왕안석이 나라를 그르친 날에 비한 것입니다.

신들이 가만히 일찍이 듣건대, 선정先正께서 벼슬에 오른 본말本末과 평생의 수립이 잘못된 것이 과연 무슨 일인지 모르겠습니다. 효종孝宗의 존왕양이尊王攘夷의 뜻을 추념追念하여 평생 동안 잡아 지킨 것이 오로지 『춘추春秋』를 위주로 하여 우리나라로 하여금 모두 윤상倫常과 명의名義의 중함이 있고 사문師門의 적전嫡傳의 통서를 계승하여 종신토록 우러러 떠받들 줄을 알게 하였으며, 한결같이 주자朱子를 따라서 여염의 미천한 선비로 하여금 모두 지름길의 정도正道가 있음을 알게 하였습니다. 무릇 낭봉囊封과 악대幄對에서 나라를 기밀을 모의하고 편간片簡과 척독尺牘을 예사롭게 왕복한 것은 모두 천리天理를 밝히고 인심人心을 맑게 한 것이니 모두 천하 후세에 할 말이 있습니다. 이것이 어찌 일찍이 조금이라도 왕안석의 옛 법을 변란變亂하고 재앙의 조짐을 차차 이르게 한 것과 비슷한 점이 있어서 이처럼 무엄하게 말한 것입니까?

아, 우리 효종께서 선정에게 밝고 융성하게 계합契合하고 아주 드물게 예우禮遇한 데 대해서는 신들이 진실로 말을 많이 할 것이 없습니다. 그러나 문간공文簡公 김창협金昌協이 일찍이 제찬制撰한 사제문賜祭文

에, "군자와 임금이 서로 대인大人이 되었다."는 말이 있었는데, 세상의 논의를 독실하게 하는 군자는 모두 지언知言이라고 하였습니다. 아, 이는 진실로 천고의 군신간의 어떠한 제우際遇입니까. 그런데 그가 임금과 굳게 결탁하였다는 등의 흉언凶言을 끌어다가 비유하여 드러내놓고 꾸짖어 배척하였습니다. 그가 아무리 정도를 해치는 데 급했더라도 그 말뜻이 다그쳐 핍박하고 어째서 조금도 고려하고 두려워함이 없는 것입니까?

아, 조하망은 사문斯文의 난적亂賊일 뿐만 아니라 바로 우리 효종의 죄인입니다. 바로 이 한 조항은 그의 용서할 수 없는 단안斷案이니, 어찌 누구나 주벌할 수 있는 죄를 면할 수 있겠습니까? 간사한 자들이 무리지어 떠들고 간교한 자들이 낯에 나타나는 것으로 말하면, 마침내 누구를 가리켜 말한 것입니까? 당일에 선정을 위해 전후로 송변訟卞한 자가 누가 노성老成하고 명석名碩한 선배가 아니겠습니까. 그런데 그가 곧바로 한 줄의 글로 단죄斷罪하여 음사陰邪하고 부정不正한 으로 몰아넣었으니, 말이 진실로 이처럼 조리가 없는 것입니까. 또 신이 천천히 다시 살펴보건대, 조하망이 이 말을 한 것은 갑오년에(1714, 숙종 40) 윤증尹拯이 죽은 뒤 3년에 있었으니, 실로 숙종 병신년(1716, 숙종 42) 이후입니다. 그때에는 처분이 크게 정해져 세상의 교화가 밝아졌으니 바로 군자의 도가 자라는 날입니다. 그런데 그가 앙앙불락하여 원망하여 방자하게 패설悖說을 하여 어두운 도깨비의 영역에서 한 세상을 속였으니, 어찌 통탄스럽지 않겠습니까? "천년 동안 임금은 환퇴桓魋를 제사 지내지 않았다."는 말은 또 얼마나 심하게 흉참하고 사리에 어그러진 것입니까. 그는 한 토막의 윤증을 편들려는 마음으로 곧바로 성인聖人이라고 하고, 선정에 대해서는 지적한 바가 차마 말할 수 없는 것이 있습니다. 그러나 성무聖廡에 제배躋配하여 영원히 체식腏食한 것은 끝내 선정에게 돌아가고 윤증은 참여하지 못하였습니다. 만일 조하망이 늙어서도 죽지 않아서 영조英祖 병자년(1756, 영조 32)의 장한 거사를 보게 했다면 방자하게 흉소凶疏를 올리기를 이제억李濟億과 민진형閔震炯 무리처럼 하지 않을 줄 어찌 알겠습니까? 이것은 신들이 억측으로 하는 말이 아닙니다. 그 문자에 드러난 어맥語脈을 살펴보면 마음에 가득 찬 흉악한 속셈을 분명히 알 수 있습니다. 만일 『춘추』의 옳지 못한 마음을 주벌하는 법을 쓴다면 추삭追削하는 극률極律을 시행하더라도 오히려 남은 죄가 있습니다. 이러한데 오히려 그 뼈가 서리가 되었다고 하여 말감末減의 벌에 둘 수 있겠습니까?

조하망의 악은 진실로 조석우가 가릴 수 있는 것이 아니나, 가리려고 하는 마음은 없을 수 없습니다. 그 문자를 숨겨서 오직 남이 알까봐 두려워하기에 겨를이 없어야 할 것인데, 지금 별 어려움 없이 등재登梓하여 사람들의 이목에 낱낱이 알려져 남김없이 드러나게 한 것은 어째서입니까? 처음에는 거리낌 없는 마음으로 한 세상을 모욕하고 희롱하였기 때문에 한번 시험해 보려는 계책을 한 것인데, 공의公議가 크게 나와 간사한 정상을 가를 수 없게 되자 반드시 이리저리 꾸미고서 '이미 삭제했다'고 하면서 동정을 구하는 태도를 보였습니다. 아, 그의 마음 씀과 계책이 진실로 또한 교묘하면서도 참혹합니다. 또 그는 '이미 삭제했다'고 하나 신들은 "만일 조정의 처분이 없었다면 그가 이른바 집에 보관해 둔 유집遺集이 있다고 한 것은 본래 그대로 있을 것이다." 생각합니다. 유포되어 세상에 돌아다니는 것도 일일이 다 삭제했다고 보장하기 어렵습니다. 어찌 듣고서 그렇다고 여겨서 불문에 부칠 수 있겠습니까? 대체로 조석우의 간특한 정상은 실로 조하망의 일을 이어받아 밝힌 것이니 진실로 이른바 대대로 그 악을 이루었다고 하겠습니다.

우리 효종 이래로 조정에서 선정을 예우하는 것이 스스로 가법家法을 이루어 우리 정종대왕正宗大王에 이르자 존숭하고 표창하는 데 할 수 있는 노력을 다하여 특별히 교서관校書館의 제신諸臣에게 그 전집全集을 간행하되 주자의 편지를 써서 전례로 삼게 하기까지 하셨으며, 계속해서 『양현전심록兩賢傳心錄』을 편집한 일이 있었습니다. 무릇 이것은 모두 조석우가 귀와 눈으로 보고 기억하고 있는 것인데, 감히 이러한 문자를 세상에 전포傳布한 것은 평소에 복종하지 않는 뜻이 항상 뱃속에 있다가 지금 와서야 본색을 드러내어 가릴 수 없게 된 것입니다. 이것은 임인년(1722, 경종 2)의 흉당凶黨이 병신년의 처분이 선왕先王의 본뜻에서 나온 것이 아니라고 한 것과 본래 하나의 심인心印입니다. 이로써 말하면 조석우도 일개 사문斯文의 난적이요 열성조列聖朝의 죄인입니다. 이것이 어찌 한때 제대로 살피지 못한 잘못으로 돌리고 단지 파직하는 데에 그치고 말 수 있는 것이겠습니까? 상헌常憲으로 다스리면 결단코 이래서는 안 됩니다. 조하망에게 현인을 모욕하고 의리를 범한 형률을 추시追施하고 그 고명誥命을 빼앗고, 이른바 문집은 일일이 거두어 모아서 태학太學의 뜰에 모아놓고 불태우고, 그 판본까지 아울러 부수어 영원히 흉패한 흔적을 끊어버리소서. 조석우에게는 변방으로 내치는 형전을 시행하여 벼슬아치의 반열에 서지 못하게 하여 사설邪說로 하여금 감히 멋대로 행해지지 못하게 하고 흉얼凶孼로 하여금 징계되어 두려워할 바가 있게 하도록 하소서.

다음과 같이 비답하였다.

저의 문집은 쓸데없는 사사로운 이야기인데 간행하고 간행하지 않는 것이 대로大老에게 무슨 관계가 있겠는가? 더구나 간행하자마자 즉시 삭제했다. 이것은 이른바 그 죄를 밝게 드러냈다고 하는 것이다. 며칠 전의 처분은 그 할아비를 바로잡고 그 손자를 죄 준 것인데 또 어째서 이처럼 시끄러운 것인가?

○ 전 현령 유신환兪莘煥이 소청疏廳에 보낸 글의 대략은 다음과 같다.

얼핏 요사이에 왁자하게 퍼진 소문을 들으니, 태학太學의 상소가 나오자 사의辭義가 징토懲討하는 데 느슨했다는 이유로 사림士林 사이에서 공분公憤이 일제히 일어나 그 죄가 상소를 지은 사람에게 돌아갔는데. 상소를 지은 것은 사람들이 모두 나를 지목했다고 한다. 이렇게 운운한 것은 과연 묘맥苗脈이 있으니, 제군자諸君子를 위해 진술하겠다.

내가 비록 보잘것없으나 또한 스스로 우옹尤翁의 무리라고 생각한다. 이 일을 목격하고 또한 기운이 산처럼 솟구쳤는데, 어찌 감히 이러한 헐후한 논의를 하였겠는가? 다만 장의掌議 — 유희희兪喜喜이다. — 의 지친至親이 되기 때문에 일찍이 그 상소에 참여하여 듣지 않은 적이 없다. 따라서 징토하는 거조를 한 통의 상소를 올리고서 그쳐서는 안 되니, 구사하는 말도 혹 얕은 데서 깊은 데로 들어가야 한다. 구구한 나의 어리석은 생각에도 스스로 소견이 없지 않다고 여겼는데, 지금 정론正論이 나와서 성토를 느슨하게 했다고 결론 맺은 뒤에서야 돌이켜 생각하건대 과연 성토를 느슨하게 한 것을 면하지 못하였으니, 망발妄發이라고 해도 괜찮다. 죄를 알고 있으니, 복복僕僕 사죄할 뿐이지 어찌 감히 털끝만큼이라도 분소分疏하여 다시 허물을 꾸미고 잘못을 이루려는 죄과에 돌아가겠는가? 그렇다면 나와 조카 둘 다 그 죄를 받아야 한다. 그러나 조카는 나이가 어리니, 그 죄가 오히려 작으나 나로 말하면 나이가 많으니 과연 어떠한가? 죄를 받는 것도 또한 응당 젊은이와 차이가 있어야 하니, 첫째도 내 죄요, 둘째도 내 죄다. 허물이 자기로 말미암아 생겼으니, 후회한들 어찌하겠는가? 사대부가 한번 실패하면 온갖 일이 산산이 부서진다고 한 것은 바로 나 같은 자를 위해서 말한 것이다. 몸과 명예를 생각하며 바야흐로 스스로 비통해하느라 겨를이 없다.

그러나 이 일로 인해 하나의 새롭고 기이한 말을 들으니, 또한 이 때문에 기쁨을 금치 못하겠다. 한두 친구가 더욱 심하게 나를 공격하여 심지어 나와 절교하고 다시 상종하지 않으려고 한다고 한다. 아, 이것은 바로 옛 군자의 직절直截한 기풍이나 최근 몇 년 이후로는 없었던 것이다. 비록 한 마리 새가 봄을 부른다고 하더라도 어찌 지나치겠는가? 나는 몸과 명예가 치욕을 당해 죽더라도 또한 한스럽게 여기지 않고 오직 이 세상에 이러한 정론正論이 있는 것을 다행으로 여길 뿐이다. 만일 오늘날 우리 당의 선비가 사람마다 지론持論이 이와 같았다면 일종의 소인배가 어찌 감히 이처럼 무엄하게 날뛰고 방자하게 굴었겠는가? 백 명의 윤증尹拯이 있더라도 장차 우리를 어찌할 수 없을 것이다. 더구나 서캐와 이 같은 잗달고 뱀과 지렁이처럼 얽혀 있는 일개 조하망曺夏望이야 말할 것이 있겠는가? 농암農岩(김창협金昌協) 선생이 북계北溪(이세백李世白)를 끊으려고 한 고례古例가 있다. 내가 뒷날의 수립이 북계와 같아지기는 감히 바랄 수 있는 것이 아니지만, 친구 중에서 다시 농옹農翁과 같은 자가 나온다면 사림士林과 세도世道를 위해 얼마나 다행이겠습니까, 얼마나 다행이겠는가. 힘쓰고 힘써서 이 현현懸懸한 바람을 저버리지 말라. 사람은 진실로 쉽게 알 수 있는 것이 아니다. 비록 나처럼 지극히 어리석은 자도 약간의 수립이 북계와 비슷한 점이 없는 줄 어찌 알겠는가.

방금 들으니, 중론衆論이 거듭 생겨서 전의 소두疏頭와 장의掌議를 장차 성토聲討하려고 한다고 한다. 그 상소에 참여하여 들은 사람이 있는 만큼 소두와 장의가 홀로 그 죄를 당한다면 불가하지 않겠는가? 내 이름도 그 중에 열거되지 않을 수 없다. 사생死生과 영욕榮辱이 의리와 유독 다름이 없으니, 부디 나누어 둘로 하지 말고 나로 하여금 마음이 불안케 하지 말라.

또 듣건대, 한두 친구들에서 나를 사랑하고 아끼는 자들이 차마 내 몸과 이름을 치욕스럽게 하지 못하여 유소儒疏를 올리면서 앞의 상소에 대해 말하고자 하지 않는다고 하는데, 이것은 아주 불가한 것이 있다. 무릇 의리는 천하의 공론이다. 어찌 종유從遊의 사사로움에 구애되어 대의大義를 분명하게 바로잡을 것을 생각하지 않을 수 있겠는가? 만일 이로 인하여 구사하는 말에 꺼림이 있다면 장차 어떠하겠는가. 부디 내가 낭패 당할까봐 주저하는 바가 있지 않도록 하라. 한결같이 곧바로 앞으로 나가 노력하여 의리를 밝혀 큰일을 완수하는 것이 어떠하며 어떠한가?

스스로 돌아보건대, 여지없이 낭패를 당하여 감히 구차한 말로 자꾸 지껄이면서 분소할 계획을 한 것은 아니다. 다만 한 마디 풀어야 할 것이 있다. 상소 중에 '신종神宗' 두 글자는 조하망의 진장眞贓이 아니고 무엇인가. 이 두 글자를 끌어다 폈으니, 목욕하고서 성토하는 것을 어찌 그만 둘 수 있겠는가. 이른바 끌어다 편 것이 무엇인가? 거슬러 올라가면 윤선거尹宣擧이니 이른바 강왕康王이 실로 후전後殿에 있었다는 것이요,[13] 따라서 내려가면 바로 조태구趙泰耉이니 이른바 양옥梁獄의 전모前茅를 따지지 말라는

13_ 윤선거(尹宣擧)이니 …… 것이요 : 강왕은 송 고종(宋高宗)의 처음 봉호(封號)이다. 북쪽 오랑캐가 도강(渡江)하였을 때 강왕이 후전에 있었

것이다.[14] 그 흉악한 배포가 한 꿰미에 꿴 듯하여 비밀리에 맡기고 단지 그 사람에게만 전한 것이 이와 같다. — 윤선거가 그 아들 윤증에게 전하였고, 윤증이 또 그 제자 조하망에게 전하였으니, 이 무리들이 효종孝宗을 원망한 것은 유래가 있다. — 이 두 글자를 제출하여 징토하는 장본張本을 삼는다면 온갖 지엽이 모두 이로부터 나올 것이다. 이것이 바로 내가 재차 상소하고 세 번 상소하기를 기다리는 이유이다. 이 뜻이 드러나지 않았는데 책망이 앞선다면 또한 장차 어찌하겠는가? 참람하여 스스로 헤아리지 못하고 한 줄기 양기陽氣를 얻어 부지할 것을 생각하였기 때문에 한 몸의 이해利害를 돌아보지 않고 제군자가 뒤를 따라 41차에 걸친 차자箚子[15]가 다시 나오는 것을 보기를 원한다. 일이 사형死刑에 처하게 된다면 사람들이 도리어 나를 조씨를 세객說客으로 여길 것이다. 사람이 이미 못쓰게 되었는데 말이 어찌 받아들일 만하겠는가? 설사 들어맞는 한 마디 말이 있을지라도 사람들이 장차 한번 그 입을 거치면 곧바로 불분명해진다고 할 것이니, 다시 어찌 감히 제군자의 앞에서 입을 열고 놀리겠는가? 탄식하고 탄식하며, 진실로 부끄럽고 진실로 부끄럽다.

○ 방외 유생方外儒生 박경수朴慶壽 등이 올린 상소의 대략은 다음과 같다.

세상의 등급이 날로 낮아지고 변괴가 거듭 생겨 조석우曺錫雨란 자가 그 고조 조하망曺夏望의 문집을 간행하였는데, 그 가운데 「제윤증문祭尹拯文」에서 선정공先正公 송시열宋時烈을 그지없이 모욕하였습니다. 그 저의가 바로 효묘孝廟를 무함하기에 이르렀으니, 이것은 진실로 사문斯文의 난적亂賊이요 종묘의 죄인입니다. 사설邪說이 정직한 사람을 해치고 흉도凶徒가 기강을 범한 것이 어느 시대인들 없었겠습니까만, 어찌 조하망처럼 지극히 흉패한 자가 있었겠습니까? 이것은 이른바 누구나 주벌할 수 있는 자입니다.

던 일은 숨겨야 한다는 뜻을 인용하여, 효종(孝宗)이 병자호란 때 대군(大君)으로서 강도(江都)에 피난해 있었던 사실은 드러낼 일이 아님을 말한 것이다. 이는 윤선거가 자신 역시 강도에서 순절하지 못한 것으로 비난받는 것을 의식하여 당시 함께하였던 효종을 끌어대어 스스로를 변명한 말이라는 비판을 노론(老論) 쪽으로부터 받았다. 『肅宗實錄』 42年 7月 25日

14 _ 조태구(趙泰耉)이니 …… 것이다 : 양왕은 한(漢)나라 경제(景帝)의 동모제(同母弟)인데, 양왕의 반역 음모가 발각되어 전숙(田叔)을 보내어 조사하였더니, 전숙이 돌아와서 말하기를, "양왕의 일은 묻지 마소서. 바른 대로 말하면 처단하여야 되고, 처단하면 태후(太后)의 마음을 상하게 할 것입니다." 하여 양왕의 신하 몇 사람에게만 죄를 준 일이 있었다. 조태구가 목호룡(睦虎龍)의 변(變)이 발생하자 이 일을 인용하였다. 『景宗實錄』 2年 3月 29日

15 _ 41차에 걸친 차자(箚子) : 이이(李珥)가 홍문관에 있으면서 위훈(僞勳)을 삭제하는 논의를 맨 먼저 꺼내 강력히 주장하여 전후 41차에 걸쳐 차자를 올렸다. 『宣祖實錄』 3年 4月 1日

오직 우리 선정은 동방의 대현大賢이요 백세의 종사宗師입니다. 모든 사람이 공경하여 우러러 사모하고 존경하여 그리워하지 않는 자가 없습니다. 그의 도덕이 융성해서 위로 주자의 통서統緖를 접했기 때문만이 아닙니다.

숭정崇禎 갑신년(1644, 의종 17) 이후에 천하를 보니 오랑캐에 빠졌습니다. 아, 우리 효종대왕은 성지聖志가 우뚝하여 천리天理를 밝히고 인심人心을 바로잡고 중국을 높이고 오랑캐를 배척하는 것으로 자기의 책임을 삼았습니다. 오직 이때에 선정이 시대의 요구에 응하여 일어나 효종과 분명하게 뜻이 맞아서 함께 모의하고 협력해 도와 이에 『춘추春秋』의 의리가 비로소 세상에 크게 밝혀지고 한 모퉁이에 자리한 우리나라가 오랑캐가 되는 것을 면하였습니다. 그의 성덕盛德과 대업大業은 진실로 우주에 빛나며 임금과 신하의 만남도 또한 고금에 있지 않았던 바입니다.

아, 저 일종의 악얼惡孽인 조하망이 감히 선정을 비난하고 따라서 위로 성조聖祖를 무함하였으니, 오호라, 천하에 어찌 이런 일이 있습니까. 그의 말에, 선정을 양주楊朱와 묵적墨翟·신불해申不害와 한비자韓非子·노자老子와 부처의 독毒에 비하였는데 도리어 더 심한 점이 있습니다. 계속해서 또 환퇴桓魋를 제사 지내지 않는다는 것에 비하였으니, 그 흉악한 혓바닥은 순서도 없고 조리도 없습니다. 아무리 기사년(1689, 숙종 15)의 흉당凶黨이라도 또한 감히 말하지 못했던 것입니다. 이것으로도 부족해서 방자하게 왕안석王安石이 임금과 굳게 결탁한 것으로 무고하였으니, 아, 이것이 무슨 말입니까? 예로부터 간신奸臣이 사의私意와 이욕利欲으로 그 임금과 몰래 결탁한 자는 대란大亂을 차차 이르게 하지 않음이 없었으니, 이것이 왕안석이 나라를 그르치고 백성을 병들게 한 것인데, 그 말류末流가 마침내 어떠했습니까? 선정을 왕안석에 비유하였다면 왕안석이 굳게 결탁한 임금은 과연 어디를 지척指斥한 것입니까? 효종은 모든 임금 가운데 탁월한 성군聖君으로 현량賢良을 등용한 청명淸明한 임금이지만, 신종神宗은 왕안석을 지나치게 믿어 원로元老를 물리쳐서 쫓아버려 조정의 정사가 어지러워졌으니, 바로 말세의 암주暗主입니다. 그런데 그가 '실제사회實際斯會' 네 글자로 드러내놓고 억지로 끌어 붙이되 조금도 고려하거나 거리낌이 없었으니, 효종이 그에게 무엇을 저버렸기에 이렇게 극도로 방자하게 무함하고 핍박한 것입니까. 생각이 이에 미치니 어찌 간담이 서늘하고 심장이 뛰지 않겠습니까. 아, 애통합니다. 이것을 차마 하니, 무엇을 차마 하지 못하겠습니까.

또 윤증尹拯을 추존推尊하여 석담石潭과 파산坡山의 정파正派라고 한 것은 이미 너무나 참람하고 망령됩니다. 또 '고정考亭 뒤에 한 사람이다' 하고, 스승을 저버린 죄를 도리어 왕씨를 변척한 공에 의의擬議하기까지 하면서 '더욱 어렵다' 하였으니, 이것은 주자朱子와 더불어 합쳐서 모욕한 것입니다. 죄가 크고 악이 극도에 이르러 여기까지 이르렀습니다. 그런데 당초에 즉시 현발現發하지 못해서 그 죄를 복죄시키지 못하였으니, 그 자손이 된 자는 진실로 숨기느라 겨를이 없었어야 합니다. 그런데 저 조석우는 도리어 불쑥 개간開刊하여 이목에 전포傳布하였으니, 이것은 그 뜻이 대개 사림士林 중에 사람이 없다고 생각해서 이런 희롱하고 모욕하여 한번 시험해 보려는 계책을 행한 것입니다. 곧바로 물의物議가 시끄럽게 들끓자 비로소 급히 산삭刪削해 버렸습니다. 그러나 산삭하거나 산삭하지 않은 것은 진실로 논하기에 부족합니다. 그 전집全集의 문자가 흉역한 속셈에서 흘러나오지 않은 것이 없으며, 삿된 자와 한 패가 되어 정인正人을 해치는 말이 또 한두 가지에 그친 것이 아니니, 어찌 잠시라도 이 세상에 남겨 둘 수 있겠습니까. 그 글이 이처럼 흉패凶悖한데 조석우가 어찌 몰랐겠습니까. 일부러 이런 짓을 한 것은 그 뜻이 무엇입니까? 그렇다면 조석우의 마음은 바로 조하망의 마음으로 그 할아버지에 그 손자라고 하겠습니다. 어찌 도덕이 한결같고 풍속이 두루 미친 성세聖世에 이런 임금을 무시하고 선정을 무시하는 괴귀怪鬼가 있는 것입니까. 그 동안 흉사凶邪한 부류에서 선정을 침해하고 업신여긴 자로 김범갑金范甲과 이명휘李明徽[16] 같은 무리도 그 죄가 반드시 조하망보다 심하지 않으며, 윤광안尹光顔과 조석륜曺錫倫[17]의 죄도 조석우에 비하면 오히려 자질구레한 일에 속합니다. 이들은 모두 해당 형률을 받았으니, 조하망과 조석우가 어찌 요행히 죄를 피할 수 있겠습니까. 사람들의 분노가 모두 간절하고 공의公議가 막기 어려우니, 죄를 성토하고 토벌하는 것이 엄하지 않을 수 없습니다.

얼마 전에 관학 유생의 첫 번째 상소가 나왔는데, 취지가 너무 모호하고 구사한 말이 오로지 흐리멍덩하여 마지못해 책임을 때우려는 듯하였습니다. 또 더구나 "조하망이 이 글을 지은 것은 병신년 처분 이전에 있었다." 한 것은 어찌 그리 터무니없습니까. 윤증尹拯은 갑오년(1714, 숙종 40)에 죽었는데 조하망의 글은 바로 윤증이 죽고서 3년 뒤에 그 무덤에서 제사지냈던 것이니, 어떻게 처분 이전이라고 단정할 수 있습니까. 설령 처분이 있기 이전이라고 할지라도 선정을 헐뜯어 욕하고 위로 성조聖祖를 무함했는데,

16_ 김범갑(金范甲)과 이명휘(李明徽) : 이들은 모두 송시열을 비난하는 내용을 담아 상소한 인물들로, 김범갑의 상소는 『경종실록』 3년 3월 13일 조에, 이명휘의 상소는 『일성록』 정조 즉위년 4월 18일 조에 자세히 나와 있다.

17_ 윤광안(尹光顔)과 조석륜(曺錫倫) : 순조 8년(1808)에 전 경상 감사 윤광안과 영양 현감(英陽縣監) 조석륜이 주자와 송시열을 배향(配享)한 영양의 운곡서원(雲谷書院)의 사당을 헐고 영정을 철거하였는데, 암행어사 이우재(李愚在)의 탄핵을 받아 사문난적(斯文亂賊)이라는 죄명으로 윤광안은 무산부(茂山府)에 정배하고, 조석륜은 거제부에 도배(島配)하였다.

깊이 다스릴 것이 없는 죄과에 두는 것이 어찌 괜찮겠습니까? 이러고도 조하망을 성토했다고 하겠습니까? 우리 국가에서 500년 동안 사기士氣를 배양培養해 왔는데 이토록 진작되지 못할 줄은 생각하지 못하였습니다. 조하망 같이 흉악하고 역적인 자를 혹 용서하신다면 성조가 받은 모함에 대해서는 어찌하며, 사문斯文이 전부 추락한 데 대해서는 어떻게 하겠습니까? 속히 처분을 내려서 조하망에게 관작官爵을 추탈하는 형전을 시행하고, 이른바 문집은 간행된 판각板刻과 인쇄된 종이를 모두 거두어 불태우소서. 조석우는 또한 변방으로 내치는 형전을 시행하소서.

이즈음에 삼가 관학 유생의 상소에 대해 내린 비답을 보건대, "저 문집에 관한 일은 쓸데없는 사사로운 이야기다." 하셨으니, 신 등은 서로 돌아보며 어리둥절해 하며 일월 같이 밝은 성상에게 유감이 없을 수 없었습니다. '고결인주固結人主'라느니 '실제사회實際斯會'라는 등의 몇 구절은 이것이 어떠한 흉설凶說입니까? 비록 은밀하고 어두운 사실私室에서라도 어찌 감히 마음에 싹틔우고 입으로 말할 수 있겠습니까. 또 그 인본印本이 널리 퍼져서 많은 사람들이 왁자하게 전하고 있으니, 그것이 쓸데없는 사사로운 이야기가 아닌 것이 분명합니다. 속히 신들의 청을 윤허하여 난적亂賊을 두렵게 하고 여론의 분노를 씻어 주소서.

다음과 같이 비답하였다.

연일 다사多士들의 상소에서 대중들의 공통된 논의를 볼 수 있다. 그러나 지금 문자에 대한 일 때문에 갑자기 중전重典을 의죄擬罪하니, 또한 어찌 어렵게 여기고 신중해야 하지 않겠는가? 그 책을 불태우는 것으로 말하면 바로 옛사람이 이단異端을 배척한 뜻이었다. 이미 그 책을 산삭해 버렸는데, 어찌 굳이 이렇게 하겠는가? 그대들의 말이 너무 심하지 않은가?

○ 헌납 유성환兪晠煥이 올린 상소의 대략은 다음과 같다.

아, 제방隄防이 날로 무너지고 세변世變이 거듭 생기고 있는데 조하망曺夏望이 문집을 간행하는 일이 있기에 이르러서는 더할 수 없이 사문斯文이 무함당하고 멸시 당했습니다. 이른바 그 스승 윤증尹拯을 제사지내는 문장은 전편全篇의 지의旨意가 오로지 선정 신先正臣 송시열宋時烈을 헐뜯어 욕하는 데에 있었습니다. “이단異端의 학문이 세상에 뜻을 얻을 수 없는 줄을 안다.” 하고, “주공周公의 옷을 입고서 장사꾼의 술수를 부리고 『시경詩經』과 『서경書經』의 말을 암송하면서 한 개인의 욕심을 꾸몄다.” 하면서 은근히 내비쳐 말하였습니다. 송宋나라 왕안석王安石이 임금과 굳게 결탁한 했다는 쓸데없는 말을 끌어다 비유하기를 자못 농간을 부리고 이랬다저랬다 하듯이 하였습니다. ‘실제동방사회實際東方斯會’라는 말로 연접하였는데, 이에 곧바로 형세를 범하고도 오히려 질책이 정확하지 못할까봐 염려했습니다. 왕도王道와 패도覇道, 의義와 이利에 대한 말로 공공연히 제멋대로 악랄하게 헐뜯었으니, 이것은 바로 윤증이 신유년(1681, 숙종 7) 의서擬書[18] 중에서 스스로 형서邢恕[19]가 낭패된 데에 돌아간 것으로 천고의 사문斯文의 대변괴였습니다. 그 당시의 명유名儒와 석보碩輔가 상소를 올려 변론하고 연석에서 논척論斥한 것이 엄정했을 뿐만이 아닙니다. 결국에는 병신년의 처분이 해와 별처럼 빛났으니, 저가 어찌 감히 이런 패설悖說을 가지고 사사로이 강술講述하고 문장 사이에 올리기까지 한단 말입니까. 대의大義와 배치되고 국법國法이 안중에 없음이 어찌 이렇게 극도에 이른 것입니까.

아, 선정은 500년 동안 한 시대에 이름이 난 대현大賢으로서 현명한 임금과 충성스러운 신하가 만나는 천재일우의 성대한 때를 만나서 몸소 지나간 성인을 잇고 후학後學에게 열어주는 책임을 맡아서 곧바로 정자程子와 주자朱子를 접하여 존앙尊仰한 공과 덕이 진실로 더불어 종주宗主가 될 자가 없습니다. 평생 동안 잡아 지킨 것으로 말하면 더욱 커서 바로 일부一部의 『춘추春秋』일 뿐입니다. 멀리 자양紫陽(주자의 호)의 정의精義를 잇고 고정考亭(주자의 별칭)의 뜻과 사업을 힘껏 도와서 천하 후세로 하여금 난리는 다스릴 수 있고 변란은 바로잡을 수 있다는 것을 알게 하였으니, 바로 선정의 한 조각 고심苦心이 크게 세교世敎에 도운 것입니다. 그가 감히 ‘글 장난으로 세상을 속였다’는 등의 말로써 여지없이 세상을 어지럽히고 기롱하고 모욕하였습니다. 아, 그가 아무리 정인正人을 해치기에 급해도 어찌 그리 심하게 거리낌이 없는 것입니까. 이것은 이른바 사문斯文의 죄인이요, 『춘추』의 난적亂賊입니다. 그의 후손이 된 자는 진실로 응당 가리고 덮어서 숨겨 비밀로 하면서 오직 발각될까봐 두려워했어야 합니다. 그런데 감히 방자하게 등재登梓하여

18_의서(擬書) : 윤증이 송시열의 본원(本源)과 언행(言行)을 배척하여 “의(義)와 이(利)를 같이 행하고, 왕도(王道)와 패도(霸道)를 아울러 썼으니, 『대학(大學)』의 성의(誠意)·정심(正心)의 공부와 같지 않다.” 하였는데, 이 서찰을 써서 박세채(朴世采)에게 보이자, 박세채가 만류하여 부치지 않았음. 이후 송시열의 손자이고 박세채의 사위인 송순석(宋淳錫)이 이를 박세채에게서 훔쳐 송시열에게 전하였다.

19_형서(邢恕) : 송(宋)나라 때 사람으로, 원우(元祐) 초기에 어사(御史)에 임명되고, 여러 차례 벼슬을 옮겨 어사 중승(御史中丞)에 이르렀음. 본래 정호(程顥)에게서 수학(受學)하였는데, 성품이 교활하여 공경(公卿) 사이에 교유하며 성명(聲名)을 얻게 되자, 사마광(司馬光)의 문객(門客)이 되었다가 뒤에는 장돈(章惇)에게 붙어서 사마광을 공격하고, 또 채경(蔡京)의 심복이 되어 장돈을 공격하였다.

한 세상에 전파하였으니, 이것이 어찌 타고난 떳떳한 성품을 조금이라도 갖추고 의리를 두려워할 줄 아는 자가 할 수 있는 것이겠습니까? 이러한 문자가 아직까지 상자에 보관되고 즉시 깨뜨려 버리지 않는 것만도 도적이 풀숲에 잠복해 있는 근심을 금할 수 없습니다. 더구나 다시 어려움 없이 간행 반포하고 간행하자마자 곧바로 산삭刪削한 것은 기회를 엿보고 한번 시험해 보려는 계책을 부린 것이니, 더욱 너무나 교활하고 악랄합니다.

의리를 밝히는 의리가 먼저 반중泮中의 성토聲討에서 드러났고 계속해서 방외方外의 상소에 올랐습니다. 성균관은 정론正論의 소재요, 다사多士의 말은 공분公憤이 격동된 바입니다. 이것은 속히 윤허를 내려 굽혀서 공의公議에 답해야 합니다. 그런데 가벼운 처벌이 그 손자에게 미쳤을 뿐이고 해당 형률이 끝내 시원하게 시행되는 것을 아끼셨으니, 전하의 의리義理를 붙들어 보호하고 사기士氣를 배양하는 성념聖念으로 어찌 깊이 진념軫念하지 않으셨습니까? 이러한데도 일례一例로 미룰 수 있겠습니까? 전하께서 "그 글을 산삭했으니 판본板本을 부셔버린 것과 다름없다." 비답하셨는데, 신이 가만히 생각건대, 그 글을 산삭하고 산삭하지 않은 것은 이미 이목耳目에 반포된 것에 원래 더하거나 덞이 없다고 봅니다. 또 그 전집全集 중에 또한 무고하여 헐뜯고 핍박하는 말이 많이 있으니, 이것은 분명히 잠시라도 남겨 두어서는 안 됩니다. 신은 속히 유사有司에게 명하여 간행된 그 책과 아직 남아 있는 판본을 모두 불태워 없애고, 조하망曺夏望은 속히 고첩誥牒을 추수追收하는 형률을 시행하고, 조석우도 변방으로 내치는 형전을 시행해야 한다고 생각합니다.

다음과 같이 비답하였다.

이 일은 유생儒生의 상소에 대한 비답에서 모두 말하였는데, 대간의 상소가 또 나왔으니, 공의公議가 더욱 들끓고 답답해하고 있는 줄을 알겠다. 이른바 추시追施하는 형률을 시행하는 것은 끝내 지나친 일이다. 간행한 글을 훼판毁板하는 것으로 말하면 혹은 보존하고 혹은 산삭할 염려가 없지 않으니 아뢴 대로 시행하라. 조석우는 방축放逐하는 형전을 시행하여 제대로 살피지 못하고 경솔했던 죄를 징계하도록 하라.

○ 정원에서 "내일부터 온역溫繹할 동안 시사視事를 탈품頉稟합니다." 아뢰니, 다음과 같이

전교하였다.

알았다. 지난번에 탈품한 것은 개강開講하라는 명이 있어서였는데 또 정지하니, 제신諸臣 이하는 나를 충심으로 보필하여 서로 고민을 고하라. 내가 언뜻 친 번개와 다름없이 반드시 알 것이다. 엄동嚴冬이 되어 또 큰 추위가 올 것이니, 그대로 정지해야겠다.

○ 관학 유생 홍재희洪在喜 등이 올린 상소는 다음과 같다.

난적을 토벌하고 악인을 징계하는 것은 왕도정치를 엄하게 하는 방법이요, 어진 이를 높이고 도道를 옹호하는 것은 인륜을 세우는 방법이다. 옛사람이 말하기를, "신하가 그 임금에게 무례無禮한 것을 보면 새매가 참새를 낚아채듯 주륙誅戮한다." 하였습니다. 신들이 가만히 이 의리를 본받아 그 동안 상소를 진달하여 감히 조하망曺夏望은 관작을 추탈追奪하는 형전을, 조석우曺錫雨는 변방으로 내치는 형전을 청했습니다. 이는 선정 신先正臣 문정공文正公 송시열宋時烈을 위해 그가 당한 무고를 힘껏 변론한 것일 뿐만 아니라, 실로 성조聖祖가 받은 무고를 가슴 아프게 생각하여 의리를 밝히기를 기약한 것입니다. 삼가 방외 유생方外儒生의 상소에 대해 내린 비지批旨를 받드니 '대중들의 공통된 논의'라고 칭찬하셨으니 거의 의리의 당연함을 굽어 살피셨으나, 오히려 "문자에 관련된 일로 갑자기 중전重典을 의언議讞하니, 또한 어찌 어렵게 여기고 신중히 해야 하지 않겠는가?"라고 하교하여 마침내 윤허를 아끼시니, 군정群情이 억울하여 서로 돌아보며 놀라 눈이 휘둥그레지고 거의 오장五臟이 제자리를 잃을 뻔하였습니다. 단지 신들의 말이 격렬하고 절실하지 못하며 성의가 성상을 감격시키지 못하여 천토天討가 여태 지체되고 나라 법이 펴지지 못하게 만들었을 뿐입니다. 이에 조하망이 문자로 욕하고 무고하며 핍박한 것을 가지고 다시 이렇게 번독하게 해 드립니다.

선정은 한 시대에 뛰어난 대현大賢으로서 성조聖祖의 빈사賓師가 되었습니다. 규모規模는 자양紫陽(주자)의 성법成法이며 잡아 지킨 것은 『춘추春秋』의 대경大經입니다. 오랫동안 원수처럼 미워하고 모욕을 많이 받음이 돌아보건대, 또한 어찌 한정이 있겠습니까? 미친 듯이 외치고 술에 취해 지껄이며 공공연히 악랄하게 헐뜯었으니, 비록 역적 윤휴尹鑴의 무리로 하여금 말을 하게 하더라도 이처럼 조리가 없는 경우는 있지 않았습니다. 그런데 저 조하망이 돌아보거나 두려워하는 것이 없이 돼지처럼 돌격하고 올빼미처럼 읊조린 것은 바로 세도世道와 변괴變怪의 큰 요점입니다. 그 손자가 된 자는 악을 가리고 허물을 덮어서 스스로 흔적 없이 없앨 것을 도모하는 것이 천리天理와 인정人情의 떳떳함입니다. 그런데 감히 과감하게 등재登梓하여 이목에 전파하였으니, 이것은 세도와 변괴의 큰 관건입니다.

우선 이른바 제문祭文을 가지고 논하면, 처음에는 오로지 이단異端의 폐단을 말하는 듯하다가 갑자기 또 '사시이비似是而非' 네 자를 제출하여 은근히 내비치듯이 말하면서 몰래 흉악하고 참혹함을 행하고 감히 그 스승을 추존推尊하여 지위를 높이 차지하고서 "위로 파산坡山(성혼成渾)과 석담石潭(이이李珥)의 정적正嫡의 전함을 받들었다." 하고, 심지어는 "실로 동방이 사회斯會를 만나서 사이비한 것을 변파辨破하게 하였다."고까지 하였습니다. 이치를 밝히고 마음을 바로잡으며 이단을 물리치고 편파적인 행동을 막는 것은 진실로 선정의 일생 사업에서 우뚝한 것이며, 백성들의 떳떳한 본성과 사물의 법칙이 지금까지 하사받은 것입니다. 신은 알지 못하겠습니다만, 윤증의 세대에 누가 이단異端이고 누가 유학儒學이기에 윤증에게 공격과 배척을 당한 것입니까? 비록 그에게 한두 근사한 자를 집어내게 해도 반드시 정확하게 진달하고 분명하게 말할 수 없을 것입니다. 진언眞諺에 이른바 교묘하게 하려다 도리어 망쳐서 그 거짓된 죄를 더욱 드러냈다는 것입니다. 그의 문법文法은 한결같이 그 스승 윤증이 송시열에 대해 '왕패병용 의리쌍행王覇並用 義利雙行'이라고 한 패설悖說을 답습하여 의義와 이利의 분변과 왕도王道와 패도覇道의 변척辨斥이라고 하고, 멀리 한漢나라 소열제昭烈帝가 조조曹操에게 부탁한 말을 인용해 비유하기까지 하였습니다. 또 "천년 동안 임금은 환퇴桓魋를 제사 지내지 않았다." 한 것은 말이 더욱 참혹하고 지독하여 농간을 부리면서 질책하고 단속하면서 속박하여 마치 단련鍛鍊하는 옥리獄吏가 큰 죄에 빠지지 않을까 두려워하는 것 같습니다. 비록 정자程子가 간교하다는 비난과 주자朱子가 위학僞學이라는 지목도 아마 이보다 더할 수는 없을 것입니다.

그러나 선정이 크게 수립한 것은 끝내 속일 수 없으며 백세의 공정한 시비는 끝내 가릴 수 없습니다. 이에 신들이 단락마다 변백辨白하고자 하나 도리어 구차한 말이 되어 대로大老의 존귀함으로 도리어 옛날 자식처럼 보던 사람을 대적하는 것과 같게 될 뿐입니다. 비록 신들이 천박한 견해로도 진실로 이런 짓은 하고 싶지 않습니다. 다만 왕안석王安石은 집요하게 나라를 병들게 하여 동시대의 제현諸賢들의 논척論斥을 당했으니, 그가 어찌 굳이 뒤에 온 고정考亭에게 틈입闖入하여 말하였단 말입니까? 더구나 고정이 왕안석을 논척한 것은 바로 또한 정 부자程夫子와 사마온공司馬溫公을 논의를 이어받아 밝힌 것인데, 그는 이를 빌려서 비유하고 논증論証하였으며 나타내 보이고 지적하였습니다. 이러하고도 오히려 선정을 위해 변무辨誣할 겨를이 없었습니다. "임금과 굳게 결탁하여 앉아서 원로元老를 좇았다."는 등의 말은 은연중에 감히 비교할 수 없는 지위에 비긴 것입니다. 그는 현조賢祖의 손자요 성명聖明한 시대의 신하로서 무고하여 헐뜯고 침해하여 능멸함이 한결같이 이에 이른단 말입니까? 우리 효종孝宗께서 왕실을 높이고 오랑캐를 물리쳐서 복수하겠다는 뜻으로 두세 명의 뜻을 같이 하는 신하를 불러 모아 유악帷幄에서 접견하시고 이들이 봉사封事를 올렸는데 선정과 깊이 계합契合하였습니다. 그렇다면 그가 어찌 차마 손을 놀려 현상화하여 참람하게 장사꾼의 술수와 임금과 굳게 결탁한 것에 비교한단 말입니까. 그가 아무리 그 스승을 잘못 위하기에 급했더라도 제멋대로 침범하여 훼손하고 전혀 성조聖祖에 생각이 미치지 않았으니, 이것이 어찌 사람의 도리상 차마 할 수 있는 것입니까? 이것이 신들이 선정을 위해 변무하는 것일 뿐만 아니라, 실로 성조께서 받은 무고를 가슴 아프게 생각하는 이유입니다.

아, 저 조하망은 기꺼이 사문斯文의 난적亂賊이 되고 스스로 성조의 역신逆臣으로 돌아갔습니다. 이러한 문자가 일찍 발각되지 못하여 옛날 성세盛世에 바루어지지 못한 것이 애석합니다. 그러나 또한 다행히 조용한 끝에 나와서 그 죄를 분명하게 바로잡아 후세에 할 말이 있게 되었습니다. 하늘이 조석우의 속마음을 유인해 집안에서 대대로 전해져 내려온 죄에서 도망치지 못하게 되었다고 하더라도 지나친 말이 아닙니다. 상소를 짓고 있을 때에 삼가 대신臺臣의 상소에 대해 내린 비답을 받들건대, "조하망의 문자는 훼판毁板하고, 조석우는 전리田里에 방축放逐하라."는 명이 있었습니다. 그런데 처분이 내려짐에 여론이 더욱 울분해 하고 있으니, 어찌 조하망의 죄범으로 해당 형률을 받지 않으며 조석우의 방자함으로 단지 가볍게 견책하는 것에 그치겠습니까? 속히 조하망은 관작官爵을 추탈追奪하고, 조석우는 변방으로 내치는 형전을 더 시행하소서.

다음과 같이 비답하였다.

며칠 전에 대간에게 내린 비답은 실로 그대들의 청을 윤허한 것인데, 지금 이렇게 다시 번거롭게 하니 무슨 미진한 일이 있어서 이처럼 지리하게 구는가? 그대들은 시험 삼아 생각해 보라. 손자가 되어 그 할아비의 문집을 간행한 것은 아름다움을 드러내려는 뜻에서 나온 것인데, 불행하게도 우연히 실수로 조검照檢하지 못해서 이런 큰 논란을 불러들였다. 그 문장이 매우 좋지 않으나 그 손자가 어찌 스스로 온전하고자 하겠는가? 훼판毁板하고 방축放逐하였으면 국시國是를 엄하게 하고 사론士論을 중하게 하기에 충분하다. 이 이상은 결코 인인仁人과 군자君子가 차마 의논할 바가 아니다. 각각 이를 체득하여 물러나 학업을 닦도록 하라.

○ 방외 유생 조용희趙龍熙 등이 올린 상소는 다음과 같다.

신들이 며칠 전에 감히 조하망曺夏望과 조석우曺錫雨의 지극히 흉악하고 간특한 실상을 가지고 서로 이끌고서 대궐문에서 부르짖었으니, 진실로 난역亂逆은 주벌하지 않아서는 안 되고 나라 법은 펴지 않아서는 안 되기 때문입니다. 삼가 내린 비지批旨를 받듦에 "연일 다사多士들의 상소에서 대중들의 공통된 논의를 볼 수 있다." 하셨으니, 왕의 말씀이 위대합니다. 신들이 감동된 표정을 지으며 서로 축하하며 모두 다 성상의 밝음이 비춰보지 못하시는 것이 없는 데 대해 흠앙하였습니다.

우리 효종대왕께서 천명闡明한 바와 선정 신先正臣 문정공文正公 송시열宋時烈이 협찬協贊한 바는 바로 우리 부자夫子(공자孔子)께서 『춘추春秋』에서 왕실을 높인 대의大義입니다. 아무리 먼 후대라도 진실로 인심人心이 있으면 그를 상상하고 그 일을 말하면서 오히려 감회가 깊어 눈물이 흐름을 금치 못할 것입니다. 아, 저 조하망이 감히 "『춘추』는 대성인大聖人의 법이나 글로 장난쳐 농간하여 한 세상을 속이려는 계책을 행할 수 있었다." 하였으니, 이것은 성조聖祖와 선정先正이 잡아 지켰던 것과 표창表彰한 것을 거짓으로 헛되이 차지한 것으로 귀결시킨 것입니다. 비록 선정을 몰래 헐뜯었다고 말하나 실제로는 성조를 드러내놓고 무함한 것입니다. 붓을 함부로 놀려 글을 왜곡시켰다고 하고 농간을 부렸다고 하고 한 세상을 무함했다고 하였는데, 말마다 원망하는 뜻을 품고 구구절절 독기를 지녔습니다. 그가 평소에 원망하고 헐뜯고 모욕하고자 한 뜻이 여기에서 남김없이 모두 다 드러났습니다. 가령 그 흉설凶說이 단지 선정에 관계될 뿐이라도 진실로 이미 죄가 주벌하지 않을 수 없는데, 더구나 이처럼 더할 수 없이 위로 성조를 핍박하였으니 만 번 죽여도 오히려 그 죄를 다할 수 없습니다. 지금 우리 조정에서 북면北面하여 신하가 된 자치고 누가 마음을 썩이고 이를 갈면서 맹세코 함께 살지 않고 반드시 국가를 위해 역적을 토벌하고 사문斯文을 위해 무함을 신리申理하지 않겠습니까. 이는 온 나라의 공론公論으로서 의논하지 않아도 같으며 천 사람이 한 마음이고 이구동성으로 이야기하면서 통탄하고 들끓어 막을 수 없는 것입니다.

성주聖主는 백성의 마음으로 마음을 삼고 백성의 말로 말을 하니, '대중들의 공통된 논의'라고 하유下諭하신 것은 지당하신 성상의 하교입니다. 이는 신들의 다행일 뿐만 아니라 바로 한 나라의 다행입니다.

추율追律하자는 청에 이르러서는, 성상께서 "문자에 대한 일은 어렵게 여기고 신중히 해야 할 바가 있다." 하유하셨으니, 이것은 진실로 신들의 이해할 수 없는 것입니다. 아, 저 조하망이 선정을 왕안석王安石이 임금과 굳게 결탁한 것에 비유하였는데, 무릇 '고결固結'이라고 하는 것은 이끗을 생각하여 임금을 협박하는 것이요, 임금도 또한 현혹된 것입니다. 하늘을 높이는 자는 감히 삼원三元을 의논하지 않고 임금을 공경하는 자는 그 대신大臣에 대해 언급하는 법입니다. 그런데 조하망은 유독 효종의 신하가 아닙니까? 감히 '실제사회實際斯會' 등의 말을 원용援用하여 증거로 삼았으니, 전후의 표현이 두루 음험하고 교활하여 기꺼이 스스로 반역하고 불경不敬한 곳에 이르렀습니다. 이것이 어찌 문자에 대한 일로 돌리고 참작하여 용서할 수 있겠습니까?

우리 숙종 병신년(1716, 숙종 42)에 윤증尹拯의 신유년(1681, 숙종 7)의 의서擬書와 그 아비 윤선거尹宣擧의 문집을 가져다 보시고 이에 특별히 대처분大處分을 내리시어 시비是非를 분명하게 바로잡아서 절대로 고칠 수 없는 글로 만드셨습니다. 또 거듭 병신년(1796, 정조 20)이 돌아오자 우리 정조께서 다시 내려 거듭 밝혔으니, 대개 그 하나는 효종을 침범하여 핍박했고 또 하나는 선정을 헐뜯었기 때문으로, 이것은 양성조聖朝께서 깊이 미워하고 통렬히 끊으신 것입니다. 지금 조하망의 글을 저 두 글과 비교해 볼 때에 백배나 더할 뿐만 아니라, 현인을 무함하고 성상을 업신여기는 것도 겸하였습니다. 이것은 그 죄가 살아서는 저자에서 죽여야 하고 죽어서는 극률極律을 추시追施해야 하는데, 법망을 빠져나가 형벌을 잘못 적용한 지 또한 오래되었습니다. 만일 문자에 대한 일이라는 이유로 중전重典을 의의擬議하지 않는다면 감히 사설邪說을 만드는 무리가 어떻게 그칠 줄을 알겠습니까?

옛날 명明나라 영락永樂 초년에 주계우朱季友가 책을 지어서 송宋나라 유생을 헐뜯자 성조 황제成祖皇帝께서 그 사람을 죄주고 그 글을 불태우라고 명하였습니다. 또 만력萬曆 중에 급사중給事中 장문달張問達이 상소하여 이지李贄가 저서에서 공자孔子의 시비를 거론할 것이 없다고 한 것을 탄핵하면서 불태워 없앨 것을 청하자 신종 황제神宗皇帝께서 그 말을 따라서 이어서 잡아다가 다스릴 것을 명하였는데, 마침내 감옥에서 죽었습니다. 주계우와 이지는 학술이 괴벽乖僻하여 성현聖賢과 어긋났을 뿐이니, 조하망이 가리켜 배척하고 무함하여 핍박하며 심지어는 더할 수 없이 중대하고 엄한 지위에까지 미친 것과 같지 않습니다. 그런데도 오히려 그 책이 불태워지고 몸이 형륙刑戮에 걸렸는데, 조하망이 늙어서 집에서 편안히 죽은 것은 지금 와서 돌이켜 생각하면 저도 모르게 머리털이 곤두서고 뼈가 시립니다. 더구나 문집이 드러난 뒤인데 혹 잠시라도 용서한다면 어떻게 귀신과 사람의 분노를 씻고 난역亂逆의 싹을 잘라버리겠습니까? 양 성조의 처분을 전하께서 이어받아야 하며, 명나라의 형정刑政은 전하께서 본받아야 하는데, 지금 조하망에게 추율을 시행하는 데에 어찌 유독 망설이고 윤허를 내리지 않으시는 것입니까? 이는 단지 신들의 성의가 얕고 구사한 말이 느슨하고 약해서 천청天聽을 감격시키지 못했기 때문이니, 이것은 바로 신들의 죄입니다.

방금 대장臺章이 나옴으로 인하여 훼판毁板하라는 명을 받았으니, 우리 성상께서 난적亂賊을 징계하는 성의盛意가 아주 예사롭지 않으며 한시도 남겨 둘 수 없는 흉패한 문자가 진실로 성상의 안목에서 도망칠 곳이 없게 되었습니다. 그런데 신들은 여기에서 더욱 억울하게 생각하는 것이 있습니다. 대개 흉패한 사람이 있기 때문에 이 흉패한 글이 있는 것인데 단지 그 글을 없앴을 뿐 그 사람을 주벌하지 않았으니, 이것은 덩굴을 제거하면서 그 뿌리를 베지 않고 그 지류支流를 막으면서 그 원류原流를 끊지 않은 것과 같습니다. 지금 훼판한 뒤에 만일 속히 전형典刑을 바로잡지 않아서 조하망의 관작이 그대로라면 효종의 의리의 바름과 선정의 도덕의 융성함이 점점 밝아지지 않고 행해지지 않는 지경에 이를 것이며, 또 어떤 모양의 변괴가 서로 이어져 나올지 알 수 없게 될 것입니다. 조하망은 속히 추탈을 시행하고, 조석우는 당초에 개간開刊한 죄가 단지 방축放逐하고 말아서는 안 되니 또한 의당 사예四裔로 내쳐서 천토天討를 행하게 해야 합니다.

다음과 같이 비답하였다.

죽은 뒤에 추율하는 것이 어떠한 형정인데, 쉽게 의의하는 것인가? 그 문집을 훼판하고 그 손자를 방축했으면 충분하다. 어찌 사정을 이해하지 않고 또 이렇게 지리하고 번거롭게 구는 것인가? 더구나 사론士論은 일에 나아가 일을 논할 뿐이고, 형정에 이르러서는 본래 조정의 일이니 그대들이 관여해야 할 것이 아니다. 다시 번독하게 하지 말아서 상규常規를 보존하도록 하라.

○ 대사헌 윤치수尹致秀가 올린 상소는 다음과 같다.

신은 누추한 거리로 물러나 살면서 세상일을 살피지 않고 있었는데, 요사이 공거公車가 날로 쌓이고 성토聲討가 준엄한 것을 보니 바로 조하망曺夏望의 문자에 대한 일이었습니다. 아, 이것은 진실로 세도世

道와 사문斯文의 일대 변괴입니다. 또 삼가 그 동안 내리신 성상의 비답을 보건대, 말뜻이 준엄하고 발라 부월斧鉞처럼 엄하고 눈서리처럼 두려웠습니다. 열성조列聖朝에서 사기士氣를 배양하고 유화儒化를 숭상한 공과 우리 성상께서 유학을 숭상하고 도道를 옹호하며 사림士林을 부식扶植한 다스림이 어찌 성대하지 않겠습니까. 신은 진실로 흠앙하고 두 손 모아 감축드립니다.

다만 생각건대, 의리가 아직도 밝아지지 않은 것이 있고 형정刑政이 아직도 시행되지 않은 것이 있습니다. 국가가 세상을 다스리는 방법은 형정뿐이고, 신하가 의지하는 것은 의리뿐입니다. 형정이 시행되지 않으면 패역悖逆이 징계되어 두려워할 바가 없어서 나라가 나라꼴을 이루지 못할 것이며, 의리가 밝지 않으면 이륜彛倫이 따라서 무너져 사람이 사람답게 될 수 없습니다. 저 정인正人을 해치는 불령不逞한 무리는 오랫동안 원망을 품고 있었는데 흉악한 마음을 타고나고 거괴巨魁의 종자種子를 대대로 전해 왔습니다. 풍속을 무너뜨리고 어지럽히는 술수를 따라서 하여 그 무리를 번성시키고 남을 속이고 미혹시키는 부류가 어두운 곳에서 의기意氣를 분발하여 반드시 패서悖書를 등재登梓하여 후세에 전파하고자 하였으니, 어찌 그리 심하게 무엄하고 조리가 없는 것입니까?

우리 효종대왕은 요순堯舜같은 성인으로서 『춘추』의 의리를 잡아 지키셨습니다. 그때에 선정 신先正臣 송시열宋時烈은 불세출의 대현大賢으로서 세상에 있지 않은 특별한 대우에 부응하였습니다. 이에 성조께서는 책임지우는 부탁을 주고 선정은 몸을 바치는 충성을 기약하여 길이 부합하여 도모한 계책에 빈틈이 없었으니 진실로 좀처럼 만나기 어려운 좋은 기회입니다. 알아주고 대우하심이 이처럼 훌륭하고 군신간에 마음이 맞은 것이 이처럼 성대하였습니다. 아무리 천한 풀을 베는 사나이나 주방장이라도 오히려 존경하여 사모하고 우러러 볼 줄 알아서 만일 혹 당파를 위하여 죽기를 달게 여겨 공공연히 미워하고 헐뜯는 자가 있으면 반드시 떼를 지어 일어나 공격해서 사람 축에 끼지 못하게 했을 것입니다. 황욱黃昱과 김범갑金范甲이 흉폭한 짓을 하자 먼저 죄주고 이명휘李明徽가 무고하고 모욕하여 반드시 그 징토를 엄히 하였습니다. 성조聖朝의 정도正道를 지키고 편파적인 말을 그치게 하는 정사에 있어서 오히려 그러했는데, 더구나 이제 감히 말할 수 없는 지위에 비의比擬하고 질책한 자야 말할 것이 있겠습니까? 이것을 차마 하였으니, 그 죄가 어디에 해당되겠습니까?

이른바 제문祭文 중에 거칠고 비루하게 헐뜯고 욕한 수많은 말은 불경不敬하고 무례無禮한 것이 흉역凶逆의 뱃속에서 나오지 않은 것이 없었습니다. 이단異端의 비유와 환퇴桓魋의 비유, 의義와 이利, 왕도王道와 패도覇道에 대한 말, 사랑과 폭력, 속임수와 의리에 대한 논의는 흉악한 혀로 못하는 말이 없었던 것입니다. 심지어 붓을 함부로 놀려 농간했다는 말까지 있었습니다. 『춘추』는 성인이 왕도王道를 높인 글인데 성인을 배우고 왕도를 높인 사람으로서 글로 장난쳐 농간하였다고 하였으니, 신은 그가 배운 것이 어떤 사람이며, 높인 것이 무슨 도인지 모르겠습니다. 또 더구나 여우나 살쾡이, 이매魑魅는 과연 누구를 지적한 것입니까? 그때에는 군현群賢이 연달아 등용되어 엄숙하게 포진되어 전후로 남김없이 변정卞正하였습니다. 요컨대, 군현과 석보碩輔가 곧바로 한 줄의 글로 단죄斷罪하여 음사陰邪하고 부정不正한 죄과로 몰아넣었으니, 아, 또한 흉악하고도 참혹합니다.

가장 머리털이 곤두서고 간담이 서늘해지는 것은 바로 왕금릉王金陵 이하 몇 구절입니다. 아, 금릉金陵은 바로 나라를 그르친 왕안석王安石입니다. 왕안석이 어떤 사람이며, 신종神宗이 어떤 임금입니까? 어진 이를 무함하고도 부족하여 스스로 성조聖祖를 무함하는 죄에 빠지는 줄도 몰랐으니, 심장이 썩는 아픔과 뼈를 저미는 듯한 원통함을 어떻게 그칠 수 있겠습니까. 그가 좋아하는 대상에 아부하여 문장으로써 치제致祭하고자 했다면 어찌 말이 없음을 걱정하여 '고결固結'했다느니 '척축斥逐'했다고 하고 이어서 '실제사회實際斯會'라고 한 것입니까. 어디와 고결했으며, 사회斯會란 어느 기회입니까? 아, 우리 효종께서는 존왕양이尊王攘夷의 마음을 잡고서 준재俊才를 등용하고 현량賢良을 드러내는 다스림을 펴셨으니, 저 무리에게 무엇을 저버렸기에 감히 방자하게 무함하고 핍박하기를 이렇게까지 하였단 말입니까. 이것이 어찌 다른 것이 있어서 그렇겠습니까? 이 무리들이 오랫동안 유감과 원망을 쌓아 반드시 한 번 유감을 푼 뒤에 그만두고자 한 것입니다. 이것은 바로 숙종의 병신년의 대처분大處分이 우정禹鼎[20]을 걸어둔 것과 같아서 그 원두源頭와 형적形跡을 숨길 수 없자 한 번 변하여 조하망의 무리가 되고 두 번 변하여 신축년(1721, 경종 1)과 임인년(1722, 경종 2)의 여러 역적[21]에게 돌아갔으니, 점차 더 심해질 조짐을 점차 키워온 것입니다. 지금 어찌 일찍 변무辨誣하고 속히 징토하지 않을 수 있겠습니까. 삼가 성상의 비답을 읽건대, '대중들의 공통된 논의'라고 하고, "공의公議가 더욱 들끓고 답답해하고 있다." 하고, 또 "국시國是를 엄하게 하고 사론士論을 중하게 한다." 하셨으니, 삼가 성충聖衷도 이미 분명하게 비추어보셨는데 어찌 윤허를

20 _ 우정(禹鼎) : 우(禹)가 구목(九牧)의 쇠를 거두어 만든 솥을 말한다. 그 솥 위에 만물을 그려 넣어 백성들로 하여금 선(善)과 악(惡)을 알게 하였으므로, 백성들이 도깨비나 물귀신 등을 만나지 않게 되었다고 한다. 『春秋左傳』 宣公 3年

21 _ 신축년(1721, 경종 1)과 임인년(1722, 경종 2)의 여러 역적 : 1721년에 연잉군(延礽君), 즉 영조(英祖)를 지지한 노론이 경종의 무자 다병(無子多病)을 이유로 연잉군의 세제(世弟) 책봉과 대리 청정을 주장하자, 극력 반대하여 신임사화(辛壬士禍)를 일으켜 노론을 축출하고 영조의 생명을 노렸던 자들이다.

아껴 공정公正한 논의를 거스르시는 것입니까? 그 책의 판본은 비록 부수어버렸지만 그 사람의 관작은 그대로니, 이것이 어찌 의리를 밝히고 형정刑政을 행하는 뜻이겠습니까? 속히 조하망과 조석우에게 마땅히 시행해야 할 형률을 시행하여 성덕聖德을 빛나게 하고 세교世敎에 다행이게 하소서.

다음과 같이 비답하였다.

형정이 지나치거나 미치지 못하는 것은 모두 이치에 맞지 않는 것이다. 그 판본을 부수고 그 손자를 방축放逐한 것으로 그 죄를 덮을 만하고 물론物論에 들어맞는데, 어찌 차마 다시 이런 형률을 더하기를 의의擬議할 수 있겠는가? 경의 말은 혈구絜矩의 의리가 전혀 아니다. 사리와 형정이 실로 이와 같으니, 다시 번독하게 하지 말라.

12월

○ 양사兩司에서 — 대사헌 윤치수尹致秀, 대사간 김재전金在田, 장령 박규현朴奎賢, 지평 이재원李載元, 정언 권종록權鍾祿이다. — 연명으로 상차上箚한 내용은 다음과 같다.

신하가 불경不敬하고 무례無禮하며 분수와 기강을 범하면 나라 법을 반드시 가하고 모든 사람이 주벌할 수 있는 것입니다. 저 조하망曺夏望은 유독 효종孝宗의 신하가 아닙니까. 감히 말할 수 없는 구절을 감히 견줄 수 없는 곳에 견준 것으로 말하면, 이것을 차마 하였으니 무엇을 차마 하지 못하겠습니까? 불행하게도 패서悖書가 유포되어 위로 효종을 무함하고 핍박했으며 아래로 송시열宋時烈을 모욕하였는데, 다행히 물리치고 타파하여 사론士論이 준엄하고 바루며 성상의 비답이 융중隆重하셨습니다. 그런데 유독 나라 법이 아직 펴지지 않고 여정輿情이 아직 풀리지 않았는데 마치 심상한 하찮은 허물을 혹 참작하여 헤아릴 만한 것이 있는 것처럼 하셨습니다. 신들이 어떻게 연달아 누차 상소하여 의리를 밝힐 방법을 생각하지 않을 수 있겠습니까. '고결固結'과 '척축斥逐'은 바로 왕안석王安石의 천고의 죄안罪案으로, 그는 당黨을 위해 죽으려는 고심苦心으로 감히 정인正人을 해치는 수법을 행하였습니다. '사회斯會' 두 글자가 얼마나 흉악한 속셈이고 못된 말입니까.

아, 선정先正이 협찬協贊하던 때는 바로 효종께서 존왕양이尊王攘夷하던 때입니다. 효종께서 길이 계합契合한 것은 바로 선정이 대양對揚한 때입니다. 그때를 이때에 비하는 것이 어찌 사람이 마음에서 싹틔우고 입으로 말할 수 있는 것입니까. 이것은 충신忠臣과 지사志士가 피눈물을 흘리고 눈물을 삼키면서 살아서는 전하의 조정을 도울 방법이 없고 죽어서는 영릉寧陵(효종孝宗과 인선왕후仁宣王后의 능)에 돌아가 배알할 길이 없으며, 천하 후세에 예禮로써 임금을 섬기는 자로 하여금 반드시 오늘날 조정에 사람이 없었다고 생각하게 할 것입니다. 이것이 어찌 크게 두려워할 만한 것이 아니겠습니까.

아, 상천上天은 살리는 것으로 덕德을 삼지만 때론 천둥과 벼락의 위력이 있기도 하며, 성인은 너그러움으로 다스리지만 때론 부월鈇鉞로 노여움을 나타내기도 합니다. 만일 이렇게 하지 않으면 병든 기운이 진정될 수 없고 패역悖逆한 무리가 징계되어 두려워 할 수 없으며, 오상五常이 그 차례를 잃고 사계절이 그 순서를 잃을 것입니다. 그렇다면 상천의 천둥 벼락과 성인의 부월은 바로 이 무리들을 위해서 만들어 놓은 것일 뿐입니다. 전하께서 아무리 너그럽게 용서하려고 해도 그렇게 할 수 없습니다. 신들이 어제 목욕하고 징토하는 의리를 진달하였으나 윤허를 받지 못하였는데, 열 줄의 사교辭敎가 정중하고 반복되며 간곡하여 형정刑政으로써 하유下諭하고 혈구絜矩로써 면려하셨습니다. 그런데 신들은 그 미치지 못하는 것만 알고 그 허물을 모르겠습니다. 공손히 기다리고 있던 끝에 근심과 분노가 더욱 격렬해졌으니, 속히 조하망과 조석우가 성인을 무함하고 현인을 업신여긴 죄를 바로잡아 천토天討로 하여금 지체되는 데 이름이 없게 하고 나라 법으로 하여금 결딴나기에 이름이 없게 하소서.

임금이 허락하지 않았다.

○ 옥당에서 — 교리 이교인李敎寅, 부교리 서익보徐翼輔, 정자 조병협趙秉協이다. — 연명으로 올린 상소의 내용은 다음과 같다.

신들이 듣건대, 임금의 원수와 나라의 역적과는 한 하늘 아래에서 살지 않겠다고 맹세하는 것은 바로 백성들의 떳떳한 본성에서 가릴 수 없고 의리에서 없앨 수 없는 것입니다. 그러므로 살았다면 시원하게 떳떳한 형벌을 시행하고 죽었으면 속히 추율追律을 시행하니, 또한 나라 법에 있어서 형량을 올리거나 낮출 수 없는 것입니다. 임금을 욕한 역도逆徒가 예로부터 참으로 많지만 윤상倫常이 있은 이래로 어찌 조하망曺夏望처럼 지극히 참혹하고 간특한 자가 있겠습니까? 그 동안 유생들의 상소와 대간의 상소에서 그 흉악한 속셈을 타파하고 그 반역의 속내를 나열하였으니, 지금 차마 붓에 먹을 묻혀 거듭 번독하게 해 드릴 수는 없으나 그 가운데에서 '임금과 굳게 결탁하였다' 하고 '실로 이 기회를 만났다' 등의 구절을 가지고 말씀드리겠습니다. 그 문장을 언뜻 보면 겉으로는 선정先正을 터무니없이 모함한 것 같으나 세밀히 의도를 따져보면 분명히 성조聖祖를 헐뜯은 것이니, 이것은 역적 윤휴尹鑴도 감히 하지 못하고 역적 조태구趙泰耉도 듣지 못했던 것입니다. 머리털이 솟구치고 간담이 서늘해지며 곧바로 죽고 싶습니다.

아, 효종대왕은 동방의 대성인大聖人입니다. 천하를 위해서 대의大義를 밝히고 만세를 위해서 강상綱常을 세웠으니, 온 나라의 목숨을 지니고 있는 무리들이 누가 감히 하늘을 우러러 보듯이 하고 햇빛에 나아가는 것처럼 하지 않겠습니까? 그러나 그는 유독 어떤 모양의 귀태鬼胎이기에 인륜을 무너뜨리고 의리를 버린 채 드러내놓고 이처럼 더할 수 없이 무고와 핍박을 가한 것입니까. 또 이른바 문집文集 중에 여러 저작著作은 성궁聖躬을 헐뜯고 모욕하고 조정을 질책하지 않은 것이 없으니, 그가 성조聖祖에 신하가 되지 않으려는 마음을 환하게 알 수 있습니다. 이것을 차마 했다면 무엇을 차마 하지 못했겠습니까.

조석우曺錫雨로 말하더라도, 이렇게 흉역凶逆한 문자가 그 집의 상자에 비밀리 보관해 온 지 오래되었으나 일찍이 감히 간행한 자가 없었던 것은 오히려 두려워하고 꺼리는 마음이 있었기 때문입니다. 그렇다면 조석우가 방자하게 등재登梓하여 배포하되 털끝만큼도 염려하고 꺼림이 없었던 것은 어찌 제대로 살피지 못하고 한 것이겠습니까. 이것은 전적으로 날뛰는 버릇과 한번 시험해 보려는 계책에서 나온 것이니, 아, 또한 흉악하고 사납습니다. 지금 공분公憤으로 논하고 해당 형률로 덮는다면 조하망의 죄범은 이미 재가 된 관을 꺼내어 시체를 베고 이미 서리가 된 뼈를 부수더라도 불가하지 않으며, 고첩誥牒을 추탈追奪해도 오히려 형률이 가볍고 박합니다. 그런데 전하께서는 어째서 이처럼 내키지 않아서 미루고 윤허하지 않는 것입니까? 이에 대해 엄히 전형典刑을 시행하지 않는다면 신들은 사람의 도리가 없어지고 난의 싹이 자라게 될까봐 염려스럽습니다. 순식간에 불이 들판에 불타올라 끌 수 없는 것과 같고 물방울을 막지 않아서 끝내 홍수가 크게 나게 되는 것과 같으니, 또한 어찌 크게 염려하고 두려워하지 않겠습니까?

나라 법은 진실로 하루도 없애서는 안 되며, 백성들의 떳떳한 본성은 또한 한 시간도 막아서는 안 되며, 의리는 결코 잠시라도 어두워서는 안 됩니다. 조하망은 속히 관작을 추탈하는 형전을 시행하고, 조석우는 시원하게 변방으로 내치는 형전을 시행하여 위로는 성무聖誣를 밝히고 아래로는 공분을 펴도록 하소서.

임금이 허락하지 않았다.

○ 성균관 — 대사성 조휘림趙徽林이다. — 이 영남 감영에 보낸 관문關文은 다음과 같다.

조하망曺夏望의 문집을 간행하여 배포한 일을 대간의 상소로 인하여 훼판毁板하라고 명하셨으니, 즉시 거행해야 한다. 그러나 판본板本이 귀영貴營에 있다고 하기 때문에 이에 관문을 보내니 도착하는 즉시 색리色吏와 안동眼同하여 불일내에 올려 보내 거행할 수 있게 하라.

○ 양사兩司에서 다음과 같이 합신계合新啓하였다.

아, 애통합니다. 조하망曺夏望의 죄를 이루 다 주벌할 수 있겠습니까. 경박하고 허황하고 요망한 타고난 소인이니 웃음거리로 퍼진 것이 많고, 간사하고 교묘하게 남을 속여 대대로 원악元惡을 이루었으니 지시하여 가르친 지 오래되었습니다. 나라를 망치고 집안에 화를 끼친 상황이 갈수록 더욱 참혹하고 현인賢人을 모욕하고 정인正人을 해치려는 계책을 태어나면서 가지고 있었습니다. 윤증尹拯을 제사지내는 패서悖書를 등재登梓하여 유포한 것에 이르러 흉악한 계획과 역적 행위를 모두 다 드러내보였습니다.

아, 우리 효종대왕이 선정 신先正臣 송시열宋時烈에 대해서 『춘추春秋』를 잡아 지킨 엄격함과 현명한 군주와 어진 신하가 만난 성대함은 먼 후대에서도 오히려 손목을 불끈 쥐고 눈물을 흘릴 만합니다. 대개 선정의 도덕과 학문의 실제는 천리를 밝히고 인심을 바로잡는 것을 자기의 책임으로 삼고 절의節義를 장려하고 이단異端을 물리치는 것을 사업事業으로 삼았으니, 공이 한 시대에 빛나며 천년을 두고 일컬을 만합니다. 그런데 그는 유독 무슨 마음으로 대의大義를 원수처럼 보아서 사류士類의 빈척擯斥을 받자 청의淸議에 용납되기 어려운 줄을 스스로 알고서 포악함이 나라를 원망하는 것으로 변하고 남을 모함하던 것이 현인을 무함하는 데에 익숙해졌습니다. 이에 남의 의견과 반대되는 자기주장을 강력히 내세울 마음으로 몰래 활시위를 당기는 계책을 부리려고 하였습니다.

더욱 마음을 놀라게 하고 뼈를 시리게 하는 것은 바로 '왕금릉王金陵' 이하 몇 구절입니다. '고결固結'이니 '척축斥逐'이니 하는 말은 어떠한 말이며, '동방사회東方斯會'는 어떠한 때입니까? 감히 송宋나라 말기에 나라를 그르친 일로써 감히 견주어서는 안 되는 자리에 비의比擬하였습니다. 그도 그날 조정에서 북면北面한 신하였는데 이것을 차마 할 수 있었단 말입니까. 아, 또한 도리에 어긋납니다. 더할 수 없이 엄하고 중한 데를 질책하였는데, 간범干犯한 것은 그 할아버지에 그 손자입니다. 겉으로는 문자를 간행, 유포한다고 핑계대고 안으로는 국시國是를 무너뜨릴 계획을 품었습니다. 자취를 잡아서 속마음을 주벌하면 병신년의 처분에 대해 원한을 품었으며, 지류支流를 따라서 원류原流로 거슬러 올라가면 신축년과 임인년의 흉도凶徒가 그 장본張本입니다. 사나운 품성이 교화하기 어렵고 사악한 소리로 제멋대로 행동하여 역적의 소굴에서 꼭두각시가 되고 추악한 부류에게 뿌리가 되었습니다. 오랫동안 헤아리고서 서로 호응하였으니 천지 사이에 용납할 수 없으며 귀신과 사람이 다 함께 분노하는 대상입니다. 그가 비록 집에서 편안히 죽었으나 어찌 죽은 뒤에 주벌을 피하겠습니까. 그의 무거운 정범情犯을 따지면 판본을 부수는 데 그쳐서는 안 됩니다. 고 참의 조하망은 속히 관작을 추탈追奪하는 형전을 시행하고, 그 손자 조석우는 또한 변방으로 내치는 형전을 시행하여 도성 안에서 함께 살지 않는 의리를 보이소서.

"조하망의 일은 너무 지나치다. 번거롭게 하지 말라." 하였다.

○ 정원에서 다음과 같이 신계新啓하였다.

대론臺論이 한창인 때에는 설사 체차해야 마땅한 일이 있을지라도 진실로 응당 먼저 목욕하고 징토하는 의리를 진달하고 이어서 인피引避하는 상소를 지어야 하는데, 급히 숙배肅拜하여 거의 규피規避하는 것과 같았습니다. 대체臺體와 관계가 있으니, 몹시 놀랍습니다. 태연히 소패召牌를 어긴 자도 있고 직소直所에 있으면서 참여하지 않은 자도 있었습니다. 전 장령 한경원韓敬源과 전 지평 임응준任應準은 간삭刊削하는 형전을 시행하고, 교리 허부許傅와 정언 이용좌李容佐는 모두 찬배竄配하는 형전을 시행하소서. 신좌모申佐模와 조헌섭趙憲燮은 참석해야 하는데 참석하지 않았으니 또한 무슨 뜻입니까? 만일 눈치를 보려는 것이 아니었다면 필시 애호愛護입니다. 부교리 신좌모와 부수찬 조헌섭은 또한 간삭하는 형전을 시행하소서.

아뢴 대로 하라고 하였다. — 허부는 맹산현孟山縣에, 이용좌는 이원현利原縣에 찬배하였다. ○ 곧바로 용서하고 벼슬을 주었다. —

○ 경상 좌도 암행어사 박규수朴珪壽가 다음과 같이 서계書啓하였다.

전 감사 조석우曺錫雨는 계축년(1853, 철종 4) 조條 획하재劃下災 4만 4천여 결結의 준표準俵 외에 해 도신이 가표加俵한 것이 4천여 결인데, 가표한 조부租賦를 각읍各邑의 서원書員 등에게 분징分徵하였습니다. 대개 민간에 파급된 것이 미흡하기 때문이면 많은 것을 덜어서 적은 것에 보태야 하며, 이속吏屬이 훔치고 농간한 것이 필시 많다면 여기서 빼앗아 저기에 준다고 해도 무방합니다. 애당초 단속하고 신칙하면서는 지나치게 보고하는 폐단에 대해 소홀히 하고 뒤에 배징排徵하면서는 발각된 장오贓汚를 잡지 않았습니다. 따라서 비록 제멋대로 나누어준 것은 아니지만 간적間跡이 있으니, 은혜를 판 것이라 끝내 억지로 받아낸 것과 다름이 없습니다. 일이 거꾸로 행동한 것과 똑같습니다. 더구나 분징한다는 명분은 마침내 실효實效가 없게 되고, 한갓 간사한 짓을 하는 무리들로 하여금 이제부터 이를 핑계 삼아서 혹 중지한 채 분표分俵하지 않기도 하고, 혹은 분주히 걸빈乞貧하게 하여 원수元數 이외에 분징하여 도리어 한 곱절에서 다섯 곱절 가량의 이익을 얻게 할 것입니다. 신령新寧 등 고을의 징재徵災가 도합 결가전結價錢 5천 600여 냥 내에 분획分劃한 것을 혹은 타읍他邑의 부족한 표재를 충당하기도 하고, 혹은 본읍本邑의 부족한 진자賑資를 충당하기도 하고, 혹은 감가減價된 하납미下納米를 채우기도 하였습니다.

재결災結은 조심하고 삼가야 하니 법의 뜻이 엄중하여, 만일 혹 함부로 범한 일을 조사해서 내면 응당 나라에 아울러 붙여 올립니다. 다만 보건대, 분배分排는 아무리 귀속歸屬되는 데가 분명하더라도 만일 구처區處를 논한다면 끝내 경법經法에서 허락하는 것이 아닌데, 비안比安 등의 현縣은 재결災結로써 체납替納하였습니다. 동래부東萊府는 하납下納 각양미各樣米 도합 2만여 석 내에서 작전作錢한 것이 9천 900여 석이요 본색本色이 1만 2천여 석인데 작전조作錢條는 1석 당 9냥 2전으로 결가決價하였습니다. 본색조本色條 8천 석을 해 도신과 훈도訓導가 각각 4천 석씩 분반分半하여 별무別貿하여 모두 모양某樣의 공화公貨로 무취貿取하여 실어 옮겨 각읍에 분배하고 대전代錢으로 거두어 본가本價에 도로 채웠습니다. 작전作錢하여 결가한 것에 비해 1석당 양감量減한 것이 1냥 4전, 혹은 1냥 7전입니다. 이어서 하납미下納米의 작전도 모두 이 예에 의거해서 감가減價하여 감소된 수가 6천 700여 냥이 되었습니다. 각읍에서 사징査徵한 결가結價와 공목公木을 별무別貿한 잉여 등의 돈을 보충하여 실어 옮겼습니다. 공목의 별무는 세획歲劃 600여 동同 내에 해 도신이 또 별무하여 실어 옮겼고, 거둔 대전代錢 7천 400여 냥 내에 5천여 냥은 본가本價에 도로 충당하고 잉전剩錢 2천 냥은 하납미下納米 감가減價와 무미貿米와 무목貿木 등의 항項에 보충하였습니다.

대봉代捧하고 대납代納하는 즈음에 자연 피차간에 남거나 모자란 것이 들쭉날쭉한 것이 많아서 겨우 이리저리 끌어다 보충하고 미봉하였으니, 이미 흉년의 민정民情을 아우르고 오로지 힘을 펴게 하는 좋은 계획이니, 어째서 작전하고 결가하는 처음에 곧 알맞게 헤아려 감가減價하는 방도를 하지 않았습니까? 애써 마음속으로 계산하여 이런 자상한 정사를 한 것이지만 물의物議를 귀 기울여 들어보니, 모두 이해하기 어려운 일이라고 하였습니다. 이번 봄의 진자賑資 중에 도신이 별도로 비축한 각곡各穀이 8천 석이요, 별진別賑에 쓰이는 각비곡各備穀이 또 3천 200여 석이 됩니다.

조정의 고마운 뜻을 제대로 펴나가고 전도全道의 진정賑政을 담당하여 자세하고 정밀하게 하여 이미 직분職分 상 마땅히 해야 할 바를 다하였습니다. 쉴 새 없이 일하면서 접제接濟하는 데 어찌 덜어내어 보탤 창고가 없겠습니까. 신이 일을 조사하는 날에 장부들을 조사해 보니, 5천 500여 석의 가전價錢 6천 700여 냥은 동래부에서 허대미許貸米를 가지고 작전하여 이자를 취한 것 중에 구획區劃한 것이요, 1천 60여 석은 가산架山의 남창南倉의 상채미償債米로써 해마다 구획하였습니다.[22] 이른바 동래부의 대미를 작전한 것은[23] 10여 년 동안 영읍營邑에서 수단을 가리지 않고 이익을 얻는 밑천이었습니다. 요량한 것 이외에 가작加作한 것이 이미 적정糴政의 상법常法을 어긴 것인데다가 고가高價로 집전執錢한 것은 풍년의 백성이 전혀 아니니, 그것이 온 곳을 세밀히 살펴보면 마침내 모두 백성의 힘에서 나온 것입니다. 먼저 명목名目을 물어보니, 사체에 어긋났습니다. 이른바 대구大邱의 취잉조取剩條는, 각읍의 사민士民들이 자원해서 진자賑資를 바쳐 남은 곡식이 1천 900여 석으로 응당 진여곡賑餘穀에 넣어 회록會錄해야 하는데, 대구의 문서 가운데 유작조留作租로써 수량에 맞추어 서로 바꿔 취잉조곡取剩租穀이란 이름을 새로 만들었습니다. 해부該府에서 올 봄에 사진私賑하는 즈음에 꾸어 쓴 환곡還穀에서 응당 바쳐야 할 수량이 2천 400여 석인데 우선 빌려서 이무移貿하여 환전還錢하여 불려서 배납排納하였습니다. 이것은 바로 취리取利한 세금으로 그 1천 900여 석을 대신 충당하고 이어서 해부의 사진곡私賑穀 중에서 감하減下하고 이어서

22_ 해마다 구획하였습니다 : 이 부분은 앞뒤의 문맥이 통하지 않아 『일성록』에 의거하여 보충하였다. 원문은 다음과 같다. "排年區劃"

23_ 이른바 …… 것은 : 이 부분은 앞뒤의 문맥이 통하지 않아 『일성록』에 의거하여 "作錢剩條"를 "所謂萊府貸米作錢條"로 바로잡았다.

그 값은 빌려 준 전錢 가운데에서 취한 것이며, 1천 600여 석 이외에 별비곡別備穀은 마침내 이로써 구처하였습니다. 대개 이것은 사민이 자원해서 바친 곡식입니다. 수령이 사진한 고을에 있어서는 사곡私穀은 회계會計에 넣지 않는데, 대구는 사진한 고을입니다. 지금 이 각읍의 사민이 자원해서 바친 곡식이 한 번 변하여 대구부의 취잉조取剩租가 되고, 두 번 변하여 대구부의 대용貸用한 환곡이 되고, 세 번 변하여 대구부의 사진한 고을의 사민곡士民穀이 되고, 네 번 변하여 도신의 별비곡으로 돌아간 것입니다. 공진公賑하고서 남은 곡식이 있는데도 사진私賑에서 덜어서 용하用下하고, 사민이 자원해서 바침에 도신이 스스로 마련한 것으로 귀속시켰으니, 오묘하게 재제하여 뛰어난 공인工人도 그 술수보다 나을 수 없고, 공교하게 변환變換하여 노리老吏도 또한 그 사이를 엿보기 어렵습니다.

이른바 남창의 상채미償債米로 해마다 구획한 것은 지난 신축년(1841, 헌종 7)에 제영諸營에서 포흠逋欠을 거둔 나머지를 사사로이 식모殖耗하여 해마다 포흠을 충당한 곡식이 있었으나 마감하고 병진년에 한하여 혁파하였습니다. 지금 이 별비곡 1천 600여 석은 이미 공대公貸로 조처하여 준비하고서 배년排年한 장부에 기한을 늘려 첨록添錄하였습니다. 사곡私穀의 식모殖耗는 본래 임시 편의를 위한 일이니, 해마다 포흠을 충당하는 것은 구차한 정사입니다. 지방관의 직책은 평범한 백성들의 굶주림을 구제하는 데 있습니다. 그런데 백성을 먹일 용도를 포흠을 보충하는 데 범작犯作한다면 이름과 실상이 맞지 않는 것은 우선 막론하고, 사체 상 당연하지 않고 생각지도 못한 것입니다. 이 세 조條를 보건대, 구획한 실상에 원래 1포包도 창고에서 덜어낸 것에서 말할 만한 것이 없으며, 자기 힘을 낭비하지 않고 별도로 재물을 늘리는 방책을 강구하였으니, 또한 백성들의 칭찬을 얻어서 일을 잘 처리한다고 칭찬은 본래 종이나 소인의 말인데 경사대부의 마음을 물들여 오랫동안 식자識者의 규탄窺歎을 받았습니다. 대체로 부임한 지 1년 남짓인데 특별히 큰 사업도 없었는데 신이 이렇게까지 장황하게 말씀드리는 것은 근심이 그치지 않기 때문입니다.

표재俵災로써 말하면, 획외劃外로 가표加俵하여 서원書員에게 대신 분징分徵하였으니 실로 앞으로 혹 이것을 본받아 제멋대로 나누기에 이를 것이며, 따라서 보고하지 않을 뿐만 아니라 분표한 뒤에 조사하여 징수하였으니 실로 앞으로 혹 이것을 본받아 별 어려움 없이 사사로이 쓰기에 이를 것이며, 다른 고을에 이록移錄하여 조법租法을 바꾸어 옮겨주었으니 실로 앞으로 혹 이것을 본받아 못하는 것이 없이 이리저리 변환變換할 것입니다. 공목公木과 피륙과 쌀을 별무別貿한 것으로 말하면, 실로 앞으로 혹 이를 본받아 징수하고 조사하여 전화錢貨를 환무換貿하여 직접 팔아 점차 온갖 폐단이 생겨서 마침내 국경 지역에서 이웃 나라와 다툼이 일어나게 될 것입니다. 비록 아름다운 법도 오히려 말류末流에는 잘못이 있는데, 더구나 이끗이 달려 있으므로 필시 잠깐 사이에 폐단에 이를 것입니다. 이에 대한 제방隄防은 엄하지 않아서는 안 됩니다. 진자賑資를 별비別備한 것으로 말하면, 지금의 사체가 너무나 정당하지 않고 앞으로의 유폐流弊가 이루 다 말할 수 없을 것입니다. 동북으로 이전한 곡격량穀格粮이 실제로 잉여 각곡으로 들어간 1천 200여 석과 각읍의 보축補縮 잉여 각곡 등의 피皮 1천 700여 석은 당초에 이 잉여가 생기고 향후에 곳에 따라 배용排用한 것이 비록 그 합당함을 다 얻지 못하였으나 모두 근거할 만한 문서가 있습니다. 환곡을 가분하여 취모取耗하고 시가時價로 작전하여 취잉取剩하는 것은 요사이 두루 있는 폐단으로 바로 잘못된 전례가 되었습니다. 익숙히 보고 듣지 못하여 크게 놀라고 작게 괴이하게 여깁니다. 가작미加作米를 제외하고 동래 부사의 대미貸米와 각진各鎭의 무획미貿劃米 두 조건條件 외에 별로 논할 만한 것이 없습니다. 그런데 이 두 조건은 마련한 지 10여 년 이래로 행하지 않는 자가 드물어서 모두 한쪽만을 들어서 갖추기를 요구하는 것은 마땅하지 않으니, 모두 경법經法에서 처리할 수 있는 것이 아닙니다. 게다가 흉년의 백성들의 고통에 관계되니, 다만 문서에서 계축년 가을에 각곡各穀을 시가에 따라서 작전한 것 중에 가분곡加分穀을 작전한 것이 2만 7천여 냥이고, 배삭곡排朔穀의 잉전剩錢이 6천 600여 냥이고, 간농곡奸弄穀의 잉여가 4천 600여 냥입니다. 동래에서 허대許貸한 것과 각진의 예획미預劃米를 작전하여 문文이 1만 3천여 냥이고 취전取錢이 7천 400여 냥입니다. 계축년에 환가還加한 분모分耗를 작전한 것이 5천800여 냥이요, 갑인년(1854, 철종 5)에 환가한 분모를 작전한 것이 3천 300여 냥 남짓입니다. 이를 모두 합한 전 6만 8천 600여 냥 내에 6천 700여 냥은 진자의 별비로 동래에서 허대한 취잉전에 용하用下하고, 나머지는 모두 사사로이 썼습니다. 미작전米作錢 1천 300여 냥은 『서주집西州集』을 간행하는 일에 가져다 썼으니, 바로 고조高祖인 고 참의 조하망曺夏望의 문집으로 열읍列邑의 사원祠院에서 간행하여 유포하였습니다. 그 본문을 가져다가 보니 「제유봉문祭酉峯文」이 있었는데, 신은 유봉이 어떤 사람인지 모르지만, 한 편의 문장이 모두 성명을 드러내지 않고 숨기고 감추며 질서 없이 비의比擬하고 아주 패악하게 비난하였는데 필시 돌아가는 데가 있을 것입니다. 왕명을 받들어 교화를 널리 펴는 자리에 있으면서 이런 문장을 간행해서 유포하여 한 지역의 추향趨向을 더욱 다시 그릇쳤으니 그 유독流毒이 무궁하여[24] 의리를 뒤집

24 _ 왕명을 …… 무궁하여 : 이 부분은 앞뒤의 문맥이 통하지 않아 『일성록』에 의거하여 "處則句益復註誤而其流毒無窮終必至於翻覆義理承流宣化之地刊布此等文字欲使一路之趨嚮"을 "則處承流宣化之地 刊布此等文字 欲使一路之趨嚮 益復註誤 而其流毒無窮 終必至於翻覆義理"로 바로잡았다.

은 뒤에야 그칠 것입니다. 세상의 변고와 크게 관계되기에 놀라움과 탄식을 금치 못하겠습니다.

전전 감사 홍열모洪說謨는 환곡을 가작하여 취잉한 것을 제외하고 정령政令의 잘잘못은 본래 평할 만한 것이 없는데, 어째서 비난하는 물론物論이 그치지 않는 것입니까? 다만 가작하여 취잉한 자취만을 들어 말한다면, 임자년(1852, 철종 3) 가을에 각곡을 시가대로 작전한 것 중에 가분모加分耗를 작전作錢하고 비공곡婢貢穀과 배삭곡排朔穀의 잉전剩錢이 도합 3만 3천 500여 냥이 되며, 동래부에서 허대許貸한 것과 각진의 예획미를 작전하여 취잉한 것을 합친 것이 2만 7천 300여 냥이니, 이것을 모두 합치면 6만 800여 냥이나 됩니다. 그런데 별로 공용公用하여 근거할 만한 것이 없고 전부 다 사계私計로 돌아갔습니다. 동래에서 허대한 것과 각진에서 예획한 조條는 가작을 빙자한 것으로 아주 굉장한 고치기 어려운 폐단인데, 가작한 미米가 자그마치 3만 6천 500여 냥에 이르는 것은 오로지 2만 7천 300여 냥만 취잉한 것이 되기 때문입니다. 포량砲糧을 환미換米한 잉여조剩餘條는 스스로 배삭排朔한 항름恒廩이 아닙니다. 이것은 전 부사가 돌아가기 전에 구획區劃한 것이 이미 부득이한 사세에서 나왔습니다. 타당한 교승交承을 고려하지 않아서 마침내 정녕丁寧하게 허락한 것을 저버리고 마침내 사용私用에 부쳤으니, 예양禮讓하는 기풍에 어긋납니다. 여론을 근심했을 뿐이니, 실로 수치스러운 일입니다.

통제사 이규철李圭徹은 설영設營이 비록 우연右沿에 있었으나 관할은 전도全道에 미쳐 이미 청문聽聞이 놀라고 괴이하게 여기고 있습니다. 단지 채방採訪한 것을 근거로 조목조목 진달하겠습니다. 마음이 약하고 겁이 많아서 이미 분별력이 없었으며 탐욕스럽고 비루한 정사는 전혀 뒷일을 염려하거나 꺼리는 것이 없었습니다. 정신을 쏟는 것은 오직 금전과 재물이요, 분주하고 바쁜 것은 이끗이 아님이 없습니다. 손님의 왕래가 끊임이 없어 뇌문賂門이 따라서 크게 열리고, 교졸校卒들이 거침없이 마구 오고가 요호饒戶가 혹독한 침해를 치우치게 입었습니다. 30년 전에 집을 지은 재목은 곧 뇌물로 사사로이 벤 것이고 수백 리 사이에서 소금을 구울 땔나무를 모두 범금犯禁하였습니다. 혹은 예전 송사訟事를 번복하기도 하고, 혹은 없는 죄를 날조하기도 하여 감옥이 가득 차고 세금 독촉이 낭자하였습니다. 거제巨濟의 백성 정대손鄭大孫 등은 가장 드러나게 부당하게 걸려들고 강제로 받아낸 경우인데, 3천 500냥이나 됩니다. 뇌물을 바치고 면한 자는 범의 아가리에서 탈출한 듯이 생각하고, 돈이 없어서 미결로 오래 갇혀 있는 자들은 귀신 굴에 빠져 있는 것처럼 생각했습니다. 억울하고 한스러워하다가 점점 아파서 죽으려 해도 죽을 수 없는 자의 성명을 다 들기도 어려운데 부근 7, 8개 고을이 더욱 심하게 술렁거립니다. 그 동안 천만 금을 이유 없이 약탈하여 원망하는 말이 입이 있는 자들이 똑같이 말하고 있고 추잡한 소문이 귀가 따갑도록 들리고 있습니다. 전 통제사 이응서李膺緖가 체차되어 돌아갈 때에 각양 군고軍庫의 전錢·목木·포布로 흘러 내려온 허류虛留를 힘껏 절약하여 충완充完하는 효과를 거두었습니다. 해 수신帥臣은 감영에 도착한 지 얼마 되지 않았는데 창고가 텅 비어 남은 것이 없었습니다. 공화公貨를 나이挪移하여 감영의 수요需要의 책응策應을 잇기 어려웠습니다. 이방吏房에게 가하加下된 전이 6천여 냥이고, 회계리會計吏에게 가하된 전이 4천여 냥이고, 형방刑房은 방포전防布錢을 무수히 끌어다 써서 교리校吏에게 급대給代하지 못한 지가 이미 다섯 달이고 군졸軍卒에게 급대하지 못한 지가 이미 세 달이니, 군정群情이 끓어올라 한 감영이 크게 떠들썩합니다. 굶주린 군졸 중에 밤에 분호奮號하는 자가 수십 명에 이르니, 일이 놀라운 것이 무엇이 이보다 심하겠습니까. 맡긴 무거운 책임을 저버렸으니, 이것이 어찌 의분義分상 당연히 할 것이겠습니까. 군사軍事를 그르쳤으니, 자연 사율師律에서 용서하기 어렵습니다. 마땅히 중한 법을 시행해야 합니다.

○ 관학 유생館學儒生 윤보열尹普烈 등이 다음과 같이 상소하였다.

신들이 연달아 상소하여 두 번 세 번 징토懲討하기를 청한 것은 어찌 그만 둘 수 있는데 그만 두지 않은 것이겠습니까? 조하망曺夏望은 성조聖祖를 무고하여 핍박하였는데 지금까지 난역亂逆에 대한 형률에 복죄伏罪되지 않았으니, 이는 진실로 온 나라의 신하들이 근심하며 분하게 여기고 억울하여 마음을 잡을 수 없는 날입니다. 또 방외方外의 상소가 계속해서 올라오니 성상께서 비답에 "대중들의 공통된 논의를 볼 수 있다." 하고, 대신臺臣의 상소가 또 나오니 성상께서 비답에 "공의公議가 더욱 들끓고 답답해하고 있음을 알 수 있다." 하고, 단지 "훼판毁板하자는 청은 아뢴 대로 시행하라." 명하셨을 따름입니다. 해당 형률을 의의擬議하는 데에 미쳐서는 줄곧 어렵게 여기고 신중하게 하여 끝내 윤허하지 않으셨으니, 구구한 어리석은 저의 소견으로써는 감히 성상의 뜻이 어디에 있는지 알지 못하겠습니다. 근심과 분노와 억울함만 날마다 심해지고 있을 뿐이니, 실로 해와 달처럼 밝은 성상에게 유감이 없을 수 없습니다.

아, 난역亂逆이 아직 징토되지 않아서 반드시 징토할 것을 기약하고 나라법이 시행되지 못하여 반드시 시행할 것을 기약하는 것은 진실로 신하의 상정常情이며 오늘날 결단코 그만 둘 수 없는 일입니다. 그렇다면 또한 어찌 감히 갑자기 번독하고 시끄럽게 해드리는 것을 두려워하여 다시 거듭 호소할 것을 생각하지 않겠습니까?

오직 우리 효종대왕은 선정 신先正臣 송시열宋時烈에게 있어 현명한 군주와 어진 신하가 계합契合한 것만도 진실로 천고에 없던 일인데, 군신 사이에 잡아 지키고 표장表章한 것이 바로 『춘추春秋』 한 부部일 뿐입니다. 아, "날은 저물었는데 갈 길은 멀다."는 성교聖教와 "원한을 품고 아픔을 참는다."는 유탁遺託은 비록 백대 이후에도 목이 메이고 얼굴을 가리고 울지 않는 자가 없습니다. 그런데 어떤 일종의 흉도凶徒가 대의大義를 듣기 싫어하고 사사로이 서로 헐뜯는 자가 그때에도 이따금 기회를 타고서 일어났었는데, 그 원류와 맥락은 실로 윤증尹拯의 이른바 기유년(1669, 현종 10)과 신유년(1681, 숙종 7)의 의서擬書 중에서부터 나와서 공공연히 전파되고 책에 쓰기까지 하였습니다. 선정을 여지없이 추잡하게 욕하고 따라서 위로 성조聖祖를 무함하였으니, 어찌 조하망같이 더할 수 없이 흉패凶悖한 자가 있겠습니까? 대개 그 전편全篇의 요점은 왕패 의리王霸義利 네 글자에 있는데, 곧바로 『춘추』의 대의를 글로 장난쳐 농간하여 한 세상을 속인 것으로 귀결시켰으니, 반드시 먼저 '임금과 굳게 결탁했다'느니 '실로 이 기회를 만났다'는 등의 말을 끌어다 증명하여 시종일관 서로 호응하면서 드러내놓고 헐뜯고 배척하되 조금도 돌아보거나 거리낌이 없었습니다. 아, 조하망은 홀로 효종의 신하가 아니란 말입니까? 어찌 그리 무함하고 헐뜯고 핍박하기를 이렇게까지 극도로 하였단 말입니까? 또 그가 글을 지어 제사한 것은 윤증이 죽고 3년 내에 있었던 것이 아니고 반드시 무덤의 풀이 묵고 나서니, 음흉하고 간휼한 정적情迹을 더욱 알 만합니다. 대개 병신년에 대처분大處分이 있은 뒤에 그는 국가를 원수로 보고 원독怨毒이 마음속에 가득 차서 풀 데가 없었으니, 반드시 제문祭文을 가탁하여 가슴속 생각을 자행恣行하여 더할 수 없이 중하고 엄한 지위까지 질책하고 무함하고 핍박하기에 이르렀습니다. 이것을 차마 하였으니 무엇을 차마 하지 못하겠습니까?

아, 그의 극악한 행위와 죄범은 거의 한漢나라 법의 대불경大不敬(왕실에 불경한 죄)보다 심하며, 계손季孫이 이른바 '신하가 그 임금에게 무례無禮한 것'과 같을 뿐만이 아닙니다. 그런데 역적이 늙어서 집에서 편안히 죽고 형벌을 면하였으니, 어찌 몹시 마음이 상하지 않겠습니까? 지금에 이르러 추시追施하는 형률은 바로 나라 법에서 그만 둘 수 없는 것입니다. 성상의 비답에는 단지 "문자에 대한 일로 갑자기 중전重典을 의죄擬罪하기는 어렵다." 하교하셨을 뿐이니, 신 등은 가만히 성명聖明이 너무 관대한 결함이 있을까 염려스럽습니다. 성상께서 단지 훼판毁板하라는 청을 허락한 것이 어찌 흉언凶言과 패설悖說로 난역亂逆을 함부로 범했기 때문이 아니겠습니까? 그 말이 난역을 함부로 범하여 그 글을 모두 다 불태웠는데 그 사람의 관작官爵과 고명誥命은 그대로니, 형정刑政으로 헤아려보건대, 크게 차이가 납니다. 그 책을 불태우고 그 판본을 훼손하더라도 물론物論에 알맞고 여분輿憤을 위로하기에 부족할까 염려스럽습니다. 어찌 전하의 뛰어난 지덕知德으로 유독 여기에 생각이 미치지 않으신 것입니까? 옛날 제왕이 형법刑法을 제정하면서, 무릇 신하가 된 자가 위를 업신여기고 분수를 범하는 죄를 짓고도 만일 혹 살아 있을 때에는 미처 처형하여 저자에 놓아두는 형률을 시행하지 못했으면 반드시 극률極律을 추가追加하고 그 몸이 죽었다는 이유로 혹여 용서함이 있지 않았습니다. 이러한 것이 어찌 인인仁人과 군자君子의 차마 하지 못하는 마음이 부족해서 그런 것이겠습니까? 진실로 난역亂逆의 징치懲治는 반드시 이렇게 한 뒤에야 흉얼凶孼이 감히 제멋대로 행동하지 못하고 세교世敎가 유지될 수 있기 때문입니다. 우리나라가 400년 동안 또한 이런 전례가 많이 있어서 신들이 진실로 일일이 들어서 말할 수 없으나 형전刑典에 실려 있어서 분명하게 고증할 수 있는데, 조하망 같이 흉악하고 조하망 같은 역적이 능히 이 형률을 면한 자는 없었습니다. 이것이 어찌 문자에 대한 일로 돌려 참작하여 용서할 수 있겠습니까.

또 조석우曺錫雨로 말하면, 그 방자하여 거리낌이 없는 정상情狀이 환히 드러나 가릴 수 없는데, 성상께서 비답에 번번이 '살피지 못하고 경솔한 죄이다' 하고, '우연히 실수로 조검照檢하지 못한 것이다' 하유下諭하시곤 하셨습니다. 무릇 집안의 자손이 그 선조의 문집을 간행하는 것은 진실로 하나의 큰일입니다. 비록 한 글자나 간단한 말도 틀리거나 잘못되더라도 반드시 충분히 생각하고 조사해서 털끝만큼도 다하지 못한 것이 있을까 염려하는 법입니다. 더구나 지금 전편의 지의指意가 대역大逆의 죄안이 되는데 깜깜하게 그대로 지나칠 수 있겠습니까? 이것은 대개 모욕하고 한번 시험해 보려는 계책에서 나온 것이고 우연히 조검하지 못한 것이 아님이 분명합니다. 『서경書經』에, "고의로 지은 죄는 형벌하되 작음이 없다." 하였습니다. 더구나 반드시 작은 것이 아님에야 더 말할 나위가 있겠습니까. 파직罷職하고 방축放逐하는 것으로 어찌 그 죄를 분명하게 바로잡을 수 있겠습니까.

또 삼가 방외 유생의 두 번째 상소에 대해 내린 비답을 보건대, "사론士論은 일에 나아가 일을 논할 뿐이고, 형정에 이르러서는 본래 조정의 일이요 너희들이 관여할 것이 아니다." 하셨으니, 신들은 이에 너무나 황공하여 몸이 움츠러듦을 금치 못하였으며, 계속해서 의혹이 불어났습니다. 『춘추』의 법에 난신적자亂臣賊子를 누구나 주벌할 수 있는 것은 옛날 임금이 형벌을 제정할 때에는 뭇 사람들이 길에서 의논하였습니다. 전傳에 이르기를, "나라 사람들이 모두 죽일 만하다고 말한 뒤에 죽인다." 하였으니, 이것으로 미루어보면 신들이 이 말을 한 것은 비록 몹시 외람되지만 또한 전혀 근거한 것이 없는 것이 되지는 않는 것입니다. 조하망의 죄범과 조석우의 죄상이 저렇게 심하지 않았더라면 신들이 또한 어찌 괴롭게 이렇게 쓸데없이 말을 많이 하면서 번거롭게 호소하여 번독하게 하는 죄를 범하였겠습니까. 이것은 성상께서 의당 통촉해야 할 바입니다. 조하망은 추탈追奪을 시행하고, 조석우도 병예屛裔를 시행하소서.

비답하기를, "너희들은 유독 인묘仁廟의 비지批旨 중에 '시비是非를 논하는 것은 괜찮지만 시비를 정하는 것은 안 된다'는 하교를 듣지 못하였는가? 번거롭게 하지 말라." 하였다.

○ 방외 유생方外儒生 김재홍金在鴻 등이 다음과 같이 상소하였다.

신들이 조하망曺夏望과 조석우曺錫雨의 죄를 성토聲討하기 위해서 상소하여 호소한 것이 두 번이나 되는데 아직 윤허를 받지 못하였습니다. 삼가 내린 비지批旨를 받들건대, "죽은 뒤에 추율追律하는 것이 어떠한 형정刑政인데, 쉽게 의의擬議하는 것인가?" 하셨으니, 신들은 서로 돌아보며 놀라서 눈이 휘둥그레지고 더욱 더 억울하였습니다. 이것은 신들의 성의가 얕아서 천청天聽이 멀어져 난적亂賊이 하루의 주벌을 용서 받고 나라 법이 삼척三尺의 형률을 지체한 탓으로 말미암은 것이니, 신들의 죄가 큽니다. 다만 삼가 생각건대, 형정의 경중은 오직 그 죄에 합당하게 할 뿐이니, 만일 의심할 만하면 조하망의 벌도 망령되이 시행해서는 안 되며, 용서하지 못한 바에 있으면 엄한 처벌도 지나친 것이 되지 않습니다. 또 죽기 전이건 죽은 뒤이건 간에 적발하는 대로 다스리는 것이 성왕聖王께서 형벌을 제정한 정확한 의의意義입니다. 역적 조하망의 죄가 용서할 수 없는 것에 있다는 것은 성상께서 다 통촉하신 바이나 죽은 지 오래되었다는 이유로 추율을 아끼신다면 간세奸細하고 이랬다저랬다 하는 무리들이 점점 서로 고하기를, "역적 조하망은 죄악이 이런데도 관작官爵이 그대로다." 하는 일이 없을 줄 어찌 알겠습니까. 이에 사설邪說이 더욱 방자해져 거리낌이 없어지고 현인을 무함하고 위를 업신여기는 것이 극악하고 중대한 역적이 되는 줄도 모를 것입니다. 그렇게 되면 천리天理가 막히고 인심人心이 매몰되어 그 피해가 반드시 홍수나 맹수보다 심할 것입니다. 일개 조하망에게 죄를 주느냐 주지 않느냐 하는 것에 이렇게 관계된 것이 큽니다. 만일 그런 것이 아니라면 신들이 또한 어찌 감히 한결같이 호소를 일삼아 기어이 반드시 토벌하고서야 말려고 하겠습니까? 역적 조하망의 너무나 흉악하고 패악한 정상은 전후의 상소에서 지극히 나열하였으나 신들이 다시 자세히 진달하겠습니다.

아, 선정先正이 잡아 지켰던 의리는 바로 우리 효종의 의리요, 선정께서 시행했던 사업은 바로 우리 효종의 사업입니다. 한마음 한뜻이 되어 우리 동방의 예의의 풍속을 유지했던 것은 바로 일부一部『춘추春秋』의 대경대법大經大法입니다. 『춘추』에 죄를 얻게 되면 그 실신失身한 잘못을 숨기려고 하고 절의節義에 대한 말을 듣기를 싫어합니다. 그러므로 말이나 문자로 비난하고 모욕하면서 오직 『춘추』의 의리가 다시 세상에 밝아질까 두려워합니다. 그 마음 씀을 캐보면 본래 한 개인의 사심私心을 엄호掩護하는 데에서 나와서 그것이 삼강오륜을 간범干犯하는 것을 돌아보지 않았으니, 근원이 한번 탁해지자 유파流波가 범람하는 것입니다. 오직 저 역적 조하망은 익숙히 보고 듣고서 당연하다고 여겨 "글로 장난쳐서 농간하여 한 세상을 속였다."는 흉언凶言을 발설하였으니, 그 무리들은 감히 효종께서 강구講究한 존왕양이尊王攘夷의 성지聖志를 가탁한 것으로 돌리고, 또 숙종께서 시비是非를 밝힌 처분을 본뜻이 아니라고 하였습니다. 매우 참람하게 속이고 더욱 깊이 원망하여 마침내 하늘까지 닿는 화가 신축년(1721, 경종 1)과 임인년(1722, 경종 2)에 극에 달하여 종묘사직을 거의 보존하지 못할 뻔했습니다. 처음에는 『춘추』에 배치된 데에서 말미암았으나 끝내 남의 국가에 화를 끼치기에 이르렀습니다. 그러나 오히려 칼날을 감추고 그림자를 숨기고 은근히 내비치듯이 말하였는데, 또한 역적 조하망처럼 부끄러움 없이 독한 성미를 함부로 부리고 말이 나오는 대로 악담한 자는 없었습니다. 더구나 이른바 '임금과 굳게 결탁했다'는 것은 더욱 너무나 흉패합니다. 간사한 사람의 흉계가 어두운 곳에서 숨어서 펼쳐지고 흉악한 말이 숭엄崇嚴한 임금을 핍박하기에 이르렀습니다. 단지 윤증尹拯을 편드는 데 급하여 스스로 위로 성조聖祖를 무함하기에 이르렀으니, 아무리 요망하고 반역할 속셈이라도 어찌 차마 이런 짓을 할 수 있습니까? 그 사람은 비록 죽었으나 그 글은 아직 남아 있고 그때는 비록 머나 그 죄는 그대로 입니다. 생사生死의 다름이 없는데 나라법에 어찌 생사의 구별이 있겠습니까? 만일 그 죄는 비록 추율追律에 해당하나 법이 함부로 시행하는 데 대해 의논하기 어렵다고 한다면, 우리 숙종과 정조께서 어째서 윤증에게 추율을 시행하라는 명이 있었겠습니까? 대성인大聖人께서 작위作爲하는 바가 옥사를 신중히 하는 어짊이라는 것을 생각하지 않은 것은 아니지만, 마땅히 죄주어야 할 사람을 죄주지 않으면 국시國是가 진정되지 않고 민지民志가 한결같지 않아서 간사한 난적亂賊의 무리가 반드시 장차 계속해서 일어날 것입니다. 이 때문에 한 사람을 죄주어 다 복종시키는 것이요, 이것이 형벌로 형벌을 그치게 하는 성덕聖德과 신공神功입니다.

지금 역적 조하망의 흉패한 말은 앞 사람보다 더한데 만일 혹 관대히 용서한다면 그 유화流禍가 무궁하여 또한 반드시 전날보다 백배가 될 것입니다. 신들이 우리 전하에게 바라는 것은 양 성조聖朝의 뜻과 사업을 잇고 양 성조의 형정刑政을 행하는 것입니다. 역적 조하망의 글은 그 아들과 손자라도 오히려 상자에 보관해 두어서는 안 되는데 감히 제멋대로 간행 배포하여 후세에 전하여 보여주려고 하였습니다. 그는 흉론凶論을 세습하여 임금을 무시하고 성인을 비난하였으니, 바로 사나운 기운을 타고난 잘못된 종자입니다. 역적 조하망이 감추고 있던 것이 조석우에 이르러 비로소 드러났는데[25] 조석우의 죄가 방축放逐에 그친다면 어찌 지나치게 온 세상을 널리 포용하고 가볍게 처벌한 잘못을 지은 것이 아니겠습니까. 성상의 하교에, "사론士論은 일에 나아가 일을 논할 뿐이고, 형정은 본래 조정의 일이지 너희들이 관여해야 하는 것이 아니다." 하셨으니, 신들은 가만히 너무나 황송함을 금치 못하겠습니다. 일이 크건 작건 관계없이 형정에는 경중이 있는데, 신들이 연달아 호소해 마지않는 것은 진실로 성무聖誣를 밝히고 사설邪說을 물리치는 것이 바로 대의리大義理가 달려 있는 바이기 때문입니다. 『춘추』의 법에는 난신 적자亂臣賊子는 누구나 주벌할 수 있으며 굳이 사사士師가 아니어도 됩니다. 오늘날 전하의 신하는 바로 우리 효종의 신하이니, 군부君父를 위하여 역적을 토벌하는 것을 어찌 늦출 수 있겠습니까? 왕통王通[26]의 말에, "나는 부자간에 망극한 은혜를 받았다." 하였습니다. 신들이 선조로부터 선정의 도를 칭송하고 본받아왔으니, 사문斯文을 위해 이단을 배척하는 것을 어찌 그만 둘 수 있겠습니까. 가만히 삼가 한漢나라와 송宋나라의 사첩史牒을 보건대, 바로 국조國朝의 고사古事에 유생들이 간흉奸凶에게 죄주기를 청한 경우가 또한 많이 있었습니다. 그러므로 어리석은 충심이 점점 격해져 가만히 있을 수 없어서 다시 감히 서로 이끌고 호소하니, 죽을 죄를 진실로 피할 수 없습니다. 『서경書經』에, "하늘이 죄가 있는 이를 토벌하시거든 다섯 가지 형벌로 다섯 가지 등급을 써서 징계하신다." 하였으니, 역적 조하망과 같은 자에게 천토天討를 행하지 않을 수 있겠습니까? 전傳(『대학大學』)에 "오직 인인仁人이어야 이들을 추방하고 유배해서 더불어 중국中國에 함께하지 않는다." 하였으니, 조석우와 같은 자와 도성 안에서 함께 살 수 있겠습니까. 속히 신들의 청을 윤허하시어 팔방의 백성들로 하여금 『춘추』에 난적亂賊을 토벌하는 의리가 있다는 것을 알게 하소서.

다음과 같이 비답하였다.

25_ 조석우에 이르러 비로소 드러났는데 : 이 부분은 앞뒤의 문맥이 통하지 않아 『일성록(日省錄)』에 의거하여 보충하였다. 원문은 다음과 같다. "錫雨始著而"

26_ 왕통(王通) : 수(隋)나라 용문(龍門) 사람으로 자는 중엄(仲淹)이다. 어려서부터 학문에 힘썼고 장안(長安)에 유학하여 「태평십이책(太平十二策)」을 올렸다. 그의 지모(智謀)가 쓰이지 않자 하분(河汾)으로 은퇴하여 제자들을 모아 가르치니, 수천 명이 몰려들었다. 방현령(房玄齡)·두여회(杜如晦)·위징(魏徵)·이정(李靖) 등이 모두 그의 문하에서 나왔는데 하분문하(河汾門下)라 칭하였다. 『唐書』 권164

관학 유생들의 상소에 대한 비답에서 이미 유시하였으며, 방외方外가 상소하는 데 대해서는 금령禁令이 있다는 것을 너희들은 과연 모르는가. 내가 포용함이 지나쳐서 이런 지리하고 번거로움을 초래하였으니, 진실로 온당하지 못한 줄 깨닫겠다.

○ 박규수朴珪壽를 승지에 특별히 발탁하였다.

○ 양사兩司가 합계合啓한 데 대해, 비답하기를, "조하망曺夏望의 일은 지나치니 번거롭게 하지 말고, 조석우曺錫雨는 병예屛裔 — 용천부龍川府이다. — 하는 형전을 아뢴 대로 시행하라." 하였다.

○ 정원에서 다음과 같이 아뢰었다.

오늘 양사兩司의 계사啓辭에 대한 비답을 승전색承傳色이 잘못 전하였습니다. 애당초 '의계依啓'로써 반하頒下하였는데, 대관臺官이 비답을 듣고서 나가버렸습니다. 비지批旨를 고쳐서 내리라고 양사에 분부하는 것이 어떻겠습니까?

윤허하였다.

○ 양사의 합계에서, 조하망曺夏望의 일 중에 '지전之典' 아래 20자를 지워버렸다.

○ 구전口傳으로 다음과 같이 하교하였다.

방외 유생方外儒生의 상소는 봉입捧入할 수 없다는 데 대해 본래 금령禁令이 있는데, 한두 차례는 그래도 혹 용서하겠다. 그러나 매일 번독하게 구는 것으로 말하면 어찌 이런 도리가 있겠는가. 이 뒤로는 다시는 봉입하지 말라.

○ 전교하기를, "고故 판돈녕 김수근金洙根의 장기葬期가 멀지 않았다고 하니, 승지를 보내 치제致祭하도록 하여 나의 슬퍼하는 뜻을 보이라. 제문祭文은 문임文任으로 하여금 지어 올리게 하라." 하였다.

○ 지평 허부許傅, 집의 신좌모申佐模, 교리 한경원韓敬源, 부교리 임응준任應準이 상소하여 징토懲討한 데 대해, 모두 허락하지 않았다.

○ 구전口傳으로 다음과 같이 하교하였다.

듣건대, 방외 유생方外儒生이 또 이렇게 복합伏閤하고 있다고 한다. 며칠 전에 신칙한 하교가 얼마나 아주 엄하였는가. 그런데 어찌 이러한 일이 있는가. 사습士習으로 헤아려 보건대, 아주 온당하지 않다. 다사多士들이 추위를 무릅쓰고 대궐문에서 호소하는 것을 특별히 진념軫念하여 원 상소는 봉입捧入하도록 하라.

○ 방외 유생方外儒生 김병우金炳右 등이 다음과 같이 상소하였다.

신들이 외람되게 벼슬하지 않은 몸으로서 몽매하고 어리석어 이령以寧의 반열에 끼어서 오직 천지 사이에서 군신간에 대의大義가 있고 사도斯道에 대통大統이 있으니 만일 이것을 간범干犯하는 자가 있는 것을 보면 마땅히 눈을 부릅뜨고 용기를 내어 서로 이끌고 나가 토벌하여 반드시 주벌하고 말아야 한다는 것을 알 따름입니다. 그렇지 않으면 천리天理가 망하고 인도人道가 없어질 것입니다. 신들이 어렸을 때부터 입었던 선성先聖의 훈계는 바로 이런 임금을 우러러보고 스승을 높이는 도입니다. 난역亂逆이 우리 임금과 스승을 무고하여 핍박하고 우리 윤상倫常을 무너뜨려 천지간에 용납되지 못하고 귀신이 함께 분노하는 대상이 되는 것을 목격하고서 혈기血氣가 있는 무리로서 어찌 피눈물을 흘리면서 흐느껴 울고 큰소리로 급히 부르짖으면서 만 번의 죽음을 무릅쓰면서 그칠 줄을 모르지 않겠습니까. 이것은 실로 대중들의 공통된 논의로 첫 상소에 대한 비지批旨에서 이미 통촉하신 것입니다. 그런데 세 번째 상소에 대해 내린 비답을 삼가 받드니, "방외方外에서 상소하는 데 대하여 금령禁令이 있다는 것을 너희들은 과연 모르는가? 내가 포용함이 지나쳐서 이런 지리하고 번거로움을 초래하였으니, 진실로 온당하지 못한 줄을 깨달겠다.” 하고, 계속해서 “방외의 상소는 다시는 봉입捧入하지 말라.”는 하교가 있었는데, 말뜻이 매우 엄하고 심지어는 도리로써 꾸짖기까지 하였습니다. 이에 신들이 서로 돌아보면서 몹시 두려워 얼이 빠져 몸 둘 바를 몰라 어리석고 망령되며 조심성 없고 그릇된 죄가 더욱 도망갈 데가 없는 줄을 스스로 알겠습니다. 신들이 용렬하고 배운 것이 없어서 고사故事에 익숙하지 못하여 나라에 이런 금령이 있는 줄을 모르고 경솔하게 이런 짓을 해 스스로 법을 불러들였으니, 죽을죄를 짓고 죽을죄를 지었습니다.

다만 생각건대, 우리 효종의 『춘추春秋』의 의리와 선정先正의 도덕의 융성함은 우리 조정에서 신하된 모든 자가 모두 해와 달처럼 흠앙하고 신명神明처럼 공경하고 있는 것입니다. 그런데 뜻밖에 난신 역적이 나와서 헐뜯고 무함하되 차마 말할 수 없는 것이 있었으니, 온 나라의 백성들이 머리털이 곤두서고 뼈가 시려서 말하기를, “이 역적을 주벌하지 않으면 나라가 나라꼴을 이루지 못하고 사람이 사람답지 못할 것이다.” 하면서 모두 맹세코 함께 살지 않으려는 마음을 지닌 채 일제히 소리를 질러 호소하였습니다. 금령이 있는지 없는지도 스스로 돌아볼 겨를이 없었습니다. 이는 전적으로 국가를 위하여 난신 역적을 토벌하고 사문斯文을 위하여 무고를 밝히려고 한 데에서 말미암은 것이니, 생각이 여기에 미칠 수 없었던 것은 또한 어찌 천리와 사람의 떳떳한 본성이 혹 그런 것이 있는 것이 아니겠습니까.

옛날 순묘조純廟朝에 윤광안尹光顔과 조석륜曺錫倫의 변變이 나오자[27] 이미 그 죄를 복죄하였으나 사론士論이 오히려 그치지 않자 순조께서 평정시키고자 하여 유소儒疏를 금할 것을 명하셨다가 그 명을 곧바로 환수하셨습니다. 대성인大聖人의 작위作爲가 무엇이 만세의 법정法程이 아니겠습니까만, 사문斯文을 높이고 사기士氣를 배양하는 데에 더욱 정대正大하고 광명光明하여 천고에 탁월합니다. 처음에 금했던 것은 단지 당시의 형편에 맞게 취한 조치에서 나왔으며, 따라서 또한 명을 환수한 것은 바로 고칠 수 없는 법입니다. 이로써 말하면 방외에서 상소한 것이 반드시 순조의 성의聖意를 어기는 것은 아닌 듯합니다. 게다가 죄가 종묘사직에 관계되지 않고 일이 사문斯文에 해가 없다면 신들이 아무리 너무나 어리석지만 어찌 감히 이렇게까지 번독하게 굴겠습니까. 오직 저 흉역凶逆을 하루라도 천지간에 용납한다면 충역忠逆이 뒤섞이고 시비是非가 같아져서 국법과 인기人紀가 서로 땅에 떨어지고 끊겨 구원할 수 없게 될 것이

27 _ 옛날 …… 변(變)이 나오자 : 순조 8년(1808)에 전 경상 감사 윤광안(尹光顔)과 영양 현감 조석륜(曺錫倫)이 주자 영당(朱子影堂)을 훼철(毁撤)한 일을 말한다.

니, 어찌 크게 두려할 만하지 않겠습니까. 신들은 단지 엄위嚴威를 여러 번 번독하게 해 드릴 수 없고 부월鈇鉞을 함부로 범할 수 없다는 것만 생각해 그대로 물러나 기운을 잃고 있다면 장차 의리에 죄를 얻어서 백세의 죄인이 되고 공의公議에 죄를 얻어서 한 나라의 죄인이 될 것입니다. 비록 오늘 앞에서 말하고 내일 뒤에게 죄를 받더라도 신들은 감히 사양하지 않겠습니다.

아, 역적 조하망曺夏望이 더할 수 없이 흉참한 것에 대해서는 진실로 모두 다 나열하였으나, 마땅히 주벌해야 하고 용서해서는 안 되는 정상을 다시 대강 진달하겠습니다. 선정先正을 헐뜯어 이단異端이라 하고 효종의 성인을 높이고 학문을 높이는 다스림을 은근히 말세末世로 귀결시켰으니, 마땅히 주벌해야 할 첫 번째 이유입니다. 선정을 무함하여 글로 장난쳐서 농간하였다고 하고 효종의 존왕양이尊王攘夷의 대의를 분명하게 가탁한 것으로 귀결시켰으니, 마땅히 주벌해야 할 두 번째 이유입니다. 선정을 왕안석王安石이 임금과 굳게 결탁한 것에 비유하고 효종을 신종神宗이 소인을 지나치게 믿은 것에 견주었으니, 마땅히 주벌해야 할 세 번째 이유입니다. 윤증尹拯을 추증하여 고정考亭 이후 한 사람이라 하여 주자朱子까지 아울러 무고하였으며, 환퇴桓魋의 비유는 그의 스승에 꼭 맞는데 거꾸로 지척指斥하였으니, 마땅히 주벌해야 할 네 번째 이유입니다. 윤증尹拯이 죽은 뒤 3년 내에 제문祭文을 지어 한 번 곡하는 것이 어찌 날이 없어 걱정이었겠습니까만 일부러 숙종의 처분이 이미 정해진 뒤에 감히 흉언凶言을 지어서 그 원독怨毒을 풀었으니, 마땅히 주벌해야 할 다섯 번째 이유입니다. 그 밖의 죄는 다 헤아릴 수 없습니다. 이 다섯 가지 죄를 갖추고서도 집에서 편안히 죽었으니, 단지 죄악이 즉각 발각되지 않았기 때문일 뿐입니다. 이제 진적眞跡이 다 드러난 뒤에 어찌 잠시도 용서할 수 있겠습니까. 이것은 진실로 의리가 분명해지느냐 콱 막히느냐의 큰 관문입니다. 만일 문자가 드러났다는 이유로 갑자기 추율追律을 가하는 것을 끝내 어렵게 여기고 신중히 해야 할 것이 있다고 한다면 옥사를 신중히 하는 원칙이 도리어 흉역凶逆에게 요행이 되는 것이요, 만일 그 손자가 적발했다는 이유로 그 할아버지까지 화가 미치는 것은 끝내 차마 하지 못할 바가 있다고 한다면 관대한 은전이 대대로 이룬 죄악을 치우치게 덮어 주는 것이요, 만일 그 판본板本을 부수고 그 손자를 찬배竄配한 것으로 그 죄를 징계하기에 충분하다고 한다면 또 크게 그렇지 않은 것이 있습니다. 인쇄하여 펴낸 책은 훼손했더라도 흉설凶說은 이미 한 세상에 전파되었으며, 역종逆種은 찬배되었더라도 고첩誥牒은 아직 원악元惡에게 빌려주었으니, 무욕誣辱한 말이 그대로 있는 것이요 무욕한 죄가 아직 감죄勘罪되지 못한 것입니다. 천하 후세에서 오늘날의 조정을 의논하는 자가 '의리가 밝고 제방隄防이 엄하였다' 하려고 하겠습니까?

나라에 형정刑政이 없다면 그만이지만 나라에 형정이 있는데도 역적 조하망의 작질爵秩이 그대로라면 흉도凶徒가 무엇을 꺼려서 난리를 일으키지 않겠습니까. 생각이 여기에 미치니 어찌 크게 한숨 쉬며 눈물을 흘리지 않겠습니까. 신들은 오직 난신 역적은 응당 토벌해야 한다는 것을 알 뿐이고 천청天聽을 외람되게 번독하게 해 드린 것이 죄가 되는 줄은 모릅니다. 연명聯名으로 상소하여 거듭 청하여 이렇게 지리하고 번거롭게 한 것은 한갓 성상의 성덕聖德과 지인至仁이 포용하고 관대히 용서하리라는 것을 믿었기 때문입니다. 그러나 포용하는 큰 도량은 진실로 어느 것이든 용납하지 않음이 없으신데 아울러 이를 역적 조하망에게 시행한다면 가만히 도리어 성명聖明의 누가 될까 염려됩니다. 하늘은 살리기를 좋아하는 것으로 덕을 삼으니, 의당 냉랭함과 살벌함을 일삼을 것이 없는 것 같으나, 죽여 마땅한 자에 이르러서는 눈서리처럼 꺾어버리고 천둥과 벼락처럼 진격震擊하여 때에 맞춰 일어나 조금도 어긋남이 없습니다. 이렇게 하지 않으면 가을과 겨울이 없어지고 또한 만물을 살릴 수 없을 것입니다.

아, 저 역적 조하망의 죄가 선정을 헐뜯는 데에 그쳤더라도 진실로 이미 용서할 수 없는데 위로 성조聖祖를 무함하기까지 하였으니, 신들의 이 거조가 선정을 위하여 신변伸辨하는 것일 뿐만이 아닙니다. 전하께서는 어째서 고요히 깊이 생각하시고서 속히 윤허하지 않고 이렇게까지 미루시는 것입니까. 상천上天의 살리기를 좋아하는 덕을 본받음이 지극하시나, 가만히 생각건대, 눈서리 같고 천둥과 벼락같은 위엄에 흠이 있게 될까봐 염려스럽습니다. 성조가 받은 무함과 선정이 받은 모욕과 사문이 장차 멸망하고 국시國是가 장차 무너지려고 하는 데 대해서는 어찌하겠습니까? 이것이 신들이 누누이 진달하여 목숨을 버리면서까지 그만 두지 않는 이유입니다. 조하망에게 추탈追奪하는 형률을 시원하게 시행하소서.

다음과 같이 비답하였다.

대각臺閣의 합계合啓가 한창이고 며칠 전에 전교傳敎를 내린 지도 얼마 되지 않았는데, 이처럼 장황하게 말하면서 한결같이 힘써 겨루니, 이것이 어찌 분의分義이겠는가? 성토聲討는 성토이고 도리道理는 도리니, 각각 물러가서 처분을 기다리라. —이승모李承謨가 방외 소청方外疏廳에 보낸 편지는 다음과 같다. "지금 이 소청은 이웃 마을의 주막이나 친구간에 한담閑談하는 장소와는 다르다. 장차 군사君師가 입은 무고誣告를 변파하고 이설異說의 편벽하고 방탕함을 물리치려는 것이니, 바로 의당 마음과 힘을 합쳐서 가지런히 하고 과조科條를 엄히 세워서 우리들의 한 마디 말과 한 가지 행동으로 하여금 순박하게 바름에서 나오지 않은 것이 없게 해야 한다. 그런 뒤에야 비류匪類에게 모욕을 취함이 없고 또한 천심天心을 감동시킬 수 있으며, 우리들의 일이 거의 팔구분 성공할 수 있다. 그렇게 하지 않으면 한갓 열 갈래, 백 갈래 가지런하지 않은 마음을 모아서 천만 가지 지극히 중대한 일을 도모하려고 하는 것은 지혜로운 자를 기다리지 않아도 그것이 어렵다는 것을 알 것이다. 지난번에 벽 위에 게시한 약속에, '요청을 윤허 받기 전에는 의리가 펴지지 않을 것이니, 우리 당의 선비는 과거에 응시해서는 안 된다'는 말이 있었다. 그런데 붓 자국이 미처 마르기 전에 감제柑製를 실시한 날에 우리들 중에 응시한 자가 있으나 아직 누구이며 몇 사람인지 모른다고 들었다. 비록 일일이 지적하여 진술할 수는 없으나 이사李斯와 문정익文正翼은 이미 합격하기에 이르렀다. 아, 이들이 이러한 문벌과 이러한 처지로서 과제科第에 합격하여 청운靑雲에 오르는 데 어찌 그런 때가 없을까 걱정하겠는가. 단지 논의가 다투어 일어남에 무턱대고 남에게 붙좇지 않는 처지에서 양양하게 응시하여 제일第一을 훔쳐서 취하였다. 설령 부득이한 단서가 있어서 응시했을지라도 바로 한 사람의 사정私情이니 진실로 중론衆論이 용서할 것이 아니다. 더구나 핑계 댈 만한 것이 없는데 억지로 응시하고자 하였으니, 고의로 약조를 어긴 책임이 돌아갈 데가 있는 듯하다. 그렇다면 국시國試는 국시이고, 공의公議는 공의일 뿐이다. 당초에 다른 약조가 없었으면 그만이지만, 이미 약조가 있은 뒤인데 어찌 줄곧 빠져나가서 쓸데없는 것으로 치부한 채 묻지 않을 수 있겠는가. 선비는 나라의 원기元氣이다. 선악을 격양激揚함에 오직 의義만을 볼 뿐이다. 논의가 한번 정해지면 비록 역사力士인 맹분孟賁과 하육夏育의 용기와 왕공王公의 존귀함도 또한 강제로 빼앗거나 꺾을 수 없다. 이제 약속한 일에 불과하다고 하여 세월이 얼마 되지 않아서 한 사람이 훼손하고 당겼다 풀었다 하기를 무상無常하게 하도록 놔둔다면 도리어 곁에서 보는 자에게 남몰래 비웃음을 당할 것이다. 이러한 사기士氣와 이러한 규모規模로 사론邪論을 물리치고 의리를 변파하며 짧은 상소를 올려 성심聖心을 감동시키고자 하는 것은 거의 뒷걸음을 치면서 앞으로 나가기를 구하는 것과 다름없다. 판축版築 공사로 말하면 한 사람이 영차를 부름에 같은 소리로 서로 응하는 것은 쓰는 힘을 가지런히 하고자 하는 뜻이다. 향사鄕社의 모임에서 한 사람이 약조를 읽음에 여러 사람이 감히 범하는 자가 없는 것은 문서에 기록한 글이 있기 때문이다. 아무리 작은 일이라도 오히려 이와 같은데, 더구나 많은 선비들이 사문斯文을 위하여 대궐에서 부르짖는 날이야 더 말할 것이 있겠는가. 첨군자僉君子의 높은 식견과 맑은 감식鑑識으로써 진실로 이미 가슴속에 헤아렸으나 오직 너그러운 마음과 큰 도량이 남의 허물을 드러내기를 원치 않는 것이다. 게다가 이 사람은 세덕世德과 지망地望이 다른 사람과 달라서 차마 하지 못하는 것이 있어서 그렇다. 그러나 한 번 벌罰을 논하는 것이 모든 것이 갖추어지기를 요구하는 의리가 되는 데 해롭지 않고, 사리가 바름을 얻는 것도 또한 우리 사기를 펼치고 큰일을 마련할 수 있다. 나는 이에 대해서 격양되고 개탄스러운 것이 있다. 며칠 전에 외람되이 훌륭한 선비의 뒤를 좇아서 논의하는 말석末席에 참여하고자 하였으나 그때에는 처소가 새로 옮겨져 좌석이 정해지지 않아서 비록 속마음을 드러내려고 하였으나 또한 겨를이 없었다. 그러므로 혀를 말고서 돌아옴을 면치 못하여 단지 공론公論이 드러나기만을 기다리면서 귀를 기울인 지 며칠 되었으나 지금까지 조용하다. 또한 거처가 외지고 누추하여 진실로 말이 있으나 미처 듣지 못한 것인가. 괴이함과 의혹을 금치 못하여 감히 이로써 우러러 질정한다. 또 어리석은 소견을 바칠 한 가지 말이 있다. 사림의 모임은 바로 한 세상이 다 같이 보는 바요, 노문路門(대궐의 여러 문 가운데 가장 안쪽에 있는 문) 아래는 또한 신하가 존경을 표하는 곳이니, 더욱 의당 위의威儀로써 가다듬어 품위 있는 모습을 잃지 않아야 한다. 그런데 며칠 전 대궐문을 두드릴 때에 혹은 누웠다 일어났다 하면서 담뱃대를 뻗쳐서 문 자가 있고 혹은 막된 행동을 하면서 차서를 어지럽히는 자도 있고 혹은 귀에 대고 재잘거리는 자도 있고 혹은 자리를 다투며 장난치며 잡아당기는 자도 있었으니, 도리로써 헤아려 보건대, 체모가 어떠하였겠는가? 담배를 금하는 것에 대해서는 비록 절목節目에 실려 있으나, 이밖에 여러 조도 또한 전도시키는 대로 내버려둔 채 경계하지 않아서는 안 된다. 전傳(『맹자孟子』)에, '[대인大人은] 자기 몸을 바룸에 남이 바르게 되는 자이다' 하였으니, 가만히 집사執事를 위해 외워보았다." ○ 소청疏廳의 제유諸儒가 기백畿伯에게 보낸 편지는 다음과 같다. "서생등이 요즘 과천果川의 노호露湖에 사는 이태현李泰鉉이 조석우曺錫雨에게 보낸 편지를 보니, 그 흉언凶言과 패설悖說은 바로 하나의 큰 변괴입니다. 그 글이 한 세상에 전파된 것을 별도로 기록하여 다 굽어보게 하겠습니다. 이런 불령不逞한 놈을 사람이 미천하다는 이유로 문초하지 않아서는 안 됩니다. 말단末端 운운한 것으로 말하면 더욱 차마 들을 수 없고 차마 말할 수 없는 말입니다. 그는 세덕世德의 후손으로서 유감을 쌓고 원망을 품어 온 것이 스스로 그 유래가 있는데, 지금 그 흉서凶書는 바로 또 역적 조하망曺夏望의 여얼餘孼입니다. 가만히 태감台監께서 이것을 들으면 또한 응당 마찬가지로 놀라고 분노할 것입니다. 더구나 감사監司의 지위에 있으니 풍속과 교화를 바로잡는 도리에 있어서 이와 같은 흉도凶徒를 엄히 형신刑訊하고서 원배遠配하는 것은 결단코 그만 둘 수 없습니다. 오직 헤아려 처치하소서." ○ 이태현이 조석우에게 보낸 흉서의 구절에, "개 한 마리가 그림자를 보고 짖으면 뭇 개들이 따라서 짖는 법입니다. 호리狐狸와 이매魑魅 등의 말은 예전부터 문하를 출입할 때에 일찍이 익숙히 들어왔던 바입니다. 그가 비록 백 번 상소하고 만 번 비방하고 헐뜯더라도 진실로 이른바 호리가 떼 지어 울고 이매가 낮에 나타났다고 하는 것입니다. 좋은 말을 얻어도 기뻐할 것이 못 되고, 나쁜 말을 얻어도 노여워할 것이 못 됩니다. 저편의 사람의 기세가 임금의 마음을 돌이키는 데에는 당시의 송모宋某(송시열宋時烈)에 못지않으니, 세도世道가 한 번 변하지 않을 수 없습니다. ……" —

○ 부수찬 목인회睦仁會가 상소하여 징토懲討하니, 윤허하지 않았다.

○ 양사兩司가 일곱 번째 합계合啓하여 조하망曺夏望의 일에 대해 말하니, 아뢴 대로 하라고 하였다.

○ 금부에서 다음과 같이 아뢰었다.

홍열모洪說謨 · 서유여徐有畬 · 강희영姜羲永 · 최동진崔東鎭 · 이희수李熙洙 · 김정묵金鼎默 · 오경연吳慶延 · 허탁許鐸 · 남성교南性敎 · 조석우曺錫雨 · 심영택沈英澤 · 조휘림趙徽林의 원정原情에 운운하였습니다. 장오贓汚에 관계된 모든 것에 대해 형신刑訊하여 철저히 캐내고 자백을 받아 낼 것을 청하는 데 대해서는 대신大臣이 연석에 여쭈어 정식으로 삼은 것이 있습니다. 새 정식대로 형신하여 철저히 캐내고 기어이 자백을 받아내는 것이 어떻겠습니까?

아뢴 대로 윤허하였다.

○ 다음과 같이 전교하였다.

장률贓律이 엄한데다가 또 대신이 연석에서 아뢴 것이 있었기 때문에 방금 전에 처형하자는 청에 대해 비록 윤허해 따랐으나, 다시 생각해 보니 몇 백 년 동안 법에 연제連除한 일이 있었다. 가르친 뒤에 처형한다는 의리에서 참작할 점이 없지 않으니, 이번에는 우선 형추刑推하지 말고 의처議處하도록 하라. 그러나 만일 이것을 믿고서 함부로 행동하면서 두려워하거나 꺼리는 바가 없다면 한때의 관대한 형전이 어찌 번번이 할 수 있는 일이겠는가. 이 전교를 각도의 도신에게 행회行會하여 도신에게 각 고을과 진鎭에 통지하게 하라.

○ 병조에서 다음과 같이 아뢰었다.

오늘 성문을 열 때에 한 마리의 고삐 풀린 말이 돈화문敦化門의 서쪽 협문夾門으로 돌입突入하였는데 즉시 끌고 나가지 않아서 영숙문永肅門 차비差備 안에 난입攔入하기까지 하였으니, 일이 몹시 놀랍고 해괴합니다.

다음과 같이 전교하였다.

만일 단단히 단속하면서 파수把守했다면 어찌 말의 고삐가 풀릴 리가 있었겠는가? 병조 판서 — 홍종응洪鍾應이다. — 는 경책이 없어서는 안 되니 월봉越俸 1등等에 처하고, 입직 당상과 낭청 — 참의 목인재睦仁栽이다. — 은 파직罷職하는 형전을 시행하라. 문을 파수하는 것은 법의 뜻이 얼마나 엄중한가. 조금이라도 조심하고 삼가는 마음이 있었다면 어찌 이러했겠는가. 수문장守門將과 국별장局別將은 먼저 태거汰去한 뒤에 나수拿囚하도록 하라.

○ 성균관 유생이 권당捲堂하고서 다음과 같이 소회所懷를 아뢰었다.

신들이 며칠 전에 조지朝紙를 접하여 삼가 대계臺啓에 내린 비지批旨를 보니, "조하망曺夏望의 일은 아뢴 대로 하라."는 명이 있었습니다. 이에 신들은 기뻐서 서로 고하기를, "난역亂逆이 해당 형률에 복죄되어 여러 사람의 분노가 비로소 조금 풀렸으니, 이로부터 다시 번거롭게 호소할 것이 없겠다." 하였습니다. 그런데 수일 이후부터 청문聽聞이 괴이하게 여기고 의혹하여 물론物論이 다시 끓어올랐습니다. 대개 추탈追奪하자는 대간臺諫의 청은 그대로 윤허를 입었으나, 신들이 삼가 들으니, 전지傳旨가 내려지지 않은 지 이제 5일이 되어 아직 유사攸司의 거행을 지체되고 있다고 하였습니다. 이에 처음에는 흡족하여 귀를 쫑긋하던 자들이 모두 놀라 눈이 휘둥그레지고 멍해졌습니다. 잠시 사이에 분위기가 전혀 달라져 자못 한 달 동안 윤허 받지 못했던 날보다 심하였습니다. 대개 윤허 받기 전에는 매우 안타까워했을 뿐이고 억울해 하였을 뿐인데, 이제는 매우 안타까울 뿐만이 아니며 억울할 뿐만이 아닙니다. 가만히 국가의 정령政令을 위하여 지극한 근심과 탄식을 금할 수 없습니다.

아, 왕의 말이 한 번 전파되면 윤발綸綍과 같아서 대각이 믿고 다사多士가 믿으며 심지어 천한 종과 조례皁隸, 미천한 부녀자와 어린아이도 믿지 않는 자가 없습니다. 무릇 믿음은 임금의 큰 보배입니다. 성인께서 말씀하시기를, "병사와 양식은 없앨 수 있으나 믿음은 없애서는 안 된다." 하셨으니, 그것이 나라에 관계된 것이 과연 어떠합니까. 전하께서는 일개 조하망으로 말미암아 많은 신하들의 의혹을 더하셨습니다. 신들이 죽을죄를 무릅쓰고 감히 말씀드리겠습니다. 우리 전하께서 조하망에 대해 무슨 아끼시는 것이 있기에 그러시는 것인지 감히 모르겠습니다. 앞의 일로 말하면 기사년(1689, 숙종 15)의 여러 간신들의 후전後殿이요, 뒤의 일로 말하면 신축년(1721, 경종 1)과 임인년(1722, 경종 2)의 흉당凶黨의 전모前矛입니다. 만 번 죽여도 오히려 가벼운 죄가 있고 털끝만큼도 용서할 만한 단서가 없는데도 전하께서는 잘못

관대히 용서하시기를 마치 하찮은 과오나 작은 잘못에 대해 차마 갑자기 엄벌을 가하지 못하듯이 하시니, 이것은 실로 신들이 이해할 수 없는 것입니다.

아, 임금의 한 마음은 만화萬化의 근원이니 마음의 은미한 곳에 비록 잠깐 사이라도 다하지 못함이 있으면 사람들이 그것을 볼 수 있습니다. 더구나 정령政令과 시행하는 사이에 있어서야 더 말할 나위가 있겠습니까. 신들이 외람되이 변변치 않은 자질로써 수선首善의 땅에 잘못 있으면서 평소에 우러러 받들면서 살아 온 것은 군상君上의 가르침과 인도이며, 독실이 믿은 것은 국가의 정령입니다. 그런데 성상의 오늘의 이 조치는 신들이 처음에 미처 생각하지 못한 데에서 나왔으니, 구구한 어리석은 마음에서 어찌 잊지 못하면서 근심하고 탄식하지 않을 수 있겠습니까.

아, 남의 신하가 된 자가 군부君父에게 믿음을 받지 못해 난역으로 하여금 살게 하기에 이르고 한갓 번독하게 한 죄를 범하고 의리를 밝게 펴지 못했으니, 신들의 의분義分이 멸절되었습니다.

다음과 같이 전교하였다.

공자孔子의 학궁學宮에 있으면서 공자의 도道를 배우는 것은 장차 임금을 섬기려는 것이다. 전지傳旨를 유중留中한 것이 제생諸生과 무슨 관계가 있는가. 형정刑政은 조정朝廷의 일이요, 대각臺閣은 가부可否를 가린다. 스스로 자신의 견해만 믿고 대체大體를 알지 못하니, 어떻게 임금을 섬기겠느냐. 매우 유감스럽다. 이러한 내용으로 유시諭示하고 즉시 들어가라고 권하라.

○ 헌납 윤정선尹定善이 다음과 같이 상소하였다.

조하망曺夏望이 성조聖祖를 무함하고 선정先正을 모욕한 죄는 바로 세도世道와 사문斯文의 일대 변괴입니다. 유생들의 상소와 대간의 계사가 번갈아 진달되면서 의리의 큰 근원이며 형정刑政의 큰 관문을 힘껏 청하니, 성상께서 혁연히 결단하고 비지批旨가 융중隆重하셨습니다. 다사多士들이 말하면 너그럽게 용서하시는 덕이 말에 넘치고, 대각이 논하면 허락하는 소리가 하루도 걸리지 않으셨습니다. 다행히 공의公議가 있어서 사람들의 분노가 조금 풀릴 수 있었으니, 사림士林들이 서로 경하하고 온 나라가 흠앙하고 있습니다. 다만 생각건대, 후원喉院의 전지傳旨가 이미 거둬지고 유사有司의 거행이 아직까지 지체되고 있어서 전송傳誦하던 끝에 점점 심하게 의혹이 불어나 귀를 쫑긋하고 기뻐하던 마음에 근심과 탄식이 계속해서 이르렀습니다. 신은 감히 알지 못하겠는데, 전하께서 오히려 혹 경중 사이에서 참작하여 헤아려 이런 잠시 미루고 잠시 취소하자는 생각이 있어서 그러시는 것입니까? 무릇 참작하여 헤아린다는 것은 하찮은 과오와 작은 잘못이 혹은 괜찮기도 하고 혹은 그르기도 한 경우입니다. 큰 의리와 큰 형정에 이르러서는 의리를 밝게 펴는 데 관계되니, 오랫동안 헤아려서 사륜絲綸같은 왕의 말씀이 군정群情에게 반신반의하게 해서는 안 됩니다. 신은 잠을 이루지 못하고 벽을 돌면서 방황하여 천지같이 크신 성상께 유감이 없을 수 없습니다.

아, 천지의 경위經緯는 『춘추春秋』에 의지해 있습니다. 날이 저물었는데 갈 길이 머니 아직 지사志士에게 눈물을 흘리게 합니다. 저 조하망은 유독 무슨 마음으로 원수처럼 보고 반대로 어긋나 스스로 하늘의 주벌을 범한 것입니까. 설사 당일에 발각되었더라도 오히려 유방流放과 찬극竄殛하는 형전을 면할 수 없었을 터인데, 불행하게도 사고私稿에 숨겨져 있어서 여태 무장無將과 불경不敬에 대한 형률을 피했습니다. 하늘이 그 속마음을 유인하여 스스로 다 드러내 보이도록 하였으니, 우정禹鼎이 높이 걸림에 이매魑魅가 그 모습을 숨길 수 없고 천도天道가 매우 밝아짐에 난얼亂孼이 마땅히 복죄伏罪되었습니다. 전하로 하여금 대의를 천명闡明하고 세교世敎를 부식하게 하며 성조의 무함을 밝히고 성상의 효성을 빛낼 따름입니다. 또 성균관에서 성토를 엄하게 하였으니, 이것은 진실로 500년 동안 사기士氣를 배양하고 유화儒化를 돈독히 숭상해 온 효험입니다. 옛날에 이목李穆이 무당을 쫓아내자 성종成宗께서 급히 칭찬하고 장려하셨고,[28] 박광우朴光佑가 대궐문에서 호소하니 중종中宗께서 곡진히 가납하셨습니다. 이것은 유생을 차라리 격발시키려고 한 데에 불과한데 오히려 이를 위해 채납하여 시행하셨습니다. 그런데 지금 이 성균관 유생들이 공재空齋한 것은 어찌 그만 둘 수 있는데 그만 두지 않은 것이겠습니까. 사기士氣가 꺾이고 청문聽聞이 놀라 의혹하고 있으니 성조聖朝의 아름다운 일이 아닙니다. 또 삼가 권당捲堂한 데 대해 내리신 비지를 보건대, "스스로 자신의 견해만을 믿는다." 하유하고, "대체大體를 알지 못한다." 꾸짖으셨으니, 설사 성상의 마음에 유감스러웠을지라도 오히려 너그럽게 용납하고 관대히 용서해야 마땅합니다. 더구나 제생들이 잡아 지키는 것은 바로 지극히 정대正大해 없어서는 안 되는 논의입니다. 진실로 조하망은 전하의

28 _ 옛날에 …… 장려하셨고 : 성종(成宗)께서 병이 들자 대비께서 무당을 시켜 반궁(泮宮)의 벽송정(碧松亭)에서 제사를 지내게 하셨는데, 태학생 이목이 앞장서서 그 무당을 때려 쫓아냈다. 이에 대비께서 크게 노하여 고하니, 성종이 대사성을 불러 하교하기를 '그대가 유생들을 잘 지도하여 선비들의 습속이 바른 데로 돌아가게 하였으니 내가 아름답게 여긴다' 하고 특별히 술을 내린 일이 있었다.

죄인일 뿐만 아니라 바로 효종의 죄인이니, 천하 만세가 반드시 주벌해야 합니다. 삼가 바라건대, 성상께서는 위로는 양 성조聖朝에서 선비를 대우하신 방도를 본받고 아래로는 온 나라가 같은 소리로 성토하는 것을 살피시어 속히 다사들이 일제히 호소하는 것을 따라서 즉시 전지를 반하頒下하라고 명하여 온 나라의 신하와 백성들로 하여금 분명하게 정도正道를 지키고 난역을 징토하는 교화를 알게 하소서.

다음과 같이 비답하였다.

전지를 여러 날 동안 유중留中한 것은 세신世臣을 보호하는 의리에서 끝내 차마 할 수 없는 것이 있었기 때문이다. 성균관 유생이 처분을 기다리지 않고 점점 격렬해지듯이 쟁집爭執하니, 그 버릇이 매우 온당하지 않다. 그러나 사론士論을 중시하고 국시國是를 엄하게 하는 의리에 있어서 한결같이 미룰 수만은 없다. 전지를 반하하라.

○ 조하망曺夏望의 관작을 추탈하는 전지 내에 다음과 같이 말하였다.

고 참의 조하망曺夏望이 윤증尹拯을 제사지내는 패서悖書는 바로 이것으로 자기주장을 강력히 내세울 마음으로 몰래 활시위를 당기는 계책을 부린 것이다. '고결固結'이니 '척축斥逐'이니 한 것은 무슨 말이며, '동방사회東方斯會'란 어떠한 때인가? 감히 송宋나라 말기에 나라를 그르친 일을 가지고 감히 견줘서는 안 되는 자리에 비의比擬하였다. 더할 수 없이 엄하고 중한 데를 지척指斥하고 안으로 국시國是를 무너뜨릴 계획을 품고 있었으며, 신축년과 임인년의 흉도凶徒의 장본張本이다. 속히 관작官爵을 추탈追奪하는 형전을 시행하라.

○ 유학幼學 유상학兪相鶴이 방외方外의 소유疏儒에게 보낸 편지의 대략은 다음과 같다.

요즘에 상소한 일이 마침내 윤허를 입은 것은 사문斯文을 위해 천만 다행입니다. 저는 외딴 시골에 들어박혀 있어서 발론發論하는 자리에 참여하지 못하고 또 대궐문에서 호소하는 반열에 끼지 못하여 단지 날마다 내려오는 전보轉報를 통해 전후의 상소를 보고서 대략 그 전말을 알고 있었을 뿐입니다. 최후에 조하망의 전고全稿를 볼 수 있었는데 다른 편의 문자도 흉패凶悖한 말로 마음을 놀라게 하고 뼈아프게 할 만한 것들이었으니, 한 제문祭文만이 아니었습니다. 이것은 첨군자僉君子가 본 것일 터인데, 그 상소 중에 나열함에 미쳐서는 하나도 지적하여 조목조목 진달하지 않았으니, 또한 그 큰 악을 논하느라 작은 것에 대해서는 언급할 겨를이 없었습니까? 일일이 들어서 말해도 되겠습니까?

그는 평생 원망을 품고서 간사함을 부지하고 정도正道를 해치려는 뜻을 입에서 나오는 대로 말하여 비록 사부詞賦 사이라도 은근히 내비쳐 비난하고 모욕하며 헐뜯고 배척한 것이 한두 번이 아닙니다. 서독書牘 중에 성명을 말하지 않고 단지 대료大僚라고 칭한 것으로 말하면 바로 역신逆臣 이광좌李光佐[29]에게 보낸 것인데 감춘 것입니다. 을사년(1725, 영조 1) 뒤에 죄로 삭출削黜된 것을 말하면서는 "낙동강 물에 용이 누워 있은 지 몇 년이다." 하였고, 정미년(1727, 영조 3)에 중복重卜[30]된 것을 말하면서는 "정승 자리가 거듭 빛나고 사직이 더 강해졌다." 하고, 계속해서 "천지가 거듭 열렸다." 하고, "난리 속에서 천명天命을 받았다."는 등의 말이 있었습니다. — 조하망曺夏望의 「대료에게 올리다」라는 편지에, "낙동강 물에 용이 누워 있은 지 몇 년인데 잠깐 사이에 정승 자리가 거듭 빛나고 사직이 더 강해졌으니 이마에 손을 얹어 축하드리는 심정을 어찌 비유할 수 있겠습니까. 다만 천지가 거듭 열려 즉위한 초기에 두루 다스리는 사업과 만민이 발돋움하면서 우러르는 자는 모두 다른 사람에게 있지 않습니다. 그렇다면 합하閤下께서 중대한 책임을 진 것이 거의 옛사람이 난리 속에서 천명을 받은 것보다 심합니다." 하였다. — 그가 역적의 우두머리를 추중推重하고 국시國是를 괴란壞亂한 것은 바로 공론을 등지고 당파에 목숨을 바치는 그의 기량技倆입니다. 회곡晦谷(조한영曺漢英)[31]의 연시延諡를 한 뒤에 그

29_ 이광좌(李光佐) : 1674-1740. 본관은 경주(慶州). 자는 상보(尙輔), 호는 운곡(雲谷). 항복(恒福)의 현손이며, 장령 세구(世龜)의 아들이다. 1718년에는 예조참판에 등용되고, 1721년(경종 1) 호조참판을 거쳐 사직(司直)에 있으면서 왕세제인 연잉군(延礽君 : 뒤의 영조)의 대리청정을 적극 반대하였다. 1721년과 그 다음해에 각각 김일경(金一鏡) 등의 상소와 목호룡(睦虎龍)의 고변사건이 벌어진 신임사화가 발생하여 노론이 제거되고 소론이 정권을 잡게 되자 예조판서를 거쳐 평안도 관찰사로 나아갔다. 1725년(영조 1)에는 영의정에 이르렀으나 노론의 등장으로 파직당하고 말았다. 1728년에 정미환국으로 소론정권이 다시 등장하게 되자 영의정에 올라 실록청총재관(實錄廳摠裁官)이 되어 『경종실록』·『숙종실록』 보유편의 편찬을 담당하였다. 1730년에는 소론의 거두로 영조에게 탕평책을 상소하여 당쟁의 폐습을 막도록 건의하였고, 왕의 간곡한 부탁으로 노론 민진원(閔鎭遠)과 제휴, 노론과 소론의 연립정권을 수립하여 재임 기간 하에는 비교적 격심한 당쟁이 없도록 하는 데 힘썼다.

30_ 중복(重卜) : 한번 이상 의정(議政)을 역임하였던 사람을 다시 의정(議政)의 후보에 올려서 뽑는 것. 또는 그렇게 뽑힌 사람을 말한다.

31_ 회곡(晦谷) : 1608-1670. 회곡은 조한영(曺漢英)의 호이다. 본관은 창녕(昌寧). 자는 수이(守而)이다. 공조 참판 문수(文秀)의 아들이고, 조하망의 조부이다. 이식(李植)과 김장생(金長生)의 문인이다. 1639년 지평이 되고, 그 이듬해에 청나라가 명나라를 공격하기 위하여 수륙군(水陸軍)의 원병을 청하는 동시에 원손을 볼모로 심양(瀋陽)에 보내라고 요청하자, 이를 극력 반대하는 만언소(萬言疏)를 올렸다. 이 사실이 청나라에 알려져 척화파(斥和派)인 김상헌(金尙憲)·채이항(蔡以恒) 등과 함께 1641년 심양으로 잡혀가 심한 고문을 받고 투옥되었으나 굽히지 않았으며, 옥중에서도 김상헌의 시문집인 『설교집(雪窖集)』의 편찬을 도왔다. 1642년 심양에서 의주 감옥으로 옮겨졌다가 풀려났다. 1645년 지제교, 헌납을 역임하고 지평이 되었을 때 강빈 사건(姜嬪事件)에 반대하다가 왕의 뜻에 거슬려 빛을 보지 못하였다. 효종이 즉위하면서 1650년효종 1 부수찬이 되고 이어 헌납이 되어 시독관(侍讀官)을 겸하였으며, 교리가 되어 조 귀인(趙貴人)의 소생인 숭선군(崇善君) 징(澂)·낙선군(樂善君) 숙(潚) 등에 대한 대우를 소홀히 해서는 안 된다고 건의하였다. 1655년 「감고신성잠(鑑古愼成箴)」 180구

망형亡兄에게 고한 글에, 이른바 "마침 원흉元凶을 만났다." 한 것은 바로 당시의 어진 정승을 가리키는데 "국정國政을 제멋대로 하고 흉악한 심보를 드러냈다." 하였고, 또 이른바 "하늘이 주벌하여 깨끗해졌다."는 것은 바로 신임사화辛壬士禍[32]를 가리키는데 "다행히 나라에 경사가 있었다." 하였습니다. ― 회곡의 연시延諡를 한 뒤에 그 망형亡兄에게 고하는 글에, "조고祖考께서 뛰어나게 성취하여 말년에 소매에 탄핵하는 글을 간직한 채 동락東洛(심양瀋陽)에서 뜻을 품은 채 지냈는데 뒤에 깊고 얕은 은택이 오히려 막혔습니다. 한 책으로 편성編成하여 『심미瀋微』라고 하니, 한 번 성상께 알려지자 성지聖志가 개연하여 상상上相에 증직贈職하고 또 시호諡號를 주셨습니다. 마침 원흉元凶을 만났는데 국정國政을 제멋대로 하고 흉악한 심보를 드러내고 있어 때에 불가不可함이 있었으나 성명盛命이 오랫동안 바로잡아 다행히 나라에 경사가 있고 하늘이 주벌하여 깨끗해져 겨우 예석禮席을 다스리고 공손히 아름다운 전례典禮를 맞이하였습니다." 하였다. ― 이것은 또 그가 나라를 원망하고 화란을 다행으로 여긴 진장眞贓입니다. 이것은 모두 제문祭文 중에 '임금과 굳게 결탁했다' 하고, '실제사회實際斯會'라는 등의 구절과 동일한 어맥語脈이면서 더욱 심한 것입니다. 첨군자는 어째서 상소에 일일이 올려서 아뢰지 않았습니까? 비록 전날의 허물을 나무라는 혐의에 가깝지만 가만히 분하고 서운함을 금치 못하겠습니다. 일찍이 윤증尹拯의 연보年譜를 보건대, 정유년(1717, 숙종 43) 면례緬禮 조條 아래에, "조하망의 제문이 있었다." 하였으니, 조하망의 제문은 바로 병신년에 대처분大處分을 내린 다음해에 있었습니다. 그런데 방외方外의 처음 상소에서는 범범하게 윤증이 죽고서 3년 뒤라고 말하고 그 연조年條를 증험하지 않았습니다. 상소가 얼마나 신중히 하고 삼가야 하는데 이렇게 소홀히 하였단 말입니까? 또 패고悖稿의 편차編次는 신작申綽의 손에서 나왔는데 또 서문序文을 썼습니다. 이것은 법法을 전한 흉도凶徒가 앞장서서 기치를 세웠다는 것을 분명하게 볼 수 있으니, 조석우가 문집을 간행하여 배포한 죄와 의당 차이가 없습니다. 그러나 성토하는 즈음에 대략 보지도 않았으니, 모르겠습니다만, 우선 협종脅從한 죄과에 두어서 그러한 것입니까, 아니면 혹은 괴격乖激하다는 혐의를 피하여 너무 심하게 미워하려고 하지 않아서 입니까? 이것은 내가 이해할 수 없는 것입니다.

를 지어 효종으로부터 표피(豹皮)를 하사받았다. 현종이 즉위한 1659년에는 찬집청당상(撰集廳堂上)으로 『효종실록』 편찬에 참여하였으며, 호조 참의가 되었을 때 김징(金澄)의 탄핵을 받아 파직되어 한때 벼슬을 떠났다. 경기도 관찰사로 있을 때 상녀취첩(喪女娶妾)하였다는 이유로 이옥(李沃) 등의 탄핵을 받았다. 문집으로 『회곡집』이 있다. 여주의 고산서원(孤山書院)에 배향되었다. 시호는 문충(文忠)이다.

32_ 신임사화(辛壬士禍) : 신축년(1721, 경종 1)과 임인년(1722, 경종 2)에 일어난 사화이다. 노론(老論)이 경종의 무자다병(無子多病)을 이유로 당시에 연잉군(延礽君)이었던 영조(英祖)를 세제(世弟)로 세우고 대리청정을 건의하였으나 소론(少論)이 집권하여 노론을 역모로 몰아 극형에 처하였다.

여기서 진달한 모든 것이 비록 대론大論이 한창 일어나던 날에 맞추지는 못하였지만 끝내 입을 다물고 있을 수 없어서 제 속마음을 드러냈습니다. 혹시 때 늦게 자꾸 지껄여 도리어 일 만들기를 좋아한다는 책망을 불러들인 것은 아닌지요? 매우 황공합니다.

○ 우상 조두순趙斗淳이 다음과 같이 아뢰었다.

고 참판 이선李選[33]은 완남부원군完南府院君 이후원李厚源의 아들이며 선정 신先正臣 김장생金長生의 외손으로서 집안에서 실다운 가르침을 받았고 사우師友의 바른 연원淵源을 얻어 대대로 청의淸議를 지켜서 사림士林의 영수가 되었습니다. 강직한 성품으로 선악을 구별하면서 홀로 강직한 풍격을 지키면서 두려워하지도 않고 흔들리지도 않았습니다. 서쪽 변방과 남쪽의 먼 지방으로 좌천된 곳을 집으로 여기면서 살다가 마침내 기사년(1689)의 화를 면하지 못했습니다. 무릇 "감히 종묘사직을 위해 사력을 다하지 않음이 없었다."는 것은 선정 신 송시열宋時烈이 유소遺疏에서 올린 말이며, "심한 추위와 찌는 듯한 더위에는 갖옷과 갈옷이 생각난다."는 것은 고 상신相臣 정호鄭澔가 그의 덕을 형상한 말입니다. 지금은 유풍遺風이 점점 아득해지고 정론正論이 거의 사라지고 있어서 계란으로 바위 치는 격이니, 식견 있는 자를 드러내 밝혀야 합니다. 아경亞卿에 가증加贈하고 사시賜諡하는 것은 조정에서 드물게 시행하는 은전恩典이니, 오직 드물게 시행하기 때문에 장려하고 격려하게 되는 것으로 성조聖朝에서 숭상하고 부식한 성대한 생각에 빛이 나는 것입니다. 특별히 윤허하시고 겸하여 그 후손을 방문하여 조용調用하여 상賞이 후대까지 미치는 정사를 거행하신다면 사림에게 매우 다행이요 세교世敎에도 매우 다행이겠습니다.

상이 이르기를, "이때에 아뢴 바가 매우 좋으니, 그대로 시행하라." 하였다.

33 _ 이선(李選) : 1632-1692. 본관은 전주(全州). 자는 택지(擇之), 호는 지호(芝湖)·소백산인(小白山人)이다. 우의정 이후원(李厚源)의 아들이며, 송시열(宋時烈)의 문인이다. 1673년 응교로 재직 중 노산군(魯山君)의 묘소에 시제(時祭)하고 황보인(皇甫仁)과 김종서(金宗瑞) 등의 신원을 상소하였다. 1675년(숙종 1) 형조 참의로 있다가 송시열이 쫓겨나고 남인이 득세하자 사직하였으며, 다시 개성 유수가 되어 정충신(鄭忠信) 등에게 시호를 주고 그들의 자손을 벼슬에 등용할 것을 청하였다. 1689년 대간의 탄핵을 받고 기장(機張)에 귀양 가 배소에서 죽었다. 1694년 복관되어 왕의 사제(賜祭)를 받았다. 시호는 정간(正簡)이다. 저서로는 『지호집』이 있으며, 편서로는 『황강실기(黃岡實記)』·『시법총기(諡法摠記)』 등이 있다.

○ 비국에서 다음과 같이 아뢰었다.

정시庭試에서 강경講經을 치룰 날짜를 방금 계하啓下하셨습니다. 그런데 이전에 정거停擧 당한 것이 오래되어 거자擧子들이 형식과 똑같이 보아 그저 앉아서 임시臨時에 면제한다는 명을 기다릴 뿐이고 애당초 책을 펴고서 읽어 익히는 공부를 하지 않고 있으니, 이는 항상 근심하고 있는 것입니다. 이제는 거듭 신명申明하여 행회行會하여 반드시 행하겠다는 뜻을 보여주지 않아서는 안 됩니다. 과장科場을 설치한 뒤의 규조規條에 이르러서는 스스로 과식科式에 실려 있는 것이 있습니다. 이런 내용으로 미리 사관소四館所와 해도該道에 알리도록 하소서.

윤허하였다.

○ 훈국에서 다음과 같이 아뢰었다.

본국本局의 둔답屯畓으로 안주목安州牧 평만경平萬坰에 있는 것은 강가에 있는 땅으로 수년 동안 장맛비가 불어나 혹독하게 태락汰落되어 한 둔답의 농민들이 의지하여 살 수가 없습니다. 영납營納 같은 경우는 바로 군수 물자인데 또한 바치지 않아서 세 번이나 관문關文으로 신칙하였으나 한 번도 회첩回牒하지 않아서 둔민屯民을 장杖을 치고서 가두기에 이르렀습니다. 땅이 없는 부역자에게 강제로 책임지운 것만도 영전令典을 어긴 것인데 체례體例까지 손상시켰습니다. 해 목사牧使 정문승鄭文升을 파직하도록 하소서.

윤허하였다.

○ 예조에서 경모궁景慕宮에 악장樂章을 사용할지 여부를 수의收議하여 아뢰었다. — 영의정 김좌근金左根은 아뢰기를, "태묘太廟의 각실各室에는 모두 악장이 있지만 책보冊寶를 올릴 때에는 애당초 관현管絃을 쓰지 않았습니다. 그렇다면 비궁閟宮의 의주儀註는 비록 정조正祖의 특교特敎 때문에 그러한 것이나, 지금의 예절禮節에 있어서는 을묘년(1795, 정조 19) 이전과 비교해 볼 때 같지 않은 것이 있습니다. 이미 높이고 또 높여 작용作容을 함께 연주할 만하나, 문왕文王과 무왕武王, 태사太姒와 주강周姜의 송頌으로 각십各什에 드러나 있는 것은 한 헌가軒架 안에서 노래한 적이

없었습니다. 이것이 태묘의 각실에 그 문장은 있으나 그 소리가 없는 것인 듯합니다. 그렇다면 한결같이 태묘의 의식儀式을 준행하는 것이 아마 선대를 따르는 의리에 부합될 듯합니다." 하였다. 우상 조두순趙斗淳의 의논도 같았다. —

○ 송달수宋達洙를 승지에 특별히 발탁하였다.

○ 이조에서 다음과 같이 아뢰었다.

조하망曺夏望에게 관작을 추탈追奪하는 형전을 시행하는 일에 대해 윤허하셨습니다. 그에게 준 고신告身을 이조에서 거둬와 불태워야 하나, 집이 여주驪州에 있으니 본도의 도신으로 하여금 거둬오라고 통지하여 즉시 거행하게 하소서.

윤허하였다. — 이조 판서 이계조李啓朝가 아뢴 것이다. —

○ 전교하기를, "중관中官 주우양周遇陽은 죄범을 용서할 수 없으니, 엄히 세 차례 형신刑訊한 뒤에 원악도遠惡島에 충군充軍하라." 하였다.

○ 판부사 박영원朴永元[34]의 졸서 단자卒逝單子에 대해 다음과 같이 전교하였다.

이 대신大臣은 곧고 진실한 자질과 화락하고 단아한 절개는 나라를 빛내는 문채文采일 뿐만 아니라, 과인이 믿고 의지하던 바이며 조야朝野에서 우러른 바였다. 몇 년 전에 정승의 자리에서 물러나려는 그의 바람을 곡진히 따랐던 것은 그의 정력이 강강强剛하여 아직 쓸 만한 날이 있었기 때문이었다. 불행히도 뜻밖에 생긴 병으로 갑자기 세상을 떠났다는 단자를 받게 되니, 너무나 상심되어 비유할 바를 모르겠다.

34 _ 박영원(朴永元) : 1791-1854. 본관은 고령. 자는 성기(聖氣), 호는 오서(梧墅)이다. 예조 참의 박종순(朴鍾淳)의 아들이다. 청요직(淸要職)을 두루 지냈다가 1824년에 이가우(李嘉愚)・이헌위(李憲瑋)・김정희(金正喜) 등과 함께 삭직을 당하였다. 1837년(헌종 3) 김홍근(金弘根)과 함께 실록교수 당상(實錄校讎堂上)이 되었다. 이어 1844년에 호조 판서, 이조 판서 등을 거쳐 이듬해 원접사(遠接使)가 되었다. 1848년 양선(洋船)의 출몰로 동해안 지방의 민심이 소란해지자 함경도 관찰사로 특임되었다. 철종이 즉위하자 우의정에 오르고, 다음해 좌의정에 제수되었으나, 4월에 상소를 올려 사임하였다. 1854년(철종 5) 12월에 판중추부사로 있다가 죽었다. 시호는 문익(文翼)이다.

졸卒한 박 판부사의 상에 동원 부기東園副器 1부部를 실어 보내고, 성복成服하는 날에 승지를 보내어 치제致祭하며, 녹봉祿俸은 3년 동안 실어 보내주라.

○ 성균관이 아뢰기를, "신이 관학 유생館學儒生과 방외 유생方外儒生을 이끌고서 향석교香石橋 앞에서 조하망曺夏望의 문집文集과 판본板本을 불태웠습니다." 하였다.

○ 이조 참의 송근수宋近洙[35]가 올린 상소의 대략은 다음과 같다.

신은 가만히 사사로운 의리가 아주 절박한 것이 있습니다. 신의 집이 뭇 소인배에게 오랫동안 미움을 받아와 초초히 근심해 온 지 지금 수백 년인데, 오히려 열성조列聖朝께서 정도正道를 지키고 간사함을 물리치심을 힘을 입고 있었으니 그 동안의 은혜로운 말씀이 단청丹靑처럼 뚜렷합니다. 이에 신의 선조先祖의 의리와 지업志業은 하늘에서 해와 별처럼 빛나고 온 세상을 지탱하고 있습니다. 음산한 기운은 태양 아래에 저절로 사라지나 요망하고 간사함은 옥거울에 드러나기 어렵습니다.

요사이 듣건대, 조하망曺夏望의 문집이 간행 유포되었는데 수많은 구절이 윤리에 어긋나고 거리낌이 없으니, 지의旨意를 세밀히 살펴보면 귀신이 되고 불여우가 됩니다. 게다가 신의 조부가 심한 무함을 받고 비난을 받은 것은 말할 겨를이 없고, 가장 가슴을 썩이고 뼈아픈 것은 감히 말할 수 없는 자리를 지척指斥한 것입니다. 아, 효종께서 신의 조부에게 위임한 것은 오직 엄히 『춘추春秋』를 잡아 지키는 것이요, 신의 조부가 효종에게 힘이 된 것도 또한 오직 엄히 『춘추』를 잡아 지키는 것뿐입니다. 저 무리가 오랫동안 유감과 미움을 가지고 반드시 원한을 풀고자 한 것도 또한 이 때문일 뿐입니다. 신이 살아서 세상에 있는 동안 이 책이 유포된 것을 목격했으니 차마 이 무리들과 한 하늘 아래에서 살 수 있겠습니까. 다행히 성상의 결단이 혁연하고 처분이 엄정하여 그 판본을 부수고 또 그 관작을 삭탈削奪하셨습니다. 신의 선조가 앎이 있다면 반드시 지하에서 감격하여 목메어 울었을 것입니다. 신의 사사로운 정리에 있

35 _ 송근수(宋近洙) : 1818-1903. 본관은 은진(恩津). 자는 근술(近述), 호는 입재(立齋) · 남곡(南谷)이다. 송시열(宋時烈)의 8대손이며, 송흠학(宋欽學)의 아들로 송흠락(宋欽樂)에게 입양되었다. 대사헌, 병조 판서 · 이조 판서, 우의정 등의 요직을 역임하였다. 좌의정이 된 뒤 1882년(고종 19) 5월 정부의 조미수호통상조약체결교섭에 반대하여 사직소를 올렸다. 이 상소에서 양교(洋敎), 즉 기독교의 폐해를 지적하고 일본 이외의 외국과의 조약체결을 반대하는 한편, 청국에 파견된 영선사(領選使)의 철환(撤還)도 주장하였다. 퇴직 후에는 봉조하(奉朝賀)가 되었으며, 저서로는 『송자대전수차(宋子大全隨箚)』가 있다. 시호는 문헌(文獻)이다.

어서 어찌 유감이 있겠습니까. 그러나 신의 조부로 말미암아 성조聖祖에 무함이 미쳤으니, 이것은 사사로운 아픔이 오히려 가볍고 공분公憤이 갑절 무거운 이유입니다. 이러한 실정으로는 의리상 함께 살 수 없습니다. 옛 신하를 잊지 않고 기용해 주신 성념聖念은 비록 감격스럽지만 어리석은 저의 소견은 고치기 어렵습니다.

비답하기를, "제문祭文을 지은 자는 비록 속뜻이 있다고 하더라도 간행한 자는 별 뜻이 없다. 더구나 이미 처분이 있었다. 어찌 굳이 인혐하는가? 사직하지 말고 직임을 살피도록 하라." 하였다.

철종기사
哲宗紀事

영인본
影印本

己百卷之五十三
自憲廟己酉(哲宗登極以後)七月至哲廟辛亥二
七月領府趙寅永䟽略向日御名會議凡在叅門莫
不審愼臣居班右尤宜敬謹而乃因字音之或近彼
諱至有望單之還入改定而究其咎臣實當之仍辭
揔護之任批御名改定慈聖所以慮慮外之事欲其
萬全無慮之意而筵中所敎又復丁寧開釋則於卿
有何做錯今此爲引誠萬萬過中矣以卿老成何不
諒此且揔護之任是終事之地也在卿情禮何可辭
焉○執義金基纘䟽陳勉(敦聖孝保聖躬喬聖志勉聖學招賢倦開言路崇節儉立紀綱擇守令嚴科規)批十條陳勉眷眷有憂愛之誠深庸嘉

稗林 哲宗紀事一 一

乃當一一軆念矣○擢拜金基纘承旨○前正言姜
漢赫䟽略顧今擧國同憤不欲與之共活者即趙秉
鉉是也噫彼秉鉉窃弄威福貪饕貨財脅制朝廷眼
無君父之許多罪惡臺評俱在斷案已成蓋其賦性
奸黠行己翻薄侈辯足以禦人夸習惟知死權典藩
臬而專事䘮民秉銓試而但務濟私工於趍附慣於
窺覘駸駸然位崇而身顯則心術益憯手勢愈滑清
貫華職父子並據一時雄閫腴邑私人爭輸厚償郊
第連巷甍亘溢門擠奧已而暗售禍機則殆同林甫

之鈎蠹貪利祿而自矢惡咀則有甚主偃之爲食同
朝視君蛇虺擧世指爲鬼蜮寔繁之徒以類相聚其
爲護法於秉鉉者尹致英也以蒙昧沒覺之類獨穿
利竇以疲殘可憐之物還藏機心始艶秉鉉之勢仗
甘受股掌之翫終蹈秉鉉之作爲莫負心背之耗拾
權納勢輒于兩部之銓注冒利黷貨都括八方之饋
遺兩歲五資驟躐無漸一門三貴勢焰可怕而奸狡
不及老輩揣摩未逮宿手隨事瘡疣到底債誤其奸
回情狀竟莫逃於大行大王日月之明則或嚴加竄
逐或微示眯斥而此輩全不知畏秉鉉則偃處於郊

稗林 哲宗紀事一 二

垌斧蒼之地使其狀子出沒城闉窺探動靜致英則
蜚揚於館閣通象之班凌轢朝廷公肆噴噂渠輩自
知其罪盈惡極爲國人之所不容王章之所必誅則
安知不醞釀禍機於陰暗之地乎伏莽之戎出柙之
虎誠非細憂也亟將趙秉鉉尹致英施以絶島安置
焉批一是先王已罪之人一是先王近密之臣也一
紙臚列有欠忠厚之風○掌令李廷斗䟽討趙秉鉉
等又曰噫彼李應植李能權素稱鹿㓙之徒專習諛
佞之態惟利是趍惟勢是附戎銓總符次第輪據而
着作分內之倘來臙仕美職一時都占而至有格外

之濫帶或縱其子恃頑賊䓁濫殺無辜之平民或席其父尸居餘氣盜沒莫重之公貨頗張聲勢究成門戶則濫滑之習滋長貪黷之心無厭橫奪之財都肥己橐嗜利之徒打成一套乃有奸黠之申觀浩驕濫之金鍵華爭相慕效莫可縱恣雄藩歷遍於數歲而害全蚩蚩氓戕符兇濫於妙年而蔭及哇哇童道路之側目識者之寒心厥惟久矣蓋此輩負犯之至重實不下於趙秉鉉等而以其隷輩之流不足深責有所寬貸則將何以懲其惡而服人心乎臣於是尤有所駭憤者頃當沁邸奉迎之際應植私自傳檄飛報

之騎先於浩衛之行其心所在有不可測群情疑怪輿論沸騰此尤渠同救之案也臣謂李應植李能權金鍵申觀浩並施絶島定配焉批曰有公憤何不言之於前乃於因批之中有此起鬧乎下端事真如是也極爲駭惡矣○大王大妃殿傳曰將兵所重果何如而謂以名登臺章使其營校督納命令無難出城者豈有如許事體萬萬駭然訓禁將李應植申觀浩爲先施以罷職之典○禮曹宗廟魂殿徽定殿祝式收議回啓領府趙寅永以爲純宗室之稱皇考殿下稱孝子謹稽明嘉靖時禮論有曰兄武宗考孝宗可以攸用翼宗室之稱皇兄殿下稱孝嗣即我英廟於景宗室祝式爲我家已行之禮並不必更論多以說序爲

重不拘序次然而歷代未有能並行之者臣不敢質言惟唐宣宗之於敬文武室本以叔姪而只稱嗣皇帝臣某昭告于則其直書廟號可惟也既稱臣既稱某而不書敢字無是理也或史有闕文而然歟洎洪直弼以爲斯禮也爲國朝初有之典章名義至重於有舍然不能無陳瞀訛以叔姪歷選載籍惟周孝王之於懿王唐宣宗之於武宗我殿下之於大行大王已矣先儒有云孝王叔父也臣也懿王兄子也君也親親不害於尊尊君臣之分固在也宗廟之禮嗣君拜先君非叔拜姪也先正文元公臣金長生又云帝王家以承統雖叔父姪兄弟皆有父子之道斯爲萬世不易之正義也雖云昏父子之道而若至罷稱則當用兄弟叔姪之序殿下於孝定殿也當稱皇姪於徽定殿恐當稱皇姪此叔姪之名雖爲不見於古禮叔姪之稱已有程朱兩夫子言論遽皇朝憲宗皇帝追復景泰帝謚冊稱叔姪是爲所遵述者而又按綱目唐宣宗祀禮洗泰祝文於穆敬文武四帝但稱嗣皇帝臣某是亦可倫今日援證也司直宋來熙以爲大帝王入統之義至重至嚴雖弟繼兄叔繼姪只以承統爲序有父子之義而無父子之名

凡於倫爲之名不可紊故英廟之於景廟稱皇兄孝嗣必以是爲則冀深宸祝式以當援以爲法而金於魂殿典徽定殿祝式果無的見於禮書而革按唐宣宗附於穆敬文武四室禘祭祝文禮洗泰以但稱嗣皇帝臣其宣宗之於穆宗弟也於敬文武叔也而通稱嗣皇則今亦通稱嗣王或爲可據而我祖則特加孝字於嗣字之上未能詳其當初議定之意也昔文元公臣金長生嘗臨此禮以爲當依通典自稱曰嗣皇某於先君不當別有稱號而未有先儒之定論不敢創說云其今日所值別無異同而先正之不敢創說者如臣使淺之見尤何敢率爾論別耶大王大妃殿傳曰皇姪妃依儒臣議施行嗣王臣依大臣議施行○大憲李景在疏討趙秉鉉等又曰惟彼李應植申觀浩輩俱以隷輩敢執朝權締結銓官閫帥守宰從好惡而取捨依附黨援鄉貸戎權惟心慾而賂贓此乃國朝以來所未聞

所未覩也觀浩則由逆納醫已犯罔赦之案私室製
藥爲逆無將之律苟究其源專由於李能權全鍵之
最先作俑互相推翻漸至手段愈滑氣焰愈熾眼無
朝廷力擅威福大關賂門專事肥己反用傾巧之智
構成疑似之跡上以蔽天聰下以誣一世而爲論其
罪當居何辟應梏則逆者奉迎之日私送撥騎先於
浩衛意有難測宜將駭悪而已哉亟允兩司所請以
嚴國網焉臣因是而尤有所萬萬痛恨者昨年徐相
啟之論金興根也句語中有云伺察宮闈顯有締結
之跡宮闈二字既犯莫嚴之地締結云者自干誣逼

之科是豈今日北面者所可萌諸心而發諸口哉到
今廷惟益不勝髮竪膽掉矣以相啟之蒙賅淺覺豈
能獨辦也哉主張者致英也指使者致英也國言喧
藉謄不共戴一天即臣子秉彝之性也尹致英徐相
教拿鞫得情焉批諸人事何必如是張大乎下款所
論於渠何責歸之淺覺可也○歲抄鞫廳罪人金鍔
李魯登柳發東成容默羅承登柳晏李承圭亞牒援
○判府權敦仁劄伏見前大臣李景在疏則其論申
觀浩由逆納醫一節此事果有源由而實不勝萬萬
震慄焉春間我大行大王玉候沉綿未即康復全監

臣南秉哲每對臣輒與之憂遑煎灼仍伏聞聖意思
見方外一精於醫者而求之不可得歎恨不已時臣
家適有鄉弁之以軍門來留者頗有術藝臣果言之
秉哲亦聞之於臣而既非名係內局則亦無路擅進
矣其後襄時大行大王下燭其時帶禁營將官命禁將
申觀浩率入使之診候而退本事則如是而已今若
曰雖有聖教何舉行云爾則固或責於觀浩而君曰
由逆納醫則醫是臣家之醫也其所酬酢者亦臣與
秉哲也觀浩何與焉臣不自有則臺疏所論罔赦之
案臣乃倖免而反使不當之觀浩督受之也非但臣

嘶惶靡措朝家莫嚴之刑章宜不倒置乎戩越之極
冒秉烜劄亟議臣誅殛之罪焉批本事裡許今聞御
言始知所以然矣於御初無所干而今此自引萬萬
過當御其安心焉○傳曰才下大臣之批而難免不
審之失前大臣李景在罷職○兩司聯劄不允○政
院啟避嫌之無過祖免自是定式校理尹哲求謂私
義之難冒陳疏對院推考事允之原疏還給○左相
金道喜啟臺疏論列中李應植事誠古今所未聞之
大變怪也當天地崩坼之初上下大小舉皆攀號罔
極念不遑他而惟我慈聖殿下爲宗社大計淂迹而

下教則慈聖之擇被於殿下也殿下之奉承於慈聖
者正大光明可質天地凡在北面之列孰敢萌私邪
挾雜之心於此時此舉而噫彼應植乃肆然爲是擬
先報之計其欲效勞乎微功乎渭橋請間尚被宋昌
之斥跡以渠所爲合置何辟前訓將李應植嚴加處
分爲大王大妃殿曰近日臺論峻發多有可駭之事
從當斟量處分矣○判府權敦仁陳劄身鄉○大王
大妃殿傳曰臺啓中凡屬恩彦君家事可以抹去者
抹去可以停啓者停啓○兩司大憲李敦榮大諫任百秀執義申佐模司
諫睦仁培掌令李延升持平趙光濂秋納升波慈正言安喜奇合新啓噫嘻痛矣

尹致英即一夜殘宵小也賊性本自巧令行已工於
奸黠跳踉放恣縱曰俱生凌轢嘖薄柳亦何習平生
伎倆不過欺人而黷貨晝宵揣摩罔非招權而納勢
護法於東鉉而樂蓄禍心後効於東鉉而窃弄威福
有識憂歎厥惟久矣乃至有主張徐相教之疏而益
見其無所不爲是可忍也孰不可忍也十手所指萬
口皆言即此一事爲渠死有餘罪之罪也噫彼徐相
教之年前疏中伺察宮闈顯有締結之跡一句語何
其無倫絶悖之甚也莫重莫嚴之地伺察二字尚不
敢道况又締結二字肆然筆之於書是豈北面於今

日者所可忍乎諂犯誣逼罪著罔赦至今逭唯骨顫
膽掉環東土含生之倫誓不欲共戴一天此豈如渠
蒙騃所可獨辦也皆使於相教者致英也受嗾於致
英者相教也相教致英是二而一一而二也雖若真
贜畢露斷案已具此必有樂禍之流綢繆包藏嘗試之
不足而竟乃直露情狀從可知察影而知形矣此若
歸之於没覺置之而不問則亂逆何所懲惡章何所伸
也春秋嚴無將之誅漢法重不敬之律其在必討之
義寧緩嚴覈之舉也臣等請尹致英徐相教等並令
王府設鞫得情亟正邦刑焉噫嘻痛矣李應植申觀

浩之罪可勝誅哉俱以麁鹵無恥之徒專事貪饕不
法之習眼無朝廷力擅威福一串如貫衆惡皆萃李
應植則逆擄戎垣濫躋御資於是乎狠心漸肆鴟張
益甚醜類之聚爲聲援馴致縱恣之勢賤孽之侵及
平民至行殘虐之舉此猶總功之察至於私擬一事
奉迎之行何等尊嚴而飛騎之先於浩衛者其心所
在有不可測渭橋請間尚被宋昌之斥跡論渠所爲
合置何辟申觀浩則賊性之奸黠咸甚早年之兜攬
殆遍縣綰戎符自作聲勢大開賂門益加貪縱乳臭
小児至褻公器能斷賤夫亟竟市利許多犯法已極

賊惡而最其私室製藥是豈臣分所敢爲者哉卽此
一事斷案已成無將之律加彼無藏不敬之誅渠焉
敢逭似此干紀犯分之輩寔是神人之所共憤王章
之所必討其在別愿之義寧緩盤覈之擧請李應植
申觀浩等亟令王府設鞫得情大正典刑焉噫嘻痛
矣趙秉鉉之罪可勝誅哉狠毒奸黠咸萃一身妖惡
眩幻卽其長技佞辯則林甫之鉤蜜自成心法夸習
則主偃之鼎食常作口業兜攬華膴而擅行威福狐
負委寄而專事欺蔽脅制朝廷詿誤當世似此負犯
已非渠擢髮之所可贖也至於辛丑歧貳之論是何

等剝逆大憝也前啓之必以此爲衆惡之首者是尤
王法之所必誅也惟我大行大王明燭其情狀薄施
三危之竄旋推再生之恩此誠全保之至仁盛德也
苟有一分嚴畏之心固當縮首遠屛沒齒自靖而鶡
音終不知革蜮影工於潛射全無顧忌自處有若恒
人依舊貪饕傑構大起近郊萬口喧傳公憤之所共
然三尺低昂人主之所未私此而不亟行天討使之
一日假息則有一日之憂二日假息則有二日之憂
而其子則出沒城闉行止閃忽又未知何捺禍機伏
在何地豈不大可惧哉請趙秉鉉姑先施以絶島安

置之典焉噫嘻李能權金鍵卽么麽一武夫耳俱以
飽鹵之類敢生奸濫之習始以貪饕財利而膠肚相
連終焉列爲黨援而羽翼已成千妖萬惡一串貫來
李能權則妖態至發外貌禍崇遂作始俑工於狐媚
行事査是狡黠甚於狗盜公貨無難乾沒賕進着作
分內濫帶卒多格外論其躬犯案爲首惡金鍵則始
基妖能效其心法終與爲應分成角立衛班愚濫之
態與僂頁不戢手雖閭貪虐之跡行路皆爲掩耳蓋
此輩之伎倆始於趍附不已末乃跳踉無憚此誠國
朝以來所未有之變怪也朝威下褻胡至此極豈可

以銖黍之賤置於不足責之科將使干紀之徒仍作
漏網之類也武王章不可以終屈輿論不可以久遏
請李能權金健等姑先施以絶島定配之典焉批合
辭論斷若是嚴正全保世臣之義亦不無多少商量
者矣○兩司合啓中鍾一振來事蜀漢下十二字抹
去潛埋下八字抹去友丈光友事友丈下九字抹去
樂赴下十一字抹去李鍾協事孟鶴述下六十一字抹
去之詭下六字抹去英熙下四字抹去鶴述下十二
字抹去洪稷周下五字抹去鄭基元下十九字抹去
○大臣(判府事鄭元容 左相金道喜)聯劄懲討批諸人事未知果如

臺論而御等之聲討亦不可已者乎○三司合辭求
對不允○大王大妃殿傳曰尹致英徐相敎李應植
申觀浩等之事跡其心而叅諸物議固當允許以嚴
春秋無將之法而衰遑中不忍爲張大之擧累日反
覆斟酌特貸一縷並減死島配 至於趙秉鉉大行
朝雖已罪之而宥之然此人事予嘗慨然於心者久
矣予聞之臣事君以忠事君不以其道則人臣之大
罪象魏自在矣雖然金保世臣之義終不無商量者
存姑先遵其島置之請李能權金健前後許多負
犯亦皆罔測一並允從此處分出於十分停當過此

稗林 哲宗紀事一 十二

以往雖日上十啓萬無聽從之理三司諸臣知悉退
去尹致英薪智島徐相敎金甲島李應植古今島申觀浩鹿島趙秉鉉智島李能權蝟島金健在子島
○大王大妃殿傳曰三司果以諸罪人之罪重罰輕
尚此爭執予日前酌處後復有此敎者雖有顚倒銷
刻之懣其在俯循群情之義亦不可一向牢拒趙秉
鉉施以圍籬之典尹致英徐相敎李應植申觀浩李
能權金鍵並施安置之典更勿煩請即爲退去臺廳
傳啓今此處分後更或一直相持煩聒不已則是抗
命也角勝也豈無處置御等之道乎須宜知悉○大
王大妃殿傳曰崔仁奎世所不知之許多罪犯渠亦

自知出付秋曹嚴刑三次後遠惡島限已身爲奴薪智
島○八月兩司合啓中趙秉鉉事嘻字下趙字抹去
可贖下即是國人皆曰可殺者九字添入秉鉉下姑
先施以絶島安置之典十字抹去亟令王府設鞫得
情夬正典刑十二字添入○泮儒捲堂所懷若夬秉
鉉之不忠不道元惡大憝即國人之皆曰可殺者也
至於徐相敎之誣逼宮闈尹致英之主張凶疏申觀
浩之私室製藥李應植之私擬飛騎李能權金健之
最先作俑專擅威福俱是人臣之極罪而徃牒之所
無也三尺至嚴萬戮猶輕是豈可以一息容貸於覆

稗林 哲宗紀事一 十三

載之間者乎雖以大聖人包荒之德不欲遽然加誅
至於王法之終涉亂殺群情之轉益抑塞何哉此三
司伏閤大臣聯劄所以抗論不已而雖以臣等之愚
迷亦此按抑不得者也即欲相率叫閽傾借斬馬之
釰夬伸逐雀之義而三老齋任俱係在外歷日相持
憂憤未攄云云傳曰聖廟所重何如而諸生之謂有
所懷遽然捲堂此何道理也萬萬驚悚雖以目下事
埶欲一番聲討則待齋任治疏猶或可也而不此之
爲任先空齋而出去者事之顚倒没把着莫甚于此
甬罪人則日前應敎業已酌處而且臺閣自在則非

諸生之責也何必煩瀆此意曉諭諸生後卽爲勸入
可也○全監南東哲疏畧臣因郎報伏見判府權敎
仁以前大憲李景在疏論申觀浩曲逆納醫一節至
有自引之章臣於是不勝震慄慟冤罔極之至蓋此
事源由大略如大僚劄語而臣請詳陳之今春我大
行大王玉候不豫踰月彌留聖意思見方外之醫臣
旣前席承聆退見大僚而及之大僚語臣曰適有一
鄕醫方帶禁營將官者深知其術藝之甚精而旣非
名係內局則不可擅進臣以所聞於大僚者仰達於
大行大王此在去二月念晦之間而臣以見任旋卽

稗林 哲宗紀事一 十三

辭陞於三月初六日厥後處分之如何臣寔未及知
也今因大僚劄語始聞其間有觀浩牟入之擧本事
不過如是而大僚旣以此爲引則臣亦有伊時酬酢
矣今何可以不知厥醫之入於何時而由於何逕恬
然若無事者而不思所以自列乎批本事已悉於相
劄而醫人之因進實非由我則大臣引咎已是意外
而卿之自列亦甚不當夫何足云云○大諫黃秋疏
劾傳啓諸臺批傳啓哉日爾故尋事端無奈心術之
病乎貞疾在身云爾則見職遞差○大王大妃殿口
敎曰聞崔仁奎施刑之時不爲別般申飭只以施法

云者事體道理寧容如是當該秋堂(叅判金公鉉)重推不
待擄限箇箇考察各別擧行(於有物敎啓)○禮曹山陵
郞表石收議回啓(判府鄭元容以爲陵郞之仍用舊郞表石之合設一石甄多列聖朝)
(已行之典枕設刻辭明有據擄俯詢之下宜有他見乎)傳曰依大臣議施行○
復拜鄭元容領相○兩司(大諫李玄緖掌令金會明獻納南鍾三)全聯劄
今日大夫國人皆曰可殺者秉鉉是已亂臣賊子人
得以誅之者亦秉鉉是已以世可殺之論寓人得誅
之義是豈可已而不已者乎罪旣貫盈覆載之所不
容法當誅殛神人之所共憤而聖敎若曰國言之如
沸可知殿下旣已洞燭之矣何爲而久拒稽覈之請

稗林 哲宗紀事一 十四

枯施島棘之典將使王綱瀆而民彝斁至於國不國
人不人而莫之恤耶亟請諸罪人已請之律仍劾傳
啓諸臺批爾等之言妄矣傳啓事異獨臺諫乎爾等
亟施刊削之典○左相金道喜劄略法出於奉天行
討則君不得以私焉罪至於擧國爲讎則人皆可以誅
之噫彼秉鉉卽一戾氣所鍾至妖且悖擅其威福恣
行胥聽跳踉有素饕餮無厭其凶國禍家之許多罪
惡前後臺評斷案已成至於事君不以其道卽人臣
之逆節治逆之律王府卽有失象魏自在懸敎已洞
悉之矣國言如沸聖批所俯燭者也臣奉此下敎三

尺之法而觀之誅意謂不俟終日傳啓之教遍下諸
臺遍爲騰傳古紙而退國言愈騰輿情倍鬱臣由是
憂悒與僚相共登前席力陳明張之義正其未盡究
之罪施以所當勘之律臣纔到朝房而際有首揆重
卜之命臣於是有不敢以下位獨請登對未免自外
徑退而公而有得賢之喜私而有仰成之道從今懲
討之事亦可以倚重而周旋之耳陳病辭免批今見
卿劄始知有俄者請對之舉而向來兩度聯劄已盡
聲討之義則又復欲張皇者無奈太過乎罪人今已
究竟矣卿言雖是蔽正予意牢定更無允從之理至

於斥退二字誠萬萬意慮之外是何言也是何事也
今則元輔重卜亢爲卿同寅之時也卿其諒之卿其
諒之○大王大妃殿傳曰昨今飭教果何如而一向
執謬終不傳啓寧有如許臣分萬萬寒心此等妄率
之人不可責以臺閣之任並施湖沿投畀之典鮮汁以海
義縣李鍾浩瑞山郡趙完植舒川郡李東德藍浦縣李文馨保寧縣○大王大妃殿傳
曰日昨投畀諸臺並分揀放送○大王大妃殿傳曰
但知畏朝廷之言不知君上之尊飭教屢下力抗乃
已者果是保惜身名乎顧瞻物議予今日事誠或有
愧當者君臣分義則固自在矣世道人心雖曰不如

古若復如是以過則國不爲國臣分蔑矣傳啓與否
更不欲呶呶爾等須以道理上裁量做去事諸臺招
致啓版前此傳教傳布後臺諫去就自政院知入○
行別講○政院啓持平李鍾浩不衙傳啓出去重推
何如允之○大王大妃殿傳曰如此迷不知變之人
不可以分義責之持平李鍾浩施以刊削之典○大
王大妃殿口教曰全溪大院君完陽府大夫人鈴原
府大夫人墓所近處多有民塚雖百步之內坐竝俱
見處外勿爲掘去○兩司大憲李啓朝大諫俞章煥執義洪巽燮司諫申佐模
掌令李參鉉持平李興敏韓應淳獻納鄭錫朝正言曹錫輿金世鎬聯劄臣等聞允曰

宥皐陶曰殺夫允有好生之德而皐陶之不能承順
者以其罪之必殺故耳今此秉鉉之罪也盡掀露於
前後臺章而千狀萬萃一身萬剮猶有餘辜擊竹難
書擢髮難數慈旨截嚴雖辛禹鼎之照奸國言喧沸
尚遲鑿觀之誅函與憤倍激王章何居日前諸臺之
循例傳啓者雖緣嚴命之荐下罔念函逆之必討頗
倒壞頑罔不足言而忍刻容貸已失刑章時日仍循
尚保首領古今天下安有逆如秉鉉賊如秉鉉而不
施當律善地安置一任其假息而止乎噫嘻君雖國
賊人得以誅之則雖欲寬貸之全保之其於歎國綱

過與情何武丞允臣等之請以正邦刑焉批御等之
言紛紛然何時可已乎傳啓臺諫事不必呶呶焉也
○三司合對不允○咸監朴永元啓大王大妃殿傳
曰當此秋成之節安邊等邑水灾偏酷民家之漂頹
至近四百户之多人命之渰死至於十數人聞甚驚
慘渰死之尋埋漂頹之結構道臣雖已提飭於該邑
亦自廟堂措辭關飭渰死人如有生前身還布一并
蕩減頹户加意顧恤使之未寒前奠接○大王大妃
殿傳曰趙秉鉉事俄者大臣之前席懲討若是嚴重
群情沸欝今不可仍置而勿論更施加棘之典以三

司諸臣前後論斷觀之則徐相敎尹致英申觀浩李
應植等罪犯別無誰重誰輕右項四罪人並施圍籬
之典○敎以祭酒洪直弼經筵官成近默宋來熙○
賓啓討秉鉉不允○院議三司合對並不允○大王
大妃殿傳曰年前大行王之罪此罪人之時貫盈之
惡難貸之案予與王大妃殿曾有所熟聞而痛惋矣
以先大王全保之意於即宥放此案出於寧失不經
之意亦宜可以全然蕩釋群情之抑欝公議之沸騰
愈久而愈甚矣今於滄桑之後豈復欲擧論大夫國
人皆曰可殺又有生道殺人之義則雖在婦人之心

徒守柔善終過公愼既非保邦御世之道且渠之受
國厚恩何如而其所報答何事也年來出入通家凡
宵營爲除非上累君德必害及生靈俗習之偷薄民
邑之困瘁是誰之故也以啓後無窮之弊將至於莫
可收拾之境究其負犯有甚於稱兵名亂寧不懍然
而危惧哉真可曰不忠無狀罪莫逃於禹鼎矣而觀
之誅肆市之律何惜於渠而特以世祿之裔近密之
踪不忍以此加之特從減等之典智島罪人趙秉鉉
賜死○大王大妃殿傳曰徐相敎尹致英李應植申
觀浩一並荐棘○徐永淳孟鶴述李玄文鄭基允洪

稷周尹永植李鍾協閔達鏞放○金致貞放○禁府
啓徐永淳等臺啓方張金致貞罪犯深重并不得擧
行事允之○大王大妃殿傳曰此罪人今日事勢不
可不放在朝廷道理尤不可爭執勿復持疑斯速擧
行至於閔達鏞事六年島竄足懲其疑似之跡一體
擧行○大王大妃殿傳曰金致貞事誤書渾入於放
秩此則置之可也○九月司諫申佐模疏略臣以始
終合對之踪未可以首惡處分若獲準請而遽然傳
啓也決矣區區迷執雖萬被誅戮不敢爲奉承計者
即徐相敎尹致英是已噫彼相敎疏中句語即雲海

之所不敢道而窮天地亘萬古所無之逆節也惟我
慈聖殿下以姙姒之德兼女堯之聖母儀一國爲五
十年于玆矣凡今日橫目而圓顱戴天而履地者孰
非慈覆中物而彼相敎致吳乃敢以宮闈等語肆其
發口自惱於經遍之科此擧國臣民之腐心痛骨必
欲手磔而寸斮之也且其出跪決非一朝一夕之故
造意之叵測下語之絶憝其必有隱情譖謀醞釀綢
繆者存而莫之發也此又擧國臣民之期於鞫覈不
得請則不止者也噫不忠於我大行朝之罪人旣伏
其辜矣彼經遍莫嚴爲我慈聖殿下之罪人者獨非

稗林 哲宗紀事一 十九

我大行朝之罪人殿下之罪人乎慈聖殿下雖哀逴
之故而姑靳允竟殿下其何以一日容貸滿廷諸臣
其何以一日而忘君讎國賊也夫以窮凶絶悖如相
敎致吳而當鞫不鞫尙逭顯戮者古今未之有也亟
請李應植等己謫之律批旣悉聯箚又何獨跪即爲
傳啓○兩司合啓中東鉉事口業下四字抹去平生
伎倆無非娍人而宮物畫宵揣摩不出嗜利而黷貨
濫蹐崇顯二十六字添入負犯下三字抹去摧髮下
十四字抹去難數而三字添入德也下八字抹去在
渠道理四字添入恒人下八十八字抹去覰探動靜

妖子出沒城闉苟有一分人心焉敢乃爾最是東朝
傳敎中事君不以其道人臣之極罪也象魏自在慈
旨嚴於鈇鉞國言如沸聖批明於日月是所謂大夫
國人皆曰可殺則殺之者也論其干係即先王之罪
人也三慈殿之罪人也宗社之罪人也抑亦殿下之
罪人也何幸乾斷廓揮處分己下神人之憤得以少
洩而慈敎若曰除非上累君德必害及生靈俗習之
渝薄民邑之困弊是誰之故也以啓後無窮之弊將
至於莫可收拾之境究其負犯有甚於稱兵名亂夫
以罪浮稱兵之逆慾而不施肆市之顯戮職非大官

稗林 哲宗紀事一 二十

而只賜其死者豈非失刑之大者乎王章似伸而未
伸輿論似夬而未夬到今次第應行之律不可以誅
及其身而止二百五十字添入請字下六字抹去賜
死二字添入東鉉下十二字抹去諸子亟施遠地定
配之典十字添入李鍾協等事停府啓中閔達鏞事
停○咸監朴永元啓茂山府使申在倫濫乘咗車加
把驛馬罷黜其罪狀稟處事○大王大妃殿傳曰本
事之輕重姑舍處分積有斟量已爲傳啓則後至者
斷當循例傳啓而已遽起無前之事又何陳劄乎若
非嘗試之計必欲壞亂朝廷有一分嚴畏之心焉敢

如是似此扶雜之類不可以臺閣論之一幷施以遠
地定配之典(林永沫安東府趙龜禎順安縣李禹顯恭谷府)◯大王大妃殿
傳曰向以潛蔘事有所飭教矣未知如何申飭而今
則節使之行漸近吏爲嚴閑於松都及所經沿路監
兵營濟尹許痛加禁飭之意分付可也如是令申之
後倘或不善擧行責有所歸並須知悉◯行進講◯
全監南秉哲啓長城府使李秉禮全昧體例不慎言
辭罷黜事◯刑判李景在疏畧至於申觀浩納醫製
藥之說萬口喧傳不啻丁寧寃憤所激有所論斷矣
及見判府權敦仁劄本始知本事之不無層節臣於

稗林　哲宗紀事一　二十二

是滿心愧蹙莫省所以自措也頃當大行朝玉候違
豫之日擧國莫不焦遑苟有精於倉扁之技者孰無
效進之誠而惟是醫藥之節莫嚴莫重醫者之爲誰
入診於何時所定之何藥使朝野臣庶洞然知之然
後其事光明其義正大可以擧一世而無惑而噫彼
觀浩乃敢私自牽入縱肆無憚胡至此極臣之所論
實在於牽入而不在於薦論其醫技矣雖以大僚劄
辭觀之則既非各係內局無路擅進云爾則在大僚
亦復何與只是牽入者之不可無罪而已揆以國體
苟且殊甚論以後弊關係非細不得不挽入一句直

料大僚有此意外之引也◯政院啓景陵告安祭祝
文中御諱誤書不勝驚悚獻官香室官員言之準祝
之際不爲照檢者誠甚駭然並所當重勘事大王大
妃殿傳曰御諱書塡何等敬謹而有此無前錯誤者
萬萬駭然禮房承旨(金應均)施以譴削之典雖以獻官
(洪祐順)言之準祝時所準何事也不可無警亦施譴削
之典香室官員(金能翼)拿處◯領相鄭元容奏祝文代
押何等敬謹而有此意外誤書之事萬萬驚悚罪當
何居處分雖已下而所關甚重不可以譴削而止該
房承旨(金應均)加施定配禹允之(任實縣)◯十月傳曰臺

稗林　哲宗紀事一　二十三

諫蒙點之後無論家之遠近實故之有無每以在外
懸頉至於下諭亦不趑趄即上來自政院申飭◯傳曰
是年是月即顯隆園遷奉舊甲也大行大王攀慕追
思春間飭擬展省竟以玉候違豫未果小子嗣位固
宜敬述而禮制所拘亦未能行私心愴感難以爲喻
初七日遣閣臣奉審◯大王大妃殿傳曰司圊之憑
藉刑索非石則伊錢云者聞甚痛駭從弊所在不可
仍置書員崔世允移送秋曹嚴刑遠配◯判府權敦
仁疏畧臣於前劄已具暴其納醫顚末而有罪幸逭
是謂失刑晉人受勘非臣攸幸此臣之不得不自首

也及伏奉批旨若曰本事裡許今聞卿言而始知其
所以然矣於卿初無所干又於金監南東皆號批若
曰醫人引進實非由我則大臣引咎已是意外今於
慈敎又若曰率入之擧自有其人則於卿有何干預
嗚呼以我殿下暨我太母殿下至仁大德又欲拔臣
當壞置之無故臣誠感激含戴之不暇而醫人之進
實由賤臣之薦論率入之擧不過承命而擧行臣不
薦論彼豈率入此其罪在臣而不在彼固審矣今若
曰率入者不可無罪而薦論者不與焉則是之謂主
客互易刑政倒置言者之言雖不欲多卞臣安得無

憾於孔昭之天也蓋其本實世咸未詳當初聲討之
辭專對擧行之人臣亦爲無恠今臣旣自首罪有所
歸則依舊因敎之案臣所甘心而論勘不知下落無
所此臣所以不敢一刻自安覆載也嗚呼畏罪避陜
夫人同情臣苟情跡之無所干事實之不由渠則臣
何故横搭分寸之罪不思畏避之義乎此則非理也
如其不然臣有臣罪而厥然自擠嫁與人禍臣雖至
愚亦不出此臣之所叩心痛骨直欲無生者臣之薦
論時則玉候添損之際適聆自上求醫之旨未愜檢
徹仰倚進退是固當日上下焦遑迫切之事而緣臣

謬擧妄憶無隱今於萬事滄桑之後章疏迭發朝論
峻嚴由廷因救至成斷案一則臣罪二則臣罪罪貫
神明痛徹穹壤臣雖萬戮其可自贖乎批審如卿言
孰不憧憧有薦醫之心而矧玆大行朝有欲恩見之
敎乎秋判之疏未詳裡許則進非正路之論容或無
恠矣於卿何有日前慈敎洞然開釋於卿所難安之
地無以是相煩增予悲懷卽日安心還第出入於朝
晭之班○十一月領相鄭元容奏今番鞫行時夾路
家前垣大多不燃植閒因該部之未克飭云不飭
工曹(參判 公奭)李 漢城府(判尹 禹集)金 堂上及圻監(金晩)某 並推

考工郞部官拿處事大王大妃殿曰宜有如許紀綱
係爲之○大王大妃殿傳曰日前儐使之行已爲飭
擬復不必覼縷而今番勅行較諸庚申尤爲萬倍傷
痛心焉如毁此時接賓不能盡禮則彼雖不言亦旣
無內省自愧乎東方人沮於齷齪每遇大國人敢生
凌侮之心工自天使以至家丁輒作觀人翫物之態
在道喧嘩猜點在館排攔突入傍若無人之狀不見
可想寧有如許道理寧有如許紀綱且以供饋銀幣
言之無非以推過當站爲主以蔑於誠信予之人者
安得不可恥安得不可悶自廟堂各別措辭行會於

京監松留兩西道臣義尹諸般舉行之事加意講究
以待無或有臨時慢忽不屑之歎可也千里迎送自
然有入闕之事萬一不善措置者斷當嚴處矣並宜
知悉○大王大妃殿傳曰良娣祠版遣內侍致祭恩
彥君內外祠版題主日遣承旨致祭全溪大院君內
外祠版題主日遣正卿致祭祭文令內閣撰進○大
王大妃殿傳曰楊州牧使金萬根前後山陵之役效
勞既多加資○行經筵○領相鄭元容奏平監趙斗
淳枚舉兵使李定鉉義尹李裕元報請置白馬山城
鎭將爲本府取才窠矣武技激勸之道事合依施造

印下送依狀請施行事允之○領相鄭元容奏勳堂
時無事務積滯云世襲人中安東府使尹稹僉知韓
容昺特加一資仍差有司事允之○政院啓致祭祭
文中有所誤書(全溪大院君祭文書皇伯父而誤書皇叔父)事甚踈忽製
進官(尹鍈)之推考事允之○領相鄭元容奏因兵判自
列之章始知致祭祭文中有誤書矣敬謹之地審愼
何如而有此錯誤極爲驚悚罔出於無妥之過而事
體所重不可無警製進官尹定鉉譴罷捧納承旨(李元)
會不察之失亦宜論責一體罷職何如上曰日前已
爲問備事係創始譴罷置之從重推考承旨亦爲推

考可也○特除閔泳緯副校理朴文鉉陞撰○拜趙
斗淳大提○領相鄭元容奏是年臈月十有一日即
皇朝提督李如松之生年月日也猗首正廟起風
泉之感推崇報之義以是日爲四回甲親撰祭文特
遣將臣致侑至教以初欲躬臨而未果宜可一番設
祭而止提督之孫兵閫作窠專付提督於壬辰之亂
將兵來援以復三京全保八道其爲功爲德東人之
永世不忘者也星紀重回罙切愴歎之思是日遣官
致祭于祠版聞其祀孫有登武科者云分付該曹初
仕調用以將矣上曰所奏甚好遣將臣致侑祀孫初

仕調用○十二月備局啓支勅事前後飭敎何如而
宣政門外勅使幕次鋪陳全不備待極爲可駭雖緣
各該郎官之不即等待而主管之地不可無共飭之
責迎接都監堂上(戶判金學性)施以譴罷事傳曰苟能十分
操飭豈至於初不備待之境當日雖幸無事經過
大非以禮接賓之道至今追惟萬萬惶愧譴罷之請
依允○大王大妃殿傳曰遠竄罪人趙雲卿遠配罪
人柳宜貞投畀罪人李濟達金昌秀林翰洙定配罪
人林永洙趙龜植李禹願并放送○歲抄刊削罪人
金興根放逐罪人李紀淵李鶴秀鞫廳罪人金正喜

李穆淵金鍋李魯登柳泰東成啓默羅永登柳晏李
承圭並蕩滌敍奉閑達鏞因推罪人李玄文並賜捉
○審理○大王大妃殿傳曰大殿舊勞于外曾未一
番展謁於太廟神理人情俱爲欠然矣昔我英宗大
王雖在諒闇因事而有展拜之例則主上新登寶位趁
今展誠允合情禮歲首將行太廟展謁矣該房知悉
元年庚戌正月朔日食○前掌令姜繕遇疏勉聖學張紀綱
納諫節用愛民去奢入儉遠佞親近忠直簡擇方伯守令曠官禁侈事嚴明職法明賞罰凡十條批
十條所陳皆切於急先之務眷眷憂國之誠從以可
見深用嘉乃予將嘉納矣○特擢姜繕遇兵知○抬

謁太廟○傳曰今當是年愴感何極遣東寧尉仁陵
奉審以來○大王大妃殿傳曰自十四歲至十八歲
處子禁婚○傳曰筵中大臣既言耆社諸臣之事則
此是列聖朝優老之典也遣曹郎存問亦賜衣食之
資在外人令地方官一體舉行其中知事徐俊輔速
事正廟朝出入通系而至今康健其進士回榜又在
今年云事甚稀貴子壻弟侄中相當職作窠調用以
示優老之意○左相金道喜疏略議者或謂元輔居
右伴食少事可以苟然充位捱過歲時此說似然協
贊共貞臣亦未嘗全無職責譬如支廈一楹而一庭

譬如駕車一騑而一鳥無奈不能者存其間而弃敗
能者之續武撑不任而行不得也決矣又君聖念或
出於任使既久不忍遽斥許其姑且竊留餘爲之畜
此則大不然留臣而止於無所裨補則容或可也若
兵康官妨賢一日不去增一日之害則不如早爲之
所又矣爲徐徐爲武臣以此自決於去就之間者既
審且確矣優批許副○大王大妃殿傳曰聞判尹金興
根稱以情勢不爲上來云此重臣之年前被誣非但
一世之所共知大行朝亦已洞燭無餘所以薄譴旋
宥者此也今日分義道理固當感激踴躍而何可如

是自引不思變動殊甚未安更令催督嚴飭上來○
判尹金興根疏略嗚呼願臣不忠不肖自速殃咎罪
名之至重聲討之至嚴厥有公車無待臣言之畢而
惟我大行大王曲庇造化終始生成金木之猶軀而
嶺海以全之日月之未幾而霈澤以寧之兄弟父子
擯祝嚁戴啚效蚍崔萬一之報者今其天地崩坼萬
事都休矣以臣蹤關淺短之姿鹵莽蔑裂之才名位
則亢顯己極門戶則煊爀無漸人怒鬼猜理必無幸
況又宜適之付都不揄攝畢竟惛擊之論本末俱露
而語其要則愉壬宵小也究其極則無嚴不敬也總

不免爲上累則哲之明下貽家世之辱而至於下款
一句語骨顫而膽掉有非臣子晷刻所可冒者則湛
臣滅臣毫不足以晰臣之罪也宜即一死以謝鋒鋏
之言而木石之頑訖此支離此又臣萬死難贖之罪
也批卿之被誣予亦聞之而東朝飭教又旣縷縷則
如是爲引不亦過乎即爲上來○大王大妃殿傳曰
日昨敎飭卿之情勢已悉昭晰無餘所謂言者之言
到今思之則不啻太涉分曉予亦付之一笑在卿尤
非如是深引更勿逡巡即爲上來○判尹金興根疏
畧蓋臣之不可復厠恒人之列婦孺隸僮所共見諒

稗林 哲宗紀事一 二十九

惟沒齒巇訟屛伏荒遠與日月而征邁爲此生究竟
法而已夫仕官畏道也舟傾楫摧則恬流而灔澦也
東馳馬乘則平地而羊腸也古往今來涉此危冒此
險頂背相續而莫之止者固何限而若臣之蒙愚頹
劣尤無分曉於其間荷三朝如天之庇藉祖先烋世
之蔭驟歷兜攬華顯榮亢自不免爲小兒之受大驚
步之睽遠遂至於犯濤瀧凌巉阻舟車之無由爲力
覆溺之鄰是自速則一縷危喘之獲保于今是豈臣
夢寐所希倖者哉批悉聖飭敎予之批旨罄悉無餘
更無可道之辭勿復逡巡即速上來大王大妃殿傳曰以批以諭已

悉無餘深引之事又此提瀆尤豈不萬萬過當乎卿若真有可引之端則予亦豈欲相强想必諒予之意
卽爲上來肅命○大王大妃殿傳曰予意旣爲罄悉而一向偃處終不變動寧有如許分義道理乎不可
以柒岳有所由忠判尹金興根下義禁府推考○判尹金興根拿鞫傳曰捉致啓板前問啓以入○
大王大妃殿傳曰判尹事誠甚訝惑昭晰之何如開
諭之何如而旣入脩門又不承命分義道理豈容如
是其在事體不可仍置施以圻沿投界之典仁川府○
大王大妃殿傳曰飭已施矣前判尹金興根分揀放
送○領相鄭元容再疏辭職批無端以去就之義聞
日相煩者必有所以也由予否德不能正朝廷之致
何尤於臣譁言念及此不覺頹騂而已雖然卿獨秉

稗林 哲宗紀事一 三十

句軸頭無推讓之地而何如是遑遑然如不及爲也非
惟再疏雖屢十上決無許副之理卿其諒之○領
相鄭元容出城傳曰領相事此何故也無事中故爲事端也萬萬過中萬萬慨然果以低
者批答中由予以下二十六字爲難安於心則今方還收命召即即還傳以爲即日還第之意遣史官傳
諭可也○附送後還第○大王大妃殿傳曰判尹之不思前後
處分而又以情病爲言終不變動者是何道理苟如
其處義其將終身自靖乎自政院嚴飭上來毋煩酬應
○判尹金興根疏畧顧臣所以積犯違慠迷不知變
者諒以立身一敗理無重全雖誣者公議也難洗者
積釁也方命之辜猶或冀倖於天地涵容之下而

有不敎以蒙蔽之縣冒犯百世之譏議也例批○二
月傳曰諒闇中先陵辰謁雖非常禮今年卽我純廟
誕彌之年予小子追遠之感何以形喩當詣仁陵以
伸情禮○校理高性鎭疏陳朱子四條封事講學脩身振紀
綱節財用優批○前正言朴文鉶疏陳勉勤聖學開言路恤民隱革科弊
振紀綱弘仕路又曰向者姜綵遇十條陳疏其說獘抗獘者
頗多好處殿下旣下嘉納之批則必宜令廟堂逐條
存拔亟爲施行可也不此之爲徒以爵級賞之臣恐
自此以後透踈之士不必慮事進言而將以浮文一
章看作干祿之階梯也又言北關之勳錄鄕案灑接

陵官古家子弟多因見擬又言仁天之生才也本無
貴賤遐邇之間而我朝用人也專尚門閥地界之邑
西北之不許名官庶孽之不通清望此是歷代所未
有之法也近日則用人之窄愈往愈甚故人才不進
國勢日下設官分職有何益哉且言西北及濟州道
科設行事批所言好矣○大王大妃殿傳曰科場紛
競之獘未有甚於此日然苟欲懲創豈無其道爲試
官者若能嚴程式而嚴功令關節不到於包苴則士
趍自靖矣今年增廣元年慶科也竊念四方擧動其
所期望必不尋常凡取士何時不欲抄選文學可以

爲他日需用而況此初元之大比予試官勿論京外
秉公恢張過科後期無物議不愜之歎可也予當別
岐探聞有不善對揚者斷之以違制之律施行矣咸
須知悉○備局啓臣於公退之路見遐鄕民屯聚於
路傍者問其委折則謂是寶城所居之人而因錢穀
勒徵及利徵橫罹事蕩析頗連散而之四方云不勝
驚惋而追聞南來全說則皆云該郡守謂有還穀屢
萬石通簿逾行閭里搜家奪産少拂其意椎剝隨至
嗷嗷遑遑如火熱水溺之急扶携流徙景色愁慘其
餘駭擧悖習不可條計云本事之過實與否雖未可

知而以常理論之則使斯民而苟無痛骨切膚之事
則豈有棄家離散之理乎農時民事一日不可緩也
本郡事實令該道臣詳査馳啓以爲稟處何如大王
大妃殿傳曰苟如其民之訴是有甚於掊克之類民
何以聊生乎聞極駭惋不可置之字牧然而一邊之
言無以準信令道臣詳査馳啓以爲嚴處之地可也
○謁健元陵元陵山陵○大王大妃殿傳曰我國使
行之簡率減供事日昨筵中已諭於大臣矣批而像
想西路事勢甚爲莽蒼因知攸計此時奉使者亦當
念及於民邑先自償使行中所率人負簡使爲主雖

支供等節十分操飭則主並站守令凡事亦不得不
随以省畧使行則以此意移関於道臣道臣則圍束
於列邑浮文與冗費一切省減至於冬行而一例遵
行之意廟堂行會嚴飭可也○儒局啓向以過科後
随聞論勘之意出擧條仰奏矣聞一二所淆雜蕩弛
全不檢束試規失嚴聽聞俱駭一所則疑題有違科
式二所則翌日或有呈券云今番飭教與筵飭何等
嚴正而竟不能悉心奉行則何可免失職之責乎不
可以事過而置之一二所試官並刊削二所之叅副
試官壞損科體全無顧忌物論尤爲不愜此而不嚴

勘則朝令何以得行乎並施定配事大王大妃殿傳
曰苟有一分忌憚之心豈容若是不有朝飭欲濟私
慾是宜可曰君綱臣分乎案爲寒心寧欲無言此而
任置非設科取人之本意三試官並施定配之典二
所則其全罷榜雖以一所言之非但疑題之有違科
式其爲淆雜而蕩弛者無復餘地云亦施刊削之典
以慰八方多士之心一所全永菖洪祐健李敎寅二所趙斗淳中和府尹竹謨醴泉
郡睦仁培沃溝縣○設大輪次○三月敎都韓錫祉疏陳勉
優批○特擢閔永勳刑參○泮儒捲堂所懷蓋聖廟
天下之所尊也士子一國之元氣也故自有國以來

無不尊聖廟而崇儒道古今之通義也挽近以來綱
紀蕩然至於禁隷捕卒無難攔入於聖廟神門之前
而士氣沮喪莫之禁斷乙极寒心而至於今番科場
禁亂之際捕校捕卒手持紅絲橫行恐喝於聖廟神
門之前多士驚惶奔波幾至罷場之境此何變怪也
此侮聖也賤士也傳曰苟欲禁紛挐之弊何患無策
而堂堂禮闈之地爲此駭眼之擧誰使然矣諸生之
捲堂良有以也然賢關所重顧何如而遽爾一空者
開極驚怵事端當嚴査處分矣卽爲還入之意曉諭
可也○禁府擊錚罪人尹滋福爲其祖可基伸理事

而事在年久有難遽議前後回啓不無服念之意其
所呼枉容有可據之端下詢大臣處之何如啓依允
○補廳查實草記傳曰每一設場輒致群疑而衆怒
甚至於齋生捲堂之擧苟能檢束得宜寧有如許之
理試官曺錫雨申錫愚姜浩李升洙并重推雖以儒郞言之禁雜
之道非一其端而必使校卒輩往來恐喝於多士之
中以駭視聽者萬萬未安備郞拿勘校卒亦自該廳
嚴棍汰去可也○錫仁陵○傳曰來謁仙寢感懷罙切
今年此邑不可無示意之擧交河郡士民男女六十一
歲人令該曺米肉量宜題給交坡高三邑城餉耗依壬

寅亦爲除減○歷踏鈴原府大夫人墓所○大王大妃
殿傳曰判尹李紀淵以情勢言之容或無怪今已宥還而
狀叙則貧出於不念舊恩之義何必如是處義不思所
以変動之道乎既往事君臣之間固不當更復挽抑卿
其即爲上來肅命毋負昔日委任之意○副該金持恭
疏勉聖學又言清北歉荒設鑄衆民之事批免學事固好
而設鑄事太涉猥雜矣○政院啓判尹李紀淵在外山
訟擊錚回啓不得舉行事傳曰嚴飭上來使之回啓
大王大妃殿傳曰日昨飭諭洞然開懷既盡說乎昔所歎言者且爲卿進身之路矣一向以情勢爲言偃
蹇卿何無意出膺者此何道理乎見今擊錚回啓施至多日始爲開然多復遂延即日上來肅命之意吏

稗林 哲宗紀事一 五十五

爲萬歲飭○大王大妃殿傳曰每日一爲飭教則輒以情勢爲言若如是則情勢無可已之時此何道理判尹李
紀淵下義禁府推考○判尹李紀淵奉碑傳曰拉致啓板前問啓以入○大王大妃殿
傳曰判尹事誠未知何故而實不可曉也其間幾番
飭諭披瀝心曲既無餘蘊則釋然犂然晏若平昔趍
承之不暇而今玆奉碑之舉既是料外甚至於問啓
之下亦不膺命豈有如許事體乎情勢自情勢分義
自分義萬萬慨然萬萬未安此等乖當之習終不可
曲恕漢城判尹李紀淵黃海兵使補外○領相鄭元容
奏副摠閱晢以雲資鈎差倚秉轎恣行於衛班之間見
者莫不駭惋云朝綱雖曰蕩弛武臣之放恣無憚胡

至此極姑先譴削允之○大王大妃殿傳曰此重臣
今日之舉可謂寒心臣分實不當如是矣補外亦不
膺命則是角勝也事體所在不可仍寘卿其地定配
○備局啓即見禁府照律則海西守令之係是貪饕
論列如彼而以一例減等免配者烏在其縄論懲貪
吏之道哉判禁李嘉愚重推吏爲照勘事允之○大王
大妃殿傳曰縄啓中守令事假令有奘實者其所臚
列如彼其丁寧則該府議讞固當原其律而揆當可
矣何可以意低昂於其間乎判金吾事萬萬寒心不
可以問備而止施以刋削之典○四月大王大妃殿

稗林 哲宗紀事一 五十六

傳曰飭已施矣李紀淵定配分揀黃海兵使以補外
例施行使之除辭朝即速交龜○慶左御史金世鎬
書啓監司金大根段戊申秋還加作米爲五萬五千
餘石太爲七千七百餘石租爲四萬六千三百餘石
合折米爲七萬七千六百餘石内八千餘石詳定作
除實加作米六萬九千二百餘石從市價作錢合二
十三萬五百餘兩己酉夏年加作三萬二千餘石内
一萬四千餘石詳定作除實加作一萬七千八百餘
石亦從市直作錢合二萬二千餘兩雜費取剩爲一
萬五千五百餘兩己酉春抄出富民搆成罪目推捉

相續刑囚無常左道劉萬益等五十三人處勒捧無
名之錢爲三萬八千兩密陽吏庭査徵錢爲四千餘
兩合錢爲四萬二千餘兩此外幕裨冊客吏校之從
中討索者左道錢爲一萬四千餘兩惟彼南象淳李
一遂輩惟知橫財之貪得不恤謗言之有歸左右營
私專事歛蔽誠極駭惡右道所捧則已有右繩之論
列而全省以之騷然衆惡久而不息體重之地實爲
慨然云○備局啓前統使金鍵繩啓臚列俱係贓汚
而安寘之罪名至重請鞫之臺啓方張無以循例啓
覆前前統使徐相五前監司金大根守臣將臣雖爲

體重臚列俱係狼藉拿處何如允之○展拜大院君
祠宇○特除金左根總使○禁府金大根徐相五段
繩啓臚列如是狼藉以其發明難以容恕以此照律
流三千里定配啓依允 大根長淵縣 相五伊川府 ○執義李彙圭
疏陳八條 正君心 敎聖學 承天變 恢公道 納諫諍 尙節儉 正士趨 恤民隱 批乃言可
比治安之策當書諸紳朝夕以爲警矣○傳曰恩彥
君房本無歲入需用凡百無以爲計云令度支免稅
五百結永爲定例自今年輸送事分付○領相鄭元
容奏飭敎何等鄭重而科後傳聞大違所料其中湖
南右道及關東尤多駭聽兩道士論無不憤惋斷不

可以事過而仍寘掌試之湖南都事申佐模關東都
事徐大淳並施定配湖西試事又多不平兼有試題
之違式京試官韓敬源都事李容佐並施刊削何如
大王大妃殿傳曰傳說如是喧騰則其不能秉公可
知矣非但寒心而已依大臣所奏施行 佐模務安縣 大淳松禾縣
○大王大妃殿口敎曰大殿外祖父母贈職依法典
擧行○傳曰今年淑嬪晬辰三回甲之年追念今昔
愴慕曷任當詣毓祥宮展拜矣○京監金箕晩疏畧
被當勘批省疏具悉○政院啓卽見補土堂上狀啓
英陵寧陵告由祭祭官塡差不得知委有此錯誤乞

則告由祭時英陵贊謁者寧陵獻官贊謁者都預差
不爲來待寧陵獻官兼行贊者以下兩陵官互行云
矣自饗營初不塡差云雖以英陵獻官言之兼行寧
陵獻官事雖出於急迫既無道伯知委徑先替行亦
難免不審之失幷推考事傳曰祀典之間有此無前
之事不可但以做錯亦不可以歸之死妄之過矣其
爲致欠於禮莫甚不覺驚悚萬萬道伯 金箕晩 中和府 施以
定配之典獻官 李奎憲 施以譴罷之典○大王大妃殿
傳曰東堂會試屬日矣國家安危人心向背在此一
擧爲試官者苟有一分對揚之心必無待屢度飭敎

之理事過後功罪間當有處分之道自政院一一飭
諭◯特擢洪耆燮刑判◯五月備局啓請補赴任事
體自別制閫重務不宜啓行向來屢飭之後何可復
以情勢爲言乎分義道理不當若是黃兵李紀淵重
推何如允之嚴飭視務更毋得啓行之地可也◯知
敦李輝正疏請致仕許之◯大王大妃殿傳曰ㄨ殿
私親墓道文字不可不撰述大院君神道碑文大提
學(趙斗淳)撰進恩彥君神道碑文前大提學(趙寅永)撰
進◯承旨李寅皐疏畧嗚呼自古人臣之不幸罹禍
而死者何可勝數而未有如先臣之至冤絶悲者也

尙忍言哉竊伏念臣父遭際純宗大王至仁厚德自
始釋褐躋到崇顯一視以家人父子其眷顧之覆庇
之拯濟之拂拭之無處不曲費造化日月雨露之偏
三十年如一日臣父感激殫竭凡所以尊君德光聖
化者爲生死向前藉手報答之道嘗自誓曰臣若懷
一半分身家之計則其流自不免欺心欺君欺天下
之歸當以不欺心爲事君之本不謀身爲報國之要
於是乎知我罪我質諸鬼神國耳公耳着在方寸成
敗利鈍一切付之命數而逮至丁酉冬我慈聖殿下
以誘教擢寘于三事大行朝別諭若曰東朝之特簡

實由我純廟知遇委毗之遺意也此誠曠千古之一
遇考諸往牒實歎倫比在臣分道理惟當以先父之
心爲心自效不俟駕屨之忱而第臣之私慟在中大
防居先不敢爲抑情進身之計者盖以臣父平生本
末上天照臨而志事未暴身名僇辱絶壯極南兄弟
分竄竟作千五百里不瞑之旅䰟今雖覆盆回光死
灰復燃從以門户稍免爵秩如舊而獨臣父不在焉
不知焉欲言則血涕先湧欲書則朽腸寸斷天乎天
乎此何人斯爲人子而抱此至恨幸一身之獲全棄
四維之至重而貪榮懷寵揚揚冒進則非特神明之

所必殛將何以歸對先父於泉臺之下乎徊徨踧踖
反有甚於未蒙恩造之前云云批先卿事朝家處分
幽明之間宜無餘憾爾其即爲上來肅命◯備局啓
即見兒伯查啓則寶城遷通之至爲七萬餘石因民
之端亦非一再云哀彼寶民何辜何罪前後掩通始
通守令一幷拿勘該郡守高濟煥不可一日寘字牧
之列爲先罷黜拿勘何如允之◯進講判府金道喜入
侍(上曰予有親書帖屛仍出示御製十條其文曰順
乎父母上等人也長者之言敬而受之上等人也
兄弟和睦上等人也事君盡忠上等人也男女有別
上等人也言忠信行篤敬上等人也過而知悔上等
人也悔而能改上等人也不私妻子不貪貨利上等
人也不溺酒色上等人也右十條中如有一事不行

則下愚之人也道吾朕嘗讀癸曰御製十條儀合古人座右之銘而聖念及此誠不勝慶幸上日非書之爲難行之惟躬道吾曰今承聖教真聖人之言也非知之艱行之惟艱之義上有所休念則必踐乃已之聖衷乜切欽仰伏顧益加勉勉焉○傳曰故說書權正忱事朝家所不
能忘今其孫登第新及第權泳夏正言除授○傳曰
李忠愍故左相李健命祀孫今有科名豈可無示意之擧新
及第李容直副校理除授○大王大妃殿傳曰甲辰
獄事使當者有躬犯之跡雖年久之後誰敢擧論而
如或不然但出於凶徒逆類首作奇貨之資則今在
日懿親之義豈無商量然此是大段審慎之事時原
任大臣禁府諸堂來會賓廳其時文案詳細攷閱具

稗林 哲宗紀事一 四十一

意見論理以入○賓啓考見甲辰獄案則實無躬犯
之跡而特以屢出賊招事體重大不容不相率請對
矣今若曰原有躬犯之跡則非也臣等愚見如此而
已矣大王大妃殿曰本事如此諸大臣之意見又如
此伸雪一款無容更議依議施行○政院啓黃兵李
紀淵謂以情地狀啓使虞侯替行一向癈務推考何
如傳曰既在其任癈却事務已是不當之擧而啓本
替行連在申飭之後事體道理寧容如是黃兵李紀
淵施以罷職之典○全監南秉哲啓長興等邑民家
漂頹人命渰死事大王大妃殿傳曰卽見完伯啓本

六邑水灾極為驚悶況渰頹之若是夥多乎来頭穡
事如何姑捨目下景色愁惨有不忍想到以扶安縣
監金元植別定慰諭御史使之馳往被灾最酷邑聚會
民人以示朝家別般軫念毋或遷為離散安心奠居
之意一一曉諭渰死人及漂頹户身還布一并蕩减
鈎拯後葬需結搆時物力自本道量宜優數助給後
登聞以為會減之地去月念前之事雖曰周察之稍
費時日事閱灾患之報今始登聞甚涉稽忽本道道
臣施以越俸一等之典事并三懸鈴行會○領相鄭
元容奏因慶右御史曹錫輿別単閑山島別将単罷

稗林 哲宗紀事一 四十二

便否令統使啓聞矣取見其啓則民多受弊無益於
防守合有變通之道云矣大王大妃殿荅曰初何為
無益之事乎凡事固難更張況在關防則無益在島
民則有害之事乎既云有民弊則不可不行之事也
單罷後依舊例防守可也○六月傳曰是年而遇是
月予小子無窮莫洎之慟當復如何十八日當詣真
殿行酌獻禮矣○歲抄李玄文叙用柳宜貞牒授○
親行孝定殿練祭○大王大妃殿傳曰予於此宰臣
事不得不屈法者以其有病親故也長淵府定配罪
人金大根放送○大王大妃殿傳曰練祭日以兩都

尉(東寧尉金賢根 南寧尉尹宜善)事有口傳之教矣同稱其情勢仍不入来情禮道理固當如是乎其時則悲擾未暇更飭予有一言相告假使有十年處義之端其將十年不見予乎於情於禮萬萬無是理矣既往勿咎十八日真殿酌獻禮純廟誕辰回甲也撫昔慟今懷事無涯都尉之情理與處地有異於外廷之人則雖有事端不可任行其志自政院嚴飭參班可也○大王大妃殿傳曰連日大雨江川汎濫矣窮蔀屢空之歎不見可想而漂頹之患亦必多矣發遣宣傳官及各部官遍行城内及沿江上下一一摘奸以来後令戶惠廳米錢量宜題給○傳曰純宗朝逮事之文臣侍從武臣宣傳官及文蔭武士庶人六十一歲人令漢城府抄啓以入(加資食物 賜賞有差)○大王大妃殿傳曰漕船灌輸民國之大計而臭載之報數至十一隻則来頭經用必有見絀豈不大可憂悶也哉萬頃風波固非人力之可濟然苟善覘候下碇得其所則安有致敗之患乎領護差員之所任何事常時不團束實不可無警令巡營嚴棍懲勵鉤拯米太一依已亥年例從民願發賣以錢上送民間分給切勿擧論鹽色船格之渰沒等邑夥多極為憐矜其間為日稍久死身果能

一一拯得而隨其拯出以公穀分給掩埋之資各令擔還原籍官後啓聞之意廟堂星火知委於該道道臣○七月添書李曾秉吏判○行祈晴祭○大王大妃殿傳曰左尹李鶴秀除拜今閱幾月而尚無變動詞訟之地不宜一任其委屬政院申飭使之上来肅命○李承憲放○院議請反汗批本事不過疏句間不能致審之故也今此放釋豈無商量然而固不必爭難即為頒布○兩司合啓李承憲事停○水留金蘭淳啓民家漂頹事大王大妃殿傳曰積雨之中加之以海潮汎濫一境之内田土之潰決屋廬之漂頹數甚不少則其所愁恨曷可勝言来頭穡事之如何姑未可預料而目今多民之失所號呼之狀尤為矜悶原恤典外以公穀加意題給趁即結搆奠居之意廟堂措辭行會○閟宮書啓祭幣闕封之太常官員祝文誤書之香室官員幷拿勘雖以獻官言之祭物捧上視文較準時未免不察之罪祭監監察及宮司令亦有不審之失幷拿處守僕負役移法司科治何如臣與太常提擧不能先事操飭論以邦憲合被大何惶恐待罪事傳曰獻官己

有處分本事雖極驚悚在卿別無所失卿其安心勿
待罪○傳曰國之大事在祀而有此無前之事其爲
驚悚當復如何各該擧行官員拿問嚴勘貪役守僕
等從重科治獻官曹錫雨施以刊削之典○大王大妃
殿傳曰左尹以情勢爲言容或無怪而情勢云者似
是遭罹時情勢也既已宥還則便是昭晰且先王批
答於時原任相劉者即此事也予意所在庶可以諒
悉矣今於萬事滄桑之後使予復說此事徒增愴慟
者是豈分義與道理乎自政院更爲嚴飭上來肅命
大王大妃殿傳曰前後飭諭盡道子束曲則其爲承膺道理當然一向以情勢爲言只事逡巡事體甚爲

卒損萬萬未安漢城左尹李鶴秀下義禁府推考○義尹沈承澤啓進香副
使洪義錫到路邊城卒逝事○大王大妃殿傳曰回
還副使之喪極爲驚悼萬里往役有此意外之事雖
謂之死於王事未爲過語副使之子曾經蔭職云嗣
孫中如有年長者即爲調用葬需等節從優助給其
間爲日未久客地凡具能趁期措給未知方到何處
而自灣府陸續探知所需之物星火辦送還渡江後
沿路護送凡百三道道臣各別檢飭俾無一毫疎忽
之弊事分付○拜金炳冀內閣直提○知中金興根
疏辭實錄兼卿批先王之事惟在實錄而已卿之效

勞之心宜倍餘人善加將攝課日仕進○大王大妃
殿傳曰實錄成命經年已久而堂上中有尚今不爲
一番仕進者寧有如許事體自政院嚴飭使之逐日
仕進斯速扒節可也○大王大妃殿傳曰問啓重事
體也置之爲敦勉也朝家處分至矣盡矣一向慢拒
有若務勝者國綱臣分寧有是理左尹李鶴秀施以
圻沿投界之典安山郡○大王大妃殿傳曰潛蔘事前
後申飭屢矣中外擧行果能悉心對揚使國家紀綱
得以爲一分支扶而松都造蔘之地也元數外加造
有無宜無不知之理灣府要會之路也原包外冒禁

多少焉有見欺之患蓋禁令不行國無以爲國至於
此事一或解弛則不但爲一國之羞恥而已利之所
在雖云奸僞百出苟欲別般洞察到底殫竭則當有
易顯之來效矣廟堂以此傳教措辭行會于松灣兩
府雖以沿路言之間路及僻路潛越之弊三道道臣
與捆臣各其自地方各別譏察隨所捉一切屬公而
犯禁者以定式當律施行之意一體分付○京監洪
祐喆啓罪人李鶴秀到配事傳曰分揀放送○大王
大妃殿傳曰前後開釋已無餘蘊一則念舊也二則
念舊也左尹李鶴秀都摠管除授使之嚴飭上來肅

命大王大妃殿傳曰日前飭教之後無情勢之可諭而今坐多日尙無變動極爲未安都摠管李鶴秀今所當更爲嚴飭待上來牌招使之肅命○大王大妃殿傳曰以旣盡昭晣之情勢又復如許相持者甚爲不當仍以前牌更爲催促使之肅命○八月負罪臣李鶴秀疏畧噫
臣罪臣自知之積殃稔孽不早殲死致無妄之禍延
及於猶父之地寃乎痛矣尙忍言哉臣之季父受恩
兩朝位亞三事年至乞休與世相忘猝地駭機急於
燎原之火蒙千古首惡之名白首海島抱寃入地祇
緣臣之菲才小器貪戀榮寵冒攬淸要犯負乘之咎
昧若驚之戒爲當世之所指目有識之所竊歎凡係
人道宜𡪇臣身而遂使已退垂死之季父先受其

稗林 哲宗紀事一 四十七

敗一則臣罪也二則臣罪也臣始不能剖心天日之
下以暴無辜又不能收骨瘴海之濱以效自盡倫理
滅絶乃至於斯神明之誅殛理所必至而放逐薄勘
未足以蔽罪逦於辛丑之春伏奉嚴譴之命臺論之
後先迭發而聲討臣者是何等罪名也關係之莫嚴
且重是豈爲人臣者所可忍聞而亦何以一日自立
於覆載之間臣因是測其端倪而平日言行苟能見
孚於人則此言奚爲而至哉且臣亡父行已處世之
方自有本末不必更陳而惟其信心直道孤立無朋
備被正純兩聖朝知遇亦爲同朝之所諒嶋黃之論

曾所不及忽於論臣之辭有曰世守凶論人之爲言
胡至於此此亦由臣之故而白地誣蠛換及於旣骨
之親是尤臣寃憤痛刻如不欲生者也於國於家只
合遄伏刑章以謝人言以安私心且念臣之屛出曾
在大行朝誕降之歲又此宥還旋値賓天之日此生
此世遂未獲一瞻耿光此爲臣終天結轄之至恨死
不得瞑目也批前後慈教於卿宜無餘憾今此正卿
之秩爲卿久次也勿復逡巡即爲肅命○大王大妃
殿傳曰予無更諭之言卿無更引之義即爲入來肅
命毋使予致此酬應○大王大妃殿傳曰嘗藥之任

稗林 哲宗紀事一 四十八

與閑漫職事有異提調李紀淵來日次依例仕進之
意政院申飭○江監李謙在啓臣於莅營之初大小
民之來訴者咸言此營十數年來連値道臣三喪不
然則或遭艱或遭彈每一經過輒貽民弊見今轉至
凋殘未必不由於此皆請以移營春川幷嚴辭斥退
猶不知止以訴以言其意懇至輿論所在有難違拂
矣而若其物力取用只有設鑄一事第今經紀其可
鑄之道茲敢冒昧啓聞令廟堂稟處事○死罪臣李
紀淵疏畧臣之所蒙被即載籍以來所未聞有之極
典重案是以臣之所自分者有萬當戮無一倖活始

三六八

焉則東朝殿下特推全保之盛意曲費造化許貸縷命終焉而大行大王曰有慈敎之承聆特降霈澤俾得生還千里海島不遠伊邇十載星霜非久而逮此又載籍以來所未聞有之至仁大德嗚呼臣自通籍之初兄弟聯武至于崇顯如影隨形而臣本不學無術涉世昧方歷颺內外而徒犯滿盈之戒久居要劇而莫省雖盱之恥畢竟人忌鬼猜使同天羅地網此固臣之所自取而至若臣兄則立朝謹愼而夷險一節處事公直而好惡不偏暨乎釋負之後杜門養痾與物無競而緣臣殃孽貽累臣兄一南一北一存一

亾似此情理似此光景古今天下惟臣一人臣兄之死旣由於臣則凡在他人法所當償矧以同氣忍禍偷活縱聖恩之畢伸寃苑淪浹枯骨將異日之攸對泉臺悔恨厚顔臣以是崩心摧肝寤寐結轖斷之以沒身自廢小贖旣往爲是定計天日照臨鬼神森列焉敢誣也伊誰欺乎向於返哭卽墓之日業已形諸文字質言之倘或厭然呑含不復實意則是其狗彘之不若尙何覆載之見容臣雖無狀寧忍爲此言至於斯徒增抑塞云云批授卿以藥院之任意豈徒然此可進而不可退者慈聖所以念卿在玆也雖非予

言仰認至意而顚倒衣裳矣今於往事昭晰之後覆以私義殆同無麵之飥幸勿更爲却顧日次候班依例來赴以盡保護之誠○大王大妃殿口敎曰啟草湯自明日進服矣製入湯劑還下待提調上來監煎以入○死罪臣李紀淵跪畧夫人情與天理截然若相遠而人情之所由出卽天理之所自然故其或拂人情乃是逆天理也人之所以自立於覆載之間而能不後親遺君者亶不出於情理二字之外今臣旣無起來之道則餘生幾時斷斷無情理復完之日故所以視生爲死以死誓生甘與廢草同腐竊冀仁覆

閔下而悃誠未能格徹批旨乃反曠擊伏奉東朝殿下傳敎下者惟當他不顧恤奔走效誠之不暇而第伏念臣新遭割體之慽久染不淨之氣縱若俗拘實係公格倘或冒昧呈身於淸嚴之地混同厠跡於愼重之事則掩諱欺瞞之罪孰大於是也批使卿監煎而因卿之故今日不得進服於卿心安乎可使至慟在心先公事後私義其雖曰不可也卿其熟思之 大王大妃殿口敎曰明日提調又不爲監煎云此何事體雖某日提調監煎以入然後始可以進服矣以此意傳于提調 ○領相鄭元容奏東伯狀請移營設鑄矣移營事有非關防形勝民戶居聚邑縣道里之所關係者

則不宜遷議設鑄事有非民會設始公貨措辦開裕
通布之所制度者則亦不宜遷議營之合移之論民
之請鑄之訴非曰不然但以移則私不可叅焉以鑄
則民不可與焉具狀馳聞有欠斟量原狀辭實之經
遷之失不可無相規該道臣在李譓施以越俸何如大
王大妃殿答曰請鑄專由於移營而移營是何等大
事狀辭之草率有欠事面大臣所奏誠是矣依所請
越俸可也○判尹李鶴秀疏畧曰臣之情實已悉於
前疏今不必更事覼縷而蓋其忠孝兩鈌罪纍至重
雖以天地之廣大日月之光明而一身之微若無所

稗林 哲宗紀事一 五十一

容人理到此何敢晏然擧頭自齒於無故之列而惟
是再造之恩含不可以辜負也截嚴之分義不可以
違抗也匍匐自新之路粗效報答之忱然後退填溝
壑庶幾死無餘恨則以此藉手或可以公議之見諒
而心與事違進退失據包羞忍恥赧顔汗背若以一
時之黏膺首作坦進之無礙節次起承如固有之則
豈是本意之所敢出也例批○謁山陵展拜徽慶園
○傳曰展拜園所感懷罙新副護朴齊憲特加一資
○政院啓擊錚罪人當爲捧供而刑判李禧淵在外
不得擧行事大王大妃殿傳曰此重臣事直不過論

人而已先王始疑其用意而竟洞燭無情故薄竄而
旋即宥之矣秋判甄叙之命亦更匪怒之意也自政
院申飭膺命使之回啓○洋儒捲堂所懷即者班首
及齋生二人見怒於洋長鯚時至被停擧之罰大抵
此事初不過下隷相鬪即一薄物細故耳臣等苟欲
索言有涉煩猥不敢縷縷而第當事東西齋通同會
議無一岐貳及其末梢被罰則獨班首及二齋生而
已臣等不與捴以事面誠甚歉當且罰名雖止於三
任貽羞實閱於一齋廉隅所在豈可以獨免而自幸
乎傳曰本事裡許未知何如而爾等之所失反多於

稗林 哲宗紀事一 五十二

廉隅矣推以事理師生之間而有可慼之事則責之
可耶不責可耶因此而空齋之擧不可使聞於八方
矣爾等思之其即入來克修學業○九月大王大妃
殿傳曰自古有如秋判之所遭者凡幾人而未聞以
是爲自靖者矣朝家洞悉其本心無他纍累則固無
可引之情勢而謂稱情勢者誠亦意慮所未到之事
也今此擊錚回啓拖至多日極爲可悶政院更爲嚴
飭上來斷速擧行○大王大妃殿傳曰强覔所無之
情勢連事慢命寧有如許分義刑判李禧淵下義禁
府推考○特擢金炳冀禮叅○刑判李禧淵奉牌大

王大妃殿傳曰屢番飭教一向力抗事體道理寧容如是施以刊削之典○開留李是遠䟽畧蔘政一事親承特教於榻前而惟我大王大妃殿下懇惻之教屢下於簾帷有若曰潛蔘事前後申飭屢矣中外果能實心對揚使國家紀綱得以一分支扶而松都造蔘之地也元數外加造有無不知之理字字提耳句句砭骨則為臣子者豈敢不盡心奉行思所以杜塞奸竇振擧頹綱而但全無方畧只欲防奸則許多蔘圃元數外加造有無實無以領畧而末稍崩潰之勢無由禁遏故妄以為申飭諸圃只留二萬斤假

稗林 哲宗紀事一 五十三

量而都作白蔘則似為清本之要道故以此意傳令於各圃矣不料各圃諸人靡然歸一擔當禁潛之事自相斜察乃擇充好之品留為元包二萬斤之數其餘則次第造白排鏞頻密奸弊自息故不得不略示姦巢之意使之同心禁潛蜋不敢質言畢竟之如何而目前則似無潛造之意矣盖此人心如水就下者實由於種蔘之人積憤於商譯輩操縱蔘價日賤穴價日貴本末倒置虛實貿易松蔘之受利者商譯而所自出之本地則家家蕩殘人人究恨今番造白禁潛之議不謀而同者即此之故也間因陵幸祗迎離

營五六日而還則商譯輩以蔘價高低事公然疑沮始也唇舌嘵嘵終作移圖京中之説今其實非有譯院之関文廟堂之知委也不過為渠輩籠利之私計則因此輕動實非持重之大體也然而一府人心岛沸波蕩誠無以鎮定蔘節已晚莫重公包非無失時之慮而艱辛申明之蔘禁其將中道而尾鮮莫非臣闒茸者既無威望之可以彈壓又乏智慮之優於運用至以商譯輩鄙瑣之説張皇於奏御之文字而聖教中操束二字更無以舉行慈教中松都造蔘之地亦可而任他轉移則此所謂委君命於草莽者也有

稗林 哲宗紀事一 五十四

臣如此其罪當死臣方俟勘之不暇而猶且剌口而不知止者是乃古人不惜餘命為陛下明言利害之意也批令行而禁止而已安得以聞今因商譯輩故而至請遆免反非持重之道須善措處期無復言○太白晝見（雲監初四日未時見於巳地啓至十月十五日而止）○領府趙寅永䟽畧即伏見開留李是遠䟽則懔然赧然罔知所以自措也臣本庸才冒據譯院之任且十年于茲凡係譯屬之作奸犯咎違法冒禁之弊非一非再屑越莫陳而其實則皆臣罪也苟使臣操束有方檢飭有規使一院官生有所畏戢則寧至於是哉松留之䟽誠

是矣臣當拜受之不暇有何可辨乎雖然臣以此白首垂死之年忽然遭此無妄搜逼之語誰所謂舐糠及米烹頭耳熟者即臣今日之謂也臣既為疏擧則不敢不以實陳之蔘政即兩國交易之所關係一邦財貨之所專靠也苟有屢變弊將如何此古人所謂無擾挾市之意也臣聞今年自松營刱設一處都執包蔘禁其私賣定給價文比常年至為五倍七倍之高云雖未知其信然而苟如是也即權利也國禁所在民不可使犯禁也且物之高下物之情也非在上者所能操縱也由是賣買路絶蒸造無望公包將不

免狼狽至因該院之齊訴使之移包京中此亦其例不一其始也自正廟丁巳始之至庚午罷京包始設松包至甲申又移京中無幾何還設松都此盖蔘圃來歷也臣之援古例許之者此或臣之咎耶臣不能以細瑣仰干天聰而臣之不識之失於此大矣彼疏中操束無以擧行君命委於草莽云者皆由於京包許設則苟究其本臣罪尤大慚悚俟勘云云批移包事自有已例而松留之以此推上誠是意慮之外在卿毫無所關卿其安心○傳曰聞李文成故贊成珥祠版將向其祠孫衙云八城日遣承旨致祭○領相鄭元

容剳畧陳於閣留李是遠疏事誠為之慨歎紅蔘潛造之禁苟加察飭何患不令行禁止而忽刱無前之擧都聚一處有若權利者然京外疑惑之來固其勢然也惜乎言不思之甚也豈非萬萬失着乎至於移包一事自有已例譯院知委之下固當奉行之不暇而苟有可否之見則論報本院無所不可而何可以此遑遑然具疏煩瀆乎且遣辭句語多有不審又豈非萬萬駭歎乎造僞公包之因此愆期者債誤之責何可免乎該留守施以譴罷之典移包今有朝令還寢誠屬銷刻然聞自松京以罷都聚之所又平均

其價云今此移議非因他弊也即因權利之涉禁令而今則既同常年之例矣圃採來往之際必致浪費多日蒸造乾製之法新設必不可熟處使之依前速準期備曆行官包俾趁兩國交易之期恐合事宜亟賜裁處焉批此雖出於松留之苦心禁潛但未究其物情之不得平矣物價高下何可使勒定不無失着譴罷之請依施至於包事兩國交易恐有未及期之慮從長往復於譯院以為方便之道○大王大妃殿傳曰譴罷重體而此時遆易非但為迎送之弊而已松留叙用特為仍任大抵蔘價之高低是豈當初推

上之事乎京鄕相持徒費日子京包賓之依前以松營爲之禁蔘之節自有前勅使之着念擧行○領府趙寅永劄畧曰今精力已竭運動莫由只是床兹間未冷屍也雖然亦有所多火魚管乇不能其措處而神職耗荒事事顚錯以至於今番京包之移議而臣之昏謬駭妄亦已甚矣一言而蔽之曰死將至而耄及之苟使臣無所句當則奚爲而有此妄擧乎亟遞臣所帶廚院御營譯院軍監之任焉批覽此劄辭萬萬過中萬萬意慮之外移包豈曰不可而特念松民之情而仍舊也卿其如是爲引此何擧也卿其諒之卿其諒之○開留李是遠疏畧今臣失着雖臣自取然臣之本情則奉朝飭而禁潛造平物情而鎭淆訛而已斷無他腸可質神明而近聞京外浮說咸疑臣之爲松民榷利之計臣自恨其誠心之不能見孚而亦無可以解釋之處只待包造竣事見其公私兩便主客俱和則向之浮說者始可以釋疑而臣之本意不言而自見故約束團民使之封賓包蔘同心禁潛矣纔到涤造之節忽有譯官句檢所之文蹟以蔘價高低事至有移包之說騰傳於包所而流行於一府則波蕩之民心一倍憤激不可以言語解諭故只思

凡係民隱無不上達之義信心直說畧陳商驛董初不論價先自疑沮之狀而實不覺其毫分揆遏於都相之地此莫非臣之固陋鈍滯昧闇事理之致也若以疏額之煩屑措處之妄率責臣而罪臣則臣將拜受之不暇何辭可明乎伏見都相自引之疏本則驚悚慚惡齰舌訟愆使臣若或一毫思及於字句間如何之慮而臣爲此則其心所在險譎傾危天必殛之矣臣疏既發之後譯院之移包關文始到故臣卽地以知委奉行之意且報本院卽此而觀則臣之疏語只認以事屬句管無他挾雜者可以立卞而緣臣妄擧致有大僚引義則只此一事其罪當死於心自悼更何言哉官職去就今無可論乞被當勘焉批既往何究卿其勿辭另飭包事期越潛行潛商之節亦須嚴禁○領相鄭元容奏慶監徐箕淳以左水使李亨夏教諭書奉安後不以甲冑前導改着天翼假然張蓋有違法意延命出入左右扶掖體統乖損擧措駭妄啓請稟處矣決不可寬而勿論任其壞損先罷後拿事許之○禁府尹可基事狀議 領相鄭元容以爲久案伸理極涉難愼而顔辭無不依據公議亦爲稱冤云 判依大臣議施行○大王大妃殿傳曰向來特仍實爲民情矣松留之處務是何擧

也發專啓本之瞀行圻伯者乜為未安從重推考自
廟堂各別申飭使之即起視務之地可也○禁府保
寧幼學金晳根擊錚以其父陽淳鳴寃本事段始終
盤覈未執眞贓則若是呼寃容或無恠見今臺啓方
張獄體至重勿施何如啓金陽淳段罪疑猶輕王政
之大者本以曖昧之事特不過晟賊誣搆竟不承欵
而死此固罪疑之類也其時臺啓雖緣獄體之重而
尚未伸雪有欠欽恤之義使之即速停啓○十月丙
司合啓陽淳事停○備局啓因京監洪祐喆狀啓判
尹權大肯掃墳之行督責營吏與驛屬馬匹無難把

去事係刱例慮閔後弊云卿宰私行豈有無難把馹
之理耶此重臣必以時帶使㗫以錯誤事例而然不
可直斷以濫乘之律其不審之失何可無警譴罷何
如傳曰濫把驛騎固為冒法而此乃臨行使臣容有
可藉之說特為勿問○大護權大肯疏畧日前省掃
之行乃以無例之例猥騎驛騎至登於畿營論啓法
意至嚴筆剌實當泥首私次恭俟重誅聖恩天大壽
司請罷之啓特下勿問之命臣誠惡蹙震越直欲鑽
地而入也噫國之為國惟法而已律令所禁金石不
刊雖在小官有犯無赦况乎從大夫之後而顚倒昏

妄骫法作弊者以律律之合寘何辟乘馹科條固如
道路舉世遵行臣獨不知臨行數日拈問營吏則告
以上使所騎例派迎華而臣則將往楊根慮其貽弊
遠驛欲令改定平邱而吏言流例則然難以移易臣
遂寘不復言任其所為未知督責於吏云者於此之
謂歟早使吏以無例而拒之臣亦何辭而督之乎且
外驛給馬例須文蹟関由彼有官守據法不許臣雖
萬般督責何從得馬痛自追咎不得其說無或主守
者之乍聞刱例已知其為法外悖舉而必姑與之以
餌臣於譴何之域歟是又不然往在甲辰秋臣曾叨

副价之任伊時省朧輙敢乘驛而有司寬臣臣得倖
逭致臣今日不悟昨非再蹈前失也批豈細過而廢
公事乎卿其安心㑪裝○傳曰領府趙寅永判府權
敦仁復拜相職（領相趙寅永左相鄭元容右相權敦仁）○守判府權大
肯再疏批曰昨已道實狀此行不可廢也自量為之
○特除金左根禁將○傳曰拜表只屬而上使（權大肯）
樞御尚今不甬萬萬未安嚴飭牌招如有違牌勿為
呼望○守判府權大肯奉牌傳曰事大之役豈敢言
私而奉牌闕外乎拈致啓板前問啓以入○十一月
大王大妃殿傳曰罪宗禶之事今為七十餘年之久

囿不敢容易擧論以正廟朝其時處分出於迫不得
已之聖心推之則今日豈可不仰體乎然事關至重
時原任大臣詳考前後文案具意見論理以聞○大
王大妃殿傳曰辛酉奏文辨誣之擧在今日事體道
理豈容虛徐入此年以來運値冠蓋迎送之煩姑未
遑矣今當專价奏請而不可不廣詢處之道史官于
時原任大臣收議以入○拜徐箕淳大提○十二月
傳曰向以窃發之患有所筵飭而爲捕將者其果嚴
加譏詗豈有終不寢息之理如是申飭之後若有如
前窃發之患則捕將當有別般嚴處之道以此意分付

○領相趙寅永逝承傳曰貞亮之姿愼密之規臨
事而謹畏憂家而儉約憂國忘家終始懇到以予所
覩聞未有如此大臣者况文學之贍暢才猷之練
達求諸今日何處得來挽近愼節非不奉慮而亦不
料遽至於斯惟予寡昧仰成無所言念民國究所茫
然卒領議政家東園副器一部輸送成服日遣承旨
致祭祿俸限三年仍給禮葬等節令該曹按例擧行
○大王大妃殿傳曰昔我純宗大王以輔導憲宗之
任委之於氏大臣知臣之明非但以處地之自別而
然十數年來出入綢繆勤勞王家者何如也安危之

際宿鎭維持者又何如也畸吡之隆想望之切今焉
已矣言念公私靡所止届凡係哀榮上教已爲備至
易名之典不可虛徐不待諡狀卒領相成服前令弘
文館議諡以入○賜趙寅永諡文忠（初議文獻 後因特教）○傳
曰日前以戢盜事屢有嚴教而外間所聞猶有騷擾
苟使到底糾詗寧有如是之理左右捕將（李景純 沈樂臣）事
萬萬寒心一並施以罷職之典○備局啓謹稽健陵
舊誌文有曰王每歎曰禎之死由於洪國榮國榮之
廢所以報也予於異日有膝御擧丈夫子必爲禎立
後蓋丁酉獄事專出於國榮之搆禍而正宗大王竟

燭罪宗之寃死當日聖教無異伸枉臣等更有何意
見之具陳乎傳曰諸大臣之議如此復爵即速擧行
○備局啓右捕將以戢盜事方推閱諸捕校之際副
護申叅運家奴子乘醉橫竹稱以觀光攔入推閱之
庭捕校輩使之驅出而酗拏行悖忽有無賴幾十名
憑藉其工典之令謂捉捕校衝斥於捕將家當塲光
景極其駭怖畢竟捽縛三校驅置之申家大門無數
亂打幾至死境云故申家奴子及右邊軍官使秋曹
查究所招別無異辭矣近日紀綱雖曰掃盡以其隣
班奴屬聚合無賴蜂擁豕突肆其凶暴縛去佩符之

校狼藉毆打若是無嚴奴屬之已查者出付秋曹嚴
刑遠配雖以申泰運言之當初徃復捕將可知其干
涉本事末乃捽縛毆打在於其家大門而任其所為
則雖未可謂躬自指揮焉敢曰在家不知申泰運之
初不操束不可無罪拿勘事傳曰只知豪奴而不知
國綱為之可歎令該府拿問嚴勘厥漢出付秋曹嚴
刑三次後絕島定配可也○全儒李豊淵等學儒黃
信欽等館學儒李敏等疏請文烈公趙憲文正公金
尚憲文敬公金集聖廡陞配優批不許
二年辛亥正月大王大妃殿母臨五十年稱慶陳賀

○特擢洪直弼大憲○傳曰頃因右相所奏聞洪祭
酒回啓在通云事甚稀貴朝家禮遇之地且有從前
已施之典衣資食物從優輸送事分付戶曹遣史官
存問以來○歲抄李晉陽叔用○陳奏文云云謹奏敢將臣本生祖
辛酉罔極之誣瀝血陳聞冀乘照察事臣之高祖莊獻王諱有二子長即臣之曾祖格愍王諱次即臣之
本生曾祖故世子諱也格愍王曾於雍正乙巳奉世宗憲皇帝恩勅冊為世子不幸早卒壬子臣之本生
曾祖繼於乾隆丙申奉高宗純皇帝恩勅又冊為世子聘領議政洪鳳漢女為世子嬪生子即臣之祖恭
宣王諱而恭宣王異母弟又有三人長即臣之本生祖恩彥君諱次曰恩信君諱次曰恩全君禶也臣之
本生曾祖又不幸早卒而恭宣王又奉純皇帝恩勅冊為世孫莊順王深惟宗祧之重以恭宣王為格愍
王後至恭宣王襲封之初又蒙順皇帝曲垂體下之恩特蒙追封之典此蓋莊順王以下繼序宗支之大

畧也臣之本生曾祖仁孝聰明合關夙彰早膺封典位倫戚邸莊須王特令代損國政凡十有餘年五廟
之矜秘有托一誠之愛戴同情而嬪之父洪鳳漢以肺腑之親焉在須王所眷眦嚮用伊時有忒匡全龜
桂以戾氣所鍾天賦凶慝內懷世子之英明外嫉鳳漢之當路其處心積慮日夜所醞釀排布雖讒危世
子是恩晴聚逆徒倡造凶言覬欲使地日有圖家者不在於莊順王骨肉而始以勢利傾奪之心終為羽
翼剪除之計必欲殺洪鳳漢幸賴莊順王慈覆恩勤終始無間逮至壬午臣本生曾祖早世而恭宣王以
其子丹為世孫三百年統緒安於盤石非龜柱第所可移動則反欲陽托保護之名陰肆不軌之謀至辛
仰龜柱及其叔洪者乃與臣之本生曾祖同母妹和緩稍至之于鄭厚謙表裡固結以洪鳳漢不利世孫
將欲推戴恩彥君兄弟白地惜誣百計惘嚇真若宗社危亡之機迫在呼吸恩彥君兄弟幾不能全保恭
宣王孝友根天竭力保係得綾目前之禍而恩彥君兄弟悉出請徒送地恩信君諱遂致天死而莊順
王明燭其誣即賜宥逆魁龜柱厚鐵案以其地則城祇之至通也以其勢則狩佛之難下也其譬視蔑

即豈非一朝一夕之故則眾萃夫安有一毫為世孫心也特以假托保護先宮恩彥君兄弟次殺洪鳳漢
使主勢益孤構捏為動搖國本之計而渠輩乎日之所醞釀排布者將沛然無所顧憚矣以天之靈以宗
社之福以莊順王之明燭無遺以恭宣王之孝友益間雖有龜柱孽黨終不敢逞其凶而反至丙申恭宣
王襲封之初昭布龜柱罪惡沒之浩斥以幸而事為一大罪龜柱雖竄然傳襲其凶論者定案其徒有金
鍾秀即其徒推為渠魁而內譎險賊之老者之伊時又有洪國榮天生妖孽而孫倖會肉齊國柄則鍾秀
翻乎締結濠成一國繼悲國榮惡行戚禍而以尗卯之來蓮欲志者至丁酉而焰復嘘騷擬倍張又以
推戴之誣獄白地鍛錬竟逭殺恩全君積此乃鍾秀所陰嫉而國榮為其採何者斗恭宣王以積之死為
終乎悲恨嘗曰予於蔡御有丈夫者當為殺積女殺痛志赤遂校龜柱鍾秀之紫既死恩信君又積恩全活
亦可以慄於心狀於志而若未饕其信往肢脫治欲甘心又在於臣之本生祖一身以無將設從之榮為
一唱百和之詔必欲使恭宣王不能容一弟於天壤間而慈宣王終始保全之至誠慣性可感神明終哀

宣王在世之日凶徒亦不敢下手逮夫庚申恭宣王賓遐臣之父官恪王冲齡嗣服頒議改沈煥之本以龜柱之私人爲鍾秀之血黨當鄭厚之會竊禍福之柄幸國家有變謂此時可乘至翌年辛酉臣之本生祖先受其毒鋒噫嘻其甚矣伊時小邦不幸有邪黨之獄則所謂邪蘇之教乃天地間至凶至悖箋天理亂人紀之尤者討之誠有辭而煥之輩反藉此爲擠陷異己網打一邊之資締結群不逞之徒公肆羅織恣意蔓延至謂臣本生祖亦染邪教敢以千萬不近之目被之千萬不近之地嗚呼恭宣王墳土未乾國勢岾危而彼煥之以先王爲無能也而背之而嗣王爲幼冲也而藐之撑腸推肚又有紹述龜柱鍾秀二凶戕害恩彦君之一念恭宣王至誠全保之一同氣而竟害之天下焉有是也无所痛心刻骨者一臣之本生祖即一夏長特盡之人也與世相絶未嘗有外人聞通耳目不及於邪書群氣不接於邪徒煤之輩亦豈不知之而特以非此則無以甚其誣非此誣之亦無以逮其禍於是乎搆出路辭誣凡之狀勒成楚英事佛之業洪鳳漢之子樂任亦未究致入此獄混被其緞四十年間稻心之所畜積殺氣之所排布至是而逆露無餘始也根底於龜柱終爲結局於煥之所謂邪教之目特不過藉口於一時者耳公議尚有未泯擧國爲之齎悲渠輩急欲箝制一世乃凟小邦之人不敢議其後必欲達之天聽暴之天下丹書鐵案至登內府之藏則此案無可洗之日此案無可晦之地竟至有誣奏之擧謂天日可昧謂倫紀可幾謂天下後世可欺小邦素以重禮義尚貞信見稱於前史至於我聖朝視同內服偏沐曠化前後獎論蓋未嘗處之以執物之外不幸辛酉一奏爲凶徒輩欺天誣人之資環東土數千里自臨於禽獸之歸凡有血氣孰不崩心切齒思有以一洒也逮夫宣恪王年紀始盛明習國事深延恭宣王志事而凶徒之恣行而聽于紀而近者次第誅鋤龜柱鍾秀煥之輩前已身死肆施延律國是始定而臣本生父兄弟俱以數十年出廢之蹤擧蒙一朝拔之恩出自窮蹙安處城關子孫嫁娶始得以成人皆出慈念之所庇臣之私家一門保有今日莫非宣恪王追聞先志曲意全保之澤也況臣猥以眇末蒙被我聖朝恤少結絶之恩恭嗣纂服爲一國主而臣之本生祖誣案自如尙爲不瞑之冤不忍所以仰首哀籲冀幸天日之照燭

則何敢一日安南面之位上副聖朝懷綏之恩下慰兆民斬向之情乎寓伏念小邦自先世以來凡屬先誣莫不登即伸暴仰邀昭雪之典亦非一二曾在適先辛巳以臣高祖莊順王封冊時編入皇朝文獻通考而康熙因本國奏文有誣及莊順王者宣恪王大驚痛憤瀝血哀懇詳陳前後事宗幸蒙我先皇帝仁許天地明并日月曲垂體恤割賜辨正至使內府己卯頒之秘籍特命刊改天章昭揭幽明無憾宣恪王以皇恩之出常先誣之快伸告于先帝之靈大小臣僚至今感戴洪涯第以小邦前後奏御之文亦倫內府編輯之列凡天下同文之重不以中外而有間也然奏之自本國編之於內府則事之虛實奏之眞僞專係於小邦如壬寅奏文之至凶誣也而小邦之不能早辨由前言之特以嚴畏爲心瀆褻不遑大乎臣尤以是爲懼敢此專奏今若只據辛酉之誣而爲辭則前後群凶爲禽爲獍爲鬼爲蜮諸原有自來世變至無窮非常情常理之所可測者無以輸露雖軒鏡高懸禹鼎象聖朝威靈以照萬里而亦何由悉燭無餘乎是知臣之本生祖雖死於辛酉而禍機已兆於辛卯以前以臣本生祖一身爲故世子而元爲恭宣王而死此而不明白言之雖曰辨之與不辨同長逝之魂魄私憾將無窮已傳所謂有不辨辨之不明不措者故謂臣今日卑陬諸也茲敢不避嚴畏不揆瀆褻謹將前後事宗齋心虔誠披瀝肝膈而悉陳之敢望朝廷劃將辛酉奏文中句語並行刊削以正橫誣之謬如嘉慶以來文獻通考朝鮮編中已有成書則亦賜刪拔以雪幽明之冤臣不勝懇迫懇禱之至爲此緣錄敢將臣本生祖辛酉同極之誣瀝血陳聞云云大學徐箕淳製進○大王大妃殿傳曰憲宗大王御眞將結奉於眞殿增建之役依丙午年例令戶曹擇日擧行○工護徐箕淳尋鄕○刑判李穆淵疏畧臣孽自己作禍由所逮有爲當戮無一倖活非特自分也斷斷如許凡在行路傍觀之知不知莫不認之以必死無生而畢竟獲一線殘喘於三木弁頭之中者即

我大行大王天地之大德而加之以善地薄窀不日
賜環者又是大行大王河海之大恩從古人臣之倫
得此恩德於君父者未或有如臣一身之比則到今
追惟猶不覺魂驚魄褫尚何忍刺口泚筆而今於萬
事滄桑之後孤臣之所日夜泣血訴祝者只是速即
溘蟻之願而木石冥頑歲月玩愒屛伏窮荒俯仰竊
心而已至於昨秋記簪之盛眷是豈臣意慮夢寐之
所到哉顧以萬死餘生七旬癃廢之蹤何由復此於
我殿下一初之會而又況東朝殿下十行飭諭申複
鄭重至曰先王洞燭無情又曰朝家洞悉本心縱使

稗林 哲宗紀事一 六十七

臣自爲之說實無容加此臣雖即日溘死可以含笑
入地瞑目無憾矣○二月傳曰吏判金興根兵判朴
永元拜左右相○兵判徐箕淳疏畧臣以一無肖似
之物濫叨詞命之任跨歲虛縻無所事事文苑提衡
綦重何如而緣臣尸素未免瘝墮滿心自訟如負大
何丞宜積誠陳懇仰冀生成之澤而屢朔淹病氣息
僅存文字搆思亦難自策又伏奉除旨命名急於傳
授而天牌荐降臣聞命悸恐不知自措也竊伏念幼
學壯行古今之通義而佔畢鉛槧書生之事也臣亦
尚幼而學之矣及其壯行之日莫逃不稱之實而竟

致曠溺之辜物議不與四方傳笑醜拙畢露本末俱
見此聖鑑所已燭而通朝之所共諒也況此軍旅之
務非臣幼學之事也尚何以猝然議到於壯行之義
也哉云云例批○傳曰李淵鍾偷竊情跡渠既自服
則合施一律而特饒一縷移送秋曹嚴刑三次限己
身絶島爲奴雖以金春成言之祭器所重宜無不識
不知之理而貪其歇價暗售射利之心究厥所爲萬
萬痛惡亦爲移送秋曹嚴刑一次遠地定配其餘諸
漢并移送秋曹分輕重照律嚴繩○傳曰近來紀綱
解弛宮禁不嚴至有退俗尼之暗地出入不可但以

稗林 哲宗紀事一 六十八

駭歎言常時不飭之承傳色中官從重推考掌務中
官并汰去不善擧行之助羅赤定配尼媼及指入之
宮人族屬并嚴刑遠配○捕廳啓譏校等爲捕賊往
蠶島與加設軍官劉海龍眼同捕捉一漢押到於孝
經橋流丐幕方欲究覈之際蠶島居民無餘數百名
或執刀或持棒追到其幕一邊毁撤一邊亂打縛寘
之賊於焉見失而海龍卽地致斃其餘四校方在死
境事係變恠萬萬驚駭自臣廳待覈出更爲啓聞事
傳曰寧有如許變恠此亂民也首從諸漢嚴加盤覈
以聞○傳曰兵判徐箕淳之再疏已是乖當而今又奉

稗真寃其說而不可得也其所稱情勢者病或可稱
情是何道也無端尋事曠日相持寧有如許道理萬
萬未安施以罷職之典○捕廳査啓判設若渠輩之
拾被捉之盜苟有可究捜詐該廳容或可也嘯聚一
洞之民白晝大道持刃與梃至使譏校當場致命不
可但以殺越言以其跡則强盜也以其實則劫囚也
寧有如許紀綱如許光景言念及此不覺凛然心寒
矣此等亂法之民不可以尋常償命論首唱與首犯
出付軍門梟首警衆雖以洪哥言之主張指揮實爲
亂階而混以殺越則渠無忝涉之跡故特貸一縷移

稗林　哲宗紀事一　六十九

送秋曹嚴刑三次後絶島充軍其餘黨惡之類并令
秋曹分輕重嚴勘後草記以聞○御營廳罪人韓宗
浩高宪詰梟首事○拜金炳國待敎○死罪臣李紀
淵跪畧臣天地間一僇人也抱有九死難瞑之痛忝
以千古負心之愧踏高蹈厚若窮無歸際玆嶺臬除
旨懍惶震隘不覺魂遁嗚呼臣之便訣明時自甘廢
棄者豈臣所樂爲我誠以爲人之道鄕不過倫理信
義四字而苟或破壞便是禽獸也故曾已矢之於臣
兄之靈質之於君父之前如其飾辭故爲沽亂釣名
則是欺天也内蓄謀進之心外示長往之態則是欺

心也有一於此厥辜何居今於寵命之下生心顧
戀誘之以一時過去之言無難乎呑食乃已則眞是
患得失之鄙夫也餘何可論而故以朝家言之臣雖
無狀不似亦曾備數於三朝禮使之末若至專事督
迫竟奪其志誠恐處臣亦太薄矣批有除輒引已是
無謂而又以不當避之事强欲説去尤非襯着也嶺
以南年來凋弊到極民事遂至收拾不得之境諒非
老鍊廉名無以講懷保之策卿其勿辭往欽哉○奎
章閣啓直學南秉哲飭敎之下連不承膺請推事傳
曰牙牌之無敢違傲自是閣規而屢次申飭終不變

稗林　哲宗紀事一　七十一

動要之無無端如是之理而揆以事體不可仍寘直
提學南秉哲本職遞差楊根郡守補外前官遞付京
職○傳曰嶺伯事誠莫曉其意也往事昭晰可謂無
復餘蘊而每於官職辭受之際輒以撕捱不但酬應
之支煩分義道理還涉屑越萬萬未安觀察使之任
以外補施行使之當日辭朝○傳曰前後飭敎不啻
懇至而一向力抗此何道理慶尚監司李紀淵鄕其
地定配○傳曰行遣人李紀淵分揀仍任前職補外
施行

己酉卷之五十四

自哲廟辛亥三月至十月

五月領相權敦仁癸儒生等齊訴本司以為葉文洛葉文守拙之人而日前捕校輩突入其家稱以御命驅迫捽曳捉致捕廳而知其無罪而放送捕校作頭者以誤捉之罪移送秋曹云矣雖平民誤捉當律甚嚴況班族乎又況該校挾其宿憾欲逞凶毒而乃敢偽托御命無難行悉於儒士之家苟有一分國綱此輩之犯分凌節若是之無嚴乎作黨諸校已令查出一并移送秋曹而以遠遠竄竄依律嚴處之意申飭

該曹事許之○傳曰飭已施矣楊根郡守南秉哲補外分揀○兵曹啓無端闌巡之左捕將柳相弼拿處事傳曰巡綽所以警夜也無端闌巡固宜拿勘姑此安徐而從重推考嚴加申飭無令更為闌巡可也○刑曹捕校郭守敏當施本律而情跡合有可原上裁啓判乃以平昔之憾至有此變不可但以誤捉論也且渠所偽托之說倘如跋辭容或可原既沒其恩反欲戕害者真豺狼之性也殺之無惜而人命至重不可不慎大明律通編所載一律次律之當施與不當施就議于諸大臣并與諸囚而分輕重論斷以入○

刑曹郭守敏律名就議回啓領府鄭元容判府朴晦壽不為獻議領相權敦仁以為此囚之罪犯專由於攜通李班期欲逞毒而或慮當場之違拒敢為莫重之憑托則所犯雖係同啟其實吏無他情曾給原情之論誠為得當今若照擬於詐稱詔旨則非但意義之初不槪合一律何等至重而以無於律之罪竟援牽合於大辟之科恐非重人命之道第旣受其恩反欲戕害之無惜誠如聖教一律雖難傅會所犯不可適輕施以減死之律恐合審允之義矣左相金興根以為大以凡斷獄不上情跡二字而今此郭守敏所犯屢見查案無一可原有百難貸知其非盜而自地構通已非遞遠誤捉之細且其偽托渠無輸款則按以定律詐稱詔旨者斷之文其不可低昂似無容更議第見該曹查跋有四執跡論情合有可原至引通編推斷絞矣蓋其原情者不過是專由執捉之奸計云而此則有不然者苟有應捉之人則何患無可執之遺而偽托莫重之說自化同救之科況被捉之人又是無罪之士子則其所云背恩逞憾有不可論議獄雖出審慎據摭恐欠襯着矣右相朴永元與興根議同

判此囚罪犯固殺之無赦而既無本律特貸一縷以示好生之意究其情節則不可以循例誤捉論郭漢嚴刑二次減死遠惡島為奴使之勿入赦典其餘諸校令本曹分輕重嚴勘○政院啓慶監李紀淵謂以情勢狀啓替行推考事傳曰狀啓替行公務廢却此何舉也原狀啓還下送使之改修正上送此後如又有替行之弊假都事斷當嚴處矣循例視務之意分付○謁仁陵展拜恩彦君全溪大院君完陽府大夫人鈴原府大夫人墓所○領相權敦仁疏略向來臣以禁屠事有所筵奏而法隸之弊亦縷縷備達又以禁雜技

甘飭於兩法司關同左右相之未及出肅典獄因徒
排日來示而臣以屠技之終不捉納兩法司首吏隸
果有因治之舉此不過臣嘗痛惡於法隸之符同食
賂不畏官令適因曺吏之來示因徙欲一番略懲其
習也聞諸堂以此爲難安擧皆呈辭夫捉屠捉技即
是禁吏隸之擧行而痛其習而治其罪諸堂亦皆爲
之何獨於臣之所懲治而諸堂引以爲難安者乎近
來百度解紐朝綱掃地廟堂之杖一吏一隸諱然相
告相引殆若真有情義者然臣旣遷叅申禁而禁之
不嚴則臣之初不論罷諉堂固亦失之荏弱而乃反

以罪者罪之之者橫倣必欲去就者臣實未知其意
也夫風氣日變朝廷不尊廟堂之尋常論責循例謦
推無不有憾至成嫌怒而今於下屬懲治亦復如是
擔着故尋鬧端臣雖不足言獨不念朝廷事體當爲
朝廷惜之耶臣謂刑漢兩司呈告前堂刑判徐英淳叅判沈宜冕
叅議徐元淳判尹尹致誠右尹俞章煥並施罷職之典宜矣仍伏念臣
純蒙踈闇性又猶滯事事疵纇積辜僨誤其無足以
敢重於人者誠甚矣至於今番事而處置失宜兩衙
五堂一時並引而擧措張皇至於自上洞察並許遞
改臣旣未能彈壓具僚不隨朝體又未能循默自持

與物無忤徒甬生出閙事不免仰煩酬應如是而其
何以居百官之首治董正之任哉自顧慚悚無面可
顯亟遞臣議政之啣焉批曰知呈告有攸由宣或許
遞適中其願今此請勘固得體而引以爲卿去就還
爲過中兩法司前堂並施譴罷卿其安心以勵具僚
○四月兵曹啓無端闕巡之左捕將許棨罷職事傳
曰日前奉牌已是無前之擧而今此闕巡尤無所撣
極爲駭然此習漸不可長先施刊削之典○特除金
左根訓將○抃儒李炳一等忠儒黃浩善等平儒李
舜龍等慶儒鄭燨忠等八路儒徐華輔等館學儒洪

友燮等疏請文烈公趙憲文正公金尚憲文敬公金
集聖廡躋享優批不許○捕廳以蠡島吏查囘啓列
李尚吉罪犯有浮於已正法之韓宗浩一體施律無
容更議而獄無兩犯即欽恤之義也特貸一縷嚴刑
三次絶島減死爲奴東哥之勒奪通符脅從中最凶
悍者嚴刑二次島配勿揀赦典其餘兩漢並嚴刑定
配○領相權敦仁奏即見禮曺粘連京外儒生崔濟
京等上言以爲年前上疏未蒙禀處有此更籲云矣
夫以一徐邁而能枳半一國於四百年之久以我列
聖朝惻怛之教先輩名碩至公至正之論尚不

能痛革於四百年之久者非但庶類之不幸臣竊以爲國事慨惜之也夫王政國治敦倫爲先父子人倫之始也若父而不子其子子而不父其父其傷倫而悖理者何如今乃寧取他人之子而謂之子是可曰父而子其子乎生無以称謂加於父死無以祭祀奉其父是可曰子而父其父乎通編即金石不刊之典而有妾子者不許立後則我聖朝敦倫正屬之化於乎至矣然而不恤血氣之重甘心國法之外者彼其人亦豈無父父子子之恩與義也姑念門戶之計遂成敝誤之痼使人倫輕於仕宦典則關於俗習爲有

無罪錮人於四百年清明之國而坐致倫日衰而法日壞也癸未節目未嘗非廣其規模務盡疏鬱而纔設限枳塞猶前顧安有疏通之實而弊源之可革乎夫坐枳者累積而成痼議通者仍循而無斷臣今以寥寂之言亦何敢望一朝之效而第念我朝用人專尚門地士夫進退皆有高下之称鍾而名以庶類則初不問本地之華閥冷族混歸於所謂校書而無所分別豈其門地之称鍾在於士夫而不可在於庶流乎且名賢古家之裔卿士大夫之後名雖庶類較之遐鄉卑微當差與爲伍而彼遐鄉卑微者朝家多遂入於槐院國子一冒庶名反出其下者此宜但庶類之猜恨抑朝家綜覈之政恐不當若是偏也文而分舘武而始薦癸未節目雖則仍舊加於此之階級品秩亦多變通於舊典則不必獨靳於發軔之初若隨其族姓之閥閱斟酌槐國宣薦而姑先許通則亦可謂疏鬱導和之政至於立後之法倫理大關國典之著禁嚴飭春曹有妾子者切勿成給禮斜以爲申明舊制之地而熙朝官人多記先故士夫登庸每藉遺蔭既承其嫡則獨豈先蔭之不可藉乎若有蔭家承嫡者一視本闕而收用無或拘之於界限則倫彝

不期正而自正典憲不期遵而自遵矣且有一合當變通者如廟宮及東西陵寢祭官例不以庶流差遣夫國之所尊莫如社稷而社稷則無碍混差遠邑陵寢守令差祭而庶流守令多爲獻官陵寢寧有遠近之別社稷不及廟宮之重武弁雖知其斑駁而未得釐正者也臣意自廟宮至各陵寢祭官勿拘差遣亦不害爲疏通之一端凡此諸條皆係通變下詢登筵大臣及諸宰處之何如 左相金興根右相朴永元兵判李嘉愚大護李景在知事姜時永知敦寧李璧朝都承旨洪鍾英護軍白殷鎭同知李彙純別無異議 上曰旣有列聖朝受敎而自下不能對揚大臣所奏又如是允於

仕官各别收用俾無抑欝之歎可也○敦台大憲洪
直弼經筵官成近默○嶺儒金是珩等䟽請文穆公
鄭逑陞廡從享優批不許○領相權敦仁奏曰前以
猜將奉牌闕巡事至下刊削之命矣設有眞個麑義
何敢以情勢二字登聞違牌尚不敢為乃敢刱為無
前之奉牌肆然若自重於去就而飭教撥牌之下又
忽無端闕巡者有關紀律節節駭歎武臣風習駸駸
然全無顧憚至此之極寧不大可寒心許除竄配事
允之府長與○嶺儒鄭象理等䟽請文康公張顯光陞
廡從享優批不許○禁府李澤遂事因轝錚原情收

議回啓領相權敦仁以為丁酉之獄專出於賊之所陷搆虔成以後屢有處分於其兩弟則子孫之積年籲冤未可為無據況今原案已經此斷當初罪名自歸捏搆則合有伸理之舉云判府金道喜左相金興根右相朴永元議同
傳曰依議施行○禁府完營戶裨梁
健植段謹依判付嚴刑究問終不首實極為痛惡加
刑得情啓依允○禁府梁健植段加作官結情錢不
少勑需錢實錄紙俱有加歛茂長移轉来辟山正税
米亦多犯科寺僧空帖賬庫加下皆是不法典憲莫
嚴何以容貸流三千里定配啓○禁府啓李澤遂既
是伸理其弟養遂等罪名尚在都罪案中一體抹去
事允之○執義蔡元默䟽畧向者繡衣之分遣也其

所懲貪墨而察民隱者實出於我殿下惻然如傷之
聖念則彼持斧者之委畀也責任也顧何如而以言
乎畿内則推捉相望於列郡剝害遍及於平民稍饒
而納賂者即地而放釋至貧而誤麗者呼天而宛轉
貨利之輕重而禍福立判守宰之臧否而親踈是循
道路繹騷景色愁慘畢竟復命之後至有踵門而還
索所賂者有耳皆聞無口不傳餘外瑣謗言之醜也
以言乎湖南右道則無論廉察之得失乃於復命之
前潜伏郊坰至近之處採探過去之議增刪已修之
啓吹噓擠陷之間愛憎是從論斷區别之際虛實相

蒙揞意專在於逞私處事自歸於慢命各邑推閱之
案前後相左暗地綢繆之謀情態莫掩有百僨誤無
一對揚噫殿下所以懲貪察隱之政其將為此輩藉
手利己之資乎此而不嚴加處分辜恩負國之類益
無所懲畏請柳㝡趙雲卿并施屛裔批風聞固難準
信而苟能事其事則人言豈至於此乎兩繡衣并施
刊削之典○五月大憲李魯秉䟽畧臣以無似之人
昨年七月猥蒙天官中批揆分量力承膺無路再䟽
籲遞終靳允許蹲仍行公逮至臘月而行大政瘡疣
百出銓選有不公之歎譏謗四至朝著多不恔之人

莫非臣之自取復誰怨尤昨年秋冬等春書褒貶假
引儀權中本居在中考夫鴻臚之職他無可考之績
所事者惟唱而已而未免居中其所溺職可知矣其
時頒授(權敦仁)特致政吏示以曲護之意俾勿黜下既
有大僚之言當奉承之不暇而第念陞降法意至重
因囑依仰殊非對揚之意故臣降置權中本於下考
以尹春永差其代復有所遞之闕故擧臣所知以鄭
時復首擬蒙黜若以遂非公議歸罪於臣臣亦不敢
自明而至於黜下當下之人非臣之罪也大僚因是
含怒及臣遞職之後分付銓書勒遞鄭時復職復擬

權中本甄叙者誠幸矣落仕者抑何罪誠若有罪大
潦之汰一未官有何不可以爲濟其私追逐無罪之
人還授以貶下未數月之人何其無忌憚若是之甚
也形跡大露顯有逞憾於臣之意臣以其時政官安
得不惴恐於心乎若夫秉銓之臣不顧政面之得失
罔念事體之當否而唯大僚之言是從亦非殉公之
道也不意前銓(李篤球)以老成之人屢典銓任有此格
外之政雖非己意予奪人官爵若是無難豈不有
欠於商度乎臣於當初若無執拗之擧則事豈至此
一則臣之罪也二則臣之罪也臣以踈冷之跡濫叨

分外之職畢竟顚倒狼狽貽羞朝廷至於此極臣以
何顔随衆逐隊復廁於風憲之長與無故人自同乎
懷祿固寵臣非不欲而爲人指笑亦甚靦然不得不
陳章訟愆也批省疏具悉○大王大妃殿傳曰五十
年幽枉之伸今無餘憾莫非主上誠意所致恩彦君
內外祠版遣正卿致祭○領相權敦仁出城○傳曰
除非官司之蔵則詆斥大臣非但有關朝體況此宣
推上之事乎前大憲李魯秉施以投畀之典(永柔縣)○
刑曹罪人徐今祿結案行刑節次段矣身以水瘇之
病得聞嬰兒指血爲療神藥嘗有一試之心矣晷飲

酒杯至于武橋近處見路傍遊嬉之嬰兒出心猝發
抱諸懷裡者至於被捉捕查書覈情狀綻露謀殺嬰
兒之罪的實遲晩納招係是不待時斬罪人依法照
律報議政府詳覈施行何如啓依允○戶參盧光斗
疏陳勉批本職已遞差矣所陳之言寔出忠愛深用
嘉尚內下表裡一端賜給○賓廳大王大妃殿加上
尊號正烈王大妃殿加上尊號宣敬孝顯王后追上
徽號敬惠靖順大妃殿加上尊號明憲○大王大妃
殿傳曰外道雨水間頗沾霈都下及近圻亢旱今夏
至已過今年節序比常年雖云稍晩渴悶之極寢食

靡甘祈雨祭不卜日設行事知委該曹○領相權敦
仁疏略臣罪辜深而恩循愈隆疵纇衆而疵過彌專
叨忝益官積歲年而尚不至於大敗鹺而極顛躓
皆造化耳寵祿之居心嘗若驚殞谷之台理必無幸
前憲長之疏出而本實則不過擧一微事藉使臣眞
有是也句斷臣罪此眞九牛尾甬在臣固厚幸也
然而辭理之嚴厲卽似彈人之急書張皇臚列未
暇自恤其曰濟己私曰無忌憚乃背公負國之一小
人也名以大官而有背公負國小人者朝家當置何
辟殿下縱以不自重責勉臣其官則臺官其言則臺

言其所論刺卽又人臣之不容追至若處以自重從
他笑罵眞個小人之無忌憚將如公議何殿下又責
臣之不疏列本事夫旣彼所推上者爲非是則臣之
疏列獨非效尤乎臣苟無疵可訛無瑕可摘人之爲
言胡至於此臣雖愚下與人齒頰較絜亦所不忍爲
也批責人如怒已天下無可怒之事而况前都憲疏
實爲老妄所致則以卿休休之量固宜一言釋憾而
反復深引因念體國之重棲膺郊垌萬萬非良圖也
窃爲卿慨咄望卿更勿堅執幡然還第以理廟務○
禮曹判書尹定鉉啓孝定殿禫事後行祔廟之禮則例有

造次祧遷之擧矣以五廟之制承統繼序之次溯以
上之則眞宗大王神位似當祧遷于永寧殿而祧祔
事體至爲嚴重臣曹不敢擅論問議時原任大臣及
在外儒賢定奪擧行事允之○六月賓廳憲宗廟庭
配享臣領議政李相璜趙寅永抄啓○禮曹祧遷收
議回啓領府鄭元容以爲五廟祭四親與始祖二昭二穆以上則遷禮之尊也帝王繼序爲代眞
宗至憲宗爲五世而今聖上卽憲宗之嗣也憲宗祔廟之日眞宗以五世而祧亦禮之常也叙以親序而
言則以月祭之親行夾義之制者情有所未安然有先儒定論之可援者前代行典之可據者然後始
可議行云領相權敦仁以爲宗廟之以繼序爲昭穆祧主迭遷惟親廟數禮之正也今我聖上繼憲宗之
統有父子之道若不祧眞宗誠有違於五廟之制不可也高曾之不在迭遷亦禮之正也眞廟於聖上

爲皇曾祖今若迭遷則是親未盡而祧也亦不可也此是莫重之變禮而歷選古今無確證之可據則廖
於宗廟務盡情禮非臣愚陋所可與議也第按朱子祧廟議狀以兄弟各爲一世天子七廟爲禮之正法
而至論祧遷則太祖太宗析一爲二太廟所記之僅及八世大爲乖謬請速改正者何也周廟之制度無
徵時王之典則亦重則世數之若分若合廟制之或七或九古有時宜之不必泥古數故橫渠張氏亦曰
自高至禰皆不可不祭者各有兄弟數人代立不可以廟數確定却有所不祭也顧今廟制雖不當擬議
於兄弟繼序而若其廟數之不拘限滿亦足以援照矣况謹稽我祖典禮世宗三年始建永寧殿祧遷穆
祖而太廟自翼祖以下爲六室不爲廟數爲拘一也宣祖二年始祔二宗於文昭殿時諫院以當初遺訓
無至五室仁廟入祔睿宗當遷議者皆以爲祖仁宗考明宗非但名宗大乖睿宗於當日爲高祖之親遂
出未安遂以次陞祔而睿宗不遷自太祖以下爲六室不以廟數爲拘二也顯宗二年孝宗祔廟主祧仁
宗明宗當孝廟在室時仁宗以下廟數滿五而不祧仁宗至顯廟初始陞明宗而并祧焉不以廟數爲拘

三也是曾親未盡而未敢遽議遷祧未嘗以緖序之各爲昭穆廟數之適滿五室而爲拘也今日之礼雖曰不當以兄弟繼序爲擬而兄弟之各一其世朱子既曰礼之正法則準以正法其爲繼序之五世一也列聖朝以來亦豈欲捨正法而不徇於六室哉盖以不可四親之尊有不得廟享者大聖惻怛仁愛之心斟酌於常變經權之中亦可以有辭於天下後世也臣愚竊以爲與其果於古常或有憾於天理人情之正無寧仰述我列聖不拘廟數至精至微之義亦有失張朱兩賢不定廟數之本意歟判府金道喜以爲眞宗大王於殿下爲曾祖之親親未盡而議祧遷情理則宗是未安但帝王家以承統爲重故朱子陳周廟爲孝王以叔繼侄而康王以孝王之曾祖在應祧之序先正臣宋時烈亦言雖兄繼弟叔繼侄猶以爲父子而各爲昭穆今我殿下承憲宗之統以五廟之制溯而上論眞宗室當在世數之外矣朱子之議先正之論恐爲今日之援證而宗廟之礼至嚴且敬迭遷之禮尤爲慎重何敢質對云判府朴晦壽以爲王者之制宗統爲重宗廟之禮昭穆莫嚴而五廟之制古今之通義也今我聖上承憲宗之統而爲嗣

王自憲宗上至正宗四廟之數已備而眞宗在二昭二穆之外當祧禮也若以親序而言則眞宗於殿下爲皇曾祖矣親未盡而祧禮所難愼情有未安故至有此下詢之擧而係是王朝莫重之大典礼尊尊親親之道互相爲重者非折衷情礼援據行典則無以合貢侯之義云左相金興根以爲諸侯五廟二昭二穆與太祖之廟而五也有祧而後有祔禮之正也廟之統也而惟是由殿下而溯之於眞宗則親有所未盡祧有所可議也故禮臣之不擅斷而仰請博詢者也第念歷代廟制弟繼兄叔繼侄必以兄與侄各爲昭穆以備廟中世數是所謂廟統也統不可紊故雖親屬違序然以承統爲重者也以此求之於今日則眞宗之祧由於昭穆之不得不登進而或不然廟中二昭二穆以外之位豈不誠萬萬未安也周孝王以叔繼侄之君也朱夫子擬成七廟之圖而以祖考兄侄爲四親并與后稷文武以備七世之數而孝王曾祖康王爲遞遷之列此是大賢所勘破之定論而在今日庶可以按據矣右相朴永元以爲王者以繼序承統爲重故嗣君之於先君雖非父子之親而有父子之道宗廟昭穆之制亦因是以序焉朱子禘祫

祔陳周廟圖孝王以叔繼侄而懿王爲昭共王爲穆成度所高曾之親而爲七廟則以應遷之世以九廟則僅在昭穆之內又於廟設圖說允宗以神哲欽徽高孝六室爲親廟英宗以五世而當祧成周則迭遷之事遠不可考宋朝則以其并祧僖宣二祖故英宗竟不遷然朱子之書其說甚詳礼家以爲定論今我殿下之於憲宗義同繼體礼嚴尊祢雖溯而上眞宗室在世數之外夫二昭二穆而以祀四親親未盡而祧礼之變也而唯其以傳重爲統故曰不以親親害尊尊今日之禮事當一遵朱子之議云祭酒洪直弼以爲謹按朱子禘祫議載周世數圖及四時祫圖孝王時懿王居左昭共王居右穆孝王即共王之弟而兄弟各爲昭穆孝王即懿王之叔而世序無異父子也朱子嘗歎宋朝廟制兄弟相繼者共爲一世爲禮之未失而議叔則曰太祖爲始擬周之文王太宗爲穆擬周之武王又云哲宗爲穆徽宗爲昭欽宗爲穆高宗爲昭太祖太宗哲徽欽高爲兄弟而祭各有室也先正臣宋時烈嘗議祧廟疏亦曰帝王家以承統爲重雖以兄繼弟以叔繼侄然猶以爲父子所各昭穆以春秋言之則魯閔公弟也僖公兄也而孔子

書曰躋僖公譏者逆祀也朱子請以兄弟各爲一世而父子今我仁廟明廟親雖兄弟位則父子也甫雖遷奉永寧之時猶可以二其昭穆以正其已事之未安先正臣李縡亦以朱張諸賢所爲兄繼弟及亦移昭穆之列者爲正援以孔朱之訓參以先正之論則我殿下之於眞宗大王當準五世之數而行祧遷之議於符禮意是所謂秉天理以正人倫槪會通以行典禮者也司直成近默以爲每於詢及之下一是不敢妄對四字而已今此宗廟展禮事兩祧異不當祧而祧不當踰而踰均之爲失禮如臣不佞蔑識何敢措一辭於其間乎

傳曰此是莫重莫大之典禮而一二之論不無參差二品以上及時儒臣處更爲收議以入○

禮曹祧禮更議回啓 領敦[illegible]在龍以爲大臣山林之議已多有酌通古今之論以臣愚昧何敢彻出異見乎判敦徐憙淳以爲眞宗大王於殿下以親則雖未盡以統則宜爲祧帝王廟制與大夫士有異似當以統序爲重云知中李若愚金蘭淳工判金左根上護趙斗淳尹定鉉李志聞左

叅趙冀永兵判徐箕淳上護李恩琳廣㫖令學性大護趙鶴年判尹洪在喆大護金鼎集李景在安光直洪學謝李敦榮金箕晩知中姜時永華留趙秉敞右叅金洙根大護權大肯徐英淳尹致讓李圭祊護軍鄭鴻慶都承旨洪鍾永護軍徐念淳李根友大邑吳政吾護軍鄭宜朝金鍔朴長復刑叅韓鎭庭護軍閔致久李時在趙亨復尹數定曾錫雨左承旨徐恩淳護軍洪祐順姜濟李昌在前副學徐載淳護軍韓正敎江留黃浩民護軍鄭德和閔留李是遠護軍李孝淳李經在南性敎戶叅沈宜昌護軍李明迪鈴豊君戶横護軍閔永熱大諫俞章煥護軍李公翼金佑潤同中李埼金在田護軍林永洙金根根金德喜朴齊蓍金炳冀工叅成原默護軍申錫愚左尹尹義俊同中李景純護軍白能鎭沈樂臣李在鶴應敎金翊鎭副應戶行護敎理姜浩李秉圭副校李容直李承益敎禍鄭健朝李承輔副修會錫輿正字金炳國謙同知中徐俊輔知訓任聖皋護軍李義斗兵叅鄭誠一清仁县韓客爲護軍申大齊成好謙同中沈日永兵一善李定錫訓都李然綱趙存中任泰瑛李忠達事齊儲朴著會鄭日永鄭泰東閔晳李熙章不爲

稗林 哲宗紀事二 十五

獻議史判李嘉愚以爲帝王之制承統爲重宗廟之禮昭穆爲序四親廟數以上迭遷古今之通義也我殿下於憲宗繼統宗有父子之道由憲宗上至正宗四親廟數已滿矣真宗於殿下爲五世則五世而祧禮之正也兄弟叔姪各爲昭穆況有朱子已定之議若以親屬言之真宗於殿下爲曾祖親未盡而遽議者義情有所未安而考諸禮家定論叅以前代行典未有的確可據之文未敢質對云大護金景善以爲親未盡而議祧遷情有所未安而王朝典禮與正廟家統異宗廟昭穆一通總序世次迭遷各有定數則憲宗大王祔廟之日真宗室遞遷禮之正也夫爲周典議今以情所未安疑若禮或可疑亦出於慎重之意然而廟序世數禮制莫嚴有不容隨時推移先儒定論皆不啻的確我朝已例亦未盡洽今則今於無於禮之禮將何所據據而叅互經權酌古今得其合好停當底道理俾情與禮兩盡而無憾耶護軍韓益相以爲宗廟之禮當祧而不祧非禮也不當祧而祧亦非禮也惟我真宗大王以廟次則當祧以親序則不當祧然遞祧之禮至重且大未敢臆對云護軍曹錫亨以爲五廟之統親盡而祧禮之常也今此

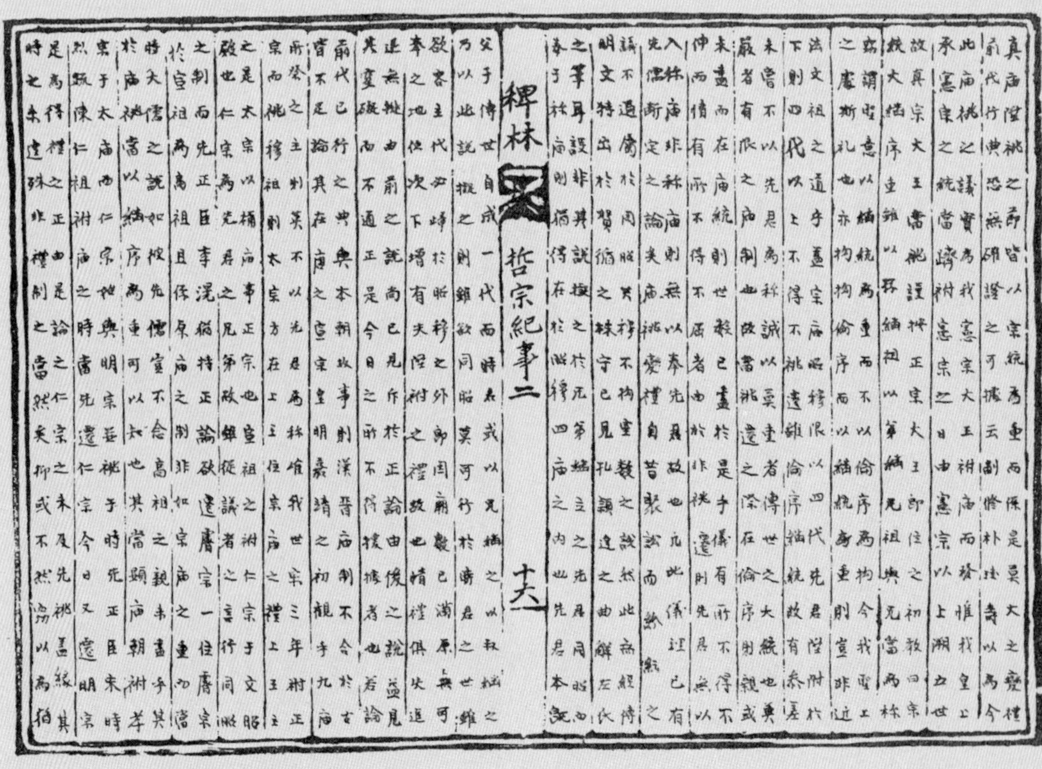
真廟陞祧之節皆以宗統爲重而係是莫大之變禮前代行典恐無硏證之可據云副修朴珪壽以爲今此廟祧之議實爲我憲宗大王祔廟而發惟我皇上承憲宗之統當躋祔憲宗之日由憲宗以上溯五世故真宗大王當祧謹按正宗大王卽位之初敎曰宗統大緖序重雖以孫繼祖以弟繼兄祖與兄當爲祢蓋謂宗意以繼統爲重而不以倫序爲拘今我聖上之處斯禮也亦拘拘倫序而以繼統爲重則宜非近法文祖之道乎蓋宗廟昭穆限以四代先君陞祔於下則四代以上不得不祧遞雖倫序繼統故有叅差未嘗不以先是爲稱誠以稟重者傳世之大統也與嚴者有限之廟制也故當祧遞之際在倫序則親或未盡而在廟統則世數已盡於是乎儀有所不得不伸而情有所不得不屈者也於非祧遷則先君無以入禰廟非禰廟則無以奉先爲故也凡此儀理已有先儒斷定之論矣廟祧變禮自昔聚訟而紛紛之議不過觴於同脈兄移不拘室數之說然此經傳明文特出於贊循之株守己見孔穎達之曲解左氏之筆耳護非其說據之於兄弟繼立之先君同昭也叅于祔廟則猶得在於昭穆四廟之內也先君本統

稗林 哲宗紀事二 十六

父子傳世自成一代而時或以兄繼之以叔繼之乃以此說擬之則雖欲同昭莫可行於前君之世雖敬客主代爲峰於昭穆之外郊周廟數已滿原無可奉之地位次下增有夫陞祔之禮數也情禮俱伏逭近無擬由前之說尚已見於正論由僞之說益見其變礙而不通正是今日之所不得據者也若論前代已行之典與本朝故事則漢晉廟制不合於古晉不足論其在唐之宣宗皇明嘉靖之初親手九廟所奉之主則莫不以先是爲稱唯我世宗三年祔正宗而祧移祖則太宗方在上王位宗廟之禮上王主之是太宗以桶廟事正宗也宣祖之祔仁宗于文昭殿也仁宗爲先君之兄弟故雖從議者之言行同昭之制而先正臣李滉猶持正論欲遷睿宗一位睿宗於宣祖爲高祖且係原廟之制非如宗廟之重而當時大儒之說如彼先儒豈不念高祖之親未盡乎其於廟祧當以繼序爲重可以知也其當顯廟朝祔孝宗于太廟而仁宗與明宗並祧予時先正臣宋時烈疏陳仁祖祔廟之時當先遷仁宗今日又遷明宗是爲得禮之正由是論之仁宗之未及先祧盖緣其時之未遑殊非禮制之當然矣抑或不然劭以爲猶

據周禮之說莫氏已行之典也非是不論昭穆之如何耶但有祔而無祧也伏惟殿下之於憲宗大王承統之重實同於禰禮祭廟之禮莫嚴於尊祖況復正廟聖歌如日星先王定論昭載史乘在今日祧祔之節恐當自有定禮矣禰禮家議務歸至當焉傳曰觀於諸議不無一二
參差之論而此則各陳其所見而已何必使之苟同
乎親未盡而遽議迭遷其於天理人情大涉未安而
帝王家以統序爲重古今之通義也憲宗是臨十
五載纘承正統翼嫡嫡相傳之大統今若奉祔於二
昭二穆以外之位則其於天理人情尤當何如也然
則真廟之遷祧自是不得不然之禮也其令儀曹祧
遷儀節擇日擧行○泮儒捲堂所懷今番祧禮自有

正法而殿下猶以必敬必愼之意至有博詢之擧誠
不勝欽仰讚誦而第臣等於領相(權敦仁)獻議有所駭惑
者矣其曰歷選古今無確證之可據謹稽朱書作周七
廟圖懿王以孝王之侄居穆位康王以孝王之曾祖
爲應祧之廟此正今日確證而乃曰無可據者何也
朱子小貼子以並遷二祖析一爲二不及今之九不
成古之七尤爲乖謬至有先行改正之請蓋不能行
議狀之正法而姑欲依本朝之舊制尚期異時改正
故先行二字下得切實者也今其引用不究本旨截
去首尾牽合而臆定則若合若分或九或七亦有時

宜之不必泥古啻許貼子何嘗有不必泥古之意歟
又引橫渠張氏之言則自高至禰皆不可不祭若有
兄弟數人代立則不可以廟數確定云云旣曰自高
至禰則室數不拘而世數之不可增可知也今其引
用有若不拘世數者然此豈張氏之本旨歟我朝世
宗三年太宗在上王位而其曰翼祖以下爲六室今
所議者莫重之禮其引援者莫嚴之地而初不考檢
有此妄謬豈不萬萬驚悚乎文昭殿之制有非廟禮
可援者而肅宗不遷可知仁宗明宗合一而爲五世
六室也我朝亦以時王之制行兄弟合一之禮即朱

子小貼子之意何嘗不拘世數而今其引而爲說者
抑何意也若如其說憲宗祔而真宗不祧則翼宗憲
宗將不在昭穆之內矣其可乎哉嗚呼我兩宗即世
嫡之君而傳統於殿下彼不欲以昭穆享之者亦何
意也其事則兩宗之禮也其禮則宗廟之重也若無
一言下正其何以明天理正人紀永有辭於天下後
世乎伏乞亟黜原議無使流布八方惑亂人心焉傳
曰禮有一定之論則豈可曰聚訟乎今此皇曾祖祧
遷以常人之情驟看則是豈常情所敢乎第以統序
之至重而真宗大王世數已滿五廟之外也故不得

不敢進而有迭遷之舉也然則其於皇曾祖祧奉孰不謂之莫大之變禮也領相所見只出於斟量情禮之意豈有他哉今以一言之不合斥之如此則古今論禮訛之人皆將歸之於不韙之科乎況日昨收議已定之後又此爭論大関心術而不念聖廟事體遽然捲堂萬萬慨然卽速還入之意而諭○領相權敦仁胥命○掌令朴鳳欽疏曰臣卽一鄉曲疎逖之蹤猥被先祖殊恩前後歷敭瀛㕔臺閣之列分已足矣榮已極矣感激洪造思欲報效者亦秉彝之同得耳嗚呼方喪甫畢萬事都休瞻望雲天只自慟冤而已

不意一種邪論忽出於廟禮收議之時必以亂我邦禮惑我民志是可忍也是可忍也噫彼領相權敦仁獨非兩宗之臣乎伏讀收議批旨至嫡嫡相傳以下一句語臣肝膽欲裂聲淚交迸悲冤之極如不欲生今此詢議之舉卽出於重其事敬其禮之聖意孰不以大經大法正禮正論以副我殿下克慎之念而彼獨何心以不易之正法謂無可據引用先賢之語則訛誤其本旨援論國朝之典則謬妄其考據敢欲以我翼宗憲宗奉以昭穆之外萬古天下安有非昭穆而廟享之者乎聖明在上正議大同其言雖不得行

而顧其人則大官也顧其言則邦禮也執其言而究其心則不可但以大不敬言也公議齊憤輿情轉欝何幸士論先發始有駁正之舉而終乃迫於嚴命草草了勘彼相則視同細故循例胥命晏進附奏古今天下安有如許道理乎臣忠憤所激按住不得妄陳狂瞽之言亟降處分以懲亂萌以謝人心焉批省疏具悉○傳曰朴鳳欽之疏便是不逞之投畀也不可以臺言有所曲恕爲先施以刊削之典○領相權敦仁出城○掌令柳叅東疏略卽伏見祧議批旨下者若曰帝王家以統序爲重古今之通義也憲宗君臨

十五載纘承正統翼嫡嫡相傳之大統今若奉祔於二昭二穆以外之位則其於天理人情尤當如何也爲教臣於是知聖學高明分析精微若是其嚴正明快也臣奉讀再三自不勝欽仰讚誦而若曰觀於諸議雖有一二叅差之言而此則各陳所見而已何必苟同乎爲教臣取見諸議則其中立異者卽領相是已大抵莫嚴者邦禮而廟制尤爲嚴重安得不一言明卞使之一歸於正乎夫天子之七廟諸侯之五廟其爲禮之正則一也自古及今閒散或違而領相之獻議也乃敢以或合或分或七或九之說立異於公

共之正論臣今訏感莫測其所以也諸臣獻議中所
引朱子擬成周廟圖實為今日之援據而領相則獨
不取是為證乃取小貼子中先行改定之請有若確
證者然蓋宋朝廟制既不行七廟之正禮則二祖之
析一為二祀至八世者即違禮中尤甚者也觀於先
行二字則朱子之微意可以知矣且引我朝典禮中
有曰世宗三年祧遷穆祖而太廟自翼祖以下為六
室云謹稽我世宗三年太宗在上王位則其曰翼祖
以下為六室云者豈不誠萬萬妄謬乎文昭殿之制
又非廟禮之可援者而睿宗不遷可知仁宗明宗合

一而為五世六室也今乃引以為說者柳獨何意歟
噫此大僚以詩禮古家凡屬禮節素所講究必勝於
他人而今欲以似是之說上眩下惑受恩於先朝也
何如受知於先朝也何如而今擬享於昭穆以外之
位者是可忍也孰不可忍也自發軔之初薄涉才藝
朝東暮西千億幻身平生伎倆不出乎締結鄙類肴
作奇貨紹介攀援無所不至受人嗾囑亦已久矣今
於鍾鳴漏盡猶不思恬退之計雖以近日事言之前
都憲(李魯東)疏有若執事論事而郎一彈劾陳奏亦曰
濟己私負國也無忌憚小人也而乍出旋入全沒廉

防身居上相顛倒昌披至斯之極何敢蔓章孥係武
領議政權敦仁亟施屏黜之典以定國是以靖世道
為批角言亦出於忠憤乎本事之外歷舉平生又何
故也萬萬駭嘆角亦施以刊削之典○兩司(大憲吳取善大
諫俞章煥執義洪義宗持平洪鍾序金錫熙正言鄭煥翼金永秀)聯劄畧麟經之筆
紫陽之圖已有聖賢的確之論則固當今日之所可
證援而噫彼領相權敦仁柳獨何心謂無可據妄起
橫議敢欲手亂我典禮疑惑我人心其不敬無將之
習胡至此極也惟我憲宗大王以世嫡之統臨君師
之位十有五年凡東土顱圓趾方者孰非化育中物

而彼相亦一偏被恩遇者也乃敢以奉祔於二昭二
穆以外之位者是可忍也孰不可忍也論以經禮付
欲背馳揆以分義自速孤負人臣有此罪犯宜思自
處之道而峻發公議視同細故晏然膺命吁亦無憚
之甚矣士論先起臺彈繼出可見大同之公憤而殿
下乃責之以挾雜罪之以不遑推析如此臣愚死罪
不能無憾於天地之大也亟降處分以折亂萌焉批
禮論之各由己見從古皆然則獨以此聲討於此大
臣實是寃說不得之事也其勿更煩以靖朝象(傳
曰毋論本事之如何儒論臺論如是峻發之後徒以

禮遇爲拘一向敦廹於决難牽然之時者反非誠實
之道元輔之任姑爲勉副事遣史官傳諭于領議政
○兩司聯啓齋沐齋會方欲更劉僚員非斥之語忽
發於意思不到之地懲討雖急貽羞不輕以此情跡
何敢晏然請命遆斥批非斥之僚誰也無以賜批更
爲從詳啓達○兩司又啓治劉將上執義洪義宗謂
以臣等沁泄緩討盛氣高聲言辭危怖駁駁諸僚當
場先景羞愧欲死請命遆斥仍治臣等溺職之罪焉
批雖曰臺論而兩司既有主張之長官則無端侵斥
至使諸僚引避者是果臺體乎規占便宜之計乎執

義洪義宗姑先譴罷雖以卿等言之一劉則容或無
恠又此來會者卽何事也予遆差○司果尹搢求疏
曰臣圂莽愚騃悾悾然一凡夫耳幸際明時猥忝三
司之列含恩感戴思報涓埃郎臣鍋鏤肝肺者而才
之適用學蔑藉手居常愧恧而已今適事在目下典
禮攸關義理斯係安得不沐浴明張自效報今之萬
一也我憶今番前領相權敦仁獻議何爲以發耶王
家之以統序爲重者經法也宗廟之以昭穆迭遷者
正禮也此誠達天地而不悖俟百世而不惑者而彼
獨何心角勝守經之羣議妄遵至正之大禮肆然毀

陳於詢問之下實是天理人情之所不敢出若使其
說得行則惟我翼宗憲宗不得以昭穆享之萬古天
下寧有是哉言之及此腐心痛骨如不欲生此已是
彼相難貸之大罪也嗚呼此相之忘君負國厥惟久
矣昇昨年崩坼之變適國家岌嶪之日也身爲大臣
惟當請對簾帷亟定大策而乃敢推諉時相曰非原
任事盛氣大談於正寢戶外其心所在固所難測且
於先大王違候許久彌留之時孰無憂惶焦灼之心而
彼以藥院都相日次候班曠日不參及乎直宿之
將請猶不詣闕僚相數三伻促而稱以脈藥晚後入

來是亦臣分乎人理乎申觀浩等四武之罪卽是同
赦而隨輒締結濟以同惡及其聲討之時獨主何誅
之論陰售營護之計且申觀浩曲逞納醫郎其斷棄
而其所請醫權儒煥敢擬自辟之窠朝除而暮遷始
知引薦終又差除彼眼亦有國法乎否乎內府之藏
是豈人臣所敢擅而結連掖屬推意取出闔帥之任
卽是國家之倚重而爲其庶弟任自迫遞陵轢搢紳
侮辱士夫則驕然之氣人皆畏避千億幻化趨利營
私則鄙陋之習孰不嗤罵大起郊墅則吏掘民塚交
結匪類則自作凶窩此皆十手之指十目之視而竭

口喧傳一國共憤惟其許多罪犯雖罄南山之竹何
以殫記今茲臺疏館劉始因士論而發而前後罪惡
一不明討只舉議禮一事其所懲討有若微眚之論
啓者然雖以政院言之尚無一番議啓置處之循例
請啓者畏其氣焰而然歟有所顧瞻而然歟誠不勝
萬萬寒心臣處在郊坰跡甚踈逖而忠憤所激不顧
出位之嫌茲因縣道而陳之前領相權敦仁亟施當
律以爲明天理正人紀使亂臣賊子知懼焉批苟有
公憤只論本事而已何如是撓入許多説話有若急
當也此等喜事之人反不足深誅原疏還給（傳曰

其言雖不當既一引矣今日又不仕進此何事體六
房承旨洪鍾英徐憲淳洪佑健沈敦永李寅夔金敎鉉并從重推考使之嚴
飭牌招（三司大憲徐左輔大諫李玄緒執義李承掌令金會明趙遠永持平尹培洪
鍾雲校理李彙圭李勗信副校理李興敏徐堂輔正言閔致庠權應夔修撰柳進翰徐翼輔副修朴珪壽洪淳
誠洪正全炳國字合新啓噫嘻痛矣權敦仁之罪可勝誅哉
惟其賊性濫滑兇心叵測平生伎倆專在於貪權而
樂勢盡膂經營不出於循私而滅公排布兇攬惟己
所欲終必至於誤國禍家而後已有識之憂歎厥惟
久矣至於今番倡爲邪論胡亂邦禮而其忘君負國
之罪益無所逃矣嗚呼宗廟之禮至嚴且重苟或妄

錯橫議不免於大不敬之誅者實古今之通誼也而
公肆邪説揑合弁髦引朱子之訓則捨議狀正論擬
圖確證而斷章截取牽附已見乃以亦有時宜不必
泥古等語自爲問答曲成註解其矯誣妄錯振古所
無援國朝之典則全不考檢聽定室數以至語逼於
莫嚴莫尊之地而少無畏愼底意其顛倒悖亂莫此
爲甚臣等窃伏讀收議批旨下者自憲宗大王君臨
十五載以下四十六字字字惻怛句句森嚴逮諸天
地炳若日星凡在承聆孰不掩抑而彼之箭心發口
者何其一切相反耶幸賴睿意先定奪議大同鉅典

用以克擧終事得以無憾而悖論一出幾至國不國
而人不人苟蔽其辜合置何辟至若弁前曲逞納賂
負犯至重而乃於臺彈峻發之後敢欲抗拒公議急
於拯援私人自辟厚窠有若酬勞爲有臣分寧容爲
此且當直宿之際身爲都相偶違燕灼豈倍餘人而
稱以服藥晩後入來傍觀者孰不駭歎及夫崩圻之
日請對定策何等嚴急而乃敢推諉時相曰此非原
任事其心所在固難測度內府之藏初非外臣所可
知者而締結掖屬惟意取出闌之者莫不憤惋僞傳
御命自有常刑而遣律獻議難掩濟私之跡誤捉江

民足爲干和而縱枝摟桔以拾濫殺之怨彼亦先朝化育中物也其恩遇何如眷毗何如而前既孤負於醫藥又欲壞亂於典禮此其蔵心所蓄隨處闖發而擢髮難贖寸磔何惜若其趍附之跡工於幻化専恣之習因有紀極爲利於己無所不爲四武之營護實由同惡闒帥之勤迪唯知營私干囑不遺於臣細求請適及於中外在他人固非極罪而在此人猶屬薄物細故有不暇一一煩陳者也爲人臣而負適君之罪以大僚而犯忘國之案一誤於進醫再誤於論禮凡今日圓顱而方趾者孰不欲食肉而寢皮哉此而

稗林 二 哲宗紀事二 二十七

不夬正當律則世道無以底定輿憤無以少洩請前領議政權敦仁爲先施以削奪官爵門外黜送之典焉批曰以禮論言之歸之於執物而妄發則容或可也而直以不敬斷之者是豈忠厚之風乎外此臚列爲有是爲何待今日而發也極爲無當亟停勿煩○三司合啓權敦仁事中爲甚下渠亦北面於兩朝者而又欲奉祔於昭穆以外之位是可忍也孰不可忍也二十九字添入不人下八字抹去寃厥心膓萬剮猶輕八字添入難撩下二字抹去曲庇二字添入之恣下一百六十四字抹去趍附之跡工於幻化専恣

之習因有紀極爲利於己無所不爲四武之營護實爲同惡闒帥之勤迪唯知濟私干囑不遺於臣細求請適及於中外固非人臣之極罪而在渠猶屬薄物細故有不可一一煩陳者也爲人臣而犯遺君之罪以大官而干忘國之誅前既辜負於嘗藥今又壞亂於議禮此其將心所蓄隨處闖發三尺之新案已具一國之公憤轉沸一百三十七字添入○癸酉洪直弼疏略臣於己酉六月伏讀下詢以殿下嗣位後孝定殿徽定殿祝式屬稱臣以繼序之地雖叔父繼侄兄繼弟有父子之道而無父子之名故屬稱則恐當

稗林 二 哲宗紀事二 二十八

用兄弟叔侄之序請加皇侄皇侄妃之稱是乃仰述稱皇考皇兄之義例而云爾竟致依議施行矣臣未敢自信窃更考先正文元公臣金長生之論有曰帝王之以叔與祖繼侄孫者甚多當依通典自稱曰嗣皇其於先君亦當別有稱號而未有儒先正論不敢創說禮官所謂有父子之義而無父子之名正是也又曰以祖與叔之尊稱子於侄孫之行恐無此理蓋人神相依專在屬稱而親親尊尊之義幷行而不悖故文元公所云亦當別有稱號者卽以此耳若加稱號則未知當如何爲正而臣於獻議中亦擧唐宣宗

時於穆敬文武四帝但稱嗣皇帝臣某用備今日援證云爾有未敢質言也謹稽先正文正公臣宋浚吉有云繼序之意至嚴且重其於先君有臣道焉有子道焉雖叔姪兄弟之間不得以親屬称文純公臣韓元震亦云以從祖繼孫以叔繼姪以兄繼弟者將以孫弟姪卑幼之稱加之於先君而自據其祖叔兄尊屬之稱其爲難處又有甚焉叅究諸說自有精義而臣所獻議者極涉妄率罪不勝誅也典禮事體極嚴重至尊敬有未敢猥懇更言含默踟躇恭俟駁正之論久矣先王先后今將躋祔太廟嚮於獻議之中畧

陳疵議之說而事係審慎惧在僭越言而未詳臣罪滋大不意體國之地忽有異論幸賴聖上明斷廟議克正伏讀儀曹草記批旨大聖人遵經達權明天理正人紀之意窃不勝欽仰攢頌前議者處翼憲兩廟於昭穆世數之外者未知其禮之何據而聖王觀德之古制朱子守經之本旨上有聖上之明察下有公議之辨破臣無容贅陳而以承統繼序之重不與昭穆則其異乎私家之班祔者幾希矣識者謂屬稱望姪或父尊尊之義故以致邪說之肆行其言有理臣罪於此益知其無所逃矣謹附首實之義冒悚仰籲

博詢在廷務歸盡善仍議臣當勘之律焉批此是莫重莫大之典禮也奉以行之既閱三載今此厘正實涉悚然而卿言若是繊悉更當博議而裁之矣至於當初議定之過自爲引誠過矣過矣禮論之多歧不得不然此事則以若其時之倉皇議或有未及援證處置卿之所失耶卿其安心勿復此煩提 ○傳曰儒賢之疏如此而典禮中似當審慎者也時任大臣及禮堂處权議以入 ○大王大妃殿傳曰予婦人也寔知周公之禮但以常理推之廟數已滿之論禮也親屬不遷之論情也禮由於情情由於禮物理之自然

也然則今日之事情與禮可使兩行而不悖矣前領相之論有何負於先君國家而聲討臚列如彼其罔測直歸之於不敬無將之科乎朝廷之上苟有一介公心忠愛之人不使朴柳尹之好事妄是非之徒出矣念及於此不覺寒心而慨嘆矣予有一言明誥君臣之間誼同今昔若於遠事之地論其愛戴眷眷之情尤當如何前領相之不欲以昭穆享翼憲兩朝云者是何言也豈忍筆之於書乎戴髮含生之倫其果盡信而致惑其論耶此而不能信則言者之心有足以見矣前領相寧有此心如有此心天厭之天厭之

前領相之歧貳於大同之論意見之所局也何損於已定之禮何卞於不敢之議乎雖然卿等之所爭論者旣曰莫嚴莫重之意而謂存事體故屢回恩量所請之律黽勉從之如是處分之後若或有更發乖激之論而不知止者太阿在前予不虛越在廷諸臣咸須知悉○三司合辭再啓并不允○禮曹啓永寧殿祝式不書屬稱旣是典禮而今此真宗室祧遷後祝式似當改之故取考香室所在儀軌則丁酉年景宗室祧遷後祝式依已例不書屬稱矣一自己酉年請諡告由祭時當室祝文中屬稱一節香室不由本曹

稗林 哲宗紀事二 三十二

禮白書之至今行之事未前有萬萬驚悚景宗室祝式依前釐正而其時香室官員拿勘事知守僕刑配事傳曰祝式事萬萬驚悚依前釐正香室官員令該府拿問嚴勘事知守僕令該曹嚴刑遠配○七月司諫申佐模疏討權敦仁又曰可謂豺狼當道他不暇顧而事在目下不容泯默夫六贜都政即有國之大政自上飭教不啻懇摯而今番都政政眼一出萬口憤罵爲銓長者苟能精白秉公訕謗奚爲而至哉噫天官重任何嘗謂此人可堪而朝家之於此銓長拂拭之假借之東西銓衡左右兜攬彼固當感祝圖報奈

其黨私之心根於天性內外小大之注擬唯私是循不顧公議吁其甚矣胡至此極若謂荒疎則注擬之際苛刻太甚若謂昏謬則取舍之間錙銖是較名郡腴邑皆屬瑣姻微官末職亦拾醜謗而凡政注之最難愼者通淸與初仕是已一政之并擧叔侄已非恠濫之擧而至於朴永輔洋長之通尤是物情之外也我朝以忠厚立國凡於逆犯雖無三族九族收司之律而彼於惡逆僅免屢世者耳已任收司特以聖朝宏大物無終棄之大德而其釁孽累則自在蹤歷且斟無所顧憚汲汲推引容易擧擬於至淸極峻之選彼

稗林 哲宗紀事二 三十二

若有毫分畏法之心爲敢乃爾臣非欲永枳此人而然也渠儕中家數望實豈無踰於此人而必首先擧擬有若立幟者抑何意也雖以西銓言之此重臣秉負淸名衆望甚厚而及其當銓一無可觀凡在注擬猶未能去一私字鉌輩之列怨謗甚多儕流之間嗤笑倫至責望重故慨嘆尤切臣謂吏判李嘉愚亟施刊削之典朴永輔洋長之望仍爲改正兵判徐箕淳亦不可無警焉批吏判事豈至於是乎兵判事似不過一時無心之致則一紙并列極不稱停至於改正之請爾言何其刻廹太欠忠厚也甚不韙矣爾則遆

差○三司合辭請權敦仁中道付處批卿等所以如
是爭執者若出於君臣義分則慈教之後不思奉承
亦不有乖於人臣義分乎朝家待臺閣之道不宜一
向摧抑門黜罪人權敦仁加施放逐鄉里之典今此
處分非曰罪有加於日前而然也不如是則上下相
持出場無期徒致事面之壞損故也咸悉此意毋或
更閙竟使朝家有匪常之舉措○玉堂應教尹行謨副應趙遠永校理李承輔副校宋謙洙修撰徐箕輔副修李亮信朴珪壽聯劄臣等今方齊會
欲復申籲仰冀準請之際伏奉傳啓捧入之命相顧
愕眙噫彼權敦仁之前後負犯至重關係莫嚴非獨

臣等之言卽舉國之公議嚴飭之下奉承無路亟許
權敦仁當施之律焉批不信慈教不遵王言徒事角
勝有若立異者是亦臣分乎寧有如許道理萬萬駭
悉爾等并施遠竄之典行謨茂長縣遠永甫川府承輔安州牧謙洙澤陽府箕輔義興縣亮信順川郡珪壽江西縣○傳曰重臣行遣已閱屢朔矣永
柔縣投畀罪人李魯秉放送○三司合啓權敦仁事
中不入下八字抹去盖其包藏險慝欺天罔人背馳
師門斁倫敗常兇厥心腸萬剮猶輕論其負犯寸磔
何惜三十二字添入測度下二十八字抹去締結畀
微之徒擅取內府之藏綢繆廢立之蹤甘作凶窩之

主凶肚逆節有非一朝一夕之故而實是十手十目
之所指覩也四十九字添入施以下八字抹去中道
付處四字添入○傳曰飭己施矣七儒臣遠竄并分
揀○傳曰前參合辭後參傳啓已有行之者此兩儒
臣金有淵李興敏終始力抗有若顯然自是者可駭可惡并
施以羅織之典○禮曹啓稱収議回啓左相金興根以爲孝定殿徽定殿祝式屬稱禮家尚論未能十分是當者言以親序之尊而臨之則有未安之意以循序之陞而進之則有不稱之嫌故也先正臣金長生論晉唐時禮曰祖與叔乃尊行之稱孫與姪乃卑下之稱其可以尊稱施於己卑號加於先帝乎以此推之在今日確據矣且伏念宗廟之間自有我家之禮凡於位版本無高曾祖考之號至於祝式隨其親序而書之殿下於憲宗大王雖有父子之道而無父子之名則以統

序之重曰嗣王臣以親序之雜於稱謂而六舉廟號及諡號於孝顯王后一例然此則在統序可以無參錯而在親序亦廣稱率學古昔儒賢之議於大問而優游紆餘務歸至當者亦恐不出於此耳右相朴永元禮判李啓朝參判金萬根參議李源達啓同傳曰儒賢及大臣禮堂之議
若是詢同敬依舉行○副校中錫禧疏討權敦仁諸
罪又曰人臣負此大罪敢晏處牖下是豈為國有常
刑三司之請以其自循格例不敢遽請當施之律殿
下曲加容貸一味靳許而傳啓之命遽下於合啓之
際督迫之馳驟之爭執之七儒臣則摧折無餘嚴遣
僉室而合辭無人傳啓遽撤似此氣像舉措實非所
望於聖明之朝也例批○傳曰三司合啓以玉堂不

備姑停者已不成說況上下沓俱空乎極為未安嚴
飭牌招如有違牌勿為呼望〇副校申錫禧奉牌傳
曰所謂私義何事也更看他昨日上疏合辭無人遞
撤傳啓一句帶得無限不平之意予何言哉欲為奉
牌奉牌欲為合辭合辭〇傳曰大小聲討自是兩司
之主張而況已處分矣挽近日来儒臣之中間惹鬧
事涉乖當副校理申錫禧施以譴罷之典〇持平姜
長煥疏討權敦仁又曰臣於此罪人又有萌心而痛
恨者先正文元公臣金長生即近世大儒為東方禮
學之祖備要一書家本於朱子家禮純粹精切殆盡

無餘而渠敢力譏悖論肆發譏毀謄諸文字互相疵
議至謂備要本非文元之書凡我冠儒服儒者孰不
扼腕駭憤思欲為先正一下而氣勢所壓莫之敢攖
將不免禮經晦而師道絶渠以詩禮之家甘心自絶
於洲源嫡傳之所自知其背祖遺君之素所排布一
串貫来以至背馳師訓壞亂邦禮宗是國家之亟送
師門之亂賊臣於日前合啓添入句語中所謂背馳
師門斁倫敗常者蓋是徹發其端而今乃索言之也
且於放逐命下之後苟有臣分宜即遑故鄉里闔門
惶懼而不此之為郊坰至近之地買取傑搆偃然高
卧而使其子出没城闉潛結廢枳不逞之徒伺察動
靜蹤跡陰秘譏禮諸臣公肆詬辱吧咻恐喝無所不
至古今天下寧有是邪臣之過慮恐不知何樣禍機
伏在冥冥之中矣此而不決正當律何以折亂萌而
霆與憤乎並允前請焉批省疏具悉〇傳曰既以傳
啓而又復拈出他語如是臚列者此何意思此而不
警何以懲挾雜之徒持平姜長煥施以竄配之典金山
邸〇傳曰三司事真所謂顛倒沒着而莫曉其端倪
也東朝處分出於十分斟量十分称停而傳啓之居
未幾日又此爭辨不已者此何文象亦何義意也三

司貴人耳所事雖有不慨於心予何敢加也以責勉
在予道理不敢不奉以承順慈志三司之臣須悉此
意抑揚進退之間裁量為之〇大王大妃殿傳曰息全
君豐溪君叔侄之間也息全君既無嗣子以豐溪君
繼後合於倫理以豐溪君神主入繼于息全君豐溪
君之子則宗親等依乙亥年例聚會各派門長使
之各別擇定〇校理金會明疏略近日懲討即舉一
國大同之論耳顧其罪則負國家而遺君父亂邦禮
而背師門古今所無覆載難容而未敢知殿下以彼
為先朝大臣而不忍遽誅歟彼是先朝之亂臣也以

彼為先正後孫而謂其可宥歟彼是先正之悖孫也
何故一直靳允乎亟允前請放逐罪人權敦仁加施
當律前後罷削與竄逐諸臣特命安徐以正王法以
伸公議焉噫嘻國綱雖曰漸頹世變雖曰層生豈有
如金正喜之至凶且妖者哉渠父追奪罪人魯敬干
係何如負犯何如渠輩尚免収司之律已是失刑之
大者而以我先大王好生之聖念特為賜環生入玉
門恩山德海與天無極渠若有一分人心一分臣節
固當歸守先壠永矢自靖而猶復放肆跳踉全無畏
忌兄弟三人偃處江郊輪流出沒宿處雖忘甘受食

容之列雜流陰結視同屋停之主廟堂事務無不干
與朝廷機密百計伺察鑽刺曲逕綢繆暗地乃有權
敦仁唱出魯敬復官之說公肆威言無所忌憚渠輩
雖以血黨死友小人與小人為朋者而眼無國法胡
至此極蓋正喜即一憸邪宵小賊性奸毒宅心回曲
平生所為皆是禍人家國之事而世之不齒亦已久
矣慫恿敦仁謀脫逬名已是一大變怪而雖以今番
事言之祧禮之莫重莫嚴而乃敢恣浪凡為敦仁之
座主弟為敦仁之使令到處遊説岡為獻議之與同
詐雖不諧言則流傳其設心造謀何如是凶且憯也

往來於昏夜之間雖盱於幽暗之中所以肢亂廟禮
力護悖論者其心所在路人所知禍心包藏駭機潛
伏醞釀設施固非一朝一夕之故而堅氷之漸已著
燎原之火將熾言念及此豈不凜然而寒心哉臣隱
憂轉深忠憤自激仰瀆崇嚴金正喜依前施以島置
之典其弟命喜相喜并施散配以為折亂萌而懼賊
子焉批懲討事已有前後批諭下款事此人得此聲
豈非意外乎甯言大過情矣○賓對大王大妃殿曰
予欲以松都紅蔘事一番言之矣今則秋節已屆包
蔘事未知如何為之而數三年來漸次間之斤數尚

少則松民無支保之道斤數太多則譯院與商賈亦
將狼狽必也折衷分數定給斤數而更思之則此不
在斤數之多少惟善禁潛蔘然後始可有實效此則
從當有飭教而斤數與諸般舉行之節出去爛商以
為永久食效之地可也左相金興根對曰蓋其為弊
之端則聞之有年而今承慈教果至當矣松民既無
他業只是包蔘而已宜有所濶狭而若無限節則譯
院事萬不成說姑未知何以則為好退出商議草記
遵稟聞詳達而防弊之道專在於禁潛包蔘之定數
雖少潛包多入則非徒有失利之慮且使彼人知之

國綱所在有駭聽聆矣三司討權敦仁上曰退出以文
字啓達也大憲李圭祊曰若值登筵則必以口達不以
文字矣何不亟降處分以勿煩二字下批有若傳啓者
然乎大王大妃殿曰此罪人議禮之誤特因未曾考檢
而妄發耳豈有他意於其間也哉雖然予以待臺閣之
意旣已罪之姑勿更言圭祊曰莫重莫嚴之事豈可以
妄發二字曲貸此罪人乎上曰大抵収議本意必要其
各奏所見而折衷之也苟使此事初無異同之可議則
何必収議爲哉大諫鄭德和曰彼之於翼憲兩朝隆渥
寵眷果何如而今則無一分追報之心反欲以翼憲兩

朝置之於五廟之外者是豈臣子之所可忍乎上曰此
非猝乍間所可處分者出去則當有處分矣大王大妃
殿曰內府輸藏果是何物件締結掖屬是何許掖屬必
有其人姓名云誰乎圭祊曰臺閣彈劾之法多因風聞
而無不論及故臣等亦以是奏之而雖或的知其締結
者之爲誰本無自上質問於臺閣之例臣雖庸愚顧其
職則臺閣也其在待臺閣之道恐不當若是下詢矣大
王大妃殿曰如予無識之一婦人豈知臺體乎○大王
大妃殿傳曰旣有月前處分則豈復可否此事而臺閣
之息閣無期徒使文象日乖且以被罪者言之不如是

則無以安其心放逐罪人權敦仁加施中道付處之
典令此處分特出於待臺閣保世臣之義若更事相
持則是爲人臣而不信其君之言者也謂之何哉狼川
縣○傳曰豊溪君養子世輔改名昰直付慶平都正
○大成洪遠奭三呈加由○兩司聯劄請權敦仁遠
竄金正喜島置其弟命喜相喜散配批權敦仁事旣
有兩次慈教予之道理則惟有承順而已至於臺閣
則或有別般道理與予不可苟同者乎此則予所不
知也金正喜事始發之言已是慘刻何爲而然之○
平監洪鍾應啓价川等邑民家漂頹人命渰死事傳

曰令此四邑渰頹之啓誠極警惕其間雨勢之如何
他邑災形之淺深雖姑未詳而先從登聞處不可不
曲示軫顧之念成川府使趙然與慰諭使差下使之
馳往被災諸邑到底詳察後聚并大小人民以慎
恐流離鄕里之意令曉諭元恤典及營邑顧助之
外照乙巳已例漂頹戶分等磨鍊以京司上納錢中
劃給使之趁速結搆入處死人旣已拯得其掩埋之
節加意助給毋論渰與頹當年身還布并蕩減事自
廟堂三懸鈴知委○兩司聯劄批予之必欲承順慈
志者非道理乎爲人君而設有過中之擧苟或不大

悖道理惟當黽勉從之而况慈教之欲承順是悖義
之過擧乎懲討縱誘以忠憤而忠與孝其將爲二致
乎駭妄之極寧欲無言其各任自爲之〇三司合啓
權敦仁事中之主下金正喜之至奸且妖而結爲死
黨聽其慫恿則魯敬之負犯何如而肆發復官之說
威言無諱濟其陰謀則邦禮之慎重何如而暗售獻
議之同遊說是籍且彼所謂卑微之徒卽掖屬吳奎
一與趙熙龍父子也一爲敦仁之爪牙一爲正喜之
腹心出入深嚴伺察者何事往來昏夜綢繆者何許
一百十二字添入施以下四字抹去遠竄二字添入

〇兩司大憲趙亨復大諫朴來萬執義蔡元默掌令洪仁秀合新啓噫嘻痛矣
國綱雖曰漸頹世變雖曰層生豈有如金正喜之至
凶且妖者哉蓋其賦性奸毒宅心回曲薄有才藝一
是背經而亂常工於揣摩不出凶國而禍家世濟其
惡是父是子陰結匪類如鬼如蜮爲世不齒亦已久
矣其父逭奪罪人魯敬干係何如負犯何如渠輩之
得逭収司渠身之止於島置已是失刑而年前宥還
特出於先大王好生之聖念渠若有一分人心一分
臣節則固當故守先壠縮伏自靖含戢沒齒而猶復
縱肆無憚跳踉惟意兄弟三人偃處江郊出沒城闉

廟堂事務無不干與朝廷機密百計窺覘鑚刺曲逕
締結掖屬情跡閃秘無所不至乃與平生死友權敦
仁合而爲一朋比固結暗地慫恿謂渠父可以伸復
謀脫逆名謂擧世可以鉗制翻弄國法至有敦仁之
公肆威言無所忌諱此已是一大變恠而雖以今番
事言之祧禮之莫重莫嚴而乃敢參涉凡爲窩主窠
爲使令到處游說要爲獻議之與同詐終不售雖緣
衆論之歸正言則沉傳莫掩十手之皆指噫彼經營
設施力護悖論必欲壞亂邦禮眩惑人聽者其心所
在路人皆知此而不明示癉別痛折亂萌則又不知

何操駭機伏在何地言念及此豈不凜然而寒心哉
且彼所謂締結之掖屬卽吳奎一與趙熙龍父子是
已一爲敦仁之爪牙一爲正喜之腹心出入深嚴伺
察者何事往來昏夜綢繆者何許醞釀之憂殆同伏
莽將來之禍必成燎原豈可以微賤蟣虱之類忽之
於防微杜漸之道哉請金正喜亟施絶島安置其弟
命喜相喜幷施散配之典吳奎一與趙熙龍父子亦
令該曹嚴刑得情夬施當律焉批金正喜兄弟事若
是論斷殊涉過中幷不允末端三漢事如渠卑微何
必如是張皇乎勿煩〇嶺儒鄭光根等疏請忠定公

攉擬聖廡蹐享優批不許○平監洪鍾應啓江東等
邑民家漂頽人命渰死事傳曰四邑水灾又如彼其
孔酷尤庸驚慘凡係拯救周恤等節一依前四邑判
下之例到底擧行之意星火知委於慰諭使○兩司
合啓批金正喜事爲之甚惜其自處也若畏約則寧
有形跡之可尋者乎平昔不悛之習推可知也北青
府遠竄金命喜金相喜放逐鄕里吳趙兩漢之爲二
家爪牙腹心予有所聞者多矣並嚴刑一次絶島定
配至於熈龍之子不必擧論可也圭一古今島 熈龍荏子島○平
監洪鍾應啓定州等邑民家漂頽人命渰死事傳曰

稗林 哲宗紀事二 四十三

一旬之內三見水灾之啓哀我民生胡寧逢此耿耿
起想如在眼中慰諭使之行未知今到何處而其所
以拯溺奠居之方一體擧行事分付○兩司合啓金
正喜事中心哉下十字抹去以若負犯凡止於遠竄
第止於放逐則怙縱之習不止不悛而已也至若二
十八字添入父子下三字抹去之字添入敦仁下五
字抹去正喜下之字抹去爪牙二字添入腹心下郎
亦宸鑑之所悉燭也九字添入道哉下吳趙兩漢情
節未究刑配遽施極涉太輕熈龍之子罪無異同二
十四字添入猜字下北青府遠竄罪人七字添入安

置下二字抹去放逐罪人金五字添入命喜下金
字添入奎一下與字抹去熈龍下八字抹去更加
二字添入嚴刑下期於二字添入得情下五字抹
去熈龍之子亦令該曹嚴刑得情并施當律焉十
七字添入○大王大妃殿傳曰閔良廉宗秀定爲贈
領相星華嗣子乚傳曰閔良廉宗秀別單職差下○
慶監李紀淵啓卽接咸昌縣監徐兢淳牒以爲六月
十四日暴雨宰岳山一脉崩頽云馳往詳審環洞皆
山山又多石半夜一雨倉卒暴急危巖汰落怒濤衝
激數口之家多至闔沒一室之中或有倖免而男

稗林 哲宗紀事二 四十四

女老弱之一時併死者爲四十四名之多民家
漂頽爲二十七戶事傳曰觀此嶺伯狀本咸昌
倉卒一雨人命之渰死民人之漂頽數甚夥
多聞甚矜慘而屍身之未搜尙爲折半之多
云期於拯覓之意爲先申飭而豈可無別般慰
恤之擧頽壓民戶別施恤典新舊還停退俾卽奠接
壓沒人等身布還工幷蕩滅之意申飭道伯
形止狀聞事廟堂措辭分付○八月祧眞宗室于永
寧殿祔憲宗大王孝顯王后于宗廟○傳曰關西水
灾方此驚悶之中今雨若是極備言念穡事宗爲憧

慬四門禜祭遣重臣不卜日虔誠設行○黃監洪耆
燮啓金川等邑民家漂頹人命渰死事傳曰海西水
灾之比關西無甚異同豈不驚悶乎年來兩西之疫
於供億民力之困殆無餘地而又有此千有餘戶漂
頹之患衆我赤子將何以爲生也非但關西已施之
典近圻沿峒存恤又當加意以谷山府使洪存稷慰諭
使差下使之馳往被灾各邑聚會大小民人以期於
安接毋或渙散也意面面曉諭營邑助給之外以京
司上納錢中分排其被漂被頹之大中小戶量宜分
給待結搆奠接後形止馳啓事廟堂三懸鈴知委○

稗林 哲宗紀事二 四十五

平監洪鍾應啓定州等邑民家全頹事傳曰又見箕
伯狀啓定州等邑水灾愈往驚慘慰諭使之行尤存
撫施恤一軆舉行之意星火知委○黃監洪耆燮啓
鳳山等邑民家漂頹事傳曰今見海伯狀啓鳳山等
邑又被去月十六八之雨漂頹之戶幾近千餘極庸
驚慘慰諭使一體行到尤係慰恤奠接之方依例舉
行事知委○慶監李紀淵啓罪人姜長煥到配事傳
曰放送○平監洪鍾應啓博川郡民家全頹事傳曰
博川之被灾一經再經民家全頹又是夥多尤庸驚
慘依前顧助奠接之方各別申飭俾無一民棲遑之

意廟堂一躰分付於道臣及慰諭使○傳曰息全君
祠板改題主日遣內侍致祭豐溪君祠版一體致祭
○咸監徐有薰啓咸興府民家漂頹人命渰死事傳
曰北關以荐經水旱之餘又有此極備之灾而塲市
歸民之遇漲渰沒既曰不可以數計則寧有如許慘
矜之事其間拯得未知爲幾許而此非滄洋大海則
豈有畢竟未拯之理也各別董飭期於盡數拯出掩
埋之節從厚顧助後啓聞會減生前徭役一併蕩減
漂頹結搆之方既有關西已施之例分排大中小戶
期於未寒前入處後一體會減大抵朝家體恤之政

稗林 哲宗紀事二 四十六

全在於道守臣對揚之如何除尋常惕念舉行使遐
遠遇灾之民無至向隅咨嗟事廟堂措辭知委○關
留李是遠啓民家漂頹人命渰死事傳曰一境之內
漂頹之戶渰壓之民一何慘也其母子妻孥相抱啼
號彷徨如求之狀尤不忍想到元恤典係是援例之
事而死者之生前身還布併令蕩減沿海諸處另加
聞飭拯出屍身使之厚埋京司上納錢中撥用先此
被灾處依例分等分給以示朝家慰恤之意○大王
大妃殿王大妃殿大妃殿加上尊號陳賀○黃監洪
耆燮啓延安等邑民家漂頹人命渰死事傳曰纔經

積西海波又至捲地之勢雖有河北之揵奠之能捍念我赤子咨嗟之聲愁憂之色不目見而如見不耳聞而如聞如何不驚如何不傷豈可使此失所之輩徊徨道路不安其居處乎慰諭使遍行諸處元恤典外京司上納錢中泉布依已施之例一齊分賜俾無一民見漏之歎屍身亦令董飭一一拯出從享掩埋生前身還布一併蕩減事廟堂措辭行會○大王大妃殿傳曰單服本是遠行時取其輕便之意也當月而齋何必如是自今為始遠幸外當以戎服為定矣鼓房知委○物故罪人金鵬元牒授○泰奉閣達庸

稗林　哲宗紀事三　四十七

敍用持平睦台錫牒授○舉留趙秉駿啓闕里祠影禎年久渝弊江陵堤川所奉京本將奉于本祠而事體慎重令廟堂稟處事傳曰是府是地之揚處夫子影禎即我正宗大王接千聖冠百王之精義大訓也外此而不有朝令私自奉安是慢也褻也今此繪本年久告渝重模之尚惧不得而闕東湖西所奉之移奉援以事體誠為得宜各其邑守令按式陪進於各其境上闕里移奉之日留守馳詣奉審旧本積藏使否詳審舉行後啓聞因此息之近來列邑書院之法外私建宜有一番申明而先賢影禎之無端摸出無端建祠者雖曰慕德之舉而法外之舉非所以慕其德也况鄉里雎盱閙擾之弊適足為俗習日渝之憂乎今此提飭之後如或有犯入聞則主張士子之外不察之道臣守令亦當嚴處以此傳教一一曉諭可也○備局啓蔘包變通禁潛申飭事大王大妃殿傳曰斤數之加定包稅之量減為松灣之民可謂曲盡無餘矣今則禁潛一欵尤當申嚴而此則有司之職也今其課歲提飭使人君下行有司之事不啻未見其効至於昨今年反有甚焉為松灣兩府之官長者知之而然歟不知而然歟以此徵細之事今則不得

稗林　哲宗紀事三　四十八

不為國之大政者無他禁則紀綱立未禁則紀綱不立紀綱之立不立亦豈非関係國家之事乎今此京包之加定出於必禁其潛之意也若又如昨今年之蕩然則松灣舉行之地其將體國之人乎不體國之人乎予不欲索言而至於別處潛造北路潛入松灣兩處不可專責則各其道帥臣別立科條一切搜捉一并官庭挫折出給校卒犯漢則亦一切以犯越之律施行之意廟堂措辭知委於兩西關北道帥臣處而蔽一言曰潛蔘之禁不禁專在於松灣兩處國家紀綱立不立亦專在於松灣兩處此意一體知委○

閏八月大王大妃殿傳曰都事金汶根女司果鄭性
秀女奉事申錫昌女縣監鄭基大女幼學曹啓承女
并揀擇入之其餘許婚○漢城府啓令揀擇處子擧
案入啓矣廼聞洪秉五以鄉曲卑微之類肆然呈單
猥濫無嚴莫此爲甚原單拔去洪秉五令秋曹照法
嚴繩事允之漏覺所致移送秋曹嚴處可也○正言
洪祐吉疏畧臣家遭遇正廟盛除恩寵偏沐榮顯殆
極而不幸有近出之變門戶遂至破壞矣臣曾祖素
嫉其侄之所爲故言議臭味之初不相關即當時擧
世之所共知也庚子臺臣洪桂薰論列臣曾祖嶺伯

時事有曰圖占雄藩恣意濟私南倉萬錢䭾運何處
又曰各立門戶則家庭之內便同仇敵叔侄之間日
尋戈戟嗚呼使臣曾祖苟有一分干涉於其侄平日
之事者當闔門湛滅之淤何無一辭槩及反以仇敵
戈戟之語聲斥之至斯也且其侄所敍之案即亘古
所未有而臣曾祖所坐之罪不過是公錢犯用一段
也正宗大王稱以所犯之罪即由於挪移分劃爲教
至於家門事有門戶睽乖色目先定之教聖鑑孔昭
無微不燭此是臣家死中得生之一大關捩而癸未
臺臣黃徽彥之疏論臣家事以爲榮賊之所以爲榮

賊莫非臣曾祖之慫恿指使噫嘻此何與當時聖教
之意一切相反也擠陷之是急罔覺自底於誣罔之
科此固不足多下而第伏念臣曾祖北荒恩譴不幸
身故未蒙生前全釋之恩泉臺之碧血未洗王府之
丹書尚存臣每念及此心肝如裂只欲溘然無知伏
願將臣曾祖所犯罪案令有司之臣詳考正廟朝處
分而稟處之如有一毫誣罔請伏鈇鉞之誅焉批疏
辭令廟堂稟處○大王大妃殿傳曰都事金汶根女
司果鄭性秀女縣監鄭基大女三揀擇入之其餘許
婚○特擢金汶根承旨○統使李膺緒啓龜山僉使

李義叔貪虐爲政校卒聚怨罷黜事傳曰鎭將之不
恤鎭屬而但濟己慾極爲痛駭待上來拿問嚴勘吏
校軍卒之當日擧措亦一變怪首倡者嚴刑遠配其
餘分輕重科治事分付○謁健元陵景陵○賜侑石
室道峰書院○備局啓洪祐吉本生曾祖之當初被
謫只是贓犯末稍蔓棘只是申嚴隄防而夫以國榮
之惡逆福榮之正法而爲親叔親侄焉則其時所坐
之不輕而重可推而知矣但前後臺章與夫正廟判
付在閣 則分知之在公貨則臚列之今其孫之以
贓犯聲冤不以逆案收司爲說者容或無怪而第念

律名旣嚴歲年且久令姑置之恐合事宜恭俟上裁
傳曰此事祗坐贓犯當時已有可言者矣于今七十
餘年其名尙在徒流案爲其孫者如是鳴寃亦無
恠洪樂彬事卽令文周俾伸其幽寃之情○大王大
妃殿口敎賓廳曰大婚欽定於前承旨金汶根家卿
等諸議何如賓啓伏承慈敎允協神人之望斯乃宗
社臣民無疆之福臣等不勝抃賀之忱○大王大妃
殿傳曰司果鄭性秀女縣監鄭基大女幷許婚○傳
曰舟梁之禮已定矣四世忠貞之烈可勝追念亢係
壬寅樹立諸家俱有特贈節惠之典况此家乎贈贇

成金濟謙不待狀議謚贈吏叅金省行加贈贇成一
體不待狀議謚○永恩府院君金汶根封爵○備局
啓平監洪鍾應䟽陳道內歉荒民情遑急之狀乃請
本道穀一萬石他道穀三萬石京司上納錢十一萬
四千餘兩俾卽劃下以爲調賑之資而批旨有稟處
之命矣見今京外錢穀枵罄實難準劃京司錢則捄
以事體亦不無緩急緊歇之別以各樣上納中戶曹
均廳錢限三萬兩特爲劃下本道穀許令取用至於
移穀則若不趁此備穇必致窘跲以某樣穀中嶺南
折米一萬石湖南折米一萬石湖西折米一萬石排

劃使各該道從速裝載定差員領運船路護送依漕
運例爲之船價雜費依近例公穀會減以爲及期需
用之地事允之○幼學李亨溥上言安嬪祠宇毁壞
墳山崩頹特爲栽處事傳曰此後宮之功勞不可與
尋常後宮比又有列聖朝已施之例令戶曹錢三百
兩出給奉祀孫使之修葺祠宇改莎山所事分付○
口敎曰錢五千兩米一百石木布各十同輸送于本
房○九月全忠儒朴春欽等䟽略人之心術不正者
學術隨而不正學術不正者言必詭異行輒詖邪其
害終至于訾毁聖賢之成書壞誤邦家之彝典而有

身親犯之者亦有流毒後世者往古來今指不勝摟
而以近日事觀之宋能相權敦仁是耳臣等請上下
源流而詳陳之夫孔孟以後繼往聖開來學有道德
有事業之大賢人無如程朱而程氏之書易傳是極
工也是故朱子考書其後曰易更三聖制作不同而
其因時立敎以承三聖不同法而同於道者惟伊川
之書而已又曰易傳義理精字數足無一毫欠闕尹
和靖曰平生用意惟在易傳欲求先王之學者觀此
足矣旣有朱子和靖之言則後生末學孰敢改評而
彼能相輒加譏訾謂之以程傳未免籠罩籠罩者掩

取之意也程子何嘗無發明易義而有若掩取者然乎噫嘻此何言也小學近思錄紫陽之書而小學則使學者得以先正其操履近思則使學者得以先識其門路羽翼四字以相左右其要如此而彼能相不滿二書以爲朱子中年未定之書或斥之以不過許衡尊奉之書或毁之以此皆胡亂雜載之書又曰枉讀二書其效蔑蔑矣朱子開悳後學使知進德二字是能相識斥宋子之道學也又能相右周元陽嬪家之說而斥宋子亡室題主之定論曰宋子七十而夭未及修整禮書焉有七十而稱夭者乎其語意極悖

戾矣文正公臣宋時烈論賊鐫侮朱子之罪曰人苟凌侮聖賢何所不止彼能相以文正之孫於程朱之書譏議毁斥若是無難其所凌侮果何如哉然則不但程朱之罪人卽文正之罪人也能相敢於程朱貶薄至此則其在我朝儒賢輕視詆毁尤自容易矣嘗論配食聖廡諸賢曰十一廡綴何其多也有臣者作釐正祀典栗尤以外皆在所損益從祀之典事體自別列聖朝崇奬儒賢命躋廡食以致其尊慕之誠此宗卓越歷代之聖德而能相小無欽慕之心敢爲黜斥之論眞所謂無忌憚之心者而至若文元公臣金

長生卽文成公臣李珥之弟子而文正公臣宋時烈之師也受程朱之學於李珥傳之宋時烈卽我東斯文之嫡統而尤邃於禮學所纂喪禮備要卽其居憂時取申義慶所爲草本屢加刪增修改不已規模則一遵家禮節目則參以儀禮補其闕詳其略斟酌通變允合情文文正公辛酉封事有曰金長生所撰喪禮備要等書毫分縷析置水不漏使國家典章私家經禮皆有所折衷而一主乎程朱之說雖趣向異塗之家莫不遵用其功可謂盛矣夫以鄭衆諸儒以註釋周禮之文而尙此與於聖廡之享況文元公東方

禮學大成卽其後文純公臣權尙夏以文元公從享事獻議也亦引文正之言而告之曰臣師所見足以知德而汚不至阿好今以兩先正之言觀之其尊信敬服可謂俟百世不惑者而惟彼能相執其禮書詆斥之譏貶之指意函議遣辭悖慢其許多條論難以校擧而有曰混濫儱侗有曰乃不成說有曰進退無據反成悖理有曰鄙俚悖褻不可用有曰不亦悖之甚乎有曰悖理無識甚矣有曰或者之說全不識禮儀大悖也沙溪每取之亦異哉沙溪文元之號也其論降服條則又以爲申氏僞造賈氏之說學問麤踈

心術不正必屈一於斯且考疑禮問觧沙溪引鄭氏說而其下自註與此書假托賈氏疏無一字異甚可異也又以爲備要引鄭氏說而喪服條下復引前自註之說上添賈氏曰三字怳忽驚疑不能方辨又以爲申氏燮姪竊托之計可謂太迂濶而沙溪見慢不削百世後致疑恐非細事凡此狂詬亂嚷之說或出於紙頭私記或出於皐比正目或出於與人往復問難之書皆渠文集所載而其無倫絶悖與文正之所言一何相反之至此也能相身死之後其子煥章刋布遺稿而於是乎物情大駭士論沸騰四學儒生相

率封章請正能相侮賢醜正之罪則純廟朝批旨若曰朱子繼往開來之大賢金文元吾東接統之儒賢而又宋先正之師也先正之所尊仰則述卽文元與朱子也以儒而譏侮兩賢則斯文之變怪也以家而違背兩賢則先正之悖孫也削逸毁板夫孰曰不可但玆事亦係至難愼且其文集予未之覽焉不能造次允從非不信爾等之言也朝家刑政固宜如是疏辭令廟堂稟處廟堂回啓以爲尊慕先輩講明義理八字先賢之語而必於講明之中尙存尊先輩之意然後敬禮而盡義理益明宋能相之譏斥定禮詆毁

先賢悖妄極矣儒疏所論旣嚴且悉刋書之毁去板本固不容少緩至於抄遞之職所以待儒者也侮賢壞禮至於如此而尙可以儒者言哉其在淑人心靖世教之道特許削逸之請允合輿論上哉何如傳曰此是大刑政故有稟處之命矣今見草記益如公議之當然幷依施大哉王言赫如日星士林至今莊誦庶幾邪說永熄師道復明矣吁彼付處罪人敦仁素稱私淑於能相而自以爲當路得志忽於甲辰正月日賓對筵奏曰大凡議禮之家門戶甚多橫看竪看人見不齊曰黑曰白論說互出雖質難至於聚訟從

違各自殊塗未或以此得罪於先賢者爲其可否之執只是制度節文之間故也今此宋能相之備要箚記亦不過考據禮書參辨已疑而益箚記出於能相二十歲以前者則下語之際設或有率爾不審之失此政朱夫子所謂許父祖之年甲遽加以侮毁先賢之目固已過矣況備要一書雖經先正臣金長生鑑正其書則申義慶之編輯而先正之所追錄識別者序文後叙可按而知則當初儒疏之聲討終不免扶摘之太深而至曰私淑淵源陰懷異心其亦言之不成事理也先正臣金長生旣先正臣宋時烈之師而

能相乃宋先正之孫也以孫而不滿於其祖所嘗服
勤而乃反私絶淵源云者是豈天理人情之所近似
而竟歸之於譏貶朱子誣悖先祖則尤有可据據之
至於此甚乎以其事涉先賢言出多士朝家處置始
果如是而仮者削逸卽是死後極典乃以抉摘文字
之事追律三十六年未蒙伸白非但其孫之課歲嗚
累情理卽然簡乎踈理固爲聖朝美政而事關斯文
臣不敢擅斷直請詢于時原任大臣處之何如遂下
收議之命而竟復能相之逸籍𥘉以敦仁莛奏中辭
意見之節節乖當此何爲也有曰橫者竪者人見不

齊曰黑曰白論說互出未知橫屬誰邊竪屬誰邊黑
指何地白指何地耶有曰質雖至於聚訟從違各自
殊塗其果文元與能相聚訟乎否直謂能相與文元
自殊塗者耳有曰未或以此得罪於先賢者爲其可
否之執只是制度節文之間故也自昔詆辱先賢者
獨以禮書一部以制度節文之不足爲也有所寬恕
則周公之經子夏之傳文公之家禮語或使詆而皆
可以莫之罪耶有曰考據禮書叅辨已疑此則以文
元之書爲誤而以能相之考據叅辨爲正也耶有曰
劉記出於能相二十歲以前此尤曲護能相而假舉

年條欲掩其惡遂以欺君而誣世者也劉記元無年
條之可證且能相之所著述刊行者爲四冊而其詆
辱之說散在各篇不可勝篡非但紙頭私記爲然則
此皆二十歲以前文字云耶有曰況備要雖經先正
臣鑑正其書則申義慶之編輯備要之爲文元所著
殆竈婢耘婦之所共傳誦則敦仁寧或不知而爲此
言也哉敦仁之斷斷血忱嘗欲爲能相一死而甘心
於文元者久矣今天伸理能相也以備要爲文元之
書則能相之罪終無所逃故飾出奸黠之計移其編
輯之宗於別人以備要爲不足輕重之書然後可以

抹觧能相而籍制一世之公議也且渠之所蓄異圖
妄謂文元道德之實只在於禮學一事遂以編輯屬
他弁與此滅裂則栗尤嫡統從可以私自移絶吁其
心跡灼然可知若文元陞廡時李喜舄凶疏以爲平
生所學不過喪禮備要一卷而此亦申義慶之所編
輯金則刪正而已敦仁此言一句與舄賊字字符合
而有若傳襲者耶末端有曰竟敢之譏貶朱子則爲
可据據之至於此甚乎痛矣此尤何說也譏貶朱子
之說載在渠所謂雲坪集者不止二三而已已仮疏
首討貶朱之罪純廟批旨先擧尊朱之議則今日据

擴之甚云者為能相地圖吾矣獨不念同歸於誣辱
聖賢之科而亦不畏大聖人為斯文處分之截嚴乎
罪至於此无無容更誅矣臣等忝在縫掖之列固當
鼓攻筆誅之不暇而氣焰可畏莫之敢攖忍痛含冤
佃俛蹐跼今於祧禮之收議也噫彼敦仁力抗正論
別立已見肆然𢿙議古今天下寧有是哉諸侯五廟
是萬古不易之典則嗣王以先君入於禰廟而先君
之高祖不得不祧遷亦萬古不易之制也惟我憲宗
大王承聖神世嫡之統以君兼師臨于一國者凡十
有五年而今當玄服將事祔禮誕行則環東土含生

之倫舉切於乎不忘之思孰不欲盡其禮而致其敬
哉獨彼敦仁創譔說而孤負我先王歧正論而壞亂
我邦憲乃敢奉翼憲而廟於二昭二穆以外之位是
可忍也孰不可忍也盖自古帝王立廟以來未有為
人君而不能躋享於昭穆之序者亦未有為人臣而
奉祔先君於廟統之外者亦如敦仁之說則以翼廟
繼序之重焉而敦仁貶之也以憲廟踐位之尊焉而
敦仁貳之也思之及此腐心痛骨誓不與敦仁并生
於一天之下者誠是窮宇宙亘古今所未有之亂臣
賊子也噫敦仁之𢿙議擒擬圖之確證棄議狀之正

論拈出小貼子一段扶摘牽合以不必泥古等說自
做自鮮必欲掩昧朱夫子本旨凢仗家擾亂章句刪
改字義者尚云有罪况僞托師訓妄論邦禮者當置
何辟且不拘世數之說莫嚴之地援引錯誤自歸誣
蔑其心所在誠難測度無將不欲莫此為甚以乃家
之人背其詩禮相傳之訓述此覆載難容之罪是豈
一朝一夕之故也哉此無非心術不正之致景議之
貶尊先君寵貊之乖亂廟議古今一轍而敦仁之前
後負犯亦非二致今日誤邦禮之本在於昔日之侮
賢昔日侮先賢之漸露於今日之誤禮徙頭徹尾一

串貫來而傳神者能相也護法者敦仁也向臣所謂
有身親犯之者亦有流毒後世者非也耶蔽一言曰
斯文之亂賊有國之凶逆也二罪俱係罔赦不可以
付處薄勘而止者審矣請付處罪人權敦仁亟施當
律宋能相復逸之職亦為還削以為靖世道扶斯文
千萬幸甚批宋能相事以其跳妄而罷之以其蒙騃
時事而宥之此兩朝處分之聖意也今何可復削既
復之逸乎至於權敦仁事禮論各有意見故謂之聚
訟者也况既已施罪而大官付處非輕律乎爾等之
哀合前後不當之段落如是為說甚非忠恕之道也

〇傳曰今年旣我正廟御真圖寫舊甲也追惟往事不勝愴慕之私二十二日誕辰茶禮當自內親行矣百官入叅〇中宮殿冊封〇傳曰月前加贈節惠之典尚云晩且後矣而今於舟梁禮成之後益驗其忠貞積慶之報矣金文忠公以下四世祠版遣承旨致祭〇大王大妃殿傳曰藥院每日次問安啓辭中中宮殿依例爲之〇十月舘學儒申義朝等疏略荀或自絶師門倡爲悖詭强立己見妄論鉅典則是爲小人之無忌憚也如此之類處之伎林之列則異端之害將爲滔天寘之輔相之位則執拗之弊必至誤國

其得免聖人鳴鼓之攻兩觀之誅者幾希矣嗟乎能相之背馳師門爲前矛於敦仁敦仁之妄議禮典是傳法於能相狂愚如彼而逃職自如駭妄如此而薄譴而止則斯文之変世道之憂誠不知至於何所矣亟削宋能相逸職仍施權敦仁當律焉批假如爾等之言削逸之論許多歲蹇蹇無聞今忽如是殆同洗斑覓疵而論之互異特人見不同故耳亦何傷也且已處分者宗非輕典爾等更勿持疑退修學業〇傳曰節已施矣長興府竄配罪人許棨放〇傳曰憲宗大王宗錄今已奉安洗草宣醞等節依戊戌年例舉

行〇大憲吳取善正言洪鍾序疏請宋能相削逸權敦仁金正喜加律不許〇大臣（領府鄭元容判府金道喜朴晦壽左相金興根右相朴永元）率禁堂請對（大王大妃殿教曰大臣請對卽捕廳事乎鄭元容曰海西文殿之間亂民輩嘯聚徒黨稍亂眩惑自捕廳已多拿嚴文案臣亦見之而其情節至云言辭絶悖宗不勝憤惋矣金興根請鞫嚴鞫大王大妃殿許之又教曰此皆何如漢乎興根曰文化卽是柳哥姓貴而居於文化之柳哥也大王大妃殿曰有班名乎興根曰海西之稍稱班名者亦有之矣李明龜於中路栗第則捉得矣大王大妃殿曰渠弟亦愚蠢矣興根曰果愚蠢無識之漢云矣大王大妃殿曰柳興廉高未知去處乎興根曰不知去處故捕廳尚未捕捉矣大王大妃殿曰若逃入島中則捕捉豈不難乎興根曰亦有是慮矣上曰問於就捕之他漢則去處可知矣興根曰他漢終不直招渠父雖已就捕而渠則一様逃避人理蔑絶矣上曰渠知渠父之重則是豈做如此去悖之事乎又教曰聞有倭種云然乎興根曰

其中或有挾雜術妖言煽惑人心者而倭種之說姑未聞知矣又奏曰罪人發捕何等嚴急而閑捕卒輩到處作弊專事玩愒當捕而尚在滿調音有之就捕而中路任態者苟之苟能別般擇來於分發逮詞之際則豈有是哉捕將任泰瑛吳一善罷職何如大王大妃殿曰兩捕將事甚是可駭雖過於嚴聽無所不可而尚多未究覈者姑令戴罪行公而兩西方值歟荒滯所憂念中此時校卒之到處作弊尤極可駭更爲別般嚴飭可也）〇大王大妃殿傳曰風遮額樣終涉如何耳掩舊制別無章服変改之嫌自今耳掩當復舊矣該房知悉〇兩司（大諫朴來萬司諫李承輔掌令朴文鉉任秀龍正言權應夔）聯疏請宋能相削逸權敦仁金正喜加律不許〇推鞫罪人金應道柳喜均原情蔡喜載奇德祐崔致珏嚴問〇兩司（大憲吳取善大諫朴來萬執義尹致應司諫李承輔掌令朴文鉉任秀龍正言洪鍾序）

康帽遠逵合啓噫嘻宋能相之罪可勝誅哉以誣悖之性
梟敖縱之習素無學問之工而濫盜遺逸之名則隱
然自處以知禮肆發無倫之悖說程子之易傳謂之
籠罩朱子之小學近思錄称以胡乱我東廡綴之伎
賢偏加訾毁甚至備要一書而無難詆斥之曰渾瀜
儱侗曰進退無據曰鄙俚悖褻曰全不識禮其旨意
之凶論遺辭之悖慢難以枚擧此誠斯文所未有之
變也昔在純廟朝士論峻發其時處分大定昭如日
星嚴如斧鉞而吁彼權敦仁素稱私淑於能相敢生
伸理之計至有復逸之請其所爲說節節乖當橫竪

稗林 哲宗紀事二 六十三

黑白皆擬無狀聚訟殊逵悖妄尤甚乃以備要謂非
先正之書而營救之劄記謂是少時之事而自解之
人之無良胡至此極其亦欲巧而反拙矣於是乎心
術之悖亂不正一串貫來甘自歸於背師侮賢之科
嚮之能相傳神於敦仁今之敦仁護法於能相以至
幾獻邪禮苟究其由宋非一朝一夕之故而能相之
罪犯若是乎係如彼一世之興憤如沸多士之聲討
轉激此而不明示癉別則何以衛斯文而靖世道乎
請宋能相逸名亟施刊削之典焉○三司合啓權敦
仁事中不入下三十四字抹去矣字添入彼哉下且

以宋能相復逸事言之其所爲說恣爲眩惑曲費救
解乃曰横竪黑白聚訟殊逵又曰備要非先正之書
劄記在未成德時遂以誣先正而欺一世此與能相
一而二二而一也悖論之傳襲奸黠之蓄積於是乎
益著背師侮賢斁倫敗常胡至此極究厥心腸萬剮
猶輕論其負犯寸斬何惜一百十一字添入○推鞫
罪人蔡喜載奇德祐各訊杖九度崔致珏訊杖七度柳喜均訊杖
九度金應道訊杖七度刑問○三司合辭再啓請權敦仁加
律不允○傳曰近日三司之論不過復申前說而毋
論其心跡之如何意見之如何由前由後統以言之

稗林 哲宗紀事二 六十四

不能審愼之罪則有之矣一向相持有非待士林待
臺閣之道狼川縣付處罪人權敦仁加施頃與府遠
竄之典今此處分出於十分斟量如有更鬧是不信
王言也豈無處置之道乎咸須知悉○三司合辭請
權敦仁極邊遠竄不允○添書李承憲獻納○玉堂
聯劄請權敦仁加律批循等之言反非格君之道假
使此人必也見疑狀於心乎更勿煩瀆○兩司合啓
中澤金河兩女事兵奎一趙熙龍熙龍之子事停○
捕廳啓目罪人金載旭僧忠國取招判僧忠國更載
旭旣知其横羅丁寧無疑則別無更問之端并放送

以誣衊臣黃玉兵曹言之是何等詗捕而跡虞莫甚從
重難考◯傳曰科第雖儒子之大慾發軔之初冒行
非道何以事君日前庭試榜唱名中金趙兩人皆世
所稱華閥之族而罔念父兄命名之義無端改易行
列一爲虹樑一爲青縣而至被擢選予甚駭惑歷數
日而不得其說也人之無恥無禮一至於此尤爲痛
恨此等人豈可使得齒於清朝之端乎并令削科俾
知無恃之罪而以戒後人◯禁府柳廣臣丁穉常具
格拿來因啓◯推鞫罪人蔡喜載奇德佑崔致珏金
應道柳喜均告變人高成旭面質◯傳曰日前瞻夫

子廟宮即憲宗戊戌已行之禮也不可無示意之舉
泮長以下賞典依癸亥年例施賞◯禁府鄭得顯拿
來因啓◯傳曰設鞫已近二十日且有捕招則鞫庭
盤覈豈有若是延拖之理乎挨以事體稽忽除非置
辟者外捕廳前後文案諸大臣及諸禁堂眼同更爲
考閱與意見論理以聞而從速了當無令中外愈往
騷訛之地可也◯正言姜鍊疏略嗚呼士生斯世讀
書取爲科以立身事君而朝家所以設科取士亦所
以蒐羅賢能資益治道者也夫何挽近以來科弊漸
痼士趍以降至於今番科試瞻聆轉極駭惋改換名

字呈券入格者有之偽懸居住以京爲鄉者有之古
人所謂欲事君而先欺其君者不幸近之豈不是無
恥之甚而大爲世道之害也竊不勝憂歎之至過此
以往復若有效嚬而冒犯者其令四館這這摘發一
切施以犯科作奸之律亦不爲無助於正士趍之道
矣𢦤爾以新進之人能言可言之言良用嘉尚科試
之弊至於無所不爲之境傍觀爲之醜然而今以後
篤一有冒犯名籍者當一切以法從事之意著爲定
式施行◯別論經筵官洪直弼成近默◯傳曰贈領
議政廣星華題主在明日念予本生情私罙用愴廓遣

内待致祭以伸予區區之思◯禁府李明赫具格拿
來因啓◯禁府喜載結案夷身以鳥僥賜肚有鬼蜮
情狀與訛息亂認作常事干常犯紀視同茶飯自作
窩主則興廣德佑爲之腹心交結亡徒則謀士將才
至有指日明爽即其奇貨而委訪椒島則肆發響應
之說值其居喪則敢爲諒闇之喻已萬萬窮凶絕悖
而推數簿錄自服當死之罪祭神文字莫掩邪亂之
疏至於與應道酬酢之二字凶言即振古所無之變
逆斷案也頎軍覘機陰結守城之鎮將行喪假托謀
輸鑄兵之鐵物指日舉兵屢退其期謀刼州郡至有

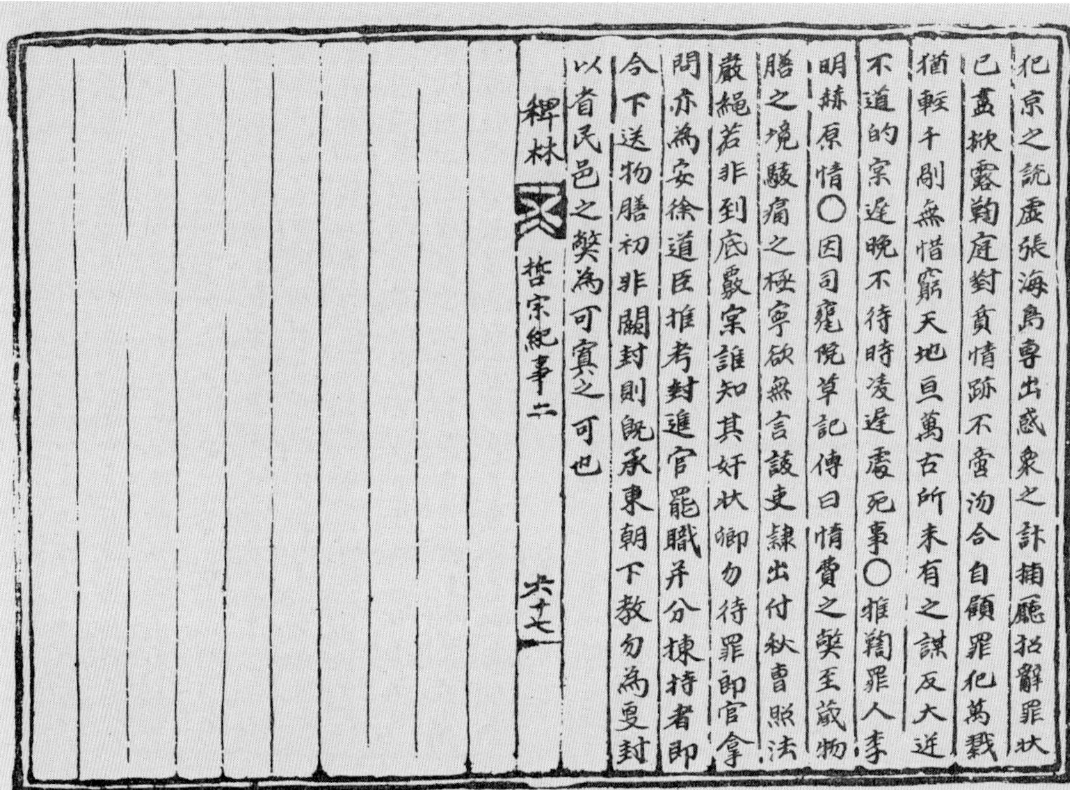

犯京之詭虛張海島專出惑衆之計捕廳招辭罪狀已盡掀露鞫庭對質情跡不啻沕合自顧罪犯萬戮猶輕千剮無惜窮天地亘萬古所未有之謀反大逆不道的宗遲晩不待時凌遲處死事○推鞫罪人李明赫原情○因司饔院草記傳曰情費之弊至藏物膳之境駭痛之極寧欲無言該吏隷出付秋曹照法嚴繩若非到底覈宗誰知其奸狀卿勿待罪即官拿問亦爲安徐道臣推考封進官罷職并分揀持者即令下送物膳初非關封則旣承東朝下敎勿爲更封以省民邑之弊爲可寘之可也

稗林 哲宗紀事二 六十七

已百卷之五十五

自哲廟辛亥十一月至癸丑十二月

十一月親行閟宮冬享◎禁府柳基均具格拿鞫囚啓○禁府德佑結案矣身跡本蟣虱之微賊性成梟獍之凶肆樂禍名亂素所包藏犯分凌上視若茶飯欲治佚而佚時則自稱田橫島錦屛島往尋許執策而前驅則至以漢昭烈晉元帝爲比推明變爲主魁而鼓曰言正理順又曰李生員將紹大業必先枉顧士流此已是亘萬古所無之凶逆而輿喜應三賊互相陰結文安海諸邑次第將攻惟其奪符據城之計

至有合力犯京之謀謝應道以前知而推爲謀士誘致珏以借城而圖輸𥫃械詭托捍胡之說潛懷射天之圖又況區區義西之凶札現捉於矣身之家而有曰丸泥小城勝之不武曰訓局勇軍難以與敵又以時勢之異同人心之向背反復詰論則又知排布醞釀厥惟久矣其爲凶譎憯慝是可忍也衆供旣合於捕査一辭無差於鞫質反形已具逆節昭著卽是載籍以來所未有之劇逆大憝千劚猶輕萬戮難逭謀反大逆不道的案遲晚不待時凌遲處死事○禁府應道結案矣身假托推數之雜術而煽惑人心先唱

不軌之凶圖而連結醜類入椒島見明變也許多窮凶絶悖之說卽千劚萬戮之斷案也詩句留贈旨意陰憯謂有人當來之尋而喜載退頭後塵謂他日必有之證而明變亂作秘訣喜賊發殷閤之說則敢應曰結承之君豈可比此凶黨屬謀士之托則謬讓曰德佑之才無妨於斯與喜載問答之二字凶言尤不覺毛骨俱悚而茶飯凶說無親無疎逢人輒道十囚所證一辭同然然以明變爲謀主我爲謀士今將起兵又曰我別爲計策則雖千萬兵從風而靡至若非久當達堯舜事成吾爲師傅之說與椒島凶言一串

貫來亘萬古所未有之劇逆賊也謀反大逆不道的案遲晚不待時凌遲處死事○禁府趙士悅禹敬猷元僖金聖悅李顯道具格拿來囚啓○鞫廳啓考閱文案爛加商議則趙士悅禹敬猷元僖金聖烈李顯道此五囚情犯緊重有不可輕先論斷李容瞻沈彧術數得聞柳基均經營大事之說有所酬酢奇東仁柳祿均權元晦往來凶徒之家忝聞悖亂之說和應則雖各抵賴情狀則多出諸招矣以上四囚幷移送秋曹嚴刑後施以減死島配之典尹行健李東稷朴斗瑞蔡膺載或得聞悖說或入山學術金錫正鄭文

臣申應元金伯三趙明和宋廷元趙和瑞宋厚之李
良元旣與應道相親雖無和應之跡而至聞絶悖之
說以上十三囚亦令秋曹嚴刑定配李願培金載檍
張日白金浩賢趙雲之林宗呂趙子詳閔希顯或賤
役資生或年老昏蠢雖出諸招俱無情跡之可論以
上八囚幷放送世變層生民彝壞敗至有設詐謀亂
之變而極矣臣等連叅鞫坐且見捕案其醞釀排布
之至凶情節不勝憤惋而今此諸囚中設計時叅會
叅聽之諸漢同叅之律不告之罪何可低昻乎事當
幷諸一律而旣伏承置辟者外論理以聞之教念聖

教特出於同治之意幷生之德故臣等奉承德意寧
失不經罪犯累重之當爲盤覈者外諸囚叅酌情跡
赦諸減死之律其餘隨其輕重分等以入因此思之
愚民輩爲凶黨所慫惥爲凶說所詿誤者至此之極
首唱之柳興廉悖書之吳義西尙未捉得者其可曰
國有法乎捕將難免稽緩之失幷重推閔飭各道監
兵營各別譏詗期於捉得此難以期日爲定者則出
使捕校幷姑撤還以省村里騷撓之弊聞鄕道軍十
餘名方見囚於黃海兵營亦或有純捕而未及捉上
者矣見其供招則別無端緖之可言滯囚可憫幷卽

放送之意分付事允之○禁府致廷結案矣身本以
遐陬之賤品猥叅乘障之重寄罔念圖報之義素蓄
思亂之心跡涉亂逆之藪耳擩凶悖之謀興廉之亂
魁而延接焉待以文士明爕之凶窩而交通焉認作
奇貨內有綢繆之心而外發叱斥之語陰懷傾嚮之
計而陽托廉探之擧千金錢求貸之事可知親密營
校吏同謀之問抑何意思對喜載曰以心從之戒敬
默曰愼勿發口書札往復於豊川則出於基均之招
兵罷欲輸以袁犖則有此得顯之供或曰領軍而爲
將或曰覘機而蕟兵或曰擧城許賊或曰捉賊擧事

衆招旣有一辭同然而奈其奸傭工於飾辭悍妻習
於忍杖捕廳已具之案謂以誣服基均對質之場誘
諸逞憾眞贓斷案旣已輸款凶言送謀無不叅涉則
論其罪犯宜伏常刑知情不告斬○傳曰鞫廳諸罪
人俱係干連逆獄則援以無分首從之義固難劇議
容貸而捕案鞫招多不符合訊推之節宜無輕重而
或同或異宲爲可疑酌斷之際不容不十分折衷而
罪疑惟輕亦聖王欽恤之義也趙士恍禹敬猷柳基
均丁稚常其所罪犯未嘗不緊重而雖謂之叅涉或
不過隨從之類或未著和應之跡直斷一律宲有欠

於審克之政并出付秋曹嚴刑絶島減死定配柳光
匡元僖金聖烈李顯道鄭得顯雖不可曰無罪比諸
以上四囚亦不無緊歇之別并令秋曹嚴刑遠配至
於李明爀恭諸衆指只一愚蠢之物也特以明變之
第也故至於被逮而非但無躬犯之跡明變罪案尚
來的知則況爲其弟者亦何以擬議典憲乎特爲放
還御喜均李謀李黨俱萃於渠家則何敢曰在家不
知也累回盤覈終始抵賴用律之適輕適重不可不
更加商量下送黃海兵營姑爲嚴囚以待處分可也
○大臣聯劄請寢成命桃造謀知情諸囚旣已置辟

稗林 哲宗紀事三 五

則其餘不過是愚迷没覺爲其所詿誤之類耳況捕
捉之不免誣服往往綻露於鞫供者乎卿等試思之
斯民也皆予赤子也赤子之自就重罪雖曰天討王
法所不敢赦也而誅之則不可勝數區別而有惟輕
之典則不害爲審克閔宗之政至於李明爀事使渠
兄在者只是爲人奇貨也況未就覈而先斃則本罪
有無何可施之於其弟乎今此特放非屈法也斷斷
是十分秤量中外廷臣庶幾諒悉而卿等之言如此
施以端川府定配之典俾渠全其一縷知有朝家別
般矜念之意爲可卿等其諒之○禁都趙雲植罪人

喜載子進秉處絞事文化地出去○傳曰開良朴仁
蔡別軍職差下○刑曹罪人朴東煥嚴刑更招啓判
學術之說雖甚妖誕而只聞李說而已旣無躬犯之
跡向來諸囚處分自有斟量更爲嚴刑遠惡島減死
定配○大王大妃殿傳曰凡係告變人查覈虛宲施
以功罪即當然之事而今番獄事有所醞釀若不赴
即打破虛宲不可知矣觀於諸賊招辭告變之言有
宲而有功豈可無示意之擧乎告變人高成旭五衛
將單付以入相當外職待窠差送鄭述益亦有兩次
探知往來之事此亦可尚善地邊將一體差送○十

稗林 哲宗紀事三 六

二月傳曰國家之憂莫大於民之艱食民無食而將
填於溝壑誰與爲國是以古后辟遇水旱饑歲發倉
移粟使民無饑者以其爲邦本也眇予凉德叨承丕
基夙夜憂惧如臨淵谷而耿耿一念惟民是恤夏秋
懷襄挽近罕有兩西被災雖有淺深之別不能免歉
荒則一也哀此顚領何以爲生彼所以仰望而仰哺
者惟予一人耳兩湖嶺南穀以令轉送似當及期裝
送而特下內帑錢關西三千緡海西二千緡以示捄
醪之義亦我列聖朝已行之典道伯親執饑簿量宜
分送于設賑州郡而各該守宰無遺遠邇悉心抄饑

以救我赤子近止之命守牢中如有不能對揚者道
臣具聞啓罷用施違制之律○左相金興根啓諸罪
人譏詗事捕廳閑飭各道此兵使蔚山兵使皆有所
捉上而一則姓名相近雖或無岾一則名字居住初
不相合又無容疤則不知緣何而執捉而只以行止
殊常押付京校及其盤覈俱無端緖雖皆蒙放援以
擧行誠甚駭妄此兵沈日永重推慶左兵李肇淵罷
職事允之○左相金興根曰今番逆獄幸爲鋤治而
就其中尚多遺漏自捕廳行會各道兵營譏詗跟捉
者卽所謂柳興廉而尚未知踪跡之去處則安有如

稗林 哲宗紀事三 七

此擧行之踈忽者乎大王大妃殿曰柳興廉兄弟尚
未捉得則或未知經先畏㤼暗自致斃而其根脉之
未卽綻露者誠極訝惑矣興根曰此是啓下罪人則
夫豈有終始不捉之理乎○禮曹啓謹考正廟戊戌
仁嬪金氏祧遷後祭禮則儲慶宮春秋仲朔以單獻
擧行順康園只寒食祭設行他無援例今此延祐宮
綏吉園祭禮恐當依此磨鍊上裁何如傳曰依此磨
鍊○藥房鍼醫廳失火○特擢金淵根二議○特擢
趙憲變成載球正言○特除趙秉駿兵判○特除李
承憲權泳夏副修○戶判徐憙淳疏略以順和宮尚

宮以下四十二人日供自壬子正月磨鍊以入事命
下矣謹稽臣曹謄錄則在前嬪封爵時內人定數只
有保母一人水賜二人封爵之後皆因特教移屬仍
舊供給未有添設數額別爲磨鍊之例也批卿言如
此日供則還寢而該宮人亦不可無料錢四千兩年
年輸送以爲分給● 大臣國舅入侍大王大妃殿傳
曰予未亡人己酉以後情理之有甚於甲午中外臣
僚所恭諒悉也幸賴天命眷顧主上龍飛而女主之
聽國政史牒所罕有也雖以宋宣仁堯舜之稱卽其
時不幸之會也況予未亡人凉德淺識無以比軌於

稗林 哲宗紀事三 八

古先哲后則國勢之泮渙民生之困窮日復一日有
百可憂理勢之所致耳主上春秋鼎盛智慮弘遠百
福攸基而儀儀尊機務之明習學問之勤篤是所謂
有宋之盛時也予未亡人倉卒哀遑之中幸得以付
托維繫迺續我千萬年景命者將有辭於後而一時
權宜之擧決不可黽勉度日自今日撤簾大小公事
一聽主上總斷而勤倫所以導俗寬嚴所以御衆矧
惟敬天法祖保愛民生是我列祖家法乎主上其勉
之至於朝臣之導迪我主上匡輔我主上其有罪無
罪予雖老耋宜無未聞未察之理予之本心非但朝

臣雖微賤之人猶恐其罹於罪辜而苟至因赦貸則以聖上體下憂勤之心決無一毫俛貸之理大小廷臣其各惕念無或少忽○傳曰即見濟牧狀啓則三邑年形未免歉荒至於賙捄之議念其民情極爲憧憧特下内帑錢一千兩而湖南別儲未中量宜劃送之意自廟堂分付該道臣

三年壬子正月政院啓全都卓碩行慶都金致坤俱以在外而吏曹書吏來呈肅單至於捧入誠極駭痛出付攸司科治何如傳曰該吏刑配○特除金洙根吏判○添書金炳國承旨○親行祈穀大祭○賓廳

大王大妃殿加上尊號宣徽○撤簾陳賀○特除金汶根禁將○刑曹啓昨年六月通衢作拏之閣隸院隸四漢并皆照法島配矣其中三漢當放而閣隸朴完哲見漏於放未放成冊故事甚驚惑到底嚴覈則完哲符同曹吏及驛吏掩置配文初不發送紀綱所在誠一寒怗也完哲則嚴刑後薪智島移配作奸之曹吏驛隸并爲刑配該驛察訪拿處事允之近來百度解弛有此前所未有之事極爲可駭此等不法之漢不可尋常處之閣隸朴漢薪智島充軍勿揀赦前符同作奸之曹吏驛隸并嚴刑遠配雖以該驛察訪

言之不無失檢之罪罷職後拿問嚴處其時秋堂亦不可無警施以越俸之典○行朝參○故相閔鼎重施以不祧(因左相金興根奏也)○傳曰此時鼎席不可不備知敦李憲球拜相(領相金興根左相朴永元右相李憲球)○傳曰顧予否德敢奉慈訓親揔庶務不知何以副國人之望而一日萬機之中宜急先者生民也八路州縣與西都管下事係民隱者藩臣守臣周爰咨訪其所以矯捄之策講究以聞○傳曰禮賢崇儒即我朝家法况年高德卲乎祭酒洪直弼知敦除授司直成近默刑議除授○傳曰大諫韓就人特加一資○傳曰俄見京兆

草記夜有回祿之災仍有下詢則別無指的豈有無根之火發於深夜乎且帳籍所重與他有異其爲驚駭有不可言入直郎官拿處該掌吏隸并移送秋曹嚴覈以聞○李晦祥牒授○傳曰昨年致侑金文忠四世祠版時宜有示意之舉而未果矣黄州牧使金泳根同副承旨除授○領府事鄭元容既請致仕優批不許○傳曰既承慈教四年海島足懲其罪尹致英李應植申觀浩李能權金鍵并放○二月院議玉堂兩司聯箚并不允○大臣(領府鄭元容判府金道喜朴晦壽右相朴永元)聯箚繳還批今此處分寔出於慈聖好生之德予小子

敢不承順而御等老成之言恐不當如是廹隘也○
拜金洙根閣提○傳曰昨日諸罪人全釋之命宗是
仰體好生之懿德矣大臣三司課日爭執公議亦不
可終始違拂罪人尹致英更以放故田里捧傳旨其
外四罪人并以陸縣量移如是之後更或相持是務
勝也象魏在彼○兩司合啓尹致英事停○兩司合
啓徐相教事中裁字下賦性本自奸黠行已亦甚險
邪戕人害物看作能事附勢納媚即渠伎倆而不過
畢徵之一宵小輩耳年前一疏全篇都是憯刻下語
莫非凶邁最其中五十八字添入相教下二字抹去

誣逼下一字抹去主張下五字抹去之也下二字抹
去已具下二十一字抹去可以下三字抹去知字下
一字抹去相教下二字抹去請字下十字抹去相教
下二字抹去丞字添入○禁府啓罪人尹致英今已
傳啓放故田里李應植等臺啓方張不得舉行事傳
曰知道今有問備即爲舉行○傳曰諸罪人事今已
究竟又此不得舉行云者非但虧損事面亦非仰體
懿德之義也金吾堂上并施重推之典舉行草記即
令捧入○禁堂聯疏執藝批此果不易之例乎殊未
曉其得當也○傳曰別軍職廉宗秀宣傳官擬入○

領相金興根啓雲監官生等以官制變通曆帖增減
事暗自綢繆互相誑誘僞成草記冒呈喉院雖以違
式旋即見退事未前有不啻痛惋凡係造閑牒者尚
不免重律則敢以本監提調所不知之事擬徹莫嚴
之地者誠一變恠也并分首從刑配雖以提調趙鶴年金
景善言之籍曰不知茍於平日隨事操飭則豈有是也
似此乖悖之事出於監內而曚不覺察并重推事上
曰聞甚驚駭近來紀綱雖曰掃地豈有如許奸濫之
習乎此不可歇勘各別嚴刑發配提調亦有不察之
失依所奏施行可也○上詣陳賀○傳曰聞李文成

故贊成珥祠版復過都下云同成均率儒生往迎江頭其
祀孫陞陞後未有職名云勿拘次序待窠付職以示
曠感之意○禁府照目高陽郡守權用正段符信所
重何等重大致此見失萬萬驚駭用律之際當爲審
愼而謹稽正廟丙辰鴻山倅失符之時特依殿牌作
變邑守令例有分揀之教此時因一時下屬之謀逐
而亦無著式者也其後純廟壬午又有天安倅失符
之事而因大臣收議本律施行此則掌符之臣因此
而或弛於謹守之節故特爲依律舉行矣顧今高陽
失符與天安無異以此照律事允之杖九十牙山縣徒配○謁

健陵顯隆園歷臨南廟○三月御營廳啓攔入罪人
鄭義孫施威查問之下或笑或哭指東指西一樣光
景無非失性則別無可問之端事傳曰如是駭悖之
漢不可尋常處之而旣是喪性則宜有叅恕罪人鄭
義孫出付秋曹嚴刑遠配○刑曹啓懸房三所任捉
來查宗事傳曰渠輩設或有可究之事無難撤庀已
極無嚴況幾至闕俠之境乎都是紀綱解紐之致也
萬萬駭惋此三漢嚴刑後邊遠定配申飭開庀至於
弊瘼之釐宗此何可登撤之事也令津長量宜措處
○傳曰中官申觀吉罪関宥赦不可尋常處之遠地

繹林 哲宗紀事三 十三

定配扶安○特除金炳𨑓校理洪鍾修撰○特除
金淵根承旨○平監洪鍾應啓順天郡民家失火事
傳曰觀此狀啓民家失火爲七十餘戶之多聞甚驚
慓幸卽撲滅雖無人命之爛死當此賑政旁午民命
顚頷無所止屆又有回祿之災如是豈不矜憐乎元
恤典雖已擧行別恤典亦爲題給而元別恤典之外
奠接之方令道臣叅考已例另加措處仍卽別具登
聞俾無一民棲遑失所之弊事廟堂措辭知委○擢
拜睦仁培承旨○咸監尹定鉉啓咸興府民家失火
事傳曰今見此伯狀啓民家回祿至爲六百餘戶民

命爛死亦爲三名驚怵之極宗欲無言顧今窮春民
情雖無似此意外之事其所遑汲不言可知而幾百
戶之一時被燼許多民之四處奔走念其光景誠不
啻怵矜而已永興府使朴承輝慰諭使差下使之星火
馳進被災形止一一周察凡所以結搆奠接之方量
宜措處而大中小戶亦爲商度先以京上納條卽速
分給使之不日安堵後卽爲馳啓而雖有營邑救急
自非別般軫念則無告顚連之民其何以趂卽庇身
乎諸般措處更爲另飭之意自廟堂三懸鈴分付道
臣○四月傳曰公貨所逋事前後申飭果何如而向

繹林 哲宗紀事三 十四

見海啓不圖此倅之貪虐一至於此赴任不過數朔
所犯若是狼藉人或諉之疾病而是豈有病人所爲
之事乎似此不法之類不可以尋常罪囚處之罪人
許熚刊去仕板勿限年禁錮卽其地定配遂安郡所犯
公貨令道臣一一徵捧出給該邑後啓聞以爲後來
之戒焉日後如有公貨犯用之罪罷守令則亦令卽
其地定配自營邑這這徵捧後啓聞之意各爲定式
可也○関西進士李舜龍等疏請文烈公趙憲文正
公金尚憲文敬公金集文廟從享不許○傳曰卽見
價使圻伯狀啓呂州吏深夜攔入事誠不啻驚駭而

已近日紀綱雖曰解紐豈有如此無嚴之習乎勅行所重果何如而儐使與道臣苟能盡心操飭則又安有此無前之事乎不可尋常處之儐使（趙冀永）與圻伯（李公翼）爲先施以罷職之典呂州兼任坡州牧使（柳[illegible]）內外禁亂差使員加平郡守（李容吉）抱川縣監（李圭昌）護行將永宗僉使（李鳳周）不可罷職而止并拿問處之攔入之色吏自圻營捉致嚴刑窮覈捧口招以入○傳曰昨於接見勅使之時以罷職之大小官員與攔入漢恭恕事累勤提托揆以相敬之義不可一向靳持儐使與圻伯并叙用前坡州加平抱川三倅與永宗僉

使拿勘特爲安徐攔入之漢令秋曹押來嚴刑三次後遠惡島限已身定配○右相李憲球啓勅房攔入罪人刑配事處分矣勅使旣以全釋累請而竟被重勘則彼必認以爲如何矣即令秋曹勘放恐好矣允之○咸監尹定鉉啓咸興府民家失火事傳曰觀此狀啓民家失火又爲二百餘户之多前者回祿已極驚惏當此窮節荐遭孔酷之灾民何以聊生乎雖無人命之爛死不可但以矜恤言也元恤典外依已施之例知委於慰諭使量宜大小户上納条中一體分給即速結搆奠接俾無一民棲遑之弊事分付道臣

廟堂行會○傳曰判敦金左根拜相○添書李升權御將○平監洪鍾應啓義州府民家失火事傳曰近来諸道回祿之灾無日無之可謂挽近所無之事而今見箕伯狀啓民家失火爲百餘户之多又有人命之爛死云驚惏之外竊想窮節艱食之時容使在境雖無如此慮外之事民難支保而况有許多人家之一時燒燼者乎念及于此寧欲無言原別恤典之外奠接之方不容少緩令道臣商度其大中小户會付穀中量宜分給因即登聞俾無一民棲遑之弊事廟堂措辭行會○五月禁府啓罪人李應植等量移書

下而臺啓方張不得舉行事允之○六月傳曰近見兩西道臣狀啓則賑事已告成矣兩麥次第登熟流亡相率還集昔之遑急鎭安前之損瘠亦皆回蘇雨暘適而無秋坂之憂歟田墅闢而無荒廢之歎歟此予所以憧憧于中而枕靡安者也嗚呼懷保民生何時不然而至若兩道尤有甚焉盖其酷被灾荒靡所止届幸而不至於死者一則上天之仁也二則上天之仁也而亦惟曰方伯守令之誠心懷保焉耳第旣千辛萬苦得而捱過於冬春之間矣勿以畢賑或忽撫恤之責益加勉勉使之得其業而安其生以副朝

家如傷恫怛之念事分付兩道道臣○刑曹罪人金
乭夢李尚孫李性錄刺殺金順吉奪取錢財行凶情
節俱已輸欵自有殺變以來所未聞也結案取招何
如啓判近來人心雖曰不古豈有如許可驚之事乎
渠輩亦人也苟有一分彛性則敢行此至凶絕悖之
擧而此若容貸則何可曰國有常法乎在囚三漢幷
梟首警衆○行祈晴祭○傳曰各營中旬雖是習藝
激勸之政而乃經判付則便是國試䲸曰國試濫雜
之甚豈有如今番乎本欲慰悅軍心而乃反貽笑中
外已施之恩典雖有銷刻之歎亦不可因仍置之所

謂直赴與加資各營軍將原額中入格者勸武外借
帶校啣見叅者直帖資帖一幷還收俾有以咸知科
法國體之嚴○傳曰山林今當抄選分遣史官詢及
伎賢指的以奏○忠簡公洪啓迪忠貞公金雲澤幷
施不祧(因左相李憲球奏也)○左相李憲球啓曰昨兵批政以
常賤出身二人幷擬於初仕首望矣其在嚴政格之
義有難仍置原望勿施當該銓官(兵判趙秉駿)推考而四
道叅軍昔爲蔭官初仕窠中爲宣薦初付職而中人
纔有一次得叅之謬例矣因有此今番之擧擬其爲
淸仕路之道不宜一任其淆雜從今以往永爲定式

更勿檢擬之意分付兩銓何如許之○兵判趙秉駿
疏遞○祭酒洪直弼啓略第臣塞充息影靡所覩聞
而竊想士友輿誦則今氷庫別檢金炳駿前都事宋
達洙幼學趙秉悳或克紹忠賢孝友篤行或賤述先
訓模範譽髦或篤學力行門路純正斯三人者皆名
門世胄法家拂士輿論之所輕重士林之所矜式亦
有從遊而默識者也遵先從隗始之義致野無遺賢
之美臣竊爲聖朝願之矣○備局啓今番潦而後西
南部額戶摘奸時宣傳官帶率照羅赤符同部吏多
數冒錄於書啓中有所入聞故卽使京兆查櫛則總

露無餘萬萬駭痛移送秋曹照法嚴繩當該宣傳官
西部官員拿處事允之○政府啓幼學趙秉悳近例
所拘有難超擬先付蔭職(假監役)之意分付銓曹事允
之○吏曹政府同議經筵官抄啓金炳駿宋達洙○
御營廳啓新營偶然失火合十三間半燒燼而所儲
軍械雜物盡入於回祿中萬萬驚心臣馳往赴卽撲
滅事傳曰以若營㨾許多軍械之盡被回祿聞極驚
悶軍物不可使一時疎虞趁速辦備始火之因雖卽
覺得苟有先事防飭寧至於斯常時不能禁飭之大
將推考入直將官拿勘該掌庫直自本廳各別嚴繩

○七月傳曰昨見海伯狀啓唐船犯越如是狼藉沿海各邑課歲騷擾島民商船失利猶屬細故其在防患重邊之道不可置之溢蔓措處之方廟堂商確以聞○敦台經筵官金炳駿宋達洙○禁府罪人李泰亨等原情面質後各嚴刑訊覈則書送諺札都俞和之真贓莫掩締結宦侍具赫喜之斷案畢露而李泰亨之趙利通奇韓鎭弼之主謀議詐俱犯同赦而猶復呑吐終不輸欵萬萬狡惡至於李圭信段只傳説説於具韓之間旣無干涉於都李之輩而面質兩宦皆曰素昧則不可斷以綢繆之目具赫喜李圭信韓

稗林　哲宗紀事三　十九

鎭弼等段旣已面質并還送秋曹李泰亨都俞和等段待拷訊限滿加刑得情何如啓判細究本事故趣捴由廉恥掃如而患得患失見利不思義之致也夫如是而朝廷何以爲尊紀綱何以得立雖以宦官輩言、之南衙此司不相通識自有禁令而無所顧忌尋常往來至有政望圖点之計傳説狼藉痛歎之極不覺寒心此輩若不嚴加懲勵將來之憂有不可測至於比安倅趙錫疇黃鰷曲逕共相酬酌甚非士夫行事爲先汰去逐送田廬所謂三士人或締結閽寺或主張説計莫掩其情跡李泰亨都俞和等段書送諺札

趙利通奇俱贊同赦則別無更問之端具赫喜韓鎭弼遠達充軍兩宦嚴刑一次絶島編配仍揀赦前李圭信段旣對質皆以爲素昧之人則其無所干涉可知也卽爲放送○副校金永秀疏略誠以目下所聞者論之則未可全諉以先事之虞也閒雜之輩依托幽陰閽寺之流綢繆內外所揣摩者無嚴之事也所謷亂者至公之政也事之駭惋莫此爲甚夫閽寺著於周禮而只供一户之守禁闥尹見於月令而但備宮闈之掃除漢唐以來駸駸驕橫金璫左貂已非舊制業衣列戟漸希匪望巷伯之刺譏史遊之納首百

稗林　哲宗紀事三　二十

無其一儇利辯給窺覘伺候浸潤之害有如飮醇積痼之疾反甚散藥此是往跡之昭著者則殿下必當洞燭而熟計之矣蓋此事初無與於深嚴光明之地而且天威赫然乾斷斯廓掩昧不章幽奥靡抉之跡今此托出無餘則朝廷之尊如日月固自在矣八方之惑有識之歎從可以不期曉而自曉而第所可憂而當戒者固有存焉殿下起居動作之間使令指揮之際假借顔色者宦妾也潜售逢迎者宦妾也承順之若可喜而以致席恬之無憚柔軟之若易制而乃自放恣之自恣則聖明亦所不料也近則不避先聖

攸戒不悪而嚴大易有訓毋違國朝之制然後方爲
聖世之美事矣且若宗室承候自有定制雖以故南
延君 諱 之於純考爲至切之懿親而時節慶賀之外
尚不得無常出入蓋九重至邃限域截嚴一或踰閑
不至於混淆而雜閙也幾希故耳挽近一二宗臣之
每日次輒事起居卽亦何所據而然也前則南延之
所不敢爲後則興寅興宣之所不得爲此一二宗臣
何爲而乃爾也民生之倒懸已久中外之征利旣竭
毫毛刀錐今無加索加侵之地而各宮家之剏出無
名之税勒徵至展之氓沿江上下騣騣有舟楫不通

稗林 哲宗紀事三 二十一

之患雖幸法意紀綱尚不全墜絶始旋止今屬遂事
而外此駭聽之事不一而足非理恣行國法有所不
施雜流憑托都民多受其害各司事務無不干涉宮
屬豪横反使推助傳聞狼藉遠近騷擾此亦豈細故
也哉伏願聖上穆然澄省宜妾則一以我家法操制
之使滓穢之氣不至於上干太清宗親起居則一以
南延與寅興宣爲率毋或違越冒法縱恣私占横侵
之習則下嚴教以塞其消消之源則上之以紀綱不
廉下之以幽隱必達豈不休哉批西宜事雖出於意
慮之外反躬多愧爾言及此近宗與宮妾言甚切宗

極用嘉尚予當勉戒約束使近宗進止有常宮妾干
謁不行并期于少過矣凡有言責者其各有悉陳以
補袞闕則此亦一言之助也○忠監李根友啓永同
縣有金銀潜採之輩狼藉入閙故發捕捉得矣扶安
縣監李容直新赴之路適到該縣謂是基直校卒輩
無難棍治犯罪諸漢私自放送揆以紀綱終難掩置
該縣監李容直爲先罷黜其罪狀稟處事○慶監洪
說謨密啓英陽縣首此面尊位所告治匠李友尚及
子允慶爲先捉來取招則鄭禹龍及其子自性本以
南海人寓居英陽而自性本有勇力頗解幻術在劒

稗林 哲宗紀事三 二十二

磨山嘯聚徒黨與欝陵島諸賊今月初十日爲約起
兵云而耕田者撒搆屋者停騷擾莫甚允慶則今已
捉得自性姑未跟捕事○左相李憲球奏大政吏批
初仕中 黃泰李亨輔 鄭泰李端和 有添書落點至有二窠終未免
有碍政目處分雖出於敦叙念舊之意而臣所悵恨
者反不若承命之爲愈也且於兵批多以末副望蒙
點矣上天造化宜無辨别而但邊將排擬異於他職
必以勤勞久近定爲序次故一或散点則積勞而入
於首望者殆同積薪宜有向隅之歎矣上曰所奏若
是懇至當書紳銘念至於邊將事原望筒中只以積

仕最久者有所啟点矣豈有他意然而當銘念矣○
慶監洪訦謨密啓賊徒金希俊及鄭禹龍見捉於英
陽禹龍之子自性逃在於青松龍水洞地云故發遣
將羅是遣緊證莫如希俊而今既見捉賊魁指以自
性而蹤跡已露賊情雖無深慮譏捕不容少緩事○
慶監洪訦謨密啓又捉李廷白於真寶地七星峰於
內実身粗解風水之法且行借力之術丈書與色紙
方法藏置袖中之故蹤跡綻露亂離之說由於英陽
崔命先之口而與自性家相距不遠常常往來似有
不義之事故更不往來云云本鎮英陽移文禹龍

稗林 哲宗紀事三 二十三

子道俊則捕得於龍水洞化俊則掩捕之際越籬逃
躲而道俊及妻妾捉得賊黨肯綮都在自性父子兄
弟云云英陽在囚十八人真實在囚二人又得道俊
則合囚二十一人并具格牢囚事○執義李承輔疏
略臣於日前趙錫疇事處分竊以爲惑焉曹覈府獻
臣未得其詳而既無負犢又是更辭則其宗其虛有
何所據而遽下酌處之教也南衛此寺限界截嚴聲
氣苟或交通厥罪合置何辟日昨判付有曰黃緣曲
逕共相酬酌然則酌處何止於逐送田廬乎如或無
明執之契付之惟輕徽則其在簡孚之道未敢曰十

分得當矣兩官之書札既露三人之縛綏且綻則趙
錫疇締結之狀相通之跡可謂掩諱不得不須加訊
而茀後以清朝士夫在衣冠之列適輕適重罪不明
正則甚非所以綜核之政也臣謂逐送罪人趙錫疇
特令王府到底嚴覈與兩官及三人面質得情以施
當施之律焉批可使兩造相卞果皆首實乎適輕適
重之間既有處分則更何必張大其事○慶左兵李
容鉉密啓向者所捉金希俊招內鄭禹龍被捉後其
家屬隱避山中禹龍之妻謂矣身曰子兒等在龍水
洞汝其密傳此奇所在島銃二柄持是遣初八日來

稗林 哲宗紀事三 二十四

赴劒磨山屯聚之意傳于子兒云故向往之路見捉
于棧項店鄭自性段軍器造鑄次治送冶匠于鬱陵
島以初十日舉事兵器則自島中載來二隻事○前
判書洪直弼逝單傳曰郎聞丈席之長逝曷勝愴盡
此儒賢以先朝旌招之人遠予寡躬年彌高而德彌
邵予所以特擢正卿累宣敦召期欲一致經席獲覩
典型今焉已矣卒洪祭酒家助祭喪葬之節照例舉
行造墓擔持軍亦令題給○政府吏曹同議抄啓經
筵官趙秉悳○慶監洪訦謨密啓捉得鄭道俊及妻
妾枷杻之外又鎖兩手兩肩脚各繫一條扶索領率

以来矣到英陽縣甘川里迎送塘道倭漢本有勇力
者忽然奮身飛也似投諸江中仍爲徑斃屍在江邉
道倭化倭卽元魁自㐲之弟云○敎台經筵官宋来
熈金炳駿宋達洙趙秉悳○慶監洪説謨密啓罪人
金允五等取招判賊徒事中外皆知之不必秘之此
後則直爲露聞○全監鄭最朝啓異樣船自萬傾衣
服洞前洋移泊於同縣飛洋島南洋當日掛帆向西
洋而去云古羣山僉使牒呈内彼船留帆於同島外
洋三十里石嶼之前云今此彼船還泊萬萬訝恠第
以古羣山僉使所報前後問情記見之彼人之始也

稗林 哲宗紀事三 二十五

来泊似是点檢壞船事而纔又乍去似由於不善款
待之致三次問情記彼人書示中有曰該處官員不
懇指明以致輕漫又曰貴官憑無凭言相請上岸顯
有推却開船之意云云鎭將問情時失措之狀槩可
推知待竣事嚴懲計料彼人今旣還泊問情之際優
加欵待以示慰遠之意丁未秋壞船大小幕什物留
置該鎭者更爲照數摘奸以待彼人之問荅事嚴飭
於地方官等處事判異船之乍去還来雖未曉其意
之如何而在我之道不可不示以柔遠之意粮餼等
節一依丁未年例優厚入給其時留置船隻及物件

一一憑照以聽其言事三懸鈴知委於該道臣○太
白晝見（霊臺二十四日巳時見於未地至九月二十七日止）○八月傳曰烽燧
者軍國莫急之信息也以故賊在千里之外可使一
夕得知之而有備者也聞慶之連擧三次倘因後烽
之不應延豊之又擧三次只憑前烽之非常則忠州
之未論虛宲祗擧一把者揆以邉情萬萬駭然苟能
到底團束瞭望分明豈有錯亂無分數之理乎且一
擧三烽之互相推諉不可不究覈忠州延豊聞慶三
倅拿問雖以帥臣（忠兵李容純 慶兵李亨夏）言之常時不能檢飭
之罪在所難免爲念迎送姑令戴罪行公爲先施以

稗林 哲宗紀事三 二十六

從重推考之典烽臺監卒自各其兵營一并究覈按
法科治事分付○黃監金鍏啓鳳山郡守金在田擅
送兵符徑離官次罷黜事○傳曰向以望筒事大臣
之言寔出公格故予用嘉納矣此家人朝家之所不
能忘和順縣監之代更以鄭冑錫擬入○傳曰趙秉
鉉以乃父之子許多聲罪一至於此乎年前處分寔
從大廷之議今何更論而第念其父配食太廟其子
名在白簡亦有所不忍者也賜死罪人趙秉鉉罪名
特爲爻周以酬其父廼心王室之勳○傳曰此罪人
之年前獻議立異於大同之論安得無駁正之擧乎

今則歲月稍久不無斟量順與府安置罪人權敦仁
特爲放送此保世臣也待大臣也○傳曰金正喜之
前後聲罪多涉黙昧所以處分之止於編配者也今
於歲月許多之後合施惟輕之典北青府定配罪人
金正喜放○傳曰李應植等四人量移卽速擧行之
意分付王府○兩司玉堂八劄不允○謁明陵翼陵
弘陵歷拜大院君墓所○傳曰卽見嶺伯查啓蓋與
前日登聞無甚異同而所謂鄭禹龍玄悖之說累發
於諸招良亦可惋其外諸因之供往往橫竪模糊全
沒著落眞皆有醞釀止此而已不足深憂說其的有

稗林　哲宗紀事三　二十七

醞釀亦未可必者乎道伯足以量處而旣曰稱兵且
已登聞則不可無按查之擧按覈使擇送與道伯爛
商以聞而第念此事雖果有苗脉必不過一二玄悖
者宣言惑衆而蚩蠢之徒或聞風而畏之或見脅而
從之又必有全不頭緖者至有橫罹之患似此之輩
可哀而不可罪也鉤覈之際如或有少涉蔓延則非
徒大非覈案之政亦有違於朝家不殺無辜克愼克
審之義按使道伯須悉此意可也○星趙然興按覈
使旋以李時愚改之○傳曰金城縣令之代市主全
炳學除授○傳曰新穀將登米貴如前云未知緣何

事而昨冬以防納事已有筵飭少無宗效豈有如許
紀綱乎某某邑防納之弊這這以入如有隱匿之弊
左右捕將斷當嚴處矣○傳曰秋判李紀淵除拜政爲
擊錚回啓而予今幾日尚無覆動此何故也令圻營
嚴飭上來使之斯速擧行○判府金道喜疏請致仕
優批不許○九月刑判李紀淵奉牌傳曰秋判事予
甚惑焉往事別無可延之端有除輒引則其意所在
不可知也年前懲毅曲賜湔洗得爲無故之人則更
有何逡巡之義乎勿復過引卽爲入謝之意更爲申
飭仍以前牌催促○傳曰予之必欲引出卽屢承懲

稗林　哲宗紀事三　二十八

毅之餘也且此重臣兄弟之任事旣久出於求舊之
意則若是相持是豈分義乎更以前牌催促受命○
三司合啓權敦仁事兩司合啓金正喜事幷停○備
局啓擬活請賞啓下者數爲六十餘人之多矣今此
請賞亦係酬奬之賞典而其數之若是夥多寧不駭
歎未知前或有似此冒濫之時賞不愼惜則非但有
欠激勸之政反致淆雜之弊原別單使之勿施京兆
堂上判尹稚大肯推考事允之○行日講○禁府忠州牧
使朴齊韶段前烽誤擧藉曰違例後應不結亦係失
職延豐縣監柳曷東段連擧有異於幷擧三烽旣違

於例烽聞慶畿監沈有澤段始因三烽之連擧以致
後應之錯誤并只照律(各杖八十收贖奉告身三等)私罪啓判迎
送之弊不可不念并公罪勘放○忠監李根友啓忠
州牧大同米民間未收吏輩犯逋督捧裝運之節有
難事責於一時無任該牧使朴齊韶難待勘處不得
已罷黜事傳曰該倅赴任屬耳旋卽就理旣如道啓
則其間事勢容或無怪然雖一朔之頃苟能到底徵
捧豈有至今延納之理乎使之戴罪行公當日下送
以爲星火裝納之地竣事後拿勘前倅(李昌在)亦不可
無罪爲先拿問其委折後擬律以入○吏曹啓目觀

稗林 哲宗紀事三 二十九

此嶺儒洪萬裕等上言內辭緣則以爲故儒生李玄
逸職牒還授事也自景廟辛丑至于今日門生之上
章陳籲者三子孫之擊金鳴冤不知爲幾十次而迄
未究竟抱蘊抑鬱其所稱齋菀云者容或無怪年旣
久遠事屬難愼今姑置之何如啓判非但事在年久
又有兩聖朝處分則今此呼冤無怪矣李玄逸職牒
姑令還授○備局啓曰前西部字內有殺越之變而
犯因奭宗傳說狼藉故取見檢案則蓋其六人之同
犯也而死者致命不踰當夜宗回之爲被人殺死斷
然無疑況李完根之任先縊死貽惑滋甚是宜多般

究覈區別首從而兩檢之直以完根斷爲正犯者宗
未知何所依據六人所犯亦不知輕重遽然白放大
違獄體第念一獄六犯雖無以混施當律苟究禍階
旣由六人則論其罪犯宜無異同令秋曹并爲遠地
定(已此宜獄益山郡申泰佐泰仁縣李啓信長水縣配李啓默茂朱府金芋根礪山府李啓湖慈仁縣)
檢體何等嚴重而如是圖圖檢爲駭然兩檢官(漢主趙東)
(履西部趙在性)爲先汰去拿問嚴勘雖以秋曹言之只從檢
帳率爾酌處者有欠審愼不可無警當該堂上(判書李敦榮)
讞剖何如傳曰無論檢之如何宗因失宗正犯未
定獄體何等嚴重若是糢糊乎此亦紀綱所關依草

稗林 哲宗紀事三 三十

記施行○全監鄭最朝啓玉果縣監權應駿傷虐殘
民若是狼藉爲先罷黜其罪狀稟處事○泮儒捲堂
所懷嗚呼昔在肅廟己巳我仁顯王后遜于私第是
乃擧國臣民奔遑號泣之日而彼玄逸者旣不能瀝
血封章之死靡悔如三忠之爲則但當稽首瞻天齋
心默禱以俟日月之更而乃反投進一疏語意凶慘
初無一毫顧藉者何哉原疏一通臣等固不暇一一
臚列而其中不頒壼彝自絶于天謹其糾禁等句語
心寒膽掉有非臣子之所忍聞者也雖三尺童儒有
一段知覺則尙不敢以此等凶言形諸文字曾有讀

書山林名以儒臣者乃反爲此乎蓋其夤緣發身出於黯賊諸凶之手平日一動一靜靡不與之綢繆相應燗漫同歸圖翻庚申之逆案力扶嗣基之凶疏以至於干犯名義蔑棄倫常而無所忌憚噫其甚矣人之無良胡至此極夫以如此罪犯其得死於牖下亦云幸矣尚可以削逸名奪告身爲祢寃之一端乎噫彼遺醜餘孽謂天可欺陳章擊金隱然若真有可鳴之寃而殊不知萬世難貰之惡欲蓋而愈彰每一分疏玄逸之罪名騰傳萬口而有不可掩者矣又況今番明陵幸行聖上追慕興感之日也使玄逸而在世

則宜其惶蹙慚伏之不暇而彼洪晚裕輩敢以玄逸事肆然瀆聒於清蹕之前尤極無嚴之甚者也寧不可痛哉大抵善善長而惡惡短古聖王仁厚敦世之道固如是矣至於干犯倫紀得罪名義而能蒙恩宥者臣等未之聞也就以國朝古事言之以賊臣仁弘當初負望豈不是嶺南之傑特而及其濤張凶論倡成斁倫之變則亟伏邦刑快洩輿憤迄今累百餘年未有爲仁弘右袒祢寃者今此玄逸所犯比諸仁弘則雖曰煞有間焉其造意之綜悖遣辭之無倫可謂一串貫來也是豈可以事屬久遠置之末勘之科哉

此而不嚴加隄防則名義掃地而弘黯輩餘黨其將接踵而起矣豈不大可惧哉傳曰此事之有成命式遵而聖朝處分亦不無斟量者矣今此士論宗非穩當卽爲勸入○口教曰防納事使之探知以入于今幾日尚無動靜未知緣何事而欲做出粧撰之計而然乎捕將事未可曉也其委折知入○以捕廳草記傳曰所謂防納果係何等禁條而列邑所犯若是狼籍言念國綱宗欲無言此不可以石數多少有所闊狭八邑守令坡州李明錫忠州朴齊韶交河李淳榮楊根李邑達鎭川閔德鎬春川沈膺夔海美成永邑砥平李啓弘與羣山僉使爲先罷黜拿問嚴勘各邑

色吏與江上作奸諸漢并移送秋曹照法勘處此外益加詗察隨現隨聞而屢煩提飭之後始有此草記捕將事沈樂臣尹義倫良亦可駭并從重推考○傳曰各陵寢樹木或有所伐之事使之摘奸矣見其回報則株數多寡斫痕新舊雖或不同犯斫則果有之矣陵官之曚不覺察甚是可駭其中株數最多之明陵別栓丞道植參奉崔翼鳳昭顯墓泰陵直長申錫昌參奉呂近奭昌陵令朴宗鎭官員并拿處其外東西道十七陵園官姑令戴罪行公而如是嚴飭之後更或有現發則當施加倍之律而至於諸處丁字閣以下破傷滲漏處令該曹修改事分付

貞陵外火巢近處有何許民塚云令京兆查宗其八
奠新舊以入事分付○兵曹啓景福宮掘土買賣之
說有所入聞故發遣營校摘奸則掘土長廣爲十餘
間許犯斫大松亦爲二株揆以紀綱萬萬驚駭所犯
諸漢令方譏詗而該掌內入直中官拿勘衛將自臣
曹嚴棍懲勵事允之衛將亦不可棍懲而止令攸司
照律嚴勘○吏判金洙根疏略檢書官試取被選人
中南必教卽凶逆膺中之從弟也廼敢諱秘蒙累自
同平人肆然冒赴於課試之場殆前所未有之大變
恠也亟令有司照法勘處焉批渠自諱秘孰知其族

稗林 哲宗紀事三 三十三

類卿則試取其才而已何引之有萬萬無嚴爲先剖
其薦而汰其職○按覈使李時愚狀啓傳曰觀此按
覈啓本益知其無他根柢而鄭禹龍之爲渠魁渠旣
自服矣李允慶辛宗益始終叅涉毫無可恕之跡按
覈使眼同道臣大會軍民并梟首警衆其餘諸囚令
廟堂分輕重酌處○十月親行太室冬享○備局啓
因按覈使啓本第念禹龍父子所犯情節確是大憝
也禹龍之止於梟警特出於寧失不經之聖念而常
法所拘其支屬雖未及擧論仍爲白放終有欠於辟
而止辟之義况元一尚未就捕則此獄亦未可謂究

竟禹龍元一支屬令該道姑爲分囚於道內邑獄之
意三懸鈴知委事允之○傳曰近來泮試不遵古規
蕩然無礙亂雜之習愈往愈甚至於擧子初不入場
在家呈券畢竟榜出入叅者多云此亦國試也寧有
如許事體乎申飭泮長着念考試不可以如前淆雜
而節爲隨塲使之限內磨勘○雷求言○添書李鶴
秀兵判○特除金炳冀平監○擢拜李秉文李承輔
承旨○傳曰各道年形雖未能洞悉要之與昨年別
無異同矣哀我赤子將何以聊生乎懷保之方專係
於守令守令之若非其人是驅民於陷井也仁人在

稗林 哲宗紀事三 三十四

上寧有是也且守令之能否爲道伯者豈或不知目
今秋冬之殿最不遠又復視若文具草草了勘是負
國也自廟堂各別申飭於八路及四都道帥居留之
臣雖以京師殿最言之許多官員無人居殿是豈當
初設始之本意至於陵官所掌所重至嚴而今番摘
奸之後雖若而人論勘安知不爲復踵前習乎并一
體申飭俾有實効○傳曰軍田糴三政有國之大典
而目今三政俱病以之民生困瘁就其中糴政最爲
民切骨之弊也戶穀不相稱當而民受其弊缺散不
以其道而民受其害甚至於不分之穀從以督納是

白上也非還上也哀我赤子其將何以爲生乎與言
及此寢食靡甘益數心腹之教嗟爾字牧諸臣其各
聽悉如有矯捄之策必一一條陳都聚於道伯所趂
歲前上送暎院而若不思報效之義徒請蠲蕩之想
則烏在其爲理之良二千石乎自廟堂斯速知委於
八路道臣四都留守以爲趂限收聚上來之地事分
付○平監金炳冀辭疏批通來閱西一省可謂岌業
苟求共理非卿莫可今此特授予其私好卿其勿辭
往欽哉俾予無西顧之憂○成均館啓科場法意所
重何如而今日合製設場時無賴輩冒入場屋亂投

尾石事未前有萬萬未安壬子條陞補榜目旣已修
送禮曹而合製通讀四書小學不得已罷場事允之
○傳曰卽見泮長草記國綱雖曰掃地豈有如許無
嚴之習乎旣云無賴則何可待之士類作拏諸人令
秋曹期於捉得施以當律不善操束泮長宋持養亦有
失爲施以刊削之典○傳曰日前泮試作弊之人使
之捉得矣尚無動靜秋曹擧行萬萬駭然卽速擧行
○十一月朔日食○刑判尹致秀疏略臣於前泮長
草記不無訝惑者存夫無賴者無所賴於世也冒入
者不當入而入也庠選合赴異於無所賴之類泮水

思樂決非不當入之地到今課試已畢場屋皆盧姓
名不著於當日蹤跡莫追於過境所可鉤詰者不過
當場擧行之吏隷故臣果到底盤問則脫身於蒼黃
之際陳情於辨白之辭衆眼不分名面諸供皆沒把
捉赴試儒生之外元無無賴冒入者云臣之所欲知
者是無賴冒入者非赴試儒生也傳教若曰旣云無
賴則何可待之以士類士類無賴見待各異特因泮
啓之云以無賴所以聖教之許其捉得苟於鼓篋警
昕之所作此投石散尾之擧則指名請勘只在泮長
考律定罪宜付有司則其泛稱無賴謂以冒入者奏

御文字何如是糢糊耶第念我朝敦尚儒化待以優
禮或有悖儒之當付司寇者先令本館摘發移送蓋
以掌教掌法職任不同故耳今此亂場之擧寔是無
前之變論其負犯師生之分也其在詰奸禁暴之義
宜盡率乂柴桑之責而至於儒生之誰某自有本館
之諗覈亟令成均館問名摘付臣亦稽律勘處矣批
秋曹之所未能泮長能爲之乎勿復規避卽爲嚴查
指名草記○文苑黼黻續篇成○刑曹啓幼學鄭顯
念倡爲亂場云事當捉致勘處而伏承指名之命敢
啓傳曰堂堂賢關依此悖擧師生之義蔑矣首倡斯

得捉致查問依律勘處可也○刑曹啓㓜李鄭顯念
捉致查問則謂以合製設場之初先有東庭起鬧之
事不赴之儒生旣多勸入之諸吏自在云故成均館
吏隸等處更爲嚴問㓜學呂圭弘吳胄默金演九李
用憲等亦叅亂塲并捉致查問一體勘處事傳曰名
以士子有此駭悖之舉蓄恥極矣查問後并嶺沿充
軍○刑曹啓鄭顯念等招辭叅以各人招辭想其當
日光景鄭顯念早呈卽出殊無眞的自明之案首倡
爲故似涉始終可疑之跡吏招先出不爲無據吳胄
默書吏書等縱緣衆憤當塲起鬧不無所失上項兩

儒謹依批旨并嶺沿充軍（顯念長鬐縣 胄默咸安郡）呂圭弘合製
不觀縱或隨衆旣云晩赴宜爲推究金演九旣爲受
學於試座又爲結姻於試座且無庠試之遂自致落
空之科李用憲旣是叅榜之人必無亂塲之理以情
以跡俱無可擬上項三儒旣無所犯合有原恕并放
送雖以成均館吏隸言之旣不能捍禦於亂塲之初
又不肯直招於查問之下挨以下習萬萬痛駭嚴刑
懲勵事允之○上護李紀淵疏請致仕不許○傳曰
予小子嗣服三年于玆矣顯揚之典尙今未舉情禮
俱缺容有其極範金鏤玉模天晝日卽我家已行之

典禮也今當亞歲名見大臣禮堂以此大典下問則
僉議詢同仰禀東朝獲蒙俞音純宗大王追上尊號
大王大妃殿加上尊號都監合設舉行○賓廳純宗
大王追上尊號繼天配極隆元敦休大王大妃殿加
上尊號英德○左相李憲球啓今番泮試事誠一寒
峩冠儒服儒者罔念師生之義起鬧考試之塲竟至
有罷榜之舉犯分壞綱胡至此極久愈驚惋寧欲無
言作挐二人今旣勘律則不必更論而雖以前泮長
言之出榜之時書吏書等之訛旣出於秋曹查供則
其有所失自可推知且亂塲之初苟能操束則彼爲

士子者焉敢爲此而反未免舉措輕遽陞試計劃之
先爲修啓庠製通讀之并爲停罷無非顚錯此不可
刋削而止前大成宋持養竄配原榜亦令勿施一以
懲舉子亂悖之習一以無陞庠異同之患何如上曰
陞補罷榜依施前泮長事實爲駭然而旣有刋削竄
配則安徐可也○十二月獻納金永基疏略伏聞日
前騎省入直堂上軍號修啓時以追崇二字書入云
此果何等語也而乃於登諸文而頒於衆乎軍號法
意卽是暮夜軍中相與傳呼識別而防奸者則内省
書入之際何患無其字而乃以此莫重莫嚴之二字

肆然書筆不少留難其意何在誠極叵測此非選士之人所可獨辦必有指使之處請令王府拿鞫嚴覈期於得情以折亂萌之地爲枇騎堂事選士之人昧例所致何足深責所請過矣施以放逐之典兵曹參知文慶燮〇兩司大憲金箕晚大諫李濟達司諫申佐模持平林文洙正言李裕應朴儀漢合新啓噫嘻痛矣文慶燮之罪可勝誅哉本以選士卑微之類賦性原自奸慝行已亦甚憸邪厠跡朝端出沒京洛濫陞緋玉之列至登佐貳之班分已踰矣榮則極矣而鳥膓狼肚不期發而自發作此萬萬叵測之舉究厥情跡萬戮猶輕蓋此軍號例自内省每日書

入恒用文字不爲不多忽以此莫嚴莫重不敢道之二字肆然拈出頒諸巡綽是豈今日北面臣子所可萌心而泚筆者乎決非無心所致其爲用意也明安知無不逞之徒暗地指使欲售嘗試之計哉思之膽掉言之髮竪此而不到底窮覈打破根窩則伏莽之戎履霜之漸豈不大可懼哉大可畏哉若以蟣虱之賤不足責之科薄施放逐而止則春秋無將之誅漢法不敬之律其將無所施矣古今天下寧有是也請放逐罪人文慶燮拿鞫得情快正典刑焉〇兵曹啓郎者有一漢攔入闕内擊進善門傳漏鼓者捉來嚴

問則渠以開城府居孫養默爲名漢謂有鳴冤之端擊鼓云嚴棍後移送秋曹照法嚴繩而當該門將拿處事允之移送秋曹勿拘齋日捧招以入〇刑曹啓攔入人孫養默捉來嚴問則書納原情滿紙吁嚷極其猥雜而枚舉開城留守金始淵事以爲河景顯金一祿蔽其耳目勒貸富民脅奪新榜進士錢二萬兩前留守貿置米三千石高價放責利条一萬八千兩都故私橐分教官搆虛貶下擬以富民狼藉受賂勒需出給門客春蔘私蔘私捧稅錢一萬三千兩節蔘官蔘加稅錢三萬兩有田畓者中賭地勒奪錢一萬

五千兩債訟捧賂等事至請河景顯金一祿勒奪錢還徵事也此係四件事外已極猥屑而事之虛實姑舍無論民習到此罪関犯凌謹按大典通編品官吏民告其觀察使守令者并勿受杖一百徒三年大明律宫殿門攔入条攔入者杖六十徒一年事當依此勘處事批滿紙吁嚷必是謀逐之計不可以搆誣置之黙昧河金兩人捉來查問後勘處〇特擢金鍚左尹〇左相李憲球啓訓將李景純營儲則恣意乾沒瑣節則有口喧播但預下一款臣於向筵因臺疏禀處以一切禁防之意仰奏行會矣飭墨未乾該營船

圭十人處誘以奉足預下擅自出給者至爲八千餘
兩之多而太半無歸屬該將臣施以刋削之典卽令
秋曹還推預下条出給該營俾爲充完之地何如上
曰此將臣事豈不可惜哉依所奏施行
四年癸丑正月親行太室春享○純宗大王追上尊
號大王大妃殿加上尊號稱慶陳賀○刑曹啓因孫
養默原情河金兩人取招河景顯段因留守分付摘
奸蔘圃於江原黃海京圻三道外他諸条非但無一
毫所犯初不聞知而今此橫羅金增祿段本以傔人
終始陪從以受恩之蹤設有不測之心欲爲欺蔽之

稗林 哲宗紀事三 四十一

計留守政令本自剛明欲欺而難欺衆所共知蔽其
耳目之說宗爲曖昧勒貸富民事段姓名誰某數爻
多寡初不指的如是搆捏勒貸之當者未顯露之前
無以仰對脅奪進士錢事段去四月有右捕廳秘関
於本府經歷進士林聖材本府將校眼同捉上事園
繞民家狼藉作樂經歷來告上營則留守以爲此非
京捕廳推捉之事爲慮民樂京捕校則逐出境外林
聖材則以不謹居鄉之罪嚴刑放送而已二萬兩奪
取之說千萬不當右捕廳秘関玆以現納前等留置
米發賣事段再昨年十一月前前等時果有閙市錢

常賑錢别備錢三萬兩出給府中富民五十餘人每
石十兩式定價貿置米三千石矣昨年二月到任初
府民等狀內府中元無貯穀民情遑遑是如請其發
賣更爲立本一邊救急則此民彼民均被惠澤課日
呼訴則令各廳及糾憲所論稟矣皆以爲俱便時令
發賣每日五十石式出給又令捕廳糾察禁濫每一
升捧三錢六分比時價五錢所減者爲一錢四分至
四月晦間畫數發賣三萬兩則依舊出給富民使之
立本餘數則飢民中分尤甚之次兩等使之救急五
十里以外分送裨將吏校檢其分給三十里以內親

稗林 六 哲宗紀事三 四十二

爲分給於營庭又有餘數二千七百兩營本府各庫
及兩撥所修改中營旗幟軍物修補各各修下記留
置首將校以爲後日憑考當初任置之富民自在追
後分給之飢民亦存區處之數爻下記之印贖昭然
可據米價之十二兩十六兩聚民所在一按可知敢
以架虛鑿空之說爲此指無謂有之擧不待畢說自
當卞明蔘稅事段留守到任初別岐廉探則再昨秋
私蔘潜造狼藉入聞前二等時或已現露或未現露
營庭查宗則謂之百斤者或爲十斤或爲無乎旣已
犯法計贓捧錢移用於書院修改各班下人處依營

例行下分教官事段前分教官崔柱河其弟璧河及
其婿韓哥再昨秋潛造私蔘九百餘斤名以朝官同
叅作奸此與下民有異不可捉囚捕廳徵納贓錢至
於六月殿最書下新差分教官白鳴鶴亦是本府士
子也豈有捧賂之理若有一分錢賂物雖死杖下萬
萬無餘恨中賭地事段所謂中賭地各道各邑之所
無去十月間農民等民狀以爲庚戌因朝令前前等
時革罷矣府中富民不有朝令一直責納朝令後三
年所收之錢還徵爲辭留守捉致富民查其委折富
民等又以爲此賣買之物自明年不捧中賭地則已

給之價自當還推互相爭詰令糾憲所查稟則係是
幾百年已行之事價無可徵之慮只令自明年依朝
令勿捧初無一民推治之事以此不良之徒討索於
富民故揭榜於四門傳令於各面揭榜傳令草弃爲
現納勅錢出給事段本府本無勅錢凡屬債案交遞
時例爲修正出給與否自可洞燭債訟捧賂事段某
人某訟初無指告有賂無賂宗雖質對云跋辭河景
顯段不過來往之傔客金增祿段卽是隨率之傔人
凡係營務似不叅聞諸条納供一是落空或請誰某
之質覈或請文簿之查括姓名不著則質覈無路京

鄕旣異則查括無所苐念難平者物情易失者人心
縱或指畫之多端了無疑似之可尋孫養默之只憑
塗聽冒昧鳴籲寔宗朔有慮啓無窮虞典怙終之賊
周法亂民之刑似當施之於此等罪人本律自在不
敢擅議大典通編品官吏民告其觀察使守令者并
勿受杖一百徒三年大明律擅入宮殿門者杖六十
徒一年兩罪俱發從重論勘孫養默原情勿施決杖
一百平海郡定配河景顯金增祿并放送事允之此
宰臣是誰之家家傳清白世所共知而毋論本事之
有無不幸莫甚前開留金始淵永刊仕籍勿限年禁

錮雖以河金兩人不可放送并刑推定配○左相李
憲球啓贈吏議李義淵當聲出狼顧之初辦一疏鳳
鳴之擧雖身被叅禍幾乎湛族其秉執樹立之嚴可
以有辭於百世至于正廟朝累蒙弛贈之典聖教若
曰布衣抗疏字字腔血彝倫以之不墜凶賊以之破
膽予於李義淵見之矣在今日繼述之道更加崇奬
宗爲彰善樹風之政特贈正卿兼施易名之典焉許
之○左相李憲球啓向有嶺伯疏擧前錦伯疏繼徹
臣取見其兩疏則不待回報而亦可得其梗槩矣
称以營廩而曰餘曰私者可知其立名之不正而

因此相卞至於露章推上之境非但極涉猥屑志學之風掃地無餘壞了體面莫及朝廷是豈細故也哉雖係恒定月俸小涉嫌疑之端則古之人輒多相讓若將選為而今也不然反有此駭聽之舉蓋其本情雖出於互相激惱而然而顧其處地則宰列也官職則方伯也乃以此細微之事紛然交評未免為香失之歸其在責備之義不可但以慨然言前忠監李根友慶監洪說謨并施譴罷所謂廩餘之物若自朝家斷其是否有若松庭得失則其將安以處之乎在當之者決知其必無是理且朝家禮待之道亦不可以

不正之名强分左右以傷事面兩邊已捧之數并令還收一以充餉簿虛勘一以添付餉穀而此乃陋規也謬例也既聞之後不容仍置自今為始一依舊規永為厘革而待新伯下去詳細措處後登聞之意分付何如上曰兩道臣事不料朝廷之上有此駭舉貽羞極矣依所奏施行○上護李紀淵疏請致仕許之○傳曰副護宋來熙祭酒單付以入○掌令羅承奎疏略向來松民事竊有所區區憂歎者謹按大典通編刑典条品官吏民告其觀察使守令者并勿受杖一百徒三年蓋為嚴分義防奸偽而然也今此松民之所為告者即不過搆捏誣逐之悖習也既受之為秋曹之究覈矣聖念或慮松民之其有可究竟至有該留守金始淵禁錮之命第其許多臚列既經查櫛則有罪無罪臣不敢更事張皇而至若金河兩漢之未執真贓徑施刑配恐有欠於綜核之義也臣聞孫養默之擊鼓也受人賄賂聽其指嗾學誣天聽若是無忌憚此而不嚴加處分日後此等風俗其將接踵而起八路之有官守者舉受誣陷於奸猾之民是豈小故也哉亟令新留守捉致營庭到底鉤問其指使依倚者依律嚴勘為懲所請依施○二月特除前大

成金炳國吏議○開留李源達疏陳以孫養默事查案交承之間難冒成命批不許○傳曰松留之疏猶有未能領會朝家之意矣前留守則因秋查而已有處分今何有更查之端謂之接遁不欲為之乎孫養默無相關於前留守之事而肆然擊鼓驅逐官長之訐者大関風化非渠獨辨明若觀火可以行查者非但正風化而存事面也欲查其受嗾而已則有何傷於交承之間乎勿復固辭即為舉行事自政院申飭○大提學金錫奎等疏請故徵士文康公金昌翕贈判書文敬公金元行故祭酒金履安并配石室書院

事不許○親祭綏陵○傳曰宮人方氏生女令爲三
歲昨日酉時又爲生女護産等節依例擧行○傳曰
宮人方氏淑儀封爵○傳曰淑儀供上依例擧行○
傳曰此家有科聲李載元甚庸奇喜矣思信君祠版遣
承旨致祭○傳曰方淑儀房免稅五百結自壬子㕘
劃送○三月添書趙秉夔吏㕘○傳旨李應植申觀
浩李能權金鍵并量移○傳曰金釭稞趙青熙之年
前處分存事面也警士習也今則歲月頗久而足懲
其罪且屢經大霈合施廣蕩之典并以本名付之榜
末因此思之閔達鏞之以此家入前後聲罪奚爲而

稗林　哲宗紀事三　四十七

至也伊時竄逐寔出好生之德而亦所以爲渠自新
之地也然而以所犯之如彼竟至薄勘之止此者不
無罪疑惟輕之義則雖謂之黜昧可矣夫以黜昧之
事許多年置諸人羣之間亦王政之所不忍況已宥
還之乎其罪名特爲爻周一體付之榜末○禁府啓
李應植等量移臺啓方張不得擧行事允之○傳曰
放逐罪人趙錫晴金命喜金相喜并分揀○判府金
道喜疏請致仕許之○四月特除金炳學副校李載
元副修○特擢金炳冀戶判○拜金炳溎直閣○五
月傳曰近日鄕宰之無端在外是何道理令政院另

加申飭并速上來○傳曰日前申飭固何如而吏㕘
李根友都承旨洪說謨一向在外有若撕捱者然是
豈道理乎并禁推○傳曰生民之飢飽專係於守令
守令之贓否又在於道臣近聞前江監洪祐順治績
出衆惠政頗多云特加資憲○傳曰歷事四朝年過
八耋事甚稀貴護軍閔致成特加一資○三道儒沈
東箕等疏請忠宣公權撥陞廡不許○六月備局啓
因咸監趙秉駿啓甲山前府使洪義宣反弄犯用錢
四千七百餘兩不法贓汚與尋常有異云矣以該府
還遠事年前特蕩出於朝家別般懷柔之政而曾未

稗林　哲宗紀事三　四十八

幾年諸倅躬犯若是狼籍是豈眼有國法乎拿問重
勘所犯諸條令秋曹一并還徵輸送該道事允之○
傳曰知中趙斗淳拜相○司果金鎭衡疏京察者有
國之大政也黜陟用舍之間治象之汚隆係焉故前後
飭教惻怛鄭重雖豚魚之頑足以孚感身爲銓官者
苟有一分顧畏之心固當一念精白對揚明命而嘻
彼吏判徐箕淳獨非今日北面之臣子乎激濁揚清
銓衡平允尚矣無論較短量長稍存面勢不患無術
而政紙一出萬目睢盱側聽累日愈往愈沸小人之無
忌憚一至於此我年前司直之論在渠西銓之時而

過於忠厚淺淺說去奈其狐鼠之性憖不知瓮黽蜮之射潛伺既久謂此可乘手脚畫露肺肝如見其情其態良可痛恨渠本悖性老姦席其門地歷歷內外世所稱清官美職莫不撓攪而寸長尺能無一可記只是外沽清苦之目內售貪戀之心老於揣摩積習漸滑撑腸拄腹都是矯飾尋香逐臭工於逞私其巧惡之術優可以欺人欺天可不懼哉宋臣蘇洵之言曰欺盜名者雖善治之主好賢之相擧而用之爲天下憂不可勝言政謂此輩道也臣本遐遜嶺外之蹤又非時叨可言之地而目見輿論昇沸謇寒幾日尚

無爲殿下一陳讜言者竊重爲朝廷惜之易曰開國承家小人勿用臣謂吏判徐箕淳亟施屛裔之典俾禦魑魅以爲爲人臣背公黨私者戒焉若其出位妄言之罪臣亦自知甚明席藁私次恭俟鈇鉞之誅矣批此銓長謂之黨私則爾之言獨非黨私乎滿紙咔嚷全無同朝忠厚之風爾則施以刊削之典(　)行祈雨祭○七月修撰南鍾順疏略日前金鎭衡之出位投匭是何狂妄之甚也銓部注擬果有拂公議而違政格者數官師之規固亦美事何不指的明斥使被彈之人咋舌而不敢言今乃混圖爲詆詬嚷不已歷

擧平素驅之於宵小逕探肝肺目之以鬼蜮似此聲口非徒欠於同朝忠厚寔恐出於積習忿懥則夷考其心術所存必欲壞亂朝象而後已也臣未知言者之於銓臣有何私憾宿憤忍耐不住者爲此獻逞之計而老成之地孤卿之秩朝家所倚重而尊禮也詆斥之凌轢之不少留難是豈可諉以言事而任其舊私之習乎狂吽之口氣已極悖戾閔奚之手法尤係痛駭聖批中獨非黨私之教寔爲洞燭情狀而刊削薄譴未足以懲其挾雜之習請金鎭衡施以屛裔之典焉批出位論人容或有之未有若金鎭衡之駭妄

也爾言深有意見其在杜漸之義不可使刊削而止令該府即議竄配之典(明川府)傳曰金鎭衡雖已處分而其在禮使之道不可強迫吏判徐箕淳許遞○鄭袁(參判)德和抵韓判尹鎭庭李參判明迪書曰午人之亡己三日而尚今寥寥亡之又亡諸公之寢咳能安乎安則爲之苟所以爲安者必得一遮眼鐮謂之妙計也和水爲謀移大於隣嘻嘻而相謂曰吾則無關吾則無失寢也咳也依舊爲之然而鬼目如電何以欺鬼人鑑如水何以欺人諸公若乘軺出門則市井必指點曰伺隙之怯鬼若欽祐對人則公卿必心

詰曰知戢之悖類以何面目出門揚揚以何說話對
人剌剌大抵蔭仕之初頭合三孰主張是各心推單
孰指揮是招邀名士計事何事論議公車孰心何心
始則恭合終焉越視何也以巨匠搆草而中止何也
使遠人呑棗而求勘何也論銓官而不執其贓何也
有館職而必借前啣何也情深之地初無秘通何也
罪劄之時先不論斥何也竟至於當疏題目恠鬼悖
類何人遂使之嶺人繭足絶塞遠竄何罪諸公之平
日病根專在於俱曰余聖設以真箇之聖何不擇狂
言而慱詢廣議以至於七停八當也罪人卽不死之

一縷何關於生世之事而顧其人則亦午人中一耳
憤慨交中腔血如沸竊欲而伏念見午人無罪而亡
此何人斯賈誼之流涕痛哭不得不然而賈生之涕
爲國家之公也此漢之涕爲知舊之私也涕則一也
公私判焉此漢亦難免黨私之誅耳吾後之道雖良
平無策自取之狼狽激雌黃欲緘之金恐負翟黑諸
公意想亦復如何愚見則失之東隅亦或有收楡之
理諸公更加深量諸公中時帶宗啣之人焚香盥水
精搆一疏一以脫恠鬼悖類之題一以救遠人極邊
之寃允叶公議期回天聽則今日卽午人復生之年

攢手祝天感幸極矣誠若未格而上天邈然則明川
非久當發門外而忝涉之諸公享欲物財執手慰送
無使遠人餒死於塞徼之外亦一外衛之策送客以
後諸公亦杜門鏟跡掃田明農是所區區之望○傳
曰顧予否德叨承丕基蚤夜憂愼莫敢遑寧今此亢
旱之災奚爲而然也圭璧屢擧靈應尚邈言念民情
曷以爲心災不虛生必有所以民生困瘁不能救濟
法令壅過不能振刷財穀罄竭不能節約貪墨橫行
不能懲治一則寡昧之罪也二則寡昧之罪也自今
限三日避正殿減膳撤樂敢寓自責之義大小臣僚

咸須知悉○傳曰旱氣太甚圭璧屢擧一需尚靳言
念民事尤極憧憧該房承旨馳往府獄輕囚放釋○
傳曰今二十日卽鈴原府大夫人週甲也予小子愴
慕之懷益復如新其日當親行酌獻禮矣該房知悉
○慧星見觀象監啓十八日初昏有星見於西方有尾跡啓至八月二十四日止○口
教曰內需司拘留罪人朴孝挺許多罪犯渠必自知
出付秋曹嚴刑三次後遠惡島限己身定配延安南大池作畓事也○司果孫永老疏向伏見司果金鎭衡論前吏
判徐箕淳之疏其言率多狂妄斥之以黨私而不言
其黨私之宗因也以宵小而不明其宵小之跡混圇

觀去有若動加者然臣誠不勝駭惑繼伏見修撰南
鍾順之號盖其旨意論斥金鎮衡出位妄言而詳其
語脉則金鎮衡之所不能明言者南鍾順能抉破其
梗槩其所云拂公議而違政格者雖以果有二字為
設疑之辭而其宗深中宗隱掩不得擧世喧傳之語
也然而自來疲殘之物工於柔滑之習不言某事之
拂於公議某疑之違於政格至若使被彈者咋舌不
能言等語隱帶得有可以明斥者而不能明斥底意
終未免含糊而止臣請爲殿下洞陳之彼徐箕淳一
殘忍薄行欺世盜名之類而止耳若其大者臣不欲

洗筆而以其用心行己言之外若恬澹內宗貪慾陽
若公平陰售巧奸夫豈有不能齊家而能事其君專
事虛名而能致宗用者乎以其居官言之兩典南藩
輿誦藉甚一秉西銓臺彈旋發苟有一分廉隅則固
當杜門屛跡不敢復廁於朝紳之列而乃反揚揚自
恣淸官要職左右兜攬驟而觀之人或有布被之譏
而徐而察之事皆不情無不營私而已至於今番都
政膽肚自綻手脚畢露臘仕也皆屬瑣姻腴邑也盡
歸私黨猶是細故也都政前飭教鄭重若曰殿最黜
啓論斷之人反先聲績茂著之人此以私掩公也各

別對揚期有宗效辭吉懇摯不啻諄複凡今日北面
於殿下者孰敢不一念兢惕思所以仰答聖意而乃
其賦性偏私小無顧忌政目一出莫不駭歎若廣州
判官崔永錫淮陽府使徐承淳俱被貶罷曾未幾年
安州牧使鄭文升以公結偸食事亦被黜罷而或以
陞遷或擬擇差聲績茂著之人何限而必以上所題
飭之貶罷黜罷中人肆然乃爾抑何心腸若其閒城
經歷之未經宗卿吉州牧使之無故留窠初仕之兄
弟同署臺憲之草出忘擬亦何政格比南鍾順所謂
拂公議違政格者也噫彼以世祿之人聖明之前後

恩遇何等隆重而不思所以萬一圖報辜負如此此
不可但以溺職言揆以王章背公徇私之罪烏得免
乎竊伏念我殿下自臨御以來未嘗以言罪人庶幾
有唐虞吁咈之盛而惟彼金鎮衡冒犯狂妄之罪至
蒙竄配之命固知當日處分只出於鎭靖朝著之至
意而夫何金吾照法用意低仰顯有逞私之迹擯逐
於數千里荒遠之地一金鎮衡之死生固不足恤而
臣竊恐羣下之有懷欲陳者從以爲戒不敢爲殿下
一言也 臣本以嶺外疎逖之蹤過蒙聖朝拂拭之恩
區區愚衷感激銘佩常有爲國一死之心目見今日

時旱之乖和刑政之失中愚憤所激不容泯默固知
言纔脫口斧鉞隨至而苟有絲毫裨補於國則亦臣
所甘心也請前吏判徐箕淳施以譴斥爲批向者金
鎭衛之疏已是意外今爾又如是金爲前茅爾爲後
殿予極爲駭妄爾亦施以竄配之典 林原郞 ○備局啓
文臣守令內移朔數事有論稟之命矣十五朔二十
朔旣有前後變通則其視通編所載不無出入到今
民邑迎送之弊比前時尤所當念毋論堂上堂下守
令并以二周年區爲內移之限恐好以此分付銓曹
事允之○備局啓孫永老之疏論諸倖事皆與宋而

稗林　哲宗紀事三　五十五

緝啓宮結本非指此倖倘久之事矣安牧之以此爲
引中路呈遞萬萬不當安州牧使鄭文升特爲仍仕
待下批使之自其地赴任事允之○八月添書南鍾
順副應○副應南鍾順疏略月前冒陳一疏略論金
鎭衛狂妄之舉不意孫永老之章轉生層激歎矣臣
凌轢臣無所不至若謂臣言之不可則顯言而直斥
宜矣今其爲說彈駁予譏嘲予誠莫曉其指意之所
在也臣不敢較下反歸自悔之科也例批○大臣宰
禮堂入侍傳曰予小子嗣服四載尚未遑爲情禮之
缺然已無可言況當今日 初九日 尤切悵慕闡揚德美

自有我家之禮翼宗大王追上尊號王大妃殿加上
尊號憲宗大王追上尊號孝顯王后追上尊號大妃
殿加上尊號都監合設舉行○謁昌陵歷臨恩彥君
墓所大院君墓所鈴原府大夫人墓所○平監南秉
哲啓本孫永老到配事傳曰飭已施矣分揀放送○
傳曰昨日申飭果如何而或謂情跡危蹙或謂情勢
一向在外是豈道理予藥院提調 徐箕淳 洪說謨 并更爲嚴
飭可也○傳曰屢度申飭之下豈有如許事體藥院
提調徐箕淳圻沿 平富 投界○畿監徐左輔啓本罪人
徐箕淳到配事傳曰放送○賓廳翼宗大王追上尊

稗林　哲宗紀事三　五十六

號聖憲英哲睿誠淵敬王大妃殿加上尊號正仁憲
宗大王追上尊號體健繼極中正光大孝顯王后追
上尊號端聖大妃殿加上尊號淑敬○備局啓宰行
拜禮時關系之諸司郞官總有王府議讞矣揆諸稽
慢之罪宜其如是奏當而第紀綱之解弛旣久班儀
之有傾非今爲然則一並譴汰有非今中之義仍其
職名姑令戴罪舉行且觀來頭以法從事之地事允
之 吏正李奎白等十五人 ○傳曰予於沁都之民豈無特恩之
舉各庫錢穀舊債中指徵無處者并爲蕩減其給代
之方令守臣商議廟堂從長措處後即爲狀聞○領

相金左根啓允有罪被謫母論島棘島置邊遠中道其眷率隨往之初不設禁即朝家惻怛哀矜体恤人情之政也緣株散配者亦無異同夫婦相依有子有女轉成元居之民而粤自戊戌獄事以後遂爲防禁此是榮賊所成之屬階而居然爲七十餘年之久矣夫大小官怙眚所犯者固爲宥還之期而至於屡經鞫事特貸一縷者及緣坐爲奴者其生其世豈有復還之望哉妻子骨肉之籲天叩地此生離死別冤其情境不翅若于公之哭齊女也冤者何恨也今若一依古規使之任便挈去之意永定新式則爲國家導

稗林 哲宗紀事三 五十七

迎和氣恐無大於此者矣許之○領相金左根啓以庶類疏通事成命之寢而不行又爲三載之久矣見今文科入絶罕槐院分舘當否姑無可論而最積滯者出身也其中門地可合人許用宣薦即疏通之節次階級而習俗緣痼難以理曉彼此弁鶻出場無期徒使許多出身靡所歸屬虛度日月豈意當初甄別之舉反成今日埋冤之歎乎嚴飭該廳先以閥閱好家数幾人如此圈薦而盖宣薦之先由部薦而陞轉即古規也不部而直宣不過是挽近謬例也臣意則宣薦之首先叅入者外其餘出身分付部將廳爲先一并入錄於薦冊中允軍校閑雜常賤出身自有守薦不當冒錄混擧於部將薦之意永爲定式以爲漸次陞薦之地焉許之○領相金左根啓書雲物察氣棲雖小災小異必敬候望而啓聞之所以達欽若而贊修省警惕之本也臣於三十年前猶及見天文災異出於昕報者而今則雨澤分寸及非時雷電外雖星躔乖氣之瞭於萬目者必遲過時日僅僅聞奏而止此專由於彌文日繁忌拘漸盛之致夫災非可諱之事諱而可銷孰謂之災乎古人於昇平無事之時當以四方災異式日聞奏於其君者其遠大憂畏之

稗林 哲宗紀事三 五十八

悃有如是矣况二三臺史瑣瑣竊竊之見寢廢應行之職者事之寒心莫此爲甚臣意則無論大小災異凡麗乎天而顯乎地者隨其候望一切使之書啓毋鼓循襲近謬之意分付該監事許之○九月禮曹啓用齋規例一依孝廟受教定式施行事命下矣謹稽孝宗大王元年因禮官覆奏忌辰祭前期一日與行祭日不爲開坐日月食則正日不爲開坐此外散齋開坐則勿爲拘忌事定式矣今亦依此遵行而忌辰祭齋戒日及正日各司開坐外官辭朝文書出納依大臣所奏勿拘惟用樂及刑獄開坐依前停止之意

分付京外事允之○湖儒李馥秀等呈單禮曹畧彰節桐即密邇莊陵仙寝可謂一體君臣祭祀同之地而聖教之前後眷勅士林之遠近瞻敬何如而寧越府使成好謙侮買慢士多發校卒至有昏夜吶喊驚動青襟院儒之被打幾絶者猶屬細故御製紗籠之裂破諸賢祠板之墜卓爐盒之傷缺尾檪之推落前所未聞之變怯伏乞進稟按覈焉○咸監趙秉駿啓明川府竄配罪人金鎭衡到配事傳曰特為放送○江監吳取善啓寧越府使成好謙作鬧之官屬不能禁止罷黜事○備局啓寧越彰節祠事誠亦無前變

稗林　哲宗紀事三　五十九

怯當初事端雖曰失在儒生而悍隷亂民攔入院中至犯位版顛覆爐盒破傷則當場光景之無復顧畏不見可知而苟求其由全出於憑藉官令矣官令豈或如此而恚激推劾不能欽戢之罪不可但以論罷而止前府使成好謙拿問勘處雖以道臣言之末端論新有若織細官師之箴有欠事體該道臣從重問備攔入作拏之首唱幾漢各別嚴刑遠惡島限已身為奴其餘諸漢一幷刑配事分付何如允之○十月禁府寧越府使成好謙段悍隷亂民憑藉官令攔入院中無難作拏平日居官苟能隨事禁戢當場光景寧容如是揆以事體難逭重勘以此照律啓依允杖八十收贖奪告身三等○親行宗廟冬享大祭親上冊寶于翼宗憲宗兩廟○上尊號陳賀○傳曰大護洪耆燮護軍趙秉夔特加一資○傳曰趙秉鉉事已於昨秋有所洞諭而渠以乃父之子名在白簡揆以全保之義宗有不忍者且今大霈之餘合施曠蕩之典亟令停啓○傳旨睦台錫蕩滌權敎仁金正喜蕩滌叙用○傳曰卄年前趙秉鉉事已是罪其罪也而今日處分即亦保世臣之義也如此洞諭之後若又相持是務勝也三司諸臣咸須知悉○兩司合啓秉鉉諸子事停○太

稗林　哲宗紀事三　六十

白晝見十六日雲監啓未時見於巳地至十二月二十九日不止○備局啓別使之還以行中厨役事至有書咨出來之舉其為貽羞而取侮也極矣當該三使臣姜時永李謙在趙雲卿幷施譴罷事允之○大臣領府鄭元容判府朴晦壽金興根朴永元李憲球領相金左根右相趙斗淳率禁堂請對上曰捕廳文案中出徒俱極悖惡而其中洪棗蝗名以班族尤極痛惡矣元容等請鞫得情上曰么麽無類輩何以張大設鈎乎興根曰金守禎與柳興廉同是兩班而出處俱為亡命守禎今幸見捉矣嚴查窮覈則興廉亦可以捉得仲出矣上曰當有處分矣○領相鄭元容劄略有時任而原無原任替當之事且再昨年委官舉行亦出暫時權宜之道矣批誠若卿言再昨年事誤在於予且今番事與再昨年有所輕重而然乎

卿其諒處焉○領府鄭元容啓命 傳曰大臣以俄下批旨爲難安云誤
矣予三字遂取 ○推鞫罪人金守禎崔鳳周洪榮瑾原情○
鞫廳啓臺諫晩時來會開坐遲滯大鍊洪翼燮待平
安喜壽譴罷事傳曰名以鞫坐豈有似此事體不可
但以譴罷而止施以刊削之典○推鞫罪人金守禎
崔鳳周洪榮瑾刑推與告變人申錫範面質○備局
啓取見東伯査啓則不出於輿訛煽妖騙人財產之
計而馴致詿誤轉深騷越滋久是誠伏莽之戎而燎
原之漸也金是鎔之爲渠魁三尺自在無待更加閱
案令本道梟首警衆李寅昜金秉珪朴啓賢郭釆紀

稗林 哲宗紀事三 六十一

或始終追逐或到處傳說幷嚴刑三次遠惡島減死
定配丁大綏嚴刑二次邊遠充軍其餘諸漢嚴刑一
次分輕重勘配或酌放所謂李元眞魚進海旣出於
金是鎔前後供招着意譏詗當初發告之元用九今
於査事出場之後不可無激勸之政問其所願從優
施賞之意分付事允之○十一月因領相金左根奏
被謫人家孥隨往事收議 領府鄭元容以爲凡罪勿論島陸施配典則朝家之待以不死者也使之家室相聚資衣食救疾病者本是聖朝盛代克體下忠厚導俗之懿德至意也又況犯流安置入家屬相從卽皇律之所常著式者乎近年也廢置成禁亦知緣何致此而今此令相所奏爲生民敎倫紀爲人主行仁政爲國家導和氣臣於此須有何他議乎 傳曰諸議如此

著爲定式○備局啓田稅大同有國經用春裝夏納
程科正嚴挽近年來法紀蕩然爲穀主官者稱以牟
運最晩裝發畢竟氷泊公私消耗歲初飭敎不啻申
嚴一向玩愒終不動念苟有畏憚寧容如是七邑守
令 靈巖閔致犇羅州南東善務安鄭世昌咸平李鍾晩海南權最燮淸風呂重變康津金尙玄 先
罷後拿道臣 全監鄭最朝忠監沈宜冕 有不善董飭之失施以越
捧二等沙格之受載逗留到處停滯此亦難言之弊
憑考裝載月日打詳程站遠近罪在沙格則嚴刑遠
配事允之○推鞫罪人李明赫李奎和刑推○備局
啓向以都下窃發之事逆奏特敎申飭何等截嚴而

稗林 哲宗紀事三 六十二

近聞不但少熄反又熾盛往往有聽聞之絕可悖者
朝家設捕廳法意安在兩捕將 李熙綱李定鉉 姑先罷職如
是之後一向騷擾則新差捕將當施加倍之典以此
意分付事允之○傳曰嶺南賑資自廟堂已爲區處
而言念明春民事寢食靡甘內帑銀子一千兩丹木
二千斤白礬三百斤特爲出給以補賑資事廟堂措
辭下送○禁府守禎結案本以蟣虱之賊素蓄梟獍之
心綢繆於輿瀛諸賊經年來往頻謦於明燮兄弟千
里奔訪脉絡交關詭托九月山之游醞釀已熟因非
一朝夕之故自夫海賊之伏法漏網之跡旣窘乃與

匪類而締交不軌之圖轉急始也視島孼爲奇貨倡論可用與不用終爲擬塞謫以盟主力贊誘来而負来至若義理人心之亡言尤是逆魁亂首之斷案星変證至月之應肆發妖誕之口火攻謀深夜之會潛包危謫之賜逆如榮謹而結爲血黨亡如鳳周而援作指使論薦之才至擬元帥之號分排官爵自拈承旨之啣指劃天地其意則與訛而煽惑出沒京鄕其訴則聚黨而稱亂千妖俱發萬悪都萃神人之所不容詈刻之所難貸謀反大逆凌遲處死○禁府榮瑾結案發跡魁𮪍之列竄名纓弁之末罔念圖報之意

敢懷亡悖之謀天生戾氣素蓄好亂而樂禍日圖逆節必欲亡國而害家守禎即漏網之賊而結爲廿年之死黨鳳周是不軌之徒而相與數朔之同室南山論究異之應四字之亡言肆發北謫覘奇貨之居千里之負来先倡樂聞可用之尚存力勸能步之足法擬火攻之潛計與兩漢而互相酬酢慨海逆之庸才惜十人之不能驅入匪類則鳥鳴而傷憓倡酬亡圖則賊射而虺螫心信借力之說而訐在廣募指論元帥之才而願欲一見其所醞釀者即是至妖絶慘與之排布者莫非巨奸大慝書其犯則罄竹難盡論以律

則懸藁猶輕奈其狡譎工於飾辭悍毒習於忍杖眞贓斷案雖未盡輸服亡謀逆圖無不與參涉論其情節宜伏常刑知情不告斬○鞫廳罪人崔鳳周議啓判此囚既以知情不告承款矣鞫體至重何可參恕而見其前後供招渠以蚩蠢之類爲守禎榮瑾輩所誑惑陷此不測之科而至於金洪兩賊許多情犯不無由渠而掀發者雖曰知情合貸一縷絶島減死安置○鞫廳罪人李明赫議啓判此囚之所以拿鞫者即出於諸賊之招故耳既知其無他躬犯徒爲諸賊所賣矣諸賊則固已設而此囚則不無差殊依年前

處分還發配所○鞫廳罪人李奎和議啓判此囚之爲守禎心腹爲榮瑾奬詡情節非不可痛而端緒則別無更覈特貸一縷遠悪島限已身定配勿揀赦前○大臣聯劄爭執批李明赫既知其無所躬犯故有此處分而崔鳳周則不過是愚蠢没覺之類李奎和則別無深覈之端並特貸一縷不害爲好生之德而卿等之言既如此李明赫則特施濟州牧安置之典崔李兩漢依判付寧行○兩司（大憲趙忠植 大諫俞章煥 掌令洪鍾雲 朴鳳欽 正言朴膺夏）新啓噫噫李明赫崔鳳周李奎和也罪可勝誅哉今番鞫獄窮天地亘萬古所未有之一大変

恠而其亂根逆柢明赫是耳渠本以蟣虱之類素蓄
梟境之心辛亥諸賊之視以奇貨作為窩窟斷案已
成凶圖莫掩而特因好生之大德一縷尚貸三尺未
伸久為輿情之益沸今又賊招之屢出島會觀相之
說塞諱負來之謀畢露無餘由前而喜應之醞釀跡
既狼藉由後而楨瑾之綢繆情已掀發惟其頑忍凶
獰抵賴不服則尤當嚴加鞫覈而不可遽議於傳生
之科至於鳳周凶謀逆節無不同參賊徒匪類舉皆
相通親密守楨許以死友服事榮瑾作為血黨究厥
情犯與兩賊一而二二而一也既已承款於知情則

稗林 哲宗紀事三 六十五

豈可有貸於王法乎又此李奎和則接肚於賊楨騤
脉於逆瑾思樂構亂圖為不軌之陰秘糾結詐議已
出象拓之丁寧端緒既著盤覈未竟則亦何以從輕
而發配乎似此諸賊之至凶絕悖一串貫來厥罪惟
均是皆殪殄滅之無遺者而元惡未伏常憲兩賊尚
逭當律酌處之成命遽降憤菀之輿論轉深言之膽
掉思之骨戰此而謂射無所兆而容之謂不足深誅
而貸之付之惟輕不施當律則伏莽之戎燎原之漸
豈不大可懼哉大可憂哉請濟州牧安置罪人李明
赫楸子島安置罪人崔鳳周黑山島定配罪人李奎

和更為設鞫得情夫正典刑焉○兩司合新啓噫
痛矣亂臣賊子從古何限而豈有如榮瑾之窮凶絕
悖者哉本以鬼蜮之性素梟獍之心親密守楨而結
為死黨互接鳳周而相與同室納繆謀議打成一片
論究異於南山而肆發憯悖之說視奇貨於北譎而
先倡負來之言醞釀則嘯聚武士也設施則乘夜大
攻也惟其狡譎飾辭頑毒忍杖亂逆之端緒雖未盡
輸凶憯之情節無不參涉神人之所共憤覆載之所
難容萬戮猶輕三尺已施而不可誅止其身失之太
輕請謀反大逆不道知情不告罪人榮瑾至施孥戮

稗林 哲宗紀事三 六十六

之典焉○右相趙斗淳肾命（以兩司合啓榮瑾事中失之太輕四字事也）
○十二月判府李憲球疏請致仕優批不許○右相
趙斗淳疏略臣辱負辜戾過徼恩庇牖誨析諭一夕
再須時則更鼓轉漏荐瀆是惧不敢不退伏私次歷
日標捐而天討由臣而失其秩王章由臣失其網致
使亂逆因畏懲慝無懲顧其罪不全木則嶺海耳今
其偃息起居如同平常威罰不及爵位自如此在事
理豈無謂而止哉然聖明於臣既蛸蠓之涵貸之必
欲囿之於大化陶甄之中臣非木石豚魚也顧顧何
敢以此更引累煩而不一煩也 領相金左根啓故

相臣文敬公鄭澔閒學師受之正秉執出處之嚴固
已爲士大夫模楷而盖畢生從事不出於忠君衛道
四字其於陰陽淑慝之卞斬釘截鐵不以禍福流坎
遏訧之顧今世教日降正論日熄前輩典型盖所想
望聞其祠版親盡當遷云合施不祧之典以樹百世
之聲杷孫不待年限問名錄用似好矣許之○領相
金左根啓贈贊成尹侖烈辛巳一疏所以辨聖誣而
誅亂逆於天下萬世者也盖使此書依前流布不有
刊改之擧則環東土戴髮含齒之倫將何以自立於
人域也哉似此樹立不可以例贈節惠之絶罕爲拘

稗林 哲宗紀事三 六十七

特施易名之典以示褒嘉之意恐好矣許之○備局
啓郎見宣傳官廳薦記則庶類出身無一人越薦者矣
前後筵奏成命不啻鄭重委典而必欲角勝不爲奉
行者此亦無嚴之習在所嚴懲行首宣傳官李鳳周 茂朱府
及所任宣傳官李法淵 漢源府先施竄配使之追圖事允之
○行祈雪祭○禁府尹泰潤擊錚收議回啓領相金 左根以
爲尹泰潤罪名之載在明義續編者一則曰交結孛
樓二則曰出沒孛樓之家而已若以若潤之疏歸之
於泰潤之陰護孛樓則前後訊鞫宜有可執之端緒
而初無的確者見處此其所以飄傾嗚暴者數歲月
既久則改至 重無以擅析傳曰既曰無罪犯之把捉則今此呼籲
容或無恡特爲伸雪可也○特擢金宅善敦都○放

未放成冊徐相教李應植申觀浩李能權金鍵并量
移○慶監曺錫雨密啓今十九日奉化縣監任百能
親呈秘報内十六日吏奴等拾得一封書来納故拆
見則都是不忍聞不忍道之去言悖説云故取見其
去書則不道去言無非窮天地亘萬古所未有之去
憯絶悖者也今方多發將羅譏詗事○特除朴齊憲
吏叅

稗林 哲宗紀事三 六十八

己百卷之五十六
自哲廟甲寅正月至十二月
五年甲寅正月傳曰聞知事徐俊輔大科回榜[illegible]令
年云此重臣以逮事正廟之臣至予嗣服連見大小
科回榜寔是國朝罕有而人之上瑞也遇事示意必
有己行之例況此耆舊之在所禮遇者乎回榜日賜
几杖與二等樂賜給仍為宣醞宴需令度支照例輸
送爪近初仕作窠子孫中問名擬入○傳曰大護安
先直今番應資時特授一品階○特擢金炳國戶叅
○親臨犒饋○傳曰予於嶺南民事寔不勝惻然者

矣顧今三陽布澤萬品回蘇而哀我赤子必不免塡
壑之患每一念至若恫在己目下悠悠萬事只不過
賙急一條路矣向有所內下賑資此不足有無為而
方伯守宰果能誠心拯飢到底講究期有拯濟之效
否予初巡後凡所措劃即為狀聞少舒予南顧之憂事
分付該道臣○兩司合啓李應植中觀浩李能權金
鍵文慶愛事停○廣留徐念淳啓判府權敦仁處衣
資食物輸送則以為恩典雖極感祝情踪惶蹙不敢
祗受事傳曰歲首優老也恐不必如是期於輸送更
勿狀聞○禁府罪人李應植(全羅道臨陂縣)中觀浩(茂朱府)李

能權(錦山郡)金鍵(任實縣)并量移事允之○傳曰知事徐
俊輔判府事加設單付○傳曰今年即我肅廟御極
之年也聖德神功罙切於戲之思明陵翼陵酌獻禮
分遣大臣與永恩府院君擇日擧行○傳曰今逢是
年予小子愴慕罙增宣陵崇陵酌獻禮遣大臣擧行
○刑判徐箕淳奉牌傳曰此重臣更有何情勢而然
乎特不過昨秋已引之事而已則有除輒引不可但
以固滯言也然事體分義不當如是寧容慨然刑判
徐箕淳忠清水使補外○掌令朴鳳欽疏陳遂優批
○傳曰郎見掌令朴鳳欽疏則不覺犂然矣抑奢侈

崇節儉即目下急先務也其所為辭極為懇摯此不
可無褒奬之典大諫除授○賜侑麗朝文忠公鄭夢
周我朝八先正(寒暄堂 靜菴 晦齋 退溪 栗谷 沙溪 尤菴 同春)○備局啓郎
聞左捕廳有打斃兩人命之事究其自來行已則兩
人之至於杖斃固無足深惜而旣非賊情所關則一
捕將之擅殺人命後弊難言左捕將李景純先施刑
削事允之○二月傳曰郎見故未放回啓者則無難
請放若是夥多豈有如許事體乎此不可無警刑判
徐英淳施以罷職之典○文廟展拜○三月傳曰此是
故家年又衰邁新及第李章五承旨除授○傳曰新

反第金炳地副校理除授○傳曰麟坪大君祠版遣承旨致祭○傳曰此家科聲已是稀貴而其年又過七十又爲稀貴新及第李樂重兵議除授○彗星見自初八日至二十八日○謁仁陵長陵○奉賀李紀淵䟽略臣之九寸姪幼學李寅文年老無子後事靡託臣常相對憂歎謀所以爲之立後者固已屢矣今廼以新及第李墩佑誤認爲計寸近族擇定繼嗣而特以臣爲切念繼絶存亡即人家大事告君請命乃國家重典所宜十分審詳其難其愼而寅文則徒恃臣平日閔

念之情全不量事體之重自作乖悖駭妄之擧臣退聞事狀之如許寧欲溘然而無知夫明倫理辨族類即聖王體天惇叙之政也彼墩佑者溯厥派系雖同於毛輒叅以行第相等於曾衛則寅文之取以爲子初非可議而無知妄作莫此爲甚快賜反汗該曹草記亟令勿施繼后文蹟仍爲爻周而批自其養家從便處之○華廣而居留以陪京保障之地原任大臣委寄事領相金左根所奏也○領相金左根啓臣於奉賀李紀淵上䟽事有仰達者矣凡所以爲己後及入而爲人後者是何等莫重莫愼之事而李墩佑之不

有序行妄欲自託於士夫之門者此其計不但詭且慝而已殆前古所無之變恠也聖批乞容雖出於大聖人物各付物不治治之之盛意而倫紀之斁廢聽聞之駭惑諒非細憂苟以事理言之議定時彼此人俱合重勘而聞李寅文則年老昏聵全沒分曉云雖不足責論而李墩佑則不當因仍置之施以竄配以示不與同中國之義爲上曰無變不有依所奏竄配可也○四月親行太室夏享○慶監曺錫雨䟽略臣於奉化獄囚究覈事有萬慚悚無地自容自窮天地亘萬古所未有之凶變出於臣所部之內亟捕此賊

直欲手磔口齧即與情之所同然際見該邑所報推至守之形跡似若直犯五孫輩之供招不啻的證臣於驚憤憂惋之中竊以爲端緒既有可執則其所登聞不容遲待取服遂至於封啓及其押到臣營屢度訊覈百般鉤問至守極口發明諸證一辭堅牢真僞莫辨究竟無路且不敢以未決之案鱗續馳啓仍未免時月之拖久而已經上徹之事竟沒下落則無論當初登聞之爲經先目下按查之爲不善何往非臣之罪也批此都是忙後錯了卿則施以越捧三等之典○傳曰會寧江界俱是關防重地自今爲始廟堂

薦望永為定式○備局啓凶書之為神人所共憤疊剝所難貸也而邑招之若有端緒者惋痛之餘驚喜先之此所以有徑自登聞之舉而畢竟失宗國體獄情而無所當聖批越俸雖出於當賑迎送合有軫恤之聖念而此與一時做錯迫異不當曲恕慶監書錫兩譴罷事允之○傳曰嶺伯事譴罷之何所顧惜而見今賑事方張迎送之弊不可不念特為仍任戴罪行公○傳曰徐相教事既承慈教即為停啓○兩司合啓徐相教事停（咸悅縣量移）○傳曰予於李書九事有所洞諭者矣粤在己丑翼廟處分亶出於明義理嚴隄

稗林 哲宗紀事四 五

防之盛意而廿載以來聲討自在何可有一分顧惜也然而舊染咸新其訓昭揭且既承慈教其在承順之道不敢不遵亟令停啓○五月朔日食○傳曰東朝誕辰之月載届予小子岡陵之祝年年益切凡於飾慶之節御體㧑謙之衷雖不欲張大而今十五日自內親上表裏致詞箋文矣儀節令該曹磨鍊以入且念斂福敷庶厥有英廟朝盛事當於伊日耆老人文武科親臨試取矣亦令京兆自六十六歲以上考籍受單孜榜依己例當日舉行處所春塘臺為之○傳曰李書九事特出於慈聖殿下包容聖德而其在

承順之道多日相持萬萬未安新除臺諫並即牌招如有違牌勿為呼望○三司合啓書九事停○行祈雨祭○六月禁府洪啓能洪履海事收議（領相金左根以為丁酉獄案中疏滌者非一二人矣本事既已落空所坐似無異同其侄之不服徑斃尤宜顯究而刑政所關有難擅斷云右相趙斗淳啟同）批依大臣議施行○大憲姜時永疏略第伏聞近日関北沿海之異様船来泊也浦村愚民往往有持物交易之舉云風傳未可準信而苟有是也不容任置夫異船之初到海口接應皆有規例船上什物之修葺船中糧餼之贈遺莫不仰待朝廷處分而至於交易未嘗輕許今此北氓之自下交易固

稗林 哲宗紀事四 六

雖卽聞於官府而久後之傳說遠播其為後慮則不小縱曰為物甚些安知不漸次而至多縱曰其船已歸安知不後日之復至亟命有司嚴飭関東北沿海諸邑使於異船来泊之時更無敢有潛相交易之弊則庶幾為嚴海防之一助也○傳曰近安南大池疏鑿事向因廟堂草記想已行會而此池之為民蒙利為千餘年之久英廟下教中非吾民寔為民之辭教在今日所當仰述者也諸般施措自有庚寅已例而鋤後穫前農隙始役事甚便好至於動民之際雖曰雇用萬一有藉此存拔誅求騷擾之弊則此寔吾民

也惕念擧行朔有宗效之意自廟堂更爲措辭行會
○傳曰朴淑儀之喪聞不勝傷盡遑惟永温乞覺愴
然其庀護治喪之需令度支量宜輸送○禮曹令此
朴淑儀之喪吊祭依法例擧行禮葬段時 復舊棺
鄕役軍令該曹題給何如啓依允○七月傳曰宮人
朴氏今日初十日寅時生男護産等節依例擧行○傳
曰宮人朴氏貴人封爵○傳曰貴人供上依例擧行
○行縈祭○全右御史朴鏻夏書啓前監司鄭最朝
段爲政只事掊克駿全省之耳目生財金沒斟量竭
衆民之脂膏禍裨緞恣而專擅權自移下雜類彌塞

而交征事皆失中壬子癸丑兩年還耗加作折米爲
五萬石零而二兩式立本一萬四千餘兩帖給該監
色則剩餘合爲三萬七千餘兩歸之私用贖錢所捧
爲一萬四千餘兩內例給應下外三千六百兩零仍
爲取用律有當否罪有重歇一邊照律一邊收贖有
搆罪嚴囚納賂而許贖者有被誣及案因囑而照律
者刑配殆遍於一道贖鏹相續於四街人言尙多怨
聲不絶谷城倅之居土還歸也貽債之推去全省喧
藉南固將之被棍呈遞也賂貲之出給一府喧點決
訟則開曲逕而枉直但隨饋納之多寡差任則有定

價而高低惟視聊賴之豐薄前後訟賂所捧錢爲五
萬三千餘兩任債所捧錢爲一萬三千五百餘兩考
試爲網利之場按獄爲黷貨之蹊外他鄙瑣不敢毛
擧羅州牧使金箕絢段恂恂乎古家典型綽綽然循
吏治法廉謹律己惠雨無聲於百里誠信愛民陽春
有脚於一境汝任未久邑務爲三政俱擧感人已深
民情則十年願借前前牧使趙然明段辛亥夏移轉
還米代錢及巡營劃來軍錢及又爲抑貸錢合九千
餘兩而四千七百餘兩作還次播民使之移納稅米
而給錢八兩防米一石合捧稅米爲五百九十石零

而餘錢二百餘兩無所歸屬還米每石以五錢七分
式磨鍊立本移轉條中剩餘一千九十四兩零仍爲
料販之資摠外添還爲二千四百餘石莫掩徵利之
跡自歸營私之科辛亥秋各營作錢及邑庫還作錢
外兩年還米加作每石三兩式折錢合七千石零都
合錢八千二百餘兩內五千五百餘兩立本二千七
百餘兩仍作私用壬子春全州移轉還米一萬兩有
劃來者而船往營下督捧於賑庫積儲於營邸八千
八百八十兩或直送于京第或移送於近邑親知人
家只以一千一百二十兩運來本州亦入挪用乃以

紙上空文虛張還簿或稱以結還分給或諉以公納移錄或歸之由吏所逋而所謂還簿統計其數亦不過二兩磨鍊則一千石代錢三千兩中一千兩先已染指竟未遂眼回圖推移專出肥己之術虛冒粧撰暗施欺民之計眩幻文簿三政盡是汩董致棄經法百弊無不膏肓辛亥條宮結收税一千四百結卽憑藉加折者也每結十八兩五錢式收捧合為二萬五千九百兩內一萬七千餘兩以充元納其餘八千餘兩歸之私橐壬子春島税米八百餘石內每石十一兩式折錢七千七百餘兩防納元税取剩為一千七百

餘兩結役米每石十兩式折錢輸儲時直加捧為一百九十餘兩零始為刷逋斥賣吏橐者錢為二千九百餘兩雖然矯捄無不疵謗乃暗通私逕大開賂門差腴窠而索享價逋苦任而捧頃債上自吏鄉下至面任使令之屬各隨任窠之豐薄俱有賄賂之多寡前後所捧為二萬二千九百餘兩還穀之乾沒軍錢之挪移結賦之憑托冒濫任賂之宗緣討索蔑法綱利不圖至斯前兵使尹明儉貶老肆溪壑之慾罔念在得之戒聚斂則全沒裁量橫肆擅推剝割而漸致放縱吏校征剝辛亥諸劃軍作米代錢九百兩經營

城堞之役捄弊錢割取一千兩四里結戶首處查徵五百兩軍餉米出還作錢取剩一百五十兩饒案戶勒貸錢一千餘兩合三千七百餘兩入於城堞修補及門樓改建用下餘錢二千三百餘兩歸之私橐捧糴時取剩一百八十兩仍作私用威脅倉色碎破積子勒奪雜費條二百四十兩私發軍餉米六十石半給監色高價折錢半歸官廳而移用補廩科試則專為營私而取舍捧錢一千二百餘兩獄囚則無非攫罪而迫脅納賂八千六百兩而數逋兩庫監色而徵頃債九百五十餘兩蓋緣人情之厭苦勒差待變軍

官而收帖價二百餘兩未免營下之繹騷貪饕無厭侵官轉甚千摠差紙成出幾百張每張論價五十兩分送而發責也悍校猛差遍行於州郡匹馬船隻出沒於島陸粗能食粟者入於圈套少不肯賂者驅諸罟獲推捉相續鞭朴尚酷官隸則虎吼而狼貪民人為魚駭而鳥竄卽其景色便一搶攘畢竟加下之補充盡是幾萬命生靈之脂膏矣○閏七月戶曹啓田税卽惟正之供事體莫重尚州安東咸昌比安田税錢過限已久全不備納四邑守令拿勘事允之○備局啓前全監鄭最朝供辭中仰請道查矣宰臣按藩

開望自別而所被繡論若是狼藉則其欲箏底分疏
容亦無怯而弟繡啓之勿許道查定式莫嚴中間一
次毀劃未知緣何事端而今不可邇開已防之路致
此方生之弊令王府直為議處後照律事允之〇全
監鄭基世啓因兵使李健緒報奉化掛書罪人查招
事兵使謄報內二月十五日營校到光州捉殊常人
金升文取招矣身本以永原人貧不自▲轉到全
羅道流離列邑與潭陽金石卜金水宗同福朴七元
相親或於街路不無窃盜之事昨冬逢着金石卜朴
七元則兩漢言內同月十五日夜奉化有掛書之事
且言奉化縣金外奧暗鈎驗約仍與矣身以今年
三月齊往嶺南而矣身則如斯聞之云云更推矣身
掛書齊往之說兩漢言內若往嶺南則有得財之端
云故果以偕往為約是遣外奧則但聞其名未嘗一
見云云朴七元招內矣身乞食各處流乞輩不無相

知而昨冬與崔文億潭陽金水宗金石卜等轉到嶺
南奉化縣成道菴洞口有金外奧字成甫年今四十
二妻與崔文億相親矣十二月望日夜矣等與外奧共
宿於成道菴矣鷄鳴前外奧出去何處翌朝還來而
同日初昏聞外奧文億同卽細語曰今曉掛書於邑
內云云今年正月文億謂矣身曰其黨亦當往嶺南
云而鑄兵誰某宗為不知云云金石卜招內矣身與
崔文億金水宗金升文相知已久而昨冬朴七元金
水宗崔文億轉到奉化十二月廿三日還故則這間
所聞所見一如七元所供是遣今正月水宗來言矣
身曰三月同往嶺南云故果為許諾鑄兵之事未詳
知掛書則乃是金外奧所為云云金水宗招內貧窮
轉乞昨冬金石卜朴七元崔文億轉到奉化而外奧
結誼相親者也十二月與之留食成道菴同月十五
日夜外奧與矣身同往邑中懷書一封書掛門樓矣身
在傍參見問其何事則外奧曰非汝所知外奧行蹟
中有數箇刀槍都是外奧之主張云云崔文億招內
昨冬與石卜七元水宗同往奉化外奧處時外奧使
矣身磨墨有所書字而矣身則無識所致莫知為何
樣文書同月十五日曉外奧水宗等果為掛書於縣

門云外奧招內矣身素居安東地移居奉化本名張
翰也雖有士班之名有孽子之稱故取妻於吏屬而
至於掛書鑄兵之說千万不當但聞掛書騷動而已
云云外奧等面質外奧問七元曰吾不知汝而汝何
的知如是謊說也水宗問外奧曰汝與吾輩共宿於
成道菴是如可汝不諳吾偕往掛書耶文億問外奧
曰成道菴留連之時汝有所書不使我磨墨耶外奧
熟視良久垂頭乃言曰此輩首告無地發明矣其時
掛書果非矣身所為本縣文村居蔡聖玉以知名之
士家勢稍饒出入衙中矣見責於官每恨快快矣身
妻侄鄭哥處所捧債錢十二兩而矣身妻侄身死後
聖玉每督徵債於矣身矣昨冬十二月初一日矣身
規市次路過聖玉門前聖玉謂矣身曰吾與汝有緊
收事須來訪云故同月十一日往聖玉家則請矣身
入房出一封紙請書其外面而出示夾紙暗草之書
曰依此書云故見其夾紙乃是嶺南監兵營列邑官
所平東大元帥移檄文十七字故見其乖常不肯書
之則聖玉言內聽吾言在汝何害屢屢請書故矣身
不得已書之又自櫃中出一刻印踏其封書三度仍
給矣身曰汝須持此往掛邑門則汝之妻侄債十二

兩吾當蕩滅且有錢未治挾矣身聽其指使果於十
五日夜與金水宗往掛門樓文億所謂磨墨之時宗
非此書乃是各人處推報云云蔡聖玉招內順與居
進士金斗昌即矣身子婦之再從祖也自來親切而
昨年十二月使奉化吏尹以根付送書札來傳于矣
身兼送一封書不書皮封且有夾紙暗草構之書誡
且尹吏有所言之外封則招致外奧使之書寫為好
云故果使外奧請書皮封而尹吏且以黃蜜造給僞
印故矣身踏其皮封即給外奧封內之意果未詳知
金斗昌尹以根指致查向可以洞燭尹以根招內矣
身以退吏商賈為業出沒於他鄉無聖玉逢着之時
豈有傳書之事矣父生時留十六斗落只典當於聖
玉出入衙中挾勢呈訴尚未準報因此含嫌搆陷為
逆況又斗昌則與矣身前所不見向於嶺營頓質時
始見其容貌云云斗昌招內雖與聖玉有族屬連查
之事相居稍遠素昧平生云云聖玉斗昌面質聖玉
曰死中求生之計果為誣訴矣 傳曰自本道監營捉致諸囚嚴覈以
聞〇備局啓國有令而敢犯者法之所不行也況朝

官員禁中民何戢乘轎之懸禁屬耳而近聞前縣監宋在胤中令之初無難乘行道路指點夫鄭目中老病人許乘郎老而且病之謂也有屋無屋何嘗有區別乎苟有一分顧畏之心寧容如是拿問定罪雖以法堂言之如此傳播之說宜無不聞之理而晏然任他不究其禁止之道并重推事允之〇兵曹啓副摠吳顯文沈昌奎偃處私第称以在外不為書謝拿處事允之〇禁府啓海南前縣監權最熡陵貿租賑租之紛天宮結漕結之取剩官需高價富民勒貸加下則以吏替當稅納則使民蕩産還代錢五百餘兩之

私用係是公貨依受教定式施以郎其地定配事判嚴刑一次定配〇全監鄭基世啓順天等邑民家漂頹人命渰死事傳曰三邑水災如彼其孔酷而漂頹渰壓之數又如是衆多比年前清北懷襄之時尤為甚焉予用驚慽靡所為懷也道內秩高文倅慰諭使差下使之到處審察面面慰諭原恤典外別恤典逐户分等以給埋瘗之節亦為量宜施典以慰失所號哭之民而借財助丁等事令道臣相議趁速結搆入處所用恤典以户惠衙門上納中會減事分付（差順天府使申錫禧慰諭使）〇八月親行閟宮秋享〇備局啓監察出牌古有其法蓋正風俗也糾奸慝也法久弊生前後禁飭不啻申嚴至有只留入直印信餘皆藏置之舉矣近聞有二三負出牌民間侵苦多端十三負之互相效嚬閭里市井之受其害可推而知其不有令飭貽羞臺閣非細故也先從其傳聞最難掩者監察楚東息李相璡白逌鎮并拿勘此後則凡係府務雖按例囚推之事如不関由都憲切勿施行懲恚其官媒端造簒者墨尺所由輩乘機誅求之計也令都憲摘發嚴繩以礪將來事允之〇備局啓京試官都事辭朝前來見時相故規也慶左京試官李教寅徑先下直直

為發去公格所在萬萬未安罷職事允之〇備局啓伏見灣府犯越人再查啓下狀本則其所招認與初查殊無異同矣雖彼我交界不滿數十步之近一有犯越之名自有當施之律况剃頭換服直到燕京此前所未有之變恠也犯越罪人張保吉移送三水府梟首警衆將此事由令禮院撰出回咨付送歷咨使之轉致都京仁遮外既係三水地而罪入之由此入去屢招如一當時不飭之道帥臣反地方官并捧現告依律論勘雖以該鎮言之所謂防守者何事也竄配事允之（咸監趙東駿南兵鄭夏應削職三水任南準定配仁遮外萬户鄭誘黙定配）〇

謁崇陵景陵○歷臨東關廟○親祭鈴原府大夫人
墓所○親行閱武○傳曰故沁留南履炯廉介之跡
宰臣李是遠一鄕之稱善予自舊勞之時嘗所習聞
不可無嘉奬之擧南履炯子若孫中問名以近初仕
待開政作窠擬入護軍李是遠都摠管除授○九月
倫局啓完營再查狀本方繞啓下矣諸拓翻幻覘前
一串擲情渚亂不趐九𧾷以言乎欄案則該帥之機
巧鍛鍊宜無是理以言乎營查則各人之寃稱指證
不無可據以若莫嚴之盤覈有此轉惑之端緒琴聖
玉夀七漢令捕廳到底鉤詗鞫於取服金斗昌尹以

根雖是被誣之人而此事未究竟之前不可遽然酌
放并與兵營校吏一體率待奉化座首户長刑吏等
三人殊無可問之端姑令放送事允之○雷雹○行
朝講○大𪓟尹致秀啓社稷大祭時以薦俎官蔡元
默沉醉散步擧措駭妄有監察呈課之事矣盖闌監
察與元默有衆所共知之宿嫌受者之時倡言報復
將事之後竟付元聲畀以呈課之責糾其呈課之失
則譬如與之田而奪耒耟另闢陰隙之路宗爲無窮
之弊當日祭監書吏及擧行守僕出付秋曹亟令査
宗該監察沈龜祖拿勘事允之以告不以宗罪辭山郡徙三年返配○

倫局啓因全監鄭基世狀啓金台銑常賑書寫之役
父子相傳爲五十餘年之久矣主管雖有邑吏簿錄
專在書寫各年邑吏積歲欠逋之一向掩諱已是書
寫同𢽾之罪况渠父子所犯多少今以盤覈無路謂
無可疑之贓者殆非核宗之政則十三萬包公穀雖
謂之盡數乾沒於此漢父子之手非過語也事當直
施一律期或懲後而道啓論列諄出於追究無處而
然矣金台銑特以惟輕之典嚴刑三次遠惡島限己
身定配勿揀赦前事允之○大諫金錫疏略近來科
試之不古易致國體之虧弁士論之沸欝故今秋大

比聖志奮勵思所以矯捄其奬先事之飭不啻凜霜
雪而嚴鈇鉞其承明命而膺試責者苟有一分彝性
固宜百倍淬礪殫誠對揚上荅隆寄下副士望而及至
圻畿之後外道傳聞不勝駭歎湖西自是士夫之鄕
見參之多容或無恠而左右道全榜照爛莫掩分排
之跡其京居人之冒占鄕科爲主試者非有私護則其
見瞞於人明矣至於海西事士習之無嚴寧欲無言
而主試之所以受疑謗於十手目所指覩之中者未
可曰全沒把捉則夫恢張大公展施宿學爲國家導
和延脉固未嘗期之於此輩而亦何可暨不畏法迷

不率教至此之甚哉此而歸之遂事不施當施之律
將何以懲來許而謝多士哉臣謂湖西京試官(金學初)
都事(奇文鉉)及海西都事(申轍求)宜施竄配以懲其循私
蔑法之習雖以関東主試(閔馨在)言之酕醄不省一任
叅副試之濁亂風傳雖難準信尸溺均有其失亦施
刋削以示警勵叅副試之無敢干與於試事廟堂提
飭何如而湖左右関東事有難専責於主試者叅以
傳聞轉益駭惋并捧現告拿問嚴勘宜矣批此輩若
有一分畏法之心則豈至於斯而飭教中忠不忠三
字之義果歸何所乎寧欲無言所請依施至於関東
都事亦不可刋削而止施以竄配之典海西主試既
登臚列則叅副試豈可置而勿論一體拿問嚴勘(學初定州牧文鉉熙川縣轍求光陽縣馨在蔚山府副叅試谷山李裕濬金郊白宗達石城朴端會恩津徐曾輔永同鄭順朝稷山李源植平昌尹章善銀溪金璂鉉杖八十告身三等因大臣奏分揀還職)( )領
相金左根劄壬子泮試罷榜事究其本罪在惹鬧之
儒生藉令泮長有不能稱停於評品考閱之際者首
善之地師儒之分顧何如也而章甫爲此駭悖之擧
何可但曰貽羞賢関已哉其時處分寔出於嚴士趍
懲儒習之聖意而第念科試罷榜非有甚不得已之
事端未有容易議到之時蓋程其藝取其人漢唐以
來爲有國之大政故耳今以五六人倡呼狂亂之罪
使初不干涉袖手欽退之屢百人混被停擧之罰則
適足以長悖儒之習安知不一有不如意者輒逞其
習視若茶飯爲也哉臣意則壬子條劃之已出榜者
特令復榜合製就其年被抄中另加精選通讀四書
小學應講並付之今年泮試榜末以重科體焉批年
前處分懲亂儒也而人人非亂儒則鄉劄中適長悖
習云者切當切當所請依施〇備局啓因黃監金泳
根査啓監試作拏亂儒安在升窮覈事科弊雖曰日
滋士習雖曰日悖而今此海西事誠憂惜之大者耳
藉使試官眞有循私不公之跡爲士子者固不敢如
是况眞贓未露而輒怒先起蜂擁豕突椎擲打破勢
將犯手者與年前北関亂儒事一串相襲長此習不
已將何變之不有也思之及此不覺凛然而寒心首
倡人安在升嚴刑充軍隨從諸人分輕重酌處事允
之〇捕廳啓罪人金水宗等嚴覈取招今於更査之
下一辭歸寃與前無異當初諸罪人之被捉非爲掛
書事而跟捕始緣崔孝福含憾於金升文之毆打誣
校謂以諸漢必知掛書事毒刑脅招至納于兵營則
其在窮覈無惟鍛鍊以湖南流乞之輩距嶺左絶遠

之地若謂叅謀知事則誠是遠慮之外況凶書徃掛
時會于奉化戌道菴云者自歸虛形琴聖王之誣引
金斗昌專由於兵營校吏之指死謂生搆虛成獄究
厥所為萬萬痛惋似自兵營見欺於諸校吏之搆誣
而金斗昌被誣脫空之後獄情根因無處可據殆同
無宗之事端緒莫究致煩更查之命轉益惶懍以待
處分事判連見捕案與完伯查啓無所異同所謂康
營查事全無依據都是虛謊此何故也諸囚之招雖
不可準信康營校吏既有所直告則此何以不信乎
然則該帥臣果何意也今若捉得凶逆快正典刑則

固可幸而雖不捉納渠非專關譏詷之事則有何畏
罪之端萬端設巧期於誣服幾使許多無辜之入橫
被極刑苟有恒心何忍如此平民之誤捉盜賊尚有
當律況以萬古所無之惡逆勒加於諸人者真是寃
說而不得駭惋之極寧欲無言全兵李健緒絕島定
配勿揀赦前以謝南民在囚諸漢一并放送大抵今
番凶書宗是振古所無之變也驚痛忿惋何忍更提
此固習俗甚惡眼無國家之故而其宗則予之過也
予若德足以恤民德足以化俗則雖島獍之徒亦豈
以窮凶絕悖之語筆之書之肆然投之乎念之及此

尚復何言京外跟捕之舉其令并為亟撤以示予反
躬慚歎之意○承旨(朴来萬林肯洙李維讓金世均李章五)聯疏畧方
以全兵李健緒奪符宣傳官發送事啓請寄匣之際
捕將李景純以特進官詣闕忽招院吏以奪符之在於
交龜後者萬萬不可多費說話至有以吾意言于院
中之舉揆以事體駭妄極矣臣等謹遵正廟朝受教
及院中故事而此捕將有何所關而肆然可否有若
惹鬧者然此何舉措且各司之不得招去院吏既在
列聖朝飭教中渠雖昧例放恣無憚何若是甚也臣
等遣此武臣之凌蹈無復餘地何可晏然於職次乎

批此事何関於武將既有正廟傳教定式則不知事
體招致院吏有若惹鬧者然不緊極矣該捕將施以
罷職之典甫等即為入来○十月親行太室冬享○
特擢尹正求尹滋悳承旨○重修肇廟廟慶基殿○
贈祭酒李恒以力學劬經明卞性命理氣之源其倡
學開来之功為湖士之誦傳加　正二品職(因領府鄭元容)
(奏也)○領府鄭元容奏前都事奇正鎮固窮讀書不求
仕進差除一縣俾試治民○因領府鄭元容奏革罷
順天營將(領相金左根兵判洪鍾應并以革罷為宜獻議左相趙斗淳以為順天鎮營之臣一
營將飄蕩啟一號户此諸鎮營所無之弊也今此通變蹤出於萬不獲已而第官方沿革在所審慎戢盜)

之政且不無踈虞之慮差擇人差遣則其於人存政
擧之義何奬之不可䟽予如臣竅啓之見不容不深
致量
度

○添書金炳國沁留○備局啓本司書吏所接
長房失火根因今方鉤覈負役從重酌處入直郎
官拿勘事允之○十一月大臣率禮堂入侍傳曰
明年乙卯我景慕宮誕彌之歲再回甲也仰體正
廟當日志事俯念予小子無窮之情理則在今萬
分一追慕惟在闡揚德美以彰十有四載舜攝之
盛事丕述乙卯己蔵之賊典矣諸大臣之議亦既僉
同閟宮追上尊號儀節與告布之節令儀曹按式
擧行誕辰日當酌獻禮仍爲親上冊印矣諸般

節次依此磨鍊○傳曰桓祖大王誕彌之九回甲
在太歲乙卯矣追念正廟追𨄽賊典㝎慕何旣待
開春定陵酌獻禮遣大臣攝行○知事金洙根逝
单傳曰郎見此重臣逝单不勝傷盡東園副器一
部輸送○賓廳追上尊號莊獻世子賛元憲誠啓
祥顯熙惠孃裕靖○傳曰向於隱卒已有所示意
而此重臣家世秉執之㢢國耳公耳之心濟之以
忠亭鍊達深所倚毗用未究蘊愴惜靡已故判敦
金洙根節惠之典不待諡狀即爲擧行葬需令該曹
從厚輸送○進士趙鍾植發論近日有前嶺伯曺錫

兩者刊其高祖夏望文集而其中有祭尹拯文侵逼
聖祖誣辱先正凶喙悪舌同有紀極此誠斯文世道
之一大變怪也此等文字無難登梓將欲示今而傳
後者何其放恣無忌憚之甚也彼雖追後刪拔既已
廣布一世塗人耳目此而不大加聲討亟正其罪則
羸豕之漸豈不甚可畏哉茲以不日肉治䟽之意兩
班首傳當齋議歸一曺夏望祭西峯尹拯文曰學之
弊久矣自孔子歿變而爲楊墨
爲申韓爲老佛由是天下多故亂亡相隨而生民
之禍極矣然而彼其爲說者各自道其所道則吾之
所以卞之者亦自不難矣及夫世愈下而人之情愈
險既知異端之學不可得志於世而方囿於利欲膠
漆盆中者無策以濟其私則乃敢冒其名而發之眩
亂公之眼而驕貫聖之術誦詩書之言而文一己之

欲大其聲張其號始可以駿動一世而其流之害於
聖禍人家國而後已雖申韓老佛之毒亦未必若是
烈也盖嘗由卞之不蚤而其所以卞之之難宗者非
楊墨申韓老佛之可比也自非大人先生卓然不惑
者其誰能易然天未嘗不生是人而擬其後俾斯道
傳以無廢則天之愛人可謂甚矣有若濂洛之世王
金陵者公然闖起於寒遠乃敢以文章辯博固結人
主坐逐元老群賢而倣周官之名行商鞅之術序之
陰夷狄之禍而沙門傳法奥半天下威福之權既死
猶熾乎義行而大經廢杞典瀆而孔廟畀且將百年
未有能明卞之者於是天乃悯惻篤生考亭直接鄒
門之統而使天下靡然復啟於正後之君子以爲考
亭下王氏之功不在孟氏闢楊墨之下豈非知言哉
恭惟我先生之作宗際東方之斯會使卞其似是而
非者而尚有以上承乎放山石潭正嫡之派天則既
所以委寄者可謂重且大而且考亭之時當其敗之
之餘先生之作比考亭而差早宗當其方盛之日則
先生之時豈非尤難也哉然而其所以施之者如何
不過曰彼以其暴我以吾仁彼以其譎我以吾義王
伯之卞義利之斥雍容暇豫不悪而嚴庶幾後之學

者仍而闢之明辭痛懲允使春秋大聖人之法爲彝文者所幻美而浮言其經一世之許矣嗟唯先生蚤
受先生之傳身任大義固守山樊殷輪周冕制作損益終朱能擧而措之宗爲斯世斯民之無祿而雖
卽此一節而論之其大有功於斯道者豈非考亭後一人也歟及夫先生旣沒而狐狸群嗥魑魅晝見自
謂縛其時矣然而聖人在上如日方中顧何能逃其形固其情而且夫千秋衰冕不祀祖魋則彼欲伏其
餘歲擧似而曉曉者曾不知後世之爲可畏其眞婦孺之見多見其可哀也卽固何足爲先生道之也嗚
呼小子顧豪眺而及門其於先生淵源之遠造詣之卓盛能大業傑然崇深磊落而光明者雖不敢有所
與聞而竊之蠢蘊但見泰山喬嶽之亘天節之凞凞擬覺太和元氣之薰人則頹軌蕩墻眞除之役而恐
軍常得矣何幸先生之大德不鄙寒而亦遠賜奇而進之又覺以一言之敎於是乎小子起而拜賜永作
終身之榮而尤有大於是者念惟先祖李年之節有爲世所諱独中弾文自信獨見千載東洛齋志毀地
備小子不自於後識以是鵠高而時先生已示人以表夫子答人書而筆不此者久矣然小子愼不敢瀆

稗林 哲宗紀事四 二十三

謹而先生因有所感發時賜良字以貢之其眞曾南豐所称先祖之否塞以死而先生顯之也嗚呼此意
又死報忌雖然小子無良疾病孔表又從而痼之旣衰及於溘奄之日而因循至今迄凡啟撤纏造門屛
一哀鳴所並旌以見雞章離辰敬玄隨寄息負總罪無所逃惟贊與淚織則可質儲成先生不罪而降格
郡○館學儒生遇永等疏噫嘻不幸有爾奈列書錫
而者列其高祖夏璧所着西州集布之一世而列聖
朝屢百年培壅之義理一朝索然盡矣天下寧有是
郡先正臣宋時烈卽我東方之大賢也凡今冠儒而
服儒者莫不高山而秋陽然臣等宋學也何以窺見
其萬一也哉文康公臣金昌翕以爲時烈之所樹立
其大維有曰距詖淫以承聖王也曰崇節義以尊東

周也曰嚴懲討以扶倫紀也曰思鄕愿以反正經也
此臣等之所受由於前輩者也時烈所以道成而德
立者爲此則凡與時烈而爲水火者將何以免於邪
說異道之歸哉夏璧之操文以詆於其師尹拯者隱
然以時烈比之於楊墨比之於申韓比之於老佛此
猶不足末乃以王安石之固結人主坐逐元老比之
言之無倫胡至於此極嗚呼肅廟朝丙申之大處分
辭嚴義正可以建天地而質鬼神繼而有英廟朝文
廟從祀之典正廟朝大全刊行之擧其所以尊賢而
崇德者無所不至則一種醜正之輩汔可小息而此

稗林 哲宗紀事四 二十四

箇人字忽復刊布於世小人之無忌憚一至於此耶
夫以時烈比之於楊墨申韓老佛者是無異於蘇
之以程子爲奸胡紘之以朱子爲僞害正亂常莫此
爲甚至若固結人主四字則尤有所萬萬怵惕者夫
孝廟之於時烈其際遇之隆禮待之摯不讓於高宗
之於傅說昭烈之於武侯曾爲安石之固結神宗耶
有一半分近似也哉急於黨論而不知語意之有所
侵逼輿言及此寧不寒心此而置之宵小得志義理
晦塞國不爲國人不爲人可不惧哉雖然夏璧之作
此文也在丙申處分之前國是未定誘之以蔽於朋

黨之私而置之不必深治之科猶未可也錫雨之刋此文也在丙申處分之後國是已定渠以何人力戰公議敢亂我三聖朝綣綣培壅之義理哉若此不已則又不知何樣禍機伏在何地其漸之不可長固明矣亟降處分所謂曺夏堂文集即令火其書而毀其板俾不得晷刻見留於世曺錫雨亦宜明正其放恣無忌憚之罪使邪說塞而正道明焉批若有刪去之其文則便是毀板也然而當初不審之失有難全恕爾等之言如此護軍曺錫雨施以罷職之典爾等退修學業○方外儒金洛鉉通鄙等以曺夏堂凶悖文

字事方欲陳疏聲討而其在公共之憤想諸君子亦當勇赴故玆以通報必以今十九日一齊枉會以為商議治疏之地千萬千萬大抵此議既發則凡為吾黨者孰有異議於其間哉惟諸君子諒之無有後悔幼學李膺信抵跡廐書朱夫子嘗云義理之心頃刻不存則人道熄愚於尤翁敬之若神明愛之如父母者以義理在尤翁故也噫彼夏堂謗賢之罪言之汚口不欲吺吺而至見李邁永之疏外托卞誣陰護夏堂以尤翁為丙申前後兩截人然則丙申以前尤翁不免為楊墨申韓安石之歸而丙申以後尤翁始可曰儒賢乎嗚呼肅宗丙申因公普澤疏下教曰昔年下教是在擬書墓文未見之前今日處分正在擬書墓文既見之後予心一悟是非自明又答崇廟代理之疏曰近日事處分正而是非明可以不惑於百世事關斯文顧不重歟予志汝遵莫之或抗由是觀之予心一悟四字下教非以昔年處分為十分穩當而

薄蝕之日月復明於世則尤翁一尤翁而已有何加損於丙申前後而以國是之未定已定為言哉又曰夏堂之文出於丙申以前誌之以朋黨之私而置之不必深治之科猶或可也此何詒意有甚於濟昱者恒之主意絕協耶生自見此疏心戰骨驚即欲持斧伏闕為尤翁一死矣今聞僉君子治疏之舉可見白岳山王氣未盡而尤翁所云渫吐之鄉譢詩爲誤也伏未知疏意之如何而夏堂追奪之請斷不可已也李邁永則踏襲鴂賊之餘論甘爲夏堂之鷹犬如此醜正之派不可一刻留於聖廟之側遠竄之請亦不可已也願僉君子無作一時好意思如李邁永請錐封十章可也未知如何益加珍重以衛斯文○館學儒申在協等疏夫夏堂之為此文專出於為尹拯補述則凡厥阿好溢美之語固不足責而其以攻斥先正臣宋時烈為一大柄欄極口醜詆無復餘地雖向來一種凶徒之搆捏極口詆辱無所不有而亦未

有若是之甚者則噫嘻夏堂果是何物凶慝耶蓋其全篇命意目之以偽學閃夫押闔隱映帶說謂之有甚於申韓楊墨老佛者已極危險叵測而至其引宋朝王安石而為說則張皇臚列尤有所萬萬痛心者其言曰固結人主坐逐元老犀賢而假周官之名行商鞅之術卒啓夷狄之禍其下直以東方之斯會五字接續而論斷之噫嘻痛矣是蓋以偽學目而比之於安石誤國之日也臣等竊嘗聞先正之立朝本末平生樹立未知其所誤者果何事迺孝廟尊攘之志而一生秉執專主乎春秋使左海編壤皆知有倫常

名義之重承師門嫡傳之統而終身鑽仰壹遵乎朱
子使委巷匹士皆知有蹊徑門路之正凡囊封幄對
之密勿謨猷片簡尺牘之尋常往復無非所以明天
理淑人心而皆可以有辭於天下萬世矣是何嘗有
一毫近似於安石之廢亂舊章馴致禍階而言之若
是其無嚴哉猗歟我孝廟之於先正其契合之昭融
禮遇之曠絶臣等固無容覼縷而文簡公金昌協嘗
於賜祭代撰之文有九二九五正爲大人之語則世
之篤論君子皆以爲知言嗚呼是誠千古君臣間何
等際會而彼乃以固結人主等凶言捘而爲比顯加

譏斥渠雖急於醜正其語意之挨逼胡無一分顧畏
也噫嘻夏燮不惟斯文之亂賊即我孝廟之罪人也
即此一款爲渠罔赦之斷案烏得免乎人得以誅之
哉若夫狐狸之群嘷魑魅之晝見竟指誰某而言歟
夫當日爲先正前後訟卞者孰非先輩之老成名碩
而彼乃一筆句斷驅之於陰邪不正之科言固若是
其無倫乎且臣等徐更考之夏燮爲此言在於甲午
拯死後三年則宗維肅廟朝丙申以後也時則處分
大定世教休明即君子道長之日而渠乃怏怏愁懟
恣爲悖說誣一世於陰昏鬼魅之域寧不痛哉至於

千秋衮冕不祀桓魋之說又何凶悖乖盩之甚也彼
以一段右拯之心眞以爲聖人而先正則其所指斥
有不忍言矣然而躋配聖廡餟食千秋終歸於先正
而拯不與焉使夏燮老而不死及見英廟朝丙子斯
文盛擧而其言不驗則安知其不肆發凶疏爲濟億
震輝輩之爲耶此非臣等臆逆之言也觀其語脉之
發於文字者則其滿心凶肚斷可知已如用春秋誅
心之法則雖施以追削之極律猶有餘罪是尚可以
其骨已霜而置之末減之科哉夫夏燮之惡固非錫
雨之所能掩而然其欲掩之心則未應無之矣蓋宜

秘厥文字惟恐人知之不暇而今乃無難登梓塗人
耳目使之掀露而無餘者何哉始以放恣無忌憚之
心侮美一世故作嘗試之計及夫公議大發奸狀莫
揜則必左右粧撰謂已刪去以示乞憐之態噫其用
心設詐誠亦巧且憯矣且渠則曰已爲刪去而臣等
則以爲若無朝家處分則彼所謂有遺集藏于家者
固自若也至於流布而行其世者亦難保其一一盡
刪矣何可聽以爲眞而置之不問乎大抵錫雨之奸
慝情狀宗紹述乎夏燮而眞所謂世濟其惡者也蓋
自我孝廟以來朝家之禮待先正自來家法逮至我

正宗大王尊尚表章靡不用極特令芸館諸臣刊其
全集至用朱子書爲例繼而有雨賢傳心錄編輯之
舉凡此皆錫雨之耳目所覩記而乃敢以此箇文字
傳布於世者蓋其平日不服底意常着在肚裡到今
現出本色而莫之揜矣此與壬寅凶黨之以丙申處
分爲非出先王本意者固一心印也以此言之則錫
雨亦一斯文之亂賊而列聖朝罪人也是宜可以歸
之一時不審之失而但止於罷職而已哉律以常憲
斷不如是夏望追施侮賢犯義之律奪其誥命所謂
文集一一搜括聚于太學之庭而火之并與板本而

毁之永絕凶悖之蹟錫雨施以屏裔不齒衿紳之列
使邪說不敢肆行凶孽有所懲畏焉批彼其之文屋
下私談刊不刊何有於大老况刊而即刑此所謂道
極厥辜也日前處分討乃祖而罪其孫又何如是聒
聒乎○前縣令俞莘煥抵疏廳書略曰聞近日喧傳
之言則太學疏旣出以辭義之緩於懲討士林間公
憤齊發其罪歸於製疏之人而製疏則人皆以莘煥
目之凡此云云果有苗脈請爲諸君子陳之也莘煥
雖萬萬不似亦自以爲尤翁之徒者也目見此事亦
能氣湧如山何敢爲此等歇後之論耶直以掌議俞喜

喜之爲至親也故未嘗不與聞乎其疏而懲討之案
不容一疏而止則所以遣辭者亦或由淺而入深區
區之愚亦自以爲不無所見而到今正論旣發歸於
緩討然後反而思之則果不免緩討雖謂之妄發亦
可也知罪知罪惟僕僕以謝而已豈敢一毫分疏復
歸於文過遂非之科哉然則莘煥與族侄兩受其罪
然族侄則年淺者其罪猶小至若莘煥年紀之老大
果如何耶所以受罪者亦當與年少有間一則莘煥
之罪也二則莘煥之罪也蘖由己作噬臍何及士大
夫一敗萬事瓦裂正爲如我者道撫念身名方且自

悲之不暇然因此而聞一新奇之語則又爲之喜不
自勝一二知舊之攻我也尤甚至欲絕我而不復相
從云噫此乃古君子直截之風而挽近以來之所未
有也雖謂之獨鳥呼春豈過也哉莘煥雖僇辱身名
以死而亦所不恨惟幸此世之有此等正論若使今
日吾黨之士人人而持論如此則一種宵小輩何敢
跳踉放恣若是其無嚴也哉雖有百尹拯將無奈我
何況瑣細如蟣虱糾結如蛇蚓之一夏望乎農岩先
生欲絕北溪李公亦有古例莘煥之他日所樹立能
如北溪則非敢望非敢望而知舊之中復有如農翁

者出則爲士林爲世道何幸何幸勉之勉之世孫此
懸懸之望也人固未易知也雖至愚如革爐者安知
無一半分樹立依俙彷彿於非溪者耶郞開衆論層
生前疏頭與掌議將在聲討之科旣有與聞其疏之
人則疏頭與掌議之獨當其罪無乃不可乎革爐之
名亦不當不列於其中死生榮辱義無獨殊幸勿分
而二之使我不安於心也又聞一二知舊之愛惜革
爐者不忍其僇辱身名儒疏之上也將不欲說到前
疏云云而此則有萬萬不可者夫義理者天下之公
也豈可拘牽於追從之私而不思所以明正大義乎

若因此而妨於遣辭之際則將奈何幸勿以革爐之
狼狽而有所顧籍一向直前努力明張以究大事如
何如何自顧狼貝已無餘地非敢爲吸吸分疏之計
然第有一語可解者疏中神宗二字非夏璧之眞贓
而何此二字引而伸之則沐浴之討烏可已也所謂
引而伸之者何也溯而上之則宣舉所謂廉王宗在
之後殿也沿而下爲則是乃恭齋所謂無究梁獄之
前茅也其凶肚逆腸一串貫來而所以密付而單傳
者如此（宣擧傳之其子拯而拯又傳之其弟子夏璧此筆之忍慧孝廟有由來矣）提出此
二字以爲懲討之張本則千枝萬葉皆從此出此乃

革爐所以有待於再疏三疏者也此此意未暴而呵責
先之亦將如之何哉僭不自揆思所以扶持得一脈
陽氣故不顧一身之利害願躡諸君子後塵以見四
十一劄之復出而事乃大僇人及親戚以爲曾氏說
容者人旣廢矣言何可採乎設有一語中窾人將曰
一經其口便不光鮮吏何敢開喙矣吻於諸君子之
前耶可歎可歎良愧良愧（○）方外儒朴慶壽等疏略
世級日降寖惟層生有曹錫雨者刊行其高祖夏璧
之文集而其中有癸尹拯文醜辱先正臣文正公宋
時烈罔有紀極而其指意所歸乃至於詆及孝廟此

誠斯文之亂賊而宗社之罪人也邪說之醜正凶徒
之干紀何代無之而豈有如夏璧之至憯絶悖者乎
此所謂人得以誅之者也惟我先正東方之大賢也
百世之宗師也凡厥含齒戴髮之倫無不欽仰而尊
慕之者不但以其道德隆盛上接朱子之統也崇禎
甲申以後普天下淪於夷狄猗我孝宗大王聖志卓
然以明天理正人心尊華攘夷爲己任惟時先正應
運而起契合昭融謨謀協贊於是乎春秋之義始大
明於世而一隅青邱免於被髮左衽之域盛德大業
固已焜輝宇宙而君臣際遇亦古今所未有也噫彼

一種悪孽之夏望乃敢醜詆先正而從以上誣聖祖嗚呼天下寧有是耶其說以先正比之於楊墨申韓老佛之毒而反有甚焉繼又比之於桓魋之不祀其亾喙悪舌無倫無脊錐已亾黨亦未敢道者也此猶不足肆然誣之以王安石之固結人主噫嘻此何言也從古奸臣以私意利欲潛結其主者莫不馴致大亂此安石之所以誤國病民而其流之秋竟何如耶以先正比之於安石則安石所固結之君果指斥於何地也以孝廟卓越百王之聖君登進賢良清明而神宗則酷信安石斥逐元老朝政紊亂乃叔季之

暗主也而渠乃以宗際斯會四字顯然牽合小不顧忌孝廟何負於渠而肆其誣逼至於此極也思之及此寧不膽掉而心顫噫嘻痛矣是可忍也孰不可忍也且其推尊尹拯以為石潭坡山之正派者已極僭妄而又以為孝亭後一人至以其輩師之罪反擬於下王氏之功而謂之以尤難為此合與朱子而侮辱之也罪大悪極乃至於此而惟以當初之不即現發未伏其辜則為其子孫者固當掩匿之不暇而彼錫雨者乃反寃地開刊傳布耳目此其意蓋謂士林之無人而為此玩侮嘗試之計也旋因物議之喧沸始

乃悤悤刪去然刪與不刪固不足論而其全集文字無非亾肚逆腸之所流出而黨邪醜正之說又非一二而止則宜可碁刻存留於斯世也其文若是亾悖錫雨豈不知而故為此舉者其意何居然則錫雨之心即夏望之心而可謂是祖是孫矣豈意一道德周風俗之聖世有此無君上無先正之怪鬼也哉前後亾邪之類侵侮先正者若範甲明徽之輩其罪未必甚於夏望尹光顏曺錫倫之罪比諸錫雨猶屬薄物細故而咸被當律則夏望錫雨寧獨倖逭乎輿憤擧切公議難遏聲罪致討不可不嚴乃者館學初次之

疏出而指意太涉糢糊遣辭專事漫漶有若不獲已而塞責者然又況夏望之作此文在於丙申處分以前云者何其乖謬也拯之死在甲午而夏望之文即是拯死三年之後祭於其墓者則何可斷以為處分以前乎假使在於處分以前則醜辱先正上誣聖祖而置之不足深治之科其可乎哉此而謂之聲討夏望乎我國家培養士氣五百年不料瘕蕭之生於此也亾如夏望逆如夏望而苟或容貸則其於聖祖之受誣何哉斯文之盡墜何哉亟降處分曺夏望施以追奪官爵之典其所謂文集則見刊之板已印之紙

并收聚燒鑠錫兩則亦施屏裔之典除伏見館學疏
批下者諭以彼其之文屋下私談臣等相顧惝怳不
能無憾於日月之明也固結人主宗孫斯會擬句語
是何等凶說而雖於私室隱暗之地何敢萌心而發
口哉且其印本廣布萬口喧傳則其非屋下私談亦
明矣亟允臣等之請以懼亂賊以洩輿憤焉批連日
多士之章可見大同之論而今以文字間事遽擬重
典亦豈不難慎乎至於火其書即古人斥異端之意
而既刪其書何必乃爾爾等不幾近於已甚乎○獻
納俞昄煥疏略噫嘻隄防日壞世變層生至有曺夏

望文字之刊行而斯文誣衊極矣其所謂祭其師尹
拯之文全篇旨意專在於詆辱先正臣宋時烈其曰
知異端之不可得志服周公之服而聘賈豎之術誦
詩書之言而文一已之欲立此虛影文字隱映說去
以宋之王安石固結人主游辭引譬殆若閃爍捭闔
援之以宗孫東方斯會於是乎直犯乎勢猶慮指斥
之不的至以王霸義利之語公肆醜詆此即尹拯平
昔擬書中自歸邪怒之良貝而為千古斯文之大變
怪者也其時名儒碩輔疏卞逵斥不啻嚴正末乃丙
申處分昭如日星渠安敢將此悖說私相講述至登

於觚墨間乎背馳大義眼無國法胡至此極嗚呼先
正以五百名世之大賢值千一明良之盛會身任繼
開直接乎洛閩尊仰之功之德固莫與京而若其平
生所秉執尤有大焉即一部春秋是耳遠紹紫陽之
精義力贊孝考之志事使天下後世知亂之可治變
之可正即先正一片苦心而大有助於世教者也渠
敢以舞文者幻美誣世等說壞亂譏侮無復餘地噫
渠雖急於醜正何其無憚之甚也此所謂斯文之罪
人春秋之亂賊為其後孫者固當掩覆諱秘惟恐掀
露而乃敢肆然登梓布之一世是豈粗具彝性知畏

義理者所可為乎如此文字之尚今留置巾箱不即
毀棄者已不勝有伏莽之憂況復無難刊播旋刊旋
刪者窺覘嘗試之計尤極狡且惡矣明張之義先發
於泮中之討繼登於方外之章首善之地正論之所
在也多士之言公憤之所激也是宜亟賜允從俯答
公議而薄罰止及其孫當律終靳快施以殿下扶護
義理培植士氣之聖念何不深軫乎此以一例持難
乎殿下每以其文已刪而毀板無異為批臣竊以為
其文之刪不刪原無加損於已布之耳目且其全集
中亦多有詆誣拶逼之語此不可畧刻存留也明矣

臣謂亟命有司其書之已刋者板之尚存者幷令燒
毁曺夏瑩亟施追奴詰猷之律錫雨亦施屛裔爲批
本事已悉於儒疏而臺章又發可見公議之愈沸蔑
矣所謂追施之律終涉過當而至於毁板所刋之文
不無或存或刪之慮依施曺錫雨施以放逐之典以
懲其不審妄率之罪○政院啓自明日溫緯間視事
頃稟知道向日之頃稟閤講成命而又有停止則諸
臣以下以輔予忠心有相告悶蔑予必可知比如乍
雷之無異然而除冬已成又此來格大寒之極仍爲
可止矣○館學儒洪在喜等疏討亂懲悪王政之所

以嚴也尊賢衛道人紀之所以立也古語云人臣見
無禮於其君若鷹鸇之逐鳥雀臣等竊效斯義前後
陳章敢請曺夏瑩追奪曺錫雨屛裔之典者非但爲
先正臣文正公宋時烈力卞其被誣也宗所以痛聖
祖之受誣而期有以明張也及伏奉方外儒疏批旨
下者詡之以大同之論則庶乎俯燭義理之當然而
猶以文字間事遽議重典亦豈不難愼爲敎竟靳允
兪群情抑菀相顧愕眙殆將五內失守直緣臣等辭
不激切誠未孚格以致天討尚稽王章莫伸也玆將
夏瑩文字之詬嚷誣逼者復此煩瀆爲夫先正以命

世之大賢爲聖朝之賓師規模則紫陽之成法也秉
執則春秋之大經也積被仇嫉厚受汚衊顧亦何限
而若其狂吽酗吠公肆醜詆雖使賊鎬輩言之未有
若是之無倫則彼夏瑩之無所顧畏豕突而梟吟者
卽世道變恠之大関捩也爲其孫者掩悪盖愆圖所
以自就寢滅天理人情之常也而乃敢𠊎然登梓塗
布耳目此則世道變恠之大樞紐也姑以其所謂祭
文論之始若專言異端之弊忽又提出似是而非四
字隱映說去暗售凶惜而乃敢推尊其師高占地位
謂以上承乎坡山石潭正嫡之傳而至云宗際東方

之斯會使卞其似是而非者夫明理正心闢異距詖
固先正一生事業之卓卓而民彛物則之于今受賜
者也臣未知尹拯之世孰爲異端孰爲儒學而爲拯
之所攻斥者耶雖使渠掂出其一二近似者必不能
的陳而明言之矣眞譏所謂欲巧反拙而益彰其架
鑿之罪也盖渠之文法一襲其師進行幷用之悖說
至曰義理之卞王伯之斥而遠引漢昭烈付曺操之
語而譬喩之且其千秋衮晃不祀桓魋云者語益憯
毒悶美而指斥操切而未縛使若鍛鍊之獄吏惟恐
其不陷於大戾雖程子愉巧之斥朱子僞學之目殆

無以過之然而先正之大樹立終不可誣也百世之
公是非終不可掩則臣等雖欲逐段卞白反涉呶呶
有若爲大老之尊而反以昔日子視之人爲對敵者
然雖以臣等膚淺之見固不欲爲此擧也第王安石
之執柄病國以爲斧時諸賢之所論斥則渠何必闢
入後來之考亭而爲說也況考亭之論斥安石即亦
紹述程夫子司馬溫公之論也渠所以借喩論誣顯
示指的而此猶不暇爲先正卞誣也其所固結人主
坐逐元老等說隱然擬之於不敢擬之地渠以賢祖
之孫聖明之臣誣毁侵凌一至於此抑惟我孝廟以

尊攘復雪之志招延二三同德之臣而惓對囊封寔
注深契於先正則渠何忍現化手分借比於以賣竪
之術固結人主者耶彼雖急於曲爲其師其所恣意
侵毁全不念誣及聖朝則是豈人理之所忍者耶此
臣等所以非啻爲先正卞誣也宗所以痛聖祖之受
誣也噫彼夏瑩者甘作斯文之亂賊而自歸於聖祖
之逆臣惜乎此個文字之不早現露不見正於古昔
盛際而其亦幸而出於寥寥之餘得以明正其罪有
辭於後雖謂天誘錫雨之衷莫逭家傳之孽非過語
也治疏之際伏奉臺臣疏批下者有曹夏瑩文字毁

板曺錫雨放逐田里之命而處分之下輿情愈菀豈
以夏瑩之負犯而不被當律錫雨之放恣而只止薄
譴乎亟施曺夏瑩追奪官爵曺錫雨加施屛裔爲批
日前臺批寔允甯等之請令玆吏煩有何未盡之事
而若是支離乎甯等試思之爲其孫鋟其祖之文出
於闡美之意而不幸偶失昭檢速此大論其文雖甚
無良其孫豈欲自全毁板放逐足以嚴國是以重士
論過此以往決非仁人君子所忍議到也其各體此
退修學業◯方外儒趙龍熙等疏臣等於日前敢將
夏瑩錫雨至凶絶慝之案相率而叫閽誠以亂逆不

可以不討王章不可以不伸也及伏奉批旨下者若
曰連日多士之章可見大同之論大哉王言臣等動
色相賀咸仰日月之明無所遺照也惟我孝宗大王
之所闡明先正臣文正公宋時烈之所協贊即吾夫
子春秋尊王之大義也雖在百世之下苟有人心者
想其時言其事尙不禁感深而流涕噫彼夏瑩乃敢
曰春秋大聖人之法爲舞文者所幻弄而得售其誣
一世之計是則以聖祖暨先正之所秉執而表章者
歸之於假托虛冒雖曰陰誣先正而宗則顯誣聖祖
謂之以舞文謂之以幻弄謂之以誣一世言言挾憾

句句含毒其於平日怨懟譏侮之意至此而和盤托出無復餘蘊使其孟說只關於先正國己罪不容誅而况上逼於聖祖如此之極加之萬戮猶不足以盡其罪矣乃今戴天履地北面于我朝者孰不腐心嚼齒誓不俱生必欲爲國家討賊爲斯文伸誣也哉此所以擧國之論不謀而同千人一心萬口一談痛惋沸騰抑遏不得者也聖主以民心爲心以民言爲言則大同之論聖教至當此非但臣等之幸也卽一國之幸也至於追律之請聖諭以文字間事有所難愼此誠臣等之所未曉也噫彼夏望比先正於安石之

固結人主乃固結云者懷利要君而君亦爲其所惑也尊天者不忌議三光敬君者及於其大臣夏望獨非孝廟之臣子乎敢以宗際斯會等說援而爲證前後措辭倫盡陰狡甘心自底於無將不敬之地此何可歸之以文字而有所恕乎惟我肅廟丙申取覽尹拯辛酉擬書及其父宣擧文集於是特賜大處分明正是非以爲不刊之典而重回丙申之歲粤我正廟又降處分以申明之盖以其一則侵逼孝廟一則詆毁先正此兩聖朝所以深惡而痛絶之案其文而追定其罪者也今夏望之文視彼二者不啻百倍誣

賢罔上蔑以有之此其罪坐當律諸市朝死當追施極律而漏網失刑亦已久矣若以文字間事而不擬重典則敢爲邪說之輩何所知戢耶昔在皇明永樂初朱季友者著書而詆毁宋儒成祖皇帝命罪其人而焚其書萬曆中給事中張問達疏劾李贄所著書以孔子是爲不足據請行燒燬神宗皇帝從其言因命拿治瘐死于獄季友與贄不過學術乖僻背馳聖賢而已非如夏望之指斥誣逼至及於莫重莫嚴之地而猶未免其書爲灰身罹刑辟則夏望之老死牖下到今追惟不覺髮竪而骨顫况其文集發露之後

苟或一刻容貸則何以洩神人之憤而折亂逆之萌乎兩聖朝處分殿下所當紬述而皇明刑政殿下之所當監法則今於夏望之追律何獨持難而不賜允從也哉徒緣臣等誠意淺薄遣辭緩弱不能孚格天聽此卽臣等之罪也卽因臺章之發旣蒙毁板之命則我聖上所以懲亂賊之盛意出於尋常萬萬而凶悖文字之不可一時存留者固已無所逃於淵鑑矣臣等於是尤有所抑菀者盖有凶悖之人故斯有凶悖之文只毁其文而不誅其人則是猶除其蔓而不斬其根塞其流而不絶其源今於毁板之後若不遂

正典刑夏竦之官爵自如則孝廟義理之正先正道德之隱漸至於不明不行之域而又不知何様變怪相繼而出也夏竦亟施追奪錫雨則當初閱刊之罪不可但以放逐而止亦宜屛諸四裔俾行天討焉批爾等不見館學疏批乎身後追律是何等刑政而容易擬議乎毀其文放其孫足矣何不體悉又此支煩也況士論就事論事而已至於刑政自是朝廷之事非爾等所宜干與毋復煩瀆以存常規○都憲尹致秀疏臣屛居陋巷不省世務近見公車日積聲討峻嚴卽曺夏竦文字間事也噫嘻此誠世道斯文之一

大變怪也又伏見前後聖批頒下者辭旨峻正不啻如斧鉞之嚴霜雪之懍列聖朝培養士氣敦尚儒化之功我聖上崇儒衛道扶植士林之治豈不盛哉臣誠欽仰攢祝第念義理猶有所未明刑政猶有所未行國家之所以馭世刑政是已人臣之所以藉手義理是已刑政不行則悖逆無所懲畏而國不得爲國義理不明則彝倫隨以斁敗而人不得爲人彼醜正不逞之輩積懷憾懟島獍腸肚與生俱生鯨鯢種子以世傳世沿襲壞亂之術寔繁其徒詿誤迷惑之類暗地增氣必欲梓悖書而播後世何其無嚴沒倫脊

之甚也惟我孝宗大王以堯舜之聖秉春秋之義時則有若先正臣宋時烈以不世出之大賢膺不世有之殊遇聖朝授以任肩之托先正期以鞠躬之忠而其昭融契合密勿謨猷誠千載一有也知遇如此其隆際會如此其盛雖耘夫竈婢之賤猶知其尊慕景尚苟或有甘心死黨公肆醜詆者必當羣起而攻之不啻恒流昰甲之逞凶而先致之辜明徽之誣辱而必嚴其討在聖朝衛正息詖之政尚有然矣矧茲比擬指斥於不敢言之地者是可忍爲厥罪何居所謂癸文中爲鄙詆辱之許多說話不敬無禮莫非凶肚

逆腸中出來其異端之譬桓魋之喩義利王霸之說仁暴譎義之論凶喙恶舌無所不至甚至有舜文幻弄之語春秋聖人尊王之書也以學聖人尊王道之人謂之以舜文幻弄則臣未知渠所學者何人所尊者何道又況狐狸魍魅果是指的誰某而其時羣賢彙征穆穆布列前後卞正無有餘蘊者要之皆名臣碩輔而一筆句斷驅之於陰邪不正之科吁亦凶且憯矣最是髮豎而膽掉者卽王金陵以下數句語也噫金陵是誤國之安石也安石是何等人神宗是何如主而不知誤賢之不足自陷誣聖祖之罪腐心之

痛鑠骨之究于何可已哉渠苟欲阿其所好文以致侑何患無辭而謂之以固結斥逐繼之以實際斯會固結於何地斯會者何會也嗚呼我孝廟秉尊華攘夷之心數登後顯良之治何負於渠輩而敢肆誣逼至於此極也是豈有他而然哉此輩所以蓄憾蘊懟必欲一逞而後已者即肅廟丙申大處分之爲爲祟之懸而莫逃源頭形跡也故一轉而爲夏望之徒再轉而爲辛壬諸賊之歸而履霜堅氷所由來漸矣今安得不辨之早而懲討之亟也伏讀聖批若曰大同之論公議之怫鬱又曰嚴國是而重士論伏惟聖衷

稗林 哲宗紀事四 四十五

亦已明燭何靳允兪之音致拂公正之論乎其書之板本雖毁其人之官爵自如是豈明義理行刑政之意哉亟施曺夏望及錫雨當施之律俾光聖德以章世敎爲批允穢刑政過不及皆失當也毁其板放其孫有足蔽其辜而允協物論則何忍更擬加此之律乎卿言甚非絜矩之義事理刑政實實如此勿復煩瀆〇十二月丙子大憲尹致秀大諫金在田掌令朴全賢持平李載元正言權鍾祿聯劄人臣之不敬無禮犯分干紀王章之所必加而人得以誅之者也伋曺夏望者獨非孝廟之臣子乎至以不敢道之句語敢擬不敢擬之地是可忍也孰不可忍也不幸而悖書流布上而誣逼下而侮辱章而闢廓打破士論峻正聖批隆重惟獨王法未伸輿情未洩有若尋常薄過之或可酌量者然臣等安得不連章屢牘思所以明張之哉固結斥逐即安石千古之案而渠以死黨之苦心敢胥醜正之手法斯實二字是何等凶肚思咏也嗚呼先正恢贊之時即孝廟尊攘之會也孝廟昭融之契乃先正對揚之會也以其會化斯會則是豈頂天履地者所可萌心而發口者乎此所以忠臣志士沫血飲泣生無以藉手於殿下之廷死無以歸拜於寧陵之下使天下後世事

稗林 哲宗紀事四 四十六

君以禮者必謂今日朝廷之無人此豈不大可懼哉噫上天以生爲德而有時雷霆之奮威聖人充寬爲治而有時鈇鉞之飾怒苟不如是則乖沴之氣無以底定悖逆之類無以懲畏五常失其叙四序失其次然則上天之雷霆聖人之鈇鉞正爲此輩設耳殿下雖欲寬假之涵貸之而不可得矣臣等昨陳沐浴之義未蒙允兪之音十行辭敎鄭重謄複諭之以刑政勉之以絜矩臣等只知其不及未知其過頗俟之餘憂憤轉激亟正曺夏望及錫雨誣聖侮賢之罪俾天討無至稽緩國法無至頹廢焉不許〇玉堂敎理李敎寅副

校徐莫賴正字趙象暎 睽疏臣等聞君讎國賊矢不與共戴一
天即民彝之所掩抑不得義理之所磨滅不得故生
則夫正常刑死則亟施辟律亦王章之所低仰不得
者也詬天之逆徒從古何限而自有倫常以來豈有
如曺夏望之窮惛極惡者乎前後儒章臺疏打破其
凶肚臟列其逆腸今不忍泚筆申瀆而就其中固結
人主實際斯會等句語瞭現其文外若搆誣先正細
究用意的是詆毁聖祖是賊鑴之所未敢也逞者之
所未聞也髮竪膽掉直欲無生嗚呼孝宗大王東方
大聖人也爲天下明大義爲萬世樹綱常凡率土含

稗林 哲宗紀事四 四十七

生之倫疇敢不仰之如天就之如日而渠獨以何様
鬼胎斁倫滅義顯加誣逼至於此極也且其所謂文
集中諸他著作無非譏侮聖躬指斥朝廷其不臣於
聖祖之心昭可知矣是可忍也孰不可忍雖以錫爾
言之如此凶逆文字渠家之篋笥秘藏世已久矣而
曾未敢刊以行之者以其猶有畏憚之心也然則錫
而之肆然梓布毫無顧忌者豈其不審而爲哉此專
出於跳踉之習嘗試之計吁亦凶且悍矣今若論之
以公憤激之以當律則夏望之負犯雖斧其已灰之
椎粉其既腐之骨未爲不可而追奪誥牒猶律之輕

也薄也何殿下何若是靳持不賜允俞乎此而不嚴
施典刑則臣等竊恐人理熄而亂萌滋駸駸然如火
燎原不可撲滅若消不痙終至壞壞亦豈不大可危
懼也哉大抵王章固不可一日而廢也民彝亦不可
一時而沮也義理決不當一刻而晦也曺夏望亟正
追奪錫而夫施屛裔上以卞聖誣下以伸公憤焉不
許○成均館大司成趙徽林抵嶺營關以曺夏望文集刊布
事因臺疏有毁板事命下矣即當擧行而板本在於
貴營云故茲以發關到即眼同色吏不日上送以爲
擧行之地○而因合新啓噫嘻痛矣曺夏望之罪可

稗林 哲宗紀事四 四十八

勝誅哉輕佻妄妖之天生宵小俳笑者多憸邪傾巧
之世濟元惡指擬也久凶國禍家之狀愈往愈憯侮
賢醜正之計與生俱生至於祭人悖書鋟梓流布凶
圖逆節和盤托出嗚呼惟我孝宗大王之於先正臣
宋時烈春秋秉執之嚴明良契會之盛百世之下尚
可扼腕而流涕蓋先正道德學問之實以明天理正
人心爲己任奬節義闢異端爲事業功光一時有辭
千秋彼獨何心睥睨大義既爲士流之所擯自知清
議之難容憤恨翻成忿國醖釀習爲誣賢乃以立幟
之心暗售張弧之計尤可驚心而顛骨者即王金陵

以下數句語也國結作逐是何等語東方斯會是何
如時敢以朱季誤國之事比擬於不敢擬之地渠亦
北面於當日朝廷者是可忍乎吁亦悖矣措辭於莫
嚴莫重千祀則是祖是孫外托文字之刊布內懷國
是之壞亂執跡而誅心則憾慝乎內申處今沿流而
溯源則張本乎辛壬凶徒狠性難化梟音自恣偎僞
於賊藪根柢於醜類積有揣摩互相和應寢載之所
不容神人之所共憤渠雖逋下之戮爲追身後之誅
寬厥情化之重不可毁板而止請故參議曺夏望亟
施延奪官爵之典其孫錫雨亦施屛裔之典以示不

稗林　哲宗紀事四　四十九

與同中國之義爲批曺夏望事太涉過當勿煩〇晥
新啓臺論方張之時設有當遞之事固當先陳沐浴
之討繼爲引避之章而汲汲出肅殆若規避有關臺
體萬萬駭然傴違召牌者有之在直不參者有之請
前掌令韓致源前持平任應準施以刊削之典校理
許傅正言李容佐並施竄配之典至於申佐模趙憲
燮之當參不參抑何意也如非窺覘必是愛護請副
校理申佐模副修撰趙憲燮亦施刊削之典依啓仲玉
山縣容佐利京縣〇提百今棟升職〇嶺左繡朴珪壽書啓前監司書
錫雨段癸丑条劃下灾四萬四千餘結準依外該道

臣加俵四千餘結加俵条賦叚年悠於州邑書負等
處盖爲民間之派及未洽則合施棄多而益寡史屬
之偷美必濫則不妨奪此而與彼當初擦飭既忽濫
報之獘向後排徵非執現發之贓雖非擅分而有闘
跡則涉於沽恵終而勒捧而無異事則同於逆作況
其分徵之名竟無實效徒使作奸之徒從今藉口或
傳閣而不俵或奔走而乞貸分徵元數之外反得倍
蓰之利新寧等邑徵灾合結價錢五千六百餘兩內
其所分劃或充他邑俵灾之不足或充本邑賑資之
不足或充下納米之減價灾結審慎法意嚴重苟或

稗林　哲宗紀事四　五十

查得其濫冒事當并付於國而第覩分排雖無歸屬
之不明若論匿處終非經法之所許以比安等縣灾
結督納於東萊府下納各樣米合二萬餘石內作錢爲
九千九百餘石本色爲一萬二千餘石而作錢条每
石以二兩二錢決價本色条中八千石該道臣與劍
道条四千石式分米別貿并以某樣公貨貿取輸
送而分排各邑代錢收捧邉充本價比諸作錢結價
每石量減一兩八錢或一兩七錢仍去下納米作錢
皆依此例減價而所減之數爲六千七百餘兩以各
邑查徵結價及公木別貿餘剩本錢充遞輸送公木

別貿歲劃六百餘同內該道臣又爲別貿輸送而收捧代錢爲七千四百餘兩內五千餘兩還充本價剩錢二千兩充報下納米價折米貿木等項代捧代納之際自多役此贏縮之零着從得左右彌補而彌縫旣幷歛歲之民情專爲舒力之良圖則豈於作錢決価之初便爲量冝減価之道積費心籌做此委曲之政則聰物議皆謂難辦之事今春賑貸中道臣別備各穀爲五千石而別賑所用各備穀又爲三千二百餘石而對揚朝家之德意句當全道之賑政綜詳精密旣盡職分之當爲拮据措濟並無庫廩之是捐臣

於按事之日考諸簿書之間則五千五百餘石價錢六千七百餘兩段以東萊府許貸米作錢取剩中匠劃一千六十餘石段以架山南倉償債米作錢剩条係是十餘年營邑射利之資也料外加作旣違조政之常法高価執錢大非稔歲之民願細究來處畢竟皆出於民力先問名目則底有卑於事面所謂大邱取剩条段各邑士民願納補賑餘穀爲一千九百餘石當入於賑餘穀會錄而乃以大邱文簿中留作租畢數相換而剏立取剩租穀名該府今春私賑之際貸用還穀當納之數爲二千四百餘石姑貸移貿還

錢以爲生殖排納之地乃以取剩租代充其一千九百餘石仍爲減下於該府私賑穀中仍取其価於所貸錢中而一千六百餘石之外別備穀畢竟以此區處蓋此士民願納之穀其在守令私賑之邑則仍是私穀不入會計而大邱係是私賑之邑今此各邑士民願納之穀一轉而爲大邱府取剩租再轉而爲大邱府貸用之還穀三轉而爲大邱府私賑邑之士民穀四轉而歸於道臣別備穀矣公賑餘穀也而減於私賑用下士民願納也而屬之道臣自辦裁劃之妙巧工莫能推其術變幻之工老吏亦難窺其所謂

南倉償債排年段往在辛丑諸營收逋之餘有私該殖耗排年充逋之穀而了勘革罷限以爲丙辰今此別備穀一千六百餘石旣以公貸措備而展限添錄於排年之簿而私穀殖耗本是權宜之事排年充逋未免苟且之政在來自來宣之賑救匹夫匹婦之饑而以其仰哺之用化作捌通之案名實之不相副姑無論已事體之不當然未之思也覩此三条區劃之實狀九無一乞指廉之可言不費已力別究生財之方亦得民譽稱道幹事之目此本與僉小人之言浸染鄉士大夫之心久爲識者之所竊歎是意道臣之

有此事大抵莅任周歲有餘別無許大事業而臣所
張皇至此益有憂虞未已以言乎依灾則劃外加俵
督徵書負實在將來或有效此而至於擅分者不惟
從報而依後査徵實在將來或有效此而至於無難
私用者移錄他邑督輸租法實在將來或有效此而
至於縱橫變換無所不有者以言乎公木木米之別
貿則實在將來或有效此而至於徵査貿錢販行貿
販轉生百弊遂啓邊釁者雖法之義者尚有末流之
失況利之所在必致餓嗔之弊此之隄防不可以不
嚴以言乎賬資則偹則目下事體已極乖當而將來

稗林 哲宗紀事四 五十三

流弊有不勝言至於東北移轉穀格粮之實入於剩
餘各穀一千二百餘石及各邑補縮剩餘各穀等皮
一千七百餘石段當初之致此剩向後之隨處排用
雖未盡得其當皆有文簿而可據還穀之加分取耗
作錢時佪取剩近日通弊便成謬例習熟見聞不及
以爲大驚小怪加作米除却東萊倂貨米及各鎭貿
劃米兩条件外別無可論而此兩条段置十餘年未
而不行者鮮矣并不宜偏擧而責偹俱非經法之所
幹且閑歛歲民隱苐以文簿據癸丑秋各穀從時佪
作錢中加知耗作錢爲二萬七千餘兩排朔穀剩錢

爲六千六百餘兩奸羙穀剩錢爲四千六百餘兩東
萊許貸及各鎭務劃米劃錢文一萬三千餘兩取錢
爲七千四百餘兩癸丑年還加分耗作錢爲五千八
百餘兩甲寅年還加分耗作錢爲三千三百餘兩零
合錢爲六萬八千六百餘兩內六千七百餘兩段以
賑資別偹用下於東萊許貸取剩錢其餘則都不免
私用米作錢一千三百餘兩取用於西州梟開刊之
役卽其高祖故叅議夏塈文集而刊布於列邑祠院
取其本中有曰祭酉峯先生文者臣未知酉峯者爲
何人而一篇文字都是不露名姓諱藏隱晦比擬無

稗林 哲宗紀事四 五十四

倫詆斥絶悖必有所歸處則句益復誰而其流毒無
窮終必至於飜覆義理承流宣化之地刋布此等文
字欲使一路之趍嚮顚倒是非而後已大關世變不
勝駭惋前前監司洪說謨段除却還穀加作取剩之
外政令得失本無可許何物論之詆之不已茅擧加
作取剩之跡壬子秋各穀從時佪作錢中加分耗作
錢及奸灾穀排朔穀剩錢合爲三萬三千五百餘兩
東萊府許貸及各鎭須劃作錢取剩合爲二萬七千
三百餘兩都合爲六萬八百餘兩而別無公私之可
據盡歸於私計東萊許貸及各鎭須劃条段係是憑

藉加作之一大痼弊而其所加作之米至於三萬六
千五百餘两之多者爲二萬七千三百餘两取剩
之故而破租換米剩餘条段自非排凋恒廪此前使
之賠歸前匠劃旣出於事勢之所不得已不顧交承
之誼遂背丁寧之議遂付已用有乖禮讓之風茅憂
與論實爲羞恥之事航例使李圭徹設營雖在於
右沿窄賂摠及於全道旣有聽聞之駭異茅捷之採
訪而係隊柔儒之情旣没今曉貪鄙之政全無顧忌
所汲汲者惟是貨賄所營營者罔非利慾入客絡繹
賂門闐以大開校卒縱橫皷户倆裡酷使三十年前

稱匠之樹輸賄私所數百里閭奠薀之祟并稱花禁
或因翻覆舊訟或乃搆揑無辜圖猶滿徵責很藉
匠濟氏鄭大孫等處械羅勒捧之最著者爲三千五
百两輸賂而得免者如脫虎口無錢而滞囚者如陷
鬼壑兇帳特痛求死不得者姓名難以悉舉傍近七
八邑之尤甚騷抗前後萬千金之無端唆剝怨訛有
口而同然旣聾聒耳而循傳前統使李膺緒之遞歸
也各様軍庫錢木布之流来虛留者以其轉節之力
餞致充完之效矣該帥之到營未幾罄竭而無餘公
貨那移先節營需之策應難繼吏房處加下錢爲六

千餘两會計吏處加下錢爲四千餘两刑房防布錢
無數引用校吏之未得給代已爲五朔軍卒之未得
給代已爲三朔則群情如沸一營大譟飢卒之中夜
奮歸至於數十事之驚心孰甚於此孤負重寄是豈
義分之當爲僨誤軍事自有師律之難貸合施重典
○舘學儒尹普烈等疏臣等連章請討至再至三者
是豈得已而不已哉夫以夏望之誣逼聖祖而訖未
伏乱逆之律此誠舉國臣子憂憤抑欝按住不得之
日也且方外之疏繼上則聖批以爲可見大同之論
臺臣之章又發則聖批以爲可見公議之愈沸欝特

降毁板依施之命而及其當律擬議則一向難慎終
靳允許區區愚昧未敢知聖意之攸在而茅憂憤抑
欝日甚一日實不能無憾於日月之明也嗚呼乱逆
未討而期於必討王章莫伸而期於必伸固臣子之
恒情而爲今日斷斷不可已之事則亦豈敢遽以瀆
擾爲懼而不思所以更申籲顙哉惟我孝宗大王之
於先正臣宋時烈其明良契合固已曠絶千古而若
夫君臣間所秉執而表章之者則春秋一部是已嗚
呼日暮道遠之聖教含冤忍痛之遺托雖百世之下
無不嗚咽掩涕夫何一種凶徒之恐聞大義私相譏

誣者已扵其時往往闖發其源流脉絡宲自尹拯所
謂己酉辛酉擬書中出來而至扵公傳道之筆之扵
書䟽辱先正無復餘地而從以上誣扵聖祖則豈有
如夏望之窮凶絶悖者哉蓋其全篇肯綮在扵王覇
義利四個字而直以春秋大義攺之扵彝文幻美誣
一世之科則必先以固結人主宲際斯會等說援而
爲證首尾相應顯加詆斥無小顧忌噫嘻夏望獨非
孝廟之臣子乎何其誣毁之侵逼至此之極也且其
爲文以祭不扵三年之内而必扵墓草已宿之後者
其凶譎情迹亦可知已蓋自丙申大處分以後渠乃

蔑視國家惡毒彌中無所噴洩則必托祭文恣行腷
臆指斥誣逼至及扵莫重莫嚴之地是可忍也孰不
可忍也噫其悖逆負犯殆有甚扵漢法之大不敬而
不但如季孫所謂無禮扵其君者而已則賊之麦死
臚下獲免鈇質寧不痛心哉至今延施之律即王法
之所不可已而聖批特以文字閒事有難遽擬重典
爲敎則臣等竊恐聖明失之太恕也聖上之特許毁
板之請者豈不以凶言悖說冒犯乱逆之故其言冒
犯乱逆其文並皆燒毁而其人之官爵誥命乃自如
則揆以刑政大相逕庭雖火其書而毁其板恐不足

以允物論而慰輿情矣豈以殿下之明聖獨不念及
扵此乎古昔帝王制爲刑法凡爲人臣者負罔上犯
分之罪而苟或生未及肆諸市朝則必追加極之律
不以其身斃而有或容貸若是者豈不足扵仁人君
子不忍之心而然哉誠以乱逆懲治必如是而後凶
孽不敢肆行而世敎有所維持矣國朝四百年来亦
多有是例臣等固不可一一枚擧而載在刑典昭然
可考蓋凶如夏望逆如夏望而能免是律者未之有
也是豈可以攺之文字閒事而有所恭恕乎且以錫
爾言之其敢恣無忌憚之情狀昭不可掩而聖批每

以不審妄率偶失照檢爲諭夫人家子孫刊其先集
誠一大事也雖隻字半句之差誤必十分考校惟恐
有一毫未盡況今全篇指意之爲大逆業而顧可以
昧然放過乎是蓋出扵侮蔑嘗試之計而其非偶失
照檢也明矣書曰刑故無小況其未必小者也罷職
放逐豈足以明正其罪也且伏見方外儒生再䟽批
旨下者諭以士論就事論事而已至扵刑政自是朝
廷之事非爾等所宜干與臣等扵此不勝萬萬惶惑
而繼之以滋惑焉春秋之法乱臣賊子人得以誅之
古者人辟之制刑也庶人議扵道路傳曰國人皆曰

可殺然後殺之以此推之則臣等之爲此言雖甚猥越亦不爲全然無所據也雖夏望之負犯錫爾之罪狀不至於彼之甚焉則臣等亦何苦而爲此饒舌煩顲以干瀆擾之罪哉此則聖上之所宜鑑燭也夏望施以追奪錫爾亦施屛竄焉批爾等獨不聞仁廟批旨中論是非則可而定是非則不可之敎乎勿煩 ○方外儒金在鴻等疏臣等爲聲討夏望及錫爾之罪陳章呼籲者至再而未嘗允從伏奉批旨下者若曰身後追律是何等刑政而容易擬議乎臣等相顧愕眙愈增抑欝此由於臣等誠義淺薄天聽邈然以致

稗林 哲宗紀事四 五十九

亂賊貸一日之誅王章稽三尺之律臣等之罪於此大矣第伏念刑政之輕重惟當其罪而已若其可恕則夏楚之罰不可妄施在所不赦則金木之誅不足爲過且不論身前身後隨其現發而治之此聖王制刑之精義也望賊之罪在不赦淵鑑所已悉燭而以其身死之久靳於追律則安知無奸細反覆之類轉相告語以爲望賊之罪惡如此而官爵自如於是乎邪說益肆無所忌憚不知誣賢罔上之爲元惡大憝則天理晦塞人心陷溺其害必有甚於洪水猛獸一夏望之罪與不罪關係之大有如是矣苟非然者臣等亦何敢一事呼籲期於必討乃已也望賊窮凶絕悖之狀前後章奏臚列備至而臣等請復詳陳之嗚呼先正秉執之義理卽我孝廟之義理也先正施措之事業卽我孝廟之事業也同心一德維持我東方禮義之俗者卽一部春秋之大經大法也乃有湯罪於春秋欲諱其失身之累惡聞節義之說故言語文字之間譏侮詆斥惟恐春秋之義復明於世原其設心本出於掩護一己之私而不顧其干犯於倫綱源頭一濁流波氾濫惟彼望賊習熟見聞以爲當然至發爲文幻弄誣一世之凶言渠輩敢以孝廟講尊攘

稗林 哲宗紀事四 六十

之聖敢之假托又以肅廟明是非之處分謂非本意矯誣甚憯怨懟愈深畢竟滔天之禍極於辛壬而宗祊幾乎不保始由於背馳春秋終至於禍人國家也然猶藏鋒匿影隱映說去亦未有索性肆毒極口悖詈如望賊者也況所謂固結入主者尤極凶悖蛾瞀潛張於幽暗梟音至逼於崇聽只急於右袒尹拯自抵於上誣聖祖雖妖逆腸肚何忍爲此其人雖斃而其文尙存其時雖遠其罪自在其罪旣無生死之異則王法豈有生死之別乎若以爲罪雖當於追律而法難議於輕施則我肅廟正廟何以有追奪之命於

丹拯乎大聖人所作爲非不念欽恤之仁也惟其當
罪者不罪則國是靡定而民志不壹詖邪乱賊之徒
必將接踵而起所以罪一人而咸服此辟而止辟之
聖德神功也今望賊凶悖之說有浮於前人而苟或
寬貫則其流禍無窮亦必百倍於前日臣等所望於
我殿下述兩聖朝志事而行兩聖朝刑政也望賊之
文其子若孫猶當藏在中府乃敢肆然刊布欲傳示
於來後其世襲凶論無君誣聖是戾氣之謬種也望
賊隱慝至錫而也罪必於放逐則豈非至於包荒失
於惟輕乎聖教以士論就事論事而已刑政朝廷之

事非爾等之所宜干與臣等竊不勝萬萬惶悚而事
有大小刑政有輕重臣等之連顲不已者誠以辨聖
誣闢邪說乃大義理所在也春秋之法乱臣賊子人
得而誅之不必士師今日殿下之臣子卽我孝廟之
臣子也則爲君父討賊何可緩也王通有言通於夫
子受罔極之恩臣等自祖先以來誦法先正之道則
斯文斥異烏可已也竊伏覩漢宋史牒卽國朝古事
儒生之請罪奸凶者亦多有之故懇衷轉激按住不
得復敢相率仰顲死罪誠無所逃書曰天討有罪五
刑五用哉如望賊者其不以行討乎傳曰惟仁人放

流之不與同中國如錫而者其可以與同中國乎亟
允臣等之請使八域民生知有春秋討乱賊之義焉
批已諭於館學之批而方外陳章之有禁令爾等不
知乎由予包含之過致此支煩良覺未穩○特擢朴
珪壽承旨○兩司合啓批曺夏望事過矣勿煩曺錫
雨屛裔龍川府之典依施○政院啓今日兩司啓辭批
答因承傳色誤傳初以依啓須下而臺官既已聽批
出去矣改下批旨分付兩司何如允之○兩司合啓
曺夏望事中之典下二十字抹去○口敎曰方外儒
疏之不得捧入自有禁令一二次則猶或容恕至於

課日煩瀆豈有如許道理乎此後則更勿捧入○傳
曰故判敎金洙根莫翔不遠云遣承旨致祭以示予
愴盡之意祭文令文任撰進○持平許傳執義申佐
模校理韓敬源副校任應準疏懲討並不允○口敎
曰聞方外儒生又此伏閤云日昨飭敎何等截嚴而
豈有此擧乎揆以士習萬萬未安特軫多士也冒寒
呼閤原疏捧入○方外儒金炳右等疏臣等猥以韋
布踐蹤顓蒙騃愚倫厠於以寧之列而惟知天地之
闡君臣有大義斯道有大統苟見有干犯于此者當
明目張膽相率而討之必誅而後已不然天理滅而

人道熄矣臣等自發提之時所被服先聖之訓者卽
此尊君崇師之道也目見乱逆之誣逼我君師毀壞
我倫常為天地之所不容鬼神之所共憤以血氣之
倫安得不沫血飲泣大聲疾呼冒萬死而不知止也
此宗大同之論初疏批旨之所已洞悉者也及伏奉
第三疏批旨下者若曰方外陳章之有禁令爾等果
不知乎由予包含之過致此支煩良覺未穩繇而有
方外疏更勿捧入之教辞旨截嚴至以道理責之臣
等相顧震越靡所容措而愚妄踈謬之罪愈自知其
無所逃矣臣等湔劣蔑學不嫻故事未知國家之有

稗林　哲宗紀事四　六十三

禁令而率爾作此擧自速憲章死罪死罪第惟我孝
廟春秋之義先正道德之隆凡為我朝臣子者莫不
仰之如日月敬之如神明不意乱賊出而詆斥誣逼
有不忍言者擧一國而髮竪骨顫以為此賊不誅則
國不得為國人不得為人咸有誓不俱生之心齊聲
呼籲禁令有無亦不遑自顧職由為國家討賊為斯
文伸誣而思慮之不能及於此亦豈非天理民彛之
容有或然者乎昔在純廟朝光顏錫倫之变出而既
伏其辜士論猶未息純廟欲示鎮靖命禁儒疏而旋
卽還收其令大聖人所作為夫孰非萬世法程而其

於尊斯文養士氣尤為正大光明度越千古禁於其
始特出時措之宜而從亦反汗卽是不刊之典以此
言之則方外之疏恐未必有違於純廟聖意也且如
罪不關於宗社事無害於斯文則臣等雖極戇敢何
敢煩瀆至此也哉惟彼凶逆一日容於覆載則混忠
逆同是非天綱人紀胥將墜絶而莫之救矣宜不大
可懼哉臣等徒知巖危之不可屢瀆鈇鉞之不可冒
犯而因以退沮則是將得罪於義理而為百世之罪
人得罪於公論而是一國之罪人雖今日言之於前
明日受罪於後而臣等之所不敢辞也噫嘻賊望窮

稗林　哲宗紀事四　六十四

凶至悖之宗固已備盡臚列而其當誅不可赦之狀
請得陳其梗槩矣詆先正為異端以孝廟尊聖右文
之治隱然歸之叔季當誅一也誣先正而舜文幻奏
以孝廟尊攘之大義顯然歸之假托當誅二也比先
正於安石之固結人主以孝廟擬諸神宗之酷信小
人當誅三也推尹拯為考亭後一人並與朱子而誣
之桓魋之比擬正合渠師而顚倒指斥當誅四也拯
死三年之內操文一哭何患無日而故於肅廟虞分
已定之後敢為凶言以逞其惡毒當誅五也其他不
能悉數具此五大罪而卧死牖下直以罪惡之不卽

現發也今於真跡畢露之後宜可晷刻容貸乎此誠
義理顯晦之大關也若以文字之掀露而遽加追律
終有所難愼乎則是欽恤之典反爲亂逆之倖也若
以其孫之摘發而延禍乃祖終有所不忍乎則是寬
大之恩偏覆世濟之惡也若以毁其板竄其孫爲足
懲其罪焉則又有大不然者印刊雖毁而凶說已播
於一世逆種雖竄而詰牒尚假於元惡誣辱之言自
在而誣辱之罪未勘矣天下後世之議今日朝廷者
其肯曰義理明而隄防嚴乎國無刑政則已矣國有
刑政而賊望之爵秩自如則凶徒何所憚而不爲亂
乎思之及此寧不太息而流涕臣等惟知亂逆之當

討而不知冒瀆天聰之爲罪聯章申籲有此支煩者
徒恃於聖德至仁包含而寬叙之也然惟包含大度
固無物不容而並以此施於賊望則竊恐反爲聖明
也累焉上天以好生爲德宜若無所事乎嚴凝肅殺
也至其當殺則摧折之以霜雪震擊之以雷霆應時
而作不少有忒不如是則秋冬可廢而亦無所以生
物矣嘻彼賊望罪心於詆毁先正固已不得容貸乃
至上誣聖祖則臣等此擧不獨爲先正伸辨而已殿
下何不淵然深思亟賜允從而靳持至此乎体上天

好生之德至矣而竊以爲恐有欠於霜雪雷霆之威
也其於聖祖之受誣也先正之受辱也斯文之將喪
也國是之將壞也何哉此臣等所以累累陳達拚死
不已者也夫施夏望追奪之律焉批瑩閣之合啓方
張曰前之傳教爵耳而如是強聒一向力抗是豈分
義乎聱討自聱討道理自道理其各退去以待處分

李承謨抵方外疏廳書今此疏廳異於隣里醵飲之
席朋友閑談之所將以卞君師之被誣斥異說之詖
淫則正宜協齊心力嚴立科條使吾黨一言一動粹
然無不出於正然後可以無取侮於匪類亦可以孚
格於天心而吾之事庶乎其八九分有成不然而徒
衆十百不齊之心欲圖千萬至重之擧者不待智者
而知其難矣向來壁上揭示之約有曰準請前義理
未伸吾黨之士不可赴擧墨痕未乾遽於柑製之日

吾儕中間有應赴者姑未知其誰某與幾人矣雖不
能一一指陳李斯文正翼已至於窺叅噫此甫以若
閑閑以若處地決科募而躡青雲何患無時而特於
論議崢嶸人涉卯否之地揭揭入赴窃取一募設有
不獲已之端而爲之卽一人之私也固非衆論之怨
况其無可推諉而強欲冒赴則敢犯之責似有所敀
然則國試自國試公議自公議耳當初無此約条則
已旣有之後豈可一向泌泄置之弁髦而不問乎夫
士者國之元氣也賊否激揚惟義是視而論議一定
則雖賁育之勇王公之尊亦不能撓奪而挫屈今也
不過約束閒事而時日未幾任其一人也毁劃張弛
無常反被旁觀之竊笑以此士氣以此規模欲闢邪
論而卞義理援疏章而槪聖心者殆無異於却步而
求前也至於疏等之役一人呼耶而同聲相應者敵
其齊用力之意也鄉社之會一人讀約而衆莫敢犯
者以其有紀綱之文也雖小事猶尚如此况濟濟多
士爲斯文呼閭闔之日乎以僉君子高識清鑑固已
揣摩於胸中而惟其雅量弘度不欲暴人過失且此
甫之世德地望異於他人有所不忍而然然一者論
罰不害爲責備之義而事理得正亦足以張吾氣而

辦大事矣愚於此不無激慨者存日前猥從恩皇之
淺設與論議之末而時則處所新移坐席未定館啓
披露肝肺亦有所不暇故未免捲舌而散只俟公論
之發而側耳有日尙今寒參柳所居僻陋固有之而
未及聞耶不勝訝惑敢以是仰質焉又有一說之可
以貢愚者士林之會卽一世之所觀瞻也路門之下
亦人臣之所致敬也尤宜損以威儀不失棣棣之容
日昨叩閽時或有偃仰橫竹者或有胡行亂次者或
有附耳剌剌者或有爭席戲挐者揆以道理成何体
貌橫竹之禁雖載節目此外諸条亦不可一任放倒
而不之戒也傳曰正己而物正竊爲執事誦之○疏
廳諸位抵圻伯書生等近見果川露湖居李秦鉉之
抵錫兩書其爲言悖說卽一大変恠也其句語之傳
播一世者爲別錄以呈備覽可悉而如許不逞之漢
不可以人齒而勿問至於末端云云尤是不忍聞不
忍道之說也渠以世德之源蓄憾含懟自有其來而
今其爲書卽又逆賊之餘孽也竊惟台監閣此亦當
一般驕憤而況處承流之地其在正風化之道如此
爲徒嚴刑遠配斷不可已惟諒處焉○秦鉉抵錫兩
爲書句語一犬吠形衆犬吠聲狐狸魑魅等句語平

稗林 哲宗紀事四 六十七

昔出入門下之時曾所稔聞彼雖百番陳章萬番誣
毁眞所謂狐狸之群嗥魑魅之晝見也得其善言不
足爲喜得其惡言不足爲怒彼邊人之氣炎轉日
回天不讓當時之宋某也世道不可不一変云云○
副修睦仁會疏懲討不允○兩司合七啓曹夏望事
依啓○禁府洪說謨徐有畬姜羲永崔東鎭李灤洙
金鳥默吳慶延許鐸南性教曹錫雨沈英澤趙徽林
原情云云允係贓汚者請刑訊窮覈取服旣有大臣
筵稟定式矣依新定式刑訊窮覈期於取服何如啓
依允○傳曰贓律旣至嚴且有大臣筵奏故依於請
刑之啓雖已允從而更思之幾百年有法連除之事
也其於敎而後刑之義不無參量今番則姑爲除刑

訊處而若此爲例怙縱無所畏忌則一時寬典豈番
番可爲之事乎此傳敎行會於各道道臣處使之知
委各邑鎭可也○兵曹啓今日開門時有一放逸馬
突入敦化西挾門未郞牽出而至於攔入永肅門差
備內事甚驚駭事傳曰苟爲操束把守則宜有馬逸
之理兵判洪鍾應不可無警施以越捧一等入直堂郎
叅議睦仁栽施以罷職之典把門法意何等嚴重而若有
一半分敬謹之心寧容如是守門將及局別將先汰
後拿囚○泮儒捲堂所懷臣等日前獲接朝紙伏見
瑩啓批旨下者有曹夏望事依啓之命臣等欣忭相

稗林 哲宗紀事四 六十八

告以爲亂逆旣伏當律輿憤始獲少洩從此無事乎
更煩蹄顙矣際自數日以來聽聞訝惑物論更騰蓋
追奪之臺請旣蒙依允而臣等伏聞以傳旨未下訖
今五日尙遲攸司之擧行則始也洽然而聳動者無
不愓眙而惝怳俄頃之間景色頓殊殆有甚於閱月
未準請之日蓋未準請之前痛惋而已抑菀而已今
則不惟痛惋不惟抑菀竊爲國家政令不勝憂歎之
至嗚呼王言一播如綸如綍臺閣信之多士信之甚
至於輿儓皁隷之賤閭巷婦孺之微而無有不信者
實夫信者人君之大寶也聖人以爲兵與食可去而

信不可去則其為有國之関係果何如而殿下乃縁一夏望而有以成群下滋惑臣等死罪未敢知我殿下有何顧惜於夏望而然也由前而言則已巳群壬之後殿也由後而論則辛壬凶黨之前矛也有萬戮猶輕之罪無一毫可恕之端而殿下曲賜寛假有若微眚細過之不忍遽加威罰者然此宗臣等之未曉也嗚呼人主一心為萬化之原方寸隱微之地雖毫忽未盡入得以見之況於政令施措之間乎臣等猥以無似之質忝居首善之地平日之所仰戴而為生者君上之教率也所篤信而為準者國家之政令也

乃聖上今日之此舉出於臣等始慮之所不及則區區愚衷安得不耿耿憂歎也嗚呼為人臣者不能見孚於君父至於乱逆假貸時日而徒犯瀆擾之罪未準明張之義則臣等之義分蔑矣傳曰處夫子之宮學夫子之道將以事君也傳旨之留中何干於諸生乎刑政朝廷爭臺閣之可否者而自信已見不識大体何以事君深用慨然諭以此意即為勸入〇献納尹定善疏曽夏望誣聖祖侮先正之罪即世道斯文之一大変恠而儒章臺啓迭陳力請義理之大源頭刑政之大關捩也聖断赫然批旨隆重多士言之則

優假之德溢於辞表臺閣論之則準可之音不俟終日幸公議之有在得與憤之少洩士林相慶舉國欽仰荐念喉院之傳旨已徹有司之舉行尚遅傳誦之餘滋惑轉甚聳喜之心憂歎繼至臣未敢知殿下猶或酌量於輕重之間有此姑靳姑寝之聖念而然乎夫酌量者是微眚薄過之或可或否而至於大義理大刑政斯係明張之義不宜斟量之久以如綵如綸之王言致將信將疑之群情臣繞壁彷徨不能無憾於天地之大也嗚呼天經地紀賴有陽秋之讀日暵遂遠尚攬志士之涕彼夏望者抑獨何心讎視背馳

自干天誅假使掀露於當日猶不免流放竄殛之典而不幸欺隱於私稿尚逭乎無將不敬之律也及夫天誘其衷自底呈露則禹鼎高懸魑魅莫逃其形乾道孔昭乱孽當伏其辜使殿下闡明大義扶植世教辨聖誣而光聖孝耳且首善之地辞討斯嚴此誠五百年培養士氣敦尚伩化之效也昔李穆之毆巫也成廟丞加褒奬朴光佑之叫闕也中廟曲施嘉納此不過伩生寧激之舉也猶為之採施今此泮伩空齋者是豈可已而不已者哉景色愁沮聽聞駭惑恐非聖朝之美事且伏見捲堂批旨下者諭之以自信已

見責之以不識大体籍或不概於聖衷猶當優容寬
假況諸生之所秉執是至正至大不可無之論也誠
以夏望非但殿下之罪人卽是孝廟之罪人而天下
萬世之所必誅也伏望聖上仰法兩聖朝待士之道
俯察擧一國同辭之討亟從多士之聲籲卽命傳旨
之頒下使八域臣民曉然知衛正討乱之化焉批傳
旨已多日留中者於保世臣之義終有所不忍故也
而泮儒之不待處分其所爭執有若層激然者其習
甚未妥矣然其在重士論嚴國是之義不可一向靳
持傳旨頒下○夏望追奪傳旨內故忝議曹夏望敢

祭人悖書乃以立幟之心暗售張狐之計固結斥逐
是何等語東方斯會是何如時敢以宋季誤國之事
比擬於不敢擬之地指斥於莫嚴莫重內懷國是之
壞乱張本辛壬之凶徒亟施追奪官爵之典焉只為
○幼學俞相鶴疏方外疏伎書略近日疏擧竟蒙允
俞為斯文萬幸不佞蟄伏窮鄉旣不忝發論之席又
未厠昧闇之列只因日下轉報獲覩前後章奏略知
其顚末而最後得見夏望全稿則其他篇文字凶談
悖說之所可驚心而痛骨者不獨一祭文而已此宜
僉君子所已經覽者而及其疏中臚列則一不指的

而条陳抑論其大惡而不暇及於細者耶請為歷擧
而誦之可乎蓋其一生蓄憾扶邪毒正之意銜口而
發雖於詞賦之間謎藏隱映譏侮詆斥者不止一再
至若書牘中有不言姓名而只稱大僚者卽詆近臣
光佐而諱之者也語其乙巳後罪黜則論之以洛波
卧龍亢戔載矣語其丁未重卜則謂之以蟲絃重光
社稷增重緒之以乾坤重闢干戈際受命等語 夏望上大寮書曰洛波卧龍亢戔載矣儀愍之間蟲絃重光社稷增重加額之賀詎容名喩蓋惟乾坤重闢一初猶綸之業萬姓之企足顒顒者俱不在別人則今日閤下擔荷之重殆甚古人干戈際受命 其推重
逆魁壞乱國是是卽渠背公死黨之伎倆也晦谷延

謚後告其亡兄文其所謂適會元凶者卽指當時賢
輔而謂之擅國逞臆又所謂天誅廊清者卽指辛壬
士禍而謂之幸茲邦休 晦谷延謚後告其亡兄文曰於惟王考卓卓厥成季年袖彈齋志東洛後來恩波揭屬猶闕編成一書名以濬擬一徽宸旒聖志發慨旣賜上相又畀易名適會元凶擅國逞臆時有不可盛命允格幸茲邦休天誅廊清僅治禮廊恭遲徽典 此又渠懟國
幸禍之眞贓也此皆與祭文中固結入主宗際斯會
等句同一語脉而尤有甚焉僉君子何不於章疏之
間一一登奏耶雖近於追咎之嫌而竊不勝慨惜也
曾見尹拯年譜丁酉緬禮条下書云有曹夏望祭文
則夏望祭文乃在丙申大處分之翌年而方外初疏

況言拯死三年之後而不證年条章奏何等審愼而
致此踈忽耶且悖稿編次出於申緯之手而又以文
弁之此其傳法凶徒挺身立幟昭然可見則與錫雨
刋布之罪宜無異同而聲討之際初不槪見未知姑
置之脅從之科而然歟抑或避乖激之嫌而不欲疾
之已甚歟此愚之所未曉也凡此所陳雖未趂大論
方張之日而終不容泯默㬥此鄙衷倘不以晩時呶
呶反逮好事之誚耶旋不勝主臣○右相趙斗淳所
啓故叅判李選以完南府院君厚源之子先正臣文
元公金長生之外孫家庭擩染之宗師友淵源之正

稗林 哲宗紀事四 七十三

世守淸議領袖士林薑桂之性薰猶之列獨持風裁
不攝不撓西塞南荒以遷謫為家居畢竟不免乎己
巳之禍而夫不敢不盡死於宗社先正臣宋時烈遺
疏之所薦也大寒極熱裘葛是思故相臣鄭澔狀德
之所斷也見今遺風寖遠正論幾熄盃水車薪有識
明發亟御之加贈賜謚朝家廣施之典而惟其施之
曠也故所以興奬激勸為有光以聖朝崇植扶樹之
盛念特降允命之音善訪其後裔調用以舉賞延之
政則士林幸甚世教幸甚矣上曰此時所奏甚好依
為之○備局啓庭試講經日子頃已啓下而從前見

停旣久舉子之視同文具坐待臨時除免之命初不
開卷為誦習之工常所憂悶今不可不申明行會以
示其必行之意至於設塲後規条自有科式所載以
此意預先知委四舘所及該道事允之○訓局啓本
局屯畓在於安州牧平萬垌此是濱江地數年潦漲
酷被汰落一屯耕民無以聊生至若營納乃是軍儲
而亦未捧則三度閱飭一不回牒至於杖囚屯民勒
責無地之役者已違令典而壞損体例該牧使鄭文
升罷黜事允之○禮曹啓景慕宮樂章用否收議事
領相金左根以為太廟各室皆有樂章而上册室時初不為㸔繕之用則閟宮諡號用正廟特教而然

稗林 哲宗紀事四 七十四

而在今禮節視乙卯以前有不同者旣右亦右之依容可以並奏而文武如姜之頌著在各什者無由作
之於一軒架之内此太廟各室之有其文而無其聲者耶然則一遵太廟議式恐合從先之義右相趙斗
淳議同○特擢宋達洙承旨○吏曹啓夏望施以追奪
之典事允之所授告身自臣曹當為收來燒火而家
在驪州地令本道道臣知委收來卽速舉行事允之
吏判李啓朝○傳曰中官周遇陽罪犯同赦嚴刑三次後
遠惡島充軍○判府朴永元逝單傳曰此大臣貞亮
之姿愷悌之節不但為華國之文采而已寡躬之所
倚毗也朝野之所想望也年前釋負之由負其顧者
以其精力強剛尚有可用之日故耳不幸無妄之崇

遏徹喪逝書单傷盡之極不知為喻卒朴判府喪東國副器一部輸送成服日遣承旨致祭祿俸限三年輸送○成均館啓臣來館學方外儒生于香石橋前夏望文集與板本燒毀事○吏議宋近洙疏略臣竊有私義之萬萬崩廹者臣家積愠群小悄悄抱憂数百年于茲矣尚賴列聖朝扶正斥邪前後恩言炳如丹青於是乎臣先祖之義理志業日星乎中天撑柱宇宙矣陰沴自消於太陽妖邪難遁於照鏡近聞有夏望文集之刊布許多句語無倫無忌細究旨意為鬼為蜮臣祖之受厚誣而被譏斥有不暇言最可

痛心而痛骨者指斥於不敢言之地噫孝廟之所委任於臣祖者惟曰春秋秉執之嚴臣祖之所藉手於孝廟者亦惟曰春秋秉執之嚴而彼輩之所積憾積懟必欲甘心者亦由是耳臣生在世間目見此書之流布忍與此輩共戴一天何幸聖斷赫然處分嚴正既毀其板又削其爵使臣先祖有知必將感泣於地下在臣私情有何餘憾而由臣先故誣及聖祖此臣所以私痛猶輕公憤倍重以若情蹤義不俱生記替之聖念雖感守株之微執難改矣批作之者雖云有心刊行者則無情也況已有處分乎何必為引勿辭

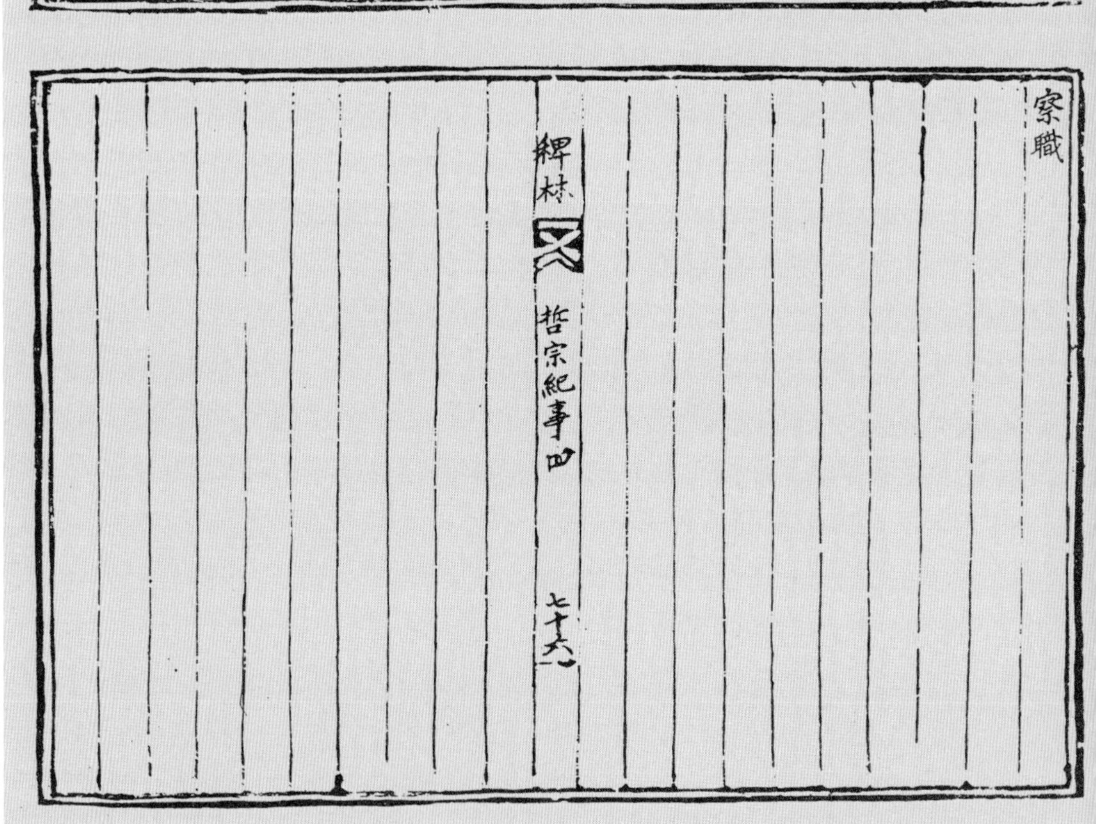
窠職

影印本
稗林